Aralsee
Taschkent
Samarkand
Kaspisches Meer
Balch
Merw
Schwarzes Meer
Konstantinopel
Tarsus
Aleppo
Raqqa
Tigris
Samarra
Zypern
Bagdad
Ktesiphon
Euphrat
Damaskus
Kufa
Basra
Schiraz
Jerusalem
Alexandria
Fustat/Kairo
Persischer Golf
Golf von Oman
Katharinenkloster
Nil
Medina
Mekka
Rotes Meer
Sanaa
Arabisches Meer
Golf von Aden

Kaiser und Kalifen

Kaiser und Kalifen

Karl der Große und die Mächte am Mittelmeer um 800

Herausgegeben von der
Stiftung Deutsches Historisches Museum

Inhaltsverzeichnis

KULTURELLE PRAKTIKEN

MODERNE PERSPEKTIVEN

ANHANG

Vorwort

Wer als Besucher die Dauerausstellung „Deutsche Geschichte in Bildern und Zeugnissen" des Deutschen Historischen Museums betritt, der wird von der etwa lebensgroßen, weithin bekannten Plastik Karls des Großen aus dem Kloster Müstair im innerschweizerischen Kanton Graubünden geradezu empfangen. Zwar handelt es sich bei der eindrucksvollen Darstellung nur um die vorzügliche Kopie – ein Geschenk der Schweizerischen Eidgenossenschaft – eines im Original aus Stuck gearbeiteten Werks, dessen genaue Datierung noch dazu bis heute Gegenstand wissenschaftlicher Diskussion ist, doch hat die Plastik nichts von ihrer visuellen Wirkung eingebüßt. Karl der Große also als wirkmächtiger Herrscher des Mittelalters? Als *pater europae*, als Vater Europas, als staats- und nationenübergreifende Identifikationsfigur für ein modernes Europa, wie es vordergründig scheinen mag? Gemeinsam mit weiteren Ausstellungsstücken aus karolingischer und nachkarolingischer Zeit steht die Darstellung in der Präsentation zur deutschen Geschichte in unserem Museum für das Lebenswerk und die Wirkungsgeschichte eines frühmittelalterlichen Herrschers, der weit über seine eigene Lebenszeit hinaus uns bis heute beschäftigt und unsere Aufmerksamkeit verdient – in Berlin, in Paris und auch in Zürich. Karl also ein Europäer ersten Ranges?

Was auf den ersten Blick so eindeutig, so folgerichtig und einfach aussehen mag, erweist sich bei genauerer Analyse als komplex, kontrovers, hochpolitisch und brandaktuell. Seit dem Ableben Karls des Großen vor 1200 Jahren ist viel über seine Person, seine Leistungen und seine Taten geschrieben, erdichtet und interpretiert worden. Jede Zeit machte sich ihr eigenes Bild von der Geschichte und damit auch ihr eigenes Bild von Karl dem Großen – früher wie heute noch. Wie sieht es nun aber mit diesem Karolinger aus übergeordneter europäischer Perspektive konkret aus?

Unbestritten ist, dass sich Karl Jahrhunderte nach dem Zusammenbruch des Weströmischen Reiches und der Verlagerung des weltlichen wie auch religiösen Zentrums nach Osten, mit der Erweiterung und Festigung seiner Vormachtstellung im Westen sowie seiner Krönung zum Kaiser im Jahr 800 einen römisch-antiken Herrschaftsanspruch gegenüber Byzanz als Nachfolger Ostroms erwarb. Als Kaiser des lateinischen Mittelalters ist er in die Geschichte eingegangen und avancierte gleichsam zum Vertreter der Einheit des Reiches und des innenpolitischen Friedens. Erweitert man die Perspektive, können der Aufstieg und die Einung des Fränkischen Reiches unter dem Karolinger jedoch einerseits nur vor dem Hintergrund der islamischen Expansion des 7. und 8. Jahrhunderts sowie andererseits den nachhaltig wirkenden Machtverschiebungen im byzantinischen Osten verstanden werden.

Durch die Ausbreitung arabischer Stämme veränderte sich die territoriale Struktur des nachantiken Mittelmeerraums maßgeblich. Ausgehend vom Vorderen Orient und entlang der Nordküste Afrikas bis nach Spanien, stiegen die Araber im frühen 8. Jahrhundert zur Hegemonialmacht in der mediterranen Großregion auf. Karls Politik gegenüber dieser arabischen Vorherrschaft war differenziert und zeigt den Dynasten als vielschichtige Herrscherpersönlichkeit zwischen offensiver Machtdemonstration, diplomatischem Denken und kulturellem Austausch. Die Bedeutung der Muslime für die kulturelle Entwicklung des christlichen Abendlands geht dabei tief. So gilt die arabische Kultur bis heute als wichtiger Übermittler, Konservator, Katalysator und Entwickler von wissenschaftlichem, philosophischem und kulturellem Wissen antiker und persischer Herkunft, von welcher das christliche Abendland das gesamte Mittelalter über profitierte. Mit der Machtablösung der Umayyaden durch die Abbasiden um die Mitte des 8. Jahrhunderts und der Verlagerung des Kalifensitzes von Damaskus nach Bagdad setzte zudem ein Prozess der Konsolidierung und Neuorientierung im muslimischen Machtbereich ein, der – noch dazu im Austausch mit Indien und China – die Herausbildung einer neuen Kultur beförderte. Die vielschichtigen Beziehungen, die im frühen Mittelalter zwischen Faszination und Bedrohung, zwischen friedlicher Koexistenz und Konfrontation pendelten, bestimmen noch heute wesentlich das Verhältnis zwischen christlicher und islamischer Kultur.

Ähnlich spannend zeigt sich ein Blick auf den griechischen Osten mit Byzanz als teils legitimem, teils gefühltem Nachfolger des mächtigen Oströmischen Reiches. Das Byzantinische Reich stellte über Generationen eine weitere Großmacht des Mittelmeerraums dar, war aber angesichts des Vormarschs der Araber in seinem Herrschaftsgebiet zusehends empfindlich beschnitten und büßte in karolingischer Zeit erheblichen Einfluss ein. Die außen- wie innenpolitische Schwäche von Byzanz, das in territorialer Hinsicht auf das Gebiet Kleinasiens und den Balkan zurückgeworfen wurde, gilt vielen als ein nicht unwesentlicher Faktor für den Erfolg der Karolinger. Bilderstreit und dynastische Verwerfungen trugen dazu bei, dass die einstmals unangefochtene Großmacht des Mittelmeers bis in ihre Grundfesten erschüttert wurde und sich die Franken als neue Schutzmacht der römischen Kirche und der Päpste, die bis dahin Konstantinopel unterstanden hatten, etablieren konnten.

Handelt es sich bei Karl eingedenk dieser weitgreifenden Überlegungen also um den Vater Europas, eines Europa im heutigen politischen Sinne, eines Europa in Abgrenzung zu anderen etwa geografisch, kulturell, politisch oder religiös definierten Räumen der Alten Welt? Mitnichten! Sein Reich, dessen Einung über viele Jahre hinweg mit Blut, Eroberung und Unterwerfung erkämpft wurde, war kein Europa, wie wir es uns heute denken und wie wir es heute kennen – weder kulturell noch politisch noch geografisch. Dennoch kann man mit Blick auf das Karolingerreich der Zeit um 800 durchaus von den fränkischen Wurzeln einer heutigen europäischen Welt sprechen, die sich als multikulturell begreift und bis auf den heutigen Tag vieler Väter und Mütter bedurfte. Karl der Große war einer dieser Väter, einer von vielen.

Die historischen Leistungen Karls sind allerdings, so muss man unumwunden zugeben, klar von seiner Wirkungs- und Rezeptionsgeschichte sowie dem Mythos „Karl der Große“ zu trennen. Dieser Mythos keimte schon zu seinen Lebzeiten, erreichte mit seinem Tod im Jahre 814 und unter nachfolgenden Herrschern des Mittelalters ungeahnte Höhen und wusste sich letztlich bis heute in vielen Nuancen und Schattierungen zu behaupten. Ob Kaiser Otto III., der Karls Grab aufsuchte, oder Kaiser Friedrich Barbarossa, der den Karolinger heiligsprach, sie alle pflegten den Kult um Karl den Großen als Reichsgründer und legitimierten damit ihren eigenen Herrschaftsanspruch auf das Trefflichste. Selbst das von Albrecht Dürer im frühen 16. Jahrhundert geschaffene und gleichfalls in der

Dauerausstellung des Deutschen Historischen Museums präsentierte Idealporträt des Kaisers, das Karl mit den in Wirklichkeit Generationen später entstandenen Herrschaftsinsignien des Heiligen Römischen Reiches zeigt, steht für diese Vereinnahmung.
Im Zeichen der Romantik, dem Rückgriff auf mittelalterliche Vorstellungswelten und vermeintliche Herrschaftsideale sowie den Anfängen der Nationalgeschichte im 19. Jahrhundert formierte sich langsam, aber unaufhaltsam die Idee Europa. Und man erinnerte sich erneut des karolingischen Herrschers als willfährigem Ahnherr – vor allem auf deutscher und französischer Seite. Dramatischer, verwerflicher, folgenreicher und auch kurioser präsentiert sich indes das Karlsbild im 20. Jahrhundert, namentlich in nationalsozialistischer Zeit. Während dieses dunkelsten Kapitels deutscher Geschichte machte das öffentliche Bild Karls des Großen in wenigen Jahren einen Wandel durch, der eindrucksvoll die abstrusen Vorstellungen nationalsozialistischen Gedankenguts entlarvt. Startete Karl zunächst als Sachsenschlächter und Gegenspieler des Sachsenherzogs Widukind, avancierte er in kürzester Zeit zum Sinnbild eines germanischen Europäers, dem Adolf Hitler in seiner Großmachtsehnsucht nachzueifern versuchte; im Jahre 1943 etwa ließ Hitler im Gedenken an die 1000 Jahre zuvor vollzogene Teilung des Karolingerreiches unter den Nachkommen Karls des Großen einen Porzellanteller für die im Krieg auf deutscher Seite kämpfenden französischen Freiwilligen, vorzugsweise Angehörige der späteren SS-Division Charlemagne, in Auftrag geben, der auf der Schauseite die bekannte Metzer Reiterfigur zeigt, auf der Rückseite hingegen mit lateinischer Inschrift das neue nationalsozialistische Weltbild formuliert: „Das Reich Karls des Großen / das seine Enkel teilten / im Jahr 843 / verteidigt Adolf Hitler / gemeinsam mit allen Völkern Europas / im Jahr 1943“. Perfide im gesamten Duktus präsentiert sich in solchen Zeugnissen Hitler als Beschützer des von Karl dem Großen geschaffenen Reiches.
Karl der Große oder Charlemagne? So lautete eine vor bald 80 Jahren von gelehrter Seite formulierte Streitschrift, die etliche Geschichtswissenschaftler seither beschäftigte und mit wechselnden Inanspruchnahmen der Person des karolingischen Herrschers korrespondierte. Karl war, wie wir heute längst wissen, weder Deutscher noch Franzose, geschweige denn Europäer im heutigen Sinne des Wortes, sondern ein fränkischer Herrscher aus karolingischem Geschlecht. Als direkter Vorfahre oder Urahn taugt er heute nur noch bedingt. Karl der Große und Charlemagne – hinter diesem doppelten Karlsmythos verbirgt sich der kulturell, sprachlich und territorial übergreifende Gedanke einer neuerlichen Häutung des Karolingers: vom germanischen Helden zur frühen Symbolgestalt eines Europa der Nachkriegsära.
Seit 1950 verleiht die Stadt Aachen, im Bewusstsein Karl sei Einiger Europas gewesen, Jahr für Jahr den sogenannten Karlspreis und ehrt damit Politiker und Menschen des öffentlichen Lebens für Verdienste um Europa und die europäische Einigung. 1965 widmete sich eine große Ausstellung in Aachen, die 10. Ausstellung unter den Auspizien des Europarats, dem Werk und der Wirkung Karls des Großen und ließ ihn in identitätspolitischer Hinsicht zu einer gefeierten Symbolfigur werden; weitere Großausstellungen zu Karl sollten seitdem folgen und haben sich in das Gedächtnis einer europäischen

Erinnerungskultur eingebrannt. Längst begreifen sich viele Städte als Erinnerungsorte der Zeit Karls des Großen und werben mit entsprechenden kulturtouristischen Angeboten. Auch wir selbst, in den Museen, in den vielen Bildungs-, Kultur- und wissenschaftlichen Einrichtungen, stricken letztlich am Mythos, den wir eigentlich brechen wollen, unfreiwillig weiter – so auch in 2014.
Eine historische Person wie Karl der Große kann und wird immer wieder neu befragt werden – aus der jeweiligen Gegenwart heraus, und so ist das, was wir über ihn sagen, letztlich ein Spiegelbild unserer selbst, unserer Sehnsüchte im Rückgriff auf teils fernste Vergangenheiten. Wer heute den Verlauf der Debatten um Europa in den Medien verfolgt, wird sich allerdings immer wieder fragen müssen, wie weit es denn nun wirklich um die europäische Einigung bestellt ist. Karl allerdings, das muss man bei nüchterner Analyse zugeben, taugt wenig dazu, als Einiger eines heutigen Europa dargestellt zu werden. Das ändert freilich nichts daran, dass die Beschäftigung mit Karl dem Großen und seiner Zeit nichts, aber auch rein gar nichts von ihrer Faszination eingebüßt hat und bis auf den heutigen Tag Triebfeder ist, Fragen an die Geschichte zu stellen.
Vor diesem Hintergrund versteht sich der hier unter dem aussagekräftigen Titel *Kaiser und Kalifen – Karl der Große und die Mächte am Mittelmeer um 800* vorgelegte Sammelband als aktueller Beitrag des Deutschen Historischen Museums zur Frage der historischen und kulturgeschichtlichen Bedeutung der Person Karls des Großen und seiner Politik im Rahmen einer übergeordneten vergleichenden Betrachtung mit den beiden anderen Großmächten des Mittelmeerraums und des Vorderen Orients, der eines Tages womöglich auch in eine große kulturgeschichtliche Ausstellung unseres Museums münden kann.
Die in diesem Band zusammengetragenen Beiträge gehen auf einen am 22. und 23. Februar 2013 unter dem Titel „Karl der Große und die Mächte um 800" abgehaltenen Workshop im Deutschen Historischen Museum zurück, in dem wir in intensiver wissenschaftlicher und bewusst interdisziplinär sowie international ausgerichteter Diskussion anstehende Fragen um die historische Bedeutung Karls aus unterschiedlicher Perspektive intensiv erörtert haben.
Für die Konzeption der vorliegenden Publikation und die dafür erforderlichen Arbeiten gilt mein ausdrücklicher Dank Barbara Segelken und Tim Urban sowie den Autorinnen und Autoren, die sich dankenswerterweise bereit erklärten, die Ergebnisse ihrer meist langjährigen Forschung für unsere Veröffentlichung zur Verfügung zu stellen. Mit ihrer wissenschaftlichen Expertise standen uns insbesondere Michael Borgolte, Bernhard Jussen, Rudolf Schieffer und Bernd Schneidmüller zur Seite. Ihnen sei dafür herzlich gedankt. Weiterhin danke ich dem Verlag Philipp von Zabern und der WBG in Darmstadt mit ihren jeweiligen Verantwortlichen sowie allen weiteren Beteiligten.

Berlin, im Januar 2014

Alexander Koch

Karl der Große als Akteur im Mittelmeerraum

Barbara Segelken/Tim Urban

Was bedeutete das Mittelmeer für die Zeitgenossen Karls des Großen? Der Blick auf eine Weltkarte des 8. Jahrhunderts, auf die 776 entstandene sogenannte Vatikanische Karte des Isidor von Sevilla (Abb. 2), liefert auf diese Frage weniger eine Antwort, als dass er vielmehr Fragen aufwirft. Im Zentrum der rechten Bildhälfte zeigt die Karte das *mare mediterraneum*, umgeben von den Kontinenten Asien, Afrika und Europa. Auf den Landmassen sind die Metropolen Babylon, Jerusalem, Alexandria, Karthago, Rom und Konstantinopel als sternenförmige Anlagen verzeichnet. Als *mappa mundi* spiegelt die Karte die Welt wider und räumt den damals bekannten Kontinenten der Ökumene rund um das Mittelmeer eine exponierte Position ein. Die in die zweidimensionale Ebene projizierte Weltordnung bietet eine Übersicht und wirft zugleich Fragen nach den Wechselbeziehungen, Perzeptionen und Deutungen innerhalb und zwischen den mediterranen Kulturen auf. Die Diskussion über diese Fragen prägte nachhaltig die These des belgischen Historikers Henri Pirenne, die er in seinem 1937 posthum erschienenen Buch *Mahomet et Charlemagne* formulierte: So habe die islamische Expansion, die im 7. Jahrhundert einsetzte, zum Bruch der seit der Antike bestehenden Einheit des mittelmeerischen Raums geführt, was den kulturellen wie ökonomischen Austausch blockierte. In ihrer Konsequenz sei die karolingische Herrschaft nicht mehr mediterran ausgerichtet gewesen.[1]

Die Entfaltung der islamischen Hemisphäre führte zur politischen Fragmentierung, nicht aber zu einer tief greifenden kulturellen und ökonomischen Abschottung. Jüngere Forschungen aus den Sozial- und Geisteswissenschaften haben vertraute Meistererzählungen hinterfragt,[2] die sich vorrangig an „großen Männern", Entdeckungen und Umbrüchen orientierten. Die räumlichen Ausdehnungen und Verschiebungen der Herrschaftsgebiete (Abb. 3 und 4) führten auch zu zunehmenden Interaktionen der unterschiedlichen Kulturen – nicht nur in den Bereichen Handel, Kriegs- und Geldwesen,[3] wobei der Handel als einer der wesentlichen Katalysatoren von Integration und Austausch sowie Wissens- und damit Technologietransfer gelten kann.

Ausgehend von der Frage, in welchem politischen, wirtschaftlichen und kulturellen Umfeld die Genese des fränkischen Herrschaftsbereichs Karls des Großen zu verorten ist, unternimmt der Sammelband den Versuch, über den Horizont Westeuropas hinaus die Einflüsse und Bedingungen auszuloten, die den Karolinger zu einer bis heute sagenhaften Gestalt machen. Das große, von Karl im lateinischen Westen geschaffene Reich wurde im deutschsprachigen Raum vielfach als Produkt eines imperialen Handelns angesehen. Ausstellungen wie *Karl der Große. Werk und Wirkung* in Aachen 1965 oder *799 – Kunst und Kultur der Karolingerzeit*, die 1999 in Paderborn gezeigt wurde, setzten Karl und seine Herrschaft in regionale wie europäische Kontexte. Karl, von einem Zeitgenossen als „Vater Europas" bezeichnet,[4] gilt noch heute vielen als staats-

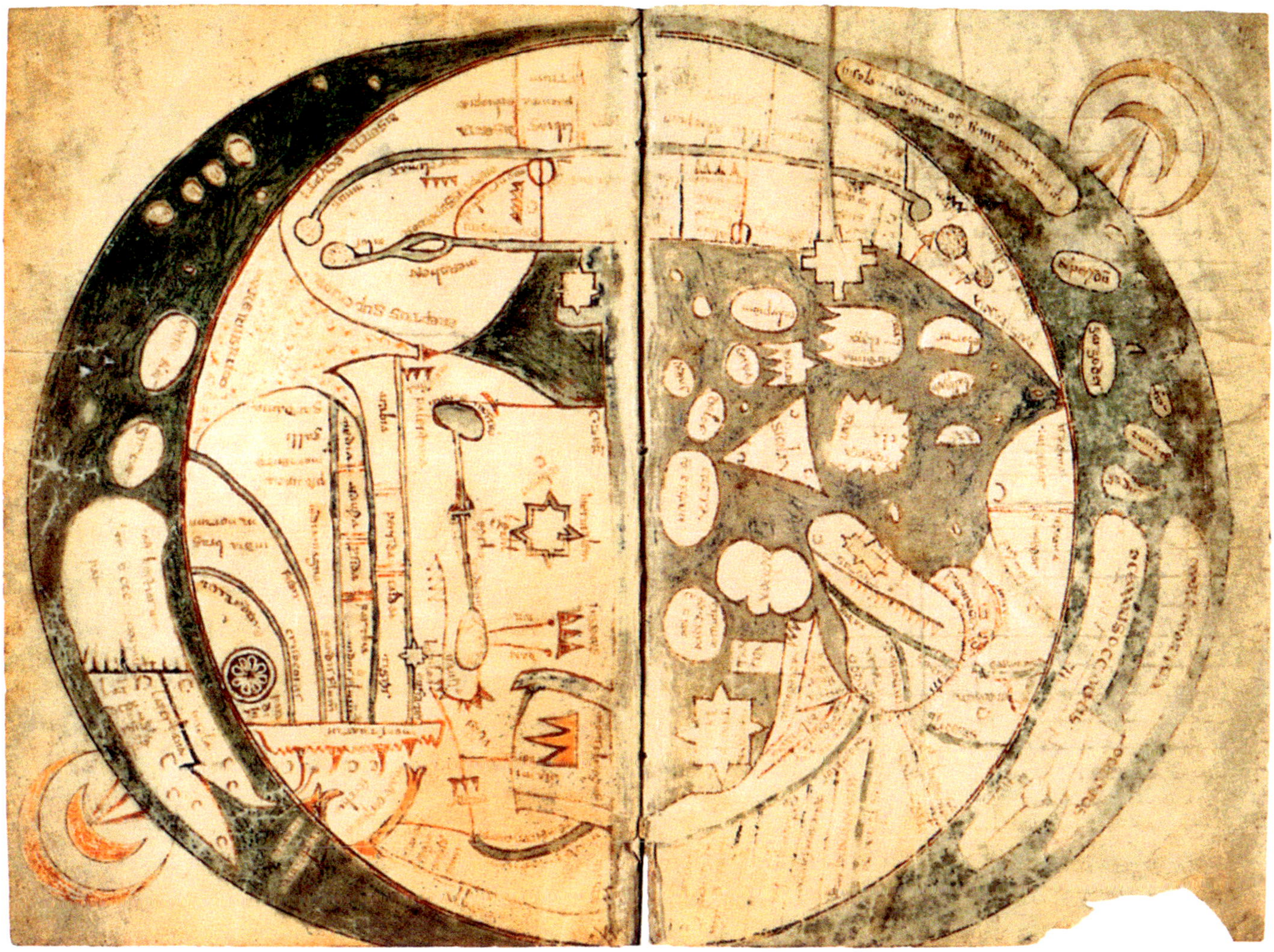

2 Sogenannte Vatikanische Karte des Isidor von Sevilla, um 776. Vatikanstadt, Biblioteca Apostolica Vaticana

und nationenübergreifende Identifikationsfigur für ein modernes Europa. Auf ihn beriefen sich im Laufe der europäischen Geschichte immer wieder Herrscher und Staatengründer. Daran knüpft sich die Frage nach der Aktualität der Politik des Karolingers in einem Miteinander der Kulturen im Europa des 20. und 21. Jahrhunderts. Mythen und Legendenbildungen haben in 1200 Jahren den Blick auf die historische Person Karls und seine realen Leistungen in vielfältiger Weise verschleiert.

Eine kaum zu überschätzende Rolle für die Entfaltung der karolingischen Herrschaft spielte die prekäre Mächtekonstellation im Mittelmeerraum. Die „außen- wie innenpolitische" Situation von Byzanz, das auf Kleinasien und den Balkan zurückgeworfen und vom Bilderstreit sowie von dynastischen Verwerfungen zerrüttet war, war bereits stark geschwächt. Die karolingischen Herrscher konnten sich als neue Schutzmacht der römischen Kirche und der Päpste etablieren, die bis dahin Konstantinopel unterstanden hatten. Nach dem Zusammenbruch des weströmischen Reichs 476 n. Chr. begriff sich Konstantinopel jahrhundertelang als das weltliche wie religiöse Zentrum des nachantiken Imperiums. Erst mit der Kaiserkrönung Karls des Großen in Rom im Jahr 800 konnte im Westen wieder ein römisch-antik verstandener Herrschaftsanspruch gegenüber Byzanz durchgesetzt werden. Voraussetzung dafür war Karls wirksame Konsolidierung der fränkischen Vormachtstellung im Westen, die auf den Erfolgen seiner

3 **Mächteverhältnis im Mittelmeerraum um 565**

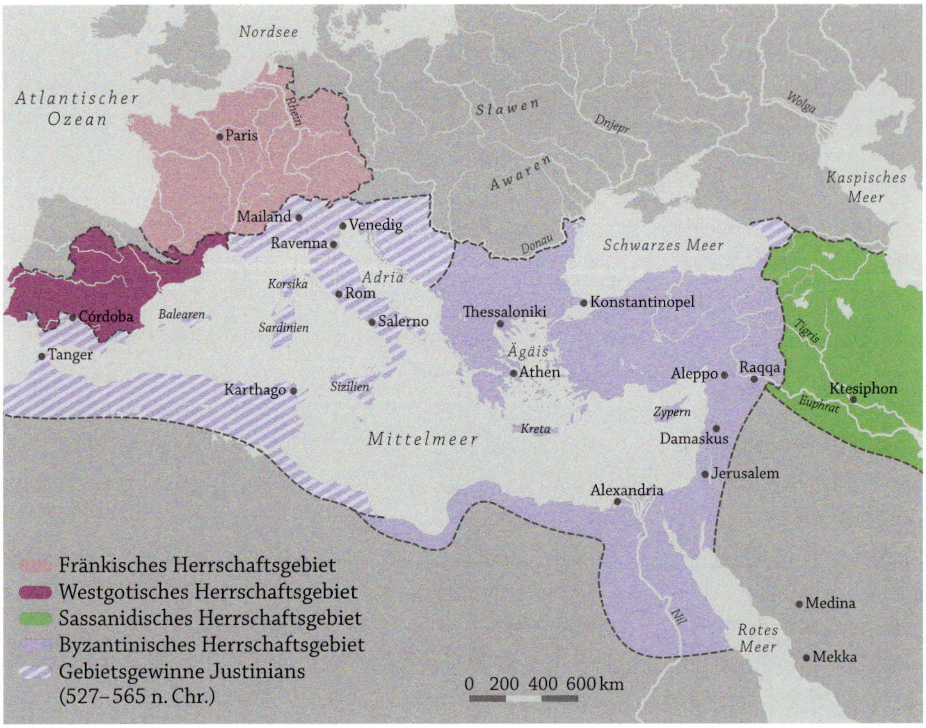

merowingischen und karolingischen Vorgänger aufbaute. Seine Bemühungen sowohl mit militärischer Gewalt als auch mit umsichtiger Politik richteten sich auf die Wahrung seiner Hoheit über diese so unterschiedlichen Länder. Er forcierte die Ausbildung einer kulturellen wie religiösen Identität und strebte mit überraschend fortschrittlichen Mitteln rechtliche und wirtschaftliche Reformen an.

Durch die dynamische Ausbreitung arabischer Stämme unter dem Zeichen des Islam und der Begründung des Kalifats hatte sich die territoriale Struktur der nachantiken Welt maßgeblich verändert. Ausgehend vom Vorderen Orient und entlang der Nordküste Afrikas bis nach Spanien stiegen die Muslime im 7. und frühen 8. Jahrhundert zur Hegemonialmacht der mediterranen Region auf und beschnitten das byzantinische Herrschaftsgebiet empfindlich. Etwa zeitgleich setzte mit der Machtablösung der Umayyaden durch die Abbasiden im Jahr 750 und der Verlagerung des Kalifensitzes von Damaskus nach Bagdad ein Prozess der Konsolidierung und Neuorientierung im muslimischen Machtbereich ein. Eine Sonderrolle nahm in diesem Zusammenhang die Iberische Halbinsel ein: Ab 711 durch die Araber fast vollständig aus westgotischer Hand erobert, kam es in al-Andalus nach der Jahrhundertmitte mit dem Emirat von Córdoba zu einer eigenständigen muslimischen Herrschaftsbildung unter Führung der aus Damaskus vertriebenen Umayyaden. Sie wurden sowohl mit abtrünnigen islamischen Regionalherren wie mit den sich neu formierenden christlichen Reichen in Nordspanien konfrontiert.

Der vorliegende Band versammelt archäologisch, geschichts- und islamwissenschaftlich sowie kultur- und kunstwissenschaftlich ausgerichtete Beiträge, die auf die Beziehungen zwischen Akteuren unterschiedlicher Herkunft und Religion gerichtet sind. Die ausgewählten Aufsätze gliedern sich in vier Teilabschnitte, die sich den Mächten am Mittelmeer, den Begegnungen der Kulturen und den kulturellen Praktiken sowie modernen Perspektiven widmen. Die Publikation versteht sich als Diskussionsbeitrag, nicht

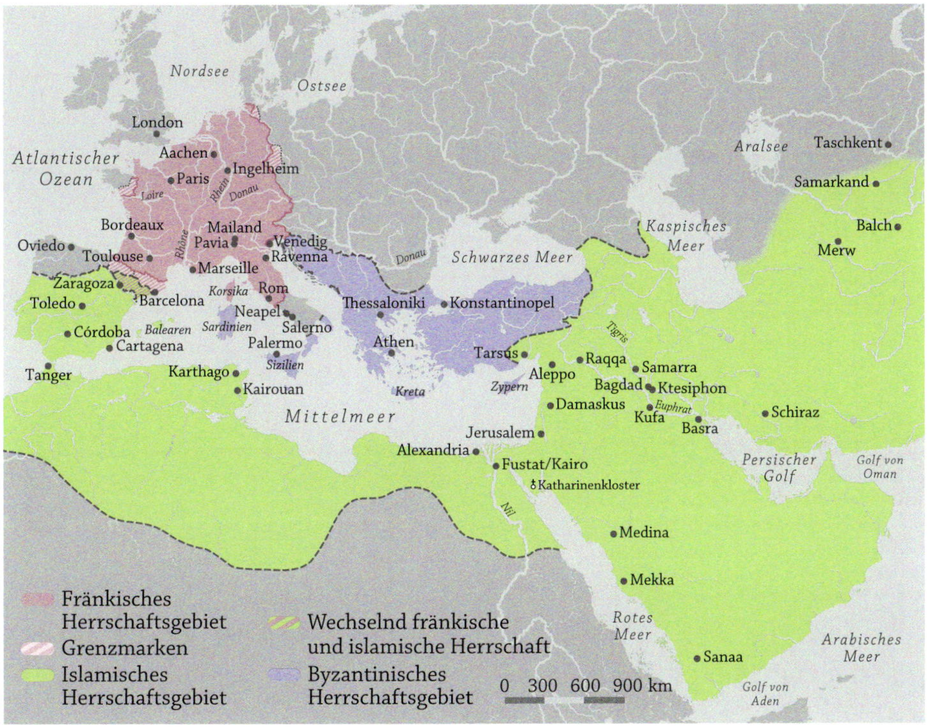

4 **Mächteverhältnis im Mittelmeerraum um 800**

als systematische Durchdringung und Festlegung eines Forschungsfelds. Die behandelten Themen ergeben keineswegs ein in sich geschlossenes Bild. Vielmehr beschreiben sie einen Raum der Kommunikation, der von Prozessen andauernder Interpretation, Aktualisierung und Modifizierung geprägt war. Die Beziehungen, die sich zwischen friedlicher Koexistenz und militärischer Konfrontation bewegten, wirken vielfach noch heute im Verhältnis zwischen den Kulturen. Vor dem Hintergrund der Entfaltungen unterschiedlich verlaufender Herrschaftsbildungen gilt es, Berührungspunkte und wechselseitige Beeinflussungen der beteiligten Kulturen, Gemeinsamkeiten und Unterschiede zwischen „Ost“ und „West“, zwischen Christentum, Islam und Judentum zu beleuchten. Die Autorinnen und Autoren richten dabei ihr Augenmerk auf unterschiedliche Praktiken, die soziale Ordnungen, Regeln und Normen spiegeln und repräsentieren.
In der Frage, welche Parameter, Zugänge, Ansprüche und Intentionen zu verfolgen sind, orientiert sich der Sammelband vor allem an der interkulturellen Transferforschung. Das Konzept des *transfert culturel* kommt seit den 1980er-Jahren in unterschiedlichsten Wissenschaftsdisziplinen zur Anwendung. Anstelle der Vorstellung von einer impulsgebenden und einer impulsempfangenden Seite im Austausch geht der Ansatz des interkulturellen Transfers von dynamischen Verflechtungsprozessen und -beziehungen aus. Eine maßgebliche Rolle bei der Begegnung einer Kultur mit einer anderen und dem sich daraus ergebenden Umgang mit dem Anderen kommt den vermittelnden Akteuren zu, die beispielsweise als Pilger, Gesandte, Handwerker, Gelehrte, Sklaven etc. nach bestimmten Intentionen handelten (oder handeln mussten) und Grenzen unterschiedlich kulturell geprägter Räume überwanden. In diesem Sinne werden gesellschaftliche Entwicklungen vor der Folie lokaler Traditionen beziehungsweise grenzüberschreitender Wechselbeziehungen thematisiert. Entsprechend rückt der Band die regionalen Eigenheiten ebenso wie die transkulturellen Verflechtungen in den Blick, die den Mittelmeerraum politisch, wirtschaftlich und kulturell prägten.

Mächte am Mittelmeer

[illegible] commemoratorium de casis dei uel monasteriis qui sunt in sca ciuitate [illegible]
& de episcopis & prbris diaconib. & monachis uel cuncto clero per illa loca sca di seruientib. seu monas-
teria puellarum primum in sco sepulchro dni prbri VIIII diaconi XIIII subdiaconi VI cleri [illegible]
nici XXIII custodes quos fragelites uocant XIII monachi XLI qui cum cereis ante cedunt [illegible]
archam XII ministri patriarchae XVII praepositi II conputarii II notarii II custodes qui at [illegible]
preuident sepulchrum dni prbri II in sco caluario I ad calicem dni II ad scam crucem & sudarium [illegible]
diaconus I sincelo qui sub patriarcha omnia corrigit I cellerarii II thesaurarius I qui fontes cus-
todit I portarii VIIII sunt in summo CL excepto ospitales III
In sca Sion inter prbris & clericis XVII excepto do sacratas & inclusas II in sco Petro ubi ipse glorio-
sus plorauit inter presbiteris & clericis V in pretorio V
In sca Maria noua quod Iustinianus imp extruxit XII in sca Cathelea I in sco Georgio II in sca Maria ubi [illegible]
fuit in probatica V inclusas do sacratas XXV; in sco Stephano ubi sepultus fuit clerici II leprosi XV
In ualle Iosafath in uilla quae dicitur Gethsemani ubi sca Maria sepulta fuit ubi sepulchrum eius est uenerabile
inter prbris & clericis XIII monachi VI do sacratas inter inclusas & ibidem seruientes XV in sco Leontio
prb I in sco Iacobo I in sco Quaranta III in sco Xpoforo I in sca Aquilena I in sco Quirico I in sco Ste[fa-]
no III in sco Dometio I in sco Iohanne ubi natus fuit II in sco Theodoro II in sco Sertio I in sco Cosme & Damiano ubi [na-]
ti fuerunt III & ubi medicabant prb I in sco monte Oliueti ecclesiae III una ascensa dni inter prbris & cleri[cis]
III alia ubi docuit discipulos suos xps ubi sunt monachi III prbr I tertia in honore scae Mariae cleri[ci]
inclusi qui sedent per cellolas eorum qui greca lingua psallent XI Iorzani IIII Syriani VI Armeni [illegible]
latini V qui saracina lingua psallet I iuxta illa scala quando subis in montem scm inclusi II unus gr[ecus]
alter Syrus ad summa scala in Gethsemani inclusi III grecus & Syrus & Iorzanus in ualle Iosaphat inclusus I
monasteria puellarum XXVI de imperio domni Karoli quae ad sepulchrum dni seruiunt do sacratas XVII inclusa
de Spania I in monasterio sci Petri & sci Pauli in Besanteo iuxta montem Oliueti monachi XXXV ad scm Lazarum in
Bethania prb I ad scm Iohannem quod tenent Armeni monachi VI ISTI IN HIERUSALEM SUNT & in circuitu [illegible]
memoria de illis monasteriis quae sunt in extremis Hierusalem in terra promissionis in sca Bethlem ubi dns noster Ihs Xps
nasci dignatus est de sca uirgine Maria inter prbris & clericis & monachis XV inclusi qui in columnis sedent in exemplo [sci]
Symeonis II in monasterio sci Theodosii quod primum in illo [illegible] monachi LXX basilius [illegible]
Succenderunt sarraceni latrones ipsum monasterium [illegible] propter p[illegible]
ad terram [illegible] ecclesias II ad ipsum monasterium [illegible] in sco Saba monachi [illegible] in p[illegible]
quod scs Karitus construxit & [illegible] quiescit abba [illegible]
[illegible] ubi ipse scs abba in miliario [illegible]
nachi XXX in monaste[rio] [illegible] scae Mariae in Coziba [illegible]
Iohanne [illegible] monachi [illegible] X construxit eum scs Gerasimus ubi & ipse scs in corp[ore] [illegible]
& erexit in titulum ad Iordanen monasterium sci Iohannis & ecclesia alia [illegible]
monachi XXXV monasterium sci Stephani prope Iericho construxit [illegible]
monte Faran in istis duob; nescimus quanti sint in Galilea [illegible]
XII uno miliario a Nazareth ubi xpm dnm iudaei praecipitare uol[uerunt] [illegible]
honore scae Mariae monachi VIII; in Chana Galileae ubi dns de aqua [illegible]
re Tiberiadis monasterium quod uocatur Eptapegon ubi dns satiauit popul[um] [illegible]
piscib; quinq; milia ibi sunt monachi X iterum iuxta mare ecclesia quam uocant [illegible]
pulis suis ibi est mensa ubi cum illis sedit ibi sunt prb I clerici II in Tiberia ciuitate [illegible]
& monachis & canonicis XXX ecclesias V monasterium puellarum I in monte sco Tabor eps Teophan[illegible]
IIII una in honore sci Saluatoris ubi locutus cum Morsi & Elia fuit secunda sci Morsi tertia sci Eliae quarta [illegible]
monachi uero XVIII in Sabastia ubi corpus sci Iohannis requiescit ecclesia magna fuit modo est in terra [illegible]
tantum ubi illud sepulchrum ipsius gloriosi baptistae positum est ex parte non cecidit & ecclesia ubi ille car[illegible]
ubi decollatus est basilius eps inter prbris monachis & clericis XXV; in Samaria quam Naboli uocant ec[illegible]
magna ubi illa sca mulier samaritana requiescit & aliae ecclesiae eps & clerici & inclusus super co[illegible]
In sco monte Syna ecclesiae IIII una ubi dns locutus est cum Morsi in uertice montis alia sci Eliae [illegible]
[illegible] monasterium scae Mariae abba Elias monachi XXX gradicula ad subiendum uel desce[ndendum] [illegible]
milia DCC Quando descendis de Hierusalem in uallem Iosaphat ubi est sepulchrum scae Maria[e] [illegible]
cula C XCV ad subire in monte Oliueti D XXX VII ipsa ecclesia scae Mar[iae] [illegible] terrae [illegible]
[illegible] in terram demersit hab& mensuram de ambob; laterib; in longe de[xteros] [illegible] IIII in uno fronte [illegible]
per medium in aduerso XXXII in longo per medium L; Ecclesia in [illegible] in longo dexteros XXX[illegible]
in fronte superiore in illa cruce XXIII in alio fronte XVII colunas LXVIIII illa ecclesia de sepul[chro]
dni in giro dexteros C VII illa alcuba L IIII a sco sepulchro usq; ad scm Caluarium dexteros XXVII [illegible]
a sco Caluario usq; ubi sca crux inuenta fuit dexteros XVIII inter scm sepulchrum & scm Caluarium [illegible]
[illegible] illorum tectum integrum hab& in longo dexteros XCVI in aduerso XXX ecclesia sca Sion in longo
[illegible] & dexteros XXXVIIII in transuerso XXVI
[illegible] patriarchae [illegible] diaconib; monachis clericis & omne congregatione [illegible]
[illegible] infra ecclesiarum [illegible]
[illegible]

Karl der Große

Ein Global Player?[1]

Michael Borgolte

Über den Rang Karls des Großen in der europäischen Geschichte ebenso wie in der Universalgeschichte muss man nicht diskutieren; er steht fest.[2] Unklar ist dagegen, ob er auch in der neuen Globalgeschichte seinen Platz finden kann,[3] und das gilt ja weithin für das Mittelalter überhaupt.[4] Wenn Globalisierung die potenzielle oder tatsächliche Vernetzung aller mit allen Bewohnern des ganzen Erdkreises meint, wie dies für die Gegenwart angenommen oder diskutiert wird, kann natürlich für das frühe und hohe Mittelalter von ihr nicht die Rede sein. In der Antike und im Mittelalter wurde die Welt aber als Siedlungsraum dreier Kontinente erfasst (Abb. 6), auf denen man den Austausch von Menschen, Gütern und Ideen pflegen konnte.[5] Nur für eine Macht oder Kultur war in der Zeit Karls eine Präsenz in allen drei Teilen dieser Welt evident, das war diejenige der Muslime (Abb. 7).[6] Demgegenüber ist die Rolle Karls in der trikontinentalen Ökumene eine globalhistorisch noch offene Frage.

Neu zu untersuchen sind deshalb die Wechselbeziehungen Karls und seiner Franken mit weiteren Kulturen. Dabei muss man unterscheiden zwischen den Anderen, mit denen man in gewissem Umfang vertraut war und deren Abweichungen vom Eigenen eingeschätzt werden konnten, und den Fremden, die gänzlich unbekannt waren.[7] Zu beachten ist auch die Instabilität der Relationen. Das Andere oder Fremde konnte mindestens partiell angeeignet werden, während das Eigene zu Fremdem mutieren und sich zu Anderem weiterentwickeln mochte. Überhaupt dürfen Kulturen nicht als abgrenzbare Einheiten mit unveränderlichen Merkmalen und Grenzen bestimmt werden, sondern sie waren aspekthafte und variable Wahrnehmungen und Wertungen.[8]

Als globalhistorische Forschungsfelder haben sich in der Vormoderne imperiale Expansionen, Migrationen und Fernhandel bewährt,[9] denn gewaltsame Eroberungen oder politische Erwerbungen, Verlagerungen eines Wohnortes durch Gruppen und Einzelne sowie Beziehungen des Warenaustauschs über große Entfernungen führen unweigerlich zu kulturellen Begegnungen, Angeboten,

6 **Kaiser Augustus mit der Erdkugel der trikontinentalen Ökumene im *Liber Floridus* des Lambert de Saint-Omer, Saint-Omer, um 1120. Gent, Universitätsbibliothek**

5 **Aufstellung der Gotteshäuser und des Klerus in Jerusalem im *Commentarium de casis Dei vel monasteriis*, frühes 9. Jahrhundert. Basel, Universitätsbibliothek**

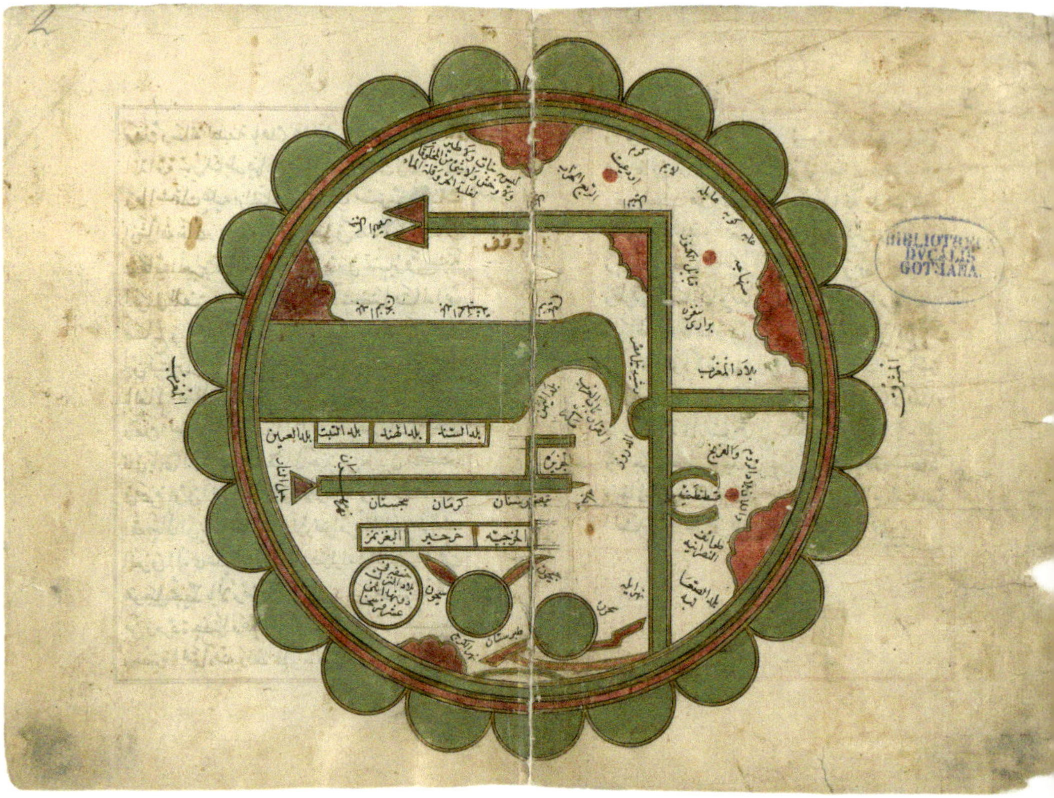

7 **Weltkarte in der Kosmografie des Pseudo-Ibn al Wardi, Abschrift um 1700. Gotha, Universitäts- und Forschungsbibliothek**

Zurückweisungen und Anverwandlungen. Deshalb stehen auch die Weisen und Grade der transkulturellen Verflechtung oder Hybridisierungen im Mittelpunkt globalhistorischer Studien.[10]

Imperiale Expansionen

Was – erstens – die imperialen Expansionen betrifft, so fällt auf, dass die Franken die von Karl unterworfenen Nachbarn schon lange kannten und mit ihnen eine Konfliktgeschichte verbanden, die teilweise bis ins 6. Jahrhundert zurückging.[11] Es handelte sich also um Andere, Christen oder Heiden, von denen man zu Recht annahm, dass man sie bekehren konnte. Auch die Muslime in Spanien waren fränkische Nachbarn (Abb. 8), aber ihre Alterität konnten Karl und seine Zeitgenossen nicht ausloten, sie blieben Fremde und wurden bekanntlich auch nicht unterworfen. Obschon nichts über direkte Einwirkungen der spanischen Muslime auf das Geistesleben des Karlsreiches überliefert ist, öffneten die fränkischen Eroberungen südlich der Pyrenäen Ideen aus Spanien den Zugang nach Norden, die von den Franken nicht als Bereicherung, sondern als fundamentale Bedrohung empfunden wurden (Abb. 9). Nichts hat Karl und seine Hofgelehrten so sehr herausgefordert wie der Adoptianismus, in dem eine andere christliche Tradition, der in Spanien lange heimisch gewesene „Arianismus", und wohl auch die muslimische Kritik an der Gottessohnschaft Christi nachwirkten.[12] Die große interkulturelle Herausforderung durch den Adoptianismus, eine Folge der imperialen Expansion unter Karl dem Großen, war allerdings auch keine Auseinandersetzung mit dem Fremden, sondern nur mit Anderen, mit Christen nämlich, deren abweichender Glaube wenigstens von den Theologen genau markiert werden konnte. Die Muslime blieben für die Franken die eigentlich Fremden, die man nur mit ihrem alten Volksnamen als Sarazenen oder ungenau als Ungläubige bezeichnen konnte, ohne von ihnen Genaueres zu wissen.[13] Immerhin aber waren sie es, die Karl den Zugang zu einer globalen Vernetzung öffneten, die über die Grenzen seines Reiches hinauswies.

Migrationen

In der Geschichte der Migrationen stehen häufig Massenwanderungen im Vordergrund des Interesses; das Karlsreich hat umfangreiche Immigrationen dieser Art aber nicht erlebt. Unter den Einwanderern findet man fast nur Christen, seien es Flüchtlinge sonst andersgläubiger Nachbarn, seien es Migranten verschiedener Motivation aus den christlichen Reichen Englands. Sie wurden von Karl nur dann nicht geduldet, wenn sie – wie ein irischer Priester in Köln – den herrschenden Festkalender ignorierten und in der Fastenzeit Fleisch aßen.[14] Wiederholte Gesandtschaften aus Andalusien[15] brachten allerdings mit manchen exotischen Geschenken auch muslimische Gefangene ins Frankenreich.[16] Wo sie geblieben sind, ist unbekannt, doch kommt wohl nur die Internierung in einem Kloster in Betracht.[17] Abgesehen von ihrer geringen Anzahl und ihrer mutmaßlichen Isolation ist für die exilierten Muslime eine nachhaltige Vermittlung ihrer kulturellen Eigenheiten, ganz zu schweigen von ihrer Religion, im Frankenreich auszuschließen. Sie blieben Fremde, die man als Heiden betrachtete.[18]

Fremde oder andere Kulturen konnten natürlich auch über die Herrscherfamilie selbst wirksam werden. Dabei fällt auf, dass Karl selbst, sein 771 verstorbener Bruder Karlmann sowie sein zum Haupterben bestimmter Sohn Karl der Jüngere (gest. 811) die einzigen männlichen Karolinger waren, die selbst

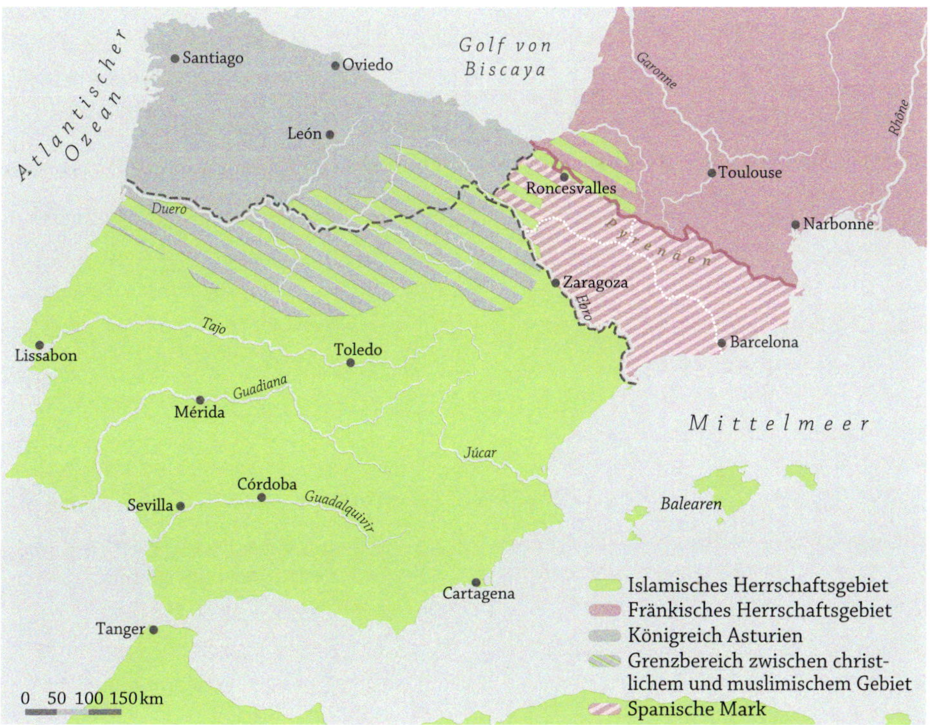

8 Muslimisch und christlich besiedelte Gebiete in Spanien um 800

9 Gedenkstein an den Feldzug Karls nach Spanien auf dem Ibañeta-Pass, 1967

nicht migriert sind, also ihren Lebensmittelpunkt auf Dauer oder vorübergehend an Orten außerhalb des fränkischen Kernraumes fanden.[19] Karl und Karlmann kannten aus ihrer Jugend die Fremde nur durch Kriegszüge mit ihrem Vater Pippin nach Aquitanien, von wo aus sie *ad propria* („in die Heimat") zurückgekehrt waren.[20] Später hat sich Karl zwar auf Heereszügen und bei Reisen zum Papst wiederholt in Gebieten jenseits seiner Reichsgrenzen aufgehalten, aber ohne sich dort niederzulassen.[21] Was es bedeutet, sich in einer fremden Welt zurechtzufinden, hat er selbst nicht erfahren. Entsprechendes gilt von seinem gleichnamigen Sohn. Demgegenüber entfernte er seine beiden anderen Söhne aus der Ehe mit Hildegard schon als Kinder von seinem Hof und der *Francia*, sodass es mit Ludwig dem Frommen ein aquitanischer Remigrant war, der in Aachen seine Nachfolge antreten sollte.[22] Die übrigen Söhne und die männlichen Enkel Karls wurden, soweit bekannt ist, unter diesem selbst und spätestens unter seinem Nachfolger ebenfalls vom fränkischen Hof getrennt.[23]

Auch auswärtige Heiratsverbindungen hat Karl für sich und seine Kinder vermieden.[24] Am weitesten vorangetrieben war noch die Vermählung seiner Tochter Rotrud mit dem Sohn der Kaiserin Irene,[25] die, wie der langobardische Dichter am Hof, Paulus Diaconus, träumte, die Macht des Frankenreiches bis nach Asien ausdehnen sollte.[26] Doch trotz Unterrichtung in Griechisch und im byzantinischen Hofzeremoniell durch einen entsandten Eunuchen, die die Ernsthaftigkeit des Plans belegen, brach Karl das Vorhaben in letzter Minute ab.[27] Weder durch seine Eroberungen noch durch Immigrationen wurde das Reich Karls des Großen also Schauplatz transkultureller Verflechtungen zwischen den Franken selbst und Fremden. Die globalhistorische Verheißung, dass sich an jedem Platz der Welt die Hybridisierung von Kulturen beobachten lasse, erfüllt sich hier insofern nicht.

Anders ist es aber außerhalb des Frankenreiches gewesen. Einhards Behauptung, dass Karl „weit übers Meer", nämlich nach Syrien, Ägypten und Afrika, nach Jerusalem, Alexandria und Karthago, „Geld zu schicken pflegte", wenn dort Christen in Not waren,[28] lässt sich für die Heilige Stadt belegen. Alle diese Länder und Städte waren kirchlich eigentlich nach Konstantinopel ausgerichtet und standen unter der Herrschaft des Kalifen von Bagdad oder anderer muslimischer Fürsten. Durch eine neue Untersuchung ist klargestellt, dass in den letzten Jahren Karls mindestens 406 Mönche und Nonnen in Jerusalem lebten, darunter knapp 60 aus dem Westen Europas.[29] Schon vor dem Jahr 800 bestand auf dem Ölberg ein Kloster lateinischer Mönche, die entweder durch Karl selbst angesiedelt oder aber so durch ihn gefördert worden waren, dass ihr Haus von Griechen für ein fränkisches Kloster gehalten wurde.[30] Um 808/810 ist am Grab Christi ferner eine Gemeinschaft von gottgeweihten Frauen *de imperio domni Karoli* („vom Kaiserreich des Herrn Karl") bezeugt (Abb. 5).[31] Es gab also am Beginn des 9. Jahrhunderts an den Heiligen Stätten von Jerusalem eine nicht unbeträchtliche Anzahl geistlicher Emigranten aus dem Frankenreich, die bereit war, unter muslimischer Herrschaft zu leben und sich mit dem griechischen Patriarchat auseinanderzusetzen.

Die Aufgabe der Franken in Jerusalem war zweifellos vor allem das Gebet für Karls Heil und sein Reich. Die fromme Motivation reichte sogar über den christlichen Kontext im engeren Sinne hinaus, weil Karls Vorbild König David war.[32] Seine Gelehrten redeten ihn selbst mit dem Namen des alttestamentlichen Königs an, und Alkuin, der *spiritus rector* der Hofgesellschaft, stand mit dem Patriarchen von Jerusalem in freundlichem Kontakt.[33] Undenkbar ist hingegen, dass die Mönche aus dem Westen hätten Mission treiben wollen; das wäre ihr sicheres Todesurteil gewesen. In der Forschung ist darauf hingewiesen worden, dass zwischen Christen und Muslimen ein stillschweigender Konsens über die Aufteilung ihrer Welt herrschte, sodass keine Seite ihre Grenzen zur Verbreitung des eigenen Glaubens überschritt.[34] Die fränkischen Mönche und Nonnen belegen aber, dass Karl der Große entschlossen war, heikle kulturelle Existenzen, nämlich Christen unter muslimischer Herrschaft, zu fördern. Besonders eindrucksvoll ist dabei, dass 17 gottgeweihte Frauen aus seinem Reich bereit waren, an dem Karl geschenkten Grab Christi zu dienen.[35] Sie konnten ja keine bedeutenden liturgischen Funktionen wahrnehmen und sich nicht einmal an dogmatischen Auseinandersetzungen beteiligen wie ihre männlichen Kollegen; zu ihrem Schutz waren sie wohl nur auf die Mönche aus dem Westen verwiesen, die sich selbst der Willkür von Muslimen und sogar Griechen ausgesetzt sahen. In Jerusalem unterstützte, mit anderen Worten, Karl der Große eine Symbiose lateinischer Christen mit Fremden, die er in seinem europäischen Reich nicht geduldet hat.

Fernhandel

Was nun – drittens – den Fernhandel angeht, so haben Juden vielleicht nur in Ausnahmefällen zwischen Westeuropa und der Levante oder gar darüber hinaus bis nach Indien und China agiert,[36] aber zweifellos hat Karl der Große selbst Entscheidendes dazu beigetra-

10 Reformdenar Karls des Großen aus dem Münzschatz von Illanz, Pavia, um 800. Chur, Rätisches Museum

11 Penny König Offas von Mercien aus dem Münzschatz von Illanz, Canterbury, um 780. Chur, Rätisches Museum

12 Dirhem des Kalifen al-Mahdī, Bagdad, 782/783. Chur, Rätisches Museum

gen, den Handel zwischen seinem Reich und dem Osten zu intensivieren.[37] In Europa war es der Sieg über die Awaren, der den alten Handelsweg entlang der osteuropäischen Flüsse wiederbelebte.[38] Ungefähr seit 780 strömte arabisches Silber in ungeheuren Mengen nach Skandinavien; ob das Edelmetall, eingeschmolzen und weiterverarbeitet, auch die Grundlage für den Aufschwung der fränkischen Silberwährung gebildet hat, ist schon erörtert worden.[39] Auch hat man in der Gestaltung der karolingischen Denare die Nachahmung kufischer Inschriften auf den arabischen Dirhems sehen wollen (Abb. 10–12).[40] Als Karl um 793/794 das Gewicht seiner Silbermünzen auf etwa 1,7 Gramm anhob, scheint er sich an den arabischen Geldstücken, der „Leitwährung der Mittelmeerwelt", orientiert zu haben.[41] Die Eroberung Italiens hat auch den Handel, zumindest den Güteraustausch, über die Alpenpässe belebt.[42]
Vor wenigen Jahren hat zudem der amerikanische Historiker Michael McCormick gezeigt, wie stark die Kommunikation und damit auch der Handel im Mittelmeer unter Karl dem Großen aufgeblüht sind.[43] Die beiden arabischen West-Ost-Routen wurden wieder durch eine Nord-Süd-Verbindung verknüpft (Abb. 13). Der dramatischste Wandel vollzog sich in der Adria mit dem Aufstieg Venedigs. Um 730 noch auf regionalen Schiffsverkehr beschränkt, entwickelten sich die Salzhändler an der Lagune auch zu Sklavenexporteuren in die Länder des Islam. Ende des 8. Jahrhunderts bestand schon ein regelmäßiger Pendelverkehr zwischen Venedig und Palästina. Der entscheidende Partner der Lateiner war die Welt des Islam. „Dort lag", so McCormick, „im achten und neunten Jahrhundert das Geld und dorthin wandten sich die europäischen Schiffsverlader."[44]

Karl der Große in der Globalgeschichte

Auch wenn Michael McCormick seine Befunde als „Ursprünge der europäischen Wirtschaft" deutet, ist sein historischer Blick rückwärtsgewandt. Unter den Karolingern und besonders durch Karl den Großen selbst sei die antike Einheit der Mittelmeerwelt wieder hergestellt worden. Ich wollte hingegen nach vorn schauen und fragte nach dem Ort Karls des Großen in der Globalgeschichte. Dazu lassen sich jetzt klare Antworten geben. Sowohl als Eroberer als auch in seiner Migrationspolitik beschränkte sich Karl der Große auf die Integration von Anderen, entweder auf

Christen oder aber auf Heiden, die den Franken längst bekannt waren. Bei der Expansion seines Reiches klammerte er die wichtigsten angrenzenden Fremden, die Muslime, aus, und den seltenen Einwanderern dieser Gruppe räumte er keine Entfaltungsmöglichkeiten ein. Karl blieb der Herrscher eines rein europäischen Reiches, während die muslimische Glaubensgemeinschaft einen Staatengürtel über alle Teile der vormodernen trikontinentalen Ökumene gelegt hatte. Allem Anschein nach sorgte er allerdings für eine Vernetzung des fränkischen mit dem arabischen Fernhandel. Seine erstaunlichste globale Leistung war, dass er Mönche und Nonnen seines Reiches in Jerusalem unterstützte oder gar selbst ansiedelte, obwohl die Heiligen Stätten kirchlich nach Konstantinopel orientiert waren und politisch unter der Gewalt des Kalifats standen. Dabei ließ er sich vom Vorbild des antiken Imperiums ebenso leiten wie von biblischer und näherhin christlicher Überlieferung. Die frommen Frauen und Männer aus seinem Reich folgten mit ihrer *peregrinatio*, also ihrem „Leben in der Fremde", der Aussendung Jesu Christi, sie konnten und wollten aber keine Mission treiben. Vielmehr beschränkten sie sich, wie besonders beeindruckend die 17 Sanktimonialen am Grab des Erlösers dokumentieren, auf Gebet und Liturgie. Ihr Zweck war, von außen betrachtet, nur das Dasein von Fremden unter Fremden, also eine Lebenslage, die Karl der Große in seinem Reich gerade zu verhindern wusste.

Umso deutlicher tritt hervor, wie nahe die Existenz der Jerusalemer Mönche und Nonnen den Erfahrungen unserer Gegenwart, also der globalisierten Welt, kommt. Man könnte versucht sein zu konstatieren, dass Karl der Große durch seine frommen Emigranten die räumliche Weite der muslimischen Gemeinde (*Umma*) ausgeschritten habe, zumal er auch nach Afrika Almosen geschickt haben soll. Trotzdem wäre es falsch zu sagen, dass er gewissermaßen ein „Global Player" auf dem Rücken der Araber geworden ist. Denn in einem, doch wohl entscheidenden, Punkt übertraf er noch die Muslime. Diese haben nämlich traditionell die Fremde gemieden. Aus der Frühgeschichte der Gemeinde hatten ihre Rechtsgelehrten die Vorschrift abgeleitet, dass sie im Land der Ungläubigen nicht leben dürften.[45] Die Christen haben sich bekanntlich, ebenso aus religiösen Gründen, genau umgekehrt verhalten. Wenn es als Kennzeichen der Globalisierung gelten kann, immer wieder Grenzen zu überschreiten,[46] gehörten die Christen, und zwar schon im Mittelalter mit Karl dem Großen unter ihnen, geradezu zu ihren wichtigsten Protagonisten.

13 Ansicht des Kanals (*Fossa Carolina*), den Karl der Große 793 bauen ließ, um den Handel zwischen West und Ost zu erleichtern

καὶ τὴν αἰσχύνην μου καὶ τὴν ἐντρο
πήν μου· ἐναντίον σου πάντες οἱ θλί
βοντές με·
Ὀνειδισμὸν προσεδόκησεν ἡ ψυχή μου·
καὶ ταλαιπωρίαν· καὶ ὑπέμεινα συλ
λυπούμενον καὶ οὐχ ὑπῆρξε· καὶ
παρακαλοῦντας καὶ οὐχ εὗρον·
Καὶ ἔδωκαν εἰς τὸ βρῶμά μου χολήν·
καὶ εἰς τὴν δίψαν μου ἐπότισάν με ὄξος·
Γενηθήτω ἡ τράπεζα αὐτῶν ἐνώπιον
αὐτῶν εἰς παγίδα καὶ εἰς ἀνταπό
δοσιν καὶ εἰς σκάνδαλον·
Σκοτισθήτωσαν οἱ ὀφθαλμοὶ αὐτῶν
τοῦ μὴ βλέπειν· καὶ τὸν νῶτον αὐ
τῶν διαπαντὸς σύγκαμψον·
Ἔκχεον ἐπ᾽ αὐτοὺς τὴν ὀργήν σου· καὶ
ὁ θυμὸς τῆς ὀργῆς σου καταλά
βοι αὐτούς·
Γενηθήτω ἡ ἔπαυλις αὐτῶν ἠρημω
μένη· καὶ ἐν τοῖς σκηνώμασιν αὐ
τῶν μὴ ἔστω ὁ κατοικῶν·
Ὅτι ὃν σὺ ἐπάταξας αὐτοὶ κατεδίωξαν·
καὶ ἐπὶ τὸ ἄλγος τῶν τραυμάτων μου

Byzanz
Eine marginalisierte Weltmacht

Michael Grünbart

Im Folgenden sollen Aspekte der byzantinischen Geschichte beleuchtet werden, die vor allem Vorgänge des 8. und 9. Jahrhunderts betreffen. Es wird um den Kontakt beziehungsweise Konflikt oder die Verflechtung mit den an das Oströmische Reich angrenzenden Regionen in Ost und West gehen. Ein zweiter Teil befasst sich mit der Auseinandersetzung um die Bilder, mit dem Bilderstreit oder Ikonoklasmus, der – vielleicht überbewertet – die byzantinische Innenpolitik beeinflusste. Beide Ereignisse wirkten auch auf den Gang der karolingischen Geschichte, die in einem dritten Teil behandelt wird.

Das Oströmische Reich und der Osten

Schon im Jahr 53 v. Chr. wurden die Römer durch die Niederlage des Politikers Marcus Licinius Crassus bei Karrhai in Nordmesopotamien auf die parthische Macht im Zweistromland aufmerksam. Aber erst im 3. Jahrhundert kam es zu Friedensverträgen mit ihren Nachfolgern, den Sassaniden.
Das sassanidische Großkönigtum stellte für das byzantinische Kaisertum vom 4. Jahrhundert bis in die 20er-Jahre des 7. Jahrhunderts nicht nur einen Gegner, sondern anders als die germanischen Nachfolgereiche auch einen anerkannten, ebenbürtigen Partner dar.[1] Kaiser Justinian I. operierte erfolgreich und erwirkte lange Friedenszeiten durch Verhandlungen (Abb. 15). Kaiser Herakleios vermochte es, nach Jahren der Stagnation, den sassanidischen Großkönig Chosrau II. durch einen von den byzantinischen Zeitgenossen bewunderten Militäreinsatz zu Fall zu bringen.[2] Wie bedrohlich die Situation für das Römische Reich gewesen war, zeigt der Umstand, dass die Sassaniden in Verbindung mit Awaren und Slawen die Einnahme Konstantinopels anstrebten (626). Das byzantinische Kaisertum stellte seit Konstantin dem Großen den Anspruch, die *Oikumene*, also die christlich bewohnte Welt, zu beherrschen, realpolitisch konnte Justinian dies im 6. Jahrhundert noch umsetzen.[3] Kontrolliert wurde der Mittelmeerraum von Konstantinopel, dem Zentrum des Oströmischen Reiches, aus, welches im 7. Jahrhundert jedoch nicht mehr – zumindest in Gedanken – die unabdingbare Voraussetzung gewesen zu sein schien. Der aus Karthago kommende Exarch, der Stellvertreter des Kaisers, und Usurpator Herakleios hatte am Beginn seiner Herrschaft (ab 610) erwogen, das Verwaltungszentrum nach Nordafrika zu verlegen. In der Mitte des 7. Jahrhunderts weilte Kaiser Konstans II. in seinen letzten Regierungsjahren in der Stadt Syrakus, die er bis zu seiner Ermordung als Residenz auserkoren hatte.
Im Jahr 629 gewann Herakleios Jerusalem aus sassanidischer Hand zurück und damit auch das Heilige Grab, das sich in der auf Kaiser Konstantin zurückgehenden Grabeskirche befand. Die 614 geraubte Kreuzesreliquie brachte Herakleios aus dem sassanidischen Reichszentrum Ktesiphon (seit 226) zurück. Nur kurz konnte sich der Kaiser in seinen Erfolgen sonnen und die mühevoll befriedeten Regionen im Vorderen Orient halten. Gleichsam über Nacht musste er sich gegen

14 Die Feinde Christi und die Bilderfeinde im *Chludov-Psalter*, Konstantinopel, 2. Hälfte des 9. Jahrhunderts. Moskau, Staatliches Historisches Museum

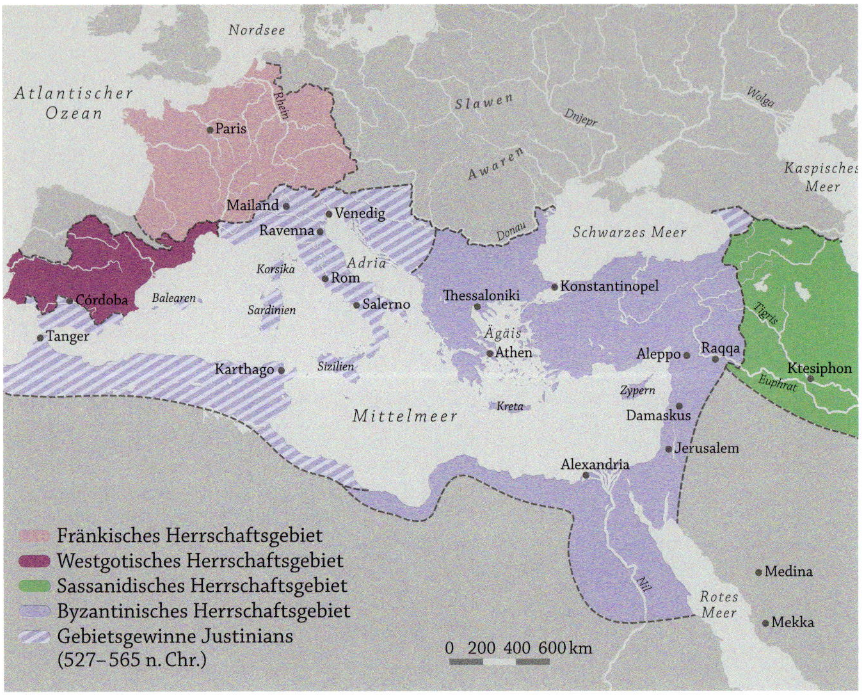

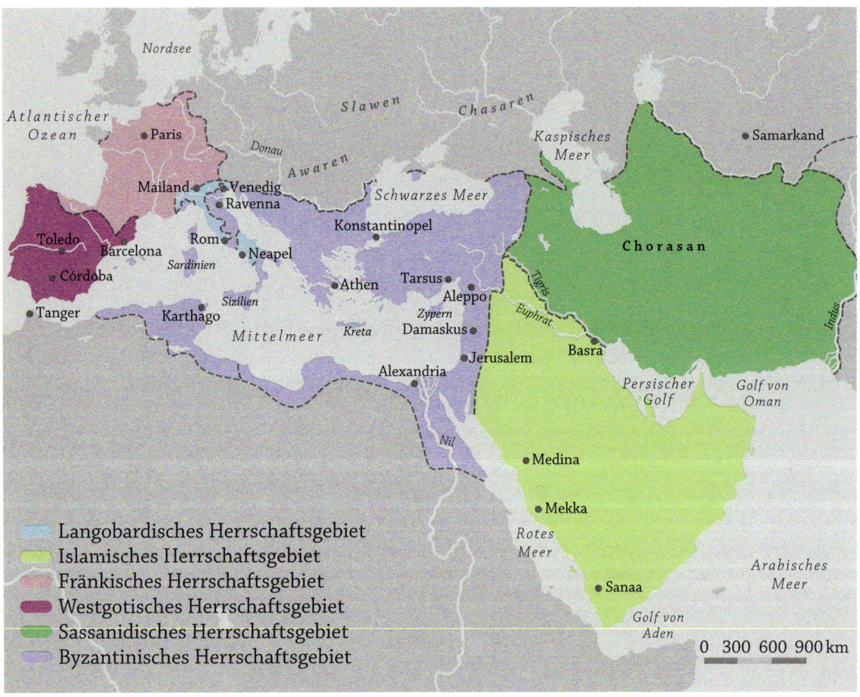

15 und 16 **Mächteverhältnis im Mittelmeerraum um 565 und um 632**

einen bislang unbekannten Konkurrenten von der Arabischen Halbinsel einrichten (Abb. 16). Der Prophet und Religionsstifter Mohammed hatte es geschafft, innerhalb einer Dekade eine muslimische Gemeinschaft (*Umma*) mit einem sich entwickelnden Verwaltungssystem gegen die traditionellen Stammesverbände durchzusetzen.

Der arabische Raum war in der Antike nicht unbekannt, hatte aber für die großen politischen Entwicklungen im mediterranen Raum eher untergeordnete Bedeutung eingenommen – zumindest aus der Sicht der modernen europäischen Forschung.[4] Unter den Sarazenen verstand man schon im Römischen Reich nomadische Stämme, die klar abgegrenzt von den Parthern oder Sassaniden waren.[5] Gerne wurden die Sarazenen, insbesondere die Ġassaniden und Jafniden aus Südarabien,[6] von den Kaisern in Konstantinopel und von den sassanidischen Großkönigen in Ktesiphon als Verbündete angeworben. Dass die Oströmer ein Interesse hatten, auf der Arabischen Halbinsel Einfluss zu gewinnen, zeigt der Umstand, dass Justinian I. danach strebte, auch dort das Christentum zu verbreiten. So ließ er in den 530er-Jahren in Sanaa eine Kirche mit prächtigen Ausstattungen errichten.[7] Im Jahr 636 kam es zur ersten, für die Oströmer einschneidenden Begegnung mit den Neuankömmlingen am Yarmūk, dem linken Nebenfluss des Jordan zwischen Syrien und Jordanien. Diese Auseinandersetzung leitete den sukzessiven Abzug der Byzantiner in der Region ein. Rückeroberungen konnten in den folgenden Jahrhunderten durch Krisenzeiten innerhalb der Kalifate, seltener aus eigenen Kräften (wie Mitte des 10. Jahrhunderts) oder durch (indirekte) auswärtige Hilfe (wie beispielsweise durch die Kreuzfahrer) eingeleitet werden, wenngleich im politischen Denken und territorialen Selbstverständnis des byzantinischen Kaisertums die Heilige Stätte stets inkludiert war. Eine weitere Schwierigkeit für das orthodoxe Kaisertum war, dass in Antiochia und in Alexandria die theologische Position des Mono- oder besser Miaphysitismus, demzufolge es in der Person Christi nur eine, nämlich die göttliche Natur gebe, ab dem 5. Jahrhundert die dominierende religiöse Strömung war, die in Opposition zu der von Konstantinopel forcierten und einzig akzeptierten Übereinkunft von Chalkedon (451) stand. Auf dem Konzil von Chalkedon wurde über das Verhältnis von göttlicher und menschlicher Natur in Christus diskutiert. Man einigte sich auf die Formel, dass Christus zugleich wahrer Gott und wahrer Mensch sei, wobei die Naturen unvermischt und ungetrennt blieben.

Die Ursachen für den überwältigenden Erfolg der Araber lassen sich nicht eindeutig fassen, weder Missionsauftrag noch eine politische Konzeption der Expansion sind nachweisbar.[8] Allerdings wurde die Gottgewolltheit des Bekenntnisses zum Islam nun betont und damit die Herrschaft über die Ungläubigen legitimiert (ohne sie aber bekehren zu wollen). Die rasche Expansion der Araber beruhte sicher auch auf den günstigen Bedingungen, die sie Kapitulierenden gewährten: Nicht nur ihr Leib und Leben wurde geschützt, auch ihre freie Religionsausübung und ihr Besitzstand wurden garantiert. Sukzessive gingen viele Städte in der Levante an die Araber: 635 Damaskus, 637 Jerusalem, 640 Caesarea in Palästina, 642 Alexandria und damit ganz Ägypten.[9] Kalif Muʿāwiya begründete die Dynastie der Umayyaden, die bis in das Jahr 750 an der Macht waren und in Damaskus ihr Regierungszentrum hatten. Als deren bedeutendster Kalif gilt ʿAbd al-Malik: Er setzte das Arabische als Verwaltungssprache gegen Griechisch und Mittelpersisch (*Pahlavi*) durch. Als Bauherr demonstrierte er seine Opposition zur christlichen Religion durch den Jerusalemer Felsendom (Abb. 17), der um 692 fertig-

17 Altstadt und Felsendom von Jerusalem

18 Grabeskirche in Jerusalem

gestellt wurde und als Gegenposition zur Grabeskirche (Abb. 18) intendiert war, setzte aber gleichzeitig römisch-byzantinische Bautraditionen fort. Die zwischen 706 und 717 errichtete al-Aqsa-Moschee (Abb. 19) in Jerusalem wirkte als Vorbild für die noch heute stehende Umayyaden-Moschee in Damaskus aus den Jahren 708 bis 715 (Abb. 20), an deren Errichtung syrische, byzantinische und koptische Handwerker mitwirkten.

Im Laufe ihrer Expansion gelangten die Umayyaden in den Besitz der vormals byzantinischen Schiffsbaustätten am Mittelmeer (Alexandria, Caesarea Maritima und Tripolis im heutigen Libanon), deren Produkte sie rasch als logistische Unterstützung für ihre Operationen gegen die byzantinische Marine verwenden konnten. Schon in den 670er-Jahren erreichten sie das Marmarameer und errichteten auf der Halbinsel Kyzikos, also Konstantinopel gegenüber gelegen, einen Brückenkopf, eine Wehranlage. Von dort aus setzten sie in den Sommermonaten nach Thrakien über, um die Stadt von der Landseite einzunehmen, doch blieben die theodosianischen Landmauern ein unüberwindliches Bollwerk. Im Jahr 678 fuhren die umayyadischen Truppen unverrichteter Dinge wieder ab, als sich Kaiser Konstantin IV. gegen sie – auch mithilfe des griechischen Feuers, einer militärischen Brandwaffe – durchsetzen konnte.[10] Kalif Muʿāwiya musste in einem Friedensvertrag die Inseln in der Ägäis an Byzanz abtreten.

Waren die Umayyaden an der Nordostgrenze weniger erfolgreich gegen die Byzantiner, so setzte sich der Eroberungszug der Araber an der Küste Nordafrikas ohne Probleme fort. Schon 647 konnten sie Gregor, den byzantinischen Exarchen von Karthago, besiegen, die Stadt blieb aber noch bis 698 eine oströmische Enklave. Die byzantinische Besatzung ver-

19 Innenansicht der al-Aqsa Moschee in Jerusalem

20 Innenansicht der Großen Moschee in Damaskus

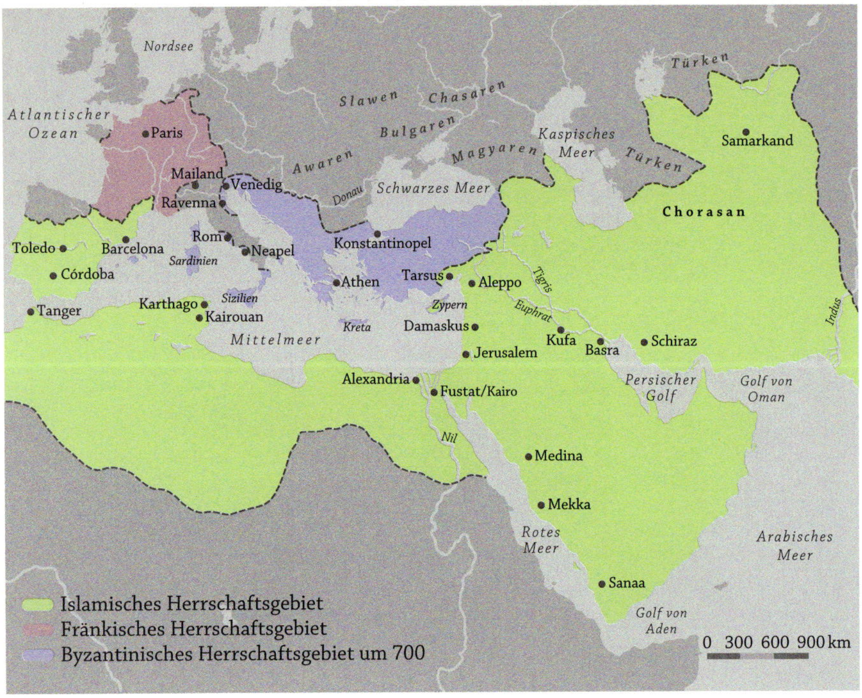

21 Mächteverhältnis im Mittelmeerraum um 750

suchte im Frühjahr 698 erfolglos Hilfe von den Westgoten und den Franken zu bekommen, Karthago ging endgültig verloren.[11] Im Jahr 711 überquerten Truppen unter dem umayyadischen Feldherrn Ṭāriq ibn Ziyād die Meerenge von Gibraltar nach Spanien und bereiteten dem Westgotenreich ein Ende. Die Bedrohung für Konstantinopel war jedoch noch nicht vorüber: 717 begann abermals eine Offensive durch den umayyadischen Feldherrn Maslama ibn ʿAbd al-Malik, die jedoch im folgenden Jahr mit einem Desaster für die Araber endete. Durch die Einsicht, die Hauptstadt nicht einnehmen zu können, änderte sich die Taktik allmählich und man forcierte die Angriffe über Kleinasien in den folgenden Dekaden. Die sarazenische Piraterie beeinträchtigte die gesamte Ägäisregion jedoch bis ins 10. Jahrhundert. So erfolgte im Jahr 904 die Plünderung Thessalonikis durch Leon von Tripolis. Innere Spannungen und Auseinandersetzungen im arabischen Machtbereich führten im Jahr 750 endgültig zur Etablierung der abbasidischen Dynastie (Abb. 21), die bis 1258 Bestand hatte. Mit den neuen Machthabern erfolgte eine Verlagerung des Zentrums nach Osten: Bei Bagdad, südöstlich der sassanidischen Metropole Ktesiphon, wurde eine neue Palaststadt errichtet, die 758 den Namen Madînat as-Salâm („Stadt des Heils") verliehen bekam. Zugleich erfolgte auch eine Veränderung der zeremoniellen Kultur, die Abbasiden orientierten sich stärker an ihren persischen Vorgängern (beispielsweise in der Herstellung von Prunksilber und der Hochschätzung der herrscherlichen Jagd, welche auf unterschiedlichen Medien visualisiert wurde).[12] Für Byzanz schien diese räumliche Verschiebung aufgrund der größeren Distanz zunächst Vorteile zu bringen, für die Abbasiden hingegen nahmen die Schwierigkeiten in der Kommunikation und der Verwaltungskontrolle zu. Das Hauptproblem einer dauerhaften Besetzung des byzantinischen Kleinasien lag in dem logistischen Aufwand begründet. Nach der Überquerung des Taurusgebirges traf man im anatolischen Hochland auf dünne Besiedlung, was sich nachteilig auf Versorgungsmöglichkeiten größerer Truppenteile auswirkte. Kaiser Konstantin V. hatte in den 750er-Jahren zudem eine entvölkerte Pufferzone geschaffen; Eindringlinge stießen auf ein Netzwerk befestigter Plätze und wohlorganisierte Strukturen, die sogenannte Themenordnung, eine neu entwickelte, dezentrale militärische Organisation des Byzantinischen Reiches.

Auch in der Endphase des Bilderstreits beeinflussten die Kalifen den Gang der oströmischen Geschichte nach wie vor massiv: 824 oder 827/828 wurde die strategisch und wirtschaftlich wichtige Insel Kreta erobert, die erst 961 wieder vollständig byzantinisch wurde. Die nächste, weiter westlich gelegene Insel Sizilien geriet auch unter arabische Dominanz (827–878 unter den Aghlabiden mit Einverständnis des Kalifen), Palermo wurde 831 eingenommen. Im Jahr 846 hinterließ ein sarazenischer Raubzug gegen Rom, der tiberaufwärts geführt wurde, eine Spur der Verwüstung. Im folgenden Jahr fiel Bari an eine der Sarazenengruppen und wurde zu einem Emi-

rat, das bis weit nach Apulien reichte und bis 871 Bestand hatte (Abb. 22).[13]
In der Außenpolitik führte Kaiser Theophilos Verhandlungen mit den Arabern, unternahm aber auch einen Kriegszug in die kilikischen Grenzgebiete, wo er 831 einen großen Erfolg feiern konnte. Dieser Sieg wurde propagandistisch ausgewertet und mit der konsequenten Anti-Bilderpolitik Theophilos' in Verbindung gebracht. In den folgenden sechs Jahren stand das Glück meist auf der Seite der Byzantiner. Effektiv erwies sich die Entwicklung eines Feuertelegrafen mittels der Errichtung von Feuersignalstationen (wahrscheinlich) durch Leon den Mathematiker; mit diesem System wurden Feindbewegungen rasch von der Ostgrenze in die Hauptstadt gemeldet und Gegenmaßnahmen eingeleitet.[14] Die Biografie Leons vermittelt auch ein Bild des Wissensaustausches und der Kompetenzvermittlung zwischen West und Ost. Leon galt als einer der hochgebildetsten Männer seiner Generation; einer seiner Schüler, der von den Arabern gefangen genommen wurde, veranlasste den Kalifen al-Maʾmūn, ihn nach Bagdad einzuladen, doch Leon blieb in Konstantinopel. Nach dem Ende des Bilderstreits wurde Leon als Lehrer an der Magnaura-Schule am Kaiserpalast eingestellt, wo er Geometrie, Arithmetik, Astronomie, Grammatik und Philosophie unterrichtete sowie astronomische und mathematische Schriften sammelte.
Im Jahr 838 unterlag Kaiser Theophilos dem Kalifen al-Muʿtaṣim bei Dazimon. Einen argen Imageverlust bedeutete die arabische Einnahme von Amorion, dem Herkunftsort der Dynastie des Theophilos, wodurch die Kritiker des Ikonoklasmus allmählich die Oberhand gewannen. Sie sahen darin ein Zeichen Gottes gegen Theophilos, der vier Jahre danach starb.

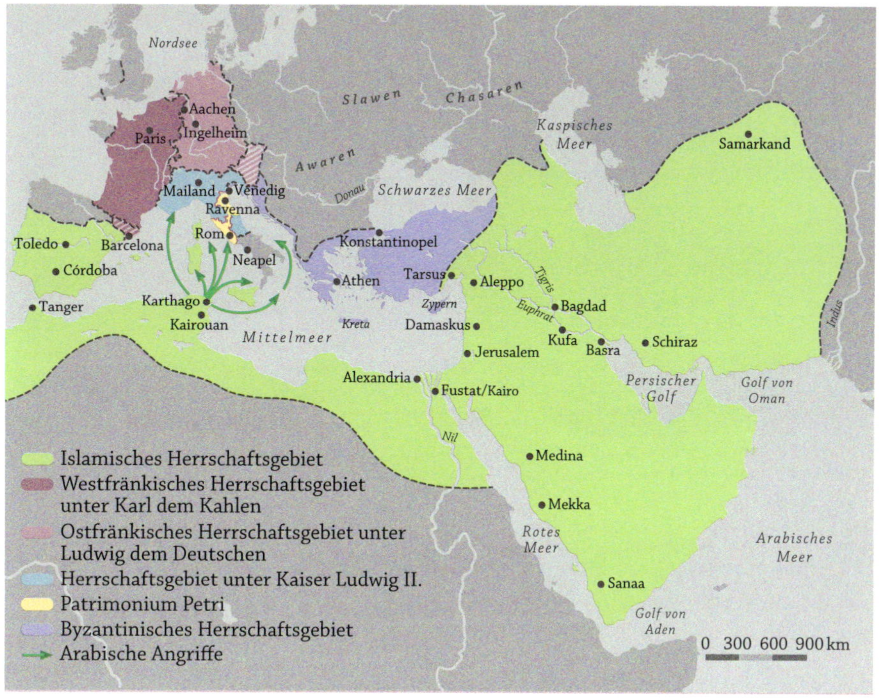

22 **Mächteverhältnis im Mittelmeerraum um 870**

Die Auseinandersetzungen um die Verehrung des Heiligen

Ein Phänomen, das die innenpolitische Entwicklung des Oströmischen Reiches – zumindest der Quellenlage entsprechend – mehr als ein Jahrhundert prägte, war der schon genannte Bilderstreit, der sich in zwei Phasen unterteilen lässt: eine erste Phase von 726 bis etwa 787 und eine zweite von 815 bis 842. Die siegreiche Partei beeinflusste die Überlieferung nachhaltig (Abb. 14), wie in der Forschung mehrfach nachgewiesen werden konnte.[15]
Noch unter Kaiser Justinian II. gab es eine Innovation des Münzbildes (Abb. 23), da zum ersten Mal die Darstellung des *Christos Pantokrator* (ab 692) auf der (nun) Vorderseite eines

23 **Solidus Kaiser Justinians II., Konstantinopel, 692–695. Recklinghausen, Ikonen-Museum**

24 **Siegel Kaiser Leons III., Konstantinopel, 717–720. Washington, D.C., Dumbarton Oaks Research Library and Collection**

byzantinischen Solidus gegeben war. Möglicherweise ist diese Innovation in Zusammenhang mit dem Konzil Quinisextum oder der Trullanischen Synode (691/692) zu sehen, wo im 73. und 82. Kanon besonders auf die Verehrung des Kreuzes und des menschlichen Christus fokussiert wurde.[16] Da die Beschlüsse jedoch teilweise für Rom und den Westen inakzeptabel waren, weil sie der dortigen Praxis widersprachen, weigerte sich Papst Sergius I., die Akten zu unterzeichnen, ja er weigerte sich sogar, sie offiziell in Empfang zu nehmen.

Die Auslöser des Bilderstreits im Oströmischen Reich lassen sich nicht eindeutig klären,[17] der Protagonist war Kaiser Leon III. Dieser hatte bei seiner Krönung durch den Patriarchen Germanos seine Rechtgläubigkeit beschworen[18] und sich am Beginn seiner Herrschaft mit der *Theotokos Hodegetria*, dem Bildnis Mariens als *Wegweiserin*, auf Siegeln darstellen lassen (Abb. 24). Ab 726 nahm Leon III. eine bilderfeindliche Haltung ein, während der Patriarch Germanos bilderfreundlich blieb. Der Kaiser ließ das Christusbild vom Ehernen Tor (Chalke-Tor) des Kaiserpalastes abnehmen und durch eine Inschrift ersetzen, in der davon die Rede war, dass man das Kreuz wie in der alten Kirche verehren solle.[19] Zudem verschwanden bildliche Darstellungen heiliger Gestalten von Münzen. Das Kreuz rückte seit Kaiser Herakleios rund hundert Jahre zuvor und seinen Nachfolgern besonders in den Vordergrund der Verehrung: Man wollte wie Kaiser Konstantin, dem bei der siegreichen Schlacht gegen Maxentius an der Milvischen Brücke im Jahr 312 am Himmel ein Kreuz erschien, in seinem Zeichen Erfolge verbuchen.[20]

Ein Edikt oder eine Erklärung gegen die Bilder wurde erst im Januar 730 erlassen. Leon III. erhoffte sich, die Zustimmung des Patriarchen Germanos zu erhalten. Doch trat dieser zurück und in ein Kloster ein, wo er *De haeresibus et synodis* schrieb. Nicht klar rekonstruierbar ist, in welchem Ausmaß Verfolgungen durchgeführt und wie viele Bilder vernichtet wurden.

Der aus vornehmer arabischer Familie christlichen Glaubens stammende Johannes von Damaskus entwickelte sich zum exponierten Befürworter der Bilderverehrung, welche er in mehreren Schriften auch theologisch fundiert und brillant formuliert darlegte. Das Bild diene als Vermittlerin des Göttlichen oder Heiligen und habe deswegen nichts mit Götzendienst zu tun, ein Missverständnis, das später im lateinischen Westen aufgrund von Übersetzungsfehlern kursierte.[21] Sein Hauptgegner war Konstantin V., Sohn Leons III. Er berief 754 eine Synode in Hiereia ein, auf der die Herstellung von Ikonen verboten wurde. Tatsächlich wurden in den 760er-Jahren einige Bilder aus der Hagia Sophia entfernt und durch Kreuze ersetzt.

Die wesentliche Persönlichkeit für die Kalmierung des Bilderstreits beziehungsweise die Rücknahme der Erlasse Konstantins V. war Irene, die nach dem Tod Leons IV. im Jahr 780 zunächst für ihren Sohn Konstantin VI., dann bei seiner Volljährigkeit mit ihm regierte. Zwei Konzilien wurden einberufen (786 Konstantinopel, verlegt nach Nicäa 787), auf denen die Verehrung des Göttlichen durch die Bilder wieder toleriert wurde und die östliche Kirche mit dem Papsttum eine Entspannung anstrebte. Das Gegenteil war der Fall: Die Akten des zweiten Konzils in Nicäa wurden (teils missverständlich) ins Lateinische übersetzt und regten Karl den Großen an, eine Kommission einzusetzen, deren Ergebnisse unter dem Titel *Libri Carolini* vorgelegt wurden.[22] Auf der Synode von Frankfurt 794 wurden diese Dokumente nicht in vollem Ausmaß anerkannt. Zwar war Irene auf der südlichen Balkanhalbinsel erfolgreich, doch musste sie mit den Kalifen al-Mahdī und Hārūn ar-Rašīd – dieser war 782 bis ins Marmarameer vorgedrungen – Friedensverträge aushandeln. 792 wurde der Kaisertitel Irenes bestätigt, sie bezeichnete sich als *basilissa*, seltener als Basileus, dem Titel des byzantinischen Herrschers. Das Kaisertum geriet durch den Mutter-Sohn-Konflikt in eine Krise, die darin mündete, dass der rechtmäßige Thronfolger trotz eines Treuebündnisses von seiner Mutter im Jahr 797 geblendet wurde und daran starb. Papst Leo III., der 795 von Karl wieder eingesetzt wurde, erkannte Irene nicht als Kaiserin des Oströmischen Reiches an und sah den Thron in Konstantinopel als vakant an. Nach dem byzantinischen Chronisten Theophanes Confessor strebte Irene Verhandlungen über eine Heirat mit Karl an.[23] 802 wurde sie jedoch gestürzt und auf die ägäische Insel Lesbos verbannt.

Kaiser Leon V. leitete 815 mit einer Synode in Konstantinopel, mit einer Erneuerung des Bilderverbots, die zweite Phase des Bilderstreits ein, die deutlichere Spuren hinterlassen hat. Theophilos blieb als letzter Kaiser bis 842 den Restriktionen gegenüber den Bildern treu, seine Frau Theodora und ihr Sohn Michael III. ließen die Bilderfreunde aber triumphieren. Ab der Mitte des 9. Jahrhunderts expandierte das Oströmische Reich und trat weiterhin als Global Player auf. Ein neuer Konkurrenzkampf mit dem Westen tat sich auf, als es um die kirchliche Einteilung und Zugehörigkeit des südlichen Balkan ging. Es folgten die Einbindung des ersten bulgarischen Reiches und die Taufe des Khans Boris im Jahr 863 und die von Patriarch Photios forcierten Missionsbestrebungen nördlich der Donau. In den folgenden Jahrhunderten operierte das Oströmische Reich als Weltmacht.[24]

Byzanz und der Westen

Parallel zu den Ereignissen in der byzantinischen Innenpolitik oder gerade daraus erwuchsen Spannungen mit dem fränkischen Königreich. Bühne dieser Auseinandersetzungen war die Apenninen-Halbinsel, wo Byzanz eigentlich auf dem Rückzug war. Konstans II. hatte von Sizilien aus noch Feldzüge gegen das langobardische Fürstentum von Benevent unternommen und war 663 sogar huldvoll in Rom empfangen worden. Wie stark der Arm des Kaisers war, zeigt die Episode mit Papst Martin I. im monotheletischen Streit, dem Streit um die theologische Position, ob in Christus zwei Naturen wirkten, aber ein Wille. Martin stellte sich gegen Konstantinopel, sodass Konstans II. ihn 653 festnehmen und wegen Hochverrats verurteilen ließ. Bis 684 hatte der byzantinische Kaiser ein Durchgriffsrecht bei der Papstwahl, bis 731 wurden die Wahlvorschläge dem Exarchen von Ravenna, dem Stellvertreter des Kaisers in Italien, vorgelegt.

Der Stuhl Petri begann sich ab dem beginnenden 8. Jahrhundert allmählich mit den westlichen Königreichen anzufreunden,[25] während die byzantinische Herrschaft zunehmend als Fremdherrschaft empfunden wurde.[26] Das zeigte sich etwa bei Steuerleistungen für Feldzüge gegen die Araber, die Papst Gregor II. verweigerte. Leon III. gab daraufhin seinem Exarchen von Ravenna den Auftrag, den Papst beseitigen zu lassen, was dazu führte, dass der Exarch selbst 726 umgebracht wurde.[27]

Belastend erwiesen sich von Beginn an (ab 730) die bilderkritischen Erlasse, die auch für Italien Gültigkeit hatten, da der byzantinische Kaiser Schutzherr des Bischofs von Rom war.[28] Papst Gregor II. starb 731, sein Nachfolger Gregor III., dessen Wahl zum letzten Mal vom Exarchen ratifiziert wurde, wandte sich gegen den Kaiser. Er berief 731 eine Synode ein und verdammte die ikonoklastischen Bestrebungen in Ostrom. Leon III. versuchte die abtrünnigen Römer erfolglos mit einer Expedition im Jahr 732 in die Schranken zu weisen; er wies Kalabrien, Sizilien und Illyrien und Reste des Vikariats von Thessaloniki dem Patriarchen von Konstantinopel zu. Papst Zacharias intensivierte die Beziehungen zu den Franken. Mit dem Jahr 751 waren der byzantinische Faktor in Ravenna und das damit verbundene Zugriffsrecht auf Entwicklungen in Rom – insbesondere bei kirchlichen Ämterbesetzungen – verschwunden. Im Jahr 754 unterstellte sich Papst Stephan II. (III.) fränkischem Schutz.[29] Stephan II. hatte noch in Byzanz um Hilfe angesucht, doch war er von Konstantin V. abgewiesen worden, der meinte, er solle sich persönlich an den Langobardenkönig Aistulf wenden, um von ihm Ravenna zurückzuverlangen. Stephan zog tatsächlich nach Pavia und kontaktierte den Frankenkönig Pippin.

Zwar gab es in der Ewigen Stadt noch einen messbaren östlichen beziehungsweise griechischen Anteil an der Bevölkerung, was durch Zuwanderung in der Mitte des 7. Jahrhunderts verstärkt wurde, auch wurden noch Münzen mit dem kaiserlichen Konterfei bis 776 beziehungsweise 781 geschlagen, doch griff zunehmend antibyzantinische Stimmung um sich. [30]

Die päpstliche Krönung Karls des Großen zum Kaiser im Jahr 800 stellte in byzantinischen Augen natürlich eine Usurpation dar. Man dürfte ratlos gewesen sein, da ein neuer Kaiser dem Verständnis nach in Konstantinopel Einzug halten musste, um dort den Thron zu besetzen. Das Konzept eines Gegenkaisers mit eigenem Territorium scheint es in dieser Zeit (in Byzanz) noch nicht gegeben zu haben. Die Krönung Karls war jedenfalls ein weiterer Schritt seitens des Papsttums, das byzantinische Kaisertum an den Rand zu drängen. Man lehnte sich zwar im Zeremoniell an die noch strahlende Kaiserkontinuität im Osten an, aber es wurden bewusst eigene, direkte Anknüpfungspunkte an die Spätantike gesucht.[31]

Zunächst versuchten die Franken oströmischen Einfluss auf der Apenninen-Halbinsel einzudämmen.[32]

Dass sich Karl schon vor seiner Krönung in Rom global (und nicht nur nach Byzanz) orientierte, zeigen die Beziehungen zum Kalifat der Abbasiden.[33] Im Jahr 797 bemühte sich der

25 **Denar Karls des Großen, fränkisch, vor 814. Berlin, Staatliche Museen zu Berlin – Münzkabinett**

fränkische König um Kontakte zu Hārūn ar-Rašīd. Aus Jerusalem kamen 799 Mönche mit Segenswünschen und Reliquien vom Heiligen Grab zu Karl, der eine Gesandtschaft unter einem gewissen Zacharias zurückschickte. Kurz vor der Krönung im Jahr 800 kamen sie und Mönche vom Ölberg versehen mit

26 Gemmenkreuz (sogenanntes Ardennenkreuz), fränkisch, 2. Viertel des 9. Jahrhunderts. Nürnberg, Germanisches Nationalmuseum

Geschenken des Patriarchen von Jerusalem, darunter die Schlüssel zu den Heiligen Stätten (Heiliges Grab, Kalvarienberg, Ölberg), aus Jerusalem zurück.[34] Bei Einhard, dem Biografen Karls des Großen, liest man, dass der fränkische Herrscher gute Beziehungen zu Hārūn ar-Rašīd hatte, der ihm Teile von Jerusalem und insbesondere das Heilige Grab übertrug.[35] Dazu kamen auch Verbindungen des Frankenherrschers zum Wahren Kreuz. Das Kreuz wurde eines der zentralen Insignien der karolingischen Kultur (Abb. 26).[36]
Karl ließ sich auf seinen zwischen den Jahren 806 und 812 geprägten Münzen nicht nur in der Manier Konstantins des Großen mit der Legende *XPICTIANA RELIGIO* (christliche Religion) darstellen (Abb. 25), sondern er fügte auch die Darstellung eines Tempels hinzu, in dem und auf dem ein Kreuz zu sehen ist. Der Numismatiker Bernd Kluge äußert sich skeptisch gegenüber den Annahmen, es handle sich um ein zeitgenössisches Bauwerk, wie die Aachener Pfalzkapelle, die Peterskirche in Rom oder um die Grabeskirche in Jerusalem, sondern schreibt: „Das Kreuz ersetzte das

27 Monogramm Karls des Großen auf einer Urkunde, Liepvre, 774. Paris, Archives nationales

Kultbild der antiken Gottheit, aus dem heidnischen Tempel war eine christliche Kirche geworden."[37] Das mag stimmen, doch muss die Frage gestellt werden, welche heidnische Religion in der Zeit Karls des Großen damit gemeint war, die mit einem römischen Tempel symbolisiert wurde. Dabei sind die Beziehungen zur Grabeskirche eigentlich erdrückend, denn viele Varianten von Pilgersouvenirs (Abb. 28) zeigen, dass diese Darstellung geradezu typologisch geworden und im lateinischen Westen verbreitet gewesen war.[38] Der Historiker Michael McCormick macht sich ebenso für die Darstellung des Heiligen Grabes stark, da es nicht nur ikonografisch, sondern auch ideologisch Sinn macht. Karl wurde als neuer David und Salomon gefeiert, was hervorragend zu einer Verknüpfung mit Jerusalem passt, galten diese alttestamentlichen Könige doch als vorbildliche Herrscher und Bauherren (Abb. 29).[39]

Ein weiteres Argument zu einer kosmopolitischeren Einstellung des Franken soll hinzugefügt werden: Die Übertragung der Schutzherrschaft über die Heiligen Stätten kann als Schachzug des Kalifen gesehen werden, der damit die Byzantiner ausbootete und ihren traditionellen Anspruch auf die Heiligen Stätten seit Konstantin dem Großen missachtete. Karl erkannte dies beziehungsweise nahm dieses Angebot gerne an und kümmerte sich in der Folge auch um das Heilige Land, wie Einhard in seiner *Vita Karoli* vermerkt; das wird auch im *Breve commemoratorium* (Abb. 5, S. 16), dem sogenannten *Basler Rotulus* belegt, das die Heiligen Stätten mit Angaben zur Belegschaft, Größe und Ausstattung aufführte.[40]

Ein in diesen Zusammenhang passender Aspekt des Selbstverständnisses Karls ist sein Monogramm (Abb. 27). Jüngst konnte eindeutig nachgewiesen werden, dass byzantinische Vorbilder auf die Komposition des Kreuzmonogramms Karls einwirkten.[41] Manchmal wurde dieses aus griechischen Buchstaben gebildet, was wahrscheinlich aus Konkurrenz zu byzantinischen Herrschaftsansprüchen (etwa in Italien) geschah. Es zeigt aber einmal mehr, wie sich der Frankenherrscher gegen Byzanz zu behaupten versuchte. Die Vorgänge in Aachen 812, insbesondere das byzantinische Zugeständnis, dass Karl den Titel Kaiser (Basileus) persönlich tragen dürfe, bedeuten

28 Tonlampe mit der Darstellung der Grabeskirche, östlicher Mittelmeerraum (?), 6. Jahrhundert. Münster, Archäologisches Museum der Westfälischen Wilhelms-Universität

gleichsam den Schlussstein im Bemühen des fränkischen Herrschers um Anerkennung im mediterranen Raum.

Byzanz – an den Rand gedrängt?

Das Oströmische Reich war im 7. und 8. Jahrhundert zunehmender Konkurrenz aus dem Osten und Westen ausgesetzt. Die neuen Mitstreiter versuchten die byzantinische Macht zu marginalisieren, indem sie an neue (antike) Traditionen anknüpften (Karl der Große – Konstantin der Große) beziehungsweise oströmische Reservate infrage stellten und usurpierten (Übertragung des Schutzes der Heiligen Stätten von Hārūn ar-Rašīd an Karl den Großen). Sichtbar wird dieses Streben an offiziellen Dokumenten wie Münzen oder Siegeln.

Auch die Kalifen versuchten die Oströmer zurückzudrängen. Ziel war zunächst die Einnahme der Hauptstadt Konstantinopel, was trotz mehrmaliger Versuche nicht gelingen wollte. Sukzessive setzten sich arabische Flottenverbände im östlichen Mittelmeerraum durch und sicherten sich wichtige Stützpunkte wie Kreta und dann Sizilien bis weit ins 10. Jahrhundert. Eine Folge dieser Expansion war die verstärkte (Handels-)Orientierung in den Schwarzmeerraum (Ägypten war ja 619 beziehungsweise 642 von den Arabern erobert worden), was sich nach dem Ende des Ikonoklasmus stärker abzeichnete.

Die Apenninen-Halbinsel war zwar noch in politische Überlegungen der Byzantiner einbezogen, nach dem Verlust des Exarchats von Ravenna hatte das oströmische Kaisertum jedoch keinen Brückenkopf auf dem Festland mehr in Norditalien und wurde zunehmend an den Rand gedrängt. Mühsam war es für die Byzantiner in den folgenden Jahrhunderten, einen Fuß in Süditalien zu halten. Ähnlich war es in Karthago, das noch vor der Wende zum 8. Jahrhundert arabisch wurde.

Durch die ständige Bedrohung der Ränder des byzantinischen Einflussgebietes verstärkte sich der Zentralismus, Konstantinopel bildete die Mitte des Reiches. Diese Mitte war identitätsstiftender als jede andere europäische Stadt im 8. und 9. Jahrhundert. Das Byzantinische Reich wurde – grob gesprochen – in dem frühmittelalterlichen Transformationsprozess auf den Ägäisraum mit angrenzenden Landgebieten auf der Balkanhalbinsel und in Kleinasien konfiniert.

29 Fragment einer Altarschranke mit der Darstellung des Heiligen Grabes, byzantinisch, um 600. Washington, D.C., Dumbarton Oaks Research Library and Collection

שוכבת פה
אשה נבונה
מוכנת בכל
אל הנינה
חנה בת

Zwischen Nutzen und Erniedrigung

Die Juden in der Karolingerzeit

Johannes Heil

„Im Juli des Jahres [802], zu den 13. Kalenden des August, kam Isaac mit dem Elefanten und den anderen Geschenken, die der König von Persien gesandt hatte, und brachte sie in Aachen alle vor den König. Und der Name des Elefanten war Abul Abas." Diese Geschichte wie aus *Tausendundeiner Nacht*, die die *Reichsannalen* überliefern, ist weithin bekannt.[1] Dass der Jude Isaak nach vier Jahren als Einziger von der Gesandtschaft zurückkehrte, die der Frankenkönig Karl der Große 798 zum Kalifen Hārūn ar-Rašīd schickte, ist immer wieder berichtet worden. Der Forschung bietet dieser Bericht einen ersten, zugegeben sehr dünnen Anhaltspunkt zur Migration von Juden in die Länder nördlich der Alpen und der Entstehung von Aschkenas – der jüdischen Kultur von Lateineuropa. Nach mühevollem Weg überbrachte der Jude Isaak in Aachen die unübertrefflichen Gaben, zudem sicher auch Botschaften, die der Kalif den Gesandten Karls mitgegeben hatte.

Die Einzelheiten des Berichts der *Reichsannalen* werfen allerdings mehr Fragen auf, als sie sichere Informationen vermitteln. Dass der christliche Frankenkönig einen Juden seiner Gesandtschaft an den Kalifen beigab, ist noch am einfachsten zu deuten: Es darf als eindrückliches Beispiel für jenen Pragmatismus gelesen werden, den die Haltung der karolingischen Herrscher gegenüber den Juden immer wieder erkennen lässt und der, religiöse Bedenken hintanstellend, fernab aller moderner Toleranzgedanken ganz vom Streben nach Sicherung eines wohlbedachten Eigeninteresses geleitet war.[2]

Der Jude Isaak

Meist heißt es, jener Isaak sei von Karl als Dolmetscher mit auf den Weg geschickt worden. Das ist durchaus nicht falsch, bleibt aber doch recht ungenau. Denn das Dolmetschen und Vermitteln war sicherlich kaum die Aufgabe jenes Isaaks, über dessen Herkunft, Familie und Wohnort wir ansonsten nichts erfahren. Auch als Wegekundiger wäre er nur unzureichend beschrieben. Gewiss, Isaak dürfte die Reise auf den Wegen zwischen Norden, Süden und Osten gewohnt gewesen sein, ganz so wie es Notker Balbulus später in seiner Erzählung von dem Schabernack Karls mit dem Mainzer Erzbischof Richulf beschrieb, als er einen „Juden, der öfters ins Heilige Land reiste" dazu angehalten haben soll, dem (angeblich) prunksüchtigen Mainzer eine gewöhnliche, allerdings fein parfümierte Maus als „überaus kostbares Tier des Orients" zu verkaufen, und das nach langem Feilschen noch immer zu einem stattlichen Preis.[3]

Dass Juden in der Lage seien, Grenzen zu überschreiten, gehörte offenbar zum Gemeingut des Wissens bei den karolingerzeitlichen Autoren. Weshalb Juden diese Grenzen so oft und so gerne überschritten, wird in den Quellen indes erst gar nicht angesprochen. Warum auch. Diese Juden brachten von den fernen Märkten kostbare Güter mit: Seide, Weihrauch, Gewürze, Edelsteine und anderes mehr, und wenn es denn sein musste, eben auch geschenkte Elefanten.

Dass Ergebnis und Intention tatsächlich nicht deckungsgleich waren, wird dabei auch heute leicht übersehen. Denn einer wie Isaak war

30 Stele mit hebräischer Inschrift: „Grabstein der klugen [...] Frau Chana im Alter von 56", Oria, vermutlich frühes 9. Jahrhundert. Oria, Stadtbibliothek

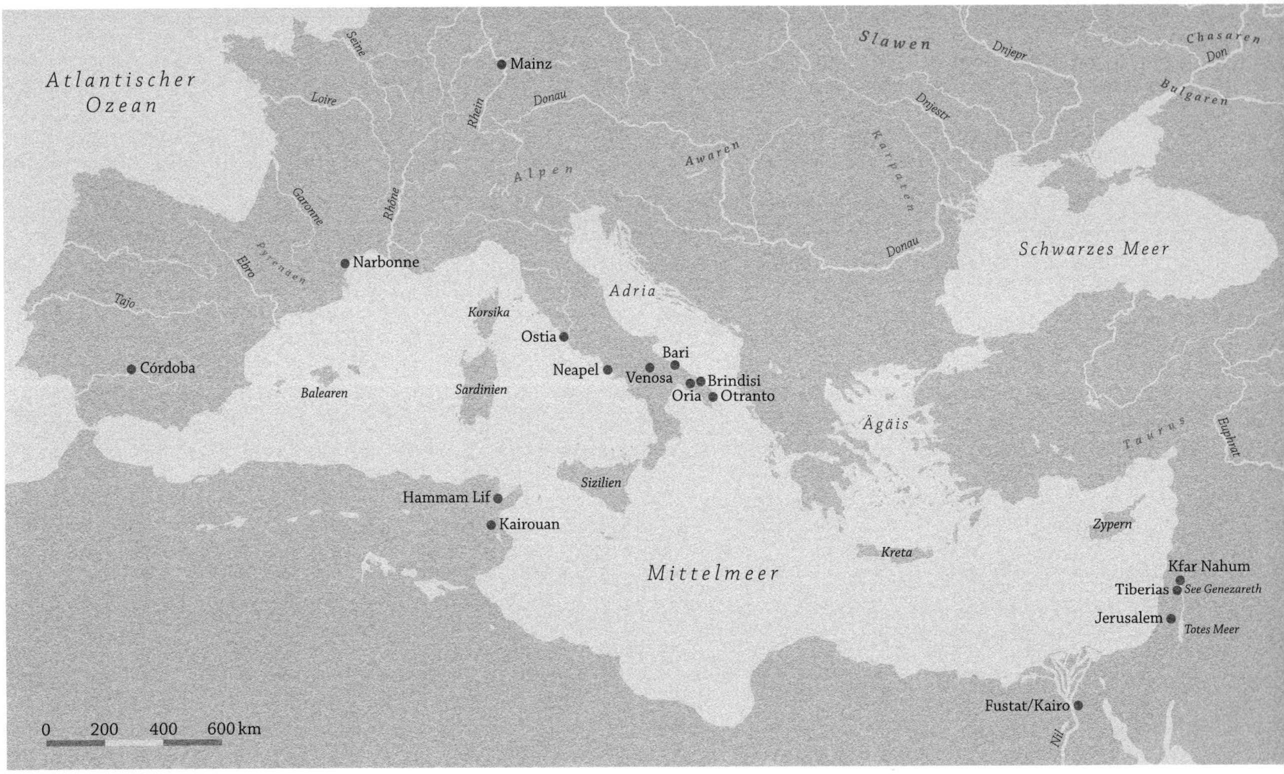

31 Zentrale Orte jüdischen Lebens und jüdischer Gelehrsamkeit im Mittelmeerraum um 800

nicht einfach Fernhändler und reiste auch nicht wirklich zum Zweck des Handels, sondern ganz im Gegenteil: Er handelte zum Zweck des Reisens. Es musste nicht immer vier Jahre dauern wie im Fall der Bagdader Gesandtschaft, aber eben doch ein Jahr und mehr. Was Isaak und andere Juden auf den Weg brachte, waren die Lebensbedingungen einer Minderheit in einer ausgedehnten Diaspora, in oft weit voneinander entfernten Gemeinschaften (Abb. 31), die sich vor Ort und im Austausch miteinander behaupten mussten. Gerade in Zeiten, in denen die Juden des gesamten Mittelmeerraums, in Byzanz wie auch im Westgotischen Reich (heute Spanien) und gegenüber den sich machtvoll ausbreitenden Muslimen, immer mehr in die Defensive geraten waren, war die Kommunikation untereinander und mit den gelehrten Zentren im Osten, im Heiligen Land und besonders denen im Zweistromland zwischen Euphrat und Tigris, von erstrangiger Bedeutung.[4]

Denn einer verstreuten Minderheitengesellschaft, die sich über die Hochschätzung eines einzelnen Textes, der Thora, konstituierte und daraus allein die Kraft zur Selbstbehauptung gegenüber allerlei Herausforderungen, tätlichen wie gedanklichen, schöpfen konnte, war besondere Anstrengung aufgegeben. Essenziell war die akkurate religionsgesetzliche Ableitung von Antworten auf alle Fragen, die das Leben in verschiedenen Kulturen und Klimata aufwarf. Der Primat der Gelehrsamkeit war demnach unbestritten, er sicherte die Unverletzlichkeit der Thora und ihres richtigen Verständnisses. Bagdad, oder besser die Lehrhäuser in den Städten Sura und Pumbedita, die vom 3. bis ins 11. Jahrhundert die wichtigsten Zentren jüdischer Gelehrsamkeit in Babylonien bildeten, waren dann allemal eine lange Reise, nämlich die Überbringung einer Frage und den Erhalt einer Antwort, wert.[5]

Vom intensiven Austausch zeugen auch in späterer Zeit die Anfragen jüdischer Gelehrter des Rheinlands an die Autoritäten des Zweistromlandes, die sich in der Kairoer Genizah erhalten haben; dieser Hohlraum neben der Ben-Esra-Synagoge wurde 1890 bei Renovierungsarbeiten wiederentdeckt und barg rund 200 000 Schriftstücke. Auch jener Isaak war dann gewissermaßen ein Briefträger, einer der zu Hause nicht abschließend zu behandelnde religionsgesetzliche Fragen den Autoritäten im Osten zur Entscheidung vorlegte. Erst seit dem 11./12. Jahrhundert erreichten die neuen Zentren jüdischen Lebens und Lehrens in Nordafrika, auf der Iberischen Halbinsel, in der Provence und im Norden, dem Rheinland, der Champagne sowie der Île-de-France, eine auf eigene Traditionsbildung gegründete Autonomie, hinter der die alten Bindungen immer mehr zurücktraten. Bis dahin wollten die langen Kommunikationswege nicht nur bewältigt, sondern auch finanziert sein, und da kam die Nachfrage nach sonst unerreichbaren Luxusgütern – auch eines Frankenherrschers im fernen Norden – gerade recht.

Während die *Reichsannalen* jenen Isaak ohne weiteren Kommentar dem Personenumfeld des fränkischen Hofes zurechnen, können wir nur annehmen, dass er mit Karl dem Großen oder seinem Umkreis während dessen italienischen oder spanischen Unternehmungen in Kontakt gekommen war. Vielleicht hatte er in Aachen eine Dependance aufgeschlagen und gehörte somit zur Gruppe jener Juden, die später neben anderen im *Capitulare de disciplina palatii aquisgranensis* genannt werden,[6] aber wohl kaum dauerhaft dort ihren Sitz und schon gar nicht eine Gemeinde gegründet hatten.

Seine Herkunft dürfte eher bei der übrig gebliebenen judeo-romanischen Bevölkerung im Süden Frankreichs, vielleicht auch in Spanien, oder in Italien, da aber weniger im Norden, zu suchen sein – auch wenn die neuzeitliche Überlieferung die Herkunft der Gründerdynastie der Mainzer Gemeinde nach Lucca verlegt. Dass jener Gelehrte samt Familie, den Karl nach Mainz gebracht haben soll, den griechischen Namen Kalonymos in Entsprechung des hebräischen „Shemtov" trug und selbstbewusst beibehielt, weist eher auf den noch immer von Byzanz beanspruchten, aber umkämpften Süden Italiens als Herkunftsgegend Isaaks hin.

Es waren nicht nur die rheinländischen Kalonymiden, deren Nachfahren in der Neuzeit sich in den jüdischen historischen Erzählungen des Rheinlands mit Karl dem Großen in Verbindung brachten und so vielleicht auch ihren in der christlichen Umwelt immer prekäreren Status legitimieren wollten.[7] Nach einer anderen Erzählung, die der Spanier Abraham Ibn-Daud im 12. Jahrhundert aufgezeichnet hat, soll Karl dem Kalifen den Rabbi Makhir aus vornehmem Geschlecht abgeworben und nach Narbonne verpflanzt habe. Hier sei er dann in der Gemeinde aufgestiegen und habe geheiratet und gelehrt.[8]

Auch wenn die Motive für die jüdischen Erzählungen vom „guten König Karl" sich nicht mit dem Erkenntnisinteresse moderner Historiker decken, markieren sie die Person und die Zeit Karls des Großen doch als einen besonderen Moment eben auch jüdischer Geschichte. Dass die Erzähler in vielem zu nachsichtig gewesen sein dürften, wird uns mit Blick auf die zum wenigsten widersprüchliche Haltung der Akteure des 9. Jahrhunderts später noch beschäftigen.

Die Ausbreitung jüdischer Kulturen

Hier soll zunächst ein anderer, wichtigerer Punkt hervorgehoben werden: Wie der Verweis auf die für jede Minderheit prekäre Lage im Süden Italiens schon angedeutet hat, bezeichnet das 9. Jahrhundert für die jüdische Geschichte ein wichtiges Moment in einer lang gestreckten Übergangszeit: aus der spätantik-mediterranen Hinterlassenschaft der jüdischen Diaspora hin zur Entstehung der mittelalterlichen und bis in die Gegenwart hinein bestimmenden jüdischen Kulturen des Osten, Südens, Westens und Nordens. In einem langen Transformationsprozess, der bis

32 **Menora in einer jüdischen Katakombe, Venosa, vermutlich 6. Jahrhundert**

33 **Unvollendet gebliebene Klosterkirche Santissima Trinità im Bereich der antiken Stadtanlage, Venosa, 11./13. Jahrhundert**

ins 4./5. Jahrhundert zurückreicht, gestaltete sich die Landkarte der jüdischen Diaspora umfassend neu, und ebenso die charakteristischen Merkmale der darin gefassten jüdischen Kultur, die sich nun zu klar abgegrenzten Kulturen entwickelten. Die ihres ideellen Mittelpunktes Jerusalem verlustig gegangene mediterrane Diaspora mit ihrer mehrheitlich (und je weiter westlich, umso dominanteren) griechisch-lateinischen Prägung verschwand am Ende völlig, mit ihr aber nicht das Judentum insgesamt.

Statt des auch nach Konstantin und der Christianisierung des Römischen Reiches noch immer vitalen Ausdrucks monumentaler Synagogen, wie sie bis heute im römischen Ostia, im kleinasiatischen Sardis, in Kfar Nachum und Tiberias am See Genezareth oder in Hammam Lif südlich von Tunis erhalten sind, geben über jüdisches Leben im anschließenden Zeitraum zwischen dem 6./7. und dem frühen 9. Jahrhundert heute sonst nur noch Nekropoleninschriften und Grabsteine Auskunft über jüdisches Leben. In besonderer Dichte sind sie in Venosa (Basilicata) und einer Reihe weiterer Orte und Städte im Süden Italiens zwischen Neapel und Brindisi belegt,[9] in Einzelfällen auch aus Südfrankreich oder Spanien.[10]

Süditalien bis hinauf nach Rom darf danach als eine Landschaft von zentraler Bedeutung für die Entstehung der europäischen Kulturen des Mittelalters betrachtet werden. Der Süden der Apenninen-Halbinsel bot den Juden angesichts des wachsenden religiösen Drucks seit dem 6. Jahrhundert einen Rückzugsraum am Rande des Byzantinischen Reiches und wirkte zugleich als Transmitterraum zur Entstehung der neuen jüdischen Kulturen und ihrer Zentren. Statt der Dichotomie zwischen dem Jerusalemer Tempeljudentum und Alexandria als Zentrum des griechischen Juden-

34 **Hebräische Inschrift auf der Außenmauer des nördlichen Seitenschiffs der Klosterkirche Santissima Trinità, Venosa, 8./9. Jahrhundert**

tums (ebenso könnte man Rom, Karthago oder Konstantinopel setzen) nun also Oria, Otranto, Bari, Neapel und Brindisi, von da aber dann auch Mainz, Narbonne, Córdoba, Kairouan und Fustāt, das spätere Kairo. Abraham Ibn-Daud hat im 12. Jahrhundert die Rolle Süditaliens im Hinblick auf die neuen Zentren eindrücklich in der Erzählung von den vier gefangenen Gelehrten beschrieben, die zu einer Versammlung von Bari ins Heilige Land aufgebrochen waren, aber unter Piraten gerieten und dann in die genannten Orte verkauft wurden, letztlich zum Segen der dortigen Gemeinden, denn sie waren es, die die Lehre neu belebten. In Venosa (Abb. 31), der Hügelstadt in der Basilicata an der Via Appia, kann man dabei den Wandel der spätantiken Kultur gleichsam *in statu nascendi* beobachten und ablesen (Abb. 32), wie das Hebräische sich in den Inschriften der Katakomben des 5. bis 7./8. Jahrhunderts gegenüber dem Lateinischen und Griechischen, oft in ganz oder partiell textgleichen Mischformen, allmählich breitmachte. In den Grabinschriften von einem Friedhof, der in den Jahren von etwa 800 bis zur Eroberung Venosas durch die Sarazenen 848 belegt wurde, die sich wenige Hundert Meter entfernt von den älteren Katakomben als Mauerwerk der unvollendeten Klosterkirche Santissima Trinità erhalten haben (Abb. 33 und 34), erscheint das Hebräische dann als distinkte, ausschließliche Sakralsprache der Juden.[11]

So paradox es auch klingen mag: Hier ging, von Osten nach Westen voranschreitend, bis zum 9. Jahrhundert eine veritable Re-Hebraisierung des Judentums vonstatten. Angetrieben wurde dieser sprachlich-kulturelle Wandel durch die Ausbreitung des rabbinischen Judentums, einer im Grunde mit dem „orthodox" genannten Judentum identischen Reformbewegung, die sich quasi über den Trümmern des Jerusalemer Tempels etabliert hatte und deren Schriftpraxis und -reichtum auf die innere Verfassung der Juden gegenüber den Fliehkräften der christianisierten oder islamisierten Diasporalandschaften stabilisierend wirkte.

Aschkenas und Sepharad

Wollen wir diese Verfassung näher beleuchten und die Position der Juden im Reich Karls des Großen und der anderen Mächte der Zeit näher kennenlernen, ist einzuräumen, dass alle Mühen bei einer spröden Spurenleserei enden. Jede Folgerung ist mit neuen Vermutungen versehen und nur von wenigen Fakten gestützt. Wohl kann man mittlerweile einige Dutzend hebräische Grabinschriften mehrheitlich aus Süditalien für diese Zeit benennen, doch Grabinschriften besitzen hinsichtlich ihrer Aussage über Lebenswelten naturgemäß nur eine ausgesprochen geringe Zeugenschaft (Abb. 30 und 35). Die anderen Zeugnisse sind meist dem Moment geschuldet und durch Zufall erhalten, meist als Aussagen über die Juden und – zumindest vor dem 10./11. Jahrhundert – eben nicht von ihnen über sich selbst.

Im Grunde sind wir aber über die Vorgeschichte von Aschkenas im 9. Jahrhundert, obwohl diese Landschaft bis in die Moderne hinein innerhalb der jüdischen Welt randständig blieb, noch am besten unterrichtet. Für Sepharad, also für die Iberische Halbinsel, liegen für die Frühzeit seit dem 8. Jahrhundert prak-

35 Oberseite der Grabstelle der Frau „Chana" (Abb. 30), hier mit lateinischer Inschrift: „Hier ruht die Frau Anna […] Tochter des R[av] Guliu[s] im Alter 56 Jahre […]", Oria, vermutlich frühes 9. Jahrhundert. Oria, Stadtbibliothek

tisch überhaupt keine zeitgenössischen Zeugnisse vor, die Befunde zum sozialen und politischen Leben sowie zur inneren Verfassung der Juden bieten könnten. Was sich erhalten hat, sind christliche Texte, Synodenprotokolle und theologische Traktate, sowie königliche Edikte, die erkennen lassen, wie man über die Juden dachte und mit ihnen umgehen wollte. Über die Menschen und ihre Lebenswelt ist aus ihnen kaum etwas zu beziehen. So kann auch die Forschung schon über die Frage, was tatsächlich während der Religionsverfolgungen im westgotischen Spanien im 7. Jahrhundert geschehen ist und wie viele Juden vom Zwang zur Taufe betroffen waren, zu keinem Konsens finden. Besieht man Standardwerke zur jüdischen Geschichte Spaniens mit kritischem Blick, dann erweist sich vieles von dem, was da ausgesagt wird, als aus späteren Zeiten zurückerschlossen, aber nicht aus der betreffenden Zeit heraus gewonnen. Belastbare Zeugnisse setzen für die Iberische Halbinsel im Grunde erst in der Zeit der Taifa-Königreiche, jener muslimischen Kleinkönigreiche und -fürstentümer, nach dem Ende des Kalifats von Córdoba im 11. Jahrhundert ein und sprudeln dann reicher in der Zeit der Almoraviden und der Almohaden vom späten 11. bis zum 13. Jahrhundert. Besonders dicht ist die Quellenlage für die Juden in den christlichen Herrschaftsgebieten der Iberia.[12]

Natürlich könnte man für die Mitte des 9. Jahrhunderts auf den umfangreichen Briefwechsel zwischen Paulus Alvarus, der zum Christentum konvertierte, und Bodo-Eleazar, einem Geistlichen am Hof Ludwigs des Frommen, der zum Judentum konvertierte, verweisen, aber dieser Briefwechsel befasst sich ganz mit apologetisch-theologischen Fragen und lässt alles andere aus. Immerhin muss für den entflohenen Diakon und Konvertiten Bodo Spanien im Jahr 838 wie ein sicherer Hafen erschienen sein. Und bedenkt man, dass christliche Quellen zur islamischen Expansion die Juden auf der Iberischen Halbinsel wiederholt als Kollaborateure mit den Eroberern bezeichneten, dann sind diese Berichte in der Sache und in ihren Einzelheiten wohl grob verzerrt. Dennoch spiegelt sich in ihnen die Gewissheit, dass die Juden nach dem Ende der repressiven Religionspolitik auf der westgotischen Pyrenäenhalbinsel unter den neuen Herrschern weit günstigere Bedingungen erwarten durften.[13]

Juden unter Muslimen

Was den gesamten Raum der Juden unter muslimischer Herrschaft anbelangt, der von Babylonien über die Arabische Halbinsel und Nordafrika im Westen bis nach al-Andalus reichte, muss man auf einige grundsätzliche Faktoren verweisen. Da ist zunächst die historisch gewachsene starke Position der Juden im Zweistromland, das unter den Abbasiden im Zentrum der islamischen Macht stand. Noch aus der Zeit des neupersischen Großreichs der Sassaniden zwischen dem 3. und

7. Jahrhundert hatten die Juden eine weitreichende Autonomieverfassung mit dem Exilarchen, dem Oberhaupt der jüdischen Gemeinde, behaupten können, deren Ursprünge in die Perserzeit zurückreichten. Unter diesen günstigen Bedingungen war im Zweistromland der für das Mittelalter maßgebliche Babylonische Talmud redigiert worden und behaupteten die jüdischen Schulen bis ins 11. Jahrhundert eine hegemoniale Stellung über den gesamten Raum der jüdischen Diaspora.

Die rechtliche Situation der Juden war unter islamischer Herrschaft im sogenannten Pakt des Omar, benannt nach dem Kalifen Omar, gefasst, dessen einzelne Formulierungen im Grunde allerdings erst aus dem 10. Jahrhundert stammen können und deutlich von byzantinischen und sassanidischen Vorläufern gespeist waren. Mit dem Verbot des Neubaus von Gotteshäusern, der Beschränkung der Religionsausübung auf den internen Raum und anderen Einschränkungen unterschied sich die islamische Praxis zunächst nur unwesentlich von den theologisch geleiteten mittelalterlichen Umsetzungen des römischen Rechts auf der Basis des *Codex Theodosianus*, einer spätantiken Gesetzessammlung aus dem 5. Jahrhundert, auf christlicher Seite.[14]

Entscheidend und unterscheidend war aber, dass der im Pakt des Omar gefasste *Dhimma*-Status, der festgeschriebene Schutz Andersgläubiger, nicht auf die Juden allein bezogen war, sondern alle anderen Nichtmuslime im islamischen Herrschaftsbereich meinte, also zahlreiche, eben auch große christliche Gruppen, einschloss. Die Bestimmungen des Pakt des Omar waren deshalb auch weniger theologisch als stärker politisch-sozial geleitet und markierten zudem kein spezifisches Judenrecht, sondern ein umfassenderes und dynamischeres Minderheitenrecht in einer muslimischen Umwelt.

Entsprechend unspektakulär gestaltete sich das Alltagsleben, wie es für die jüdische Seite in den Texten aus der Genizah in der alten Kairoer Ben-Esra-Synagoge fassbar ist.[15]

Anders als im christlichen Norden, wo Schutz und Privilegierung der Juden funktional auf die Erfüllung spezifischer Erwartungen ausgelegt waren, blieben die Juden unter den islamischen Herrschern von solcherlei Konditionierung (und Diskriminierung?) verschont.[16] Entsprechend häufiger nannte der jüdische Reisende Benjamin von Tudela in seiner Reisebeschreibung des 12. Jahrhunderts für die Orte in einst oder gegenwärtig muslimisch beherrschten Gegenden im Süden Italiens, die er aufsuchte, neben Gelehrten und Kaufleuten mehrheitlich jüdische Handwerker ganz unterschiedlicher Spezialisierung.[17]

Juden unter Christen

War im muslimischen Herrschaftsraum die religiöse Differenz eine politisch-soziale Größe ohne theologische Fundierung, kam im Unterschied dazu im christlichen Norden keine politisch geleitete Positionsbestimmung zu den Juden ohne Rückbindung an Theologie aus. Schon die auf Ausgewogenheit bedachte Praxis Papst Gregors des Großen gegenüber den Juden war nicht einfach pragmatisch gestimmt, sondern hatte eine theologisch fundierte Verrechtlichung des Status der Juden unternommen. Leitend für Gregor war der Gedanke gewesen, dass beide, Recht und Glaubenslehre, allen Zwang zur Konversion gegenüber Juden untersagten, um dann aber umso mehr die Erwartung der Bekehrung der Juden zu betonen.[18]

Von diesen Voraussetzungen her sind die Haltungen Karls des Großen und seiner Nachfolger zu den Juden zu betrachten. Dabei ist zunächst auf eine doppelte Konditionierung des Status der Juden hinzuweisen.
Die funktionale Verpflichtung, die die Gewährung von Sicherheiten in Form von verbrieften Rechten an die Erfüllung spezifischer Erwartungen knüpfte, wurde bereits am Beispiel des Gesandten Isaak ausgeführt. Zu ergänzen ist, dass die Indienstnahme von Juden für die grenzüberschreitende Warenvermittlung von den Märkten im muslimischen Süden nach Ausweis einiger erhaltener Schutzbriefformulare der Zeit Ludwigs des Frommen[19] wohl auf solche – und zwar eher wenige – Einzelpersonen und deren Anhang beschränkt geblieben sein dürfe, die dafür die entsprechenden sprachlichen und logistischen Voraussetzungen mitbrachten. Von einer generellen Privilegierung der Juden oder dem Vorhandensein eines umfassenden königlichen Judenschutzes kann danach für die Karolingerzeit keine Rede sein.[20] Das gilt erst recht, wenn man die Polemik gegen jüdische Grundherren und deren Verfügung über nicht jüdische Hörige bei den Lyoner Erzbischöfen Agobard und Amolo in den Jahren zwischen 820 und 850 oder die vielen Hinweise auf landsässige Juden betrachtet,[21] die laut dem französischen Historiker Bernhard Blumenkranz für den Süden Frankreichs noch bis ins 11./12. Jahrhundert zu fassen sind.[22] Interesse weckten dagegen nur jene Juden, die für die Bedürfnisse von Herrschaftsträgern aller Ebenen dienstbar gemacht werden konnten. Das waren in der Karolingerzeit einige wenige, und das geriet dann mit einem Höhepunkt im 12./13. Jahrhundert überhaupt zur Kondition jüdischer Niederlassung und Schutzgewährung. Die Kehrseite der einseitigen Rollenzuweisung an den Juden Isaak und seinesgleichen wird im hohen und späten Mittelalter in den vielfach negativen, mit religiösen Motiven versehenen Wahrnehmungen der Nichtchristen und wiederholten Verfolgungen auf dramatische Weise deutlich.
Konditioniert war die Rolle der Juden in dem Gebiet, das Aschkenas erst noch werden sollte, aber ebenso auf religiöser Seite. Denn die vielfältige Rede von den Juden und über die Juden im christlich-theologischen Schrifttum, das infolge der karolingischen Reform eine Blüte ohnegleichen erlebte,[23] hatte wenig oder gar nichts mit der sozialen Realität zu tun. Mich überzeugen jedenfalls solche Deutungen nicht, die im Entstehen des *Althochdeutschen Isidor*, einer Übertragung des *De fida catholica contra Iudaeos* Isidors von Sevilla im ausgehenden 8. Jahrhundert, eine negative Reaktion auf den Eintritt der Juden in die soziale Realität des Nordens erkennen wollen. Viel eher bot Isidors Traktat *Über den katholischen Glauben gegen die Juden* in den vom Christentum vielfach bislang nur oberflächlich durchdrungenen Regionen im Norden Europas eine geeignete Vorlage zur Vermittlung dogmatischer Kerngedanken der neuen Religion, in der Juden nur in ihrer Rolle als historisch bestens ausgewiesene Folie zur Demonstration falschen Glaubens auftraten.[24] Eine solche theologische Stilübung war dann wohl auch die Anweisung im Kapitular der Synode von Reisbach, Freising und Salzburg, wonach bei der *Oratio pro Iudaeis* am Karfreitag die Kniebeuge zu unterlassen sei.[25] Überhaupt: Wegen eines nach Aachen ziehenden Isaak oder einiger anderer Juden übersetzte man keinen Isidor und schrieb auch keine Liturgie um, wohl aber zur inneren Sinnstiftung in Auseinandersetzung mit einem gedachten Gegenüber. Auch

die große Judengemeinde, die in Köln mit ihrer Synagoge des 8. Jahrhunderts von alters her bestanden haben soll, existiert bei nur ansatzweise kritischer Lesart nur in den Verlautbarungen der Kölner Stadtarchäologie und ist ansonsten vor dem 11. Jahrhundert nicht nachweisbar.[26] Der Historiker Jeremy Cohen hat für die Zeit des Früh- und Hochmittelalters insofern ganz zutreffend das auffällige Missverhältnis zwischen literarischer und physischer Präsenz von Juden im lateinischen Westen mit dem Begriff des „hermeneutischen Juden" umschrieben.[27]

Wo aber lief dann die Trennlinie zwischen theologischer Unterweisung und Gegenwartsverständnis, wenn der Turiner Bischof Claudius um 820 befand: „Alles, was wir errichten, versuchen die Juden zu zerstören" – das hatte der Bischof zum *Brief des Paulus an die Philipper* (Phil 3,2) wörtlich aus der Schrift des Pseudo-Primasius (Cassiodor) übernommen, aber es konnte, ja musste, auch auf die Gegenwart hin erkenntnisleitend wirken.[28]

Der pragmatische Umgang Karls mit dem Gesandtschaftsbegleiter Isaak und die in die gleiche Richtung weisenden, bereits erwähnten Schutzbriefformulare der Kanzlei Ludwigs des Frommen sollten deshalb nicht darüber hinwegtäuschen, dass die Haltung, die die Elite des Frankenreichs unter den Karolingern zu den Juden einnehmen sollte, zumindest zu Anfang völlig offen und auch danach nicht vor Wider- und Einsprüchen gefeit war.

Ob sie dem Beispiel der repressiven westgotischen Religionspolitik des 7. Jahrhunderts folgen würde, die in der Praxis des merowingischen Reiches zumindest phasenweise aufgegriffen worden war und später der antijüdischen Polemik der Lyoner Erzbischöfe den Stoff bot, oder ob sie der über Gregor den Großen von Augustinus her vermittelten „römischen" Linie der „blinden Zeugenschaft der Juden für die christliche Wahrheit" und daraus folgend ihrer Integration an subordinierter Stelle des christlichen Gedanken- und Gesellschaftsgefüges folgen würde – das war in der Theologie ebenso wie in der Herrschaftspraxis der Karolingerzeit keineswegs ausgemacht. Seit circa 840 geriet es sogar zum veritablen Streitpunkt, doch einmal mehr nicht um die Juden selbst, sondern ob der paradigmatischen heilsgeschichtlichen Position, die sie im innerchristlichen Streit um die Prädestinationslehre über die göttliche Vorherbestimmung des menschlichen und universalen Schicksals und die Frage der Freiheit des menschlichen Willens einnahmen.[29]

So lässt sich für die politische Praxis der Karolingerzeit auch keine systematische „Judenpolitik" ausmachen. Höchstens wechselnde Ansätze dazu sind fassbar. Während das Nimwegener Kapitular c.4. von 806 wie auch die meisten folgenden herrscherlichen Verordnungen die Juden nur am Rande erwähnen, lässt sich in den als *Capitula de Iudaeis* in die Überlieferung gekommenen Bestimmungen Karls des Großen und Ludwigs des Frommen bei näherer Lesung keine eindeutige Linie ausmachen. Tatsächlich ist in der neuzeitlichen Kapitularien-Edition kontextuell und überlieferungsgeschichtlich ganz unterschiedlichen Stücken der Anschein zusammenhängender *Capitula* gegeben worden.[30] Ihr Ursprungszusammenhang lässt sich nicht mehr ermitteln. Ihre Verbreitung als Einzeleinträge in Kapitulariensammlungen variiert. Trennt man die in den Kapitularien cc.4–6 überlieferten Eidformeln, gerade auch die harsche rituelle Situierung des Eids in Kapitular c.6 (der Juden mit Dornenkrone) und die Diskussion darum ab, dann lassen sich auch die anderen Stücke in keinen stimmigen Zusammenhang

36 Apsismosaik mit Bundeslade im Oratorium des Theodulf von Orléans, Germigny-des-Près, um 810

bringen, aus dem sich ein konsistentes politisches Programm herauslesen ließe. Es bleiben letztlich inhaltlich nur lose verbundene Einzelbestimmungen – zum Recht der Pfandnahme kirchlichen Geräts, zu personenrechtlicher Verfügungsgewalt und der Unzulässigkeit privater Münzstätten und Handelsorte.[31] Vermutlich ist, gerade angesichts der verwickelten Überlieferungslage zu den Bestimmungen, die in den *Capitula* gefasst sind, vieles, was ein vollständigeres Bild ergäbe, verloren und hat sich somit unserer Kenntnis entzogen. Was überliefert ist, bleibt jedenfalls widersprüchlich und deutet an, dass hier im Politischen, im Spannungsfeld zwischen kirchlichem Rigorismus und pragmatischem Handeln, mehr experimentiert denn programmiert wurde.

Ererbte Traditionen und neue Gestaltungsmöglichkeiten standen in der karolingerzeitlichen Politik danach wohl unvermittelter nebeneinander, als es der eingangs zitierte Bericht von Isaaks Gesandtschaftsreise und Notkers gefällige Posse vom Juden, der ins Heilige Land reiste, annehmen lassen. Um deutlich zu machen, dass dieses Experimentieren dann allerdings nicht einfach für Unentschiedenheit stand, sondern auch die Suche neue Horizonte abbilden konnte, sei abschließend auf das Beispiel des Bischofs Theodulf von Orléans verwiesen (Abb. 36). Ausgerechnet Theodulf war einer aus der Gruppe der den Juden sonst so wenig gewogenen Westgoten, der sich zur Korrektur des Textes der Lateinischen Bibel der Hilfe eines des Hebräischen mächtigen Juden bediente (Abb. 37). Ob dieser jüdische Assistent, der in Diensten eines christlichen Gelehrten stand und seine Handschrift in eines der spektakulärsten Werke der Karolingerzeit eintrug, mit dem Verfasser der lateinisch überlieferten *Quaestiones in libros regum et paralipomenon* identisch ist, auf die später der Fuldaer Abt und Mainzer Erzbischof Hrabanus Maurus zurückgreifen konnte, ist ungewiss. Aber hier, wie in anderen hervorragenden Schreibstuben der Zeit, wurde überhaupt mehr experimentiert, als bislang angenommen. Davon zeugt die Kenntnis von hebräisch-aramäischen Glossen (*Targumim*) zum Verständnis des Bibeltexts und kommentierenden (*midraschischen*) Texten bei Haimo und Remigius von Auxerre, auf die zuerst der Historiker Burton van Name Edwards in der Edition von Remigius' Genesiskommentar hingewiesen hat und die mittlerweile gemeinsame Anstrengungen bei Forschern zur lateinischen wie auch zur hebräischen Textgeschichte auf den Weg gebracht haben. Diese Experimente *cum Iudaeis* anstelle des notorischen *contra Iudaeos* sind Episode geblieben, im Grunde bis zum Konzilsdekret *Nostra Aetate* des Zweiten Vatikanischen Konzils (1962–1965) und seinen bis heute nicht vollständig eingelösten Perspektiven. Im 9. Jahrhundert trat alsbald die Skepsis auf den Plan. Die Reimser Handschrift der *Quaestiones*, die mit einem Schenkungsvermerk an die Kathedrale versehen ist, jedenfalls weist den Leser an, den Text mit aller Vorsicht zu lesen, denn sein Verfasser sei ein Jude gewesen. Von späterer Hand wurde dieser „Makel" dann getilgt und der Kirchenvater Hieronymus als Verfasser eingetragen.[32]

Zusammenfassend mag es scheinen, dass die Karolingerzeit zur jüdischen Geschichte nur Episoden und Fragmente beigetragen hätte. Das Bild drängt sich auf, stimmt aber in dieser Einfachheit nicht. Ohne alles in seiner Essenz fassen zu können, zeigen diese Episoden doch, dass das 9. Jahrhundert für die jüdische Geschichte voller Weichenstellungen gewesen ist. Dazu zählt neben der Eröffnung neuer Migrationshorizonte sicher auch das ungeklärte Verhältnis zwischen abwertender theologischer Positionierung und funktionaler gesellschaftlicher Integration. Dazu gehören aber auch die in den Schutzbriefformularen der Zeit Ludwigs des Frommen fassbaren Ansätze einer pragmatischen Regelung des Status der Juden, die auf inhaltlicher Ebene in den seit dem späten 11. Jahrhundert überlieferten Judenprivilegien aufgegriffen wurden und allen Anfechtungen zum Trotz bis zum Ende des Alten Reiches nachgewirkt haben.

37 Theodulf-Bibel mit Randnoten des jüdischen Korrektors „h" zum Psalmentext nach dem hebräischen Text, fränkisch, um 800–820. Kopenhagen, Königliche Bibliothek

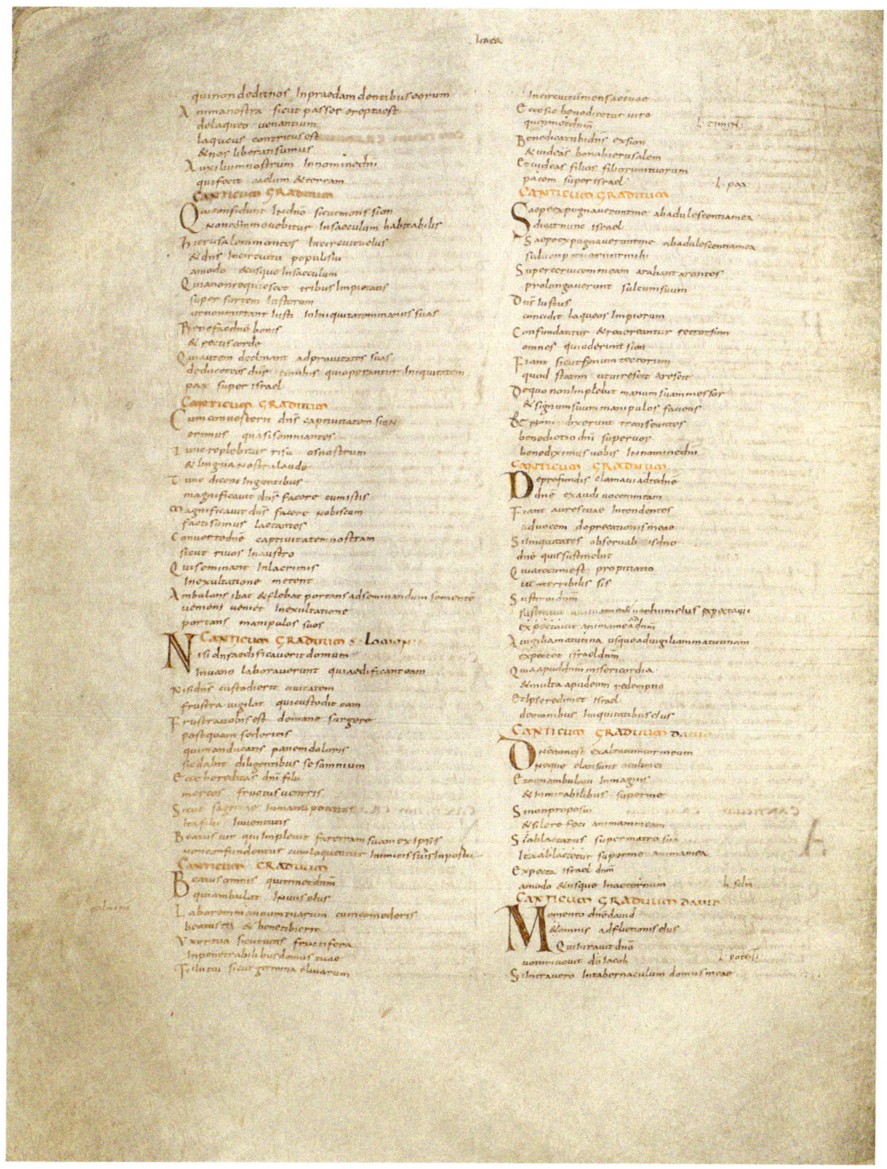

In Patriarchio Lateranensi q in aula Romana.
a PP. Leone III. factu ex opere vermiculato
extat. S. Petrus Pallium tribuens Leoni
3. et imperiu Carolo magno, qui
insignia gentilitia Leonis III.
manu in vexillo gestat.

Onuphrius Panuinius de Septem
Ecclesijs perperã legit. Carulo
Regi. Et infra male legit,
Beate Petre, Leoni papæ bitoria
Carulo Regi.

vide mea adversari fol. 30

Die Päpste und Karl der Große

Eine Frage der Selbstbehauptung

Matthias Becher

Innerhalb von gut 50 Jahren reisten drei Päpste insgesamt viermal über die Alpen, um sich mit den Frankenherrschern Pippin dem Jüngeren, Karl dem Großen und Ludwig dem Frommen zu treffen, nämlich in den Jahren 753, 799, 804 und 816. Karl der Große seinerseits kam insgesamt viermal in die Ewige Stadt – 774, 781, 787 und im Jahr 800. Gemeinhin deutet die Forschung diese Reisen als Höhepunkte im Prozess der Annäherung der Päpste an das Frankenreich und umgekehrt. Diese Feststellung ist sicher richtig, betrachtet das Verhältnis aber wohl zu sehr allein aus fränkischer Perspektive. So hat Peter Classen seine noch heute grundlegende Studie *Karl der Große, das Papsttum und Byzanz* genannt, der er allerdings den bezeichnenden Untertitel gegeben hat: *Die Begründung des karolingischen Kaisertums*.[1] Rolle und Bedeutung des Papsttums in der damaligen Zeit treten im Vergleich mit dieser Problemstellung zurück.[2] Vor allem folgen einschlägige Untersuchungen immer mehr oder minder der Prämisse, die Päpste hätten das Bündnis mit den Franken nicht nur forciert, sondern seien insgesamt auch sehr zufrieden mit dieser engen Kooperation gewesen.[3] Für diese Sicht gibt es auch gute Argumente, wie das bekannte Triclinium-Mosaik aus dem Lateran mit dem heiligen Petrus, Papst Leo III. und Karl dem Großen zeigt (Abb. 38). Hier erscheint der Frankenkönig als treuer Diener des Apostelfürsten. Bei dieser Perspektive gerät allzu schnell in den Hintergrund, dass die Franken als Bündnispartner bald übermächtig werden sollten, weil die militärisch schwachen Päpste stets auf ihre Hilfe gegen äußere Bedrohungen angewiesen blieben. Die Franken gliederten dagegen zunächst Nord- und Mittelitalien ihrem Reich an, gewannen die Kaiserwürde und beanspruchten damit auch die politische Oberherrschaft über die Stadt Rom, was dem Papst nicht gefallen konnte. Daher bietet es sich an, die Ausgangslage kurz zu skizzieren und dann die Beziehungen beider Mächte aus päpstlicher Perspektive bis zum Ableben des ersten fränkischen Kaisers und seines Koronators zu betrachten. Dabei soll vor allem das Streben der Nachfolger Petri nach Behauptung ihrer Position gegenüber ihrem übermächtigen Bündnispartner im Mittelpunkt stehen.

Ausgangssituation

Bis weit in das 8. Jahrhundert hinein gehörte die Stadt Rom und damit auch ihr Bischof zum Oströmischen Reich, das aber nicht in der Lage war, seine italienischen Besitzungen wirkungsvoll gegen die Angriffe der Langobarden zu verteidigen (Abb. 39).[4] Diese Aufgabe übernahmen zunehmend lokale Kräfte, die zwar die Herrschaft des byzantinischen Kaisers nicht bestritten, aber faktisch unabhängig von diesem agierten. In Städten wie Neapel, Amalfi oder Venedig stellte die örtliche Aristokratie den Statthalter (*dux*), während im Verwaltungsbereich (Dukat) von Rom der Papst dank seiner überragenden Autorität als Nachfolger des heiligen Petrus zunehmend diese Aufgabe übernahm. Die Loyalität des Papstes zum Kaiser wurde allerdings auf eine harte Probe gestellt, als es zu immer größeren Span-

38 Nachzeichnung des Triclinium-Mosaiks am Lateran, Rom, 16. Jahrhundert. Vatikanstadt, Biblioteca Apostolica Vaticana

39 **Byzantinisches und langobardisches Herrschaftsgebiet auf der Apenninen-Halbinsel in der 1. Hälfte des 8. Jahrhunderts**

nungen mit dem oströmischen Kaiser Leon III. kam. Dieser begann, gegen die Bilderverehrung vorzugehen, während die Päpste an ihr festhielten.[5] Weiter entzog der Kaiser die byzantinischen Gebiete in Süditalien und auch Sizilien dem Papst kirchenrechtlich – und dazu die auf dieser Insel gelegenen päpstlichen Patrimonien, die für die wirtschaftliche Versorgung der Stadt Rom eminent wichtig waren.[6] Ein theologischer Streitfall, eine kirchenrechtliche Provokation und der Verlust reicher Besitzungen und Erträge – die Päpste hatten

allen Grund, mit dem Kaiser unzufrieden zu sein, zumal dieser sie nicht einmal gegen die Langobarden beschützen konnte.
In dieser Situation waren die Päpste gezwungen, bei der Lösung politisch-militärischer Probleme auf andere Partner zu setzen. So bat Gregor II. schon 716 die Neapolitaner, die zuvor von den Langobarden eingenommene Stadt Cumae für die römische Kirche und nicht etwa für den Kaiser zurückzuerobern.[7] Diese Politik verfolgte er mehrfach: Im Jahr 729 bewegte Gregor den Langobardenkönig Liutprand zur Rückgabe der Stadt Sutri, die zuvor dem Kaiser unterstanden hatte.[8] Spätestens Gregor III. kontrollierte den Dukat von Rom, dessen Zugehörigkeit zu Byzanz nur noch rein theoretisch fortbestand. Faktisch war aus dem Papst ein gleichberechtigter politischer Akteur geworden, der etwa 738 die Rückeroberung der gerade gefallenen Stadt Ravenna organisierte,[9] die bezeichnenderweise zunächst der *sancta res publica* (wörtlich „der heiligen Republik“, gemeint ist die römische Kirche) und erst danach „dem kaiserlichen Dienst unserer Söhne Leo und Konstantin“ zurückgegeben werden sollte, wie Gregor III. an den *dux* (Vorläufer des Dogen) von Venedig und den Erzbischof von Grado schrieb.[10] Auch wenn der Exarch, der byzantinische Statthalter in Italien, wieder die volle Kontrolle über die Stadt gewinnen sollte, so ist die Wortwahl des Papstes doch bezeichnend für sein Selbstverständnis.
Im Jahr 739 allerdings war der Papst selbst bedroht. König Liutprand stand vor den Mauern der Ewigen Stadt und ließ zahlreiche Römer nach langobardischer Art scheren.[11] Die Lage Roms war verzweifelt, und daher ergriff Gregor III. ungewöhnliche Maßnahmen. Er beorderte zwei Gesandtschaften an den fränkischen Herrscher Karl Martell, um diesen um Hilfe zu bitten, wiewohl er gewusst haben dürfte, dass Karl und Liutprand enge Verbündete waren. In zwei Briefen berichtete der Papst über die Angriffe der Langobarden. Interessant ist, wie die zeitgenössische karolingische Hofchronistik dieses Gesuch interpretierte: Als Angebot des Papstes, „dass er die kaiserliche Seite verlassen würde.“[12] Allerdings ging der Frankenherrscher nicht auf dieses Angebot ein. Aus nicht näher bekannten Gründen verzichtete Liutprand darauf, Rom gewaltsam zu erobern, insgesamt jedoch nahm der langobardische Druck auf die Ewige Stadt und die oströmischen Restbesitzungen in Italien weiter zu. Indem Papst Zacharias Karl Martells Sohn Pippin dabei unterstützte, 751 die merowingische Dynastie vom Thron zu stürzen und selbst König zu werden, intensivierte er seine Beziehungen zu den Franken. Schon in den 740er-Jahren hatte die Bedeutung des Papstes für das Frankenreich erheblich zugenommen, da Pippin und auch dessen Bruder Karlmann sich bei ihren Bemühungen um eine Reform der fränkischen Kirche eng an Rom angelehnt hatten.
Im Jahr 753 wurde Rom erneut von den Langobarden unter König Aistulf bedrängt. Dieses Mal zog Papst Stephan II. sogar selbst über die Alpen und bat Pippin um Hilfe. Wie schon seine Vorgänger, bemühte Stephan die Formel von der „Rückgabe“ und meinte damit vor allem die Gebiete, die die Langobarden gerade von den Oströmern erobert hatten – Ravenna und die Pentapolis.[13] Doch auch wenn er mit seinem Anliegen Erfolg gehabt hätte, so war doch das ganze Unternehmen bezeichnend für die prekäre Situation des Papstes: Nur der Anwesenheit fränkischer Gesandter war es zu verdanken gewesen, dass ihn König Aistulf überhaupt über die Alpen hatte ziehen lassen. Zudem erwartete Pippin

40 **Distanzen zwischen Rom, dem Kloster St. Maurice, Ponthion und Reims**

ihn nicht, wie ursprünglich verabredet, im Alpenkloster St. Maurice d'Agaune kurz hinter der langobardischen Grenze, sondern ließ ihn bis nach Ponthion in der Champagne kommen (Abb. 40).[14] Die Unterstützung des päpstlichen Hilfegesuchs musste schließlich sogar gegen innerfränkische Widerstände durchgesetzt werden. Selbst Pippins Bruder Karlmann stellte sich gegen diese Pläne.

Vermutlich um in dieser schwierigen Situation die Position seines Gastgebers zu stärken, salbte der Papst Pippin 754 zum König und verlieh ihm den Titel eines *patricius Romanorum* – der üblicherweise als „Schutzherr der Stadt Rom" interpretiert wurde, und den nur Päpste innehatten. Die Bedeutung dieses Aktes reichte allerdings viel weiter. Der Titel *patricius* war ein oströmischer Rangtitel, der den obersten Amtsträgern des Reiches und fremdländischen Herrschern vorbehalten war. Der Papst nahm also das Recht für sich in Anspruch, ebenfalls diesen Titel verleihen zu dürfen, und trat damit gegenüber einer fremden Macht wie den Franken wie ein Kaiser auf. Zudem machte er auch seine geistlichen Kompetenzen für seine Politik nutzbar, denn er salbte nicht nur Pippin, sondern auch dessen Söhne Karl und Karlmann aus, was eine Taufpatenschaft zwischen dem Papst und dem Frankenkönig beziehungsweise dessen Söhnen begründete.[15] Stephan II. verschaffte Pippin mit diesen Ehrerweisungen eine zusätzliche Legitimation und leistete damit einen wichtigen Beitrag, dessen Position innerhalb des Frankenreiches zu sichern. Im Gegenzug versprach der Frankenkönig dem Papst im Falle eines Sieges über die Langobarden Ravenna und die Pentapolis. Erst nach zwei Kriegszügen 754 und 756 konnte die Pippinische Schenkung realisiert werden (Abb. 41), und dennoch brachte dies dem Papst keine Sicherheit, denn die Bedrohung durch die Langobarden blieb nach wie vor bestehen.

Emanzipation von der oströmischen Herrschaft

In den 760er-Jahren waren die Beziehungen zwischen den Päpsten und den Franken weniger intensiv als im Jahrzehnt zuvor. Daher konnten die Langobarden unter König Desiderius ihren Einfluss auf Rom verstärken.[16] Auf anderer Seite kam es sogar zu einem Ehebündnis zwischen einer Tochter des Langobardenkönigs und Pippins Sohn Karl dem Großen, gegen das Papst Stephan III. im Sommer 770 brieflich heftig protestierte.[17] Diese Heirat richtete sich allerdings vor allem gegen Karls jüngeren Bruder und Mitherrscher Karlmann, dessen Ableben Ende 771 zu einer politischen Neuorientierung aller Seiten führte. Desiderius verbündete sich mit Karlmanns Witwe und verfolgte das Ziel, dessen Söhne vom Papst zu fränkischen Königen salben zu lassen. Er wollte Karl den Großen als fränkischen Alleinherrscher schwächen und zugleich seine eigene Stellung in Italien stärken. Dabei hoffte er nicht auf ein Einvernehmen mit dem Papst, sondern setzte diesen politisch unter Druck und attackierte sogar die Stadt Rom. Einmal mehr konnten nur die Franken der Ewigen Stadt Hilfe bringen, und daher bat der neue Papst Hadrian Karl den Großen um Hilfe. Der Frankenkönig zog mit einem Heer über die Alpen und belagerte Desiderius insgesamt neun Monate lang in der langobardischen Hauptstadt Pavia. Während dieser Kämpfe verließ Karl seine Truppen und reiste zu

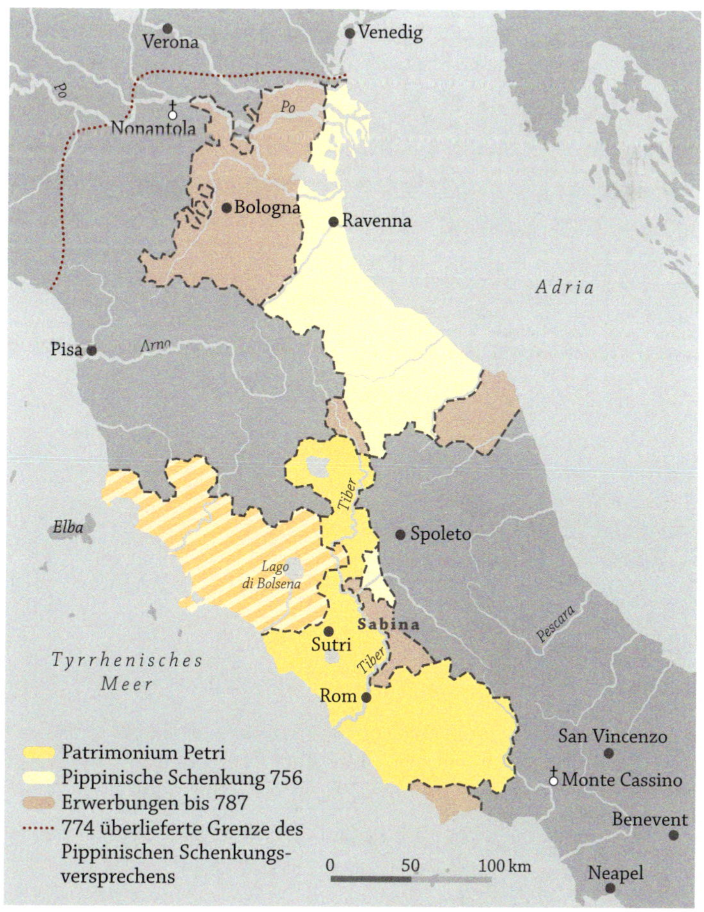

41 Gebiete der Pippinischen Schenkung

Ostern 774 zum Papst nach Rom.[18] Dieser hatte den fränkischen Angriff auf die Langobarden genutzt, um seine politische Stellung in Mittelitalien zu stärken. So beabsichtigte er, die Herzogtümer Spoleto und Fermo seinem Machtbereich anzugliedern.[19] Den Worten seiner Vita zufolge sei Hadrian äußerst erregt gewesen, als er von Karls plötzlichem Kommen erfuhr – vielleicht aus echter Überraschung, wahrscheinlicher aber aus Unmut über diese Störung seiner Politik.[20] Auf jeden Fall war damit der fränkische König, der seit 754 zugleich auch *patricius Romanorum* war, erstmals in Rom direkt präsent und nicht mehr nur ein Helfer in der Ferne, den man bei Bedarf um militärischen Beistand bitten konnte. Der Papst empfing Karl vor der Stadt, und zwar mit den Ehren, die früher dem Vertreter des oströmischen Kaisers zugekommen waren,[21] jedoch mit einer bezeichnenden Aus-

42 Schematischer Plan der Stadt Rom im 8. Jahrhundert

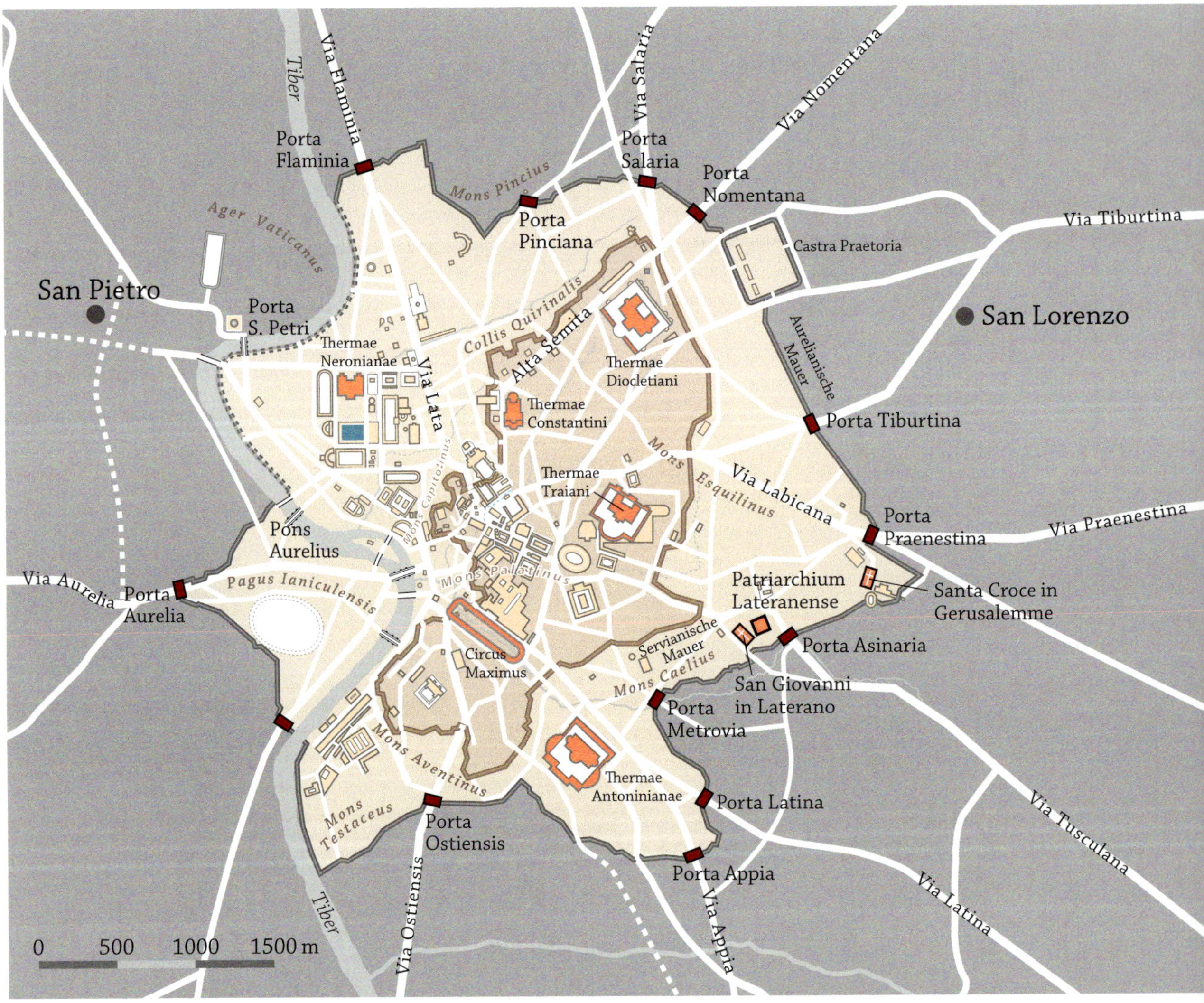

43 Byzantinisches und langobardisches Herrschaftsgebiet sowie die Besitzungen der römischen Kirche auf der Apenninen-Halbinsel um 774

nahme: Karl musste außerhalb der Stadt bei Sankt Peter (Abb. 42) lagern und eigens die Erlaubnis des Papstes einholen, die Stadt betreten zu dürfen.

Nach den Osterfeierlichkeiten suchte der Papst den Frankenkönig bei der Peterskirche auf, um ihn zur vollständigen Einhaltung der territorialen Zusagen Pippins von 754 zu bewegen.[22] Die angeblich in der nördlichen Königspfalz Quierzy zwanzig Jahre zuvor ausgestellte Urkunde wurde verlesen und von Karl bestätigt. Allerdings hatte die päpstliche Seite den territorialen Umfang der Schenkung erheblich erweitert und auch ihren Rechtsgehalt verändert. Anders als in der *Vita Stephani* wurde die königliche Urkunde in der *Vita Hadriani* als Schenkungsversprechen bezeichnet. „Das war eine Umdeutung ihres ursprünglichen Rechtscharakters als Garantie eines durch Restitution wiederherzustellenden Besitzstandes […]“, so der Historiker Erich Caspar 1933.[23] In diesem Sinne wurde der Rechtsinhalt nicht wie in der älteren *Vita* mit dem Wort „zurückerstatten“ (*restituere*), sondern mit „bewilligen“ (*concedere*) umschrieben.[24] Aufgrund dieser Zusagen wären auch Teile des Langobardenreiches an den Papst gefallen. Da Karl aber seit dem Frühsommer 774 selbst König der Langobarden war, hielt er sich nicht daran. Ansonsten hätte er auf Teile seines neuerworbenen Machtbereichs zugunsten des Papstes verzichten müssen (Abb. 43). Trotz der politisch-militärischen Überlegenheit Karls des Großen fand sich Papst Hadrian nicht mit Karls Haltung ab und nutzte doch zugleich dessen Präsenz auf der Apenninen-Halbinsel zur Durchsetzung seiner Interessen gegenüber Byzanz. Bis zu Hadrians Pontifikatsantritt hatten die Päpste den oströmischen Kaiser noch als ihren Herrn anerkannt. Als im Jahr 775 Kaiser Konstantin V. gestorben war, schüttelte Hadrian die oströmische Oberherrschaft ab. Der Name des byzantinischen Kaisers wurde fortan weder in päpstlichen Urkunden noch auf päpstlichen Münzen genannt.[25] Vielmehr betonte der Papst seine unabhängige Stellung, indem er seinen eigenen Namen an die Stelle des Kaisers setzen ließ. Daher ist es wohl kein Zufall, dass Hadrian in seinen Briefen Karl immer wieder vor den Oströmern warnte und anscheinend einen Angriff von dieser Seite befürchtete. Dennoch blieb das Verhältnis zwischen Papst und Frankenkönig ambivalent, da dieser sich weiterhin nicht an seine Zusagen von 774 hielt.

So sah sich Hadrian 778 dazu veranlasst, dem Frankenkönig den ersten christlichen Kaiser Konstantin den Großen als leuchtendes Beispiel vor Augen zu führen. In einem Brief von 778 erinnerte der Papst den König zunächst an das Vorhaben, einen seiner Söhne zu Ostern in Rom taufen zu lassen, um die seit 754 bestehende Patenschaft zwischen den Franken und Rom zu erneuern.[26] Im gleichen Schreiben rief er Karl auf, sich als „neuer Konstantin" (*novus Constantinus*) zu erweisen: Konstantin habe zu Zeiten des Papstes Silvester durch seine Spende die heilige und apostolische römische Kirche erhöht und ihr die Gewalt in diesen Teilen Hesperiens überlassen. Weiter forderte der Papst die Restitution all dessen, was verschiedene Kaiser, römische Patrizier und andere Gottesfürchtige dem heiligen Petrus, der heiligen Kirche Gottes und der römischen Kirche in Tuszien, Spoleto, Benevent und Korsika sowie in der Sabina geschenkt und die Langobarden dann geraubt hätten. Über diese Schenkungen, so behauptete der Papst, bewahre er schriftliche Unterlagen in seinem heiligen Schrein auf, die er Karl dennoch aus Achtung für dessen „allerchristlichstes" Königtum zur Ansicht übersende.[27] Die geografische Beschreibung entspricht in etwa dem angeblichen Umfang der Pippinischen Schenkung in der Fassung, die Karl 774 erneuert hatte.[28] Nur mittelbar sprach der Papst also das eigentliche Problem an, dass Karl sich nicht vollständig an seine eigenen Zusagen hielt. Ihm war vermutlich bewusst, dass auch sein Appell an Karl, dem Beispiel Konstantins des Großen zu folgen, nicht zum Erfolg führen würde.

Insgesamt passt das Schreiben zu einer geänderten päpstlichen Argumentationsstrategie gegenüber dem Frankenkönig. Auf die Bedrohung durch das Langobardenreich konnte Hadrian seit dessen Ende nicht mehr verweisen. „Um den Frankenkönig weiterhin zum Eingreifen in Italien und zur Erfüllung der gegebenen Versprechen zu bewegen, betont Hadrian [...] mehr als seine Vorgänger das verpflichtende Verhältnis von Leistung und Gegenleistung zwischen den Bündnispartnern."[29] Vor allem aber führte er Karl dem Großen das leuchtende Beispiel Konstantins des Großen als Förderer der römischen Kirche vor Augen, dem der Frankenkönig nacheifern sollte. Auf Karl machte dies jedoch keinen großen Eindruck. Trotz des päpstlichen Schreibens erschien er vorerst nicht mehr in Rom. Erst Ostern 781 holte er dies nach und ließ seinen Sohn Karlmann vom Papst auf den Namen Pippin taufen. Dieser und sein Bruder Ludwig wurden zudem vom Papst zu Königen gesalbt und gekrönt.[30] Indem Had-

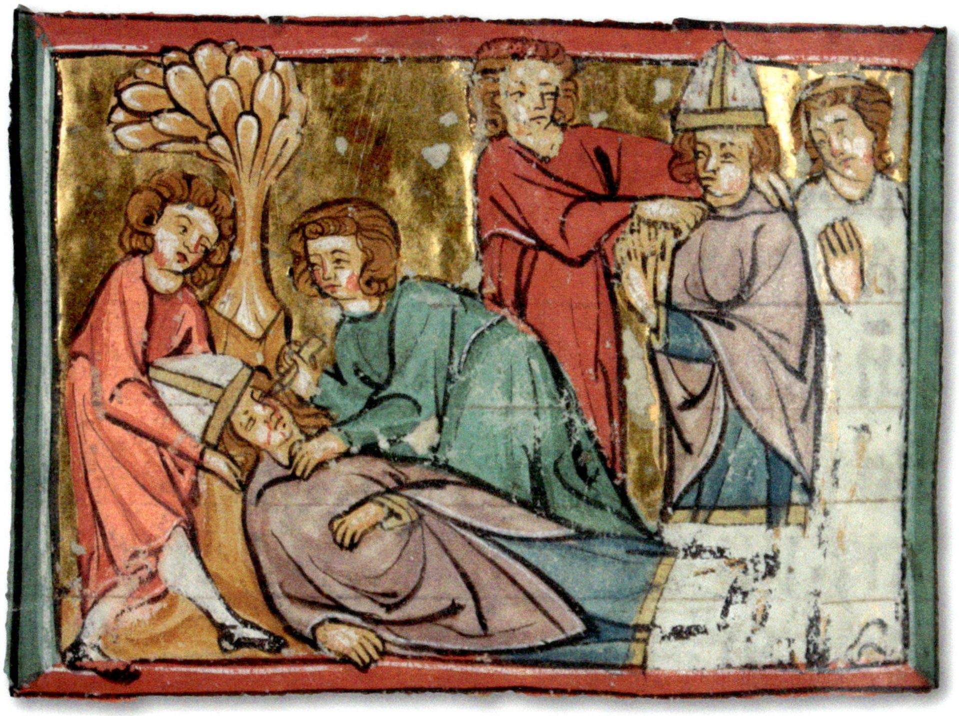

44 Blendung Leos III. aus der *Sächsischen Weltchronik*, Hamburg, um 1300. Bremen, Staats- und Universitätsbibliothek

rian auch die Stelle des Taufpaten übernahm, entstand erneut die enge geistliche Verwandtschaft der Patenschaft zwischen dem römischen Bischof und den Franken. Dennoch kam der Frankenkönig dem Papst nur wenig entgegen, indem er ihm einige Einkünfte beziehungsweise Gebiete in Tuszien und im Herzogtum Spoleto übertrug. Karl blieb also weiterhin die Einhaltung seiner weiteren Zusagen schuldig.

Aufstieg der Karolinger

Tatsächlich war dem Papsttum mit den Franken ein echter Konkurrent in Sachen Macht und Einfluss in Mittelitalien erwachsen. Als nach Hadrians Tod sein Nachfolger Leo III. gewählt wurde, der anscheinend den Widerwillen römischer Adelskreise auf sich zog, erlitt das Papsttum einen entscheidenden Rückschlag in seinen Bemühungen, seine politische Eigenständigkeit zu wahren. Während der *Letania maior*, der großen Bittprozession am Markustag (25. April) des Jahres 799, verübten die Gegner des Papstes ein Attentat auf ihn. Angeblich versuchten sie, ihn zu blenden und der Zunge zu berauben (Abb. 44), was ihn nach dem Verständnis der Zeit amtsunfähig gemacht hätte.[31] Vieles deutet darauf hin, dass er zumindest abgesetzt werden sollte.[32] Jedenfalls erhoben die Verschwörer schwerwiegende Vorwürfe gegen ihn. Als fränkische Boten (*missi*) vor Rom erschienen, konnte er entfliehen und reiste zu Karl dem Großen ins Frankenreich. In Paderborn konnten Leo und seine Anhänger am fränkischen Hof erreichen, dass er nach Rom zurückgeführt wurde, doch wurden die Anklagen gegen ihn nicht aus der Welt geschafft. Wenn man so will, war er ein Papst von fränkischen Gnaden, bis Karl der Große selbst im November 800 nach Rom kam, um die Vorwürfe untersuchen zu lassen. Der Papst musste einen Reinigungseid leisten und krönte Karl am Weihnachtstag des Jahres 800 zum *Imperator Romanorum*, so die überlieferte Akklamationsformel.[33] Den *Reichsannalen* zufolge leistete er anschließend die *Adoratio* oder Proskynese, also den Fußfall als Geste der Ehrbezeugung – Rom hatte wieder einen Kaiser.[34]

Es könnte den Anschein haben, als ob mit der Kaiserkrönung Karls des Großen durch Leo III. der Besitz und das Vermögen der römischen Kirche im Frankenreich aufgegangen wären. So verurteilte nicht der Papst, sondern

45 Innenansicht von Alt-St. Peter in Rom, um 1650. Rom, Basilica di San Martino ai Monti

der neue Kaiser die Verschwörer des Jahres 799 als Majestätsverbrecher zum Tode beziehungsweise zum Exil im Frankenreich. Für Rom war danach auf fränkischer Seite Karls Sohn Pippin in seiner Eigenschaft als König von Italien zuständig. In der Ewigen Stadt selbst und im gesamten Machtbereich des Papstes fungierten kaiserliche *missi*.[35] Aber diese Konstellation suchte Leo seit dem Jahr 801 zu unterlaufen. Er machte den Beauftragten des Kaisers das Leben so schwer, dass Karl schließlich kaum noch jemanden fand, der diesen Posten übernehmen wollte.[36] Andererseits hatte Leo zuvor schon über Personen geklagt, die zwischen ihm und dem Kaiser Zwietracht säten.[37] Bezeichnend ist, wie der Papst den Tod des Kaisers 814 zu seinen Gunsten auszunutzen suchte: Über die Teilnehmer einer weiteren römischen Verschwörung verhängte er 815 selbst die Todesstrafe, ohne Rücksprache mit dem neuen Kaiser Ludwig dem Frommen oder dessen Vertretern vor Ort zu nehmen.[38] Leo reklamierte also höchste Gerichtsbarkeit in Rom für sich, während Ludwig die Angelegenheit nur noch im Nachhinein untersuchen lassen konnte, um sein Vorrecht als Kaiser zu wahren. Noch mehr als sein Vater machte Ludwig also die Erfahrung, dass die Kaiserherrschaft am Tiber aus der Ferne nur schwer durchzusetzen war.

Die räumliche Distanz spielte sicher auch bei dem ersten Wechsel im Papstamt seit der Kaiserkrönung des Jahres 800 eine Rolle. Nachdem Leo III. im Juni 816 gestorben war, wurde Stephan IV. ohne Beteiligung des Kaisers beziehungsweise ohne dessen Zustimmung gewählt und geweiht.[39] In Rom war man also nicht geneigt, zu den Gepflogenheiten der byzantinischen Zeit zurückzukehren und vor der Weihe des gewählten Papstes die Genehmigung des Kaisers einzuholen.[40] Stephan hatte damit Fakten geschaffen und bemühte sich von dieser Ausgangslage aus um eine baldige Übereinkunft mit Ludwig: Er zeigte dem Kaiser seine Wahl an und ließ die Römer auf diesen vereidigen.[41] Außerdem schlug er ein Treffen vor, zu dem er ins Frankenreich reisen wollte, um den Frieden und die Einheit der heiligen Kirche Gottes zu bestätigen.[42] Das Angebot des Papstes und vor allem diese Wendung in seiner Vita zeigen wohl zur Genüge, wie gespannt die papstlich-fränkischen Beziehungen damals gewesen sind. Wollte Stephan verhindern, dass der Kaiser selbst in Rom erschien und seinen Herrschaftsanspruch mit aller Macht zur Geltung brachte? Angesichts dieser Möglichkeit war eine Reise über die Alpen (Abb. 40) anscheinend das kleinere Übel. Bei ihrem Treffen in Reims im Sommer 816 regelten Kaiser und Papst schließlich ihr Verhältnis. Der Kaiser bestätigte die Schenkungen seines Großvaters Pippin und seines Vaters Karl an die römische Kirche.[43] Weiter sicherte er dem Papst die reguläre Gerichtsbarkeit über Rom zu, die allerdings unter dem Vorbehalt kaiserlicher Intervention stand, und gewährte den Römern das Recht der Papstwahl, sofern der Gewählte nach seiner Weihe die Bindung an die Franken erneuerte. Insgesamt handelte es sich um einen klassischen Kompromiss. Zwar wurde die Stadtherrschaft des Papstes festgeschrieben, aber auch die Rechte des Kaisers wurden gewahrt.[44] Er konnte theoretisch jederzeit in Rom eingreifen, aber angesichts der großen räumlichen Distanz musste der Nachfolger des heiligen Petrus dies nur selten befürchten. Schließlich krönte Stephan IV. seinen Gastgeber, der eigentlich schon von seinem Vater Karl nach oströmischem Vorbild zum Kaiser erhoben worden war, erneut und leistete so den entscheidenden Beitrag, dass sich die Tradition der Kaiserkrönung durch den Papst herausbilden konnte.[45]

Auch nach 816 mussten sich die Päpste weiterhin gegen kaiserliche Ansprüche behaupten. So betonte die *Constitutio Romana,* das Vertragswerk, von 824 die Rechte des Kaisers in Rom.[46] Aber im Verlauf des 9. Jahrhunderts gelang es den Päpsten, ihre Stellung insgesamt weiter zu stärken. Es entstand das, was jüngst als „kaiserlich-päpstliches Kondominat" der späten Karolinger-, Ottonen- und Salierzeit beschrieben worden ist.[47] Diese Entwicklung ist nur vor dem Hintergrund der komplizierten päpstlich-fränkischen Beziehungen des 8. Jahrhunderts zu verstehen. Beide Seiten waren ein Bündnis eingegangen, das sich gegen einen Gegner, die Langobarden, gerichtet hatte, der bereits 774 vollständig weggefallen war. Die Franken traten deren Erbe an und übernahmen auch ihr politisches Ziel: die Herrschaft über ganz Italien. Aber sie konnten wegen ihrer engen Bindung an den Papst nicht in gleicher Weise wie jene gegen ihn vorgehen. Dennoch mussten sich die Nachfolger des heiligen Petrus gegen ihren übermächtigen Bundesgenossen behaupten, um nicht vollständig unter dessen Herrschaft zu geraten. Dank der Hartnäckigkeit Leos III. und des Verhandlungsgeschicks Stephans IV. sollte ihnen dies wenigstens zu einem großen Teil gelingen.

Aufstieg der arabischen Welt

Kalifat und Emirate

Anna Akasoy

Im Jahr 802 nach christlicher Zeitrechnung, nach muslimischer im Jahr 186, begab sich Hārūn ar-Rašīd, der berühmte muslimische Zeitgenosse Karls des Großen, auf eine Pilgerfahrt nach Mekka (Abb. 47). Der abbasidische Kalif nutzte die Gelegenheit der frommen Reise, um seine Nachfolge zu regeln. Weder Recht noch Brauch schrieben eindeutige Regelungen vor. Im Falle von Hārūns Tod sollte ihm sein Sohn Muḥammad al-Amīn als Kalif und „Beherrscher der Gläubigen" nachfolgen, während dessen Bruder ʿAbdallāh al-Maʾmūn Gouverneur der iranisch-zentralasiatischen Provinz Chorasan werden und nach al-Amīns Tod diesem als Kalif nachfolgen sollte.[1] Chorasan war für die Abbasiden nicht einfach irgendeine Provinz. Es war das Kerngebiet, aus dem die Unterstützer der divers aufgestellten Umsturzbewegung rekrutiert wurden, die Mitte des 8. Jahrhunderts die Herrschaft der Umayyaden beenden und die Abbasiden an die Macht bringen sollte. Die Umayyaden, die ihr Kernland in Syrien mit Damaskus als Hauptstadt hatten, waren erst ungefähr ein Jahrhundert zuvor an die Macht gekommen. Während der Umayyadenzeit war das junge Islamische Reich zugleich ein arabisches. Dabei begann die umayyadische Herrschaft schon 644, als ʿUṯmān ibn ʿAffān, ein Mitglied der Umayyadenfamilie, als dritter Kalif die Nachfolge des Propheten Mohammed antrat. Mohammed war nach allgemeiner Überlieferung im Jahr 632 gestorben.[2] In der Folgezeit konkurrierten unterschiedliche Auslegungen seiner Mission sowie Zielvorstellungen der von ihm begründeten muslimischen Gemeinschaft miteinander. Während einige Stämme weiteren Propheten folgten, verständigten sich diejenigen, die als Muslime in die Geschichte eingehen sollten, darauf, dass Mohammeds Nachfolger zumindest kein neuer Prophet sein sollte. Wie Martin Hinds und Patricia Crone in ihrer einflussreichen Studie von 1986 herausgestellt haben, wurde den frühen Herrschern der Muslime durchaus erhebliche religiöse Autorität zugedacht.[3] Als Kalifen (wörtlich „Stellvertreter") repräsentierten sie nicht allein die politische und militärische Macht Mohammeds, sondern auch die Macht Gottes. Entsprechend verband sich mit den Kalifen ein zentrales Heilsversprechen der jungen islamischen Gemeinschaft. Im Verlauf der folgenden Jahrhunderte sollten die Interpretationen dieser Heilszusage auseinanderdriften, wobei die damit verbundenen Auseinandersetzungen auch die Zeit Hārūn ar-Rašīds und das gesamte 9. Jahrhundert mitbestimmten.

Konfessionelle Ausdifferenzierungen

Unmittelbar nach dem Tode Mohammeds, der keine Söhne oder eine erhaltene Nachfolgeregelung hinterließ, entzweiten sich seine Anhänger nicht nur in Hinblick auf das Verhältnis von politischer und religiöser Autorität, sondern auch hinsichtlich der Kandidaten für das Kalifat. Während einige den Vetter und Schwiegersohn Mohammeds ʿAlī als dessen direkten Nachfolger unterstützten, sprachen sich andere für den entfernteren Verwandten Abū Bakr aus, der tatsächlich als erster Kalif auf Mohammed folgte. Sein Nachfolger wurde

46 Felsendom in Jerusalem

▸ 47 Mittelmeerraum um 800

Nordsee
Ostsee
London
Aachen
Ingelheim
Atlantischer Ozean
Paris
Rhein
Donau
Loire
Bordeaux
Mailand
Pavia
Oviedo
Venedig
Toulouse
Rhône
Ravenna
Marseille
Zaragoza
Barcelona
Korsika
Rom
Toledo
Neapel
Salerno
Thessaloniki
Sardinien
Córdoba
Balearen
Cartagena
Palermo
Tanger
Sizilien
Karthago
Kairouan
Mittelmeer
Fränkisches Herrschaftsgebiet
Grenzmarken
Islamisches Herrschaftsgebiet
Wechselnd fränkische und islamische Herrschaft
Byzantinisches Herrschaftsgebiet

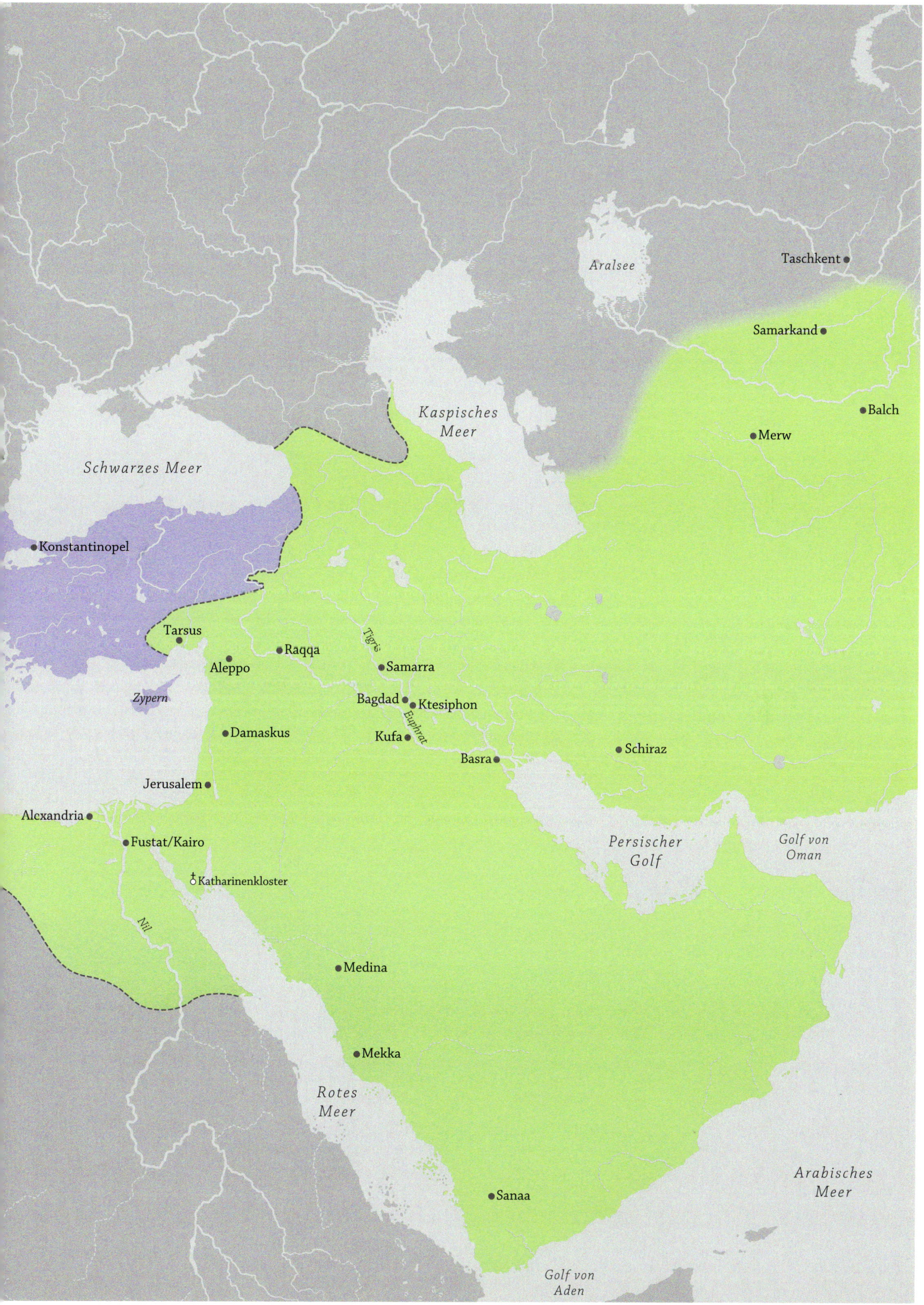

Aralsee
Taschkent
Samarkand
Kaspisches Meer
Balch
Merw
Schwarzes Meer
Konstantinopel
Tarsus
Aleppo
Raqqa
Tigris
Samarra
Zypern
Bagdad
Ktesiphon
Euphrat
Damaskus
Kufa
Basra
Schiraz
Jerusalem
Alexandria
Fustat/Kairo
Katharinenkloster
Persischer Golf
Golf von Oman
Nil
Medina
Mekka
Rotes Meer
Arabisches Meer
Sanaa
Golf von Aden

ʿUmar, dem 644 der bereits erwähnte Umayyade ʿUṯmān folgte. Über die Prinzipien und Personalien der Nachfolge hinaus machten sich Konflikte an handfesten Interessen fest, so beispielsweise am Einfluss, der verschiedenen Personengruppen wie den frühen Konvertiten oder den alteingesessenen Mekkanern zustehen sollte. Die Umayyaden etwa waren als einflussreiche mekkanische Familie nach jahrelanger Opposition gegen den Gesandten Gottes erst spät konvertiert, wodurch ihnen in den Augen ihrer Gegner ein Stigma anhaftete. Zusätzliche Spannungen ergaben sich infolge des sich ausdehnenden islamischen Einflussgebiets, auf die noch zurückzukommen sein wird.

Im Jahr 656 wurde ʿUṯmān von Rebellen aus der ägyptischen Provinz ermordet. Nach Überlieferung der arabischen Historiografie traf der Mörder den Kalifen beim Lesen des Koran an und ʿUṯmāns Blut floss auf die Heilige Schrift, die zu einer der wenigen Reliquien des sunnitischen Islam werden sollte.[4] Die junge Gemeinschaft der Muslime zerstritt sich zutiefst über die Konsequenzen des Attentats. ʿAlī, der nun endlich zu ʿUṯmāns Nachfolger bestimmt wurde, wurde von ʿUṯmāns Verwandtem Muʿāwiya nicht anerkannt. Muʿāwiya, Statthalter von Syrien, setzte sich schließlich durch und begründete 661 die Dynastie der Umayyaden. Wie bereits erwähnt, hat die konfessionelle Ausdifferenzierung im Islam ihren Ursprung in jenen frühen Auseinandersetzungen. Während man schon im Zuge dieser ersten Konflikte von Schiiten als den Unterstützern ʿAlīs sprechen kann, dauerte es noch zwei Jahrhunderte, bis aus dem Großteil der anderen Muslime Sunniten werden sollten. Dabei spielte das selbstbewusstere Auftreten aktivistischer schiitischer Gruppierungen, insbesondere der Ismailiten im 9. Jahrhundert, eine wesentliche Rolle bei dieser konfessionellen Ausdifferenzierung. Dazu kam die Eroberung Iraks im 10. Jahrhundert durch die iranisch-schiitische Dynastie der Buyiden. Es dauerte Jahrhunderte, bis zumindest einige Aspekte innerislamischer Auseinandersetzung an Schärfe verloren und sich ein Konsens der ersten vier „rechtgeleiteten“ Kalifen entwickelte.

Die ersten Jahrzehnte islamischer Geschichte nach dem Tod des Propheten sind durch eine dialektische Dynamik von Eroberungen und Islamisierung, Arabisierung sowie Ausbildung innerer politischer Strukturen bestimmt. Die Eroberungen warfen Fragen in Bezug auf die Beuteverteilung sowie die privilegierte Stellung der frühen Eroberer und ihrer Nachkommen auf. Im Prozess der Islamisierung und Arabisierung stellte sich die grundlegende Frage, unter welchen Voraussetzungen man ein Muslim sein konnte und was genau das überhaupt bedeutete. Zugleich wurden neue Traditionen politischer Sprache in die islamische Kultur integriert, wie etwa das sassanidische Erbe Irans. Am eindrücklichsten zeigt sich dies am Beispiel der Buyiden, die den persischen Titel Šāhānšāh wiederbelebten, aber auch die Gründung Bagdads nahe der ehemaligen sassanidischen Hauptstadt Ktesiphon kann als Fortsetzung iranischer Tradition betrachtet werden. Gleichzeitig mit den blutigen inneren Konflikten breitete sich die islamische Herrschaft mit schier unglaublicher Geschwindigkeit aus. Insbesondere unter ʿUṯmān wurden Gebiete im Westen – darunter Alexandria im Jahr 642, Teile von Sizilien 652 und das tunesische Sbeitla 647 – sowie im Norden der Kaukasus in den 640er- und 650er-Jahren und im Osten die Stadt Merw im Jahr 651 erobert beziehungsweise angegriffen (Abb. 48). Unter den Umayyaden wurden diese Eroberungen

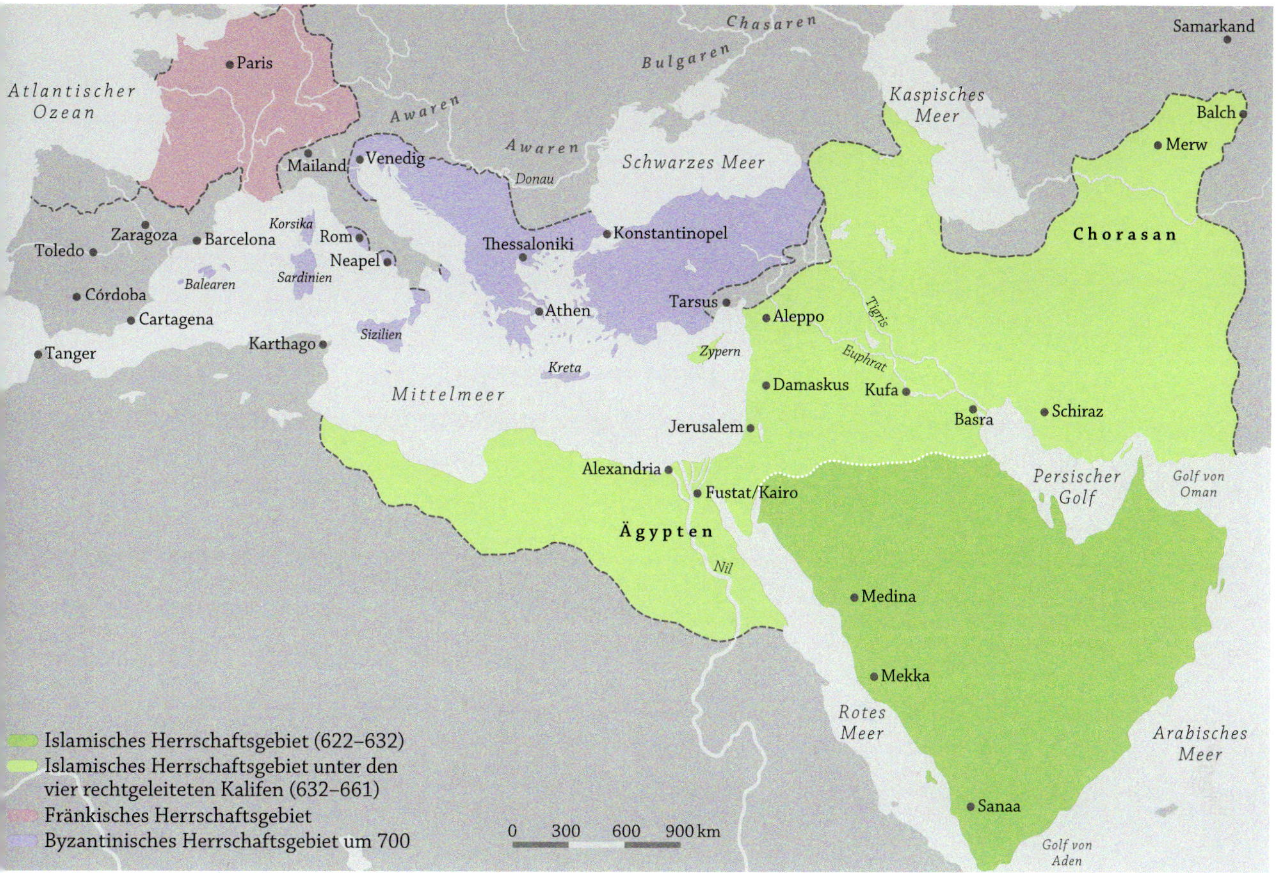

fortgesetzt. Am bedeutendsten aus westlicher Sicht sind die Eroberungen großer Gebiete auf der Iberischen Halbinsel ab dem Jahr 711 durch die Truppen von Ṭāriq ibn Ziyād. Dabei wurden diese Eroberungen vermutlich nicht direkt durch den Kalifen angeordnet, sondern ergaben sich in erheblichem Maße aufgrund der Möglichkeiten vor Ort. Die Eroberer zogen so weit in attraktive Gebiete, wie ihre militärische Stärke es ihnen erlaubte.

In der Forschung werden die Eroberungen nach wie vor kontrovers diskutiert.[5] Umstritten ist beispielsweise, wie bedeutend die islamische Religion oder die Doktrin des „Heiligen Krieges" gewesen sein mag. Einem solchen religiösen Imperativ könnte man etwa entgegensetzen, dass bereits vor dem Aufkommen des Islam arabische Stämme ihr Einflussgebiet ausgeweitet und kriegerische Raubzüge unternommen hatten. Insbesondere die Laḫmiden und die Ġassaniden hatten für die spätantiken Großmächte der Sassaniden beziehungsweise Byzantiner Stellvertreterkriege geführt. Auch die in islamischer Zeit zunehmende Arabisierung des Nahen Ostens und des südöstlichen Mittelmeerraums lässt sich in die Zeit vor Mohammeds Wirken zurückverfolgen. Weiterhin umstritten ist, wie genau man sich eine islamische Eroberung im 7. Jahrhundert vorzustellen hat. Angesichts der insgesamt recht kleinen Zahl der Eroberer ist davon auszugehen, dass ein erheblicher Teil der unter islamischer Herrschaft stehenden Bevölkerung nie einen Muslim zu Gesicht bekommen hat und auch keine genaue Vorstellung davon hatte, worum es sich bei dieser Religion überhaupt handelte. Zudem ließen sich viele der Eroberer in neu gegründeten Siedlungen wie Kufa oder Basra (heute Irak, Abb. 47) nieder und hatten schon alleine deswegen nur sehr wenig Kontakt mit der lokalen Bevölkerung. Die wenigen archäologisch nachweisbaren materiellen Spuren der Eroberungen lassen ebenfalls mehr auf Kontinuität denn auf radikale Brüche schließen.

Islamisierung und Arabisierung

Zeitgleich mit der räumlichen Ausdehnung der politischen Herrschaft wurden die inneren Strukturen im *Dār al-Islām* („Haus des Islam")

48 Islamische Eroberungen um das Jahr 650

gestärkt. Dabei sind auch hier unter Historikern, ähnlich wie in der Erforschung des europäischen Mittelalters, die Kriterien und Definitionen umstritten, mit denen die Existenz und Spezifik herrschaftlicher Strukturen vormoderner islamischer Gesellschaften herausgearbeitet werden sollen.[6] Eine zentrale Rolle kommt zweifelsohne dem Umayyadenkalifen ʿAbd al-Malik zu. Er setzte sich vom syrischen Zentralgebiet aus erst 692 gegen seinen Konkurrenten Ibn az-Zubair in Mekka durch. Die Geschichte dieser Konfrontation zeigt, was die chronologischen Tabellen kalifaler Herrschaftsabfolge verbergen, nämlich die effektiven Grenzen von Herrschaft, sei es aufgrund von starken Konkurrenten, die die Geschichtsschreibung nur als Verlierer kennt, sei es wegen der praktischen Schwierigkeiten, Regierungsgewalt jenseits eines geografisch sehr begrenzten Raumes durchzusetzen. In den folgenden Jahren wurden während der Regierungszeit ʿAbd al-Maliks bedeutende Staatsstrukturen ausgebildet, die nun erstmals auch den arabischen und islamischen Charakter der umayyadischen Regierung zum Ausdruck brachten. Das Gesicht der umayyadischen Herrschaft zeigte sich einer überregionalen Öffentlichkeit in Form der Münzen, die ʿAbd al-Malik prägen ließ (Abb. 49). Anstatt die Zahlungsmittel der Byzantiner und Sassaniden wie zuvor weiterzuverwenden, ließ er neue Dirhams und Dinare gestalten, deren arabische Inschriften die religiöse Botschaft des Islam und den Herrschaftsanspruch der Kalifen über die Grenzen des Umayyadenreiches hinaus verbreiteten.[7] Die eindrücklichste architektonische Ausdrucksform islamisch-umayyadischer Herrschaft ist sicherlich der unter ʿAbd al-Malik errichtete Felsendom (Abb. 46), der in den Worten des Koran der christlichen und jüdischen Bevölkerung Jerusalems verkündete, dass Gott keinen Sohn hat. Das Gesicht des Umayyadenstaates unter ʿAbd al-Malik wurde nicht nur islamisch, es wurde auch arabisch. Der Kalif ist für seine Überführung der Administration in die arabische Sprache bekannt. Bis dahin hatten islamische Herrscher sich der zuvor bestehenden Verwaltungs- und Steuerpraktiken und Eliten bedient.

Während das islamische Gesicht eine erfolgreiche integrierende Wirkung entfaltete, bereitete das arabische Gesicht des Staates zunehmende Schwierigkeiten. Als Folge der Eroberungen während der Regierungszeit ʿUṯmāns im 7. Jahrhundert konvertierten in den folgenden Jahrzehnten immer mehr Bewohner der Gebiete außerhalb Arabiens zum Islam. Die geringe Präsenz von Muslimen im Herrschaftsgebiet der Umayyaden (abgesehen von anderen Faktoren) sorgte für ein verzögertes und langsames Einsetzen dieser Entwicklung, die jedoch schließlich eine große Dynamik entfaltete, wie Richard Bulliet anhand einer statistischen Auswertung onomastischer Daten feststellen konnte.[8] In Gebieten wie Iran und der Iberischen Halbinsel dauerte es bis in das 9. Jahrhundert und darüber hinaus, bis die Mehrheit der Bevölkerung Muslime waren. Das umayyadische Verständnis des Islam reflektierte jedoch nach wie vor das einer arabischen Stammesreligion. Die Quellenlage zu den Anfängen der islamischen Religion erlaubt keine eindeutige Antwort auf die Frage, wie bedeutend eine gemeinsame Abstammung für die Ausbildung der muslimischen Gemeinschaft war. Der Koran enthält sowohl Anspielungen auf den Islam als eine Religion der Araber als auch Hinweise darauf, eine Universalreligion zu sein. Nichtaraber, die zum Islam konvertierten, mussten von einem arabischen Stamm „adoptiert" werden und trotz ihrer Konversion mussten Neumus-

49 Dirham ʿAbd al-Maliks, Damaskus (?), 697/698. Berlin, Staatlichen Museen zu Berlin – Münzkabinett

lime Steuern zahlen, die eigentlich Nichtmuslimen vorbehalten waren. Gegen diese Politik formierte sich allmählich Widerstand. Dabei ergab sich der Zusammenhalt der antiumayyadischen Opposition, deren Vertreter unterschiedliche Interessen verfolgten, stärker aus dem Ziel, die Umayyadenherrschaft zu beenden, als gemeinsam eine Alternative für die Zeit danach zu entwickeln. Als solche kristallisierte sich die Familie der Abbasiden heraus. Obwohl sie keine Nachkommen Mohammeds waren, zeichneten sie sich durch eine engere genealogische Verbindung mit dem Propheten aus als die Umayyaden. Während die große Masse der Unterstützer dieser Opposition persische Soldaten waren, wurden die Abbasiden auch von jenen unterstützt, die wie die Schiiten auf einer Herrschaft durch einen nahen Verwandten Mohammeds bestanden, idealerweise einem Nachkommen.

Die treibende charismatische Kraft der abbasidischen Revolution war Abū Muslim. Sein Name, der übersetzt lediglich „Vater eines Muslims" bedeutet, suggeriert, dass er sich sozial und politisch primär religiös verortete. Ethnisch stammte er vermutlich aus Chorasan, wo er in Merw Anhänger versammelte und ab 747 offen gegen die Umayyaden vorging. Zeitgleich organisierte sich eine Opposition in Kufa im Untergrund. 749 hatten die Gegner der Umayyaden schließlich Erfolg. Für diesen Umsturz wurde der Begriff abbasidische Revolution geprägt, der die Ablösung der umayyadischen durch die abbasidische Dynastie beschreibt. Der erste abbasidische Kalif aṣ-Ṣaffāḥ ergriff die Gunst der Stunde und rief sich selbst zum neuen Herrscher aus. Die Familie der Umayyaden wurde niedergemetzelt und nur ein Prinz mit dem Namen ʿAbd ar-Raḥmān überlebte. Er setzte sich in Richtung Westen ab und errichtete auf der Iberischen Halbinsel mithilfe lokaler Größen, die den Umayyaden loyal geblieben waren, den Grundstein für ein zweites umayyadisches Kalifat. Mit der abbasidischen Revolution brach also die politische Einheit der islamischen Welt definitiv auseinander. Es sollte für die Andalusier jedoch noch ein weiter Weg sein, bis ihr Herrscher sich auf eine Stufe mit dem abbasidischen Kalifen, dem „Beherrscher der Gläubigen", stellte. Zunächst einmal beanspruchten die umayyadischen Herrscher lediglich Emire („Fürst", „Befehlshaber", „Gouverneur") zu sein. Erst als Anfang des 10. Jahrhunderts die schiitischen Fatimiden zunächst von Nordafrika und später von Ägypten aus selbst als Kalifen die Abbasiden herausforderten, beanspruchte auch der spanische Umayyade ʿAbd ar-Raḥmān III. im Jahr 929 den Kalifentitel.

Eigenheiten in Ost und West

Al-Andalus beziehungsweise der Maghreb („Westen") insgesamt unterschieden sich dabei nicht nur politisch vom Maschrik („Osten"). Nach dem erfolgreichen Umsturz verlagerten die Abbasiden die Hauptstadt des Kalifats von Damaskus im umayyadischen Kerngebiet nach Osten, wo sie 762 Bagdad als neue Hauptstadt gründeten. Mit dieser Verlagerung nach Osten stand die islamische Kultur im Abbasidenkalifat wesentlich unmittelbarer im Einflussbereich iranischer und zentralasiatischer Traditionen, die nur wenige Spuren im Westen hinterließen. Eine ethnokulturelle Gruppe, die im westlichen Mittelmeerraum eine große Rolle spielte, im Osten aber deutlich weniger stark vertreten war, waren die Berber. Entsprechend wurden im Westen neben dem Arabischen andere Sprachen gesprochen als im Osten. Die romanischen Sprachen und Griechisch waren im Mittelmeerraum präsent, wo Persisch und

Türkisch im frühen Mittelalter kaum relevant waren. Wohingegen die religiöse Vielfalt im westlichen Teil der islamischen Welt im Großen und Ganzen auf Christen und Juden beschränkt blieb, kamen zu diesen beiden Gruppen im Osten iranische und zentralasiatische religiöse Glaubensgemeinschaften zentralasiatischer Prägungen (wie der Buddhismus oder Zoroastrismus) hinzu. In der Forschung ist vor allem den westlichen interreligiösen Kontakten Aufmerksamkeit geschenkt worden.[9] So sind die buddhistischen Einflüsse in der islamischen Kulturgeschichte beispielsweise noch nicht ausreichend erforscht worden.[10] Das eindrücklichste Beispiel für die Präsenz des Buddhismus im Kerngebiet der Abbasiden ist die Familie der Barmakiden. In Darstellungen der Gründung Bagdads 762 ist üblicherweise von drei Gelehrten die Rede: einem Juden, einem Zoroastrier und einem islamischen Konvertiten namens Ḫālid ibn Barmak, dessen Großvater dem buddhistischen Navbahar-Kloster vorstand. Ḫālid zeichnete sich in der abbasidischen Revolution aus. Er stand am Anfang eines rasanten Aufstiegs der Barmakiden am Abbasidenhof. Zwischen 786 und 796 war die Macht der Familie derart groß, dass man von einem Jahrzehnt der Barmakiden spricht.[11] Die mehr zentralasiatische als mediterrane Orientierung der Abbasiden zeigt sich auch im Geschichtswerk aṭ-Ṭabarīs, das beispielsweise mehr über Tibet zu sagen hat als über die Franken.

Bei den Muslimen im Westen folgte die große Mehrheit der malikitischen Rechtsschule des sunnitischen Islam, die im Osten eine Minderheit blieb, wo vor allem Schafiiten und Hanafiten vorherrschten. Schiiten waren auf der Iberischen Halbinsel auch kaum anzutreffen. Es ist mitunter nicht eindeutig, warum sich derartige Unterschiede entwickelt haben und wie prägend sie für das Verhältnis zwischen westlichen und östlichen Muslimen waren. Sunnitentum und malikitische Lehre etwa wurden zu Elementen umayyadischer Herrschaft im Westen, wie sie insbesondere von ʿAbd ar-Raḥmān III. im 10. Jahrhundert im Gegensatz zu dem Herrschaftsverständnis der Fatimiden und der Abbasiden formuliert wurden.[12] Andere Unterschiede scheinen mit Sozial- und Siedlungsstrukturen sowie Patronagetraditionen zu tun zu haben – so zum Beispiel die Tatsache, dass sich Krankenhäuser im muslimischen Spanien kaum und erst sehr spät entwickelten. Die entsprechende soziale Funktion wurde hier möglicherweise direkt durch wohlhabende Personen gewährleistet. Eigenheiten in der Material- und Literaturgeschichte (beispielsweise die Gedichtform der andalusischen Muwaššaḥāt im 10. Jahrhundert) lassen sich indes kaum mit derartigen Differenzen erklären.

Bei allen Unterschieden waren die muslimischen Bewohner von Ost und West nach eigenem Selbstverständnis Teil einer religiösen und kulturellen Sphäre, was sich schon allein durch Pilgerfahrten, Handels- und Ausbildungsreisen zeigte. Dabei fällt auf, dass vor allem Muslime aus dem Westen die Reise Richtung Osten antraten, wo sich neben den heiligen Stätten Mekka und Medina auch bedeutsame Wissenszentren wie Damaskus und Bagdad befanden. Zudem orientierten sich die Andalusier an Syrien, das den Ursprung der umayyadischen Dynastie symbolisierte und von woher zahlreiche Immigranten stammten. Der Kulturtransfer fand somit auf lange Sicht in erster Linie von Ost nach West statt. Indes veränderten sich die Bedingungen kultureller Produktion und Gelehrsamkeit mit den politischen Umstürzen im Westen. Das Umayyadenkalifat selbst überlebte nur bis in die vierte Dekade des 11. Jahrhunderts, als das muslimische Herrschaftsgebiet auf der Iberischen Halbinsel in mehrere Kleinstaaten zerfiel. Erst vom späten 11. Jahrhundert bis Mitte des 13. Jahrhunderts wurde es von religiösen Reformbewegungen nordafrikanischer Berber wieder geeint. Mit wechselndem politischem Geschick änderten sich die strukturellen Möglichkeiten der Patronage ebenso wie die intellektuellen Tendenzen, die jeweils die Unterstützung der Herrschenden genossen. Versucht man die Eigenheiten der Iberischen Halbinsel zu erklären, zeigt sich, dass diese auf das Engste mit den Ereignissen im 8. Jahrhundert verschränkt waren. Unweigerlich stellt sich die Frage, warum die Abbasiden nicht versuchten, sich jener Umayyaden zu entledigen: Zunächst einmal lagen zwischen dem umayyadischen al-Andalus und dem von den Abbasiden regierten Territorium Gebiete im westlichen Nordafrika, die seit 778 von der unabhängigen Dynastie der ibaditischen Rustamiden kontrolliert wurden. Schon in spätumayyadischer Zeit hatten Berberaufstände die Macht der Zentralregierung herausgefordert. In der Provinz Ifrīqiya setzten die Abbasiden loyale regionale Machthaber ein. Auf diese Weise begründete Ibrāhīm ibn al-Aġlab die *de facto* unabhängige Dynastie der Aghlabiden; Ibrāhīm war auch an der Delegation an Karl den Großen beteiligt, die den Elefanten Abū 'l-ʿAbbās nach Europa brachte. Vor allem aber lag die Priorität der Abbasiden und ihrer Unterstützer im Osten. Eine gewichtigere Herausforderung als die Kontrolle über den westlichen Mittelmeerraum bestand in der Konsolidierung abbasidischer Macht gegenüber ihren mittlerweile enttäuschten Partnern im Kampf gegen die Umayyaden.

Ein erstes Problem bestand darin, dass Abū Muslim zu mächtig geworden war. Historiker vermuten sogar, dass er von seinen Anhängern als messianische Figur verehrt wurde.[13] Für die Abbasiden wurde er bereits kurz nach der Machtübernahme von einem nützlichen Instrument zu einem gefährlichen Rivalen. 755 ließ der zweite abbasidische Kalif al-Manṣūr Abū Muslim ermorden. Die Deutung Abū Muslims als Erlöserfigur erklärt sich durch eine weiter verbreitete Form politisch-religiöser Aufstände, die sich insbesondere aus enttäuschten politisch-religiösen Erwartungen schiitischer Anhänger speisten. Rebellionen, die gegen die Abbasiden im 8. und 9. Jahrhundert gerichtet waren, wurden oft durch genealogische Ansprüche untermauert und hatten sektiererische Gestalt. Während viele Schiiten sich im Laufe der Jahrzehnte und Jahrhunderte zu Quietisten entwickelten, die eine aktive Beteiligung in der Politik ablehnten, entfalteten andere, insbesondere die bereits erwähnten Ismailiten, schon früh ein hohes aktivistisches Potenzial.

Auch der ethnische Egalitärismus des Umsturzes von 749 barg Gefahren für die Abbasiden, insofern die abbasidische Opposition vor allem von der persischen Bevölkerung Unterstützung erhielt, die mit der Herrschaft der arabischen Umayyaden unzufrieden war. Wie Patricia Crone in ihrem 2012 erschienenen Buch zeigen konnte, formierten sich in der frühen Abbasidenzeit mehrere „nativistische" Bewegungen im persischem Raum, die ihr von einer anderen Kultur geprägtes Identitätsgefühl durch gemeinschaftliche Aktionen in ein eigenes Selbstwertgefühl transformierten.[14] Das weist darauf hin, dass im iranischen Kulturraum nach wie vor Widerstände gegen die nunmehr nicht ganz neue Kultur der Herrscher bestanden. Die bekannteste dieser Bewegungen wurde von dem Rebellen Bābak Khorramdin angeführt, der 838 besiegt und hingerichtet wurde. Während Bābak sich außerhalb der islamischen Gemeinschaft bewegte, gab es auch innerhalb der Muslime Bewegungen, die ihr eigenes persisches Selbstverständnis bewusst nach außen demonstrierten. Im 9. Jahrhundert sind derartige Phänomene als Šuʿūbīya bekannt. Formen solcher regionalen und „nationalen" Bewegungen entwickelten sich parallel auch auf der Iberischen Halbinsel, wo sie jedoch insgesamt weniger bedeutsam waren. Es ist daher zu vermuten, dass Hārūn ar-Rašīd seine Nachfolge noch zu Lebzeiten nicht nur deshalb regelte, weil es kein etabliertes Prinzip der Primogenitur gab, sondern auch aufgrund solcher Zerfallserscheinungen abbasidischer Herrschaft.

Nach dem Tode Hārūn ar-Rašīds gewannen diese Konflikte allerdings eine neue Dimension. Nach der in Mekka verabredeten Regelung wurde zunächst al-Amīn zum Nachfolger des Kalifen bestimmt. Über die darauf folgenden Ereignisse herrscht unter Historikern keine Klarheit: Wie Tayeb El-Hibri dargelegt hat, schilderte der Geschichtsschreiber aṭ-Ṭabarī die Ereignisse aus der Perspektive von al-Maʾmūn, dem Bruder und Rivalen al-Amīns, der aus dem Konflikt als Sieger hervorging.[15] In aṭ-Ṭabarīs Version des abbasidischen Bruderkriegs verletzte al-Amīn eine Reihe von Vereinbarungen, die der Vater der Brüder in seiner Nachfolgeregelung zu Bedingungen gemacht hatte. Danach hatte er für die Zeit nach seinem Tod al-Maʾmūn Privilegien in der Regierung Chorasans zugesprochen, die an eine Autonomie des Gebiets grenzten. Die von El-Hibri zitierten Dokumente legen jedoch nahe, dass diese Bedingungen nachträglich eingefügt wurden, um den Aufstand al-Maʾmūns legitim erscheinen zu lassen.[16] 811 brach der Konflikt zwischen den Brüdern offen aus, und al-Amīn war in der schwächeren Position. 813 eroberten die Unterstützer al-Maʾmūns Bagdad und richteten al-Amīn hin. Der Bruderkrieg, der auch als „Bürgerkrieg" bezeichnet wird, ist von ähnlichen Phänomenen geprägt wie die Revolte von 749. Die Soldaten aus Chorasan waren wieder eine treibende Kraft. Und wieder gab es schiitische Tendenzen. Die religiösen Implikationen und Konditionen politischer Herrschaft waren nach wie vor umstritten. Die Rebellion al-Maʾmūns wird daher auch als zweite abbasidische Revolution bezeichnet. Während der Unruhen hielt sich al-Maʾmūn in Chorasan auf, wo er in Merw eine temporäre neue Hauptstadt etablierte. Erst 817 begab er sich in das vernachlässigte und heruntergekommene Bagdad. Auf dem Weg traf er eine wichtige Entscheidung, die interessante Rückschlüsse auf seine Motivation auch im Bruderkrieg erlaubt. Der neue abbasidische Kalif bestimmte den Gelehrten ʿAlī ar-Riḍā zu seinem Nachfolger, der vor allem als achter Imam der Zwölferschiiten in die Geschichte einging. Im schiitischen Islam ist das Heilsversprechen durch die Präsenz der Imame gewährleistet, die Nachkommen Mohammeds waren und denen außerordentliche spirituelle Fähigkeiten zugesprochen werden. Es ist unklar, warum al-Maʾmūn mit dieser Entscheidung die Nachfolge an einen Mann außerhalb der abbasidischen Familie übergab. Da ʿAlī ohnehin wenig später starb, hatte dieses Vorgehen keine negativen Konsequenzen für die Abbasiden. Al-Maʾmūn ist auch als Unterstützer der rationalistischen muʿtazilitischen Theologen bekannt, zu deren Lehre von der Geschaffenheit des Koran er die religiösen Gelehrten zu verpflichten suchte. Die Muʿtaziliten betonten die vernunftgemäße Ordnung der Welt wie auch der Religion und haben eine gewisse Nähe zu den Schiiten. In der westlichen Geschichtswissenschaft ist al-Ma'mūn vor allem als Förderer der Übersetzungsbewegung bekannt, in deren Rahmen zahlreiche griechische Werke antiker und spätantiker Philosophie und Wissenschaft, teilweise über das Syrische, ins Arabische übertragen und bisweilen nur auf diese Art für die Nachwelt erhalten wurden. Der Rationalismus, der in vielen dieser Schriften präsent ist, erklärt zumindest teilweise, warum sie für die abbasidischen Herrscher so attraktiv waren. Um ihr Interesse an diesen Schriften besser verstehen zu können, ist ein Blick auf den Konflikt mit den religiösen Gelehrten notwendig. Im Verlauf der Umayyadenzeit hatten diese Gelehrten sich insofern zu den Erben von Mohammeds religiöser Autorität entwickelt, als dass dessen Vorbildfunktion zu einem Kernbestandteil islamischen Rechts wurde. Darin lag ein Grundgedanke des sunnitischen Heilsversprechens. Die Gelehrten besaßen die notwendigen Kenntnisse von den Berichten über Mohammeds Taten und Aussagen, um genau ermitteln zu können, in welcher Weise der Prophet sich verhielt. Aufgrund der steigenden juristischen Bedeutung solcher Überlieferungen gehen viele Historiker seit dem 20. Jahrhundert davon aus, dass diese Texte überhaupt erst Produkte des 9. Jahrhunderts waren und als Aussagen über die Zeit Mohammeds entsprechend kritisch betrachtet werden müssen. Mit dem Konflikt über die Natur des Koran forderte al-Ma'mūn die Gelehrten auf theologischem Gebiet heraus und seine Förderung rationalistischer Denktraditionen mag ähnlich begründet gewesen sein. Innerhalb weniger Jahre setzten sich die Gelehrten jedoch durch.

Die Tatsache, dass sich zur Zeit Karls des Großen die zentrale Macht der islamischen Welt östlich orientierte, hat dabei auch etwas mit den Karolingern zu tun. Ebenso wie man danach fragen kann, warum die Abbasiden so wenig Energie darauf verwendeten, die Umayyaden im Westen zu beseitigen, kann man danach fragen, warum es keine westliche Entsprechung für Chorasan und für die abbasidische Revolution gab. Für die westlichen Teile des Nahen Ostens ist es leichter, eine Erklärung zu finden. Das Perserreich wurde komplett von dem islamischen Reich absorbiert, während Byzanz weiter bestand. Ähnlich verhält es sich in gewisser Weise mit der Iberischen Halbinsel, wo es keine regionale, imperiale Tradition gab, die derart stark gewesen wäre, dass sie die islamische Eroberung überdauert hätte. Die Ausdehnung dieser Herrschaft in Richtung Norden endete bekanntermaßen 732. Potenzial für eine westliche Entsprechung der abbasidischen Revolution hatten lediglich die Revolten der Berber in den 740er-Jahren, die jedoch insgesamt zu unorganisiert waren. Es sind erst die Fatimiden im frühen 10. Jahrhundert und die Begründung des umayyadischen Kalifats 929 durch ʿAbd ar-Raḥmān III., die der islamischen Geschichte im Mittelmeerraum eine neue Dynamik verleihen.

Als al-Ma'mūn 833 starb, standen einige wegweisende Entwicklungen jedoch noch unmittelbar bevor. Al-Muʿtaṣim, der sich nicht am Krieg seiner beiden Brüder beteiligt hatte, trat nun die Nachfolge als Kalif an. Die Macht des neuen Herrschers basierte unter anderem auf einem Heer zentralasiatischer Soldaten, die als Sklaven in Richtung Westen gebracht wurden. In den folgenden Jahrhunderten entwickelten sich jene „Türken" zu einer der einflussreichsten Gruppen im Nahen Osten, die schließlich mit den Seldschuken, den Mamluken und den Osmanen ganz die Macht übernehmen sollten.

Begegnungen der Kulturen

Kaisertum und Priestertum

Die Karolinger als Erben eines ungelösten Problems

Jan-Markus Kötter

„Zwei sind es nämlich, erhabener Kaiser, durch die an oberster Stelle diese Welt regiert wird: die geheiligte Auktorität der Bischöfe und die kaiserliche Gewalt."[1] Mit diesen Worten wandte sich Papst Gelasius im Jahr 494 an den oströmischen Kaiser Anastasius. Sie bildeten den Kern seiner sogenannten „Zweigewaltenlehre", die im Laufe des Mittelalters große Wirkung entfalten sollte (Abb. 50).[2] Kurzfristig aber erfuhr der seinen Worten innewohnende Grundsatz der Arbeitsteilung zwischen Kaisertum und Priestertum keine besondere Aufmerksamkeit. Bereits der Nachfolger des Gelasius, Hormisdas, handelte den Forderungen seines Vorgängers im Umgang mit dem Kaiser in Konstantinopel entgegen – als ob die Worte des Gelasius niemals gefallen wären.[3] Sie waren aber sehr wohl gefallen. Und auch wenn sie in den kommenden Jahrhunderten den kirchlichen Akteuren keineswegs als Leitfaden ihres Handelns dienten, blieben sie doch im Gedächtnis der Kirche gespeichert. Gelasius hatte eine Position formuliert, die theoretisch jederzeit wieder aufgreifbar war, die einer Aktualisierung harrte, sobald es die Umstände der Zeit erforderten oder sinnvoll erscheinen ließen.[4] In der Tat sollte es keine 300 Jahre dauern, bis die Zweigewaltenlehre eine Wiederaufnahme erfuhr. Im Angesicht des erstarkenden Frankenreichs der Karolinger maßen verschiedene kirchliche Akteure den Worten des Gelasius plötzlich wieder Bedeutung bei: Ein Reflex auf die Zweigewaltenlehre fand sich beispielsweise in der Zeit Papst Hadrians I. auf einer römischen Inschrift. In den 820er-Jahren wurde die Zweigewaltenlehre dann explizit zur Begründung einer Neukonzeption bischöflicher Amtsführung im fränkischen Klerus herangezogen.[5] Wieso kam es gerade jetzt zu einer Renaissance gelasianischer Gedanken? Wenn der Brief des Papstes an den Kaiser von 494 ein Produkt der problematischen Frage nach der Abgrenzung von Kaisertum und Priestertum gewesen war, so liegt die Vermutung nahe, dass sich die Akteure des späten 8. und frühen 9. Jahrhunderts vor eine ähnliche Herausforderung gestellt sahen: Konfrontiert mit selbstbewussten fränkischen Herrschern, spürten sie die Notwendigkeit einer kirchlichen Selbstvergewisserung über das Verhältnis von Kirche und Reich.[6] Die Fragenkomplexe, die bereits Gelasius umgetrieben hatten, waren wieder aktuell. Die dadurch hervorgerufene Anknüpfung der karolingischen Zeit an die christliche Spätantike – die auch in anderen Aspekten evident wurde, wie beispielsweise deutliche Anlehnungen an spätantike Münzbilder zeigen (Abb. 51, 52, 53) – führt zur Frage, wie sich Gedanken der Abgrenzung kirchlicher und weltlicher Sphären in eben dieser Epoche entwickelt hatten. Im Konflikt mit Kaiser Anastasius um den Miaphysitismus, dessen Vertreter von einer Einheit der Naturen Christi ausgingen, stellte Gelasius zwei grundlegend verschiedene Gewalten in der Leitung der christlichen Gemeinde einander gegenüber: die „kaiserliche Gewalt" und die „geheiligte Auktorität der Bischöfe". Das Anliegen des Papsts war es, die Kompetenzen beider Ebenen abzugrenzen: Dort, wo die Reinheit des Glaubens berührt

50 Mittelalterliche „Zweischwerterlehre" aus dem *Dresdner Sachsenspiegel*, Meißen, um 1350. Dresden, Sächsische Landesbibliothek – Staats- und Universitätsbibliothek

51 Bildnis Karls des Großen auf einem Denar, fränkisch, vor 814. Berlin, Staatliche Museen zu Berlin – Münzkabinett

52 Bildnis Theodosius' I. auf einem Solidus, Italien, 379–388. Berlin, Staatliche Museen zu Berlin – Münzkabinett

53 Bildnis Anastasius' I. auf einem Miliarense, Konstantinopel, 491–518. Berlin, Staatliche Museen zu Berlin – Münzkabinett

werde, ende die Macht des Kaisers.[7] Ein solcher Gedanke war alles andere als neu. Er wiederholte vielmehr eine mittlerweile weit über ein Jahrhundert alte Standardforderung oppositioneller kirchlicher Gruppen. Die unvermittelte Entstehung eines christlichen Kaisertums unter Konstantin dem Großen zu Beginn des 4. Jahrhunderts hatte die Kirche überrascht und war von der Christenheit daher ursprünglich weitgehend vorbehaltlos begrüßt worden; das überschwängliche Lob Konstantins durch Bischof Eusebius von Caesarea spiegelt dies deutlich.[8] Schon frühzeitig mischten sich in solch freudige aber auch skeptische Stimmen: Zu offensichtlich war der Umstand, dass ein häretischer christlicher Kaiser mit seinen Machtmitteln für die „wahre" christliche Lehre genauso bedrohlich war wie ein heidnischer Christenverfolger. Und da sich mithin alle christlichen Gruppen als Vertreter dieser „wahren" Lehre sahen, kam es vonseiten derjenigen Christen, die sich nicht auf einer Linie mit dem jeweiligen Kaiser wussten, vermehrt zu Kritik am kaiserlichen Eingreifen in kirchliche Belange.[9]

Noch zu Beginn des 4. Jahrhunderts fragte dementsprechend der afrikanische Sektierer Donatus, was der Kaiser denn überhaupt mit der Kirche zu tun habe. In der Folge scheuten machtbewusste Bischöfe wie Athanasius von Alexandria oder Ambrosius von Mailand im Namen ihrer Orthodoxie keine Konflikte mit dogmatisch unzuverlässigen Kaisern. Papst Leo der Große beharrte 452 in einem hierarchischen Konflikt mit dem vom Kaiser unterstützten Bischof von Konstantinopel darauf, dass die Ordnung der Kirche eine andere sei als die Ordnung der weltlichen Dinge.[10] In solche Traditionen reihte sich Gelasius mit seiner Lehre von den zwei Gewalten ein.

All diesen kritischen Stimmen gemein war zugleich aber, dass ihnen keineswegs eine generelle Absage an den Einfluss des Kaisertums auf kirchliche Entwicklungen innewohnte, da es sich bei ihnen nicht um allgemeine Theorien zum Verhältnis von Kirche und Kaisertum handelte. Sie waren vielmehr konkret umrissenen Situationen geschuldet, sodass die Frage nach der Rolle des Kaisertums in der Kirche an sich ohne Lösung blieb. Beispielsweise hatten sich die Anhänger von Donatus ursprünglich selbst um Unterstützung an den Hof gewandt. Auch Athanasius und Ambrosius zielten nicht auf eine Absage an kaiserliche Eingriffe in die Kirche, sondern darauf, dass der Kaiser dabei gefälligst ihre Positionen zu vertreten hatte. Papst Leo schließlich hatte keineswegs Skrupel vor der Nutzung „weltlicher Dinge", selbst wenn diese nicht der Ordnung der Kirche entsprachen; sie mussten lediglich der Durchsetzung seiner eigenen Ziele dienlich sein.[11] Ganz ähnlich ging es auch Gelasius einzig und allein darum, kaiserliches Eingreifen an kirchliche Prärogativen zu binden[12] – nicht darum, es gänzlich zu verhindern.

Die kirchlichen Äußerungen über das Verhältnis von Kaisertum und Christentum waren dementsprechend ambivalent, waren sie doch zumeist nur Ausfluss einer dogmatischen Opposition gegenüber *bestimmten* Kaisern. Gelasius jedenfalls hätte seine Worte wohl anders gewählt, wenn Kaiser Anastasius im theologisch-kirchenpolitischen Konflikt die päpstliche Linie unterstützt hätte.[13] So geht die Zweigewaltenlehre sehr wohl von einer gewünschten Kooperation von Priestern und

Kaisern aus: „Wenn im Bereich der staatsrechtlichen Ordnung auch die Vorsteher der Religion willig anerkennen, daß Euch die kaiserliche Herrschaft durch göttliche Anordnung übertragen ist und deshalb auch sie Euren Gesetzen Gehorsam zu leisten haben, um nicht etwa in weltlichen Dingen Eurer einzig maßgeblichen Befehlsgewalt entgegen zu sein – wie freudig muß man dann denen gehorsamen, die zur Ausspendung der Mysterien gesetzt sind?“[14] Es war insbesondere diese „maßgebliche Befehlsgewalt“ des Kaisertums, die die kirchlichen Vertreter im gesamten Verlauf der Spätantike immer wieder daran erinnerte, dass ein dogmatisch zuverlässiger Kaiser durchaus positiv auf die Geschicke der Kirche wirken konnte und sollte.

Wodurch aber profitierte die Kirche in ihrer Annäherung an das Kaisertum konkret? In erster Linie boten die christlichen Kaiser ihr Schutz und Förderung, sowohl gegenüber dem Heidentum als auch gegenüber innerchristlichen Abweichlern.[15] Diese Schutzfunktion wurde von den kirchlichen Akteuren im Laufe der Zeit zunehmend eingefordert – und vonseiten der Kaiser, mit freilich nicht immer ähnlich großem Eifer, auch durchgehend wahrgenommen.[16] Die Kaiser behoben damit einen strukturellen Mangel innerkirchlicher Konfliktbereinigung: Die Kirche zeichnete sich nämlich dadurch aus, dass sie eigene Entscheidungen gegen interne Widerstände nicht wirksam durchsetzen konnte. Deutlich wird dies an einer Episode, die sich noch vor der „Konstantinischen Wende“ zugetragen hatte: In den 270er-Jahren hatte eine Synode den Bischof von Antiochia abgesetzt. Dieser aber, auf eine breite Anhängerschaft gestützt, weigerte sich, dem Absetzungsurteil Folge zu leisten. Er amtierte also faktisch weiter, bis seine Gegner den heidnischen Kaiser Aurelian dazu gewinnen konnten, ihr kirchliches Urteil staatlicherseits in Geltung zu setzen.[17]

Diese Art des Zusammenwirkens wurde in der Spätantike zum Grundmuster kaiserlich-kirchlicher Kooperation: Die Kaiser, mit ihren Machtmitteln, setzten kirchliche Entscheidungen auf Bitten kirchlicher Akteure durch. Insbesondere sogenannte „Reichssynoden“ verfuhren nach diesem Muster. Dass das Kaisertum kirchliche Sanktionsdefizite durchbrechen konnte, erschien den kirchlichen Akteuren so bedeutsam, dass selbst diejenigen christlichen Gruppen, die einem Kaiser dogmatisch kritisch gegenüberstanden, versuchten, ihn für ihre eigenen Positionen zu gewinnen.[18] Zumindest erteilten sie der Option, dass ein Kaiser sie selbst schützen und fördern könnte, nicht *per se* eine Absage.

Die Kaiser liehen der Kirche diese Durchsetzungsmacht keineswegs widerwillig. Auch sie profitierten vom wechselseitigen Austausch, konnten sich von der aufstrebenden Religion eine größere Stabilität ihrer Herrschaft erhoffen. Nachdem die letzte große Christenverfolgung von 303 bis 311 das Christentum in seinem Wachstum nicht einzudämmen vermocht hatte, war es antikem Denken gemäß ohnehin kaum mehr möglich, das Christsein weiterhin zu kriminalisieren.[19] Wenn die Wohlfahrt des Reichs von der Gunst göttlicher Mächte abhing, war es gefährlich, einer großen religiösen Gruppe die Anerkennung zu verweigern. Die entsprechende Karte der Reichswohlfahrt sollte in der Folge von christlichen Kaisern immer wieder gespielt werden. In diesem Punkt hatten wohl auch heidnische Zeitgenossen Konstantin dem Großen zuzustimmen, als er seinem Mitkaiser Licinius 313 in Mailand die Anerkennung der christlichen Religion abgerungen hatte.[20] Darüber hinaus hatten Konstantin und seine Nachfolger die

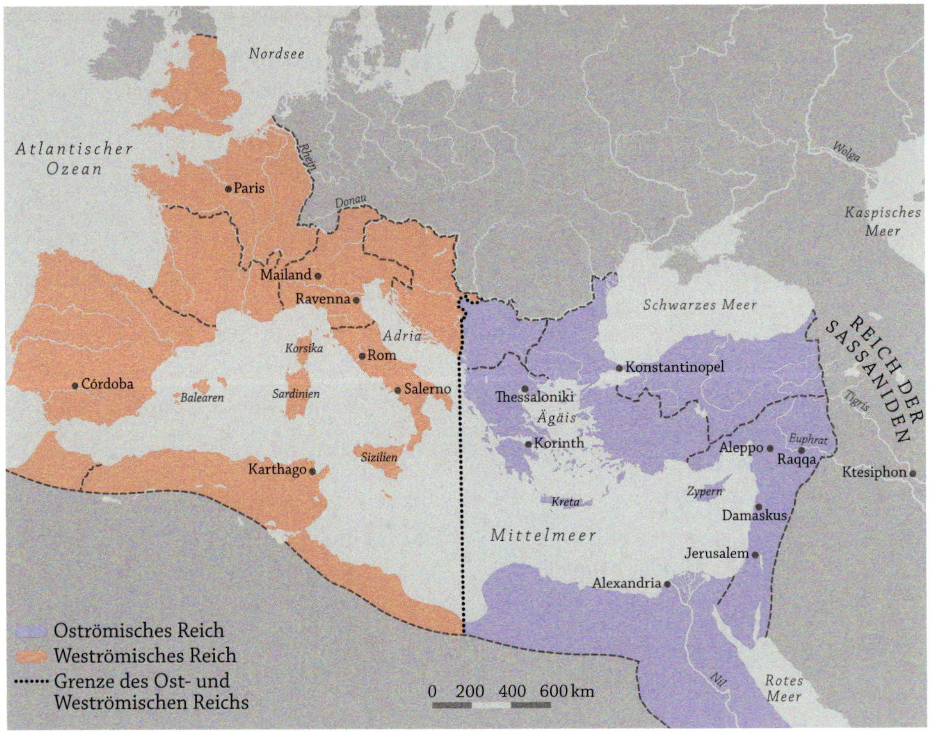

54 Reichsteilung in Ost- und Weströmisches Reich im Jahr 395

Hoffnung, dass sich das Christentum für das Reich als einigendes Band erweisen würde.[21] In der Tat war es nicht zuletzt die christliche Kirche, die nach der Reichsteilung von 395 (Abb. 54) das Bewusstsein für die Zusammengehörigkeit beider Teilreiche wachhielt. Auch nach dem Ende des Weströmischen Reichs 476 war es die innerkirchliche Kommunikation, die das Oströmische Reich weiterhin mit den ehemaligen westlichen Provinzen verband.[22]

Noch bedeutsamer für die Kaiser im zunehmend christianisierten Reich war aber, dass ihre Annäherung an das Christentum zu einer Steigerung ihrer Akzeptanz führte. Zum einen spiegelte sich der universale Herrschaftsanspruch römischer Kaiser im ebenso universalen Geltungsanspruch der von ihnen geförderten Religion und wurde von diesem stabilisiert.[23] Zum anderen führte die Ansicht, dass der christliche Kaiser von Gott in sein Amt eingesetzt worden war, dazu, dass ein Aufbegehren gegen die Kaiserherrschaft religiös tendenziell inopportun erschien. Hieraus entsprang ein grundlegender Loyalismus, der so weit ging, dass sogar häretischen Kaisern von ihren Gegnern niemals die Legitimität ihrer Herrschaft als solche abgesprochen wurde – zumindest nicht aus dogmatischen Gründen.[24]

Der skizzierte Annäherungsprozess von Christentum und Kaisertum verlief zwar keineswegs geradlinig, führte mittelfristig aber dazu, dass beide Seiten spezifische Defizite und Schwächen ihrer Verfasstheit durch Angebote der jeweils anderen Seite ausgleichen konnten: Das Christentum gewann die Möglichkeit der Sanktionierung kirchlicher Beschlüsse, das Kaisertum eine konsistente sakrale Legitimation seines universalen Machtanspruchs.[25] Diese gegenseitigen Angebote waren so attraktiv, dass die Möglichkeit, die Annäherung von Christentum und Kaisertum rückgängig zu machen, schon bald von niemandem mehr ernsthaft in Betracht gezogen wurde.[26] Dass aber trotzdem, zumindest vonseiten der Kirche, immer wieder ein Bewusstsein für die Differenz weltlicher und kirchlicher Sphären formuliert wurde, weist darauf hin, dass die praktische Ausgestaltung des Miteinanders durchaus konfliktträchtig war.

Es gab keine Modelle für das Zusammenwirken von Kaisertum und Christentum. Ein christlicher Kaiser war in der christlichen Lehre nicht vorgesehen; zugleich war das traditionell offene religiöse System des Reichs nicht auf die Vorranganspruche eines exklusiven Monotheismus ausgelegt.[27] Mangelnde Normen hinsichtlich des Umgangs miteinander führten daher zu einem ungeregelten Aushandlungsprozess. Exemplarisch greifbar wird dieser im Bußakt Theodosius' des Großen vom Jahr 390. Als Ambrosius von Mailand den Kaiser im Streit um dessen gewaltsame Bestrafung eines Aufstands dazu zwang, öffentlich Buße zu tun, deutete dieser die Unterwerfung unter den Willen seines Residenzbischofs in Bezugnahme auf König David einfach in einen Akt ostentativer Demut gegenüber der Kirche um und fügte damit die Demut zum kaiserlichen Tugendkatalog hinzu. Dieser Schritt war so prägend, dass Hartmut Leppin ihn überzeugend als Begründung einer „alttestamentlich-pönitentialen" Herrschaftsrechtfertigung interpretieren kann.[28] Dass diese auf christlicher Grundlage fußende Rechtfertigung letztlich aber aus einem Konflikt geboren war, zeigt, wie Kaiser und Bischöfe hinsichtlich ihres Zusammenwirkens um Deutungshoheit rangen. Das Verhältnis beider Seiten war latent spannungsgeladen. Dies lag nicht zuletzt an zwei impliziten Schwachpunkten in der konkreten Art und Weise kaiserlich-kirchlicher Kooperation. Ein reibungsloses, konfliktfreies Funktionieren des oben skizzierten Grundmusters – Bischöfe fassen Beschlüsse, Kaiser setzen diese durch – fußte auf zwei unrealistischen Bedingungen: Zum einen hätte die kirchliche Beschlusslage stets eindeutig sein müssen, zum anderen hätten die Kaiser tatsächlich immer gewillt sein müssen, den priesterlichen Vorgaben bedingungslos zu folgen. Beides war nicht der Fall.

Hintergrund war, dass es *das* Christentum nie gegeben hatte. Ganz im Gegenteil: Die kirchliche Landschaft der Spätantike zeichnete sich durch eine starke Fragmentierung aus, häretische und schismatische Brüche waren eher Regel als Ausnahme.[29] In dieser Situation verlangten alle christlichen Gruppen vom Kaiser die Durchsetzung jeweils eigener Positionen. Gleichzeitig gab es aber keine letztgültig akzeptierten Maßstäbe, an denen sich der Kaiser im Konfliktfall bei seiner Entscheidung zu orientieren hatte. Der einzige Maßstab war die „Orthodoxie", die aber ja von allen Seiten für sich reklamiert wurde. Wie nun ein Kaiser auch entschied – eine Seite im kirchlichen Konflikt blieb immer enttäuscht zurück und kritisierte das kaiserliche Eingreifen als unrechtmäßigen Übergriff.[30] Andererseits ließ man den Kaisern aber auch keine Möglichkeit, sich diesem Dilemma zu entziehen. Noch aus paganer Zeit stammte die allgemein anerkannte Vorstellung, dass es die kaiserliche Pflicht war, sich um die Sicherstellung korrekter Religionsausübung zu bemühen. Die Kaiser der Spätantike betonten diese Sorge um die Orthodoxie selbst häufig.[31] Insofern ist es kaum verwunderlich, dass sie von den verschiedenen christlichen Gruppen immer wieder in die entsprechende Pflicht genommen wurden. Gleichzeitig kritisierten die christlichen Akteure, wenn dieser Pflicht nicht in ihrem jeweiligen Sinne nachgekommen wurde.[32]

Die Kaiser aber hatten sich von der Annäherung an das Christentum eine Stabilisierung ihrer Herrschaft versprochen, nicht eine beständige Kritik an ihren Maßnahmen. Sie entwickelten daher ihrerseits einen wachsenden Unwillen gegenüber denjenigen christlichen Akteuren, die sich ihren Maßnahmen widersetzten und zugunsten irgendwelcher theologischer Nichtigkeiten die Einheit des Reichs gefährdeten.[33] Hinzu kam ferner, dass die von der christlichen Religion zur Verfügung gestellten Legitimationspotenziale keine automatische Immunisierung des Kaisertums gegen konkurrierende Herrschaftsansprüche bewirkten. Für die Spätantike charakteristisch blieben zahlreiche Usurpationsversuche.[34]

Ultimative Grundlage einer stabilen Herrschaft waren auch weiterhin allein die konkreten kaiserlichen Machtmittel. Dem Christentum war es niemals gelungen, die Legitimitätsgrundlagen des Kaisertums zu monopolisieren.[35] Es ist daher verständlich, dass die christlichen Kaiser der Spätantike den Primat auf die politische Ebene ihrer Herrschaft legten. Insofern fassten sie auch kirchliche Uneinigkeit in erster Linie als ordnungspolitisches Problem auf.

Auch das zweifellos vorhandene kaiserliche Interesse an einer umfassenden Glaubenseinheit speiste sich insofern aus einer grundlegend anderen Quelle als jenes der kirchlichen Akteure: Da es den Kaisern stärker um politische Ruhe ging, waren sie nur selten bereit, jedes noch so strittige Dogma mit letzter Konsequenz gegen Häretiker und Sektierer durchzufechten.[36] Viele Kaiser zogen einen Bekenntnisrelativismus der unbedingten Orientierung an bestimmten Dogmen vor. Es ergaben sich Vermittlungsversuche zwischen theologischen Positionen, die sich nicht selten in kaiserlich initiierten Kompromissdokumenten niederschlugen. Zwei prominente Beispiele hierfür sind das sogenannte „datierte Bekenntnis" Constantius' II. von 359 und das Henotikon, ein Edikt Kaiser Zenos von 482.[37] Die große Mehrheit der christlichen Amtsträger stand solchen vermittelnden Maßnahmen aber kritisch gegenüber: Da es in ihrer Sicht nur *einen* wahren Glauben geben konnte, durfte dieser nicht durch Kompromisse an häretische Positionen verwässert werden.

Ob nun solch kaiserliche Versuche einer relativierenden Einheitsherstellung erfolgreich waren oder es einzelnen kirchlichen Gruppen gelang, die Kaiser ungeachtet möglicher Widerstände zur Implementierung ihrer Positionen zu bewegen, war letztlich immer eine Frage der konkreten Situation. Mit jedem Zusammentreffen von Kirche und Kaiser begann der Aushandlungsprozess über die kirchenpolitische Prärogative von Neuem. Die theoretische Klärung der zugrunde liegenden Frage nach dem Verhältnis von Priestern und Kaisern war auf dieser Basis kaum möglich und wurde schon allein dadurch verhindert, dass es seit der Annahme des christlichen Glaubens durch Konstantin zwar zu einer Annäherung von Reich und Kirche gekommen war, keineswegs aber zu einer Identifizierung. Angesichts einer nach antiken Maßstäben fast selbstverständlichen Personalunion politischer und kultischer Funktionen (Abb. 55) ist es keineswegs trivial, festzustellen, dass die Kaiser der Spätantike eben nicht zu Bischöfen, die Bischöfe eben nicht zu staatlichen Beamten wurden.[38] Gerade aber weil beide Seiten eine Trennung aufrecht erhielten und weil beide Seiten Ressourcen kontrollierten, von deren Nutzung die jeweils andere Seite profitieren konnte, blieben Kaiser und Kirche überhaupt aufeinander angewiesen. Beide strebten immer wieder aufeinander zu – und lösten damit immer wieder den gleichen Konflikt aus.

Im Rahmen einer Erneuerung des römischen Imperiums gehörte das ungeklärte Verhältnis von Herrschaft und Christentum zur Erbmasse der Karolinger. Auch unter ihnen blieb es ambivalent, schwankte zwischen Kooperation und Abgrenzung. Der Frage nach der Ausgestaltung der Beziehung zur Kirche mussten sich die fränkischen Könige spätestens stellen, als sich Chlodwig I. Ende des 5. Jahrhunderts katholisch hatte taufen lassen. Auf Grundlage seiner dogmatischen Entscheidung war eine neutrale Haltung zur katholisch-kirchlichen Entwicklung nicht mehr möglich.[39] Sie war aber auch gar nicht beabsichtigt. Wie die römi-

schen Kaiser war auch Chlodwig den Schritt der Annäherung an die Kirche bewusst gegangen, erhoffte er sich doch dadurch eine gesteigerte Loyalität der katholischen Bischöfe seines Herrschaftsgebiets.
Diesem Vorbild gemäß erachteten es auch die Karolinger weder als notwendig noch als sinnvoll, eine allzu große Distanz zur Kirche zu wahren. Sie profitierten immerhin von ihrer Nähe zur Kirche, die ihnen verschiedene Praktiken der Herrschaftslegitimierung zur Verfügung stellte. Diese Legitimationsakte waren teils direkte Fortführungen antiker Praktiken, teils deren logische Weiterentwicklung. So unterstrichen Salbungsakte wie die von 751 oder 754 das besondere Nahverhältnis der Könige zu Gott und delegitimierten mögliche Widerstände gegen sie. Dass die Krönung Karls des Großen im Jahr 800 durch den Papst vollzogen wurde, wurde vom neuen Kaiser zwar staatstheoretisch nicht als notwendig erachtet, minderte die Akzeptanz dieses ja keineswegs unumstrittenen Vorgangs sicherlich aber auch nicht. Der Bußakt Ludwigs des Frommen von 822 schließlich erinnert stark an die Buße des Theodosius in Mailand und hatte wohl im Rahmen der Herrschaftsrepräsentation auch ähnliche Funktionen.[40]
Abseits solch konkreter Akte galt für die Karolinger weiterhin auch der abstrakte konstantinische Gedanke, dass der christliche Universalismus die legitimatorische Grundlage für umfassende Herrschaftsansprüche liefern konnte. Die karolingischen Ansprüche reichten immerhin weit über die Grenzen des Frankenreichs hinaus. In dieser Situation lieferte das Schutzversprechen gegenüber dem Papsttum die Rechtfertigung für den Krieg gegen die Langobarden, während der Vorwand der Mission für die Niederwerfung der Sachsen genutzt wurde. Der Erfolg dieser Mission war so durchschlagend, dass sich um den zwangsgetauften Sachsenherzog Widukind bald eine Reihe christlicher Legenden bildete (Abb. 56). In der Stiftskirche Sankt Dionysius in Enger wurde er sogar als Kirchenstifter verehrt (Abb. 57).[41] Mit solchen Maßnahmen kamen die Karolinger gleichzeitig klassischen Forderungen der Kirche an den Herrscher entgegen: Sie gewährten der Kirche Schutz gegen die Langobarden, wie zuvor schon gegen die islamische Expansion; und sie förderten das Christentum, wie im Fall der von Karl militärisch unterstützten Sachsenmission oder einer Erneuerung der spätantiken Metropolitanverfassung in der fränkischen Kirche.[42] Im Gegenzug zur Stärkung ihrer weltlichen Position durch die Kirche stellten die fränkischen Herrscher der Kirche also ihre Machtmittel zur Verfügung. Die Rolle der Karolinger war diesbezüglich geradezu traditionell antik.[43]
Traditionell antik war aber auch, dass in die

55 Marc Aurel als Kaiser und Priester beim Opfer für Jupiter, Rom, 170/180. Rom, Kapitolinische Museen

56 Sogenannte Taufschale Widukinds aus dem Dionysius-Schatz des Stifts Enger, antik/12. Jahrhundert. Berlin, Staatliche Museen zu Berlin – Kunstgewerbemuseum

Kooperation der Karolinger mit der Kirche die konfliktträchtige Frage nach der Prärogative im Verhältnis beider Seiten eingeschrieben war. Die Umstände der Annäherung des Papsttums an die Karolinger zur Mitte des 8. Jahrhunderts weisen auf diesen Umstand hin, fußte sie doch auf einem Konflikt zwischen dem Papst und dem Kaiser in Konstantinopel. Byzanz war immer weniger in der Lage, Italien vor den Langobarden zu schützen. Als im Rahmen des Bilderstreits auch theologische Differenzen aufkamen, wandten sich die Päpste von den Kaisern im Osten ab, da diese ihre Ansprüche an eine Kooperation zum beiderseitigen Nutzen nicht mehr erfüllten.[44] Dass sich Rom nun nach neuen weltlichen Schutzherren umschauen musste, brachte unvermittelt die Franken ins Spiel. Es war insofern klar, dass das Papsttum an die Liaison zu den fränkischen Königen konkrete Ansprüche stellte – nämlich diejenigen, die von Konstantinopel nicht erfüllt worden waren. Der Konflikt über die Deutung gegenseitiger Kooperation war von Beginn an in vollem Gange.

Das Scheitern der Beziehung von Rom und Konstantinopel zeigt darüber hinaus, dass das Erbe der Antike hinsichtlich der Frage nach dem Verhältnis von Herrschaft und Kirche uneinheitlich war. Die Karolinger standen in einer westlichen – oder besser: apostolischen – Tradition.[45] Die kirchlich-kaiserliche Kooperation im Osten hatte eigene Spezifika entwickelt. Bereits 494 hatte die Reaktion des Kaisers auf die Zweigewaltenlehre erkennen lassen, dass man im Osten des Reichs den Gedanken einer Kompetenzabtrennung von Kaisern und Priestern letztlich kaum noch verstand.[46] Die Frage nach der Prärogative begann sich hier frühzeitig zugunsten des Kaisertums zu klären. Der Patriarch von Konstantinopel war durch den Mangel einer nichtapostolischen Gründung seines Sitzes in seinem Rang so deutlich von der Unterstützung des Kaisers abhängig, dass es spätestens seit dem 8. Jahrhundert zum Normalfall werden sollte, dass die Kaiser ihre Patriarchen nach Gutdünken ein- und absetzten – je nachdem, ob diese ihren kirchenpolitischen Ambitionen zu Diensten waren. Ansätze hierzu hatte es bereits zur Zeit von Gelasius und Anastasius gegeben.[47]

57 Sogenannte Grabplatte Widukinds, Enger, 1. Hälfte des 12. Jahrhunderts. Enger, Stiftskirche St. Dionysius

Im ehemaligen Westen des Reichs hatte sich das Verständnis vom Zusammenwirken beider Seiten aufgrund der abweichenden politischen Verhältnisse anders entwickelt. In der römisch dominierten westlichen Kirche blieben der Zweigewaltenlehre entsprechende Gedanken implizites geistiges Grundinventar. Noch vor dem endgültigen Erlöschen des Weströmischen Reichs 476 hatte sich die römische Kirche stärker von säkularen Einflüssen immunisiert als es die Kirche von Konstantinopel mit ihrer direkten Nähe zum Kaiser jemals konnte. Die politische Schwäche des westlichen Teilreichs und seiner Herrscher hatte einen wichtigen Beitrag dazu geleistet.[48] Andererseits wurde den kirchlichen Akteuren des Westens aber auch immer wieder vor Augen geführt, dass sie einer politischen Durchsetzungsinstanz nicht gänzlich ermangeln konnten. Bereits Gelasius musste erkennen, dass römische Ansprüche ohne die Möglichkeit ihrer Implementierung ein Muster ohne Wert blieben. Seine an den kirchlichen Osten gerichteten Forderungen jedenfalls verhallten dort ungehört.
Für die römische Kirche war nach dem Bruch mit Byzanz die Annäherung an die Karolinger also ein logischer Schritt. In die Frankenkönige setzte man Hoffnungen auf eine effektive Durchsetzung eigener Positionen. Die darauf fußende Annäherung an die fränkischen Herrscher führte aufseiten der Kirche zugleich aber zu dem Wunsch, das kooperative Verhältnis beider Seiten zu regeln, um einer Gefahr der Entwicklung byzantinischer Verhältnisse zu entgehen.[49] Die offensichtliche Renaissance gelasianischer Gedanken im 8. und 9. Jahrhundert ist das Produkt dieser Bemühungen.
Der generellen Bereitschaft beider Seiten zur Kooperation stand also auch im Frühmittelalter das argwöhnische Beharren auf eigenen Vorrechten und Freiheitsräumen entgegen. Die Karolinger und ihre Zeitgenossen hatten aus der Antike eine ungelöste Frage geerbt. Insofern setzte die Annäherung von Päpsten und Königen abermals die aus der Antike bekannten Aushandlungsprozesse in Gang. Überdeutlich wird dies in der differenten zeitgenössischen Bewertung der Erhebung Karls zum Kaiser, die sich zum Konflikt über die Deutungshoheit des Krönungsakts auswuchs. Eine zeitgenössische päpstliche Sicht auf die Vorkommnisse um 800 begegnet beispielsweise auf dem Triclinium-Mosaik am Lateranpalast in Rom (Abb. 58), wo in Anlehnung an die Zweigewaltenlehre Petrus Kaiser und Papst ihre Herrschaftssymbole übergibt, der Papst aber zur Rechten des Apostels sitzt. Papst Leo III. wollte den Eindruck erwecken, dass Karl das Kaisertum vom Papst verliehen worden sei, gleichsam als Belohnung für seinen Gehorsam gegenüber Rom.[50] Der Frankenherrscher hingegen mochte die Vorkommnisse lieber so verstehen, dass ihm eine faktisch ohnehin kaiserliche Machtvollkommenheit vonseiten der Kirche lediglich bestätigt worden war, zumal er als christlicher Herrscher davon ausgehen durfte, direkt von Gott in sein Amt eingesetzt worden zu sein.[51] Die Deutungen des Papstes und des Kaisers sowie ihrer jeweiligen Anhänger traten also deutlich auseinander.
Die Wahrheit mag irgendwo in der Mitte gelegen haben. Es gab eben keine erprobten und allgemein akzeptierten Deutungsmuster für die Frage, wer Karl die Krone aufgesetzt hatte – eben weil der Klärungsprozess des Verhältnisses von Kaisertum und Christentum in der Spätantike zu keinem Ergebnis gelangt war. Die Konflikte um die Verhältnisbestimmung fanden nun ihre Fortsetzung.

58 Triclinium-Mosaik am Lateranpalast in Rom, Petrus überreicht Leo III. und Karl dem Großen die Herrschaftssymbole

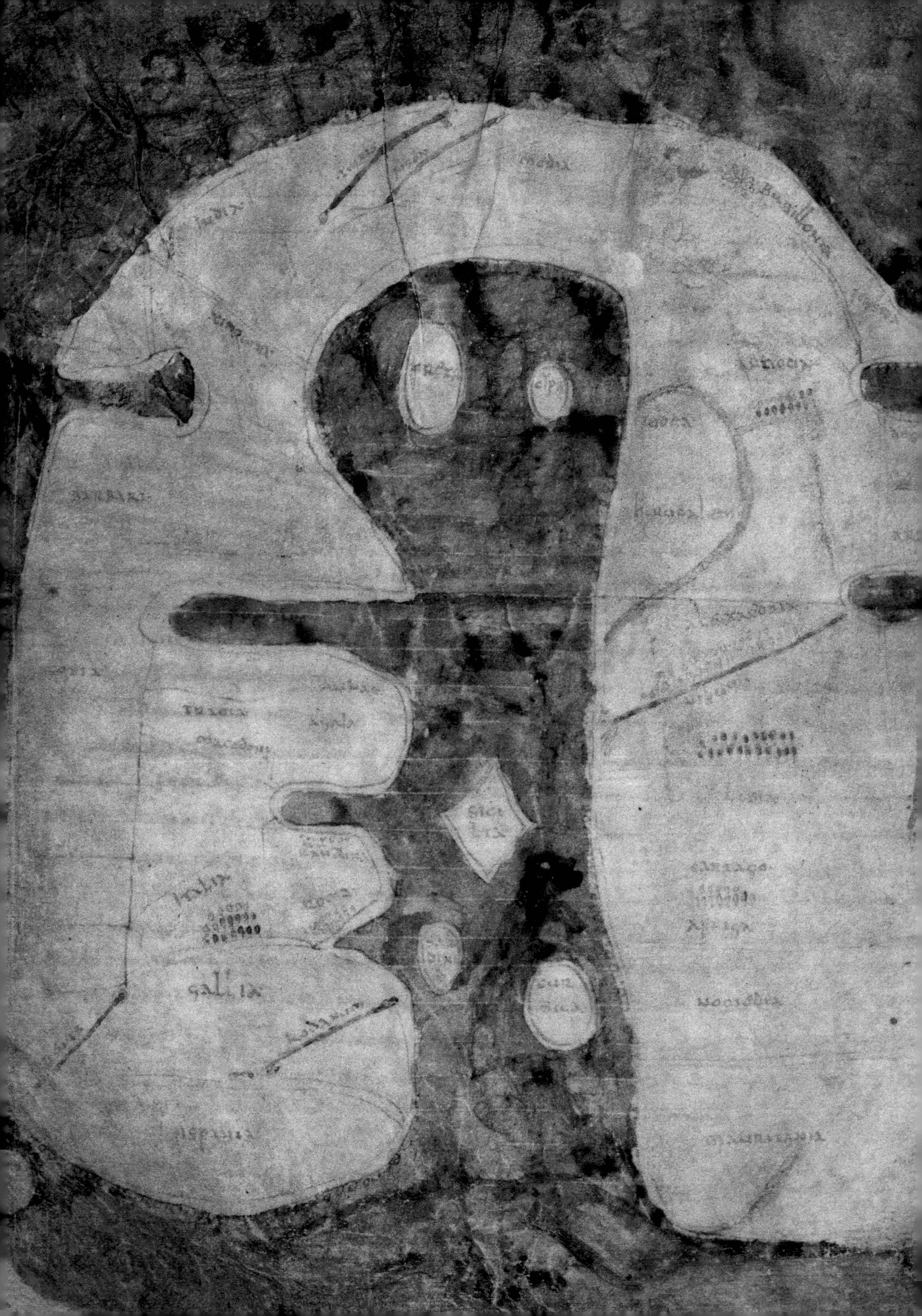
Babillonia
Sicilia
Italia
Galia
Cartago

Karl, Byzanz und die Mächte des Islam

Wolfram Drews

Schon unter dem ersten Karolingerkönig Pippin, dem Vater Karls des Großen, erweiterte sich der fränkische Horizont: Pippin empfing 757 Gesandte des byzantinischen Kaisers, Konstantins V., und in Gentilly diskutierte er 767 wiederum mit Gesandten aus Byzanz über die Trinität und Probleme des Bilderstreites. Zudem verfolgte er ein letztlich gescheitertes Eheprojekt zwischen seiner Tochter und dem byzantinischen Mitkaiser Leo IV.[1] Auch zum kurz zuvor etablierten abbasidischen Hof von Bagdad unterhielt Pippin diplomatische Kontakte.[2] Offizielle Beziehungen zur byzantinischen Welt hatte es in merowingischer Zeit schon unter Chlodwig gegeben. So empfing er 508 eine Gesandtschaft des Kaisers Anastasius, die ihm in Tours kaiserliche Geschenke überreichte;[3] Chilperich I. wiederum scheint bestimmte spätrömische Praktiken nachgeahmt zu haben, als er Zirkusbauten errichten ließ.[4]
Eine Orientierung der späten Merowinger an der Mittelmeerwelt lässt sich allerdings weniger stark nachweisen als für die zeitgenössischen angelsächsischen Könige, die wiederholt Wallfahrten nach Rom unternahmen; zu erinnern ist auch daran, dass im 7. Jahrhundert der spätere Erzbischof Theodor von Canterbury aus dem kleinasiatischen Tarsus (heute Türkei) über Rom nach England kam (Abb. 60). Im Vergleich hierzu war der Horizont der späten Merowinger eher begrenzt, und es ist umso bemerkenswerter, dass sich dies nach dem Dynastiewechsel relativ rasch änderte: König Pippin trat in Kontakt zur byzantinischen und islamischen Welt, und diese Verbindungen intensivierten sich unter seinem Sohn Karl, der nicht nur wiederholt mit verschiedenen byzantinischen Kaisern Gesandtschaften austauschte, sondern auch auf byzantinische Initiativen reagierte.[5] Unter Karls Herrschaft trat zudem der Islam verstärkt in den Gesichtskreis der Franken, in erster Linie durch den Gesandtenaustausch mit den abbasidischen Kalifen von Bagdad, aber auch durch militärische Unternehmungen gegen die spanischen Umayyaden,[6] die durch Gesandtschaften der antiumayyadischen Opposition ins Frankenreich vorbereitet beziehungsweise ausgelöst wurden und in der Errichtung der spanischen Mark gipfelten.[7]

Der ökumenische Anspruch Karls des Großen

Obwohl Karl zu den unterschiedlichen imperialen Mächten des Mittelmeerraums in Beziehung trat, dürfte er von diesen vornehmlich als ein ferner, barbarischer Herrscher angesehen worden sein, zumindest aus der Perspektive von Konstantinopel und Bagdad. Ein klares Indiz hierfür ist das beredte Schweigen der arabischen Quellen über die fränkischen Gesandtschaften, die den abbasidischen Hof erreichten.[8] Während in der dortigen Überlieferung Kontakte der Kalifen zu byzantinischen Kaisern sehr wohl erwähnt werden,[9] fehlen solche Hinweise im Hinblick auf den fränkischen Herrscher: Aus orientalischer Perspektive handelte es sich grundsätzlich um eine eindeutig asymmetrische Mächtekonstellation, denn den beiden imperialen Zentren

59 Weltkarte von Albi. Spanien oder Südfrankreich, 2. Hälfte des 8. Jahrhunderts. Albi, Bibliothèque municipale

im Osten des Mittelmeerraums – Konstantinopel und Bagdad – stand aus deren Sicht keine auch nur annähernd gleichrangige Macht im Westen gegenüber.

Aus karolingischer Perspektive sah dies freilich anders aus: Insbesondere nach der Eroberung des Langobardenreichs und nach der Inbesitznahme der Stadt Rom sahen sich die Karolinger selbst als (nahezu) gleichrangige Macht im Zentrum der Mittelmeerwelt (Abb. 47, S. 64/65), die sich keineswegs auf eine periphere Rolle festlegen ließ. Deutliches Indiz für diese Selbstwahrnehmung ist die Reaktion Karls auf das zweite Konzil von Nicäa von 787, dessen ökumenischen Rang er nicht anerkannte.[10] Zwar war dort der lateinische Westen wie stets zuvor bei allen vorangehenden Reichskonzilien durch den römischen Papst als den Patriarchen des Westens vertreten gewesen, doch wurde dieses traditionelle päpstliche Vikariat für den gesamten Westen von Karl nicht mehr akzeptiert: Er

60 Distanzen zwischen Tarsus (heute Türkei), Rom und England

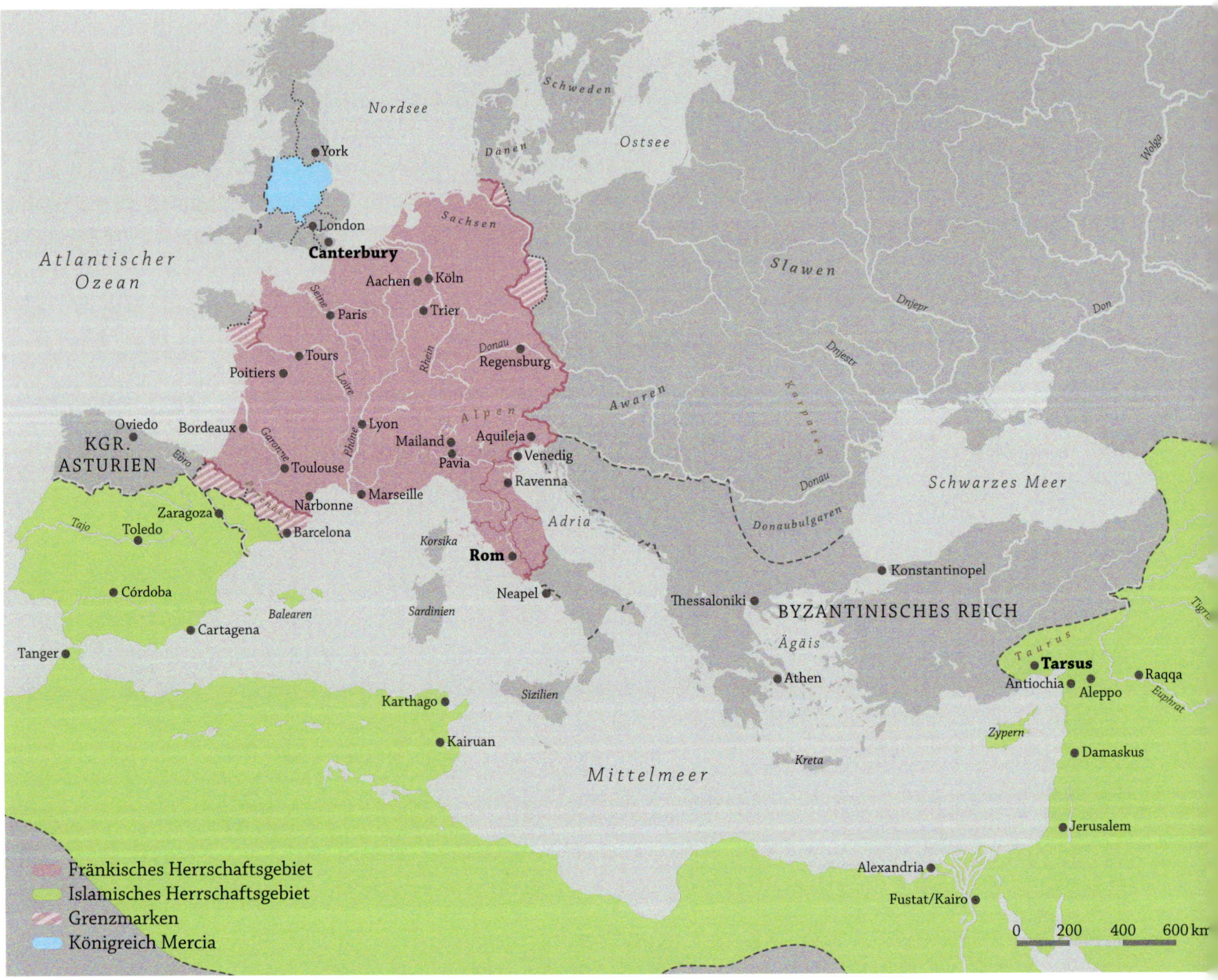

veranstaltete 794 in Frankfurt eine eigene Synode, an der Legaten des Papstes und Gesandte benachbarter Herrscher, etwa der Angelsachsen, teilnahmen, womit der ökumenische Anspruch dieser Kirchenversammlung unterstrichen werden sollte. Somit wurde unübersehbar, dass sich die Franken nicht mehr an der Peripherie, sondern im Zentrum der Ökumene, der bewohnten Welt, verorteten.[11]

Die letztlich gescheiterte Publikation der *Libri Carolini*, des *Opus Caroli regis contra synodum*, hätte diesen eigenständigen theologischen Anspruch nochmals unterstreichen sollen.[12] Dieses erstrangige Zeugnis karolingischer Hoftheologie ist zudem Beleg dafür, dass sich Karl auch schon vor der Kaiserkrönung ausdrücklich mit dem Byzantinischen Reich und der griechischen Kirche maß, denn es heißt dort, man benötige keinerlei Belehrungen hinsichtlich der den Kirchengebäuden nötigen Ehrerbietung aus einem Reich, in dem viele Heiligtümer nicht nur ohne Licht und Weihrauch, sondern sogar ohne Dächer auskommen müssten, was von den Gesandten Pippins und Karls bei ihrer Rückkehr berichtet worden sei.[13]

Der für die Karolinger wichtigste Bezugspunkt im mediterranen Mächtesystem war und blieb somit der byzantinische Basileus; namentlich ihm gegenüber strebte Karl – nicht nur – im Anschluss an die Kaiserkrönung nach Gleichrangigkeit.[14] Bezeichnenderweise benutzt Karl im ersten erhaltenen Kaiserbrief, der aus dem Westen an den byzantinischen Basileus gerichtet wurde, die Anrede „mein Bruder" (*fraternitas tua*).[15] Byzantinische Anerkennung erlangte Karl allerdings erst 812, als ihm die byzantinischen Gesandten in Aachen huldigten, und zwar in griechischer Sprache in der karolingischen Form des Herrscherlobs, wobei sie den Karolinger nach Angaben der *Reichsannalen* als „imperator et basileus" anredeten.[16] Der byzantinische Chronist Theophanes berichtet zum Jahr 800, Papst Leo III. habe Karl zum Kaiser der Römer gekrönt, wobei er ihn von Kopf bis Fuß eingeölt habe; die offenkundig abwertende Formulierung kann nicht darüber hinwegtäuschen, dass der Autor die byzantinische Titulatur auf den Frankenherrscher überträgt („éstepsen autòn eis basiléa Rhomaíōn").[17] Umso bemerkenswerter ist es, dass Theophanes im Zuge des kurzen Berichts über die spätere Gesandtschaft Kaiser Michaels I., als deren Zweck er einen Friedensschluss und eine angestrebte Heiratsverbindung des Kaisersohnes Theophylakt mit einer Karolingerin angibt, lediglich von Karl als dem König der Franken („basiléa tōn Frángōn") spricht.[18] Womöglich ist das erwähnte Eheprojekt der Anlass für die titulare Herabstufung: Der Kaisersohn sollte mit der Verwandten eines „Königs" vermählt werden, wodurch der Karolingerherrscher in die byzantinische „Familie der Könige" integriert worden wäre. Die Aufnahme in diesen symbolischen byzantinischen Kosmos wäre dann sowohl durch Friedensschluss als auch durch Heirat erfolgt; die Integration eines „Kaisers" wäre womöglich anstößig erschienen.

Dem Papst kam im mediterranen Mächtekonzert lediglich eine untergeordnete, legitimierende Funktion zu. Von der römischen Kirche hatten die Karolinger nach angelsächsischem Vorbild zunächst nur religiöse Normen bezogen; vom Papst bekamen sie aber schon 754 auch den byzantinischen Ehrentitel eines *patrikios* verliehen,[19] während 800 der eigentlich konstitutive Akt der Kaisererhebung ohne aktive Beteiligung des Papstes erfolgte, denn Karl wurde durch die Akklamation der versammelten Römer zum Kaiser erhoben.[20]

Karl der Große benutzte die christliche Religion als Hebel, um den eigenen Machtanspruch zu kanalisieren und voranzutreiben. In diesem Zusammenhang sind nicht nur die wiederholten fränkischen Stellungnahmen im Kontext des Bilderstreites zu erwähnen,[21] sondern auch die Kontaktaufnahme zum Patriarchen von Jerusalem und zu den Christen im Heiligen Land.[22] Der Herrscher der Franken griff damit weit aus in den Osten der Mittelmeerwelt; seine Unterstützung für griechische (und womöglich auch als rechtgläubig angesehene orientalische) Christen belegt den wahrhaft ökumenischen Machtanspruch, den der zweite Karolingerherrscher im Unterschied zu allen seinen Vorgängern erhob.

Es verdient besonders hervorgehoben zu werden, dass sowohl das fränkische Kloster auf dem Jerusalemer Ölberg als auch die 17 Nonnen aus dem Reich Karls des Großen, die unter dessen Herrschaft in Jerusalem bezeugt sind,[23] ein relativ neues Phänomen darstellten: Erst seit frühkarolingischer Zeit ist die tatsächliche Präsenz fränkischer Christen im Heiligen Land belegt,[24] die im spirituellen Zentrum der Christenheit somit gewissermaßen in Konkurrenz zu den seit alters belegten Gemeinden von Armeniern, Georgiern, Syrern und Kopten traten. Anfang des 9. Jahrhunderts stammten circa 14 Prozent der Mönche und Nonnen orthodox-reichskirchlicher Observanz, die in Jerusalem lebten, aus Westeuropa; nach der Zahl ihrer Mönche war die fränkische Niederlassung auf dem Ölberg

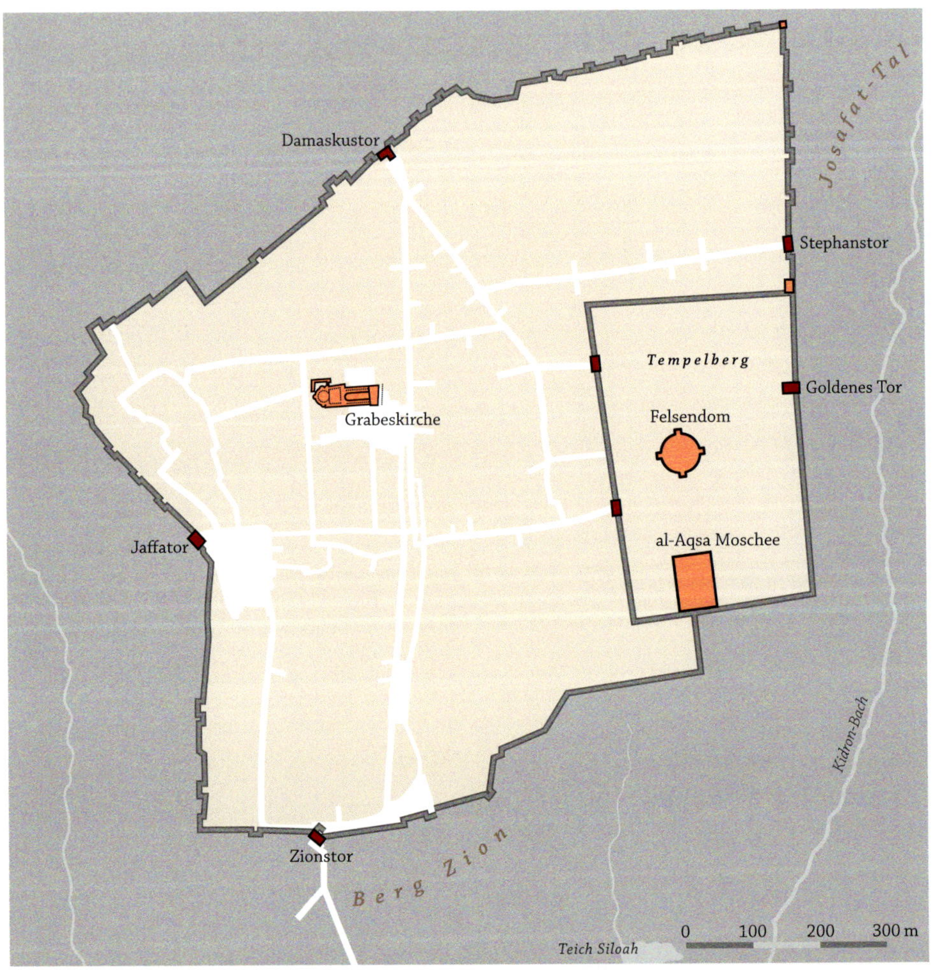

61 Schematischer Plan der Stadt Jerusalem im 8. Jahrhundert

62 **Zierseite aus der *Regula Sancti Benedicti*, Tegernsee, Ende des 8. Jahrhunderts. München, Bayerische Staatsbibliothek**

sogar die viertgrößte ihrer Art im Heiligen Land.[25] Karl konzentrierte seine herrscherlichen Ambitionen eben nicht auf die politischen Zentren des alten römischen Imperiums, sondern er knüpfte ebenso auch Kontakte in – aus rein machtpolitischer Perspektive betrachtet – marginale Regionen hinein, zumal seine eigene Machtbasis in einer ebensolchen peripheren Region lag. Rom blieb zwar als ideeller Bezugspunkt bedeutsam, doch knüpften sich an den Besitz der Stadt keinerlei weitergehende machtpolitische Aspirationen. Jerusalem avancierte demgegenüber zum symbolischen Zentrum eines erneuerten christlichen Kaisertums (Abb. 61).[26]

Imperiale Ambitionen und Herrschaftskonzepte

Der ökumenische Anspruch Karls beruhte aber nicht nur auf der geografischen Reichweite seiner politischen Beziehungen, sondern ebenso auf einem prononcierten Selbstbild als rechtgläubiger, orthodoxer Herrscher. Schon sein Vater Pippin hatte sich mit Problemen des Bilderstreits befasst; Karl selbst ließ auf dem Frankfurter Konzil 794 nicht nur den Adoptianismus, nach dem Jesus Christus ein Mensch gewesen sei, der von Gott hinsichtlich seiner menschlichen Natur gleichsam adoptiert wurde, als Häresie verurteilen, sondern er versuchte auch, die byzantinische Position hinsichtlich der Bilderverehrung, wie sie 787 auf dem Konzil von Nicäa definiert worden war, als heterodox zu diskreditieren. Seine Positionierung im Filioque-Streit, der sich an einem lateinischen Zusatz zum überlieferten Text des Glaubensbekenntnisses entzündete und der in der Zeit nach der Kaiserkrönung von fränkischen Mönchen aus Jerusalem an ihn herangetragen wurde, zeigt

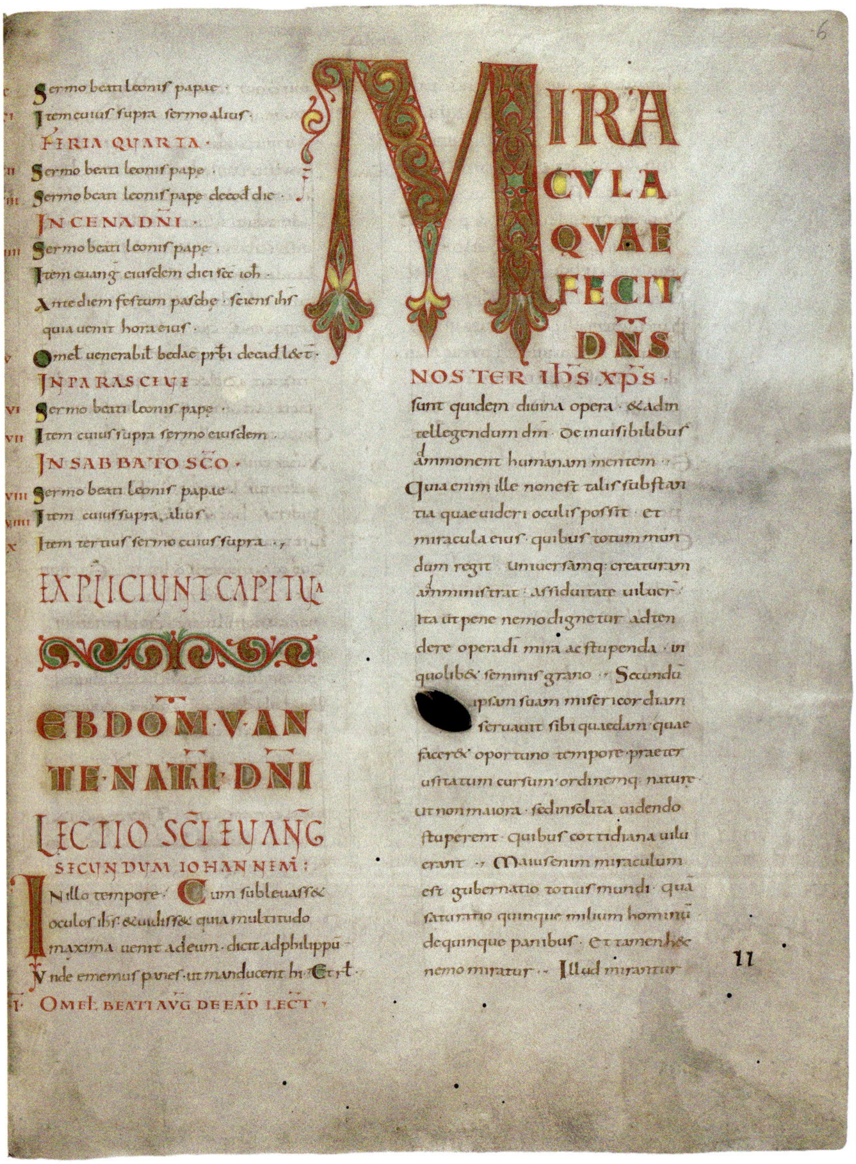

63 **Textseite aus dem *Homiliarium Pauli Diaconi*, Reichenau, Ende des 9. Jahrhunderts. Karlsruhe, Badische Landesbibliothek**

zudem, dass er nicht davor zurückschreckte, das Glaubenssymbol selbst zu definieren, auch im Widerspruch zum amtierenden Papst von Rom.[27]

Das Ausgreifen der Karolinger in die Mittelmeerwelt hatte eben nicht nur dazu geführt, dass sie mit der spanischen Lehre des Adoptianismus in Kontakt kamen, bei der es sich eigentlich um eine Weiterentwicklung der altkirchlichen spanischen Christologie handelte.[28] Auch begnügten sich die Karolinger nicht damit, aus Rom kanonische Bücher und Normen zu übernehmen (Abb. 62 und 63); Karl selbst unternahm schon vor der Kaiserkrönung 794 in Frankfurt den Versuch, die Definition des wahren Glaubens normierend zu beeinflussen. Seine Positionierung gegenüber den als Häretikern gebrandmarkten Adoptianern, aber auch gegenüber der byzantinischen Kirche, gegenüber dem Papst sowie im Hinblick auf die Christen im Orient zeigt, dass sich das Selbstbild des Frankenherrschers in frühkarolingischer Zeit gewandelt hatte: Karl sah sich jetzt als (womöglich) einzigen Schutzherren über die rechtgläubigen Christen in der gesamten Mittelmeerwelt, der selbst aktiv in theologische Fragen eingreifen konnte und musste, wie es etwa im 6. Jahrhundert auch der byzantinische Kaiser Justinian I. praktiziert hatte.[29]

Im Jahrzehnt zwischen 797 und 807 kam es zu einer Intensivierung und Verdichtung der Kontakte Karls in den Osten.[30] Der Gesandtenaustausch mit dem Kalifen von Bagdad dürfte dabei auch dem Prestige des Frankenherrschers gedient haben; von dort konnte er zwar keine – im Kontext des christlichen Mittelmeerraums prestigeträchtigen – Titel verliehen bekommen, wohl aber Geschenke, die sein symbolisches Kapital beträchtlich erhöhten, wie die zahlreichen Hinweise in verschiedenen, auf den Bericht der *Reichsannalen* zurückgreifenden mittelalterlichen Quellen auf den von dort übersandten Elefanten belegen.[31] Ob es Karls ausdrückliches Interesse gewesen ist, gerade zu einem mit dem byzantinischen Basileus konkurrierenden, islamischen *Universal*herrscher in diplomatischen

Kontakt zu treten, geht aus den Quellen nicht klar hervor, denn der Kalif wird in den *Reichsannalen* üblicherweise mit dem lateinischen Königstitel („rex Persarum") bezeichnet.[32] Interessanterweise findet sich erst bei einer späteren Quelle, nämlich bei Notker dem Stammler, die Bezeichnung „imperator Persarum",[33] was auf eine Rivalität hinsichtlich imperialer Herrschaftskonzepte und Ambitionen hinweisen könnte. Immerhin wird man festhalten können, dass der durch Geschenke begründete Freundschaftsbund zwischen Karl und dem Kalifen eine antibyzantinische Stoßrichtung besaß.[34]

Bedeutsamer für das kaiserliche Selbstverständnis dürften Karls Beziehungen zu den Christen im Heiligen Land gewesen sein. Es bedurfte keiner Erlaubnis des Kalifen, um zu ihnen in Kontakt zu treten, in Jerusalem Stiftungen zu tätigen und die Christen vor Ort anderweitig zu unterstützen.[35] Einhard bringt Karls Sorge für die nahöstlichen Glaubensbrüder in seiner Vita des Kaisers klar zum Ausdruck: „Ganz besonders lag Karl die Unterstützung der Armen am Herzen und jene uneigennützige Freigebigkeit, die von den Griechen mit dem Wort „Almosen" bezeichnet wird. Er übte diese Tugend aber nicht nur in seinem eigenen Vaterland und Reich, denn sobald er sicher wußte, daß die Christen in Syrien, Ägypten und Afrika, in Jerusalem, Alexandria und Karthago in Armut lebten, schickte er ihnen aus Mitleid mit ihrer Lage regelmäßig Geld über das Meer. Vornehmlich aus diesem Grunde warb er um die Freundschaft der Fürsten jenseits des Meeres, damit er den unter ihrer Herrschaft lebenden Christen Erleichterung und Hilfe zukommen lassen könnte."[36] Noch im 10. Jahrhundert erwähnt Konstantin VII. in seinem Werk *De administrando imperio*, Karl sei ein fränkischer Herrscher gewesen, der Geld und Reichtümer nach Palästina geschickt habe, um dort eine sehr große Anzahl von Klöstern zu errichten.[37]

Ein eindrucksvolles Zeugnis für Karls Interesse an den Christen im Heiligen Land und seine Fürsorge für die dortigen Kirchen ist die von fränkischen Gesandten Anfang des 9. Jahrhunderts durchgeführte und in Basler Makulaturfragmenten (Abb. 5, S. 16) belegte Bestandsaufnahme der Kirchen in Jerusalem sowie im gesamten palästinischen Gebiet, einschließlich der Einkünfte des Patriarchats von Jerusalem. Hiermit dürfte der Kaiser auf ein Hilfeersuchen des Patriarchen reagiert haben, wobei er vor dessen Erfüllung Boten (*missi*) entsandte, die sich ein eigenes Bild vom Zustand der Kirche im Heiligen Land machen sollten.[38] Aus der Tatsache, dass die Stiftungen für Jerusalem aus den Basler Quellenzeugnissen unabhängige Bestätigung erfah-

64 Provinz Ifrīqiya und das islamische Herrschaftsgebiet um 800

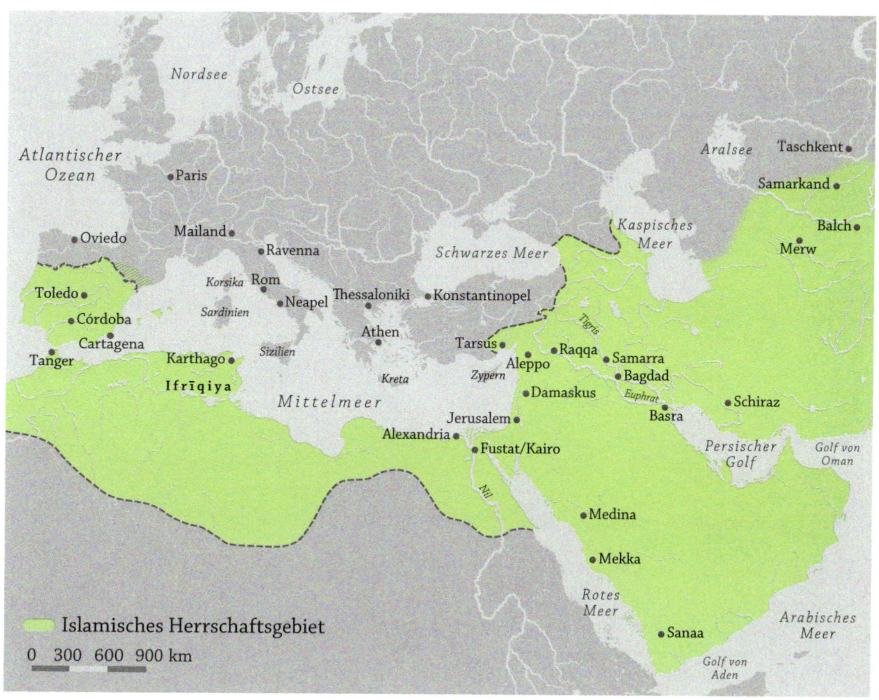

ren, lässt sich schließen, dass auch der Hinweis Einhards auf die Unterstützung der Kirchen in Nordafrika ein *fundamentum in re* haben könnte.

Auf der Grundlage rezenter Münzfunde an der südlichen Ostseeküste hat Lutz Ilisch nachgewiesen, dass in der frühen Karolingerzeit arabische Kupfermünzen in den Ostseeraum gelangten, die nicht als Zahlungsmittel fungierten (Kupfergeld zirkulierte generell nur in eng begrenztem lokalem Umkreis), sondern als Metallimport interpretiert werden sollten.[39] Solche Importe sind wiederum auch in zwei historiografischen Quellen arabischsprachiger Autoren überliefert, die beide übereinstimmend davon berichten, dass nordafrikanische Herrscher einem nördlichen Tyrannen (*ṭāġiya*) auf dessen Bitten Waffen, Kupfer und Eisen lieferten, wofür sie von Religionsgelehrten kritisiert wurden. Einer der Autoren, Abū al-Fadl Iyāḍ, berichtet: „Zu dem, was al-Akkī gegen sich in Bewegung gesetzt hatte, gehörte, dass er in diplomatischem Geschenkverkehr mit dem König der Römer (*malik ar-Rūm*) stand. Da suchte der Tyrann (*aṭ-ṭāġiya*) bei ihm um Waffen und Eisen und Kupfer (*nuḥās*) nach. Und weil der es wollte, schickte er ihm dieses."[40] Zwar lassen sich aufgrund dieser numismatischen und historiografischen Belege die Kontakte Karls des Großen zum abbasidischen Hof nicht untermauern, wohl aber direkte Handelsbeziehungen zwischen Ifrīqiya und dem Karolingerreich in der Zeit um 800 (Abb. 64).[41]

Das Ausgreifen in den Osten bedeutete insbesondere die programmatische Markierung eines kaiserlichen Machtanspruchs im traditionellen Einflussbereich des byzantinischen Basileus.[42] Karl agierte auf diese Weise jenseits des unmittelbaren Einzugsbereiches der lateinischen Kirche, also des westlichen Patriarchats, in der Sphäre der byzantinischen Kirche beziehungsweise der östlichen Patriarchate: Klarer hätte sich ein ökumenischer Herrschaftsanspruch kaum verdeutlichen lassen. Stärker als in Byzanz war im Frankenreich offenbar das Bewusstsein verbreitet, dass es auch jenseits des eigenen Machtbereichs rechtgläubige Christen gab.[43] Diese gewissermaßen „unrömische", barbarische Annahme, die ein legitimes Christentum auch jenseits der Reichsgrenze zur Kenntnis nehmen konnte, könnte von den angelsächsischen Pilgern genährt worden sein, aber auch von den zahlreichen Christen von jenseits der fränkischen Grenzen, die als intellektuelle Elite am Hof Karls des Großen lebten. Noch stärker ist jedoch die Tradition der Nachahmung des Kaisertums (*imitatio imperii*) zu veranschlagen: Die Gelehrten am Karlshof dürften gewusst haben, dass Konstantin der Große zahlreiche Kirchen im Heiligen Land gestiftet hatte, und auffällig ist, dass im Basler *Breve commemoratorii* ausdrücklich auf die Errichtung einer Kirche durch Kaiser Justinian hingewiesen wird.[44] Der erste karolingische Kaiser wetteiferte demnach mit den bedeutendsten Kaisern des christlichen Rom.[45]

Womöglich steht Karls Interesse an Jerusalem aber auch mit einer spezifischen Kon-

65 Denar Karls des Großen, fränkisch, vor 814. Berlin, Staatliche Museen zu Berlin – Münzkabinett

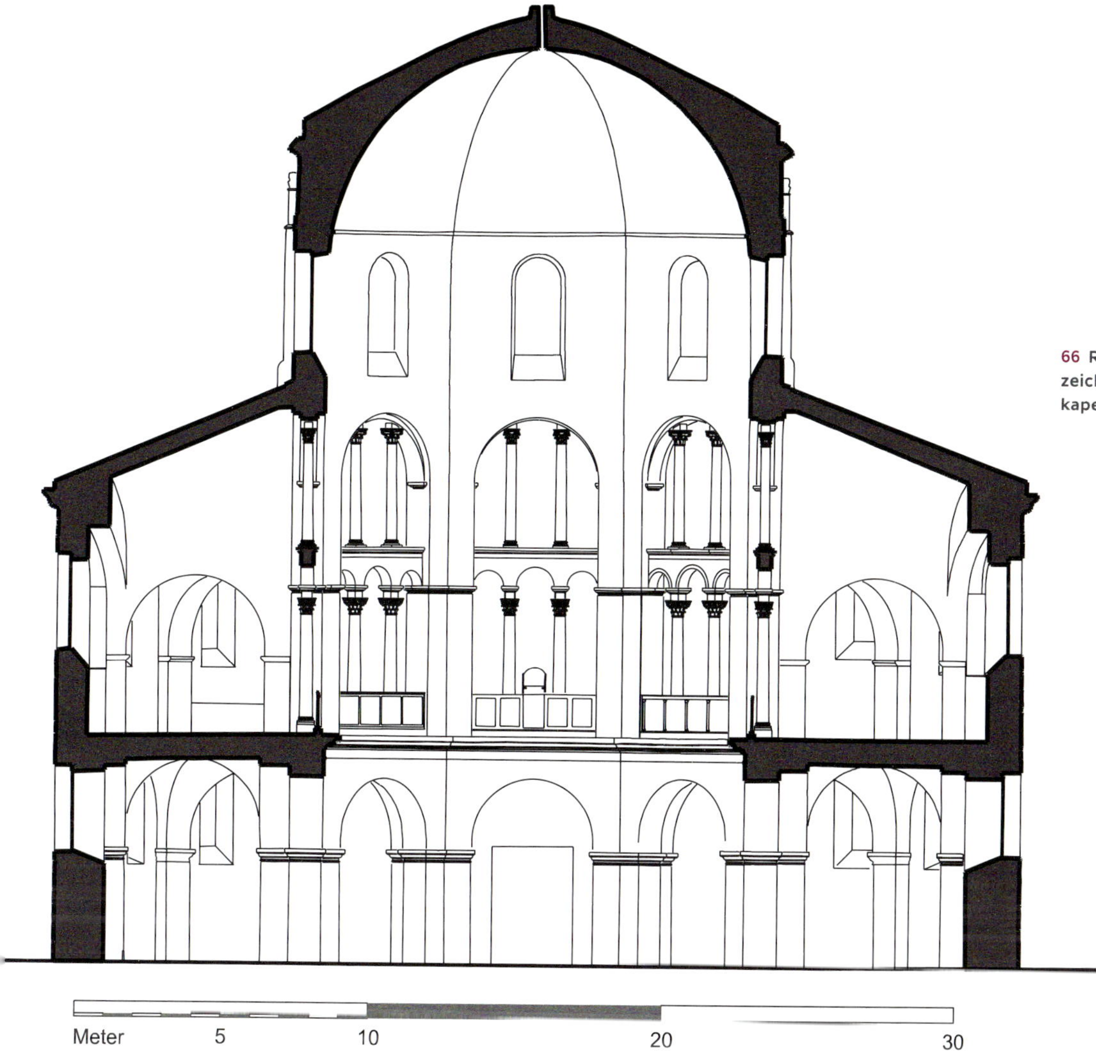

66 **Rekonstruktionszeichnung der Pfalzkapelle in Aachen**

zeption des Davidkönigtums in Zusammenhang.[46] Die Stadt Davids könnte als zentraler ideeller Bezugspunkt einer Herrschaftskonzeption gedient haben, die sich auch architektonisch und künstlerisch manifestierte: Das Heilige Grab in der Anastasiskirche dürfte nicht nur auf Karls Münzen abgebildet sein (Abb. 65), die die Umschrift *XPICTIANA RELIGIO* tragen, sondern es könnte nach neueren Forschungen auch als Vorbild für den Bau der Pfalzkapelle in Aachen (Abb. 66) gedient haben.[47] Andererseits ermöglichte die Bezugnahme auf Jerusalem die Fundierung eines hegemonial verstandenen Kaisertums, das sich dann programmatisch auch auf Christen gestützt hätte, die jenseits der eigenen Grenzen lebten,[48] womöglich orientiert am Modell der fränkischen Schutzherrschaft über die römische Kirche.[49] Hieran wird der Anspruch ersichtlich, für die Rechtgläubigkeit auch solcher Christen zuständig zu sein, die jenseits des eigenen Machtbereichs leben. Dieser grenzüberschreitende Machtanspruch beruhte auf einem Verantwortungsbewusstsein, das sich auch auf Christen erstreckte, die nicht direkt karolingische Untertanen waren; so ließ Karl 806 griechische Mönche freikaufen, die in Spanien als Sklaven verkauft worden waren.[50]

Des Herrschers Kleider

Während der Patriarch von Jerusalem ein starkes Interesse an fränkischer Unterstützung für die örtlichen Christen gehabt haben dürfte, könnte es in der Absicht des Kalifen gelegen haben, die Annäherung des Patriarchen an den byzantinischen Basileus zu unterbinden, was gerade nach dem (vorübergehenden) Ende des Bilderstreites 787 nahegelegen haben könnte.[51] Allerdings kann der Kalif kein Interesse daran gehabt haben, das Heilige Grab gleichsam zu verschenken, wie es später Karls Biograf Einhard nahelegen sollte;[52] innerhalb des *dār al-Islām* ist ein solches Unterfangen aus muslimischer Perspektive undenkbar. Wahrscheinlicher ist, dass die Emissäre Karls des Großen, die mit der Bestandsaufnahme der Kirchen im Heiligen Land betraut waren, von Beauftragten des Kalifen begleitet wurden, die die Aktivitäten der fremden Emissäre beobachten sollten und eventuell auch als Dolmetscher fungierten.[53] Welchen Zweck Hārūn ar-Rašīd mit der Übersendung des Elefanten an Karl verfolgte (Abb. 67), wird aus den ausschließlich fränkischen Quellen nicht klar.[54] Dass die karolingische Gesandtschaft tatsächlich dem primären Ziel gedient haben könnte, dem fränkischen Hof einen lebendigen Elefanten zu verschaffen, erscheint eher zweifelhaft.[55] Die Bereicherung des Aachener Tiergartens, der nach Karl Haucks Untersuchung zu den Tiergärten im Pfalzbereich sowohl als Wildpark wie auch als Menagerie angesehen werden muss,[56] kann allenfalls eine prestigeträchtige Nebenfolge der Gesandtschaft an den Kalifenhof gewesen sein, die eine für die kaiserliche Herrschaftskonzeption weit fundamentalere Zielsetzung gehabt haben dürfte: Die Verankerung des karolingischen Kaisertums im

67 Mutmaßliche Reiseroute Isaaks von Bagdad nach Aachen

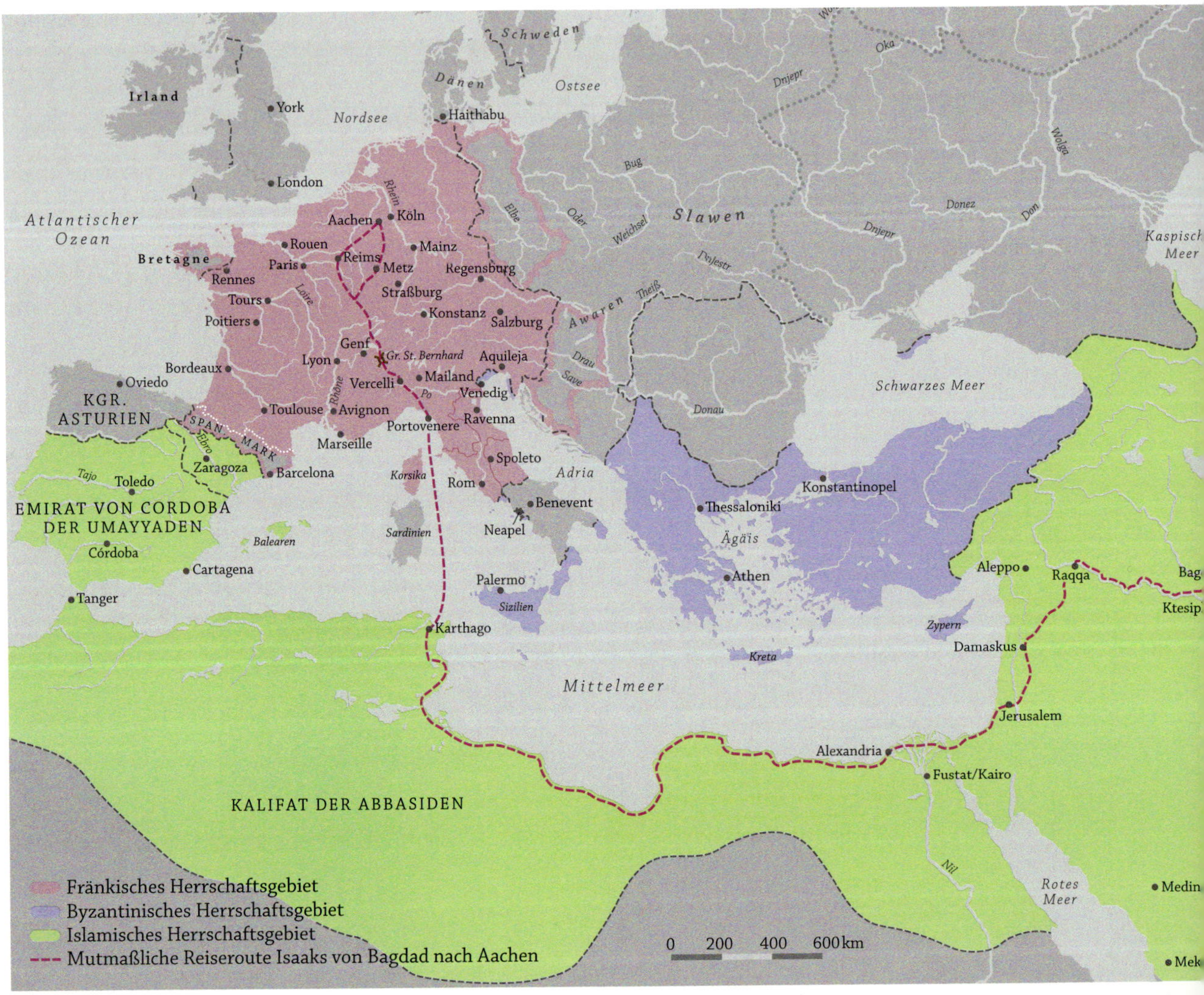

Zentrum der Christenheit, in der Nachfolge der römischen Kaiser Konstantin und Justinian. Die Begründung einer „karolingischen Hofmenagerie“ war in diesem Sinn symbolischer Ausdruck der „Gleichrangigkeit gegenüber Byzanz“.[57]

Auffällig ist überdies, dass die *Reichsannalen* und Einhards *Karlsvita* unter anderem Gewänder erwähnen, die vom Kalifen als Geschenke übersandt wurden;[58] ebenfalls bemerkenswert ist, dass Einhard die Gewänder ausdrücklich an erster Stelle nennt.[59] Es könnte zwar sein, dass es sich hierbei um normale Prunkgewänder, vielleicht um *ṭirāz* (Abb. 68), handelte, die reich bestickt waren, womöglich mit Inschriften, die auf den Rang des Kalifen als Verwandter des Propheten und Beherrscher der Gläubigen hinwiesen.[60] Nicht ausgeschlossen werden kann freilich auch die Möglichkeit, dass es sich um ein Ehrengewand *(ḫilʿa)* handelte, wie es seit frühabbasidischer Zeit vom Kalifen offiziell als Gabe an untergeordnete Amtsträger übersandt wurde.[61] Die Gabe eines Ehrengewandes wurde häufig von anderen Geschenken ergänzt. Sollte der Elefant also Begleitgeschenk eines Ehrengewandes gewesen sein,[62] dann hätte der Abbasidenkalif symbolisch seinen Überlegenheitsanspruch über den fernen barbarischen Herrscher zum Ausdruck gebracht, wobei der politische Akzent dann sowohl auf dem hohen Wert der kostbaren, exotischen Geschenke als auch auf der subtilen Erniedrigung des Empfängers gelegen hätte, die Letzterem vermutlich kaum bewusst geworden sein konnte. Der Name des Elefanten, Abul Abbas, verweist zudem auf den eponymen Stammvater des Abbasidenhauses und das genealogische Kapital der Dynastie als „Familie des Propheten“ und könnte somit die politische Dimension des Geschenkes zusätzlich unterstrichen haben, zumal der Kalif in seinem Herrschaftsbereich vermutlich ein „Elefantenmonopol“ besaß.[63]

Eine vergleichbare Absicht kann der Jerusalemer Patriarch mit der Übersendung von Schlüssel und Fahne der Heiligen Stadt nicht gehegt haben, obwohl nicht ganz auszuschließen ist, dass mit diesen ehrenden Geschenken zumindest ansatzweise auch eine gewisse Konkurrenz zu kalifalen Ehrengeschenken zum Ausdruck gebracht worden sein könnte.[64] „Dieser Akt war vom Patriarchen aus gesehen ein reines Ehrengeschenk, das nach dem Wortlaut der Annalen *benedictionis gratia* erfolgte, in der Umdeutung des fränkischen Hofhistoriographen natürlich war es dennoch die Anerkennung der Rechte des schon Kaisergleichen über das Heilige Land.“[65] Bemerkenswert ist allerdings, dass der Patriarch Karl keinerlei Titel verliehen zu haben scheint, obwohl er angesichts der Schwächung des byzan-

68 Tirazfragment, Ägypten (?), 7. oder 8. Jahrhundert. London, Victoria and Albert Museum

tinischen Kaisertums im Gefolge des Bilderstreites und der Wirren um Konstantin VI. und Irene darauf angewiesen war, von potenter christlicher Seite auswärtige Unterstützung zu erhalten.[66]

Bündnispolitik im Zuge politischer Ausdifferenzierung

Alle karolingisch-byzantinischen Heiratsprojekte zerschlugen sich vor ihrer Realisierung.[67] Nicht nur in dieser Hinsicht könnte die Politik Karls gewissermaßen als Vorstufe zu vergleichbaren Versuchen Ottos des Großen gedeutet werden. Nach mehreren Versuchen gelang es dem zweiten Ottonenherrscher bekanntlich, seinen Erben mit der Nichte eines der byzantinischen Kaiser zu verheiraten. Doch nicht nur dieser Erfolg unterscheidet Otto von Karl; dies gilt auch für seine Politik gegenüber der islamischen Welt: Während sich Karl einem machtvollen abbasidischen Kalifat im Osten und einem vergleichsweise unbedeutenden, mit internen Oppositionsgruppen konfrontierten umayyadischen Emirat im Westen gegenüber sah, hatte sich Anfang des 10. Jahrhunderts in der islamischen Welt eine bedeutsame Verschiebung ergeben: Mit dem Kalifat der Fatimiden war in Nordafrika ein alternatives islamisches Machtzentrum imperialen Zuschnitts entstanden, dem bald ein eigenes umayyadisches Kalifat in Spanien entgegentrat.

Genau zu diesem Hof in Córdoba nahm Otto der Große diplomatische Beziehungen auf, wie die Vita des Abtes Johannes von Gorze berichtet; Zweck der Gesandtschaft könnte ein antifatimidisches Bündnis gewesen sein.[68] Im Vergleich zur Zeit Karls des Großen wird deutlich, dass sich die politische Welt des Mittelmeerraums stärker differenziert hatte, was die Grundlage dafür bildete, dass sich im 10. Jahrhundert ein wenn auch rudimentäres Bündnissystem entwickeln konnte, wofür es in karolingischer Zeit allenfalls zaghafte Ansätze gab. Karl der Große sah sich auf islamischer Seite einzig dem Kalifen von Bagdad als gewissermaßen satisfaktionsfähigem Kontrahenten gegenüber; zum vergleichsweise bedeutungslosen Emir von Córdoba unterhielt er gleichwohl – wie schon sein Vater Pippin – sporadisch diplomatische Beziehungen.[69] Allerdings nutzte Karl seine neu gewonnene starke Stellung dazu, die Christen im Nahen Osten zu unterstützen, ohne dass dies eine förmliche Schutzherrschaft gewesen zu sein braucht. Karl betrachtete die generelle Unterstützung der Christen im Heiligen Land als eine Komponente des kaiserlichen Kirchenschutzes; sein primäres Interesse im Rahmen seiner Verhandlungen mit dem Kalifen dürfte dementsprechend auf die rechtgläubigen Christen in Jerusalem und Palästina gerichtet gewesen sein;[70] der Gewinn eines Elefanten könnte allenfalls ein prestigeträchtiges Symbol dieses imperialen Ausgreifens in den Osten gewesen sein.[71]

Diese lang anhaltende, mit differenzierten Methoden vorangetriebene symbolische Expansion in den Nahen Osten könnte es rechtfertigen, Karls Herrschaft einen – im Vergleich zu den Ottonen – stärker universalen Zug beizumessen.[72] Durch dieses ökumenische Ausgreifen war er nicht länger ein barbarischer Herrscher aus dem Westen, ein Neuankömmling aus dem Norden, oder ein Usurpator kaiserlicher Macht, sondern er wurde zu *einem* anerkannten Exponenten des mediterranen Imperiums. Legitimiert wurde dieser Anspruch durch die Religion: Nicht nur durch die römische Kirche und den Papst als institutionelle Quellen neu gewonnener fränkischer Autorität, sondern auch durch die von den Karolingern beanspruchte Rolle als Schutzherren und Vorkämpfer des rechten Glaubens, der Orthodoxie, im gesamten Mittelmeerraum.

Die Tatsache, dass im Aachener Kapitular von 810 (*De elemosina mittenda ad Hierusalem propter aecclesias Dei restaurandas*)[73] weitere karolingische Spenden für die Christen im Heiligen Land vorbereitet wurden,[74] ist ein klares Indiz dafür, dass die Kontakte der palästinischen Kirche zu den Karolingern durch den Filioque-Streit nicht nachhaltig beeinträchtigt wurden. In dieselbe Richtung deutet auch der Hilferuf des Patriarchen von 813, ebenso wie die Erwähnung des Abtes Dominikus vom Ölbergkloster auf einer Reichsversammlung in Ingelheim unter Ludwig dem Frommen 826 sowie schließlich eine sowohl von Christen als auch Muslimen bestückte Gesandtschaft des Kalifen al-Ma'mun nach Westen im Jahr 831.[75] Noch Notker der Stammler berichtet von einer Steuererhebung Ludwigs des Deutschen zugunsten der palästinischen Christen, die er als Erfüllung einer von Karl dem Großen und Ludwig dem Frommen ererbten Verpflichtung präsentiert.[76] Die Nachkommen Karls des Großen setzten dessen Engagement für das Heilige Land also fort; ihr ungebrochenes Interesse wird auch dadurch unter Beweis gestellt, dass die unter Karl durchgeführte Bestandserhebung über die Kirchen im Heiligen Land unter seinem Nachfolger erneut auf einer Pergamentrolle abgeschrieben wurde, die bis heute fragmentarisch erhalten ist, was auf anhaltende administrative Aufmerksamkeit für Angelegenheiten des Heiligen Landes hindeutet. Dieses ungebrochene Interesse der Karolinger dürfte letztlich dafür verantwortlich sein, dass im 11. Jahrhundert die Legende von der Wallfahrt Karls des Großen ins Heilige Land aufkommen konnte.[77]

Italien
Vielfalt der Begegnungen

Stefano Gasparri

Die Eroberung und Eingliederung Italiens in das Reich Karls des Großen, das dieser gerade erst im Begriff war zu schaffen, war kompliziert. Die Schwierigkeiten lagen weniger im militärischen Bereich. Die fränkische Übermacht zeigte sich im Sieg über die Langobarden im Susatal bei der Abtei von San Michele im Jahr 773, gefolgt von der Einnahme der Hauptstadt Pavia im Sommer 774 (Abb. 70). Bereits Karls Vater, Pippin der Jüngere, hatte circa 20 Jahre zuvor zweimal die übermächtige Stärke des Frankenheers gegenüber den Langobarden bewiesen. Die Schwierigkeiten manifestierten sich hingegen vor allem in der ideologischen Argumentation, mit welcher versucht wurde, die Eroberung eines christlichen Reiches zu rechtfertigen. Mithilfe der päpstlichen Propaganda, welche die Langobarden als ein gottloses Volk darstellte, als einen Feind der Christen sowie der Kirche Roms, wurde schließlich ein Weg gefunden, das Vorgehen des karolingischen Herrschers zu legitimieren. Die Verlegenheit jedoch, die in den fränkischen Quellen anklingt und sich in einer äußerst dürftigen Berichterstattung der Ereignisse der Jahre 773/774 zeigt, ist offensichtlich.[1] Die Hauptschwierigkeiten lagen jedoch in anderen Bereichen: von kaum zu unterschätzender Bedeutung waren die vielfältigen Unterschiede, die im Inneren der Apenninen-Halbinsel im 8. Jahrhundert existierten.

Am Vorabend der Eroberung des Langobardenreichs durch die Franken im Jahr 774 gab es eine Vielzahl unterschiedlicher und bisweilen untereinander feindlich gesinnter Regionen auf der Apenninen-Halbinsel. Sie bildeten zwei große Blöcke: den langobardisch dominierten Machtbereich, das *regnum Langobardorum*, und den byzantinisch dominierten Machtbereich, das Exarchat von Italien mit der Hauptstadt Ravenna. Der südliche Bereich des Langobardenreichs, das Dukat und spätere Prinzipat Benevent, stellte einen weitgehend eigenständigen Bereich dar. Rom hatte sich infolge des von Kaiser Leon III. verfochtenen Ikonoklasmus in den Jahren 726/727 vom byzantinischen Exarchat Ravenna de facto getrennt. Zur selben Zeit distanzierten sich auch die beiden Herzogtümer, Neapel im Süden und die Lagune von Venedig im Norden, vom Byzantinischen Reich.[2] Sizilien (wie auch Sardinien) war hingegen immer noch direkt an Byzanz gebunden, ohne dabei die Politikvermittlung Ravennas zu durchkreuzen (Abb. 70).

Dieses aus vielen unterschiedlichen Mosaikteilen zusammengesetzte Italien bereitete den Karolingern zahlreiche Probleme. Es kostete sie große Mühe, Kontrolle über die unterschiedlichen Gebiete zu erlangen, obgleich sie keine Gesamtkontrolle ausübten. Weitere Faktoren, welche die Situation zusätzlich erschwerten, bestanden in dem dichten Gefüge von Städten auf der Apenninen-Halbinsel. Zudem tendierte die römische Kirche neben ihrer religiösen Funktion dazu, sich politisch als Erbin des Byzantinischen beziehungsweise des Römischen Reichs zu verstehen. Die Kirche beanspruchte somit eine führende politische Rolle auf der Halbinsel.

69 Blick über die Berge des Apennin mit dem Kloster Monte Cassino

70 Italien in der 2. Hälfte des 8. und 1. Hälfte des 9. Jahrhunderts

Langobardia maior – der Norden Italiens

Das langobardische Italien – Neustrien und Austrien (der Westen und der Osten der Po-Ebene), Tuszien, die Emilia und das Herzogtum Spoleto – besaß große Gemeinsamkeiten mit dem fränkischen Kernland nördlich der Alpen. Die stark ausgeprägte Landwirtschaft war ähnlich strukturiert wie jene der Franken. So wurde Großgrundbesitz zwischen *domocoltiles* (Länder, die direkt von den Grundbesitzern bewirtschaftet wurden) und *mansi* (Länder, die von freien, halbfreien oder unfreien Bauern bewirtschaftet wurden) geteilt; es gab auch einzelne Höfe die verpachten wurden. Die erhaltenen Pachtverträge von freien Bauern geben Auskunft über die Formen der landwirtschaftlichen Betriebsorganisation.[3] War der Großteil der Ländereien der langobardischen Oberschicht auf diese Weise organisiert, lassen die Quellen darüber hinaus auch eine weite Verbreitung von kleineren und mittleren Besitztümern erkennen, die Vertretern weniger privilegierter Bevölkerungsschichten gehörten. Diese kleineren Besitzungen lagen insbesondere in der Toskana.

Ein weiterer Unterschied gegenüber dem nordalpinen Frankenreich bestand in einer generell kleinteiligen Organisation der Grundherrschaften (der *domocoltiles*), die weniger Ländereien, teilweise sogar nur Weidegrundstücke umfasste. Der Frondienst wurde als Zeichen der Abhängigkeit des Bauernstandes von der lokalen Herrschaft der Landbesitzer interpretiert, weniger wurde das Ergebnis eines produktiven Wachstumsprozesses in den Blick genommen.[4] Ab dem 9. Jahrhundert treten aber auch in Italien Zeichen eines Agrarwachstums auf. Zudem gab es ein Gefälle beim Vermögensstand zwischen Langobarden und Franken, da der Grundbesitz der fränkischen Aristokratie zumeist wesentlich größer war.[5] Indes gab es im langobardischen Italien einen weiteren Faktor, der den Lokaladel von jenem der Franken unterschied: das Vorhandensein von beweglichem Vermögen, insbesondere von Geld. In diversen Transaktionen der langobardischen Aristokratie werden große Geldsummen aufgeführt. Obgleich es sich in einigen Fällen wohl nur um Richtwerte bezüglich verkaufter Ländereien handelt, so ist in anderen Fällen eindeutig von Geld die Rede. Auffällig hinsichtlich der kulturellen Verschiedenheit von Langobarden und Franken ist, dass das gebräuchliche Münzsystem im langobardischen Herrschaftsgebiet – vor der Eroberung durch die Franken – ganz der römischen und mediterranen Tradition verpflichtet im Gold verankert war: Die Währung basierte auf dem Solidus.[6] Mit der im Jahr 781 gegebenen Zustimmung des Kapitulars von Mantua zur Einführung der fränkischen Silberwährung vollzog sich gleichsam eine Kulturrevolution, die sich insbesondere auf das Handelsgewerbe auswirkte.[7]

Hinzu kommt ein weiterer Umstand, der die Wichtigkeit der kaufmännischen Schicht unterstreicht: Die nur wenige Jahre vor der Eroberung durch die Franken von König Aistulf erlassenen Gesetze des Jahres 750 stellten die Kaufleute, die „negotiatores […] qui pecunias non habent" mit den Landbesitzern (mit „pecunias" ist Land- und nicht Geldbesitz gemeint) in einem fundamentalen Punkt gleich: in der „Wehrpflicht" im langobardischen Heer.[8] Tatsächlich muss bezweifelt werden, ob eine so klare Unterscheidung zwischen Landbesitzern und Kaufleuten praktikabel war, zumindest was die Ebene des größeren Reichtums betrifft. Die Sichtweise Aistulfs ist aber dennoch entscheidend, denn sie zeigt, dass es eine privilegiertere Gruppe mit besonderem Sozialprestige gab, deren Grundlage der Handel war und deren Operationsbasis folglich nur in der Stadt liegen konnte.

In Neustrien gab es zahlreiche Städte, deren Übereinstimmung in politischen Fragen innerhalb des Langobardenreichs entscheidend war.[9] So schildern Dokumente einen bezeichnenden Vorfall: In Cremona, einer der wirtschaftlich betriebsamsten Städte der Po-Ebene, kam es zu Streitigkeiten im Zusammenhang mit dem Einzug des an den Zoll gebundenen Flusshandels, der letztlich Kaiser Ludwig II. vorgetragen wurde. Im Jahr 851 führte hier der Bischof, der den Grafen als höchste politische Autorität in der städtischen Hierarchie ersetzt hatte, mit Einwohnern diese Auseinandersetzung. Zum Beweis ihrer wirtschaftlichen und politischen Stärke wandten sich die Einwohner Cremonas mit ihrem Anliegen an den Kaiser, mussten sich letztendlich jedoch geschlagen geben. Die Einwohner waren Kaufleute, die ihr Gewerbe mit Schiffen entlang des Pos ausübten. Sie importierten Waren von der Adria beziehungsweise aus dem Hafen von Comacchio bis in die Poebene. Überliefert sind zahlreiche Aussagen aus dem Jahr 851, die allesamt erklären, dass die Cremoneser bereits 30 Jahre zuvor angefangen hätte mit eigenen Schiffen Handel zu betreiben. Zur Zeit Pippins zwischen 781 und 810 seien sie zwar gesegelt, jedoch mit den Schiffen der Einwohner von Comacchio.[10]

Der an die Adria und das Byzantinische Reich geknüpfte Handelsboom Cremonas begann folglich mehr oder weniger im Anschluss an die Eroberung des Langobardenreichs durch die Franken und kurz nach den von Aistulf erlassenen Gesetzen. Cremona ist dabei kein Einzelbeispiel: Der Fall der Familie von Totone aus Campione ist bezeichnend hinsichtlich der Bedeutung des Handels. Als „mittelständische" Landbesitzer, spezialisiert auf den Anbau hochwertiger Produkte wie Oliven, waren die Totone und ihre Angehörigen auch Geldverleiher und wohl auch Sklavenhändler. Im Jahr 777 siedelte der mittlerweile im Zenit seiner Karriere stehende Totone nach Mailand über. Dort sorgte er dafür, dass die Familienkirche, mit dem neu gegründeten Hospital (*xenodochium*), der Kirche Sant' Ambrogio untergeordnet wurde. Damit schuf er zwischen der höchsten kirchlichen Einrichtung des neuen karolingischen Königswohnsitzes und seiner Familie eine Verbindung. Zuvor hatte er eine für seinen Stand typische Laufbahn absolviert: Geld, Handel, Land, religiöse Familienstiftungen und Suche nach einem mächtigen kirchlichen Beschützer.[11]

In Neustrien lagen die Hauptstädte des Langobardenreichs. Insbesondere ist hier die Stadt Pavia zu nennen, die in den ersten Jahrzehnten des 7. Jahrhunderts zum festen Wohnsitz des Königs wurde und damit Mailand ablöste. In Monza hatte die ehemalige Königin Theodolinde einen Palast und die Kirche San Giovanni gestiftet – letztere wurde zu einem nationalen Heiligtum der Langobarden. Mit den Karolingern gewann Mailand wieder an Bedeutung. Als Zeichen der Verbundenheit mit den neuen Machthabern wurde Sant' Ambrogio zur Grablege der Karolinger in Italien.[12] Als Folge der Anwesenheit des Hofes in Mailand war eine stärkere Präsenz des mit diesem eng verknüpften Adels zu beobachten. Nicht zufällig sind in der Lombardei, im Herzen Neustriens, zahlreiche Gefolgsleute des Königs (*Gasindi*) – das langobardische Äquivalent zu den fränkischen Vasallen – belegt, die ebenfalls zunächst in der Poebene bezeugt sind bevor sie anderswo auftauchen.

Die Aristokratie residierte in der Stadt oder war zumindest an die städtische Infrastruktur angeschlossen und trug zur städtischen Lebendigkeit und Vitalität bei. Auch wenn sich die Städte gegenüber ihrer römisch-antiken Vergangenheit tief greifend verändert hatten, behielten sie das topografische und räumliche Gefüge der Antike bei.[13] Im Frühmittelalter waren sie zu meist wesentlich kleiner und mit neuen politischen und kulturellen Zentren ausgestattet. Mit der Errichtung von Holzbauten, welche die antiken Häuser (*domus*) aus Stein flankierten, änderte sich jedoch das Erscheinungsbild der Städte. Auch konnten dort, wo die bewohnten Gebiete von menschenleeren getrennt waren, auch sogenannte „Inselstädte" entstehen. Die Städte blieben jedoch, obgleich in einem geringeren Umfang als noch in der Antike, der feste Lebensmittelpunkt des langobardischen Italien.[14]

In Neustrien gab es zudem zahlreiche Klöster. Zu nennen sei nur San Salvatore in Brescia, ein Kloster des weiblichen Zweigs der langobardischen Königsfamilie (Abb. 71). Es wurde von Desiderius, Adelchis und Ansa gegründet. Die erste Äbtissin war Adelperga, die Tochter des Königs. Das später im Besitz des weiblichen Zweigs der italienischen Karolinger gebliebene Kloster war überaus wohlhabend, was aus einem Klosterinventar des späten 9. Jahrhunderts ersichtlich wird: Die Besitztümer des zwischenzeitlich Santa Giulia genannten Klosters erstreckten sich

über die gesamte Po-Ebene und waren in denselben Handelsweg eingebunden, auf dem auch die Kaufleute von Cremona Handel trieben. Unweit der klösterlichen Ländereien legten die Schiffe (*naves militorum*) aus dem byzantinischen Raum der Adria mit ihren Waren an.[15]

Das aufgrund von Landwirtschaft und Handel reiche Neustrien, die Toskana und der Verwaltungsbezirk (Dukat) von Spoleto unterschieden sich von Austrien, der nordöstlichen Region des Reiches. Politisch gesehen war das Dukat beziehungsweise die spätere Markgrafschaft Friaul der größte Teil Neustrien. Es war mit dem Ziel gegründet worden, die Slowenen und Awaren im Osten zurückzudrängen (Abb. 70). Um das Herzogtum Friaul kreisten weitere Dukate Austriens: Treviso, Vicenza, Trento und vor allem Verona, das für kurze Zeit zu Beginn des Reiches im 6. Jahrhundert eine der Königsresidenzen beherbergte.[16]

Wichtige Städte gab es in Friaul nur wenige. Selbst Cividale, die politische Hauptstadt des Verwaltungsbezirks, blieb immer eine bescheidene Stadt, deren Rolle allein auf eine politische Ebene beschränkt war. So diente Cividale als Wohnsitz des Herzogs und später im 8. Jahrhundert auch des Patriarchen von Aquileia. Da Austrien keinen Zugang zum Meer hatte, bildete sich hier keine mit der Lombardei vergleichbare Kaufmannsschicht aus. Den Überlieferungen nach, die sehr spärlich sind, sind nur geringe wirtschaftliche

71 Blick auf das Kloster San Salvatore in Brescia

72 Apsis der Abtei Nonantola

73 Westfassade des Klosters Salvatore di Monte Amiata

Aktivitäten der austrischen Oberschicht und auch dadurch ein geringerer Handel bezeugt. Die scheinbar widersprüchliche Tatsache, dass Austrien in der wichtigsten Quelle zur Geschichte des Langobardenreichs, in der *Historia Langobardorum* des Paulus Diaconus, hingegen als sehr lebendig geschildert wird, ist nicht allein dem Umstand geschuldet, dass ihr Autor aus Friaul stammt. Vielmehr beruht dies auf der entscheidenden politischen Rolle, die der friaulische Adel im 8. Jahrhundert innehatte.[17] Gleich zwei Herzöge aus Friaul, Ratchis und Aistulf, bemächtigten sich der Königskrone. In ihrem Gefolge gelangte auch Paulus Diaconus an den langobardischen Hof. Zudem wurden außerhalb der Grenzen Friauls gleich zwei der größten italienischen Klöster von Mitgliedern der friaulischen Herzogsfamilie gegründet: die von Anselm in Auftrag gegebene Abtei Nonantola (Abb. 72) und das Kloster Salvatore di Monte Amiata (Abb. 73), das die Brüder Marco, Erfo und Atto errichten ließen. Die Positionierung der politisch-militärischen Kraft an der östlichen Grenze erlaubte es, sich über die Grenzen Austriens hinaus auszuweiten und zu bereichern. Für einige Jahrzehnte kontrollierte die Aristokratie Austriens gar das gesamte langobardische Königreich. Diese Entwicklung erinnert entfernt an jene im Frankenreich zur Zeit Pippins. In Italien wurde der Prozess jedoch durch den Einfluss der Franken unterbrochen, die den Herrschaftsanspruch Desiderius' von 757 unterstützten und somit den Aufstieg der friaulischen Aristokratie behinderten.[18]

Als Karl der Große Italien eroberte, stellte sich ihm als einzige Opposition ausgerechnet das mit den anderen Dukaten aus Venetien verbundene Friaul entgegen. Die vom friaulischen Herzog Rotgaud angeführte Revolte wurde 776 am Fluss Livenza vernichtend geschlagen. Austrien war infolgedessen die einzige Region Italiens, die eine militärische Besetzung ertragen musste. Die Gegner verloren ihre Ländereien und ein Großteil von ihnen musste nach Osten in Richtung Slowenien und zu den Awaren fliehen, mit denen die Bewohner Friauls ursprünglich verfeindet waren.[19]

Der militärische Wille und die militärische Erfahrung des friaulischen Austrien war jedoch eine Ausnahme. Aus dem übrigen langobardischen Reich, so insbesondere aus der Toskana, haben sich Testamente erhalten, deren Schreiber vom König berufen wurden, „mit ihm dem Herr beizutreten" und in den Krieg zu ziehen. Aus den Quellen geht eindeutig hervor, dass diese Männer nicht über militärische Erfahrungen verfügten, unter ihnen war sogar der Bischof Walprandus aus Lucca.[20] Die überlieferten Beispiele dürften keine Einzelfälle darstellen, sondern wohl die Norm repräsentieren. Im 8. Jahrhundert bezeichnete man im politischen System freie Männer als Arimannen oder *exercitales*, also als Krieger beziehungsweise Mitglieder des königlichen Heeres. Doch *de facto* existierte nur an den Ostgrenzen eine kriegerische Elite, die sich mit jener der Franken messen konnte und die aufgrund der Auseinandersetzungen mit den Nachbarn im Osten geübt war.[21]

Schwerer zu beantworten ist die Frage, wie sich die fränkische Herrschaft auf die Identität der Bewohner im langobardischen Reich auswirkte. Bei der Ankunft der Franken bezeichnete das Wort „Langobarde" alle Freien. Dennoch ist das Verhältnis zwischen den einzelnen Individuen und der Machtstruktur schwer zu erfassen. Auch nach der Eroberung des langobardischen Italiens durch die Franken zeugen Schriftquellen von einer *sancta memoria regis*, einer geheiligten Erinnerung an den König, womit wohl an Desiderius, Aistulf oder Liutprand erinnert werden sollte.[22] Die genannten Männer, die ihre Testamente ablegten und in den Krieg aufbrachen, kehrten nicht zurück. Ihre Testamente haben sich in den Klöstern erhalten, denen sie ihr Land vermachten. Fälle wie die des Herzogs von Spoleto, der 773 im Susatal bei der Abtei von San Michele starb, oder des Bischofs Walprandus, der wahrscheinlich im Kampf gegen Pippin fiel, bezeugen die Beteiligung der weltlichen und geistlichen Oberschicht an den Schlachten gegen das fränkische Heer. Zugleich wird ersichtlich, dass entgegen der Propaganda des Papstes, Bischöfe gegen die Franken und auch gegen die römische Kirche kämpften.[23]

Identitätsbildung im Langobardenreich fand zumeist auf lokaler Ebene statt. Obgleich es aufgrund der Quellenlage schwierig ist, gesicherte Aussagen zu treffen, liefert der Streit zwischen den Kirchen von Arezzo und Siena über den Besitz einiger im Grenzgebiet beider Diözesen angesiedelter Pfarreien wichtige Hinweise. Die Intensität des Konflikts zeigt sich bereits an seiner ungewöhnlich langen Dauer: Er erstreckte sich vom 7. bis zum 9. Jahrhundert und wurde bis ins 13. Jahrhundert fortgesetzt. Ausgangspunkt für den Disput war eine Auseinandersetzung zwischen dem Bischof sowie der laikalen Regierung von Siena, die ihren politischen und kirchlichen Einfluss auszuweiten suchte, und der Bevölkerung, die sich dem nicht fügen wollte, da sie sich Arezzo verpflichtet fühlte. Dutzende

Laien und Kirchenmänner, die als Zeugen auftraten, demonstrierten ihre lokale Identität, indem sie sich von der arezzanischen Kirche getauft und gefirmt als Arezzaner darstellten. Auf diese Weise wurde ein religiöser Umstand zu einem politischen. Auch wenn sie auf (sieneser) Territorium wohnten, so verstanden sie sich als *cives* von Arezzo.[24] Die Identität war demnach lokal geprägt, hatte jedoch eine religiöse Wurzel und eine städtische Dimension.

Und so rückte die entscheidende Rolle der Stadt wieder in den Vordergrund. Der *Versus de Mediolano civitate*, ein poetisches Werk aus der Mitte des 8. Jahrhunderts, beschreibt, wie die Mailänder den Franken bei ihrem Kampf gegen die Sarazenen in der Provence zu Hilfe eilten.[25] Bei dem *Versus* handelt es sich um ein für Italien überliefertes literarisches Genre, das die Stadt selbst preist und nicht nur ihre Bischöfe oder ihre Kirche. Trotz der Rhetorik und der Lobrede des Werkes ist nachzuweisen, dass König Liutprand tatsächlich ein Heer aussandte, um Karl Martell beim Kampf gegen die Sarazenen zu helfen.[26] Denkbar ist dabei, dass die Truppenkontingente, die zum Heer aufbrachen, nach Stadtkontingenten geordnet waren. Ein Brief Papst Hadrians I. aus dem Jahr 788 zeigt zudem deutlich, dass die Stadtbewohner eine politische Rolle und damit verbunden auch eine militärische besaßen. Der Papst beschwerte sich in seinem Schreiben bei Karl dem Großen, da ihm dessen Abgesandte die versprochenen Städte Mittelitaliens nur unvollständig übergeben hätten. Sie hätten ihm nur die Stadtschlüssel überreicht, jedoch ohne das Einverständnis der Bewohner.[27]

Die formale Übergabe der Schlüssel sei aber nichts wert, solange sich nicht auch die Mehrheit der Stadtbewohner dem neuen Herrscher unterwerfe.

Rom, Ravenna und Venedig

Das bisher Geschilderte hat gezeigt, wie sehr das Bild Italiens im 8. Jahrhundert von Städten geprägt war. Mehr noch als im Langobardischen Reich galt dies für das unter byzantinischer Verwaltung stehende Italien. Rom und Ravenna als die beiden antiken imperialen Hauptstädte des byzantinischen Italien zeugen heute noch davon. Dagegen ist die Quellenlage bei anderen Städten weniger ertragreich, um die byzantinisch-italienische Gesellschaft zum Zeitpunkt der fränkischen Eroberung zu beschreiben – auch wenn davon auszugehen ist, dass viele Merkmale analog zu jenen des Langobardischen Reichs gewesen sind. Beispielsweise werden die Bewohner des byzantinischen Herrschaftsbereichs in den Quellen als *milites* bezeichnet, parallel zu den Arimannen (*exercitales*), den Bewohnern des Reichs der Langobarden. Die Rekrutierung von Soldaten aus dem Osten erfolgte zu dieser Zeit bereits nicht mehr, sodass es sich bei den *milites* um eine lokale Miliz handeln muss. Wahrscheinlich ist sie mit den breit gefächerten Schichten der Freien zu identifizieren, die in das Heer einberufen wurden.

Zwei Faktoren bildeten die größten Unterschiede: Der erste bestand in der Vorherrschaft der beiden Kirchen in Rom und Ravenna, nun, da die Macht des byzantinischen Exarchats zur Mitte des 8. Jahrhunderts geschwächt war. Ravenna war zweifelsohne im Besitz des größeren Grundbesitzes des Exarchats. Rom dominierte hingegen das Latium; die Sabina, das nördliche Kampanien und das sogenannte römische Tuszien und bekräftigte – zumindest theoretisch – seine Autorität über die „Herde des heiligen Petrus", repräsentiert durch die Bevölkerung des römischen Dukats und des Exarchats.[28] Der zweite Faktor bestand in den fortdauernden politischen,

religiösen und letztlich wirtschaftlichen Beziehungen zum byzantinischen Osten.
Rom und Ravenna zählten im 8. Jahrhundert wohl zu den wichtigsten Städten des gesamten Okzidents. Das Erscheinungsbild beider Städte wurde aber größtenteils von schlichten Bauten bestimmt. Zweistöckige Häuser, wie sie beispielsweise im Nerva-Forum in Rom ausgegraben wurden und in das 9. Jahrhundert datieren, zeugen jedoch von der Existenz durchaus luxuriöserer Architekturen.[29] Auch ein Hinweis im *Liber pontificalis* verweist auf das Vorhandensein größerer Bauten. So wird von einem herrschaftlichen Haus (*domus*) in Rom berichtet, das dem Statthalter Totone di Nepi gehört habe. Das Innere des Hauses sei groß genug gewesen, das bewaffnete Heer zu beherbergen, das der Adelige von seinen Gütern in Kampanien mitgebracht hatte. Mit ihm probte Totone im Jahr 767 einen Überfall auf die städtische Elite und erhob seinen Bruder Konstantin auf den Papstthron.[30]
Rom sollte seine monumentalen Dimensionen behalten. Diese wurden verstärkt durch die Eingriffe der Päpste in das Netz der städtischen Kirchen. Die im *Liber pontificalis* enthaltenen Papstbiografien listen die zahlreichen Arbeiten auf, die in den großen frühchristlichen Basiliken, in den antiken Tempeln, die zu Kirchen umgebaut wurden und

74 Schematischer Plan der Stadt Rom im 8. Jahrhundert

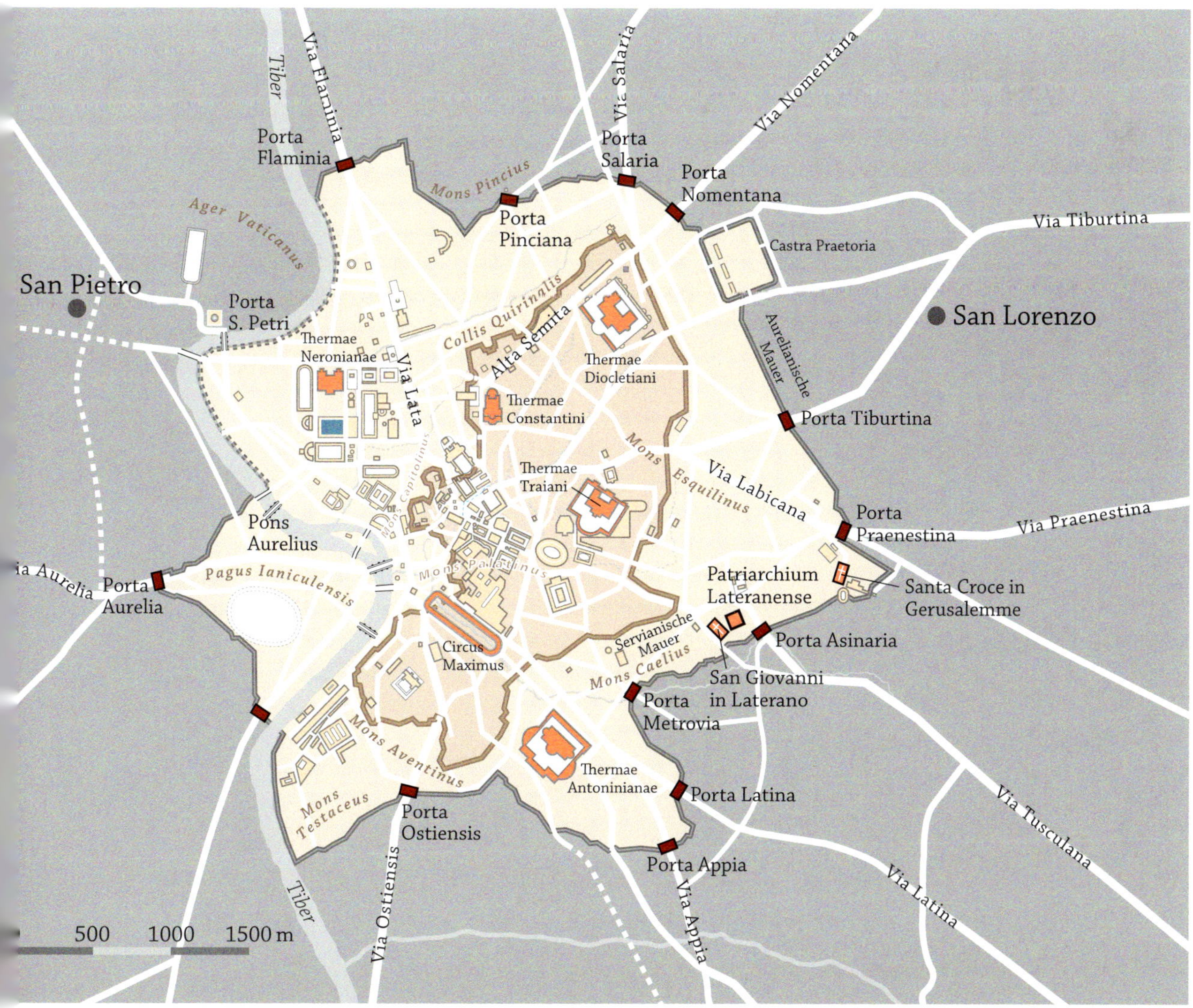

75 **Luftbild von Ravenna**

in den neuen Gebäuden *ad sanctos* beziehungsweise an Sankt Peter selbst ausgeführt wurden (Abb. 74), wohin Stephan II. und Paul I. die Reliquien der heiligen Petronilla, der angeblichen Tochter des heiligen Petrus, überführen ließen.[31]

Die Stadt war für weltliche Herrscher nicht leicht zu betreten, auch wenn sie in friedlicher Mission kamen. Dies verstärkte die sakrale Aura der Stadt zusätzlich. Der byzantinische Kaiser Konstans II., der erste und einzige Herrscher, der nach 476 aus dem Osten kam, war 663 nicht nur in Rom einmarschiert, sondern hatte die Stadt zudem ihrer Bronze beraubt – er ließ sogar die Bronzesiegel von Santa Maria (Rotonda) wegtragen, dem antiken Pantheon.[32] Danach blieb die Stadt langobardischen Herrschern verschlossen. Liutprand war gezwungen, außerhalb der Mauern vor Sankt Peter haltzumachen, wo er als Zeichen seiner Unterwerfung die Insignien der Reichsmacht abgab. Nur circa 50 Jahre später erhielt Karl der Große, gestärkt durch den Sieg gegen Desiderius im Susatal, erneut die Erlaubnis, wie der *Liber pontificalis* berichtet, die Stadt an Ostern des Jahres 774 zu betreten.[33] Rom stellte einen singulären Raum dar: Eingebettet zwischen paganer Vergangenheit, bezeugt durch die antiken Monumente, wurde es mittels ritueller Nutzung des Stadtraums durch den Klerus und die neue christliche Topografie belebt; bekanntestes Beispiel ist die im Jahr 590 von Gregor dem Großen einberufene Prozession, um die Pest zu besiegen.[34]

Für Ravenna stellte insbesondere die enge Bindung an das östliche Byzanz, aus dem bis in die Mitte des 8. Jahrhunderts Exarchen, Funktionäre und Soldaten in die Stadt kamen, einen bestimmenden Faktor dar. Die unverkennbare Struktur Ravennas als Mittelmeerstadt (Abb. 75), mit ihrer charakteristischen Einteilung der Einwohner nach Quartieren, beschreibt anschaulich der Chronist Agnellus zur Mitte des 9. Jahrhunderts, der von einem blutigen Vorfall im Jahr 700 berichtet.[35] So artete in diesem Jahr die traditionelle Fehde zwischen den einzelnen Stadtvierteln zu einem blutigen Gefecht aus, das sich die Bewohner Posterulas mit ihren Nachbarn an der Porta Teguriense lieferten. Der Brauch solcher Fehden innerhalb der Stadtquartiere habe seinen Anfang in der Antike, wie Agnellus vermerkt, und bestand bis in seine Zeit fort. Die Bereitschaft zur Gewalt innerhalb des politischen Stadtgefüges ist auch für Rom belegt, wie der bereits erwähnte Angriff Totone di Nepis auf den Lateranpalast und somit auf den Papst zeigte.

Mit dem Eintreffen Karls in Italien war der Hafen von Classe (bei Ravenna) schon lange nicht mehr in der Lage, die Verbindungen zwischen Ravenna und dem Osten zu bedienen. Sein Niedergang ist mit den verlassenen Hafenlagern bereits für das Ende des 7. Jahrhunderts bezeugt.[36] Doch gab es andere Zentren an der Adriaküste, die seine Funktion als Umschlagplatz einnahmen. Aufgrund von Schriftquellen und archäologischen Funden können über Comacchio nördlich von Ravenna die besten Aussagen gemacht werden. Die Ansiedlung von Comacchio war mehr ein *emporium*, ein Warenumschlagsplatz, als eine Stadt, da sie weder einen institutionell laikalen noch einen ekklesiastisch gefestigten Aufbau besaß. Die Ausgrabungen im Bereich der Hafenanlagen zeigen die Bedeutung Comacchios als bedeutender Handelsort. Anhand der zahlreichen Keramikfunde lässt sich die Reichweite der importierten Waren rekonstruieren, die zum Teil aus dem östlichen Mittelmeerraum stammten.[37] Eine Vereinbarung aus dem Jahr 715, in welcher der langobardische König Liutprand die Kaufleute (*milites*) von Comacchio autorisierte, entlang der padanischen Flüsse bis in die Lombardei hinein Handel zu betreiben, verdeutlicht die (geografische) Reichweite des Handels.[38] Ausgrabungen der letzten Jahre deuten darauf, dass es weitere, ähnliche Handelszentren entlang der Nordküste der Adria gab.[39]

Im Verlauf des 9. Jahrhunderts erlitt Comacchio schwere Angriffe und wurde schließlich in seiner Bedeutung als Handelsplatz von Venedig ersetzt. Venedig besaß ähnliche Eigenschaften wie Comacchio, so die Lage innerhalb einer vom offenen Meer geschützten Lagune, die zugleich einen leichten Zugang zum Meer ermöglichte. Der Wohlstand wurde in Venedig, ebenso wie in Comacchio, durch den Handel mit Salz als der wichtigsten Ware gesichert.[40]

Während der Krise der Jahre 726/727 hatte sich das Dukat Venedig bedingt von Byzanz unabhängig gemacht. Gegenüber Comacchio war Venedigs Rolle im Handel anfangs gering. Der Fokus lag im 8. Jahrhundert wohl noch mehr auf der militärischen Bedeutung des Dukats. So suchte beispielsweise der von den Langobarden aus Ravenna vertriebene Exarch Eutychius in der Lagune Zuflucht. Erst nach einer Ermahnung des Papsts wurde er von den Venezianern per Schiff zurück in das zuvor (um 735) von ihnen zurückeroberte Ravenna gebracht.[41] Die territoriale Ausdehnung des Dukats Venedig auf dem Festland war hingegen mit den Jahren geringer geworden. Paulus Diaconus hält hierzu fest, dass die *Venetiae* nicht mehr, wie noch in römischer Zeit, von Pannonien bis zur Adda reicht, sondern sich nur noch „aus jenen wenigen Inseln [formiert], die wir heute *Venetiae* [Venedig] nennen".[42] Es sind die Laguneninseln, aus denen in einem bis ins 9. Jahrhundert andauernden Urbanisierungsprozess die *civitas Rivoalti* hervorgehen wird – auf den Rialtoinseln wurden der Dogenpalast und die Kirche San Marco errichtet. Um das Jahr 800 war Venedig jedoch noch keine „richtige" Stadt. Im Gegenteil: Es gab unterschiedliche, auf den verschiedenen Inseln verstreute Gemeinschaften. Die miteinander rivalisierenden Aristokratien waren nur durch das Kommando des Herzogs vereint.[43]

Überliefert ist, dass die Venezianer auch im Tyrrhenischen Meer operierten und mit Sklaven handelten.[44] Die militärischen Aktivitäten – und vielleicht auch die Piraterie – bewirkten eine Zunahme der Handelstätigkeit im Mittelmeerraum. Der Handel war für Venedig derart wichtig geworden, dass Karl der Große den Venezianern nachhaltig schaden konnte, indem er den venezianischen Schiffen den Zugang zu den Häfen in der Adria temporär verwehrte.[45] Die in Aachen im Jahr 812 getroffene Einigung zwischen dem byzantinischen Hof und den Karolingern stellte Venedig als grundsätzlich „gleich weit entfernt" von den beiden Reichen dar, auch wenn Venedig (formal) Teil des Byzantinischen Reiches war. Die venezianischen Dokumente wurden auch weiterhin in byzantinischer Tradition erstellt, die Münzen im Dukat wurden hingegen mit dem Abbild von Ludwig dem Frommen geprägt.[46] Gestärkt durch seine im Abkommen festgeschriebene Stellung und de facto Autonomie, gewann Venedig als Handelsknotenpunkt für den Warenimport aus dem Osten – dem Import von Gewürzen (*Garum*) und Stoffen – für die Oberschicht des Karolingischen Reichs die Oberhand gegenüber Comacchio und baute ein Vertriebsnetz auf, das bis zum Rhein reichte.

Langobardia minor – der Süden Italiens

Ein weiterer Teil Italiens, der wiederum ganz andere Merkmale aufwies, war der Süden des Langobardenreichs, die sogenannte *Langobardia minor* (Abb. 70). Bis zum Jahr 774 bestand sie aus dem Dukat Benevent und ging dann, nachdem Karl die mittleren und nördlichen Bereiche der Apenninen-Halbinsel erobert hatte, in ein Prinzipat über.[47] Karl gelang es nicht, den Süden einzunehmen, sondern er musste sich mit einer formalen Unterwerfung des *dux* Arichis im Jahr 787 begnügen, der den Titel *princeps* angenommen hatte. Bereits vor der Eroberung durch die Franken war das Dukat weitgehend autark vom Norden geblieben, und das obwohl einer seiner Herzöge (*dux*), Grimaldus, König des Reichs geworden war und die herzogliche Dynastie aus Austrien, genauer aus Friaul, stammte. Die lange Dauer der Dynastie lässt sie zu einem absoluten Sonderfall in der langobardi-

76 Langobardischer Gold-Solidus Sicos, Kampanien, 817–832. Berlin, Staatliche Museen zu Berlin – Münzkabinett

schen Geschichte werden. Bei der *Langobardia minor* handelte es sich um eine Region, in welcher der von der Oberschicht bestimmte langobardische Einfluss sehr viel stärker war und sich mit einer ebenso starken Autonomie verband. Der Norden und der Süden waren verschiedene Welten, auch was die religiösen Referenzpunkte anging. Gemäß Paulus Diaconus war das Heiligtum der nördlichen Langobarden San Giovanni in Monza, während die Langobarden des Südens nach San Michele al Gargano pilgerten (Abb. 70) – heute noch anhand der erhaltenen Inschriften in der Krypta zu sehen.[48]

Die Autonomie des Dukats lässt sich an sehr konkreten Umständen verdeutlichen. So nahm der Herzog von Benevent bei der Ausübung des langobardischen Gesetzes den Platz des Königs ein – beispielsweise im Fall von Vergütungen. Der Herzog Arichis ließ in Benevent wahrscheinlich neben dem Palast die Kirche Santa Sofia erbauen, die trotz einiger Unterschiede ihre Entsprechung in der Palastkirche San Salvatore in Pavia haben könnte. Das angegliederte Kloster, das er seiner Tochter anvertraute, erinnert indes an das Kloster San Salvatore in Brescia. Letzteres übergaben Desiderius, der letzte langobardische König, und seine Frau Ansa ihrer gemeinsamen Tochter Adelperga.[49]

Abgesehen von der Architektur und der Ausstattung ruft der Weihename Santa Sofia die Erinnerung an den gleichnamigen byzantinischen Sakralbau, die Hagia Sophia in Konstantinopel, hervor. Wenn auch unter dem Einfluss der Pfalzanlage Karls des Großen in Aachen erweitert, hatte der *princeps* grundsätzlich dieselben architektonischen Vorbilder im Kopf, als er eine zweite Hauptstadt in Salerno erbaute.[50] Ein weiteres Merkmal der *Langobardia minor* – nicht nur in architektonischer Hinsicht – war die starke Bindung an das Byzantinische Reich, das seine Vorherrschaft auf Sizilien, Sardinien und an der tyrrhenischen Küste nicht verloren hatte.

Zum Ende des 9. Jahrhunderts wurde das Langobardenreich im Süden Italiens von zwei Seiten bedängt: im Norden durch die Franken, im Süden durch wachsende Bedrohung der Sarazenen. Die Muslime hatten Sizilien erobert und in Bari und in Taranto zwei Emirate in Apulien begründete. Zugleich gelang es auch Byzanz im Süden Italiens wieder Fuß zu fassen und mit einem Verwaltungsbezirk, dem Thema *Langobardia*, neuen Einfluss zu gewinnen. Die *Langobardia minor* spaltete sich im 9. Jahrhundert in zwei, später sogar in drei Teile und wurde auf diese Weise politisch unbedeutend auf der Apenninen-Halbinsel.

Die Orientierung am Byzantinischen Reich zeigte sich auch daran, dass das südliche Langobardenreich weiterhin am byzantinischen Gold-Solidus festhielt und nicht das karolingische Silbergeld als offizielles Zahlungsmittel einführte (Abb. 76). Das Dukat, dessen Zentrum über Jahrhunderte hinweg die Gebirgs-

77 **Luftbild des Klosters Monte Cassino**

kette des Apennin bildete, war indes eher arm, da ein Großteil der Küste – trotz der starken Autonomien Neapels, Amalfis oder Gaetas – byzantinisch blieb. Auch mit der Gründung der Stadt Salerno, mit welcher der Herzog Arichis Juden und Amalfitaner anlocken wollte, bildete sich keine lokale Kaufmannsschicht heraus, die mit den ehemals langobardischen oder byzantinischen Städten des Nordens hätte mithalten können. Der Vertrag zwischen Herzog Sicard und den Neapolitanern aus dem Jahr 836 bezeugt den vergeblichen Versuch des Dukats, die Dominanz der neapolitanischen Kaufleute in die Schranken zu verweisen, ohne jedoch eine ähnliche Betriebsamkeit der eigenen Kaufleute auf neapolitanischem Gebiet initiieren zu können.[51] Vergleicht man den Handelsvertrag der Comaccheser mit den Langobarden, die Handelsfähigkeit der Cremoneser oder aber den Vertrag zwischen Venezianern und Karolingern, tritt der Unterschied der Handelstätigkeit im langobardischen Süden umso deutlicher hervor.

Aus den überlieferten Schriftquellen geht hervor, dass im Süden Italiens sowohl politischer als auch wirtschaftlicher Einfluss stärker von den großen Klöstern wie Monte Cassino (Abb. 77) und San Vincenzo al Volturno ausging. Die Herrscherfamilien, um die sich ein Großteil der weltlichen Oberschicht gruppierte, siedelten sich vornehmlich in den drei großen Städten des langobardischen Südens, in Benevent, Salerno und Capua, an.[52] Gegenüber dem Norden deutet nichts auf eine zweigeteilte Organisationsform der Grundherrschaft hin, wie sie in Mittel- und Norditalien existierte und die Basis für den starken Einfluss der Grundherren über die Bauern bildete.[53]

Das Langobardenreich im Süden Italiens unterscheidet sich grundlegend von den Herrschaftsstrukturen im Frankenreich und weist selbst tief greifende Differenzen zur politischen und wirtschaftlichen Organisation Mittel- und Norditaliens auf. Und auch die Rolle der Städte, die sowohl im Norden als auch im Süden eine zentrale Stellung einnahmen, stellt sich bei genauerer Betrachtung anders dar. Mit der wirtschaftlichen Zunahme der Städte im Norden und im Zentrum der Apenninen-Halbinsel zeigen sich auch erste Zeichen einer politischen Autonomie; und dies obgleich sie – abgesehen von Venedig – in einer Region angesiedelt waren, die Teil des *regnum Langobardorum* war, welches auch unter den Karolingern fast das gesamte 9. Jahrhundert hindurch fortbestand. Demgegenüber waren die großen Städte des südlichen Langobardenreichs lediglich Hauptstädte von drei bescheidenen Fürstentümern, die sich in einem ständigen Krieg untereinander und mit den griechischen Städten Etruriens befanden. Ihre daraus resultierende Schwäche machte sie empfänglich für Überfälle der Sarazenen und ermöglichte die Rückkehr der byzantinischen Hegemonie.

Zwischen dem Langobardenreich im Süden und im Norden der Apenninen-Halbinsel lag das Territorium, das der Papst dominierte. Als Kern eines noch weit entfernten Kirchenstaates zeichnete sich hier bereits das *patrimonium sancti Petri* ab. In ihm vereinten sich byzantinisch beeinflusste Gebiete, wie das Dukat von Rom, mit traditionell langobardisch geprägten Regionen wie beispielsweise Sabina, eine Region in den Sabiner Bergen des Apennins. Den Franken gelang es angesichts der Vielschichtigkeit der differenten Kulturen auf der Halbinsel nur, sich im mittleren und nördlichen Italien durchzusetzen. Hier hinterließen sie auch mit Emigranten aus dem nordalpinen Frankenreich ihre Spur. Der Süden entzog sich dem Machtbereich der Franken hingegen, wie auch nachfolgenden Herrschern.

(Übersetzung: Theresa Holler)

Zentralität, Sakralität, Repräsentativität

Auswirkungen der karolingischen Herrschaft in Sachsen

Matthias Wemhoff

Die Wesenszüge einer Epoche zeigen sich am besten an den Orten der größten Veränderung, denn kontinuierliche Entwicklungen sind gerade auf archäologischem Wege schwerer zu fassen als Brüche und Neuansätze. Daher ist es für das Verständnis der Wesenszüge karolingischer Herrschaft von großem Nutzen, auf das neu eroberte sächsische Gebiet zu schauen, da hier Wesenszüge karolingischer Herrschaft klar hervortreten.

Zentralität – „nun erstrahlt da der sehr berühmte Sitz der Bischofskirche"

Lange Zeit haben sich Archäologen die karolingischen Neuanfänge nicht in dem Ausmaß vorstellen können, das sich jetzt zunehmend herauskristallisiert. So hat Wilhelm Winkelmann, der die Archäologie in Westfalen bis in die 1970er-Jahre geprägt hat, bei seinen Ausgrabungen in Münster und in Paderborn noch eine große, sächsische Siedlung vor dem karolingischen Neubeginn postuliert (Abb. 79). Die Aufarbeitungsprojekte an beiden Orten kommen jedoch zu ganz anderen Ergebnissen. Es fehlen die eindeutigen Kontinuitäten; es gab keine größeren sächsischen Vorgängersiedlungen an diesen Plätzen.[1] Die von Wilhelm Winkelmann als sächsisch interpretierten Grubenhäuser in Münster sind Bestandteil der Domburg gewesen, ein Großteil stammte sogar erst aus dem 10. Jahrhundert. Sie bilden, so der heutige Kenntnisstand, eine „typische Siedlungsform der karolingisch-ottonischen Domburg". Auch einige Öfen und ein ebenfalls als sächsisch eingestufter Brunnen wurden frühestens im 9. Jahrhundert genutzt. Was bleibt in Münster also von einer sächsischen Vorbesiedlung? An der Stelle des neuen karolingischen Zentrums gab es sie offensichtlich nicht. Möglicherweise lag die den sächsischen Namen „Mimigernaford" tragende, wohl nur aus wenigen Höfen bestehende Siedlung auf dem anderen Ufer der Aa.

Gleiches gilt für Paderborn. Die lange Zeit als sächsisch angesprochenen Funde der Pfalzgrabung und einiger kleinerer Grabungen in der Innenstadt haben sich inzwischen nahezu vollständig karolingischen Schichten zuweisen lassen. So bilanziert jüngst der Paderborner Stadtarchäologe Sven Spiong für die vielen in den letzten Jahren untersuchten Flächen: „In der Paderborner Innenstadt fehlen trotz guter Forschungslage bisher Funde ab dem 7. Jh. Erst mit der Invasion des Frankenkönigs Karl im Jahre 776 gewinnt der Ort eine zentrale Bedeutung […]."[2]

Hier bahnt sich also eine gegenüber der Publikation der Pfalzgrabung 2004 veränderte Deutung an (Abb. 80). Dort heißt es noch: „Im Paderborner Stadtgebiet wurden neben verschiedenen Einzelfunden auch großflächig Spuren von großen Pfostenwohnbauten sowie Grubenhäuser aufgedeckt, vor allem wieder im Bereich Brenkenhof, Kleiner Domplatz und natürlich auch im Gelände der späteren Pfalzanlagen. In Verbindung mit diesen Bebauungsspuren aufgefundene Keramik und andere Gegenstände lassen annehmen, dass sich hier sächsische Siedler im 8. Jh. in großen Gehöften niedergelassen hatten."[3] Es erscheint vor dem Hintergrund der bisheri-

78 Westwerk der ehemaligen Klosterkirche in Corvey bei Höxter

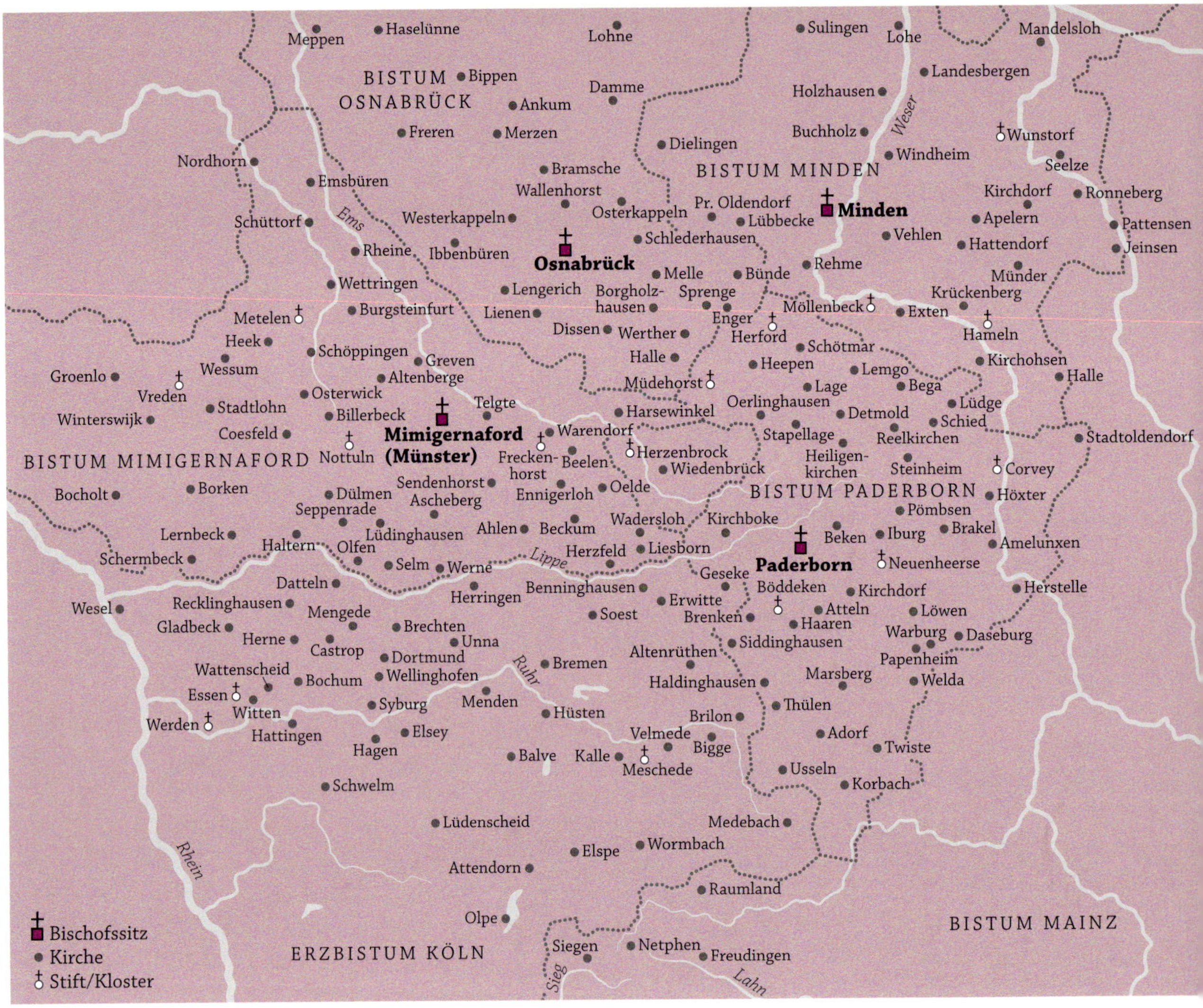

79 Westfalen im 9. Jahrhundert

gen Ergebnisse der Neuauswertung von Altgrabungen in Paderborn sinnvoll, die Funde und Befunde der noch nicht ausgewerteten Grabungen am Brenkenhof nördlich des Domklosters und am benachbarten Kleinen Domplatz nicht als Beleg einer sächsischen Siedlung zu betrachten, und auch die Pfostenlöcher und eine einzelne, aufwendig gefasste Feuerstelle im Pfalzbereich können wohl nicht sicher als Beleg einer Vorgängersiedlung gelten.[4] Siedlungsstrukturen, etwa Hausgrundrisse, haben sich nicht eindeutig nachweisen lassen. Die leider immer noch nicht publizierte Auswertung der Keramik müsste schon definitive Hinweise erbringen, um tatsächlich einen Hof des 7. und 8. Jahrhunderts hier nachweisen zu können. Denn um mehr als einen Hof wird es sich nicht gehandelt haben. Die sächsische Besiedlung wird, so die sich immer stärker verdichtende Beobachtung von Sven Spiong, im Westen Paderborns auf den fruchtbaren Lössböden gelegen haben, die sich von Westen bis an das Quellgebiet der Pader erstrecken. Anschließend ging die Besiedlung fast nahtlos in die Hofanlagen von Balhorn und vom Stedener Feld über, beide nur zwei Kilometer westlich der Domburg Paderborn gelegen. Die vom Ausgräber Georg Eggenstein bereits in einer Kapitelüberschrift als „zentraler Ort“ gewertete Siedlung von Balhorn ist mit karolingischen Maßstäben sicher nicht als ein solcher zu bezeichnen, sondern muss als ein Teil der Siedlungslandschaft um Paderborn verstanden werden.[5] Hier am Schnittpunkt der wichtigen Fernstraßen Frankfurter Weg und Hellweg ist im Gegensatz zum Ort der Domburg eine kontinuierliche Besiedlung aus vorsächsischer Zeit bis ins Mittelalter nachzuweisen. Es sind vielleicht 10 archäologisch gut dokumentierte Hofstellen, die sich sehr lange und kontinuierlich entwickelt haben.[6] Das in der Karolingerzeit besonders qualitätvolle Fundmaterial unterstützt gerade nicht die Wertung Balhorns als eigenständigem zentralem Ort, sondern unterstreicht die Bedeutung von Paderborn als Zentrum. Die karolingische Siedlungsstruktur ist, wie gerade die Siedlungslandschaft im Westen von Paderborn ganz deutlich zeigt, nicht mit der Rückprojektion einer verdichteten und hart gegen das Umland abgegrenzten mittelalterlichen Stadt zu verstehen, sondern muss als ein wesentlich größerer Siedlungsraum begriffen werden, zu dem an den Pfalzorten neben den Hofstellen auch die Freiflächen für das Lager des Heeres und für die Teilnehmer an großen Versammlungen gehörten.

Auch der Blick nach Osnabrück zeigt einen ganz ähnlichen Befund. Die ersten karolingischen Baumaßnahmen fanden im 8. Jahrhundert auf quasi unberührtem Boden statt. „Für eine vorkarolingische Besiedlung der beiden Niederterrasseninseln liegen bisher weder archäologische noch urkundliche Hinweise vor.“[7]

Auch wenn an diesen Orten künftig doch einmal einzelne Funde oder Befunde sicher

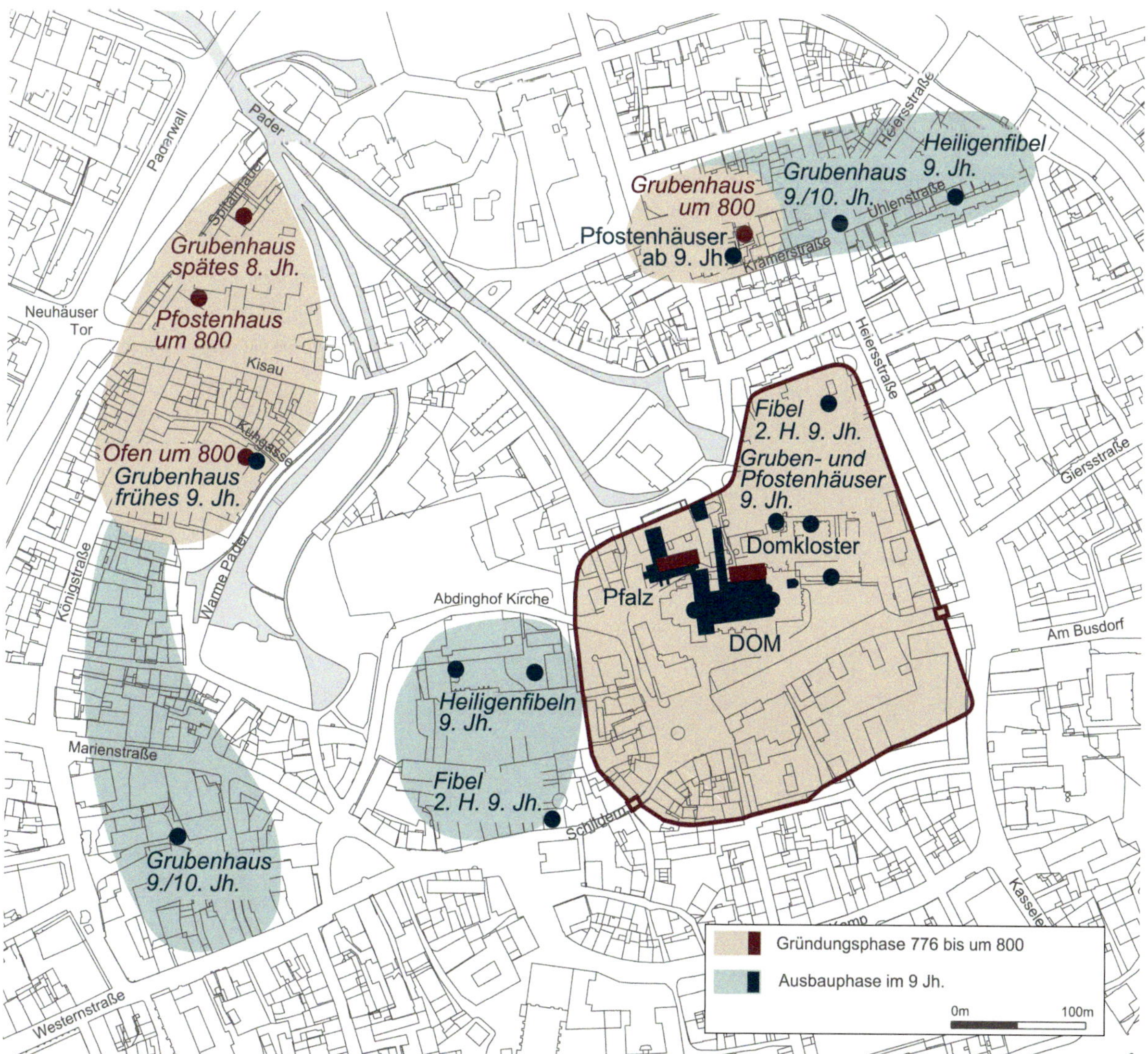

80 **Grabungen im Stadtbereich von Paderborn**

bestimmt werden sollten, die zu einer sächsischen Vorbesiedlung gehören, so ändert dies doch nichts an dem grundlegenden Befund: Die neuen karolingischen Zentren haben keine adäquaten Vorläufer. Die dort ausgeübten zentralen Funktionen hat es so in den sächsischen Strukturen nicht gegeben. Das einzige Siedlungsmuster, das aus vorkarolingischer Zeit in Westfalen bekannt ist, besteht aus Gruppierungen von Höfen. Die Anlage eines Hofes richtet sich jedoch vor allem nach der Qualität und Verfügbarkeit von gutem Boden und nicht nach der Verkehrslage und der Positionierung in Herrschaftsräumen.

Die karolingische Eroberung brachte somit als Erstes eine neue Vorstellung von Zentralität und Peripherie mit sich und gliederte damit in bisher nicht gekannter Weise das Land durch Pfalzen und Bischofssitze. Es ist bemerkenswert, dass Karl der Große schon zu einem frühen Zeitpunkt seiner Herrschaft im Jahr 776 den damals für dauerhaft gehaltenen Sieg über die Sachsen mit einem imperialen Akt besiegeln wollte, nämlich der Benennung des zentralen Ortes mit seinem Namen: Karlsburg.[8] Der Vergleich mit Konstantinopel oder Alexandria liegt auf der Hand. Zentralität wird somit als eine Folge von Herrschaftsstrukturen schon im Namen erkennbar.

Gleiches gilt für die Bischofssitze. Sie sind die unbestreitbaren Häupter in einer Gliederung karolingischer Ortschaften. Und hier haben wir wieder aus Paderborn ein erhellendes Zeugnis. In der am Ende des 9. Jahrhunderts entstandenen *Translatio S. Liborii*[9] betont der unbekannte Autor aus dem Klerus der Paderborner Domkirche, dass, da es in Sachsen keine *civitates* gebe, Orte ausgewählt werden müssten, die durch naturräumliche Qualitäten und lebhaften Verkehr ausgezeichnet seien. Der Autor hält also die Auswahl Paderborns für erklärungswürdig und beschreibt die Situation sehr deutlich: Es gebe keine Städte im antiken Sinne, der Ort sei nur durch seine natürliche Lage und eine günstige Verkehrslage gegenüber anderen landwirtschaftlich genutzten Regionen ausgezeichnet. Noch viel knapper bringt diesen Spagat zwischen Kirchenrecht und Realität der Geschichtsschreiber Poeta Saxo in der Mitte des 9. Jahrhunderts auf den Punkt: „Damals war da nur ein Dorf, nun erstrahlt der sehr berühmte Sitz der Bischofskirche."[10]

Unter dem Begriff der Zentralität sind die Maßnahmen zu fassen, die eine Landschaft in Orte unterschiedlicher Wertigkeit gliedern. Dabei ist festzustellen, dass von den in der Karolingerzeit herausgehobenen Orten jene mit besonderer kirchlicher Funktion die dauerhafteste Entwicklung genommen haben. Dazu zählen an erster Stelle die Bischofssitze. Als zweite kirchliche Einrichtung sind dann bereits die Klöster und Stifte zu nennen. Natürlich können und müssen diese Neugründungen differenziert betrachtet werden, und doch übten sie in der Regel eine besondere, auch zentralörtliche Funktion aus. Es ist auffällig und schon wiederholt festgestellt worden, dass im karolingischen Sachsen die Frauenstifte das Bild prägten.[11] Zu ihnen gehört mit Herford auch die älteste Klostergründung Westfalens. Und gerade an diesem Beispiel ist mit der folgenden Stadtentstehung die Zentren bildende Funktion von Klostergründungen gut zu fassen.[12]

Die nächste Ebene in der kirchlichen Gliederung ist die Pfarrkirche. Die Gründung einer Pfarrkirche ist in ihrer Wichtigkeit kaum zu überschätzen. Die Einrichtung der Pfarre stellt einen wesentlichen Entscheidungsfaktor dar, ob eine Hofgruppe sich zum Dorf entwickelt oder, was gerade in Regionen mit einer

81 Friedhof und Pfalzengebäude in Herford um 800

Siedlungsstruktur aus Einzelhöfen gilt, eine Bauernschaft bleibt. Insofern zeigt der Blick auf die von Gabriele Isenberg entwickelte Karte der Kirchen und Klöster in Westfalen im 9. Jahrhundert, wie engmaschig das Netz von Kirchen und Klöstern schon zu dieser Zeit geknüpft war (Abb. 79). Und trotzdem war es noch längst nicht so dicht, wie dann etwa seit dem späten 12. Jahrhundert. In der Karolingerzeit lagen viele Kirchorte auch in dichter besiedelten Regionen 15 bis 20 Kilometer und zum Teil noch deutlich weiter voneinander entfernt. Damit waren die Kirchenstandorte für eine weit auseinanderliegende Gemeinde zuständig. Diese Zuständigkeit ist archäologisch vor allem in den Friedhöfen fassbar. Die Zusammengehörigkeit von Friedhof und Kirche ist ein wesentlicher Faktor der Neuordnung in den eroberten Gebieten. Das alte, über Jahrhunderte tradierte Bild ist das Gräberfeld am Rand oder in deutlicher Entfernung von einer Siedlung oder Hofgruppe. Ein gutes Beispiel in Westfalen ist dafür das Gräberfeld von Wünnenberg-Fürstenberg, etwa 25 Kilometer vom Paderborner Dom entfernt,[13] das noch bis in die Mitte des 9. Jahrhunderts genutzt wurde. Diese Weiternutzung in der Karolingerzeit ist nicht häufig, aber immer wieder in westfälischen Gräberfeldern festzustellen.[14] Es ist ein offensichtlicher Verstoß gegen das bereits um 782 in der *Capitulatio de partibus Saxoniae* ausgesprochene Verbot der Bestattung bei den Ahnen und der Fortführung heidnischer Grabrituale. „Wir befehlen, dass die christlichen Sachsen in den Kirchhöfen und nicht auf den heidnischen Grabhügeln bestattet werden."[15] Es greift sicher zu kurz, wenn die Beispiele, welche die Nichtbefolgung dieser Anordnung belegen, verallgemeinert werden. Ganz im Gegenteil haben die Ausgrabungen an Kirchen des späten 8. Jahrhunderts in Westfalen in der Regel zum Nachweis eines sehr großen und sehr frühen Friedhofes geführt. Dies gilt für Paderborn ebenso wie für das Frauenstift Herford. In Paderborn hat sich direkt nach der Gründung der Kirche im Jahr 776 ein großer Friedhof auf der Süd- und

82–84 **Scheibenfibel, Fibel und Riemenbeschlag, aus der Befestigungsanlage auf dem Gaulskopf bei Warburg, 9. Jahrhundert. Paderborn, Museum der Kaiserpfalz – LWL-Archäologie für Westfalen**

Ostseite entwickelt, der zum großen Teil im Zusammenhang mit dem Bau der ersten Kirche unter dem heutigen Dom im Jahr 799 wieder geräumt worden ist.
In Herford erstrecken sich die 139 nachgewiesenen Bestattungen auch unter die etwas jüngeren Kirchenbauten des Herforder Münsters und der Wolderuskapelle (Abb. 81). Sie schließen vermutlich an einen hölzernen ersten Kirchenbau im Nordwesten des Friedhofes an. Eine Hochrechnung der nachgewiesenen Gräber auf die Gesamtfläche führt zu der Annahme von insgesamt circa 1500 Bestattungen in circa 30 Jahren.[16] Pro Jahr müssen also circa 50 Beerdigungen stattgefunden haben. So viele Tote sind wohl nicht für eine Bauernschaft anzunehmen, dahinter muss ein größeres „Einzugsgebiet" mit zwei- bis dreitausend Menschen gestanden haben.
Auch die Grabsitten zeigen den gravierenden Einschnitt, den die Eroberung und Christianisierung mit sich brachte: Alle Gräber waren beigabenlos, nur eine einzige Gürtelschnalle deutete auf eine Bestattung mit normaler Kleidung hin. Ansonsten erfolgte die Grablege im Baum- oder Brettersarg völlig schmucklos und sehr schlicht, vermutlich in einem Tuch.
Die Verbindung der Kirche mit den zentralen Lebensereignissen wie Taufe und Beerdigung, die Pflicht zur Teilnahme an den Sakramenten und zum regelmäßigen Kirchenbesuch ist als auslösender Faktor für Zentrumsbildung hoch zu werten. An diesen Orten der regelmäßigen Zusammenkunft konnten sich in sehr unterschiedlichen Graden auch Handel und Handwerk ausbilden.
Pfalzen, Bischofssitze und Pfarrkirchen sind als Initialzündung für die Entstehung von Zentren in einer Region, die, um mit den Worten der *Translatio S. Liborii* zu sprechen, solcher Stätten entbehrte, eindeutig zu bestimmen. Schwieriger wird es schon, wenn es um die Bedeutung von Adelssitzen und befestigten Anlagen geht. Diese haben in Westfalen kaum eine tatsächlich zentralisierende Wirkung entfaltet. Die am besten ergrabene Burganlage Westfalens, der Gaulskopf bei Warburg, liegt heute völlig unter Wald, weit und breit ist keine größere Siedlung entstanden. Und dies, obwohl dem Gaulskopf im 7. bis 9. Jahrhundert große Bedeutung zukam (Abb. 82–84).[17] Etwas anders liegt der Fall bei der auch für Karl den Großen sehr wichtigen Eresburg, dem heutigen Obermars-

berg im Diemeltal. An diesem gut geschützten Ort überwinterte Karl in den Sachsenkriegen mehrfach. Die Bedeutung des Ortes wurde noch im 8. Jahrhundert mit der Gründung einer Niederlassung der Benediktiner gefestigt, die später Corvey unterstellt worden ist. Dies dürfte auch der entscheidende Auslöser dafür gewesen sein, dass der Ort nicht wüst gefallen ist, sondern eine Entwicklung zur Stadt genommen hat. Es sind heute die frühen Kirchengründungen, die in einigen Fällen Rückschlüsse auf Kontinuitäten adeligen Besitzes über die Zeit der karolingischen Eroberung hinaus zulassen und die so als der eigentliche, Kontinuität und Zentralität stiftende Faktor erkennbar werden.[18]

Sakralität – „glücklicher ist nun Germanien"

Eine karolingische Landschaft wird von Orten besonderer Sakralität, also Kirchen, geprägt. Der Bruch zu einer heidnischen Religiosität könnte kaum größer sein, denn nach dem Zeugnis der christlichen Autoren ist die vorchristliche Religionsausübung mit Plätzen verbunden, die aufgrund naturräumlicher Gegebenheiten besonders ausgezeichnet sind. Dies können Quellen, Bäume oder Berghöhen sein. Die Zerstörung dieser Heiligtümer ist seit dem Fällen der Donareiche durch Bonifatius ein Leitmotiv christlicher Missionspraxis in karolingischer Zeit. Die Verdrängung der heidnischen Kultplätze gelang nahezu vollständig. Selbst der Standort des sächsischen Zentralheiligtums der Irminsul bleibt im Dunkeln – zu unklar ist die Überlieferung in den Reichsannalen des Jahres 777. Es scheint ein klare Missionsstrategie gewesen zu sein, die alten Sakralorte nicht durch Inbesitznahme und christliche Überhöhung neu nutzen zu wollen. Es gibt keine eindeutigen Belege für den Bau einer Kirche über einem alten Heiligtum, auch wenn das etwa im Falle der Eresburg (Obermarsberg) ebenso wie bei der Iburg (bei Bad Driburg) im Zusammenhang mit dem Standort der Irminsul überlegt worden ist.[19]

Die christliche Sakrallandschaft ist somit eine Neuentwicklung. Die Bischofskirchen sind dabei von Anfang an die herausgehobenen Zentren. Ihnen stehen schon bald die Damenstifte und die wenigen Männerklöster, vor allem Werden und Corvey, zur Seite.

Die Differenzierung unter diesen Einrichtungen setzte mit einem bemerkenswerten Vorgang ein: der Translation von Heiligenleibern (Abb. 85).[20] Unter dem Eindruck einer zunehmenden Verehrung der Gräber von Heiligen in der westlichen Christenheit entstand offensichtlich an vielen Orten der Wunsch, selber an dieser Entwicklung teilzuhaben. Sogar die gut mit verschiedenen Reliquien ausgestattete Kirche von Paderborn versuchte, in den Besitz eines eigenen „vollständigen" Heiligenleibes zu kommen, da dieser als unverwechselbarer Patron sowohl himmlisch als auch irdisch eine größere Aufmerksamkeit versprach als ein Heiliger, der zwar, wie etwa der heilige Kilian, mit einer größeren Reliquie anwesend war, aber doch in erster Linie für andere zuständig blieb.

Es ist ein besonderes Phänomen, dass es keine Verehrung von Personen gegeben hat, die in Sachsen während der Sachsenkriege den Märtyrertod gefunden haben. In den sächsisch-fränkischen Auseinandersetzungen müssen genügend Missionare, Geistliche und bewährte Laien den Märtyrertod gestorben sein, und trotzdem lebte an keinem Ort die Erinnerung daran fort. Was ist zum Beispiel mit den Toten, die 778 bei der Eroberung der Karlsburg (Paderborn) ihr Leben lassen muss-

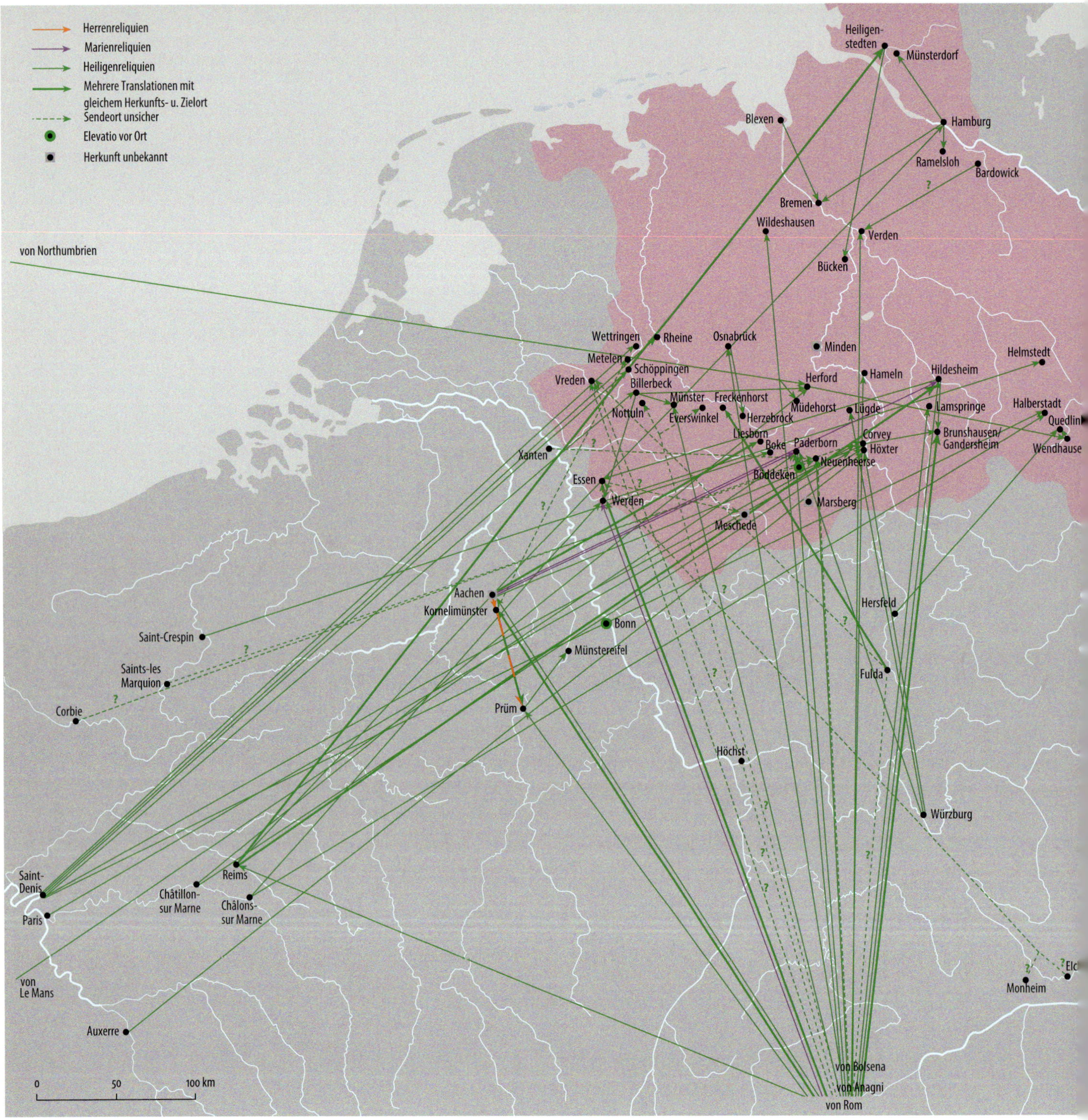

85 Reliquientranslationen nach Sachsen

ten? Hatte keiner von ihnen das Format zum Heiligen? Da boten sich dann schon eher die heiligmäßigen Gründerbischöfe wie Liudger und Willehad oder Stifter wie Meinolf von Böddeken an. In Sachsen konnte man zudem nicht, wie in den römischen Gebieten, auf ältere Heilige aus römischen Zeiten zurückgreifen, die, wie zum Beispiel die Friedhöfe in Köln, ein nahezu unerschöpfliches Reservoir geboten haben. Die neuen Dom- und Klosterkirchen waren also auf eine Zuführung von Reliquien von außen angewiesen und es fällt auf, dass nicht die nächstliegenden Orte als Reliquienspender auftraten, sondern neben Rom vor allem das westliche Frankenreich hier zu nennen ist. Es scheint geradezu eine

Strategie gewesen zu sein, mit unbescholtenen, importierten Heiligen eine neue Identität entwickeln zu wollen, anstatt mit Opfern der sächsisch-fränkischen Auseinandersetzung den Konflikt zu zementieren. Diese Strategie hatte Erfolg. Nicht nur einzelne Orte wie Paderborn (836 Liborius), Corvey (836 Vitus), Herford (860 Pusinna) oder Essen (864 Marsus) haben enorm von der Wirkung eines Heiligenleibes profitiert, wurde dies doch schon im hohen Mittelalter auf ganz Sachsen, ja auf „Germanien" übertragen. Dies drückt die erste Antiphon der Vesper zur Erhebung der Reliquien des heiligen Liborius sehr treffend aus: „Gallien, das den Heiligen hervorgebracht hat, preist Liborius, glücklicher ist nun Germanien, dem der Leib nun anvertraut ist."[21]

Sakralität weist als Merkmal karolingischer Herrschaft eine stark über die Entwicklung kultischer Zentren hinausgehende Bedeutung auf. Dieses Phänomen erfasste das gesamte Leben und brachte eine bisher nicht gekannte, strenge Gliederung der Jahres-, Wochen- und Tagesabläufe mit sich. Diese sakrale Strukturierung geschah in einer intensiven Durchdringung des Alltags. Sicher sind religiöse, jahreszeitliche Feste auch im vorchristlichen Sachsen bekannt gewesen, auch wenn wir erstaunlich wenig darüber wissen. Aber nun gliederte der christliche Festkalender das Jahr, und Speisegebote setzten in vorher nicht vorstellbarer Weise ihre Akzente mit Fasten- und Festzeiten. Die Woche wurde seitdem durch den Sonntag streng gegliedert, und selbst den normalen Tagesablauf prägte die Liturgie.

Schon bald wurde dies hörbar: Glockengeläut markierte im Umfeld der Kirchen den Beginn der Gottesdienste und rings um die Klöster begann mit dem Läuten zum Stundengebet die Gliederung des Tages. Die Glocken sind wohl das beste Symbol dieser Durchdringung des Alltags mit religiösen Ordnungsvorstellungen. Die Synode von Aachen legte 817 fest, dass jede Pfarrei mindestens zwei, jede Stiftskirche drei und jede Bischofskirche sechs Glocken haben müsse. Dass diese Vorschrift nicht einem Wunschdenken entsprungen ist, sondern Kirchenglocken tatsächlich schon im 9. Jahrhundert die Regel waren, zeigt der Ausgrabungsbefund in der Stiftskirche von Vreden. Bei einem Brand, der die Stiftskirche um 900 zerstörte, stürzten die Glocken hinab, und Teile von mindestens acht, möglicherweise jedoch von 15 Glocken konnten zwischen 1949 und 1951 ausgegraben werden. Die Kirche verfügte also über umfangreiches Geläut, die meisten Glocken hingen in einem Turm über der Vierung, einige über einem Dachreiter am Westende des Mittelschiffs.[22]

Repräsentativität – „von wunderbarer Größe"

Repräsentationsformen, die Status anzeigen, sind in jeder Gesellschaft vorhanden und auch in Sachsen vor Karl dem Großen nicht fremd gewesen. Und doch hat sich dieser Bereich mit der karolingischen Herrschaft in einer extremen Art und Weise gewandelt. War vorher Status durch Besitz und den Erwerb kostbarer Güter definiert, so kommen nun neue Formen zum Einsatz, die in Sachsen bisher unbekannt gewesen sind. Es geht um Bauten, die besonderen Architekturideen verpflichtet sind und die einen internationalen Austausch von Wissen und Werten voraussetzen.

An erster Stelle sind hier die Bauten des Königs zu nennen und ganz besonders die Pfalz Paderborn. Ihre Errichtung ist ein programmatischer Akt. Die Bennennung als „urbs Caroli" belegt dies eindrucksvoll.[23] Die aus Kirche und großer zweigeschossiger Königshalle bestehende Anlage ist das erste aus Stein errichtete Gebäude, das wir aus Sachsen kennen (Abb. 86). Damit wird klar, dass allein ein Gebäude aus Stein schon eine besondere repräsentative Wirkung hatte – waren doch die Kirchen, die noch im 8. Jahrhundert in Sachsen errichtet wurden, in der Regel nicht aus Holz, sondern aus Stein gebaut.

In der Paderborner Pfalzaula sind schon in den Bauphasen des 8. Jahrhunderts Fenster verglast worden.[24] Von der hohen Qualität der Ausstattung zeugen aber insbesondere die gefundenen Fragmente der Wandmalerei.[25] Die Malereien sind zu einem Teil der Kirche „von wunderbarer Größe" zuzuweisen,[26] die im Jahr 799 errichtet wurde. Dies betrifft insbesondere eine sehr qualitätvolle, aber leider sehr fragmentierte figürliche Malerei. Andere Fragmente, darunter Inschriften, sind in einem Trakt nördlich der Kirche und östlich der Pfalz ausgeführt worden, der möglicherweise zu einem Klausurbereich gehört haben könnte.[27] Nach Matthias Preißler ist es sehr wahrscheinlich, dass bereits in den ersten karolingischen Bauphasen hochwertige Wandmalerei vorhanden war. Dies gilt auch für die Inschriften.[28]

Der Blick auf die Motive lässt die lange Traditionslinie erkennen, in der die Malereien stehen. Dies belegt eine besonders komplexe Darstellung. Es handelt sich um ein Kreuz aus alternierenden roten und weißen Streifen, das mit einer Inschrift aus Großbuchstaben und einer Rankenmalerei kombiniert ist (Abb. 87). Direkte Vergleiche dieser Komposition finden sich im langobardischen Raum, so in Mailand aus dem 8. Jahrhundert oder im Kloster San Vincenzo al Volturno aus dem Jahr 823 (Abb. 88).[29] Auch für das Schachbrettmuster, das als Dekoration der unteren Wandpartien genutzt worden ist, finden sich gute Vergleiche im langobardischen Gebiet (Abb. 89). Andere Muster, wie beispielsweise

86 Rekonstruktion der Pfalz in Paderborn vor dem Jahr 799

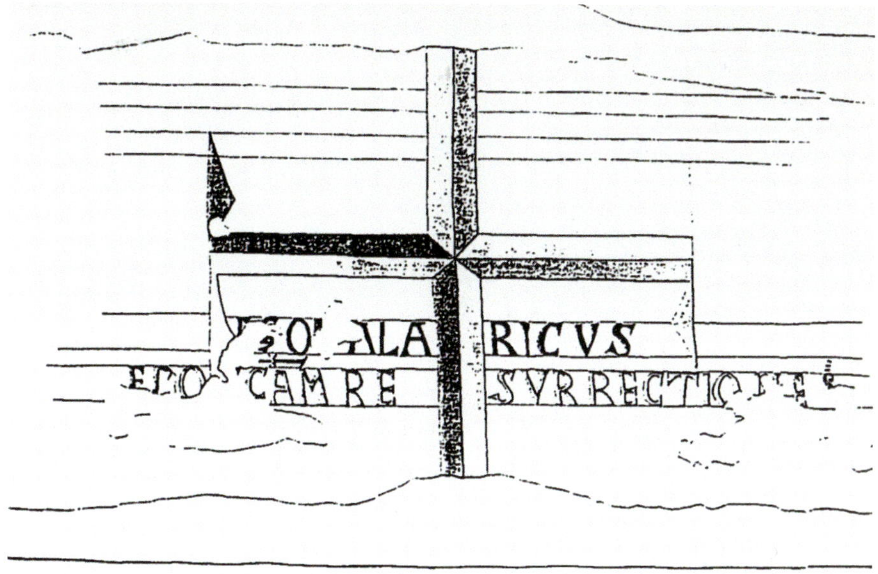

der achtzackige Stern, finden sich in vergleichbarer Qualität in der Klosterkirche St. Johann in Müstair.[30]

Am aussagekräftigsten ist von diesen Beispielen wohl das Kreuz mit Inschrift und Raute, das sich wiederholt in Gräbern in Mailand findet. Diese „Gebrauchsmalerei", die nur im Moment der Grablege sichtbar gewesen ist, deutet auf eine längere Tradition hin. Es ist nicht davon auszugehen, dass hier karolingische Impulse umgehend den Weg bis in das Grab gefunden haben. Es ist vielmehr naheliegend, dass der Aufschwung der karolingischen Kunst auch und ganz wesentlich von der Eroberung des Langobardenreiches profitiert hat. Karl der Große hatte mit seiner Krönung zum König der Langobarden den Zugriff auf die Hofhandwerker in Pavia und daher die direkte Anschauung einer ausgeformten, höfischen Kultur. Leider ist über den Palast in Pavia wenig bekannt, aber der Blick nach Salerno lässt eine differenzierte Palastarchitektur erkennen, die durchaus Vergleichbarkeiten mit den zweigeschossigen Hallen der Karolingerzeit aufweist. Die Wirkung der Hofkunst und der höfischen Architektur, die Karl und seine Berater in Norditalien erleben konnten, wird so wohl Auswirkungen bis ins nahezu zeitgleich neu eroberte Sachsen gehabt haben. Die bis in die Details spürbare Rückbindung an antike Architektur konnte vor allem wegen des mit der Herrschaft über das Langobardenreich verbundenen Zugriffs auf diese Traditionen so umfassend wirksam werden.

Die Auseinandersetzung mit architektonischen Konzepten ist im Paderborner Kirchenbau spürbar. Die erste Pfalzkirche war als Saalbau mit einem vermutlich zweigeschossigen Westbau ausgeführt. Hier liegt die Vermutung nahe, dass dieser im Obergeschoss als Empore genutzt worden ist. Die Architektur betonte damit die Funktion als Palastkapelle. Ganz anders ist der Neubau von 799 zu verstehen, der in den *Lorscher Annalen* als „ecclesia mira(e) magnitudinis" bezeichnet wird.[31] Errichtet wurde kurz vor der Jahrhundertwende eine dreischiffige Basilika mit drei Apsiden (Abb. 90), die sich an römischen Vorbildern orientierte. Die Bauaufgabe hatte sich von der Pfalzkapelle zur Bischofskirche

87 Rekonstruktion der fragmentierten Wandmalereien aus dem Pfalzbereich in Paderborn

88 Umzeichnung der Wandmalereien aus dem Grab des Talaricus (823) in San Vincenzo al Volturno

89 Wanddekoration in der Krypta in San Vincenzo al Volturno aus den Jahren um 820

gewandelt – die neue kirchliche Struktur Sachsens wurde somit baulich sichtbar. Gleichzeitig wird nicht nur Papst Leo III. bei seinem Paderbornaufenthalt 799 die Symbolsprache verstanden haben: Karl der Große errichtete wie einst Kaiser Konstantin prächtige Kirchen und zeigte sich damit als wahrer Schutzherr der Christenheit.

Der Steinbau ist aber schon in der Missions- und Eroberungszeit nicht auf die königlichen Stätten beschränkt gewesen. Ein besonderer Wechsel der Baumaterialien wird in der *Vita Waltgeri,* der Vita des Herforder Klostergründers, beschrieben.[32] Dort wird berichtet, dass für die zunächst in Müdehorst bei Bielefeld versuchte Gründung ein Steinbau errichtet worden ist. Ausgrabungen haben tatsächlich eine sehr frühe Steinkirche in Müdehorst freilegen können.[33] Dann erfolgte die Verlegung nach Herford und die Vita betont, dass hier eine Holzkirche gebaut worden ist. Die Ausgrabungen haben tatsächlich viele Indizien für eine erste Holzbauphase erbracht.

Der Steinbau ist auch für Waltger die erste Wahl gewesen, und der folgende Holzbau ist nur vor dem Hintergrund der Schwierigkeiten bei der Gründung zu verstehen. Vermutlich ist der Holzbau schon am Anfang des 9. Jahrhunderts durch eine erste steinerne Saalkirche unter der heutigen Münsterkirche ersetzt worden.

Eine weitere eindrucksvolle Verbindung von archäologischem Befund und historischer Überlieferung ist in Herzfeld an der Lippe festzustellen. In der um 980 im Kloster Werden entstandenen *Vita der heiligen Ida von Herzfeld* werden viele Bauinformationen gegeben.[34] So soll die erste, um 800 errichtete Kirche aus behauenem Stein errichtet worden sein. Tatsächlich haben die Ausgrabungen noch Teile des aus quaderförmig behauenen, sorgfältig in Kalkmörtel verlegten Travertinsteinen errichteten, aufgehenden Mauerwerks freilegen können.[35] Die Wände waren auf der Innenseite verputzt und bemalt. Interessant ist in diesem Zusammenhang die Erwähnung eines hölzernen Glockenstuhls auf dem Dach der Kirche. Ein besonderes Ausstattungsstück erwähnt der Vitenschreiber ebenfalls: den aus Marmor gefertigten

90 Rekonstruktion des Doms in Paderborn aus dem Jahr 799

91 Inschriftentafel vom Westwerk in Corvey bei Höxter. 9. Jahrhundert. Höxter-Corvey, Katholische Kirchengemeinde Sankt Stephanus und Vitus

Sarkophag der Ida. Noch heute wird ein solcher in Herzfeld verehrt. Dieser ist zwar nicht aus Marmor, aber der polierte, mit Muschelkalk aus dem Pariser Becken gefertigte Sarkophag hat eine ähnliche Wirkung. Der mit diesen historischen und archäologischen Informationen in seiner Ausgestaltung gesicherte Bau in Herzfeld ist ein guter Beleg für die Bauten, die der Adel im engsten Umkreis des Königs ausgeführt hat. Die Fränkin Ida und ihr sächsischer Gemahl Ekbert gehörten zu den führenden Adeligen in Sachsen. Ihre Kirche ist aus Stein gebaut und mit Wandmalereien und Glocken reich ausgestattet. Der Sarkophag belegt, dass die Ausstattung in der Qualität mit den Kerngebieten des Reiches standhalten sollte.

Transformation – „laß die Engel die Wächter Ihrer Mauern sein"

Die Eingliederung Sachsens in das Karolingerreich ist kein normaler Herrschaftswechsel gewesen, bei dem die Kontinuität überwogen hat. Sie bildete eine Zäsur, die weitreichende Folgen hatte. Karl der Große stieß eine Neuformierung an, die bis heute in vielen Strukturen prägend ist. Die Auswahl der Zentren, der Bischofssitze, Klöster und Pfarrkirchen formte die Siedlungsstruktur, die christliche Sakrallandschaft hat bis heute wirksame Traditionen geschaffen und die ergrabenen Zeugnisse der Repräsentationsarchitektur wirken auch heute „Imperial noch im Winzigen".[36] Den besten Eindruck noch stehender Architektur des 9. Jahrhunderts gewinnt man in Westfalen vor und im Westwerk von Corvey (Abb. 78). Der Blick auf die Fassade bleibt noch heute an der großen Inschriftenplatte hängen (Abb. 91), die an dieser Stelle bereits sekundär verbaut worden ist und wohl bereits zum ersten Kirchenbau der 20er-Jahre des 9. Jahrhunderts gehört hatte. Sie macht deutlich, dass die karolingische Neuformierung mehr als nur das sichtbare Sachsen zum Ziel hatte. Hier ging es um das große Ganze im Diesseits und im Jenseits: „Umhege o Herr diese Stadt und laß die Engel die Wächter Ihrer Mauern sein."[37]

ET SYRIAM SOBAL · ET CONVERTIT
IOAB · ET PERCVSSIT EDOM IN VAL
LE SALINARVM · XII MILIA ·

Militärische Gewaltkultur

Eine Problemskizze

Hans-Henning Kortüm

Der – zugegebenermaßen – ein wenig sperrig klingende Titel des vorliegenden Beitrages soll deutlich machen, was einerseits den Leser erwartet und was andererseits hier nicht oder nur am Rande behandelt werden kann. Bekanntlich war bereits Karls berühmter Biograf und Zeitgenosse Einhard auf die zahlreichen Kriege, die der Frankenherrscher während seiner Regentschaft geführt hatte, ausführlich zu sprechen gekommen,[1] wobei seinem Beispiel alle späteren Autoren bis heute folgen sollten.[2] Auch jüngste Überblicksdarstellungen, die sich mit dem mittelalterlichen Krieg im Allgemeinen beschäftigen, schenken dem fränkischen Heerwesen und Karls kriegerischen Aktivitäten im Besonderen ihre Aufmerksamkeit.[3] Gleiches lässt sich über die diversen einschlägigen Beiträge in den zahlreichen Katalog- und Sammelbänden sagen, die im Rahmen großer wissenschaftlicher Ausstellungen in den letzten Jahrzehnten publiziert wurden. Sie behandeln alle *in intenso* das „Heer-“ oder „Kriegswesen“ in karolingischer Zeit, wobei ein mehr oder weniger in sich stimmiges, einheitliches Bild fränkischer Kriegstüchtigkeit und Militärorganisation entsteht, die in und durch Karl ihren unbestrittenen Höhepunkt gefunden habe.[4] Es erschiene daher unsinnig, bereits überreich Vorhandenes an dieser Stelle erneut auszubreiten. Stattdessen wird ein anderer Weg eingeschlagen: So sollen militärische Gewaltpraktiken, wie sie in der Zeit Karls des Großen geübt wurden, als spezifische Manifestationen kultureller Gewaltpraktiken einer bestimmten Epoche verstanden werden. Diese Engführung von Gewalt, speziell von militärischer Gewalt, und von „Kultur“ charakterisiert die *New Military History*,[5] der es seit ihrer fachspezifischen Etablierung in den ausgehenden Neunzigerjahren des vergangenen Jahrhunderts den Sog der Postmoderne nutzend gelungen ist, sich aus den angeblich allzu eng gewordenen Fesseln einer traditionell verstandenen Militärgeschichte[6] zu lösen. Für den vorliegenden Beitrag bedeutet dies, dass fünf sowohl für eine kulturwissenschaftlich orientierte wie für eine traditionell sich verstehende Militärgeschichte grundlegende Fragen formuliert werden sollen. Deren Beantwortung scheint, ungeachtet aller bisher vorliegenden Beiträge zum karolingischen Militärwesen, bislang allenfalls in Ansätzen gelungen zu sein: Wer kämpft? Wie viele kämpfen? Womit wird gekämpft? Wie wird gekämpft? Warum wird gekämpft? Ehe aber diese Fragen intensiver diskutiert werden können, gilt es, noch einen kurzen Blick auf diejenigen Probleme zu werfen, die mit der Rekonstruktion historischer Kriegswirklichkeiten untrennbar verbunden sind.

Quellenprobleme bei der Rekonstruktion historischer Kriegswirklichkeiten

Es sollen in diesem Zusammenhang einige Umstände genannt werden, die es bei der Rekonstruktion von kriegerischer Realität besonders zu bedenken gilt, da sie diese entscheidend mitprägen. So muss daran erinnert werden, dass das Reden und das Schreiben über „Krieg“ in allen geschichtlichen Epochen von jeher besonderen Bedingungen ausge-

92 Fränkische Krieger im *Goldenen Psalter*, um 890. Sankt Gallen, Stiftsbibliothek

setzt gewesen ist.[7] Das hängt ganz wesentlich damit zusammen, dass mit „Krieg" immer etwas zutiefst Existenzielles verbunden ist: Es geht im Krieg immer und vor allem anderen um Töten und Sterben und damit um die Vernichtung dessen, was menschliches Leben im Vollsinn seiner Bedeutung konstituiert. Krieg bedeutet, so gesehen, die Vernichtung von Leben.[8] Man verzeihe an dieser Stelle diese Abschweifung ins Philosophische, doch ist sie notwendig, weil sie zur Erklärung beitragen kann, warum nun ausgerechnet Gewalt und Krieg immer wieder bevorzugter Gegenstand geschichtlicher Erinnerung und literarischer Darstellung sind. Schon die ältesten uns überlieferten Epen, *Gilgamesch* und *Ilias*, rücken Krieg und Gewalt in den Mittelpunkt ihres Erzählens; Gleiches wird man für das *Alte Testament* und die griechisch-lateinische Historiografie behaupten dürfen. Es überrascht daher kaum, dass auch für die karolingische Geschichtsschreibung kriegerische Gewalt das zentrale Thema bildet.[9] Dessen ungeachtet eignet sich Letztere nur sehr bedingt zur Rekonstruktion historischer Kriegswirklichkeit. Die Forschung ist bekanntlich, was die allgemeine politische Geschichte angeht, diesbezüglich sehr sensibel geworden und hat wiederholt die verschleiernden und verfälschenden Perspektiven einer parteiischen Hofhistoriografie nachgewiesen.[10] Gleiches und vielleicht in noch stärkerem Maße dürfte auch für den Krieg gelten, einem für das Selbstverständnis adliger Eliten von jeher zentralen Thema. Demgemäß trifft auch für die karolingische Geschichtsschreibung zu, was jenes berühmte, Bismarck zugeschriebene *bon mot* auf den Punkt gebracht hat: dass niemals so viel gelogen werde wie auf der Jagd und im Krieg. In diesem Zusammenhang sei nur daran erinnert, dass die sogenannte Reichsannalistik Karls größte Niederlage, die vollständige Vernichtung der fränkischen Nachhut im Tal zu Roncevalles im Jahr 778 durch baskische Krieger, geflissentlich verschwiegen hat.[11] Eine andere Möglichkeit, mit Kriegsniederlagen umzugehen, ist der Versuch, die Größe der erlittenen Niederlage zu relativieren oder sie durch Umdeutung zu „bewältigen". Spiegelbildlich dazu verhält sich der Sieger, der seine militärischen Erfolge dadurch steigert, dass er die Gefährlichkeit des „Feindes" und die Größe von dessen Ressourcen betont.[12] Das geschieht beispielsweise im Fall der von Karl initiierten Awarenkriege (788–803). Nach der überzeugenden Deutung von Walter Pohl, des derzeit wohl besten Kenners awarischer Geschichte, handelt es sich eben nicht, wie uns die offiziöse Geschichtsschreibung weismachen will, um einen grausamen und furchteinflößenden Gegner. Vielmehr vernichteten zahlenmäßig und technologisch-logistisch überlegene fränkische, sächsische, bayerische, friesische und thüringische Kriegerscharen das längst friedfertig gewordene Volk der Awaren, das vor allem Ackerbau und Viehzucht in dem von ihm besiedelten Gebiet des Donaubeckens nachging. Die awarischen Krieger vermochten den 791 beiderseits der Donau aufmarschierenden fränkischen Heeren, die noch dazu von einer auf dem Fluss kreuzenden Flottille unterstützt wurden, überhaupt nichts Entsprechendes entgegenzusetzen und waren daher bald hoffnungslos unterlegen.[13]

Eine realistische Beschreibung der Kampfkraft niedergerungener Gegner lag naturgemäß niemals in der Intention der karolingischen Quellen, hätte sie doch die eigene militärische Leistung geschmälert, die aber umso größer ausfallen musste, je furchteinflößender der Feind geschildert wurde.[14]

Im Übrigen folgt die karolingische Geschichtsschreibung auch dem üblichen Propagandamuster desjenigen, der einen Krieg vom Zaun brechen möchte: Schuld hat natürlich immer die jeweilige Gegenseite, in diesem Fall die Awaren, die „sich mit größter, geradezu unerträglicher Bösartigkeit" präsentiert habe und gegen die heilige Kirche und das christliche Volk vorgegangen sei.[15] Der Aggressor stilisiert sich damit bewusst als den unschuldig Überfallenen, der lediglich sein legitimes Recht auf Notwehr wahren und deshalb auch „ab 5.45 Uhr jetzt zurückschießen" müsse …
Für eine Verschleierung der Kriegswirklichkeit sorgt aber auch der spezifische Sprachduktus karolingischer Geschichtsschreibung. Die spezifische Wirklichkeit des Krieges scheint hinter den Allgemeinplätzen einer unkonkret bleibenden Phraseologie zu verschwinden. Es wird nur das Ergebnis militärischen Handelns vermeldet, nicht aber *in concreto* berichtet, wie es erzielt wurde: „Es wurde heftig und erbittert gekämpft", „Die Franken errangen den Sieg, weil Gott es so wollte, und töteten mehrere von den Sachsen", „Das Lager wurde aufgeschlagen", „Eine Stadt wurde belagert und schließlich erobert" etc.[16]
Aber auch die normativen Schriftquellen, auf die sich die einschlägige Spezialforschung besonders gerne beruft, bieten keinen Ausweg aus dem soeben skizzierten Dilemma. Einige wenige Kapitularien zeichnen ein in sich stimmiges Bild eines perfekt bewaffneten,[17] geschützten und mit allerlei Vorräten ausgestatteten fränkischen Idealkriegers. Doch handelt es sich bei diesen Erlassen Karls des Großen eben nur um normative, unter Umständen völlig unrealisierbare Planvorgaben, die zu einem bestimmten Zeitpunkt für eine bestimmte Region aus einem konkreten Anlass heraus aufgestellt worden waren, ohne dass wir zu sagen wüssten, ob und wie sie überhaupt umgesetzt wurden. Die Bestimmungen von Kapitularien sollten schon des-

93 Fränkische Krieger im *Stuttgarter Psalter*, Saint-Germain-des-Prés, 1. Hälfte des 9. Jahrhunderts. Stuttgart, Württembergische Landesbibliothek

94 **Phantasievoller Rekonstruktionsversuch eines fränkischen Kavalleristen in David Nicolles *Carolingian Cavalryman*, 2005**

halb nicht überstrapaziert werden, weil von den vielen Hundert überlieferten Verwaltungserlassen Karls des Großen sich nur ein Bruchteil überhaupt mit „Kriegs- und Militärwesen“ im engeren Sinne befasst und sie allesamt in den Zeitraum zwischen 802 und 811 fallen.[18]

Aber auch die nicht schriftlichen Quellen bieten nur bedingt einen Ausweg aus dem Quellendilemma. So hätte man sich von archäologischen Quellen noch am ehesten Hilfe erwartet, um unsere (vierte) zentrale Frage, also die Frage nach der Ausrüstung (Womit wurde gekämpft?), zu beantworten. Doch archäologische Funde sind für diese Zeit nicht nur äußerst selten und auf einzelne, manchmal geografisch eher peripher gelegene Regionen verteilt, sondern auch die archäologisch-historische Bewertung der in Gräbern aufgefundenen Waffen und Helme fällt ganz unterschiedlich aus. Mal werden die Funde als wenig aussagekräftige, weil nie im realen Kampf eingesetzte Statussymbole, mal als reale, im tatsächlichen Kampf geführte Waffen eingestuft.[19]

Ähnlich uneinheitlich und damit für eine eindeutige historische Bewertung ausgesprochen komplex stellt sich die Lage im Bereich der bildlichen Quellen dar. So erreicht im 9. Jahrhundert die karolingische Buchmalerei mit dem in Sankt Gallen entstandenen *Goldenen Psalter* (*Psalterium Aureum*) (Abb. 92) und dem sogenannten *Stuttgarter Psalter* (Abb. 93) (vermutlich aus Saint-Germain) unbestritten ihren künstlerischen Höhepunkt.[20] Doch inwieweit beide Kodizes in ihren Illustrationen tatsächlich karolingische Kriegsrealität abbilden und nicht etwa ihrerseits den aus der Spätantike stammenden Bildprogrammen verpflichtet sind, die von ihnen nur repetiert und allenfalls durch Aufnahme einiger zeitgenössischer Realien variiert werden, ist unter den Fachleuten heftig umstritten und kann deshalb auch hier nicht entschieden werden.[21]

Popularisierende historische Darstellungen haben sich von solchen Quellenproblemen gleichwohl nicht abschrecken lassen und rekonstruieren unverdrossen und mit großem Publikumserfolg beispielsweise den *Carolingian Cavalryman*, dessen Physiognomie unverkennbar das Männlichkeitsideal des postmodernen Illustrators erkennen lässt (Abb. 94), das in den Sechzigerjahren des vergangenen Jahrhunderts *en vogue* war und idealtypisch vom *James Bond*-Darsteller Sean Connery repräsentiert wurde.[22] In dasselbe Schema gerückt wird auch der fränkische Markgraf Roland (Abb. 95), dem in der Schlacht von Roncevalles 778 von einem durch struppige Haar- und Barttracht unschwer als „Wilden“ markierten Basken erfolgreich der Garaus gemacht wird.[23]

Wer kämpfte?

Die Antworten der bisherigen Forschung fallen jeweils höchst unterschiedlich aus, wobei sich drei Grundtendenzen feststellen lassen. Die „klassische“ Meinung betont die hohe Bedeutung der sogenannten Freien (*liberi [homines]*) für die karolingischen Aufgebote.[24] Sie geht von einer grundsätzlichen „Wehrpflicht“ aller Freien aus und stützt sich bei ihrer Argumentation insbesondere auf einschlägige Kapitularien Karls des Großen. Der Frankenherrscher hatte bekanntlich durch seine Erlasse versucht, die wirtschaftlichen und sozialen Auswirkungen abzufedern, die dem Freien aus der strikten Pflicht erwuchsen, dem Heerbann Folge zu leisten. Die durch die Teilnahme an einer *expeditio* entstehenden Kosten für Ausrüstung, Verpflegung und eine unter Umständen längere

Abwesenheit von der „Heimat" sollten nicht von dem einzelnen Freien, sondern von einem sogenannten Gestellungsverband mehrerer Freier getragen werden, der sich die Kosten zu teilen hatte, die mit der Aussendung eines einzelnen Freien in das Feld verbunden waren.[25]

Eine zweite Forschungsmeinung betont demgegenüber die entscheidende Bedeutung „ranghoher Eliteeinheiten der Vasallen"[26] beziehungsweise der „armed followers" der „magnates"[27]. Die hier sich abzeichnende Relativierung der Freien als einer militärisch bedeutsamen Kategorie speist sich unübersehbar auch aus der Skepsis gegenüber einem sozialgeschichtlichen Gesellschaftsmodell, wie es vor allem die ältere, von liberalen Vorstellungen des 19. Jahrhunderts geprägte Verfassungsgeschichte vertreten hatte. Diese hatte ihr „Freien"-Konzept, das heißt die untrennbare Verbindung von „Wehrpflicht" und politischer Freiheit, auch in frühere Epochen, ja bisweilen sogar bis in die „germanische" Urzeit zurückverlegt. Vor allem aber das Argument militärischer Effizienz wird von den Skeptikern und Kritikern dieses Modells angeführt. Sie möchten auch für die karolingische Zeit schon von einem „Kriegs-Handwerk" ausgehen. Das heißt, nach ihrer Meinung sei der kriegerische Erfolg entscheidend von der militärischen Qualität, konkret vom Grad erreichter militärischer Professionalisierung der Krieger, abhängig gewesen, mithin sei auch den karolingischen Freien als typischen „part-time warriors" keine entscheidende Bedeutung zugekommen.

Die dritte Forschungsmeinung verschärft das Argument militärischer Professionalisierung und damit verbundener Effizienz noch weiter und betont dementsprechend die Bedeutung stehender Truppen, auf die der karolingische

95 Populärer Rekonstruktionsversuch des fränkischen Markgrafen Roland in der Schlacht von Roncevalles im Jahr 778 in David Nicolles *Carolingian Cavalryman*, 2005

Herrscher habe zurückgreifen können.[28] Diese tauchen in den karolingischen Quellen unter dem Namen *scarae* beziehungsweise *milites expediti* auf. Es handelte sich um hochmobile Interventionskräfte („rapid response force"),[29] gut gerüstet und trainiert, vom Herrscher finanziert und jederzeit abrufbar,[30] mithin um eine frühe Formation von Kriegern, für welche die englische Forschung den Begriff der *household troops* geprägt hat. Die Vorteile dieser zahlenmäßig sicher verhältnismäßig kleinen Kriegerscharen hätten für den karolingischen und auch für die Herrscher späterer Zeiten nicht nur in ihrer Professionalität bestanden, sondern darüber hinaus in ihrer hohen Loyalität, weil sie vom Herrscher „bezahlt" wurden, und last, but not least in dem Umstand, dass über ihren Einsatz der Herrscher allein entscheiden konnte. Demgegenüber befand sich ein karolingischer König immer in einer Verhandlungsposition, wenn er auf die „armed followers" der „magnates" zurückgreifen wollte. Wenig überraschend war der Konsens der Großen abhängig von den Erfolgsaussichten ihres potenziellen militärischen Engagements. Wie die fehlende Beteiligung an so manchen militärischen Unternehmungen Karls des Großen nahelegt, verhielten sie sich durchaus risikoavers. Ein Musterbeispiel hierfür bilden die Kampagnen in Sachsen, die im Gegensatz zu denen gegen Bayern, Italien und die Awaren keine profitablen waren.[31]

Exkurs: Der Mythos vom „karolingischen Panzerreiter". Dieser Mythos erfreut sich bis heute in deutschen Darstellungen ungebrochener Beliebtheit. Dies gilt sowohl für breit angelegte Publikumsausstellungen wie für stärker fachwissenschaftlich orientierte Darstellungen. Mythen pflegen – und das ist eine ihrer vielen unangenehmen Eigenschaften – äußerst zählebig zu sein. Leider bildet auch der „karolingische Panzerreiter" diesbezüglich keine Ausnahme, da er noch immer durch die Kapitel vieler einschlägiger, namentlich deutscher Bücher und Aufsätze galoppiert. Erklären ließe sich das mit der traditionell besonders starken Affinität vieler Deutscher zum modernen „Panzer". Die großen militärischen Anfangserfolge, die deutsche Truppen mit dieser Waffengattung im Zweiten Weltkrieg erzielen konnten, der nach wie vor nicht nur in Deutschland lebendige „Rommel-Mythos" und der teilweise ungebrochene Stolz auf einen Exportschlager der bundesrepublikanischen Waffenindustrie, den heutigen Kampfpanzer Leo(pard), bilden den assoziativen Hintergrund für den immer wieder bemühten karolingischen Panzerreitermythos.

Dem deutschen Mediävisten und Militarhistoriker Matthias Springer gebührt aber das Verdienst, den karolingischen Panzerreiter entscheidend abgerüstet zu haben. Folgt man seiner überzeugenden Argumentation, dann handelt es sich eben nicht um Kettenhemden tragende und durch eiserne oder stählerne Rüstungen geschützte Krieger zu Pferde, was sich allenfalls ein hochadliges Spitzenpersonal hätte leisten können. Vielmehr hätten sich die meisten karolingischen Krieger mit einem aus unterschiedlichen Materialien wie Filz, Stoff oder Leder gefertigten „Panzer" beholfen, um sich damit vor den Angriffen ihrer Gegner zu schützen.[32] So gesehen, handelte es sich bei den angeblichen karolingischen Panzerreitern in Wahrheit um „Leder- und Filzstoff-Reiter".

Wie viele kämpften?

Unterschiedlicher könnten die in der Forschung vertretenen Meinungen kaum ausfallen: Die „Maximalisten"[33] gehen von hohen Aufgebotsgrößen von über zehntausend Krie-

96 **Spatha (sogenanntes Ulfberth-Schwert), fränkisch, 1. Hälfte des 9. Jahrhunderts. Nürnberg, Germanisches Nationalmuseum**

97 **Spatha, Bayern, 8./9. Jahrhundert. Nürnberg, Germanisches Nationalmuseum**

gern aus, während die „Minimalisten"[34] mit vergleichsweise bescheidenen Aufgebotsgrößen von einigen Hundert bis maximal drei- oder viertausend Kriegern rechnen. Letztere können mit einiger Plausibilität logistische Gründe anführen,[35] die einer erfolgreichen Konzentration großer Kriegermassen, deren ausreichender Verpflegung und erfolgreicher Führung in damaliger Zeit im Wege stehen mussten, selbst wenn vor dem Hintergrund eines intakten engmaschig geknüpften fränkischen Grafschaftsnetzes die Mobilisierung Zehntausender Krieger theoretisch als möglich erscheint.[36] Und vor allem galt schon damals die Erkenntnis, dass nicht allein die Größe über den militärischen Erfolg entscheidet: „Und damit kommen wir zum dritten und wichtigsten Faktor, der die deutschen Kriege der älteren Zeit im Osten um ihren Erfolg gebracht hat: dem Hunger [...]. War der Deutsche glücklich bis mitten ins Feindesland vorgestoßen, musste er sich fragen, wie er nun wieder nach Hause kommen wollte [...]. Die Verpflegungsschwierigkeiten im Osten waren bis zum 12. Jahrhundert so groß, daß es als Ausnahme gelten muß, wenn ein großes deutsches Heer damit fertig geworden ist. Im Osten läßt sich geradezu der paradoxe Satz aufstellen: Je kleiner das Heer, umso größer die Aussicht auf Erfolg. Der mit einem riesigen Apparat aufgezogene große Awarenfeldzug Karls von 791 blieb ohne entscheidenden Erfolg. Erst die kleineren Unternehmungen Erichs und Pippins haben das Awarenreich endgültig vernichtet."[37]

Womit wurde gekämpft?

Sichere Aussagen auf diesem Gebiet zu treffen, erscheint als ein Ding der Unmöglichkeit. Vielmehr gilt: Alles ist unsicher. Dies betrifft insbesondere die Art der Ausrüstung. Von deren Einheitlichkeit wird man schwerlich ausgehen dürften. Und nur wirklich reiche Krieger konnten sich eine aufwendigere Ausrüstung, zumal aus Metall, überhaupt leisten.[38] Insbesondere über eine effektive Schutzkleidung aus Metall, einen Helm oder einen aus Metall gefertigten sogenannten Schuppenpanzer dürften die allerwenigsten Kämpfer damals verfügt haben.[39] Dick mit Leder und Filzstoff ausstaffierte Kleidung ist wohl vor allem als Material verwendet worden, um den Krieger vor Verletzungen zu schützen.[40] Ein sogenannter Buckelschild, aus Holz gefertigt und mit Leder überzogen, in dessen Mitte ein spitz auslaufender Kegel (der sogenannte Buckel) angebracht war,[41] und ein langes, zweischneidiges Schwert (Spatha) (Abb. 96 und 97), dessen Typologie die Facharchäologie mittlerweile ganze Bücher gewidmet hat,[42] bildeten vermutlich die Ausstattung eines präsumptiven karolingischen Normalkriegers, wenn es einen solchen denn je gegeben hat. Aufgrund schriftlicher und bildlicher Quellen ist überdies der Gebrauch eines Bogens durch Fuß- und Reiterkrieger als wahrscheinlich anzunehmen.[43] Vor allem dürften die eingesetzten Kriegerscharen durch die jeweiligen kriegerischen Traditionen ihrer Heimat geprägt gewesen sein, zumal ein karolingisches Heer sich aus regional-landschaftlichen Aufgeboten konstituierte. Ausrüstung und Waffen gehören schon immer zu den sogenannten ethnischen Markern und es erscheint daher kaum vorstellbar, dass es zu einer waffentechnischen Normierung der eingesetzten Krieger gekommen ist. Im Übrigen ist für die Wirklichkeit des Krieges in karolingischer Zeit wenig gewonnen, wenn man eine Waffe kategoriell verorten und beschreiben kann. Denn dann ist häufig immer noch nicht die Frage beantwortet, wie diese Waffen im Kampf tatsächlich geführt wurden. Wie unsicher diesbezüglich die facharchäologische Forschung ist, soll hier am Beispiel einer, wenn nicht *der* typischen Waffe der Karolingerzeit, der sogenannten Flügellanze (Abb. 98),[44] aufgezeigt werden. Zahlreiche archäologische Funde aus karolingischer Zeit bestätigen den Eindruck, den auch die karolingische Buchmalerei eindrücklich vermittelt (Abb. 99). Lanzen mit einer eisernen Spitze, die am Übergang zwischen hölzernem Schaft und der Spitze eine kurze eiserne Querstange aufwiesen, gehörten offensichtlich zu den damals beliebtesten Waffen. In der deutschen Forschung hat sich der Terminus „Flügellanze" eingebürgert.[45] Wie und von wem, dem Reiterkrieger und/oder dem Fußkämpfer, sie verwendet wurde, darüber gibt es allenfalls Spekulationen, wie die beiden folgenden, in sich nicht ganz widerspruchsfreien Zitate nahelegen, die von ein und demselben Autor, jedoch im Abstand von 21 Jahren, formuliert worden sind. Zitat 1: „Sie [die Flügellanzen scl.] waren im Nahkampf für Stich und Stoß, vielleicht auch zum Wurf auf kurze Distanz geeignet und konnten bei beidhändiger Führung zum Fechten und Parieren verwendet werden [...]. Sie dürften daher sowohl im Angriff wie in der Verteidigung als ‚Allround'-Waffe von Fußkämpfern und Reitern benutzt worden sein [...]. Die nachgewiesenen Waffentypen lassen sich zu sinnvollen Kombinationen verknüpfen, doch lässt sich mit dem Fundmaterial keine klare Trennung zwischen reiner Reiter- bzw. Fußkämpferbewaffnung durchführen."[46] Zitat 2: „Zu den schweren Lanzen gehören auch die Flügellanzen [...]. Sie dienten als Schlaglanzen und standen der Infanterie als Sonderwaffe zur Verfügung."[47] Ebenfalls große Unsicherheit herrscht in der Forschung über die Funktion der sogenannten Flügel, das heißt der oben erwähnten Querstange: So hat man „die blutrünstige Erklärung, daß [...] die Flügel als Aufhalter das zu tiefe Eindringen der Lanze in den feindlichen Körper, wohl zumeist das gegnerische Pferd, verhindern sollten", als „nur teilweise" befriedigend verworfen und stattdessen deren Deutung als christliches Symbol, also als ein kriegerisch zu interpretierendes Kreuzeszeichen, ins Spiel gebracht.[48] Ein weiterer Interpretationsvorschlag stammt von dem englischen Mediävisten Guy Halsall, der argumen-

98 Flügellanzenspitze, fränkisch, 2. Hälfte des 8. Jahrhunderts. Münster, Westfälisches Museum für Archäologie

99 **Reiter mit Flügellanze im *Stuttgarter Psalter*, Saint-Germain-des-Prés, 1. Hälfte des 9. Jahrhunderts. Stuttgart, Württembergische Landesbibliothek**

tiert, dass die Flügel, die teilweise mit Intarsien versehen waren, entweder eine Dekorationsform gewesen seien oder zum Auffangen der Klingen des Feindes gedient hätten.[49]

Wie wurde gekämpft?

Es ist davon auszugehen, dass die oben vermutete ethnische Markierung der Krieger durch die Art ihrer Bewaffnung auch ihre jeweilige Kampfesweise bestimmt hat. Es gab also wohl keine typische karolingische Art des Kampfes. Vielmehr wurde und wird naturgemäß in asymmetrischen Kriegen der Kampf von den jeweiligen Parteien in unterschiedlicher Weise ausgetragen. Die fränkischen Besatzer sahen sich beispielsweise in ihrem „Dreiunddreißigjährigen Krieg" mit den Sachsen wiederholt mit typischen Formen des „kleinen Krieges", also des Guerillakampfes, konfrontiert, auf die sie ihrerseits mit den aus der allgemeinen Kriegsgeschichte wohl bekannten Formen einer „Counter Guerrilla" reagierten: verwüsten, verbrennen, verschleppen, vergewaltigen. Das ist alles schon oft beschrieben worden und soll deshalb auch hier nicht erneut dargestellt werden.[50] Stattdessen sollen hier einige Mythen der mittelalterlichen Kampfesweise, die auch für die Karolingerzeit immer wieder gerne bemüht werden, hinterfragt werden. So ist beispielsweise davon auszugehen, dass sich das militärische Führungspersonal der Karolinger in aller Regel eben nicht unmittelbar in das Kampfesgeschehen verwickeln ließ und eine Face-to-Face-Situation eher vermieden hat. Karl der Große und die vielen Karolinger vor und nach ihm ließen vernünftigerweise meistens andere für sich kämpfen, wie generell die meisten mittelalterlichen „Oberkommandierenden". Beispielsweise fiel der Leiter des zweiten, so erfolgreichen Awarenfeldzuges von 798, Markgraf Erich von Friaul, einem Attentat zum Opfer,[51] starb also nicht den Heldentod im Felde, wie überhaupt fast alle Karolinger ganz friedlich in ihrem Bett gestorben oder allenfalls bei einer Jagdpartie ums Leben gekommen sind.[52]

Diese offensichtliche Risikoscheu sollte nicht als Zeichen fehlender Tapferkeit gewertet werden, sondern stellt den militärischen Führungspersonen vielmehr ein gutes Zeugnis aus, was ihre Einsichtsfähigkeit in die Notwendigkeiten erfolgreichen militärischen Handelns betrifft. Vielleicht darf man hier auch einen Einfluss von Vegetius annehmen, dem für das gesamte Mittelalter bedeutendsten (spät-)antiken Militärtheoretiker.[53] Bekanntlich hat der *praeceptor Germaniae*, der Abt von Fulda und spätere Mainzer Erzbischof Hrabanus Maurus, der zwar eine Generation jünger als Karl der Große war, den Kaiser aber vielleicht noch persönlich während eines Hofaufenthaltes kennengelernt haben könnte, sich intensiv mit dem Werk *De re militari* des Vegetius auseinandergesetzt und dieses auch einer Aktualisierung für die eigene, von Vater-Söhne-Konflikten und Bruderkriegen geprägte Gegenwart unterzogen.[54] Den Mittelpunkt der Vegetianischen Lehre bildete die Aussage, dass der Sieg in der Schlacht und der Erfolg im Krieg planbar waren. Neben einer intensiven Ausbildung der Rekruten forderte Vegetius die Beachtung strategischer und taktischer Komponenten und plädierte nachdrücklich für eine Erschöpfungsstrategie (die sogenannte Vegetianische Strategie).[55] Für das Verhalten in der von ihm nicht empfohlenen, weil prinzipiell als viel zu riskant eingeschätzten Schlacht empfahl Vegetius die strikte Einhaltung der *disciplina* durch die Soldaten während des gesamten Kampfgeschehens. Unkoordinierte Aktionen einzelner Krieger oder einzelner Teilverbände sollten, weil allzu riskant, auf alle Fälle unterbleiben. Der Feldherr sollte die Schlacht von einer sicheren Position aus leiten, nicht aber persönlich in das Kampfgeschehen eingreifen.[56] Eine der größten Niederlagen, die die Franken gegen die Sachsen erlitten haben, ist die bekannte Schlacht am Süntel (Weserbergland), die im Jahre 782 stattfand und fast alle auf dem Schlachtfeld anwesenden Franken das Leben kostete. Noch verheerender als die unerträglich hohen Verluste bewertete eine zeitgenössische Quelle den Umstand, dass auch alle fränkischen Feldherren und Anführer, die beiden Boten (*missi*) Adalgisi und Geilo und darüber hinaus noch vier Grafen und bis zu 20 Personen aus dem Hochadel ihr Leben auf dem Schlachtfeld gelassen hatten.[57] Im Unterschied zu den offiziösen *Reichsannalen*, die nicht davor zurückscheuen, die erlittene Niederlage noch in einen Sieg umzuschreiben,[58] analysieren die sogenannten *Einhardsannalen* die Ursachen der fränkischen Niederlage ungleich genauer. Ihnen zufolge war die Niederlage vorprogrammiert, widersprach der vorgetragene Angriff allen Lehren, wie Vegetius sie vertreten hatte: Ihr fataler Ehrgeiz verleitet die oben genannten fränkischen Anführer dazu, allein anzugreifen, das heißt, ohne auf die ebenfalls anrückenden Krieger des Grafen Theoderich, eines Verwandten von Karl dem Großen, zu warten. Der zweite Fehler der Franken, in den Augen von Vegetius ein kapitaler, ein unverzeihlicher Fehler, bestand darin, den Angriff auf die Sachsen in Form einer Kavallerieattacke zu starten, „als wollten sie bereits Fliehende verfolgen und Beute machen".[59] Der spätantike Militärtheoretiker sah es als unerlässlich an, die genaue militärische Situation zu erkunden, bevor man den Gegner attackierte.[60] Umgekehrt erwarteten die Sachsen ihre Gegner in wohlgeordneter Schlachtreihe (*in acie stabant*), das heißt, sie kämpften zu Fuß, und damit passierte das, was von der mittelalterlichen Kriegsgeschichte immer wieder überliefert wird: Die diszipliniert agierenden Fußkämpfer erweisen sich den angreifenden Reiterkriegern fast immer als überlegen – die Infanterie besiegt die Kavallerie.[61] Die Schlacht am Süntel legt nahe, dass den karolingischen „Panzerreitern", wie bereits angedeutet, nicht jene schlachtentscheidende Bedeutung zugekommen ist, wie der Mythos fälschlicherweise vermuten lässt. Damit soll nicht gesagt werden, dass Reiterkrieger militärisch wertlos gewesen seien, aber ihre Bedeutung bestand darin, weite Entfernungen schnell überwinden zu können, den geschlagenen und fliehenden Feind effektiv verfolgen, töten und Beute machen zu können. Aber ihre Siege auf dem Schlachtfeld haben die Franken in der nach Meinung zeitgenössischer Quellen für sie typischen Art und Weise erfochten, die auch schon Vegetius nachdrücklich empfohlen hatte: zu Fuß in der geordneten Schlachtreihe (*conserta Francorum acie*) und diszipliniert kämpfend, nicht aber durch ungestüm vorgetragene Kavallerieattacken von Panzerreitern.[62] Für die aufwendige Belagerung und Eroberung gut befestigter Städte[63] war die Kavallerie schon gar nicht geeignet. Im Übrigen sei darauf hingewiesen, dass die karolingischen Kämpfer in fränkischer Tradition zumeist als brave Infanteristen zu Fuß fochten.[64] Auch wenn die zeitgenössische Buchmalerei nahelegt, dass zumindest in spätkarolingischer Zeit einzelne Reiterkrieger über einen Steigbügel verfügten,[65] so gibt es keine Hinweise darauf, dass man schon in karolingischer Zeit, wie dann seit dem Hochmittelalter üblich, mit sogenannter eingelegter Lanze in dichter Formation im Galopp angegriffen hätte.

Warum wurde gekämpft?

Der englische Mediävist Timothy Reuter hat in einem kanonisch gewordenen Artikel die beiden wichtigsten Gründe genannt, welche die karolingischen Herrscher und die mit ihnen verbündeten Großen veranlasst haben, immer wieder in den Krieg zu ziehen. Die hohe Gewaltrendite in Form von „tribute“ und „plunder“ sei es gewesen, die Kriege zu einem alltäglichen Phänomen hätten werden lassen.[66] Die Überzeugungskraft dieses Arguments liegt nicht zuletzt darin begründet, dass es erklären kann, warum in der Zeit nach 800 die expansiv-kriegerische Phase Karls des Großen zu Ende ging. Es war zu einer gewissen Saturierung gekommen und neue vielversprechende Ziele gab es keine mehr, oder anders formuliert: Das Risiko stand in keinem rechten Verhältnis mehr zu einer erzielbaren Rendite. Karl der Große und die mit ihm verbündeten Großen verhielten sich also sehr rational, wenn sie darauf verzichteten, im Südwesten über die Spanische Mark hinaus die fränkische Einflusszone auszudehnen. Gleiches wird man über den Norden (Dänische Mark), den Osten und den Süden (langobardische Fürstentümer in Süditalien) sagen können.[67] Ein solches Investment, eine erfolgreiche, auf Dauer gestellte fränkische Dominanz in diesen Räumen, war nicht nur äußerst ressourcenintensiv und daher auch kaum zu leisten. Vor allem war es aber zunächst einmal mit dem höchsten denkbaren Risiko, dem potenziellen Verlust des eigenen Lebens verbunden, das bei den dafür erforderlichen Kriegszügen gegen gefährliche und/oder unbekannte Gegner auftrat.

Die Erringung symbolischen Kapitals – Stichwort Ehre – wird man ebenfalls als Beweggrund für Kriegszüge der Karolinger und speziell auch Karls des Großen annehmen können. Am Anfang seiner Regierungszeit, vor allem aber nach dem überraschenden Tod seines Bruders Karlmann, stand Karl sicherlich unter erhöhtem Erfolgszwang. Im Krieg erworbene, also genuin militärische Ehre diente der Befestigung der eigenen Macht und konnte ihm auch eine bislang noch nicht oder noch nicht ausreichend vorhandene Autorität bei den Anhängern seines verstorbenen Bruders verschaffen. Nachdem Karl durch erfolgreiche Kriegszüge in genügend großem

Umfang symbolisches Kapital erworben hatte, konnte er es sich leisten, auch auf anderem als auf militärischem Wege Ehre zu erwerben. Er hatte aber durch seine militärischen Erfolge gezeigt, dass er dazu prinzipiell in der Lage war. Doch der zu Beginn vorhandene normative Zwang entschärfte sich für Karl den Großen im Laufe der Zeit zunehmend. Den ersten Awarenfeldzug 791 hatte er noch selbst angeführt, zu Ende gebracht wurde er erst vier Jahre später, 795, in einem zweiten, kleineren Feldzug, den er selbst gar nicht mehr persönlich leitete. Karl der Große konnte es sich auch leisten, den Schlussakt der Eroberung der langobardischen Hauptstadt Pavia im Jahr 778 seinen Untergebenen zu überlassen.

Ferner ist bei der Beantwortung der Frage, warum man kämpfte, daran zu erinnern, dass einfache Krieger gar keine Option besaßen, „den Dienst mit der Waffe" zu verweigern. Das professionelle Kriegertum, die oben schon erwähnten *scarae*, die *milites expediti* des karolingischen Hofes, aber auch viele Krieger der Großen wurden für das Kämpfen „bezahlt" – Krieg war ihre Form des Broterwerbs.

Schließlich ist auch an einen Umstand zu denken, der ebenfalls eine Rolle gespielt haben dürfte: Krieg kann auch Spaß machen, vorausgesetzt, man ist haushoch überlegen und kann seinen Gegner ordentlich „verdreschen".[68] Zumindest die hochmittelalterlichen *Chansons de geste* versuchen diesen Eindruck zu vermitteln.[69] Aber auch die berühmten Preußenreisen, zu denen sich der gesamte europäische Hochadel auf Einladung der Deutschordensmeister im 14. Jahrhundert aufmachte, haben laut Ausweis der einschlägigen Quellen den Rittern ausgesprochen Spaß gemacht, solange die armen Pruzzen und Litauer nicht in der Lage waren, sich adäquat zu wehren.[70] Warum sollte nicht auch schon für Karl den Großen und die Seinen gegolten haben, was dann seit dem 10. Jahrhundert auch für so manchen „deutschen" Kriegszug in den „Osten" gegolten hat: „Die ideale deutsche Waffe im Sumpf- und Seenland des Nordostens waren kleine, durch nichts beschwerte Reiterscharen, die im Winter über die Eisflächen der zugefrorenen Seen und Sümpfe dahinbrausten. Solche Wendenzüge des 10. und 11. Jahrhunderts waren gewissermaßen die Vorläufer der frisch-fröhlichen Preußen- und Litauerfahrten im Spätmittelalter, die als eine Art Wintersport für die sonst hinter dem Ofen einrostende Herrenwelt des deutschen Nordens und Ostens gedacht waren."[71]

Geldgeschichten

Handel zwischen islamischem und karolingischem Reich

Lutz Ilisch

Am 28. Mai des Jahres 1830 wurde bei der Anlage einer Uferbefestigung am Bodensee für die Straße von Steckborn nach Bermatingen im Kanton Thurgau ein ungewöhnlicher Münzschatzfund aufgedeckt: 30 Silbermünzen, davon drei Pfennige Karls des Großen (Abb. 101), der Rest arabische Silbermünzen (Dirhams) (Abb. 102).[1] Regional erregte der Fund im nachfolgenden Jahrzehnt genügend Aufmerksamkeit, sodass er – obwohl zunächst in viele Hände zerstreut – später fast vollständig rekonstruiert werden konnte.[2] Die arabischen Münzen kamen ohne Ausnahme aus dem westlichen Nordafrika, überwiegend aus Kairouan (heute Tunesien), aus den Jahren 785 bis 799 (nach dem christlichen Kalender, aus den Jahren 169 bis 183 nach dem muslimischen Kalender). Die Karlspfennige, die alle nach 793 geprägt wurden, kamen aus dem italienischen Pavia und Mailand sowie aus Melle (heute Frankreich). Schlüssel für die Funddatierung sind vier arabische Dirhams aus den Jahren 799/800, die alle die Namensprägung des Gouverneurs der Provinz Ifrīqiya tragen (Abb. 64, S. 93). Muḥammad al-ʿAkkī hatte 796 das schwierige Amt des Gouverneurs vom Kalifen Hārūn ar-Rašīd übertragen bekommen, wurde allerdings bereits 799 von Ibrāhīm ibn al-Aġlab, dem Begründer der Aghlabiden-Dynastie, abgelöst.

War es ein Zufall, dass der Fundort am Bodensee auf der anzunehmenden Rückreiseroute jener Gesandtschaft an den Kalifen lag, die im Jahr 797 unter Landfried und Sigismund und mit Isaak, den man sicher als Kaufmann ansprechen kann, wie unten gezeigt werden soll, nach Bagdad aufgebrochen war? Die Gesandtschaft war auf der Hinreise durch Ifrīqiya gezogen und wurde auf der Rückreise – inzwischen waren Landfried und Sigismund verstorben – von Ibrāhīm ibn al-Aġlab, dem neuen Gouverneur der Provinz Ifrīqiya, empfangen.[3] Ein Zusammenhang zwischen dem Steckborner Fund und der Gesandtschaft muss nicht zwangsläufig im diplomatischen Verkehr, sondern kann auch im Kontext von Handelsbeziehungen gesucht werden, die ebenfalls ursächlich für die Anknüpfung der diplomatischen Beziehungen waren. Ein weiterer Fundort nordafrikanischer Münzen wirft eben diese Fragen nach einem Zusammenhang zwischen der Gesandtschaft von 797 bis 801 und dem Handel zwischen Kalifat und Karolingern auf. Es handelt sich um ein halbes Dutzend meist zerbrochene, arabische Kupfermünzen, die 2010 von ehrenamtlichen Bodendenkmalpflegern in Reric gefunden wurden, dem frühmittelalterlichen Handelsort bei Groß Strömkendorf. Reric wurde als Handelsort von den Wikingern und Normannen im Gebiet der Abodriten östlich der Wismarer Bucht besiedelt. Die Abodriten waren ein westslawischer Stammesverband, der sich im 8. Jahrhundert in Mecklenburg und Holstein bildete. Durch ihre Allianz gegen die Sachsen waren die Abodriten in den Herrschaftsverband des Karlsreiches geraten.

Von den ungewöhnlichen Fundstücken stammt das jüngste aus der Gouverneurszeit Muḥammad al-ʿAkkīs, aus der Zeit zwischen 797 und 799. Vier Münzen sind aus der Amtszeit seines Vorgängers aus den Jahren

101 **Karlspfennig aus dem Steckborner Münzfund am Bodensee, 771–814. Frauenfeld, Museum für Archäologie**

100 **Goldfund aus dem norwegischen Hon, darunter auch abbasidische Dinare aus der 2. Hälfte des 8. Jahrhunderts. Oslo, Historisches Museum**

793/794 und ein älteres Stück stammt von der Iberischen Halbinsel. Diese Kupferstücke sind entscheidende Indizien für das Bestehen von Handelskontakten zwischen Muḥammad al-ʿAkkī als Gouverneur und den Karolingern im Jahr 799 oder unmittelbar zuvor.[4] Anhand der arabischen Überlieferungen lässt sich zeigen, dass der Handel mit Waffen, Metallen und im Gegenzug vermutlich auch mit Sklaven ein Anliegen der Gesandtschaft war. Deutlich wird auch, dass diesem heiklen diplomatischen Kalkül letztlich der Machtverlust Muḥammad al-ʿAkkīs zuzuschreiben ist.

Fernbeziehungen des Kalifats und der Fundniederschlag an Münzen

Das Kalifat der Abbasiden erlebte im letzten Viertel des 8. Jahrhunderts eine gewaltige Expansion des Fernhandels in alle Richtungen. Aus der Sicht Bagdader Autoren des 9. Jahrhunderts waren Luxusgüter aus Indien und Ostasien, Sklaven und Edelsteine aus Zentralasien eindrucksvoller und vielleicht auch quantitativ bedeutender als Importe aus Europa. Eine Herausforderung für die Rekonstruktion der Handelsbeziehungen sind zum einen die wenigen Überlieferungen, zum anderen die Heterogenität der Quellen. Die Schriftquellen beachten den Handel häufig nur am Rande; archäologische Zeugnisse fehlen weitgehend, da Handelswaren wie Wolle, Menschen und Eisen in der Regel wenig messbare Spuren hinterlassen haben. Der Historiker Michael McCormick hat gezeigt, wie anhand von Personenbewegungen statistisch verwertbare Größenordnungen zu gewinnen sind. Als besonderen Beifang dieser Personenbewegungen rekonstruierte McCormick den Reliquienhandel, seine Richtungen und Zeitstellung.[5] Münzfunde spielen in solchen Zusammenhängen eine im genauen Wortsinn zunehmende Rolle, da ständige Neufunde ihre Aussagefähigkeit und ihr Gewicht verändern.[6] Die nachfolgenden Ausführungen sollen den Beitrag numismatischer Quellen zur Geschichte der wirtschaftlichen und damit auch indirekt diplomatischen Beziehungen auf der Basis einer möglichst umfassenden Sichtung alter wie neuer Funde aus der Zeit um 800 (Abb. 103) klären.

Es ist nicht ganz selbstverständlich, dass Handelsbeziehungen zu einem Fundniederschlag an Münzen führen. Im Idealfall transportiert der Handel in jede Richtung Waren, nicht Geld. Nur unter Bedingungen unterschiedlicher Bewertung des Geldes, zum Beispiel einer abweichenden Gold-Silber-Relation zwischen Ausgangsregion und Ziel, wird gemünztes Geld selber zur Ware und dann oft in großen Mengen transportiert, was dann wieder zum Ausgleich des Bewertungsunterschieds führt. Wenn Geld Handelsware ersetzt, so bedeutet das nicht, dass die importierten Münzen direkt in Schatzfunden der Empfängerregion nachweisbar werden. Die Bewertung der Münze hängt von münzpolitischen Entscheidungen ab, die den Umlauf regulierten. Münzschatzfunde spiegeln in der Regel die von ihren Besitzern verborgenen und nicht wieder geborgenen Sparvermögen einer Zeit mit allen denkbaren Selektionsprozessen

102 **Drei arabische Silbermünzen aus dem Steckborner Münzfund am Bodensee, 796–799. Frauenfeld, Museum für Archäologie**

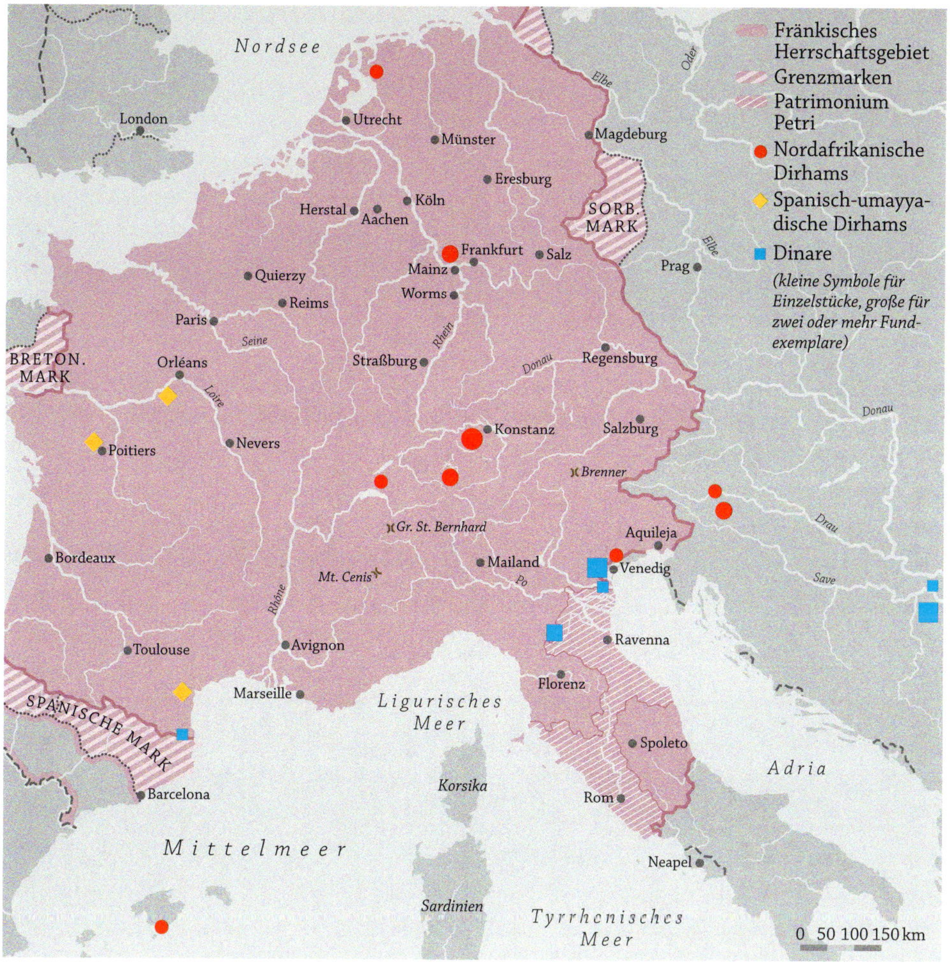

103 Fundorte arabischer Münzen im Karolingerreich

wider. Daneben sind Münzen bis nach 800 auch als Grabbeigaben noch relativ häufig festzustellen, und zwar keineswegs nur Einzelstücke. Daneben gibt es Funde, die nicht auf intendiertes Verbergen oder Vergraben hinweisen, sondern auf einem unbeabsichtigten Verlust beruhen. Die Sichtung der Münzschatzfunde aus der Karolingerzeit ergibt hinsichtlich der Fundumstände, dass diese im Normalfall keine Münzen aus dem Kalifat Hārūn ar-Rašīds enthalten. Die Ausnahme sind vier Schatzfunde, die als Flussbettfunde aus dem Reno bei Bologna, vom Bodenseeufer bei Steckborn, aus dem Rhein bei Wiesbaden-Biebrich und aus der Loire bei Ancenis geborgen wurden.[7]

Diese Flussbettfunde gingen offensichtlich nicht infolge von absichtlicher Verbergung verloren, sondern infolge von Unglücken auf dem Wasser. Sie sind unter den karolingischen Münzfunden relativ zahlreich. Der Numismatiker Hans Hermann Völckers listete in seiner Untersuchung karolingischer Münzfunde von 1965 drei Einzelfunde frühkarolingischer Pfennige aus Flüssen auf, doch kannte er nur drei der vorgenannten Schatzfunde sowie einen vom Rheinufer bei Worms-Ibersheim, der offenbar keine arabischen Anteile enthielt.[8] Schon McCormick hat aufgrund der Fundverbreitung vermutet, dass sich die arabischen Silbermünzen entlang der wichtigsten Handelsstraßen im Karlsreich ausbreiteten, wogegen sie jenseits dieser Straßen offenbar in karolingische Pfennige umgemünzt wurden.[9] Die Funde dienen als Nachweis eines massenhaften Transports auf den wichtigsten Fernhandelsstraßen, ohne dass die Dirhams in den karolingischen Münzumlauf hätten Eingang finden können. Anders mag dies beim Gold ausgesehen haben, wie es noch zu diskutieren sein wird. Wichtig ist, dass anhand der Funde auf Personenbewegungen geschlossen werden kann. Denn Münzen können infolge kleiner Bewertungsunterschiede durch die Vielzahl einzelner Transaktionen des Münzumlaufs auch ohne Fernbeziehungen ihre Umlaufge-

104 **Solidus Karls des Großen, Ingelheim, nach 814 (?). Mainz, Generaldirektion Kulturelles Erbe Rheinland-Pfalz, Landesarchäologie Mainz**

biete verlagern. Beschränkt sich der Nachweis solcher Dirhams aber auf die Handelsstraßen, so bezeugen sie nur den Handel, nicht aber den Umlauf.

Arabisches Gold im Karolingerreich

Die karolingische Münzpolitik war genauso wie die des islamischen Maghreb auf einer Präferenz des Silbers aufgebaut. Unter Karl dem Großen wurden zwar nach der Eroberung des langobardischen Königreichs 775 weiterhin goldene Münzen (Solidi und Trienten) als regionale Währung geprägt, doch scheint es keinen ernsthaften Versuch gegeben zu haben, eine einheitliche Goldmünzprägung für das Gesamtreich zu etablieren. Die wenigen erhaltenen Goldpfennige sind Einzelstücke, die wahrscheinlich auf speziellen Gebrauch im höfischen Bereich beschränkt waren, wie das spektakuläre Fundstück aus der Ingelheimer Pfalz nahelegt (Abb. 104). Die Abbasiden stellten ihre Goldmünzen (Dinare) mit einem Gewicht von 4,25 Gramm her. Die Münzen führten dabei den byzantinischen, allerdings leichteren Solidus fort. Sie trugen außer islamischen Glaubensgrundsätzen nur Jahresdaten, keine Münzstättenangaben. Ein Bild der Verbreitung und Bedeutung arabischer Goldmünzen im Karolingerreich lässt sich aus drei Quellengruppen gewinnen. Am wohl wichtigsten sind die urkundlichen und literarischen Erwähnungen der als *solidi mancusi* bezeichneten arabischen Dinare. Die schriftlich gestalteten (Silber-)Dirhams wie (Gold-)Dinare wurden seit der Münzreform ʿAbd al-Maliks im Jahr 696 in den Münzstätten des Kalifats geprägt, wobei sich die Goldprägung weitgehend in der Hauptstadt, das heißt zunächst in Damaskus und ab 763 in Bagdad, konzentrierte.

Der Dinar des Kalifats wurde zunächst ohne Namensnennung geprägt. Erst mit dem Regierungsantritt Hārūn ar-Rašīds im Jahr 786 wurden sie mit den Gouverneursnamen versehen. Das aus dem Arabischen entlehnte Wort *mancusus* lässt sich im Frankenreich überwiegend für Gold gebrauchen, das zuerst in das nördliche Adriagebiet importiert wurde – offenbar früher als islamische Silbermünzen –, um sich von hier aus über den päpstlichen Einflussbereich, im Frankenreich und in England zu verbreiten.[10] McCormick konnte aus einer arabischen Quelle der Zeit um 800 zur Stadt Rom auf einen dort bestehenden Geldwechslermarkt hinweisen.[11]

Neben den Schriftquellen spielt die Fundverbreitung arabischer Dinare eine etwas eingeschränkte Rolle, da die Verlässlichkeit der Fundüberlieferung beim Gold deutlich geringer ist als bei Silberfunden. Der Handel des unter byzantinischem Einfluss stehenden Venedig spielte dabei eine wesentliche Rolle, wie es auch mehrfach das Nebeneinander von arabischen und byzantinischen Goldmünzen in den Funden belegt. Jedoch müssen ebenso die karolingisch beherrschten Städte wie Treviso, Aquileia, Grado und Triest als Ausgangspunkte eines nach Norden gerichteten Handels, nicht nur zum bayerischen Herzogtum, sondern auch in Richtung Ostsee, auf der sogenannten Bernsteinstraße, in Betracht gezogen werden. Anhand der Fundmünzen lässt sich für die islamischen Gebiete in puncto Handel mit Gold festhalten, dass die Iberische Halbinsel und der gesamte Maghreb ausgeschlossen werden können, Ägypten hingegen hatte bis in die Zeit Hārūn ar-Rašīds eine reine Goldwährung und begann erst danach Silber, zu benutzen. Palästina und der gesamte syrische Raum hatten durch das ganze 8. Jahrhundert ein Nebeneinander von

Gold und Silber. Der heutige Irak war traditionell eine Silberregion, in die das Gold um die Mitte des 8. Jahrhunderts vordrang, während der weitere Osten durch das 8. Jahrhundert hinweg seine Silberwährung behielt. Durch die Prägung der Gouverneursnamen lässt sich die Herkunft der Münzen und die Ausgangsregion des Handels bestimmen. So kamen die Dinare des Schatzfundes aus dem norwegischen Hon (Abb. 100), die vermutlich in Friesland umgelaufen waren, und die Dinare aus dem Fund im Reno bei Bologna zum großen Teil aus Ägypten.[12] Die dritte Quellengruppe, die von wesentlicher Bedeutung für die Untersuchung des Handels zwischen Kalifat und Karolingern ist, beinhaltet Imitationen abbasidischer Dinare, die in gutem Gold im angelsächsischen Königreich Mercia (Abb. 60, S. 88), in deutlich schlechterem Gold im Osten des Karolingerreichs nachgeahmt wurden.[13] Die technisch perfekte Ausführung der Mehrzahl der gegenwärtig etwa 30 bekannten Exemplare übertrifft selbst die Sorgfalt der Bagdader Münzstätte, was für eine offizielle karolingische Münzstätte spricht. Eine brauchbare Aussage machen diese *solidi mancusi* nur hinsichtlich der Datierungen der kopierten abbasidischen Vorbilder, die als *terminus post quem* ihrer Herstellung dienen können. Die Münzen stammen hauptsächlich aus den Jahren zwischen 769 und 776, schwerpunktmäßig aus den Jahren 773/774. Das Fehlen von nachgeahmten Vorbildern aus der Zeit Hārūn ar-Rašīds deutet darauf hin, dass die Hauptimportphase der Dinare um das Jahr 775 einsetzte, das heißt mit der karolingischen Herrschaftsübernahme im Langobardenreich, und ein Jahrzehnt nicht nennenswert überschritt.

Die als karolingisch zu bezeichnenden Imitationen sind nicht nur vielfach untergewichtig, sondern auch im Feingehalt deutlich abgesenkt, was schon an ihrer helleren Farbe erkennbar ist. Es bleibt unklar, ob dies der Versuch war, eine starre Wertrelation von goldenen *mancusi* zu silbernen Denaren bei sinkendem Silberwert im Verhältnis zum Gold aufrechtzuerhalten, oder die Absicht, islamische Münzen zu verdrängen. Auf die Dauer dürften derartige Nachahmungen jedenfalls zu einer Diskreditierung des Umlaufs der arabischen Dinare geführt haben, wie auch letztlich zum Verschwimmen der Grenzen zwischen autorisierter und gefälschter Münzprägung.

Arabisches Silber im Karolingerreich

Die als Dirham bezeichnete Silbermünze im abbasidischen Kalifat wog um 800 bei hohem Silbergehalt 2,97 Gramm und lag damit unter dem Doppelgewicht des karolingischen Pfennigs, der seit der vor 794 durchgeführten Münzreform mit rund 1,69 Gramm Silbergewicht anzusetzen war. Neben den religiösen Aufschriften war auf den Dirhams stets Prägeort und -jahr gesetzt. Die ursprüngliche Anonymität der Silbermünzen wurde weitgehend aufgegeben. Je nach Zuordnung der Münzstätte wurden entweder der/die Gouverneur(e) oder der Kalifenname genannt. Die Einzel- und Schatzfunde verdeutlichen, dass ein Import von arabischen Dirhams in das Gebiet der Karolinger völlig unabhängig von den Goldmünzen erfolgte, sowohl die Zeitstellung als auch das Ausgangsgebiet betreffend. Die Ausgangsregion dieses Handels lag im Maghreb, und er begann erst, als Golddinare bereits in der Umgebung der nördlichen Adria etabliert waren. Wahrscheinlich lag der Grund des Dirhamexports in einer Verringerung des Silberpreises in Nordafrika infolge der Silberausbeute beziehungsweise im neuen, goldspurenfreien Silber im Kalifat al-Mahdīs. Exportiert wurde das Maghrebsilber demnach aus dem Osten des Kalifats.[14] Der Dirhamumlauf im Maghreb war aufgrund der ständigen Exporte recht homogen und umfasste nur Münzen aus regionaler Prägung weniger Jahrzehnte. Im Osten waren dagegen um 800 Silbermünzen aus dem 7. und 8. Jahrhundert im Umlauf. Unter den Fundstücken aus dem Karolingerreich dominierten zunächst Dirhams aus der Münzstätte al 'Abbāsīyah, die vermutlich mit Tubna (heute Algerien) zu identifizieren ist. Nach 786 war zunächst die Bergwerksmünzstätte Todgha (heute Marokko) Ausgangspunkt des Exports. Muḥammad al-'Akkī machte Kairouan zum zentralen Ausgangspunkt des Silberexports, was sich mittels der Schatzfunde aus Steckborn sowie aus dem nahöstlichen Raum belegen lässt. Der Islamwissenschaftler Stefan Heidemann hat versucht, den Export nordafrikanischen Silbers in den Osten mit geringerem Silbergehalt als eine Verdrängung von unterbewertetem, gutem Geld durch überbewertetes, schlechtes Geld (*Gresham's law*) zu erklären. Dabei berief er sich auf oberflächliche Röntgenfluoreszenzmessungen. Häufige Messwerte um 80 Prozent Silber lagen jedoch nur an oberflächiger Anreicherung durch Quecksilber, während der Kern aus ebenso gutem Silber wie die östlichen Prägungen bestand. Diese, auch im Osten um 800 gern angewandte Praxis diente dazu, die neuerdings zu wiegenden und nicht mehr zu zählenden Silbermünzen betrügerisch durch anhaftendes Blei schwerer zu machen. Wie an anderer Stelle noch zu zeigen sein wird, konnte diese von der islamischen Rechtsgelehrsamkeit verurteilte Praxis durch Glühen der Silbermünzen unwirksam gemacht werden. Es ist nicht anzunehmen, dass diese im Osten des Kalifats gängigen Manipulationen einen Einfluss auf den Silberexport von Nordafrika in das Karolingerreich gehabt haben. Der Export der nordafrikanischen Dirhams in den Osten endet schlagartig gegen 804.[15] Im Karolingerreich endet die Nachweisbarkeit von Silber aus Ifrīqiya bereits mit dem Herrschaftswechsel von Muḥammad al-'Akkī zu Ibrāhīm ibn al-Aġlab beziehungsweise mit dessen Gesandtschaft an Karl den Großen im Jahr 801. Die wenigen jüngeren nordafrikanischen Dirhams, die in Norditalien gefunden worden sind,[16] kommen wieder aus Marokko, nicht aus Tunesien. Grund dafür war, trotz der beeindruckenden Geschenke Ibrāhīm ibn al-Aġlabs an Karl den Großen, ein dramatischer Politikwechsel in den Folgejahren, der einen Wandel von friedlichen, jedoch politisch unkorrekten Handelskontakten hin zu einträglicheren Plünderungsfahrten markierte.

Der eingangs bereits angedeutete Zusammenhang zwischen dem Aufstand in Kairouan gegen Muḥammad al-'Akkī und der Gesandtschaft Landfrieds, Sigismunds und Isaaks ist in der karolingischen Geschichtsforschung ein neuer Gesichtspunkt. In den arabischen Berichten zu diesem Aufstand wird Karl der Große nur als Tyrann (*tâghîya*) bezeichnet.[17] Der Begriff *tâghîya* wird von östlichen arabischen Autoren überwiegend in Bezug auf byzantinische Kaiser benutzt. Begriff und Bedeutung waren also Teil der arabischen Lexikografie. Doch findet man ihn auch für tyrannische Umayyaden verwendet und im Westen für christliche Feinde islamischer Gemeinschaften allgemein. Die Berichte besagen, dass Muḥammad al-'Akkī in diplomatischen Beziehungen zum *tâghîya* – zu Karl dem Großen – stand. Als dieser ihn zur Zeit der Landfried-Gesandtschaft im Jahr 797

105 **Fibel aus einem Themsefund in London und spanisch-umayyadisches Münzvorbild. Tübingen, Eberhard Karls Universität, Forschungsstelle für islamische Numismatik**

aufforderte, ihm Eisen, Kupfer und Waffen zu schicken, kam Karl diesem Ansinnen nach. Aus Protest gegen die Waffenexportpolitik kam es unter der Führung Tammām ibn Tamīm at-Tamīmīs zu einem Aufstand der Kairouaner gegen Muḥammad al-ʿAkkī. In der frühesten Version dieses Berichts, die gut hundert Jahre nach den Ereignissen verfasst wurde, heißt es, dass es anstelle von Kupfer, Eisen und Waffen um eine Jungfrau als Lautenschlägerin oder Sängerin (*jârîya dâriba mughannîya*) gegangen sein könnte.[18] Diese Variante ist insofern wichtig, als der Terminus *jârîya* ein gängiger Euphemismus im Arabischen für den Begriff der Sklavin ist – kurz gesagt, hier zeigt sich, dass Waffengeschäfte und Sklavenlieferungen zwischen Muḥammad al-ʿAkkī und Karl dem Großen verhandelt wurden, oder dass zumindest angenommen wurde, dies sei Gegenstand der Verhandlungen gewesen. Waffenlieferungen an das Karolingerreich mussten angesichts der zu diesem Zeitpunkt schon begonnenen Belagerung von Barcelona durch Ludwig von Aquitanien aus der Sicht der Aufständischen in Kairouan katastrophal erscheinen. Vor diesem Hintergrund durchaus dramatischer Ereignisse im Maghreb erscheint ein Politikwechsel, der dann auch die Beziehungen zu den Karolingern verändern konnte, über den dynastischen Wechsel hinaus möglich. Allerdings kann als Alternative der Ausfall von Silberexporten aus Ifrīqiya ebenso wohlfeil im Ersatz durch Waffenexporte bei fortgesetzt guten Beziehungen seine Erklärung finden.
Anders als im silberexportierenden Maghreb blieben spanische Dirhams im Emirat von Córdoba länger im Umlauf, sodass mit dem Export älterer Münzen zu rechnen ist, wenn diese im Karolingerreich gefunden werden.

Nach der karolingischen Eroberung von Barcelona wurden während der ersten Hälfte des 9. Jahrhunderts die mittelmeerischen Seehandelsverbindungen nach Nordafrika weitgehend durch den Landweg ersetzt. Silber wurde zu Land und Wasser über den Ostseeraum im Austausch für Sklaven, Pelze und Bernstein gehandelt. Das dokumentiert nicht nur die kleine Zahl Dirhams von der Iberischen Halbinsel aus älterer Zeit, sondern auch ein Dutzend spanischer Dirhams aus dem 9. Jahrhundert, die im heutigen Mecklenburg-Vorpommern und in Dänemark nachgewiesen werden konnten.[19] Das deutet auf die Existenz direkter westeuropäischer Handelsverbindungen zwischen der Iberischen Halbinsel und der slawischen beziehungsweise wikingischen Welt als Alternative zu der bald nach 800 zusammengebrochenen oder zumindest nicht mehr Silber transportierenden Ostroute. Der Seehandel lässt sich mittels der an der Südküste Englands und an der friesischen (heute niederländischen) Küste gefundenen Dirhams belegen.[20] Dazu kommen Münzfibeln des 9. Jahrhunderts aus einer Blei-Zinn-Legierung, von denen eine Gruppe in der Londoner Themse (Abb. 105) und ein weiteres Exemplar in Norfolk gefunden wurden. Die Münzabbilder, die auf die Münzfibeln gesetzt sind, können aufgrund der Proportionen der Schrift und der Randzier eindeutig als Imitation der Vorderseite eines spanisch-umayyadischen Dirhams aus der Zeit um 815 identifiziert werden. In der ersten Veröffentlichung dieser Stücke 1941 nannte der Orient-Numismatiker John Walker als Vorbilder ein kalifisch-umayyadisches Vorbild aus dem Osten. Bei zwei verwandten Stücken wurden umayyadische Dirhamrückseiten aus dem zweiten Viertel des 8. Jahrhunderts abgegossen (Abb. 106), die bei einer jüngeren Bearbei-

106 Fibel aus einem spanisch-umayyadischen Dirham, 9. Jahrhundert. London, Museum of London

tung als zentralasiatische Dirhams aus dem frühen 10. Jahrhundert interpretiert wurden, wodurch eine spätere chronologische Einordnung dieser Gruppe von Münzschmuckstücken erfolgte.[21] Eine vergleichbare Münzfibel, die an der friesischen Küste (heute Wijnaldum in den Niederlanden) gefunden wurde, soll mit einem echten Dirham Hārūn ar-Rašīds aus Balch (heute Afghanistan) aus den Jahren 791/792 versehen worden sein, der über wikingische Verbindungen über Osteuropa und die Ostsee nach Friesland gekommen sein dürfte; als Vorbilder für die Blei-Zinn-Fibeln aus der Londoner Themse und aus Norfolk wurde auch eine wikingische Vermittlerrolle angenommen. Jedoch ist der Weg durch das Karolingerreich oder die direkte Seeverbindung zur Iberischen Halbinsel weitaus wahrscheinlicher. Nicht weniger wichtig scheinen zwei Landwege gewesen zu sein, von denen einer von der Gascogne bis an die Loire anhand von Münzfunden verfolgt werden kann, während der zweite von Katalonien zum Oberrhein führte.[22]

Arabisches Kupfer im Karolingerreich

Die Fundverbreitung von arabischen Kupfermünzen im Frankenreich ist insbesondere durch die Forschung von Marc Parvérie auf eine neue Grundlage gestellt worden. Parvérie konnte zeigen, dass die südfranzösische Provinz Roussillon, die von 719 bis 759 unter umayyadischer Herrschaft stand, sofort das differenzierte kalifische Münzsystem von Dirhams und Kupferkleingeld übernahm. 711, nach der Eroberung großer Teile der Iberischen Halbinsel, erfolgte auch dort umgehend die Einführung des Münzsystems. Vor allem in Narbonne, der Hauptstadt der Region, aber auch in der gesamten Provinz waren Kupfermünzen im Umlauf, die auf der Iberischen Halbinsel geprägt wurden, vereinzelt kamen sie auch aus Nordafrika.[23] Darüber hinaus finden sich entlang der Mittelmeerküste bis in die Camargue Kupfermünzen, die aber nicht spanischer, sondern nordafrikanischer und syrischer Herkunft waren. Ob sie als Kleingeld benutzt wurden oder Einzelverluste von Fernreisenden waren, bleibt unklar. Kaum in das spätmerowingische oder karolingische Geldwesen integrierbar und dennoch vereinzelt gefunden worden, sind umayyadische Kupfermünzen aus der Zeit ʿAbd al-Maliks um 700 auf dem Auenberg im Saarland.[24] Fünf nordafrikanische Kupfermünzen und eine von der Iberischen Halbinsel aus den 790er-Jahren, die 2010 und 2011 in Groß Strömkendorf an der Ostseeküste Mecklenburg-Vorpommerns (damals Frankenreich) gefunden wurden,[25] passen zeitlich und regional genau zu dem Bericht über den Kupferhandel, der in Verbindung mit der Gesandtschaft Landfrieds, Sigismunds und Isaaks von 799 in Kairouan entstand. Bemerkenswert ist, dass Groß Strömkendorf zu der Zeit, zu der die arabischen Kupfermünzen hätten in den Norden gelangen können, zu einer der wenigen Ostseeküstenregionen des Karolingerreichs zählte. Da die Münzen nur eine zeitlich und regional begrenzte Kursfähigkeit besaßen, um danach zum Metallwert oder darunter eingezogen zu werden, handelt es sich um Kupfermünzen, die zum Zeitpunkt der Lieferanfrage in Ifrīqiya als Kupfergeld ungültig geworden waren, also um Münzen des Amtsvorgängers Muḥammad al-ʿAkkīs. Weiter östlich von Groß Strömkendorf, in den Handelssiedlungen Menzlin an der Peene und Truso an der Weichselmündung, wurde jeweils eine Kupfermünze aus Palästina gefunden. Diese könnten auf einen zeitgleichen

Kupferhandel hinweisen, der über die Adria und die Bernsteinstraße östlich am Gebiet der Karolinger vorbeiführte.[26]

Die Fernhändler

Von den Münzfunden ausgehend stellt sich die Frage nach den Personen oder Personengruppen, die das fremde Geld in das Karolingerreich brachten. Münzen stellen ein übertragbares Tauschmittel des Handels dar, das seinem Wesen entsprechend keine Aussagen über seine Besitzer macht. Selbst wenn die vielfach belegten Verluste in Flüssen und in Felsspalten gegen eine Herkunft der Fundstücke aus allgemeinem Münzumlauf und für Objekte unmittelbar aus dem Fernhandel sprechen, so kann doch nicht von den arabischen Münzen unmittelbar auf arabische Händler geschlossen werden, die die Münzen an ihren Fundort brachten. Als Ausgangsregionen für Gold und teilweise für Kupfer kommen vor allem das heutige Ägypten und Palästina infrage, für das quantitativ wichtigere Silber war der westliche und östliche Maghreb die Ausgangsregion. Wie passt dies zu den spärlichen Angaben literarischer und administrativer Quellen von Fernhandelsbeziehungen zwischen diesen Regionen? Elizabeth Savage hat für die Silberexporte von Nordafrika in den Nahen Osten im letzten Drittel des 8. Jahrhunderts erforscht, dass diese in den Händen der moderaten islamischen Gemeinschaft der ibaditischen Kharijiten (al-Ibāḍīya) lagen. Dafür spricht, dass diese ursprünglich aus dem vorderasiatischen Gebiet (heute Irak) kommende religiöse Gruppe den subsaharischen Handel und insbesondere den Sklavenhandel erschloss, die Stadt Tiaret (heute Algerien) ausbaute und auch in den Silberrevieren des Hohen Atlas präsent war. Die Gouverneure von Ifrīqiya im letzten Drittel des 8. Jahrhunderts, die aus der Familie der Muhallabiden kamen und als Prägeherren auf der Mehrzahl der im Karolingerreich gefundenen abbasidischen Dirhams erscheinen, galten als Spezialisten im Umgang mit der al-Ibāḍīya.[27] Vieles spricht für die These der Handelsaktivitäten der al-Ibāḍīya im islamischen Osten.

Eine wichtige Quelle für den Fernhandel ist der Text des Sankt Gallener Chronisten Notker Balbulus (auch der Stammler genannt), der von friedlichen Seefahrern und fremden, normannischen Schiffen berichtet. Bemerkenswert ist, dass der Text afrikanische Kaufleute von jüdischen absetzt (*visis navibus alii Iudaeos, alii vero Africanos, alii Britannos mercatores essent*).[28] *Africa* dürfte hier so wie im zeitgenössischen arabischen Begriff Ifrıqiya für den östlichen Maghreb, jedenfalls nicht für Ägypten verwendet worden sein. Für einen weiteren Aktionsradius spricht, dass der Sankt Gallener Autor auch nördlich der Alpen Kenntnis von diesen Händlern hatte. Abgesehen von dieser Quelle sind die afrikanischen Kaufleute nicht weiter nachweisbar, ganz im Gegensatz zu den jüdischen, die insbesondere als Händler in allen schriftlichen Quellengruppen erwähnt werden.

Der unbestreitbar wichtigste Text zum interkontinentalen Fernhandel jüdischer Kaufleute, den Radhaniten, des 9. Jahrhunderts ist ein kurzer Bericht im Straßenbuch des abbasidischen Postmeisters Ibn Khordādbeh aus dem Nordiran, der um 870 redigiert worden sein dürfte.[29] Ibn Khordādbeh beschreibt als Grundlage der Handelsaktivitäten die Vielsprachigkeit der jüdischen Kaufleute, die Arabisch, Persisch, Griechisch, Fränkisch und slawische Sprachen beherrschten und sowohl zu Land wie zu Wasser von West nach Ost und zurück mit Eunuchen, Sklavinnen, Jungen,

Brokat, Pelzen und Schwertern handelten. Mit Schiffen würden sie vom Frankenland nach Tell el-Farama im Nildelta (heute Ägypten) reisen, von wo sie mit ihren Waren über Land zum Roten Meer und Indischen Ozean nach Sind (heute Pakistan), Indien und China gelangten, von wo sie Duftstoffe und Gewürze zurückbrächten. Sie seien nach Konstantinopel und an den Hof des Königs der Franken und nach Bagdad gegangen. Ibn Khordādbeh beschreibt auch eine Route der Händler aus dem Frankenreich und von der Iberischen Halbinsel, die sich über den Maghreb nach Kairouan und Fusṭāṭ (heute Alt-Kairo), weiter nach ar-Ramla (heute Israel), über Damaskus, Kufa und Bagdad nach Indien und China zog. Dabei fällt auf, dass sowohl die Zusammensetzung der Waren als auch der gewählte Weg Übereinstimmungen mit der Gesandtschaft vom karolingischen Hof nach Bagdad aufweisen, nämlich in der Konstellation an Waren (Sklaven und Waffen) als auch in Bezug auf die keinesfalls selbstverständliche Wegstrecke Kairouan–Fusṭāṭ–ar-Ramla zur Kalifenresidenz. Ibn Khordādbeh sagt selber nichts über diplomatische Missionen, die von den jüdischen Kaufleuten ausgeführt wurden, aber Isaak von der karolingischen Gesandtschaft passt so genau in das Bild, dass auch er angesprochen gewesen sein dürfte.

Nach den *Capitula de Iudaeis* war es Juden im Karolingerreich untersagt, in ihrem Hause eine Münzstätte zu unterhalten.[30] Hingegen sind auf den Silbermünzen, die im Bergbauort Todgha (heute Marokko) geprägt wurden, hebräische Münzzeichen neben den arabischen Aufschriften zu finden. Diese Münzen lassen sich um 800, ein Nachzügler noch um 815, datieren.[31] Dirhams aus Todgha gehören durchaus zu den nordafrikanischen Münzen, die direkt zu den Karolingern importiert wurden (Abb. 107).[32] Ihr Hauptabsatzmarkt lag aber sicher im östlichen Bereich des Abbasiden-Kalifats, wo sie ungehindert zirkulieren konnten und von 790 bis 820 regelmäßig in den Schatzfunden anzutreffen sind. Wenn Silber aus dem Hohen Atlas (heute Marokko) direkt in das Karolingerreich exportiert werden sollte, so wie in den islamischen Osten, dann dürfte die Frage einer eigenen Vermünzung von Silber in karolingische Pfennige durch die importierenden Händler nahegelegen haben. In der islamischen Münzprägung finden sich nach den genannten Beispielen aus Todgha für zwei Jahrhunderte bis zur umfangreichen Goldprägung arabischen Typs ab 1019 keine Hinweise auf ein entsprechendes Engagement von jüdischer Seite.[33] Vor diesem Hintergrund erscheint das Münzstättenverbot für Juden unter Karl dem Großen und vielleicht noch unter seinem Nachfolger Ludwig dem Frommen sinnvoller als unter den späteren Karolingern.

Silberbergbau und Goldgewinnung aus Altsilber

Noch in einer anderen Beziehung können wir anhand der Münzstätte Todgha die abbasidische und die karolingische Silberprägung in einen Zusammenhang setzen, nämlich hinsichtlich der Erschließung neuer, ertragreicher Silberbergwerke und der Einrichtung von Silbermünzstätten am Bergwerksort. Diese Entwicklung setzte in Todgha annähernd zeitgleich mit dem Kalifat al-Mahdīs 775 ein. Bald darauf wurde es der Kontrolle der Abbasiden entzogen.[34] Für den Silberbergbau wurde 776, auf halbem Wege in die kalifische Zentrale, eine neue Münzstätte in al-Yamama (heute Saudi-Arabien) im Osten der Arabischen Halbinsel eröffnet.[35] 784/785 folgte die Einrichtung der Münzstätte Harunabad (heute Armenien), die bislang topografisch nicht lokalisiert werden konnte.[36] 804/805 kam in Zentralasien die bei Taschkent gelegene Münzstätte Ma'din ash-Shāsh hinzu.[37] Die Karolinger hatten parallel Anteil an dieser Entwicklung mit der Erschließung der Silberlagerstätten in der Umgebung des heute französischen Melle um 785, die Melle zur wichtigsten Münzstätte des Herrschaftsbereichs der Karolinger machten. Wie ein großes Projekt der Tübinger Forschungsstelle für Islamische Numismatik zusammen mit dem Geochemischen Labor der Universität Basel ergab, weisen die Produkte der aufgeführten Münzstätten als gemeinsames Merkmal das weitgehende Fehlen von Goldspuren im Silber auf, wogegen ältere Silbermünzen, die aus der frühen Abbasidenzeit stammen, regelmäßig Goldverunreinigungen von 0,4 bis 1,0 Prozent enthielten.[38] Bislang geht die Forschung davon aus, dass das Fehlen von Gold auf einer Spurenelementcharakteristik der neu erschlossenen Erzlagerstätten basiere. Doch zeigen jüngste Materialuntersuchungen, dass die Technik der Zementation, bei der das Gold mittels Salz dem Silber entzogen wurde und die insbesondere bei dem Silber aus der Münzstätte ash-Shāsh angewandt wurde, der Mehrzahl der Silberfunde zugrunde gelegen haben muss. Die Technik der Zementation ist erstmals von dem arabischen Polyhistor al-Hamdānī Mitte des 10. Jahrhunderts beschrieben worden.[39] Münzanalysen haben ergeben, dass die Zementation erstmals in der späten Umayyadenzeit in Balch (heute Afghanistan) um 740 angewendet wurde.[40] Auch für die Münzen Karls des Großen, die nach der Münzreform von 793/794 in den Münzstätten Melles (heute Frankreich) geprägt wurden, ist goldfreies Silber charakteristisch – im Gegensatz zu den Prägungen anderer Münzstätten, die nur gelegentlich goldfreies Silber vermünzten. Bisher haben Archäologen und Metallurgen in Erz- und Schlackenbefunde das Fehlen von Gold als Lagerstättencharakteristikum interpretiert.[41] Doch erscheint auf einer seltenen Gruppe von Karlspfennigen, die vollkommen von Goldspuren frei sind, die merkwürdige Aufschrift *ex metalo novo*.[42] Diese Prägungen legen zumindest nahe, dass die neue Technologie auch bei den Karolingern unter Karl dem Großen Anwendung fand, spätestens unter Karl dem Kahlen aber wieder aufgegeben wurde. Bei einer angenommenen Gold-Silber-Relation von nur 1:10 bedeutet das, dass die Goldspuren im alten Silber 5 bis 10 Prozent des Münzmetallwertes ausmachten und ohne Materialverlust, aber mit hohem Arbeitsaufwand entzogen werden konnte. Dies war leichter, wenn das alte Silber einem frisch gewonnenen höher goldhaltigen Silber zugeschlagen wurde, bei dem sich die Trennung der beiden Metalle lohnte. Auf diese Weise dürften sich im Kalifat gewaltige Zusatzgewinne bei der Verarbeitung von Bergsilber eingestellt haben. Sollte Karl der Große ähnlich zusätzliche Geldquellen nutzbar gemacht haben, so scheint die vor der Synode von Frankfurt 794 vollzogene Münzreform mit der massiven Heraufsetzung des Pfenniggewichts von ca. 1,2 Gramm auf über 1,69 Gramm Silbergewicht eine Art Teilkompensation für den Wertverlust des zunehmend goldfreien Silbers gewesen zu sein. Im Übrigen dürfte diese Maßnahme in erster Linie den Wertverlust des Pfennigs im Verhältnis zum Gold ausgeglichen haben, der angesichts des die ganze alte Welt betreffenden schwunghaften Silberbergbaus jener Jahre nur als plausibel erachtet werden kann, auch wenn präzise Daten aus dem Karolingerreich fehlen.

107 Dirham Idrīs II. aus der Münzstätte Todgha mit umlaufenden hebräischen Schriftzeichen, 804/805. Tübingen, Eberhard Karls Universität, Forschungsstelle für islamische Numismatik

Kulturelle Praktiken

Pfalzen Karls des Großen

Holger Grewe

Die Mobilität Karls des Großen hat in den *Annales regni Francorum* ein beeindruckendes Zeugnis (Abb. 109). Ereignisse und Orte, oft auch die Reisewege, leihen dem einzelnen Jahresbericht seine Struktur und gelegentlich hellt eine Nachricht den Königsaufenthalt schlaglichtartig auf. Einmal sehen wir Karl den Großen in einem Heerlager an der Weser in Sachsen überwintern, wohin ihm eine galizische Gesandtschaft folgte, aus deren Hand er ein kostbares Zelt zum Geschenk erhielt. Ein anderes Mal wird Regensburg, das kurz zuvor samt dem Herzogtum Bayern an das Fränkische Reich gekommen war, ohne Unterbrechung zwei Jahre lang Regierungssitz, an dem Boten des Papstes Hadrian vorsprachen. In dieser Zeit entstanden eine Schiffsbrücke über die Donau und der Kanaldurchstich an der Rhein-Donau-Wasserscheide. Wieder ein anderes Mal zog Karl der Große über Spoleto, Ravenna und Pavia durch sein langobardisches Königreich und traf bei Ivrea auf eine Delegation Hārūn ar-Rašīds und der Sarazenen. Schließlich sehen wir ihn mehrfach in Aachen das Oster- und Weihnachtsfest feiern sowie in den Ardennen jagen, im Juli 802 den Isaak mit Geschenken der Perser, darunter den Elefanten Abul Abaz, in Empfang nehmend.[1]

Die seltenen Berichte, die Regierungshandlungen an näher spezifizierten Orten darstellen, zeichnen ein heterogenes Bild von den „Orten der Macht".[2] Als ein solcher ist selbst das Feldlager zu betrachten, das dem Gesandtschaftsempfang für kurze Zeit eine Bühne schafft. Offenbar ist ambulante Herrschaftspraxis zumindest temporär nicht an bestimmte Orte und an konkrete räumliche Voraussetzungen gebunden. Bis zur Mitte der 790er-Jahre ist das Itinerar Karls des Großen von der extremen Dynamik, die mit der Eroberung neuer Räume und der Unterwerfung fremder Reiche notwendig einherging, dominiert. Für die spätere Regierungszeit deutet die Qualität der Königsaufenthalte in Aachen auf ein neues Mobilitätskonzept hin, das die Vorstellung von einem Hauptsitz der Regierung impliziert. Die „Reiseleistung" ist zunächst weiter hoch, sie weicht ab 812 einer Beschränkung auf Aachen. Übergänge sind bereits ab etwa 805 zu fassen. Am Ende der Herrschaft Karls des Großen war die Ortsfrage entschieden, ob aus Rücksicht auf die vitale Konditionierung oder als planvolle Verwirklichung einer Vision ist noch der Spekulation anheimgestellt.[3]

Die Anforderungen an diese Aufenthalts- und Herrschaftsorte variieren regional, lokal und qualitativ und sind unterschiedlichen Entwicklungen in den einzelnen Reichsteilen unterworfen. Regelhafte Baumuster sind selbst an Pfalzen nicht feststellbar, doch hat der Historiker Thomas Zotz aus dem Quellenbefund spezifische Anforderungen an Orte des Königsaufenthalts herausgearbeitet, die bevorzugt für Hoftage, Synoden oder Herrschertreffen aufgesucht wurden und auf die Funktion dieser baulich gut gerüsteten Anlagen als repräsentative Zeichen für Herrscher und Hof selbst in Zeiten ihrer Abwesenheit hingewiesen.[4] Um diese Anlagen, die in karolingischer Zeit übereinstimmend mit dem Hof als Personenverband Palatium genannt werden, soll es

108 Hypothetische Rekonstruktion des Innenraums der Aula Regia in der Pfalz Ingelheim

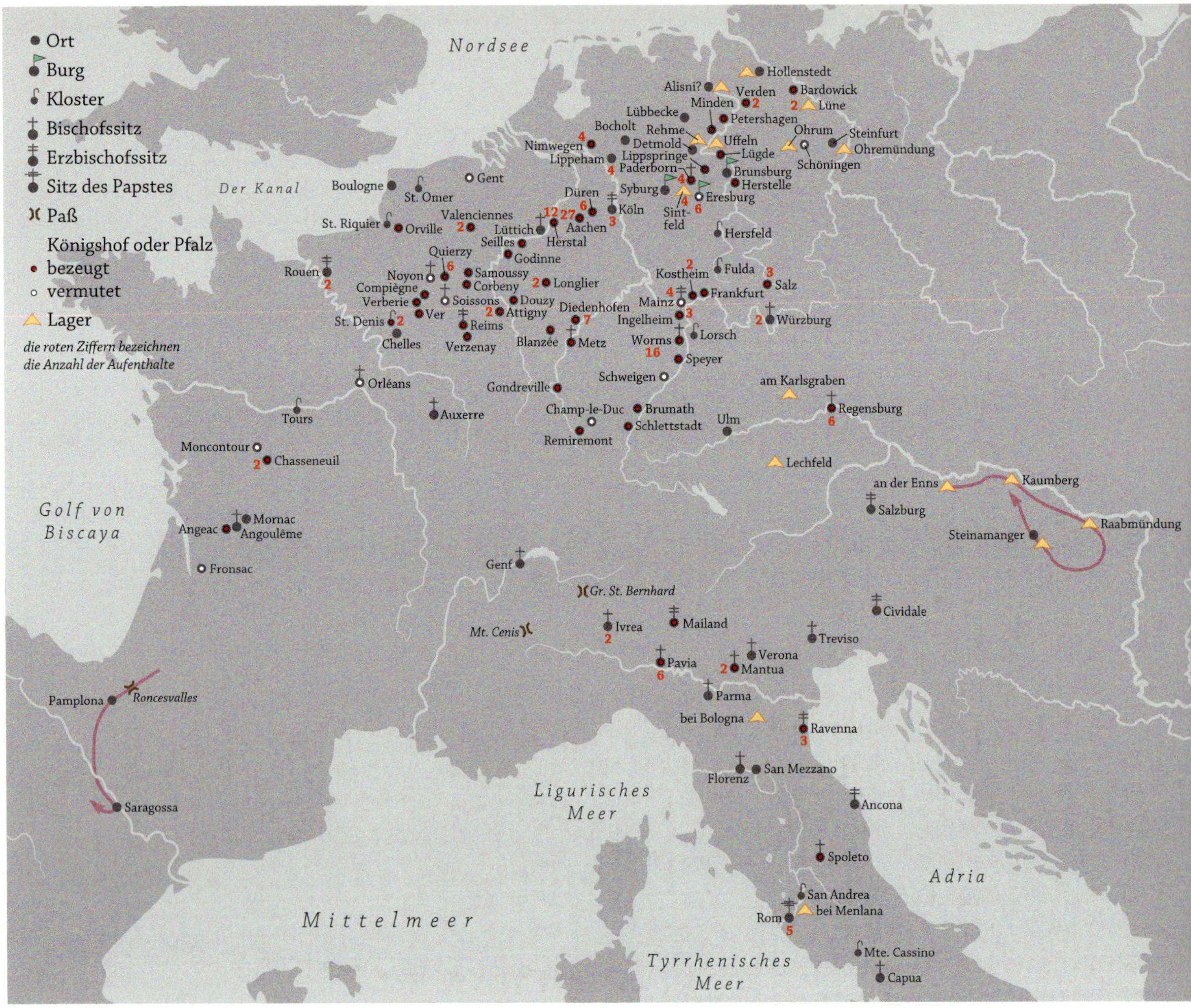

109 Itinerar Karls des Großen

im Folgenden gehen. Stärker als die neustrische Francia entwickeln sich das Rhein-Main-Gebiet und die Rhein-Maas-Mosel-Region zu einer Kernzone im Reich Karls des Großen, in denen die meisten Pfalzen ausgebaut oder neu gegründet werden. In den eroberten Gebieten mussten geeignete Strukturen teils im Rahmen einer kolonialistischen Strategie geschaffen werden (Sachsen, Thüringen), teils wurden Orte mit einer residentiellen Tradition angetroffen und die entsprechenden Bauten, sei es durch Aneignung oder Inanspruchnahme des Gastungsrechts, fortgenutzt (Regensburg, Lombardei, Benevent).
Aus der Fragestellung nach den Pfalzen Karls des Großen in bauhistorischer Sicht würde daher ein vergleichender Untersuchungsansatz resultieren, der die Residenzen in den verschiedenen Reichsteilen unter dem Aspekt der Bautypologie und -chronologie analysiert und in ihrem jeweiligen kulturellen, strategischen und politischen Kontext interpretiert. Doch stehen dem der Überlieferungszufall und die Forschungslage entgegen. Von den Palästen der langobardischen Herrscher in Pavia, Ravenna, Salerno sind außer von Sakralbauten keine stehenden oder archäologisch zuverlässig dokumentierten Reste erhalten, das Quartier Karls des Großen in Regensburg ist nur spekulativ verortet, die neustrischen Pfalzen sind im Wesentlichen nur durch Altgrabungen bekannt, deren Datierungsansätze aus der Verknüpfung mit dem Schriftquellenbefund resultieren. Wichtige Pfalzorte in Rheinfranken wie das vor 790 häufig besuchte Worms sind nicht lokalisert, der von Einhard erwähnte Palast in Nimwegen vermutlich bis in die Fundamente zerstört.
Am Rande sei bemerkt, dass die bauhistorische Untersuchung der fiskalischen Zentral-

höfe (*curtes*) und derjenigen Aufenthaltsorte, in denen der König nach dem Gastungsrecht Quartier nehmen konnte, noch am Anfang steht. Immerhin lieferten die Ausgrabungen in Müstair Aufschlüsse zum Erscheinungsbild einer Bischofspfalz, die als Nebenresidenz von Chur im Kloster Sankt Johann errichtet wurde,[5] und Ausgrabungen in Saint Denis vermitteln eine Vorstellung von Gästehäusern in einer bedeutenden Reichsabtei, unter denen vielleicht ein von Abt Fardulf für Karl den Großen errichtetes Gebäude ist.[6]
Im vorliegenden Bericht werden die Pfalzen Aachen, Ingelheim am Rhein und Paderborn besprochen. Abweichend von der Mehrzahl der bis 2009 erschienen Darstellungen steht nicht Aachen im Mittelpunkt, da neueste Vorberichte über umfangreiche archäologische und bauhistorische Untersuchungen wesentliche Abweichungen von verbreiteten Annahmen über die Bauformen und ihre Chronologie erkennen lassen.[7] Eine erste zusammenfassende Publikation wird derzeit für den Druck vorbereitet. Stattdessen nimmt die Pfalz Ingelheim am Rhein breiteren Raum ein, die ebenso das Objekt laufender Forschung ist und über die der dort grabende Verfasser gewissermaßen aus der Nahperspektive berichten kann.

Pfalz Ingelheim am Rhein

Halbkreisbau

Das bauliche Erscheinungsbild der Pfalz Ingelheim am Rhein war durch Symmetrie im Grundriss dominiert, der sich aus zwei einfachen geometrischen Figuren, einem Quadrat

110 **Bauzustand der Pfalz Ingelheim um 800 (Rekonstruktion: 2005)**

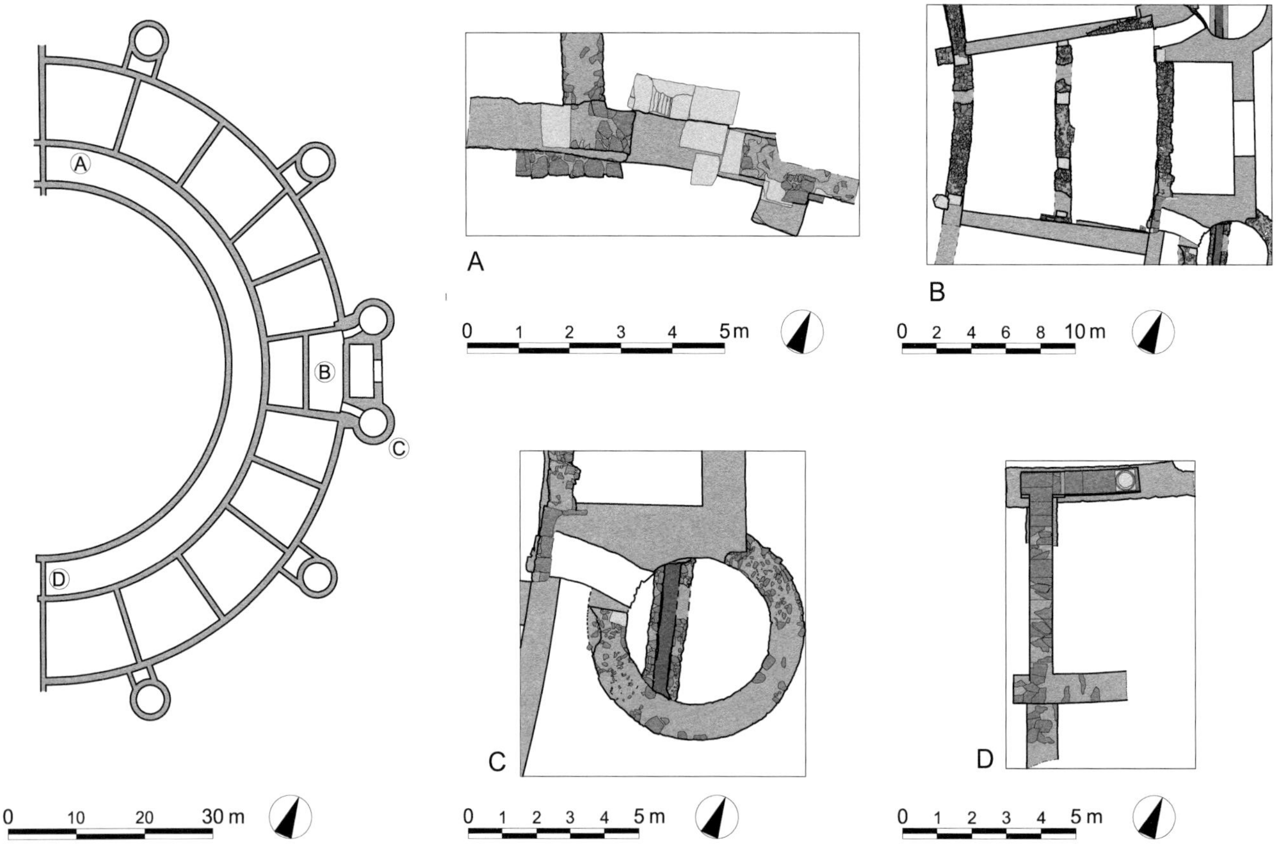

111 Halbkreisbau der Pfalz Ingelheim

A = Spolienverwendung in Türschwelle;
B = Pfeilerhalle und Tor;
C = Rundturm 4 mit Wasserkanal;
D = Südabschluss mit Pfeilerbasis *in situ*

und einem Halbkreis, zusammensetzt. Auf diesem Fundamentraster gründete eine weitgehend geschlossene Randbebauung, deren nach Ost weisende Fassade vollständig von einem Halbkreisbau mit vorgelagerten Rundtürmen ausgefüllt wurde (Abb. 110). Mit 89 Meter Durchmesser handelt es sich um eine der größten Profanbauten der Karolingerzeit. Typologisch in Nähe zu den Exedren der römischen Forumsarchitektur stehend, ist der Halbkreisbau unter den gesichert datierten Bauten des Frühmittelalters als Solitär zu verorten.[8] Die Vergleichbarkeit mit den antiken Exedren, die bei kleinerer Dimension auch in der Palast- und Villenarchitektur vorkommen, ist formal jedoch auf das architektonische Grundschema beschränkt. Denn das Bauwerk in Ingelheim am Rhein kombiniert Architekturglieder unterschiedlicher Funktion. Ein Torbau, Repräsentationsräume, sechs Rundtürme und der Säulengang eines Peristylhofs sind teils einander räumlich durchdringend angeordnet (Abb. 111). Im Bogenscheitel tritt ein Vorbau 4 Meter weit aus der Fassade vor, dessen gerader Abschluss von zwei Rundtürmen flankiert wird. An dieser Stelle befand sich ein Tor von 3,5 Meter lichter Breite, das durch eine Pfeilerhalle in den Säulengang führte. Die trapezförmige Eingangshalle war durch Pfeiler und Pilaster in drei Schiffe und zwei Joche gegliedert. Von hier aus waren die Türme zugänglich, deren Flankenstellung nicht fortifikatorisch motiviert war, sondern die dem Tor eine stärkere Wirkung verliehen und samt diesem die Mittelachse der Pfalzanlage optisch betonten.

Das archäologische Fundmaterial spiegelt die Elemente der Bauausstattung naturgemäß unvollständig wider, es entsteht keine konkrete Vorstellung vom Erscheinungsbild der Innenräume. Doch Wand- und Bodenplatten liefern den entscheidenden Hinweis auf den Ausstattungscharakter. Die farbigen Steinsorten *Porfido verde antico* und *Porfido rosso*, dazu 10 Sorten Buntmarmore stammen von Wandinkrustationen oder Schmuckfußböden in der Art des antiken *Opus sectile*, einer Technik, bei der kleinformatige Steinplatten von verschiedener geometrischer Form zu teils komplizierten Mustern als vielfarbige Wandverkleidungen oder Fußböden angeordnet werden. Unzweifelhaft sollte die kostbare Ausstattung, die trotz unzureichender Kenntnis über Wert, Verfügbarkeit und Beschaffungswege im Frühmittelalter hier zu konstatieren ist, den so ausgestatteten Räumlichkeiten eine dezidiert repräsentative Wirkung verleihen. Dem Grabungsbefund nach dürfte die Kostbarkeit der Ausstattung jedoch nochmals im Peristyl gesteigert worden sein. Vor der konkaven hofseitigen Fassade lag ein 4,8 Meter breiter Gang, der für die Innenräume der Exedra im Erdgeschoss die Erschließungsfunktion übernahm. Eine Bodenöffnung von 1914 lieferte bereits die für die Rekonstruktion eines Säulengangs entscheidenden Indizien. In 2,5 Meter Abstand zu einem profilierten Eckpfeiler am südlichen Gangende wurde eine marmorne Säulenbasis als Anfänger einer Säulenreihe *in situ* auf ihrem Spannfundament angetroffen. Säulenschäfte und Kapitelle wurden dort nicht mehr gefunden. Sie sind jedoch aus anderen Teilen des Pfalzareals überliefert und können in Auswahl plausibel auf den Säulengang bezogen werden. Der Gesamtbestand der hier versetzten Bauskulptur umfasst Säulenschäfte aus Granit, Kalkstein und Marmor von unterschiedlicher Form und Dimension, ebenso Kapitelle von unterschiedlichem Material und mit verschiedener Stilis-

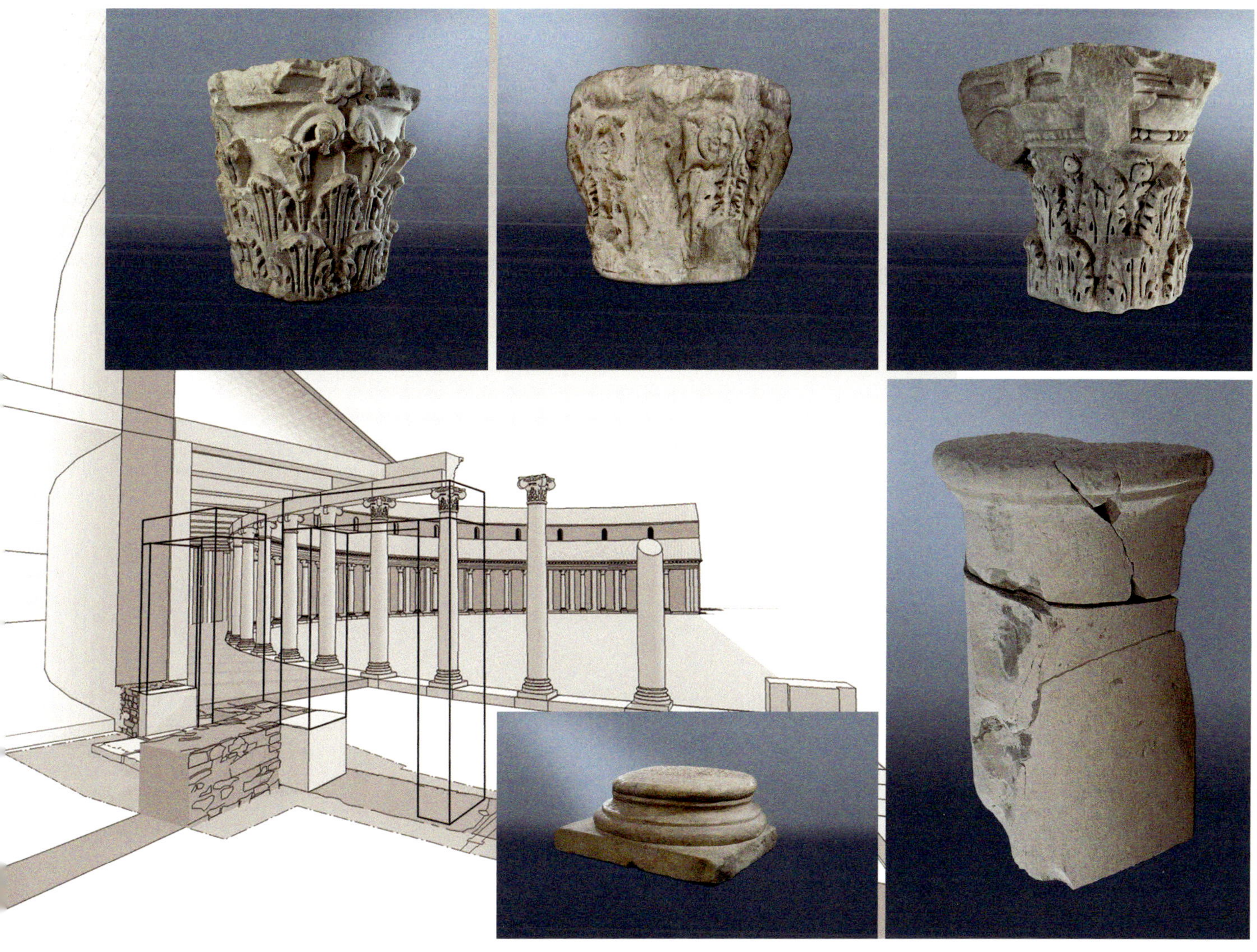

112 Bauskulptur des Halbkreisbaus der Pfalz Ingelheim (von links nach rechts: Korinthisches Kapitell; Korinthisierendes Kapitell; Kompositkapitell; Säulenbasis mit attischem Profil; Säulenschaftfragment mit Halsring)

113 Hypothetische Rekonstruktion des Säulenhofs des Halbkreisbaus der Pfalz Ingelheim

tik: korinthisch, korinthisierend, komposit (Abb. 112).[9] In welcher quantitativen Relation die überlieferten Stücke zum ursprünglich vorhandenen Bestand stehen, ist unbekannt. Doch deutet die ausgeprägte Varietät von Materialien und Ornamenten nicht auf homogene Werkstückensembles hin, sondern auf einen sichtbaren Variationsreichtum. Die Provenienz der Skulptur kann für einzelne Kapitelle mit stilanalytischer Methode wahrscheinlich gemacht werden, materialtechnische Reihenuntersuchungen böten für die Zukunft ein hoch zu veranschlagendes Ergebnispotenzial. Für qualitätvolle Stücke in gutem Erhaltungszustand, wie einzelne Komposit- und korinthisierende Kapitelle, ist die Fertigung in Italien, vielleicht Rom oder Ostia, in Werkstätten des 1. bis 3. Jahrhunderts wahrscheinlich.[10] Zu den Transportwegen der Spolien, dem Phänomen ihrer Vermittlung über Bauwerke der Spätantike und zur Chronologie der Ereignisse sind Forschungsfragen längst formuliert, die aber derzeit nur bei überdurchschnittlich guter Überlieferungslage im Einzelfall zu beantworten sind.[11] Hier ist entscheidend, dass der Säulengang mit den spoliierten Säulenbasen, -schäften und Kapitellen der Exedra auf ihrer zu den übrigen Pfalzbauten hin geöffneten Innenseite ein antikisierendes Erscheinungsbild verlieh (Abb. 113). Funktional verband der Gang den inneren Hof mit Pfeilerhalle und Tor und erschloss die Räume. Die Zugänge selbst sind an drei Stellen archäologisch gefasst. In einer Schwelle fand eine Quaderspolie mit Inschrift Verwendung, die nach oben gewendet, also sichtbar, vermauert ist. Radial verlaufende Mauern trennten die Innenräume ab, deren Breite hofseitig gemessen zwischen 3 bis 10 Meter variierte. Ob die in Längsrichtung 11,5 Meter tiefen Räume eine Binnengliederung besaßen, ist offen. Anzeichen dafür fehlen, doch das archäologische Flächenraster ist lückenhaft. Zumindest fünf Räume wiesen einen Zugang zu den auffälligen Rundtürmen auf, die mittels Halsmauern aus der Außenfassade vorsprangen. Ihre Zweckbestimmung ist vorläufig nicht geklärt. Hingegen ist evident, dass sie das gesamte Erscheinungsbild der Pfalz maßgeblich beeinflussten. Assoziationen zu Städten und Militärlagern, Palästen und Villen, selbst Landgütern stellen sich ein. Sie alle stammen aus der Antike oder Spätantike und behielten vielerorts nachweislich ihr Erscheinungsbild bis ins Hochmittelalter. An den Bauten der Karolingerzeit ist Vergleichbares nicht zu finden.

Antikenrezeption ist das dominante Merkmal des zugrunde liegenden Bauplans für den Halbkreisbau der Ingelheimer Pfalz. In ihrer Grundform spiegelt der Bautyp die Aneignung römischer Exedren wider. Zugleich wird an deren monumentaler Dimension festgehalten, die zumindest den öffentlichen Bauten wie zum Beispiel im Forum Trajani zu eigen ist.[12] In seinen Fundamenten und in einer Türschwelle sind durch Inschriften und Ornamente identifizierbare Spolien verbaut. Hier handelt es sich um utilitaristisch motivierten Gebrauch. Die Quaderspolien wurden um ihrer materialtechnischen Eignung willen wiederverwendet, ihre Verfügbarkeit dürfte durch Ruinen in geringer bis mittlerer Entfernung sichergestellt worden sein. Eine zweite Kategorie der Spoliierung ist den Marmor- und Porphyrplatten von *Opus sectile*-Böden zu eigen. Es ist möglich, dass mittelalterliche Handwerker Fehlendes nachgearbeitet haben. Doch Idee und Material sind aus ursprünglich antiken Bauten entnommen, wie die Übereinstimmung der Sortenvielfalt bei den Buntmarmoren anzeigt. Das Material wurde sichtbar wiederverwendet. Der für Köln und Trier bereits gut dokumentierte römische Marmorluxus wurde hier intentionell übernommen.[13] Eine Steigerung von Aufwand und Wirkung der Spolienverwendung liegt im Säulengang zugrunde, dessen halbrunde Form an sich ein Dokument aufwendiger Repräsentationsarchitektur ist. Der Bau inkorporierte römische Spolien von herausragender Werkqualität an exponierter Stelle, die sowohl nach der Zahl als auch nach ihrer artifiziellen Form die hauptsächlich vom Bauwerk ausgehende Wirkung entfalteten.

Fernwasserleitung

Ein Element antiker Urbanität, das im Frühmittelalter weder dies- noch jenseits der Alpen eine über den Einzelfall hinausgehende Fortsetzung in neu errichteten Bauwerken erfahren hat, sind die aufwendigen, mittels viele Kilometer langer Leitungen hergestellten Fernversorgungssysteme für Frischwasser. Beim heutigen Kenntnisstand liegt nur aus der Pfalz Ingelheim am Rhein eine durch stratifizierte Funde und archäometrische Daten gesichert in karolingische Zeit datierbare Fernwasserversorgung dieser Bauart vor (Abb. 114).[14] Die 6,8 Kilometer lange Leitung führte Frischwasser aus dem Quellgebiet der Karlsquellen bei Heidesheim auf die Südostseite des Pfalzareals, von wo es über im Einzelnen noch nicht nachgewiesene Wasserschlösser, Unterverteilungen und Klärbecken

114 Fernwasserversorgung der Pfalz Ingelheim (Verlaufskarte; Querschnitt; Klärbecken im Mitteltrakt: Planum)

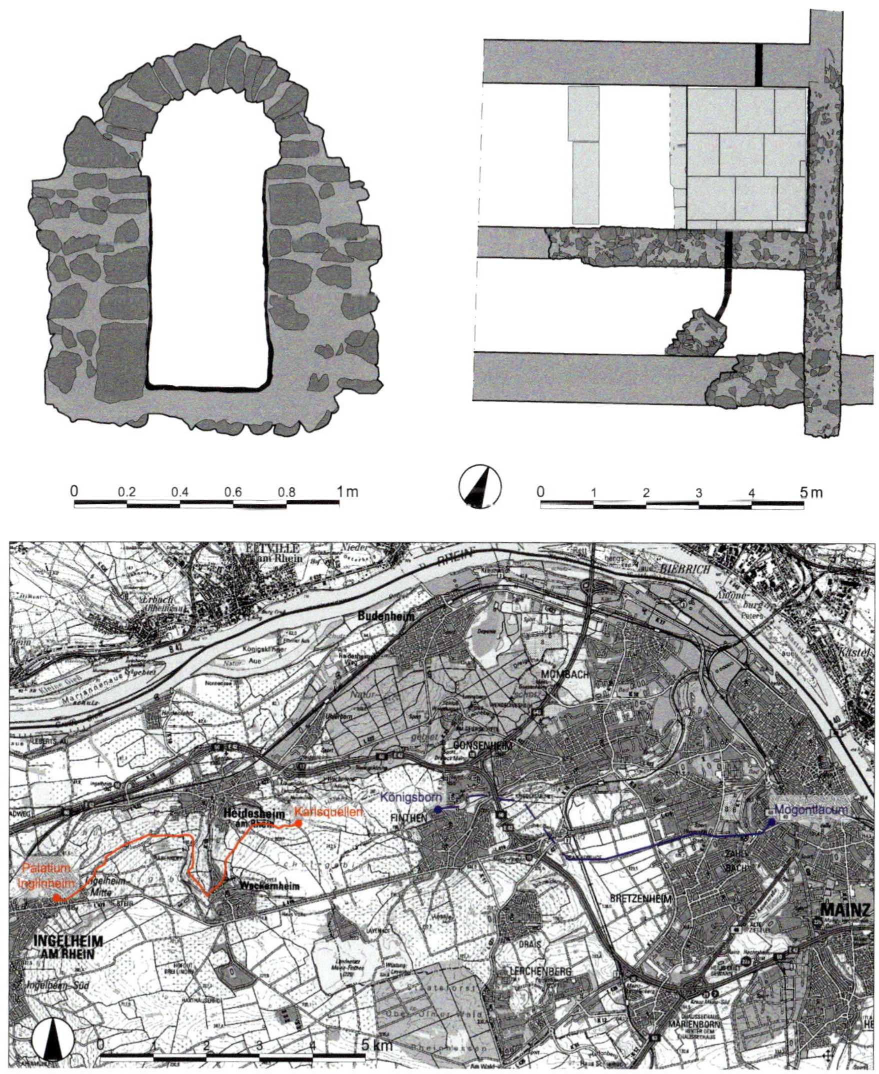

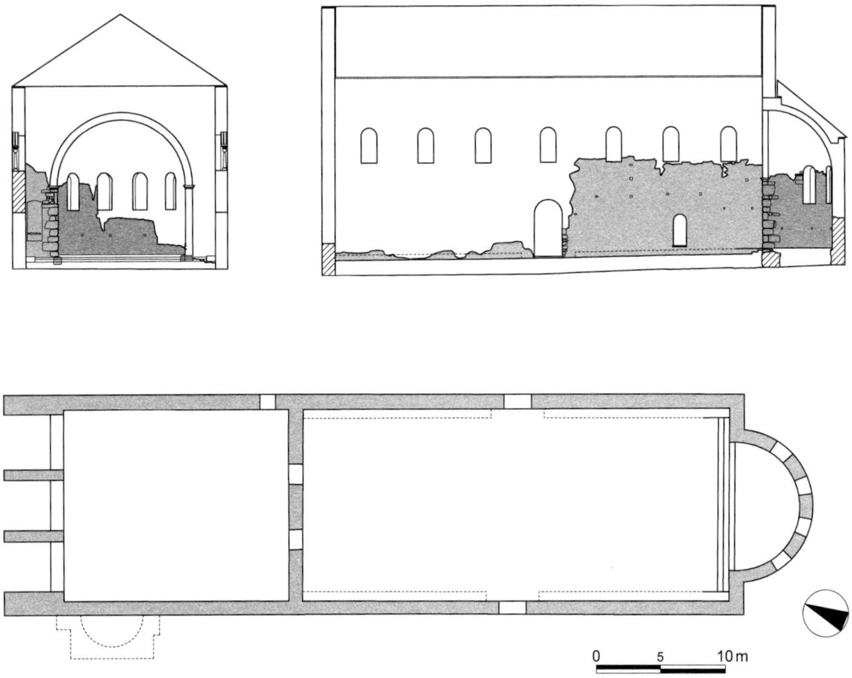

115 Rekonstruktiver Querschnitt und Längsschnitt sowie Grundriss mit Narthex der Aula Regia der Pfalz Ingelheim

den Abnahmestellen zugeführt wurde, unter anderem den kreisrunden Türmen vor der Fassade des exedraartigen Halbkreisbaus. Parallelen sind zu Trier zu ziehen, dessen antike Fernwasserversorgung aus der aufgestauten Ruwer über eine circa 13 Kilometer lange gemauerte und gewölbte Gefälleleitung mit Aquäduktbrücken in den Grundzügen erforscht ist.[15] Noch aufwendigere Leitungssysteme sind bei Metz und Köln in noch heute beeindruckenden Resten überliefert. Ein Seitenblick auf die Verhältnisse in Mainz vermag an dieser Stelle weiteren Aufschluss bieten. Die vermutlich in vespasianischer Zeit anstelle einer älteren hölzernen Konstruktion in Steinbauweise errichtete Wasserleitung zur Versorgung des Legionslagers auf dem Kästrich wurde aus dem Königsborn in Mainz-Finthen gespeist. Die circa 7 Kilometer lange Trasse ist auf längeren Abschnitten über Aquäduktkonstruktionen an die Südwestecke des Lagers herangeführt worden, wo sich vorläufig die gesicherten Fundpunkte verlieren. Am Ort der Zahlbachtal-Querung ist eine bis auf den heutigen Tag eindrucksvoll wirkende Reihe von Aquäduktpfeilern bis zu einer Höhe von 7 Meter erhalten.[16] Bedenkt man nun, dass das Quellgebiet Königsborn der antiken Leitung und die Karlsquellen bei Heidesheim, dem Ursprung der karolingischen Wasserleitung, nur circa 2 Kilometer Luftlinie voneinander entfernt liegen, wird zweifelsfrei klar, dass die antike Leitung als wahrscheinlich nicht mehr funktionsfähiges, aber sichtbares Anschauungsobjekt dienen konnte, das messtechnisch und vielleicht experimentell erkundbar neben die literarisch verbürgte Befassung mit der Architekturlehre des Vitruv trat.[17] Das Kapitel 8 enthält Anleitungen über den Bau von Wasserleitungen und beschreibt Methoden der Nivellierung. Für unsere Kenntnis über die Aneignung antiker Baukultur in der Karolingerzeit ist der Befund daher von zentraler Bedeutung.[18]

Aula Regia

Dem Halbkreisbau in Querrichtung gegenüberliegend befand sich am westlichen Rand des großen Innenhofs die Aula Regia, die Königshalle der Pfalz. Der Apsidensaal misst 16,5 × 40,5 Meter, die Traufhöhe lag – rekonstruktiv ermittelt – bei circa 13,5 Metern (Abb. 115). Der Bau umschloss also das größte Innenraumvolumen aller Pfalzgebäude, das weder vertikal durch Geschossebenen noch horizontal durch eine mehrschiffige Binnengliederung unterteilt war. Die leicht eingezogene halbrunde Apsis hatte ein erhöhtes Bodenniveau, das über eine im Befund nachgewiesene Treppe mit drei Steigungen zu je 0,25 Metern betreten wurde. Die hier außerordentlich gute Mauerwerkserhaltung lässt eine Belichtung durch vier große nebeneinanderliegende Fenster erkennen.[19] Gerahmt wurde die Apsis von Eckquaderungen aus spoliierten Sandsteinblöcken, deren östliche mit einer *in situ* erhaltenen Kämpferplatte abschließt, die der Fußpunkt eines Apsisbogens von 4,65 Meter Radius war. Alle drei Merkmale formen die Südkonche zum architektonisch am stärksten akzentuierten Ort der Aula Regia, vielleicht der Pfalz insgesamt. Ihr gegenüberliegend war der Haupteingang angeordnet. Zwei 1,7 Meter breite Türen stellten die Verbindung zu einem Narthex mit dreischiffigem Eingangsportal her. Der verzahnte Bauverband belegt die gleichzeitige Entstehung beider Bauglieder, deren Breite und achsiale Orientierung einander entsprechen. Zwei weitere Zugänge liegen in den Langseiten exakt in der Mittelachse der Aula. 3000 Fragmente von zum Teil polychrom bemaltem Wandputz belegen keineswegs ein aufwendig komponiertes figürliches Bildprogramm, wie es Ermoldus Nigellus in einem bald nach 826 verfassten *Panegyricus* beschreibt,[20] sondern aus den Fragmenten lassen sich geometrische Farbflächen rekonstruieren, die als illusionistische Imitation von Wandinkrustationen aus farbigem Marmor interpretiert werden können (Abb. 108). Unter den Pfalzaulen der Karolingerzeit hat der Ingelheimer Saal keine unmittelbare Entsprechung, weist aber eine entfernte Verwandtschaft zur Aula Regia von Aachen auf.[21] Die auf der Schmalseite angeordnete (Haupt-)Apsis und der Rechtecksaal zeigen Übereinstimmungen, während das Motiv der Nebenapsis die Aachener Aula in die Nähe der Trikonchien rücken. Ob Längs- oder Quererschließung vorliegt, bleibt für Aachen vorerst ebenso offen wie die Frage nach Ein- oder Mehrgeschossigkeit.[22] Die Ingelheimer Aula Regia verdankt jedenfalls dem Einfluss (spät-)antiker Apsidensäle viel mehr als den Bauten des Frühmittelalters, soweit sich diese beim heutigen Forschungsstand im bauhistorischen Befund abzeichnen. Die Übereinstimmung besonders mit der konstantinischen Palastaula in Trier (frühes 4. Jahrhundert) erstreckt sich über die Bauform hinaus auf die Längserschließung, bei der sich Apsis und Eingänge an den Giebelseiten gegenüberliegen, und auf den Narthex vor dem Hauptzugang, für dessen Anordnung und Bautypus allerdings unterschiedliche Lösungen gewählt worden sind (Abb. 116). Selbst die Heizräume (*Praefurnien*) der Hypokaustenheizung in Trier sind anscheinend in Ingelheim am Rhein geplant, in Ansätzen realisiert, jedoch nie zu funktionstauglichen Boden- und Wandheizungen ausgebaut worden. Dabei wurde keineswegs die Imitation eines Architekturvorbilds ins Werk gesetzt. Vielmehr wurde eine selektive Übernahme kennzeichnender Merkmale vollzogen, die mit neuen Elementen, etwa den symmetrisch angeordneten

116 Palastaula (sogenannte Konstantinsbasilika) in Trier

117 Schrankenplatte mit Meeresungeheuern aus dem Kloster Santa Maria Teodote in Pavia, 1. Hälfte des 8. Jahrhunderts. Pavia, Musei Civici

118 Reliefplatte mit Fabelwesen aus der Pfalz Ingelheim, wohl um 800. Mainz, Landesmuseum

Seitenportalen, zu einem eigenständigen Bauprogramm entwickelt wurde, in dem sich Tradition und Innovation verbanden.

Motive, Formen, Spolien

Die kursorische Beschreibung der Ingelheimer Pfalz am Beispiel von Halbkreisbau und Aula Regia hat bereits deutlich werden lassen, dass die Gebäudeformen in der Tradition antiker und spätantiker Baukultur stehen. Sie wurden motivisch übernommen, aber gestalterisch und funktional variiert und schließlich dem Primat des symmetrischen Grundrasters der Gesamtanlage unterworfen. Insofern ist der Vorgang seinem Wesen nach klar von der Architekturkopie zu scheiden. Neben der Anregung durch Gebäudeformen hat zweitens das Beispiel der Fernwasserleitung gezeigt, dass sich die Rezeption darüber hinaus in der Aneignung römischer Bautechnik dokumentiert. Dabei war die Planung der Leitung technisch höchst anspruchsvoll, zudem Bau und Betrieb besonders aufwendig und das Projekt von daher vielleicht singulär. Drittens werden die Einflüsse der römischen (Bau-)Kunst an der umfangreichen Spoliierung von Bauskulptur ablesbar. Die am Ort gefundenen oder sicher zuweisbaren Stücke lassen die Wertschätzung kostbarer Materialien, komplizierter Formen und künstlerischer Qualität erkennen. Es ist durchaus wahrscheinlich, dass einige Kapitelle schon in der Antike weitverhandelte, vielleicht aus Mittelitalien nach Trier und in andere Städte mit großen öffentlichen Bauten vermittelte Preziosen waren. Von der Bandbreite stilistischer Einflüsse zeugt schließlich das Fragment einer Kalksteinplatte mit figürlichem und floralem Relief, deren Werkstatt mit langobardischen Bildwerken vertraut war (Abb. 118). Die Darstellung von geflügelten Pferden in einem von Wellenranken gerahmten Bildfeld (*locus amoenus*) steht der langobardischen Skulptur wie zum Beispiel den Reliefplatten aus San Salvatore (Bau I) in Brescia und Santa Maria Teodote in Pavia aus der ersten Hälfte oder der Mitte des 8. Jahrhunderts nahe (Abb. 117).[23] Vermutlich handelt es sich um ein nach Motivvorlagen gearbeitetes Werk, das die Rezeption der qualitativ hochstehenden langobardischen Kunst nach 774 zum Ausdruck bringt. Das Werkstück zeigt exemplarisch, dass Antikenrezeption ein Element eines komplizierten Aneignungsprozesses war, der ebenso die Architektur und Kunst des 6. bis 8. Jahrhunderts einschloss, in der sie tradiert, variiert und fortentwickelt worden ist. An ihrem neuen Bestimmungsort Ingelheim am Rhein sind diese Spolien schließlich in Nachbarschaft zu originär karolingischen Werkstücken versetzt worden. Dazu zählen beispielsweise Kämpfer mit fächerförmig angeordneten Kanneluren

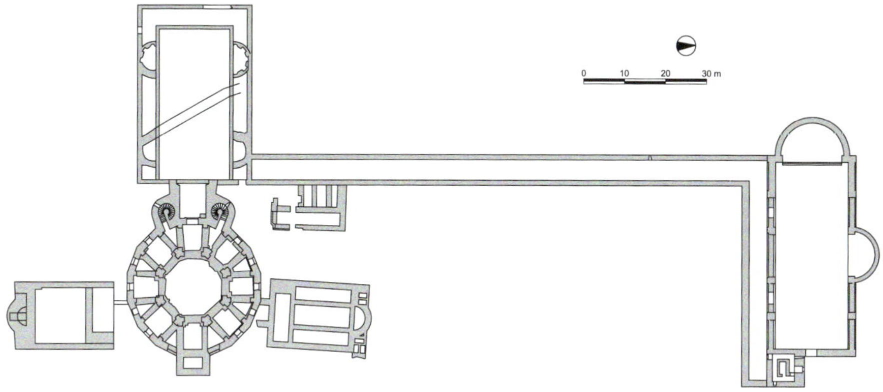

und profilierte Kämpferplatten. Die Zuweisung der fast ausnahmslos in sekundären Kontexten überlieferten Bauskulptur zu einzelnen Pfalzgebäuden ist nicht mehr möglich. Daher entzieht sich das bauteilbezogene Nebeneinander der Spolien und der karolingischen Skulptur bedauerlicherweise einer konkreten Vorstellung.

Beide für diese Darstellung ausgewählten Bauwerke, der monumentale Halbkreisbau und die residentielle Aula, lassen übereinstimmend die Fusion von antiken mit zeitgenössischen Bauideen als ein dominantes Prinzip im karolingischen Architekturentwurf erkennen. Von dieser Feststellung ausgehend drängt sich die Frage nach der Intention und Wirkungsabsicht auf. Sie ist vom Baubefund ausgehend nicht zu beantworten. Aber der Gesamtbefund kultureller, politischer und religiöser Strömungen am Ende des 8. Jahrhunderts verdeutlicht, dass Antikenstudium und -rezeption ebenso wie interkulturelle Aneignungsprozesse gewissermaßen eine Grundhaltung der höfischen Bildungselite und Karls des Großen spiegeln.[24] Die Vermutung liegt nahe, dass es diese Kennzeichen des neuartigen Bauprogramms und die aufwendige Realisierung waren, die das Interesse Einhards an der Ingelheimer Pfalz weckten, deren Bau er als Autor der Biografie Karls des Großen erwähnt. Denkbar auch, dass Einhard in die Planung eingebunden war, sei es aufgrund seiner künstlerischen Kompetenz, sei es ganz allgemein aus seiner führenden Position am Hof heraus.[25] In seiner Aufzählung von Bauten, die Karl der Große errichten ließ, wird Ingelheim am Rhein neben der Pfalz Nimwegen in Kapitel 17 der *Vita Karoli Magni* mit der Nachricht bedacht: „Auch herrliche Paläste baute er, einen nicht weit von der Stadt Mainz bei dem Hofgut Ingelheim […].“[26]

Pfalz Aachen

Marienkirche

Unter den von Einhard genannten Bauten ist auch die Marienkirche der Pfalz Aachen (Abb. 119 und 120). Diese Pfalzkapelle, die beiden vorgenannten Pfalzanlagen und eine

119 Baubestand der Aachener Pfalz zur Zeit Karls des Großen

120 Aachener Dom mit der Pfalzkapelle

121 Oktogon der Aachener Pfalzkapelle

122 Innenraum der Kirche San Vitale in Ravenna

123 Innenraum der ehemaligen Kirche Hagia Sophia in Istanbul

Rheinbrücke in Mainz werden in der *Vita* Einhards aus einem zeitlichen Abstand von ungefähr 25 Jahren als Bauleistungen Karls des Großen gerühmt.[27] Noch an einer zweiten Stelle geht der Biograf auf die Marienkirche ein, die aus bauhistorischer Sicht zugleich problematisch und hochinteressant ist. In Kapitel 26 schreibt Einhard: „Da er die Säulen und Marmorplatten für die Kirche anderswoher nicht bekommen konnte, ließ er sie aus Rom und Ravenna herbeischaffen."[28] Hier liegt der höchst seltene Befund vor, dass die Spoliierung von Baumaterial orts- und bauwerksbezogen zum Gegenstand der Überlieferung wurde und das Material selbst identifizierbar ist. Einhard liefert auch eine Begründung für die aufwendige transalpine Beschaffung: Es sei nichts entsprechend Kostbares andernorts zu finden gewesen. Auch die Säulenbasen und -kapitelle sind teils Spolien, die neben für den Bau geschaffenen Werkstücken in antikisierender Stilistik versetzt worden sind.[29] Dieses Ensemble von insgesamt 32 Säulen ist das dominierende Architekturmotiv des Innenraums. Durch sie erhält der obere Umgang eine Betonung der vertikalen Achse, die den Zentralraum eindrucksvoll hoch erscheinen lässt. Durch Fenster in der sechzehneckigen Außenwand des Umgangs, vor allem aus den Fenstern der Tambourzone, erhielten die kostbaren Preziosen Licht, das die selten in Säulenform anzutreffende Farbigkeit von Buntmarmoren und *Porfido* beleuchtete.
Die Vertikalisierung gipfelt 30 Meter über dem Boden im Kuppelscheitel des Oktogons (Abb. 121).[30]
Neben dem Bericht Einhards weist ein zweiter Überlieferungsstrang auf Ravenna als Herkunftsort kostbarer Spolien hin. Es ist die in Auszügen erhaltene Korrespondenz zwischen Papst Hadrian I. und Karl dem Großen, in der die päpstliche Erlaubnis zum Ausbau von Marmor und Mosaiken aus dem ehemaligen Exarchenpalast dokumentiert ist. Warum sich der Vorgang überhaupt im Briefwechsel niederschlug, ist nicht klar zu erkennen. Karl der

Große, nicht der Papst, verfügte *de iure* und *de facto* über Ravenna, dem ebenfalls ein Reiterstandbild Theoderichs entnommen wurde. Was immer die Gründe sind, war der Briefwechsel auch dazu geeignet, den Spolien durch Verschriftlichung des Vorgangs eine Expertise über ihre Herkunft auszustellen. Unstrittig ist Ravenna ein zentraler Bezugspunkt der Bautätigkeit in Aachen gewesen. Hierin stimmen die Schriftquellen mit dem Gesamtbefund des Bauwerks überein. Der doppelgeschossige überkuppelte Zentralbau, bis Aachen ein Solitär in der frühmittelalterlichen Architektur nördlich der Alpen, ist nach Grund- und Aufriss bis hin zu einzelnen Architekturmotiven mit San Vitale (Weihe 547) verwandt (Abb. 122). Der verzweigte Vorbildkreis der Marienkirche ist vielfach der Gegenstand ausführlicher Untersuchungen gewesen. Hier ist der Hinweis entscheidend, dass sich der Bauplan San Vitales von der Hagia Sophia als der Palastkirche des oströmischen Kaiserhofs ableitet (Abb. 123), wie der Kunsthistoriker und Mittelalterarchäologe Matthias Untermann mit eindeutigen Belegen in den Bauwerksbefunden herausgearbeitet hat.[31] Auf eine Neuvermessung und Studien zum Maßsystem gestützt hat die Bauforscherin Ulrike Heckner jüngst auf Verwandtschaften im Proportionsschema der Pfalzkapelle und römischer Kuppelbauten hingewiesen.[32] Seit den Ausgrabungen von Andreas Schaub im Umgang des Oktogons und den neuesten bauhistorischen Untersuchungen durch Ulrike Heckner, Helmut Maintz und andere ist die Datierung der Gründungsperiode der Kapelle durch neue Funde und dendrochronologische Analysen mit starken Argumenten aus dem Baubefund heraus als vorläufig geklärt zu betrachten.[33] Die Eichenpfahlgründung der Fundamente datiert den Baubeginn

798 plus/minus 5 Jahre, der hölzerne Ringanker der Kuppel die Einwölbung auf 803 plus/minus 10 Jahre. Damit ist endlich ein tragfähiges Gerüst für die Einordnung der Kapelle in die späteren Regierungsjahre Karls des Großen gegeben. Der Baubeginn der Kapelle fällt anscheinend mit der wachsenden Bedeutung Aachens als Aufenthaltsort ab 794 zusammen.

Aula Regia

Rekonstruktionsmodelle und -zeichnungen, die seit jeher im Kernbestand unverändert das Gegenüber von Marienkirche und Aula Regia abbilden, lassen naturgemäß den Überlieferungsumfang außer Acht. Daher ist der Hinweis wichtig, dass die bis zur Kuppel erhaltene Marienkapelle auch hinsichtlich ihrer Überlieferungsqualität eine seltene Ausnahme darstellt. Vom Granusturm abgesehen sind Reste des Aufgehenden nur vereinzelt, etwa im Bereich von Atrium und Portikus zu finden, alle übrigen Pfalzgebäude sind nur im Fundament überliefert. So ist es zu erklären, dass die Rekonstruktionsversuche zur Aula Regia mit wachsenden Anteilen der Archäologie zu ganz unterschiedlichen Lösungen geführt haben. Erst 2013 wurde die Existenz der Südkonche aufgrund der Neuauswertung älterer Grabungsunterlagen infrage gestellt.[34]
Unter dem gotischen Rathaus sind die Fundamente der Aula Regia im Keller und in der Sockelgeschossebene überliefert (Abb. 124). Das Gebäude gliederte sich in den Rechtecksaal von 47,4 × 20,8 Metern und eine auf der westlichen Schmalseite angeordnete Apsis mit einem Radius von 8,9 Metern, deren Breite nur um Mauerstärke gegenüber dem Saal reduziert ist. Auch die nördliche Langseite verfügte über eine Apsis, die in der Mittelachse angeordnet war. Die Eingänge sind nicht lokalisiert und entsprechende Rekonstruktionsvorschläge spekulativ, so lange ist in der Frage Längs- oder Quererschließung kein Urteil möglich.[35] Der Fußboden der Aula war in der Westapsis um circa 0,45 Meter gegenüber dem Saalboden erhöht.[36] Das Bodenmaterial und alle übrigen Teile der Raumausstattung sind bei der Schachtung des Rathauskellers aber restlos vernichtet worden. Etwa 13 Meter über der Fußbodenhöhe verläuft ein schmaler Durchgang zwischen Granusturm und Aula. Vielleicht der Übertritt auf hölzerne Galerien am Außenbau, die als Revisionsgänge dienten. Ob die Aula ein- oder doppelgeschossig war, ist derzeit nicht zu entscheiden. Gerade die auf dem Vergleich mit der Trierer Basilika beruhende Rekonstruktion des Architekten und Bauhistorikers Leo Hugot postuliert Eingeschossigkeit (Abb. 206, S. 287).[37]
Demgegenüber hat der Kunsthistoriker Manfred Luchterhand die formale Verwandtschaft der Aachener Aula mit trikonchialen Bauten besonders gewürdigt.[38] Sie hat wiederum Vorbilder unter den spätantiken Bauten, vor allem aber signifikante Übereinstimmungen mit der kurz vorher oder zeitgleich entstehenden Aula im Palast Leos III. im Lateran zu Rom. Zu deren Kennzeichen zählt die Doppelgeschossigkeit.[39] Für den Aachener Gesamtbefund ist der Vergleich deshalb von größtem Interesse, da das Leo-Triklinium vom Kaiserpalast in Konstantinopel beeinflusst war und eine Rezeption der byzantinischen Hofkultur im päpstlichen Zeremoniell um das Jahr 800 darstellt.[40] Sollten sich diese Hinweise bei den laufenden Untersuchungen im Befund verdichten lassen, so verfügte die Aachener Pfalz Karls des Großen neben der Marienkapelle über einen zweiten Bau, der eine architektonische Verwandtschaft mit dem Kaiserpalast der oströmischen Hauptstadt aufwies.

Neue Forschungen

Umfang und Qualität der materiellen Überlieferung und der reiche Quellenbefund stehen einer Darstellung der Aachener Pfalz Karls des Großen nur im Streiflicht eigentlich entgegen. Geschieht dies wie hier dennoch, so bedarf es der Begründung. Der Archäologe Sebastian Ristow hat 2012 einen neuen Gesamtplan mit Periodisierung *in statu nascendi* zur Diskussion gestellt, der erstmals die weitreichenden Folgen der aus mehreren laufenden Untersuchungen resultierenden Neudatierungen erkennen lässt.[41] Der hier gezeigte Plan stellt bereits eine Fortschreibung dar (Abb. 125).[42] Zeitgleich hat der Historiker Harald Müller einen Neuansatz der Aachener Pfalzenforschung beschrieben, der sich methodisch am Repertorium *Deutsche Königspfalzen* orientiert.[43] Seit 2010 werden die Aula Regia und der Granusturm neu vermessen und bauhistorisch untersucht. Erste Ergebnisse werden zur Zeit für den Druck vorbereitet.[44] Auf archäologischem Gebiet ist eine zusammenfassende Darstellung der früh- und hochmittelalterlichen Befunde in Vorbereitung, die der Aachener Stadtarchäologe Andreas Schaub bereits grabungsbegleitend in zahlreichen Vorberichten vorgelegt hat.[45] Die Altgrabungen im

124 **Gotisches Rathaus in Aachen**

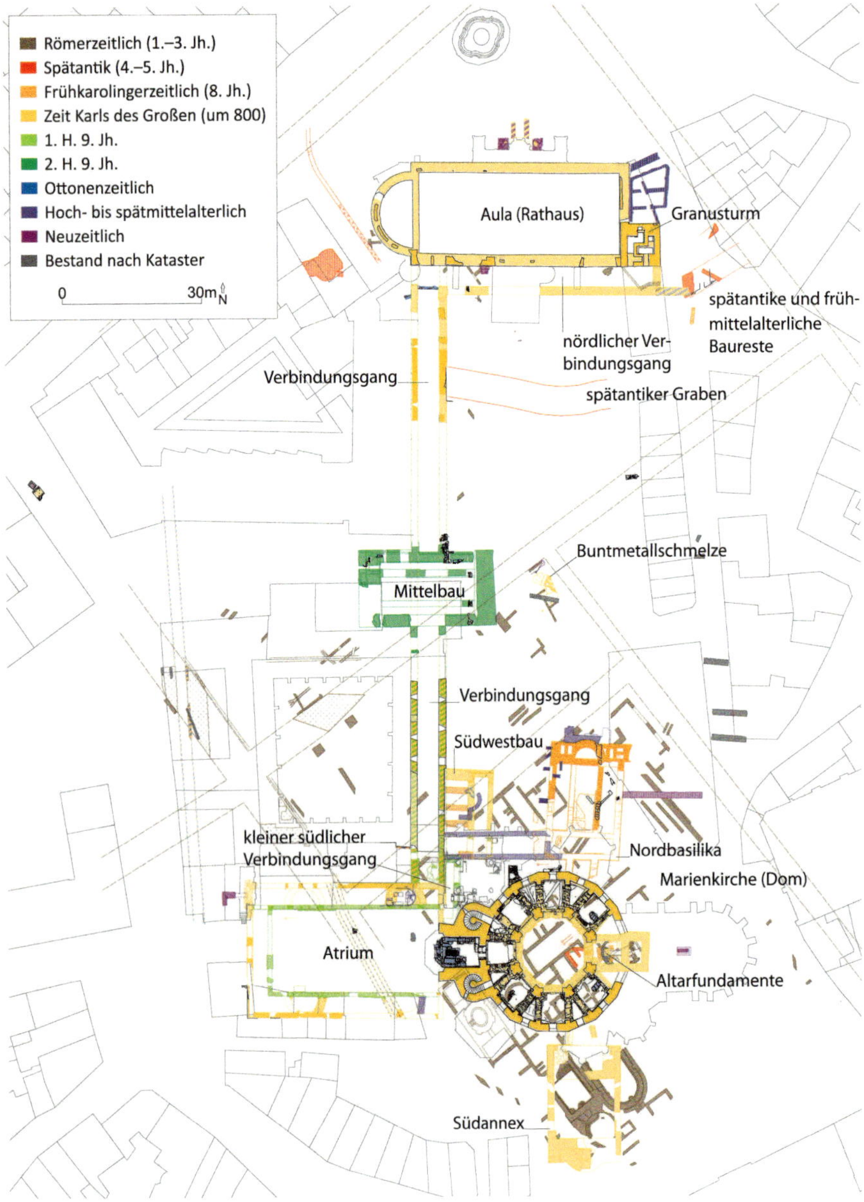

125 Phasenplan der Aachener Pfalz auf dem Stand von 2013 zu den Befunden aus der Zeit Karls des Großen und der Gräber im Gelände zwischen Dom und Rathaus in Aachen

Pfalzbezirk werden systematisch ausgewertet und demnächst publiziert. Alle Bemühungen werden durch die Öffnung des wissenschaftlichen Nachlasses von Leo Hugot zum Zweck der wissenschaftlichen Bearbeitung befördert.[46] So ist zu erwarten, dass schon in naher Zukunft, um im Bild zu bleiben, ein helles Licht auf die Aachener Pfalz Karls des Großen fallen wird.

Pfalz Paderborn

Die Gründung der *urbs Caroli* mit den oberhalb der Paderquellen gelegenen Pfalzbauten in Paderborn fällt in die frühen Regierungsjahre Karls des Großen. Anders als am Rhein und in Aachen war der Pfalzbau Teil einer kolonialistischen Strategie unter abweichenden Voraussetzungen und mit anderem Ziel und Verlauf. Mindestens eine bis in die Fundamente reichende Zerstörung der Aula, der sukzessive Ausbau von Wohn- und Wirtschaftsbauten und ein vollständiger Neubau der Pfalzkirche bis 799 zeigen die hohe bauliche Dynamik im Betrachtungszeitraum an.

Sakralbauten

Die erste Anlage zieht über einen Siedlungshorizont mit Gruben- und Pfostenhäusern hinweg. Sie umfasste zwei Steingebäude, die im Schutz der circa 1 Hektar Fläche umschließenden karolingerzeitlichen Befestigung oberhalb der Paderquellen lagen. Beide sind Rechtecksäle, eng benachbart, jedoch ohne gemeinsame Bauflucht (Abb. 126 und 86, S.126). Die Kirche besaß einen Westbau, in dem schon im ausgehenden 8. Jahrhundert bestattet wurde. Ob es sich darüber hinaus um einen Westbau mit Herrscherempore gehandelt hat, bleibt eine offene Frage.[47] Auch der Ostabschluss ist nicht vollständig geklärt. Ein Mauerwinkel zeigt eine Binnengliederung an, die vielleicht zu einem dreiteiligen Ostabschluss ähnlich einem Dreiapsidensaal gehörte.[48] Die östliche Abschlusswand der Kirche ist aber im Befund nicht erhalten, sodass die Konchen spekulativ bleiben. Zum Jahr 777 ist ein Salvator-Patrozinium überliefert, das übereinstimmend auf diesen Bau bezogen wird. Die Salvatorkirche blieb bis zur Weihe der *Ecclesia mirae magnitudinis* („einer Kirche von erhabener Größe") 799 zugleich Pfalz-, Missions- und Pfarrkirche.

Der zeitlich nachfolgende, südlich neben der ersten Kirche errichtete Bau war eine dreischiffige Basilika von circa 42,7 Metern Länge, die ihrer Größe nach „zu einer mittleren Gruppe von bedeutenden Kathedral- und Kloster-

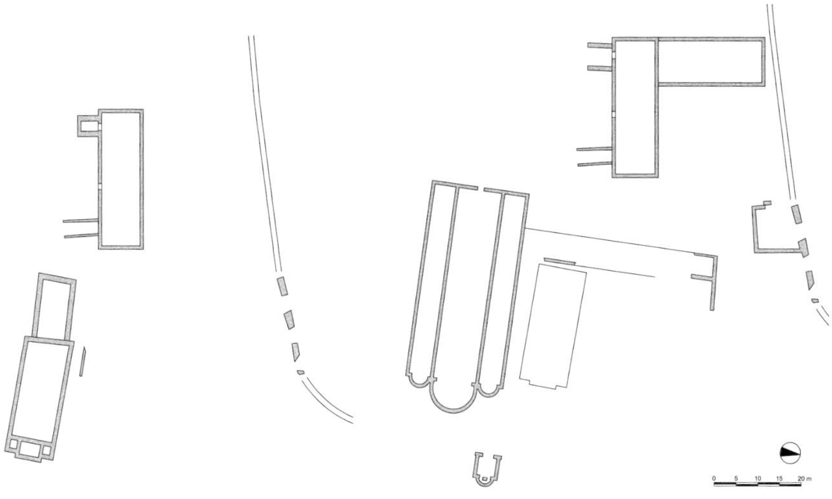

126 und 127 **Baubestand der Phase I (um 778, 780) und der Phase II (um 799) der Pfalz Paderborn**

kirchen" zählt (Abb. 127).[49] Der Ostabschluss ist wiederum nicht gesichert, die Rekonstruktion eines dreiapsidialen Chores hat sich etabliert. Eine im Nachfolgebau III überlieferte Säule, farbiger Wandputz und ein Pfeilerkapitell sind die einzigen Hinweise auf die Bauausstattung. Die Gleichsetzung dieser Basilika mit der *Ecclesia mirae magnitudinis* der *Annales Laureshamenses* und den Ereignissen von 799 ist mittlerweile unbestritten. Demnach war es Papst Leo III., der den Bau vollgültig geweiht hat. Sie ist zugleich die erste Kathedralkirche des 799 oder wenige Jahre später gegründeten Bistums Paderborn. Ihre weitere bauliche Entwicklung lag bald in den Händen der Bischöfe, erstmals nachweisbar am Westquerhaus Badurads, in dem die 836 aus Le Mans nach Paderborn gelangten Liborius-Reliquien verwahrt wurden.

Aula Regia

Das zweite Gebäude ist die Aula Regia, die kurz nach ihrer Errichtung bis in die Fundamente zerstört und in unmittelbarer zeitlicher Folge in gleicher Form und Größe wiederhergestellt worden ist. Das Ereignis wird mit dem Sachsenaufstand von 778 in Verbindung gebracht, in dessen Verlauf die *urbs Caroli* insgesamt mit Zerstörung überzogen wurde. Der 10 × 31 Meter große Bau der Phasen Ia und Ib ist im Fundament und bis zur Höhe von 1 Meter im Aufgehenden erhalten. Nur partiell war hier ein Steinboden verlegt, im Übrigen sind Stampflehmböden nachgewiesen. Zwischenwände deuten eine mehrteilige Binnengliederung an. Diese Befunde gaben den Ausschlag, das Gebäude zweigeschossig zu rekonstruieren. Das untere Sockelgeschoss dürfte 2 bis 2,5 Meter hoch gewesen sein, das obere Hauptgeschoss der Aula entzieht sich dem bauhistorischen Nachweis fast vollständig. Weder Fensterachsen noch die Raumhöhe sind bekannt. Die Funde lassen auf einen Verputz, nicht jedoch auf polychrome Ausmalungen rückschließen. Allerdings deuten je ein Befund der Gründungs- und der Wiederaufbauphase an, dass die südliche Langfront als die repräsentative Hauptfassade der Aula konzipiert war. Ein Vorbau nahe der südwestlichen Gebäudeecke wird als Balkon im Sinne eines repräsentativen Altans gedeutet. In Phase Ib entstand im östlichen Teil der Fassade ein Portal mit Rampe, das einen Zugang in Richtung der Salvatorkirche schuf.
Diese Disposition der Palastaula änderte sich in Phase II (um 800) offenbar nicht. Der Balkon hat vielleicht einen Umbau zum Portal erfahren. Die Nordfassade erhielt einen langrechteckigen Anbau in der Flucht des Westgiebels (Wohntrakt?). Erst in Phase III, der Paderborner Bauchronologie nach also um das Jahr 836, erhielten die Süd- und Westfassade mehrteilige Annexbauten, letztere mit rechteckiger Apsis in der Gebäudemittelachse.

Es hat den Anschein, dass die um 776 ins Werk gesetzte Aula als Kernbau ohne größere Veränderungen bis tief ins 10. Jahrhundert fortbestand.

Unterschiedliche Entwicklungen von Aula und Sakralbauten

Die Pfalzbauten der *urbs Caroli* zu Paderborn sind hervorragend dokumentierte Beispiele von Pfalzenarchitektur im letzten Drittel des 8. Jahrhunderts. Die Bauphasen sind aus Schriftquellen und archäologischen Datierungen ermittelt und zeigen zwei Bauzustände der späten 770er- und 790er-Jahre. In dieser Zeit wird die Pfalzkirche durch einen Neubau vollständig ersetzt. Mit der Größensteigerung hielt ein Bautyp Einzug, der viele bedeutende Kloster- und Kathedralkirchen seit der zweiten Hälfte des 8. Jahrhunderts kennzeichnet: die dreischiffige Pfeiler- oder Säulenbasilika ohne Querarme, vielleicht mit dreiapsidialem Schluss.

Demgegenüber besteht das zweite Element des Bauensembles, die Aula, anscheinend unverändert weiter. Nur die Nordwestecke erfährt durch Anfügung eines quer gestellten Bautrakts eine äußerliche Veränderung. Der Bautyp, ein Rechtecksaal mit sockelartigem Untergeschoss, und die Raumdimensionen des gestreckten Baukörpers (Längen-/Breitenverhältnis 3:1) waren offenbar dazu geeignet, den Anforderungen der zum Ende des 8. Jahrhunderts hin gestiegenen Bedeutung Paderborns Rechnung zu tragen. Ob der Bautyp innovativ war, wie unter Hinweis auf die Zweigeschossigkeit testiert wurde, wird erst zu klären sein, wenn Untersuchungen an Aulen und sonstigen herrschaftlichen Profanbauten des 6. bis 8. Jahrhunderts in größerer Zahl vorliegen.[50] Als zukunftsträchtig hingegen erwies sich die Bauform eindeutig, wie Palas und Saalgeschossbau in der Pfalzen- und Burgenarchitektur des Hochmittelalters nach Zahl und Verbreitung belegen.

Pfalz und Bistum

Die bauvergleichende Betrachtung der Pfalz Paderborn muss die von den vorgenannten Beispielen abweichenden Entstehungskontexte berücksichtigen. Die Gründung der *urbs Caroli* im Gebiet der Sachsen diente der Befriedung, Raumerschließung und Mission. Die Lage der Pfalz innerhalb einer Befestigung war unverzichtbar und kennzeichnend. Dass ihr Bauprogramm weniger aufwendig, beziehungsreich und bedeutungsgeladen erscheint, hat hierin seine Begründung. Auch mit Blick auf die Adressierung der Bauwerke an eine (Teil-)Öffentlichkeit in einer vormals nicht romanisierten Kultur und Umwelt ist zu bedenken. Größe und Monumentalität der Architektur waren hier die möglicherweise wirksameren Zeichen als antikisierende Raumausstattung.[51] Die abweichende Entwicklung von Aula und Kirche ist mit der Förderung des Platzes schlüssig zu erklären, der bald zum Bischofssitz aufsteigen sollte. Die Kirche von 799 wurde vor diesem Hintergrund als Kathedralkirche konzipiert. Wahrscheinlich besaß sie bereits auf der Nordseite eine Klausur. Zwar zeigen die Königsaufenthalte bis weit ins 9. Jahrhundert die Fortdauer der Bedeutung des Platzes auch für den königlichen Hof an, jedoch ist der Aufbau des Bistums um 799 und in der *longue durée* das entscheidende Merkmal, das sich in Phase II baulich widerspiegelt.

Wie der Historiker Caspar Ehlers herausgearbeitet hat, sind karolingische Großbauten wie die Pfalzen Werkzeuge zur Erfassung neuer Räume als deren weltliche und kirchliche Zentren. Diese zentralörtliche Struktur sei letztlich dem römischen Modell der *Civitates* (Städte und Hauptorte mitsamt ihrem Umland) entlehnt und insofern ein Rückgriff auf antike Ordnungsmuster. Damit ist die Rolle der Herrschaftsorte im Prozess der Raumbildung auf den Punkt gebracht, dessen einzelne Aspekte weiterführender Untersuchungen bedürfen.[52]

Vergleiche

Aachen, Ingelheim am Rhein und Paderborn sind diejenigen Plätze, die, durch Überlieferungszufall und Forschungsstand selektiert, vorläufig am besten dazu geeignet sind, die Neuschöpfungen unter den Pfalzen Karls des Großen im Grabungs- und Baubefund zu beschreiben. Geografisch unterscheidet Paderborn die Lage auf neuem Reichsgebiet, das erst nach Errichtung der Pfalzbauten befriedet und sukzessive erschlossen wurde. Aachen und Ingelheim am Rhein hingegen lagen in der alten *Francia* in einer römisch geprägten Kulturlandschaft, die in der Regierungszeit Karls des Großen zu einer Kernzone des Fränkischen Reiches wurde. Erwartungsgemäß unterscheiden sich die Bauprogramme dem geopolitischen Kontext nach deutlich voneinander. Politische Intention und bauliche Form stehen in kausalem Bezug, da die Gründungsstrategie von Pfalz- und Zentralorten an die Funktionalisierbarkeit der Architektur gebunden ist, die wiederum spezifische Formmerkmale aufweist. Für Paderborn ist dies klar herauszuarbeiten gewesen. Wie aber verhält es sich im Fall von Aachen und Ingelheim am Rhein, zwei Plätzen also, die in Nachbarschaft zu spätantiken Bischofsstädten gegründet werden, die zur selben Zeit zu Metropolitansitzen aufsteigen und auch an Sakralbauten und Infrastruktur bedeutenden Aufschwung nehmen?

Bei aller durch die laufende Forschung gebotenen Zurückhaltung im Urteil sind im Vergleich der Pfalzbauten von Aachen und Ingelheim am Rhein neben gewissen Übereinstimmungen in den Grundformen und auf der basalen Bedeutungsebene vor allem signifikante Unterschiede zu konstatieren. An erster Stelle ist auf die Sakralbauten hinzuweisen, deren Form, Maß und Lage gänzlich abweichende Nutzungskonzepte zugrundeliegen. Die Marienkapelle ist doppelgeschossig, für die Zentralbauform vergleichsweise geräumig und durch die räumliche Verbindung zu Annexbauten und dem großen Atrium selbst für Synoden dienstbar zu machen. Demgegenüber findet sich im Bauverband der Pfalz Ingelheim am Rhein nur eine Kleinkirche, vermutlich ein trikonchialer Bau, der die herrschaftliche Andachts- und Gebetskapelle gewesen sein dürfte.[53] Der Sakraltopografie

128 Sakraltopografie der Pfalz Ingelheim mit Sankt Remigius (7. Jahrhundert), Sakralbau I (um 800), Sakralbau II (undatiert), Saalkirche (10. Jahrhundert)

liegt eine völlig andere, historisch gewachsene Konzeption zugrunde, denn als Hauptkirche diente bis ins 10. Jahrhundert die 400 Meter entfernt gelegene Sankt Remigiuskirche (7. Jahrhundert/um 700), die Bestandteil der merowingerzeitlichen Siedlungsurzelle Ingelheims war (Abb. 128).[54] Während im Aachener Bauplan die Dichotomie von Königshalle und Sakralbau an den Endpunkten einer Zentralachse das dominante Ordnungsschema bildet, tritt in Ingelheim am Rhein ein profan gewidmetes Ensemble neben den bestehenden Sakralbezirk um Sankt Remigius.

Achs- und Flügelbauweise bedingen ganz eigene Gebäudeanordnungen, die in Ingelheim am Rhein zur Ausbildung großer Innenhöfe führten. Ihre Einfassung durch Säulengänge und die aufwendige Halbkreisform des Exedrahofs akzentuieren diese Flächen, die gleichgewichtig wie die Bauglieder das Gesamterscheinungsbild prägten. Dadurch erhielt das Bauensemble eine antike Anmutung, die römischen Foren, Palästen und Villen ähnlich war. Die Häufigkeit der Verwendung von Kreis- und Halbkreisformen im Grundriss der Bauten und das Streben nach Größe und Bauvolumen unterstreichen diese Wirkungsabsicht. Analog zu den Gesamtanlagen spiegeln die Aulen unterschiedliche Konzepte wider. Die seitlich angeordnete Nebenapside der Aachener Halle ist mit der trikonchialen Bauform im Lateranpalast Leos III. verwandt, die ihrerseits Bezüge zum oströmischen Kaiserpalast aufwies. Doppelgeschossigkeit könnte in Aachen vorgelegen haben, während der Ingelheimer Bau sicher eingeschossig war.

Die vergleichende Beschreibung beider Pfalzanlagen wird in Zukunft mehr Erkenntnisse fördern als heute, da beide Pfalzen der Gegenstand laufender Forschung sind.[55] Gemeinsam ist den Bauplänen ein zugrunde liegendes Bezugssystem, das kulturelle Einflüsse aus allen Teilen des Fränkischen Reichs, Roms und im Falle Aachens auch Konstantinopels rezipiert und in einer innovativen Architektursprache zum Ausdruck bringt. Genau diesen Prozess spiegeln die Schriftquellen der Zeit. Dass sie für Aachen allerdings reicher sprudeln, darf schon als Hinweis darauf gewertet werden, dass die Pfalz eine besondere Wertschätzung zumindest der sich literarisch betätigenden Elite am Hof Karls des Großen erfuhr, die teils aus der Erinnerung, teils schon baubegleitend berichtete.

Antikenrezeption und die Rezeption frühmittelalterlicher (Bau-)Kunst vor allem Oberitaliens ist das beide Pfalzen kennzeichnende Merkmal. Der Befund liefert Belege auf der Ebene der Bauformen, der Bautechnik und im Spoliengebrauch. Welche Aspekte dieser Kulturen wurden rezipiert und welcher semiotische Systemcharakter liegt zugrunde? Hierzu liefert Einhard wie oben dargelegt den Hinweis, dass die für die Marienkirche in Aachen vorgesehene Bauausstattung andernorts als in Ravenna und Rom nicht zu beschaffen war, woraus auf eine primär von der Ästhetik und der Werthaltigkeit des Materials beeinflusste Motivation zu schließen ist. Carrara- und exklusive Buntmarmore, *Porfido rosso* und *Porfido verde antico,* bezeugen ein hoch konditioniertes Qualitätsbewusstsein, das auf Ästhetik und Exklusivität zielte. Zur Herstellung dieser Exklusivität waren hohe Aufwendungen erforderlich, die in der höfischen Binnenkommunikation und Historiografie intentionell ihren Niederschlag fanden. Der Bezug Aachens auf Rom etwa ist durch die Nachrichten zum Spolientransfer und zugleich durch die Kennzeichnung der Aachener Pfalz mit der Formel „Roma secunda“ und durch die analoge Verwendung der Bezeich-

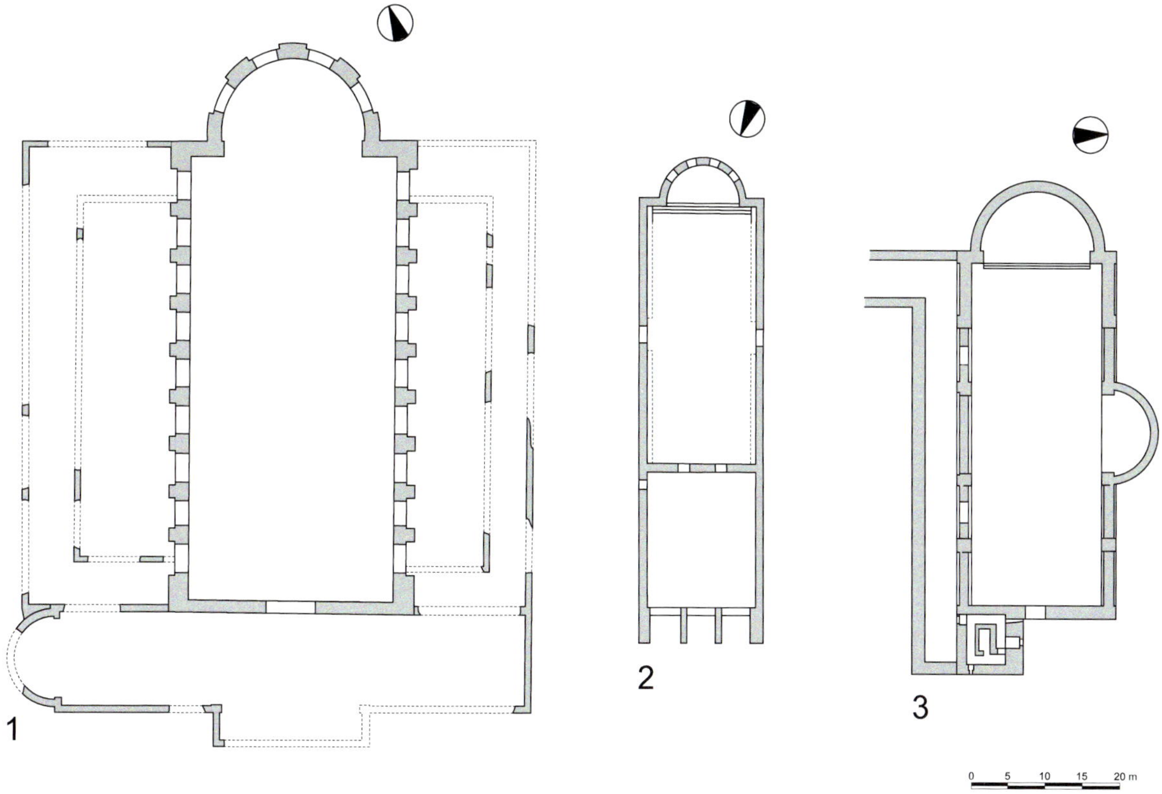

nung „Lateran" fassbar.[56] Über den durch voneinander unabhängige Überlieferungsstränge belegten Einzelfall hinaus zwingen Quellenlage und Forschungsstand vorläufig zu kritischer Sehweise und vorsichtigem Urteil. Dass die Herkunftsorte der Spolien von systemischer Relevanz waren in dem Sinne, dass bestimmte Gebäude (und gar ihre Auftraggeber) rezipiert werden sollten, ist eine spekulative Annahme, denn weder sind die Vermittlungswege der Werkstücke noch ihre Herkunftsorte im späten 8. Jahrhundert bekannt. Oft wird man über die Feststellung der Zeichenhaftigkeit an sich nicht hinauskommen und historische oder kulturelle Bezüge nicht dechiffrieren können. Doch unbestritten ist das Streben nach Aufwand und Exklusivität, das auch die Bautechnik kennzeichnet. Aufwendige Gewölbe- und Kuppellösungen (Marienkirche Aachen) und der Nachbau antiker Fernwasserleitungen (Wasserkanal Ingelheim am Rhein) belegen die hohe Kompetenz bei der Lösung technischer Anforderungen, die die neue Herrschaftsarchitektur im Reich Karls des Großen stellte.

Antike Städte im Frühmittelalter

Vorbildgebende Bauwerke und Anschauungsobjekte waren auch in den antiken Städten der germanischen Nordprovinzen zu finden. Die formalen und funktionalen Übereinstimmungen der Aula Regia Karls des Großen in Ingelheim am Rhein mit der Palastaula in der Kaiserresidenz zu Trier sind evident und in der Forschungsliteratur vielfach aufgezeigt worden (Abb. 129).[57] Vor zu weit gehenden Schlüssen muss dennoch gewarnt werden. Denn von der topischen Bezugnahme auf Konstantin abgesehen lassen sich keine weiteren Hinweise finden, auch ist die Bauform des Apsidensaals bei Weitem nicht auf die Kaiseraulen der Antike beschränkt. Allerdings vermittelte das noch im Hochmittelalter von einer besonderen Antikennähe ausgezeichnete Trier das Bild einer Residenzstadt der Spätantike und seiner baulichen, funktionalen und repräsentativen Ausstattung. Trotz drastischer Reduzierung der Bevölkerungszahlen waren etwa Trier, Köln und Mainz keineswegs zu ummauerten Dörfern heruntergekommen. Sie waren immer noch vergleichsweise bevölkerungsreich, verfügten als religiöse Zentren

129 Grundrissvergleich der konstantinischen Palastaula in Trier (1), der Aula zu Ingelheim (2) und der Aula in Aachen (3)

über zentrale Orte der Reliquienverehrung mit bedeutenden Kirchen und Klöstern und selbst als Handelsplätze nahmen sie Aufschwung. Am Beispiel von Mainz wird die Dynamik der Stadtentwicklung in der Zeit Karls des Großen deutlich. Die spätantike *Memoria* über dem Grab des heiligen Alban wird zu einem bedeutenden Reichskloster ausgebaut, dessen dreischiffige Basilika zu den größten Kirchenbauten des Frühmittelalters zählt (Weihe 805), zur Rheinquerung wurde eine hölzerne Brücke errichtet, die in der *Vita Karoli magni* gerühmt wird, 782 wird der Bischofssitz zum Erzbistum erhoben und vor 813 als Metropolitansitz ausgezeichnet. Alle Maßnahmen sind mit Karl dem Großen als Bauherr und Förderer in Verbindung zu bringen, der hier auch seine 794 verstorbene vierte Ehefrau Fastrada beisetzen ließ.[58] Hierbei kommen zwei Motivationen zur Geltung: Erstens vermittelten diese Städte eine Vorstellung von *Romanitas* als Zivilisationsform. Dabei ist anscheinend aus der Perspektive um 800 das Moment der Urbanität kein zentrales Anliegen, wohl aber die Baukunst an sich in formaler und technischer Hinsicht. Zweitens lieferten sie auch das Material, das für die Aufwandsarchitektur der karolingischen Pfalzen benötigt wurde. Schon beim heutigen Kenntnisstand kann herausgearbeitet werden, wie stark die Bedeutung Triers in dieser Hinsicht war, dessen bedeutender städtebaulicher Aufschwung durch die Förderung der konstantinischen Familie im 4. Jahrhundert und die Verlegung der Kaiserresidenz zur Demonstration römischen Palastbaus, römischer Technologie und von römischem Bauluxus geeignet war. Der Historiker Lukas Clemens hat in zahlreichen Einzelbelegen das Fortbestehen der antiken Großbauten herausgearbeitet und Nachweise nicht nur für die allgegenwärtige Präsenz von Antike, sondern auch deren Wertschätzung und Aneignung bis weit ins Hochmittelalter erbracht. Die Pfalz Ingelheim am Rhein zeigt beispielhaft, wie das bauliche Erbe der (Spät-)Antike auf die Herrschaftsarchitektur der Karolingerzeit einwirkte. Es beeinflusste die Gebäudeformen wie im Fall der Aula Regia, die das funktionale und repräsentative Zentrum der Pfalz Ingelheim am Rhein bildete. Es fand nicht nur konzeptionell, sondern auch materiell Eingang in den Baubestand, indem Teile der Bauausstattung aus antiken Ruinen entlehnt wurden. Schließlich wurden technische Bauwerke rezipiert, deren Zweck und Funktionsweise neu entdeckt wurden und die – so müssen wir für die Fernwasserversorgung beim derzeitigen Forschungsstand annehmen – erstmals in Ingelheim am Rhein als Neubauten in die frühmittelalterliche Architektur eingeführt worden sind. Deutlich stellen auch die *Annales Laureshamenses* im frühen 9. Jahrhundert auf die antiken *Sedes* als kaiserliche Regierungssitze des Weströmischen Reichs ab, deren Besitz und faktische Verfügungsgewalt als Argument für den imperialen Charakter der Herrschaft Karls des Großen bereits vor 800 benutzt wird.[59] Überhaupt dürften von den (spät-)antiken Städten diejenigen mit vormals residentieller Funktion im Mittelpunkt des Interesses der karolingischen Planer und ihres Bauherrn gestanden haben. Dass dieses Interesse im engeren Sinn auf die Palastbezirke der Residenzstädte fokussiert geblieben wäre, ist nicht zu erkennen. Gleichwohl liegen keine Anzeiger dafür vor, dass explizit römische Stadtkultur rezipiert wurde. Sie wird durch die Bevorzugung nicht städtischer Plätze bei der Ortswahl neu zu gründender Pfalz- und Zentralorte der Karolingerzeit nicht eben wahrscheinlich.

Tradition – Rezeption – Innovation

Es sind nicht die antiken Städte und ihre überlieferten Paläste, in denen der karolingische Hof um 800 heimisch wurde, sondern Neuschöpfungen, die aus einem Geflecht kultureller Einflüsse und Rückbezüge an Plätzen mit unspezifischer siedlungsgeschichtlicher Vorprägung hervorgegangen sind. Im Unterschied zur Merowingerzeit wurden bevorzugt neue Herrschaftsorte und -paläste errichtet, die zum Beispiel quer zu einem bestehenden Siedlungsraster (Aachen), in Höhenlage über der antiken Stadt (Nimwegen) oder im räumlichen Kontext einer frühmittelalterlichen Siedlung vor den Toren der Bischofsstadt Mainz lagen (Ingelheim am Rhein). Der Rezeptionsprozess erschöpfte sich demnach nicht in Aneignung und Fortnutzung, sondern bildete den Ausgangspunkt einer neu gebauten, mit spezifischen Wirkungsabsichten ausgestatteten Umwelt an den neuen Orten der Macht im Karolingerreich.

In ihnen spiegeln sich die neuerdings im fränkischen Großreich zusammengefassten Kulturen durch ihre sichtbare Einflussnahme auf die Pfalzen, ihre Gebäude und Bildwerke, die erstens durch formale und stilistische Aneignungen und zweitens durch Spoliierungen erreicht wurde. Romorientierung spielt hierbei eine Rolle, doch der Einfluss ist klar multikulturell und geht sowohl von den eroberten Gebieten wie von den Nachbarreichen aus. Teils hatten diese eine zentrale Rolle als Vermittler antiker Baukunst, wie an erster Stelle das *regnum Langobardorum*.[60] Die Bauform der Aachener Marienkirche, unter Umständen auch die der Aula Regia können darüber hinaus möglicherweise als Orientierung am oströmischen Kaiserhof gewertet werden. Vielleicht gehört in diesen Kontext auch die Entwicklungstendenz hin zu einer festen Residenz in Aachen.

Konkrete Vorbilder können, müssen aber nicht die entscheidende Rolle spielen, denn auch die Suche nach singulären Lösungen kann ein Ziel sein, das gut zur Innovationsfreude der Bauprogramme passt. Wie es der Hadriansbrief zeigt, war die Spoliierung auch als Vorgang an sich höchst bemerkenswert und ist ein Zeugnis elitärer Binnenkommunikation zwischen Krone und Kurie. Die intellektuelle Konditionierung am Hof Karls des Großen verlieh dem Besonderen und Exklusiven Bedeutung und Wertschätzung. Sie war zugleich eine erfolgreiche Strategie des interkulturellen Austausches, der sich sogar materialisierte: Die Porphyrsäulen aus Ravenna oder Rom, die im Frankenreich hergestellte Grabplatte aus schwarzem Marmor für Papst Hadrian I., Gesandtschaftsgeschenke wie das kostbare Zelt des galizischen Königs, der weiße Elefant Hārūn ar-Rašīds oder die testamentarische Zueignung der silbernen Kartentische Karls des Großen an die Bischofskirchen in Ravenna und Rom wären unter anderen Vorzeichen inkommensurabel gewesen.

Fast überrascht es, dass eine programmatische Anknüpfung an die imperiale Tradition der römischen Kaiserzeit in der Pfalzenarchitektur Karls des Großen nicht nachzuweisen ist.[61] Die Baudaten würden eine Planung lange Zeit vor dem ersten kaiserlich motivierten Text voraussetzen, als der die *Libri Carolini* (um 794) gelten. Auch ohne diese Konnotation hat die Rezeption von Antike und ihrer Transformation in der justinianischen und langobardischen Kunst in den Pfalzbauten von Aachen und Ingelheim am Rhein zwei besonders eindrucksvolle Herrschaftszeichen Karls des Großen geschaffen.

Die „islamische" Stadt[1]

Peter Feldbauer/Ilja Steffelbauer

Die islamisch geprägten Gesellschaften Westasiens und Nordafrikas erfuhren vom 7. bis zum 11. Jahrhundert einen bemerkenswerten Aufschwung städtischen Lebens. Dieser basierte zum einen auf der großen Bedeutung von Handel und Gewerbe, zum anderen stützte er sich auf einen in den landwirtschaftlichen Gunstregionen sehr leistungsfähigen Agrarsektor, der die im Kalifat sowie in regionalen Herrschaftsstrukturen zusammengeschlossenen Gesellschaften prägte. Auffälliger ist dieser Aufschwung noch, wenn man ihn mit dem weitgehenden Verfall des Städtewesens in Westeuropa und zum Teil im byzantinischen Nachfolgestaat des vormaligen Römischen Reiches vergleicht.[2] Infolge der hohen Zahl arabischer beziehungsweise persischer Städte und deren im Vergleich zum europäischen Niveau bisweilen erstaunlichen Größe wird der Islam oft geradezu mit Urbanismus gleichgesetzt. Dies mag angesichts der langen urbanen Vorgeschichte des Nahen Ostens und Nordafrikas nicht erstaunen. Der Fruchtbare Halbmond und die Levante gelten ja als die Wiege der städtischen Lebensweise an sich (Abb. 47, S. 64/65).[3] Und auch Nordafrika wies mit Alexandria, Cyrene, Leptis Magna und Karthago bemerkenswerte Zentren antiker Urbanität auf. Die vor allem auch in der frühen Phase bedeutsame tribale und nomadische Komponente der islamischen Gesellschaft tat dem keinen Abbruch; hatten doch im Kernland des Islam Oasenstädte und Hirtennomaden schon lange in fruchtbarer Symbiose existiert. Selbstverständlich lebte in den vormodernen Gesellschaften Westasiens und Nordafrikas, wie überall in der Welt, nur eine Bevölkerungsminderheit in den Städten. Längst nicht so selbstverständlich ist dagegen, dass es abgesehen von China nirgends so viele große Städte gab.[4] Zwar gehen die Schätzungen auseinander, nicht ausgeschlossen erscheint indes, dass Fustāt/Kairo nach der Jahrtausendwende eine Viertelmillion Einwohner hatte. Im Fall der Abbasidenhauptstadt Bagdad scheint die Annahme des Historikers Jacob Lassner von etwa 300 000 plausibel. Ins Reich der Fantasie gehören aber sicher Schätzungen, die für Bagdad und die weiter nördlich gelegene Residenzstadt Sāmarrā[5] Bevölkerungszahlen von bis zu zwei Millionen zulassen. Córdoba im prosperierenden Andalusien, Sitz eines Gegenkalifats, mag ebenfalls eine Stadt in den Dimensionen von Bagdad oder Kairo gewesen sein. Die Gruppe der gegenüber diesen Metropolen deutlich kleineren, gemessen an europäischen Verhältnissen aber immer noch sehr bevölkerungsreichen Städte ist naturgemäß umfangreicher. Wobei viele der in der Literatur gebotenen Einwohnerzahlen um das Zwei- bis Dreifache zu hoch liegen dürften. Kufa, eine Stadt am Ufer des Euphrat, soll nach solch überzogenen Schätzungen bis zu 400 000 Einwohner gehabt haben. Für das frühislamische Basra im Süden des heutigen Irak oszillieren die Angaben zwischen 200 000 und 600 000, für Nischapur zwischen 100 000 und einer nur schwer glaubhaften halben Million. Im Fall von Aleppo und Damaskus scheint es relativ plausibel, nach der Jahrtausendwende von Bevölkerungszahlen zwischen 50 000 und 100 000 Einwohnern

130 Moschee in Aleppo

auszugehen. Schätzungen für die Handelsmetropole Samarkand im heutigen Usbekistan reichen bis zu einer halben Million, sind aber sicherlich ein Fantasieprodukt und ähnlich verhält es sich mit anderen iranischen und zentralasiatischen Städten.[5]

Brüche und Kontinuitäten

Im Zuge der Erforschung des Verlaufs und der Dimensionen der Verstädterung in den frühen Jahrhunderten des Kalifats gingen die Meinungen bisweilen weit auseinander. Während manche Autoren auf die rege Städtegründungstätigkeit der muslimischen Eroberer verwiesen, blieb für andere die Errichtung von Garnisons- und Palaststädten eher die Ausnahme, die keinen allgemeinen Urbanisierungsschub bewirkte.[6] War in einem Fall vom Glanz der städtischen Zivilisation, von der Blüte von Handel und Gewerbe die Rede, so wurde umgekehrt auf den Verfall der baulichen Pracht antiker Metropolen, auf administrative Inkompetenz und mangelnde ästhetische Sensibilität der neuen Eliten verwiesen.[7]
Mittlerweile darf das positivere Bild der islamischen Stadt des Mittelalters als allgemein anerkannt gelten.[8] Trotzdem ist es immer noch hilfreich, ein sowohl vereinfachtes als auch zugespitztes Modell der islamischen Stadt aus einem Teil der Standardliteratur zusammenzutragen. Nach diesem Modell waren die Städte in Nordafrika, West- und Zentralasien zwar eminente Zentren des religiösen, kulturellen und kommerziellen Lebens, die starken nomadischen Traditionen, das islamische Gesetz sowie die Spezifika der politischen und militärischen Verwaltung hätten jedoch die Dynamik der Sozialentwicklung blockiert und die Emanzipation von der Zentralgewalt verhindert. Nicht Schichten oder Klassen gliederten nach diesem Konzept die städtische Gesellschaft, sondern scharf voneinander abgegrenzte Quartiere, die geografische, administrative sowie häufig auch religiöse und/oder ethnische Einheiten darstellten. Parteigeist und Konflikte zwischen den Quartiereliten hätten den politischen Alltag geprägt. An autonome Verwaltung wäre unter solchen Umständen gar nicht zu denken gewesen. Die interne Schwäche und das politische Machtvakuum der Städte erlaubten es den durch starken Gruppenzusammenhalt gekennzeichneten Beduinen in periodischen Abständen, in die Positionen der urbanen Eliten vorzurücken. So lautet die Standardinterpretation der Orientalisten, die in diesem Punkt einer etwas modifizierten Variante der Theorien des im 14. und frühen 15. Jahrhundert lebenden Historikers und Politikers Ibn Chaldūns folgt.[9]
Ungeachtet lokaler Variationen sollen topografisch-soziale Fragmentation, Mangel an bürgerlich-kommunalen Institutionen, die Nichtexistenz von Zünften und Gilden sowie politische Impotenz einander verstärkt haben, wodurch praktisch alle Städte entweder des Schutzes der Zentralgewalt oder, in Phasen politischer Instabilität, eines Beduinenverbandes bedurften.[10] Die Auffassung der Historiker Claude Cahen und Michael Brett, wonach die Städte des Kalifats und seiner Nachfolgestaaten bis weit nach der Jahrtausendwende kaum weniger Eigenleben und Autonomie besaßen als ihre europäischen Gegenstücke, erscheint da weit mehr plausibel.[11]
Die Herausarbeitung eines spezifisch islamischen Stadttyps ist in aller Regel in mehrfacher Hinsicht fragwürdig. Die Einschätzung der Rolle der Nomaden und ihrer unterschiedlichen Beziehungen zur Zentralgewalt, zu städtischen Händlern und zu sesshaften Bauern ist naturgemäß für die Analyse islami-

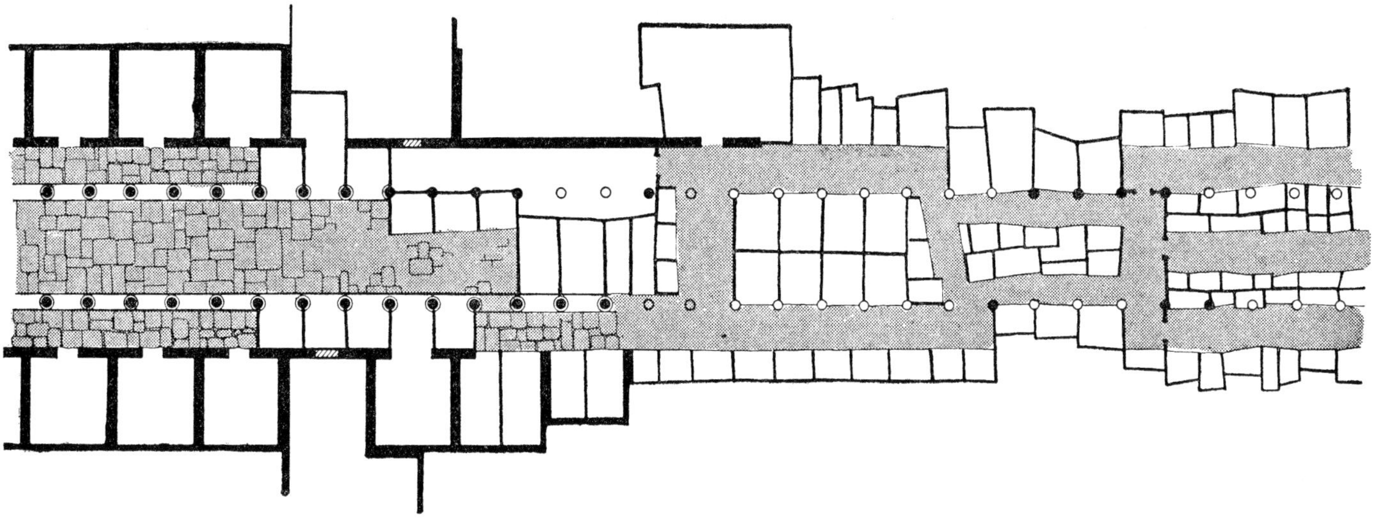

scher Gesellschaftsformationen unverzichtbar, und auch die These vom Islam als „Stadtreligion" verdient Beachtung. Diese Einsichten sollten aber nicht dazu führen, dass ein so wichtiges Phänomen wie der Interessenausgleich zwischen Kaufleuten und Beduinen, der sich trotz vieler Ambivalenzen und Gegensätze im Dienste des Fernhandels sehr häufig und immer wieder herstellen ließ, ins Klischee eines radikalen Gegensatzes integriert und dadurch seiner Aussagekraft beraubt wird. Genauso wenig sollte die religiöse Funktion der Städte zu ihrer primären Daseinsgrundlage hochstilisiert werden. Diese und andere Klischees über die westasiatisch-nordafrikanische Stadtentwicklung im Kalifat und in seinen Nachfolgestaaten sind im Kern das Produkt problematischer Vergleiche mit einer idealisierten Antike oder mit isolierten, zur Norm erhobenen Aspekten späterer europäischer Entwicklung.[12]

Mit der islamischen Expansion kam es also zu keinem krisenhaften Abstieg, sondern zu einem allmählichen Transformationsprozess spätantiker Stadtstrukturen und Stadtkultur, der in weiterer Folge gesteigertes Stadtwachstum und fortschreitende Urbanisierung ermöglichte. Bis ins 11. Jahrhundert gab es noch keine grundlegenden Unterschiede zwischen islamischen, byzantinischen und italienischen Städten. Die meisten Städte des westasiatisch-nordafrikanischen Raumes führten auf vielfältige Weise spätantike, das heißt römische oder auch sassanidische Traditionen fort (Abb. 132 und 133).[13] Die später als konstitutiv für die islamische Stadt begriffene Vielzelligkeit setzte sich in vollem Maß erst nach der Jahrtausendwende durch. Andererseits hatten sich Form und Funktion spätantiker Städte seit dem 5. Jahrhundert durch mannigfaltige soziale und kulturelle Entwicklungen gegenüber dem Idealbild der hohen Kaiserzeit in den ersten beiden Jahrhunderten nach Christus radikal verändert.[14]

Der Wandel im Erscheinungsbild der zum Römischen Reich gehörenden Städte des Nahen Ostens war also Teil eines langen evolutionären Prozesses, der schon vor dem Aufstieg des Islam eingesetzt hatte und erst nach der Jahrtausendwende zu einem gewissen Abschluss kam. Zu diesem Zeitpunkt wiesen viele Städte

131 Diagramm der Zersetzung antiker Kolonnadenstraßen durch spätere Einbauten (nach Jean Savauget, 1934)

132 Plan der Stadt Anjar im 8. Jahrhundert (nach Keppel Creswell, 1969)

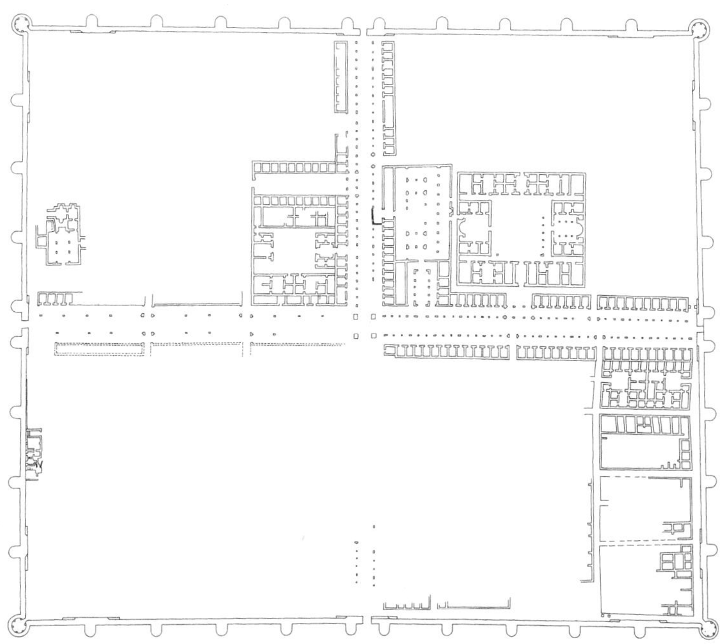

der islamischen Welt tatsächlich jenen unregelmäßig-labyrinthischen, von Sackgassen dominierten Grundriss auf, der seit Jean Sauvaget, einem französischen Orientalisten und Historiker,[15] als physische Evidenz für den „Verfall" des antiken Idealtyps herangezogen wird (Abb. 131); obwohl Aleppo oder auch Jerusalem – um zwei Beispiele von vielen zu erwähnen – noch lange die großen Durchgangsachsen der hellenistisch-römischen Siedlungen bewahrten. Vollzog sich das Verschwinden monumentaler Prunkbauten oder wohlgeordneter Straßenzüge also Teils schon vor der Religions- und Reichsgründung Mohammeds, so waren andere Veränderungen erst das Ergebnis der neuen soziopolitischen und ökonomischen Entwicklungen des 11. und 12. Jahrhunderts. Während etwa das im Jahr 969 gegründete fatimidische Kairo noch den fast quadratischen Grundriss römischer Provinzstädte mit einer zentralen Achse zeigt, bringen spätere Stadtplanungen im islamischen Orient vielfach neue, sehr originelle und oberflächlich chaotisch anmutende Lösungen.[16]

Unter islamischer Herrschaft dürfte zwar der Bevölkerungsrückgang geendet und in vielen Regionen ein demografischer Aufschwung eingesetzt haben, die neue Situation verstärkte aber auch bereits vorhandene Tendenzen und schuf zusätzliche Veränderungspotenziale. Beispielsweise gaben die eher finanzschwachen Umayyaden zwar Geld für Moscheen und Paläste aus, nach Ansicht der

133 Archäologischer Fundplatz Anjar

Kritiker sogar zu viel, sie trugen aber wenig zur Verschönerung der Straßen in Damaskus und zur Errichtung städtischer Monumentalbauten bei, setzten also den Trend des letzten byzantinischen Jahrhunderts fort (Abb. 135). Unter den Abbasiden ab 750 änderte sich die Situation etwas, da steigende Steuereinkünfte die Kalifen in die Lage versetzten, große städtebauliche Prestigeobjekte in Bagdad oder Sāmarrā' auszuführen (Abb. 134).[17]

Von größerer und allgemeiner Bedeutung waren jedoch die veränderten Wirtschafts- und Rechtsverhältnisse sowie die Verschiebungen in der städtischen Sozialstruktur. Solange die urbanen Eliten die Träger des römischen Systems gewesen waren und die Städte mit ihren Säulenstraßen und dem Forum der Ort ihrer architektonischen Selbstdarstellung, war zumindest dem baulichen Wildwuchs Einhalt geboten worden. Die neuen Eliten verwirklichten ihr Repräsentationsbedürfnis indes nicht im öffentlichen Raum der Städte, sondern in Palästen, Gärten und Moscheen, teils innerhalb, oft aber außerhalb der urbanen Zentren. Die islamischen Juristen schritten daneben auch nie im Interesse der öffentlichen Verwaltung gegen Bauvorhaben ein, die Straßen oder Plätze beschnitten. Ihr judikatives Interesse richtete sich vor allem auf die Wahrung der Privatsphäre der einzelnen Haushalte und die Regulierung des Zuganges zum Allgemeingut – Luft, Licht, Freiheit von Belästigung durch Lärm, Gestank und Verunreinigung. Diese gänzlich andere, auf die Wahrung und den Schutz der Privatheit – wobei die Nebenstraßen und Sackgassen der Wohnviertel bereits als erweiterte „Privatsphäre" der Bewohner galten – ausgerichtete Gesetzgebung und Lebensweise mag mit ein wesentlicher Faktor für die Veränderung des Straßenbildes und der Bebauungsstruktur gegenüber dem antiken Vorgängermodell sein.[18] Damit war eine Voraussetzung für den Übergang vom orthogonalen Stadtgrundriss zum „fraktalen" Straßengewirr vieler islamischer Städte gegeben. Abgesehen von der Errichtung oder dem Umbau von Garnisons- und Hauptstädten

134 Luftbild der Stadt Sāmarrā' mit der rechteckigen Anlage der Großen Moschee

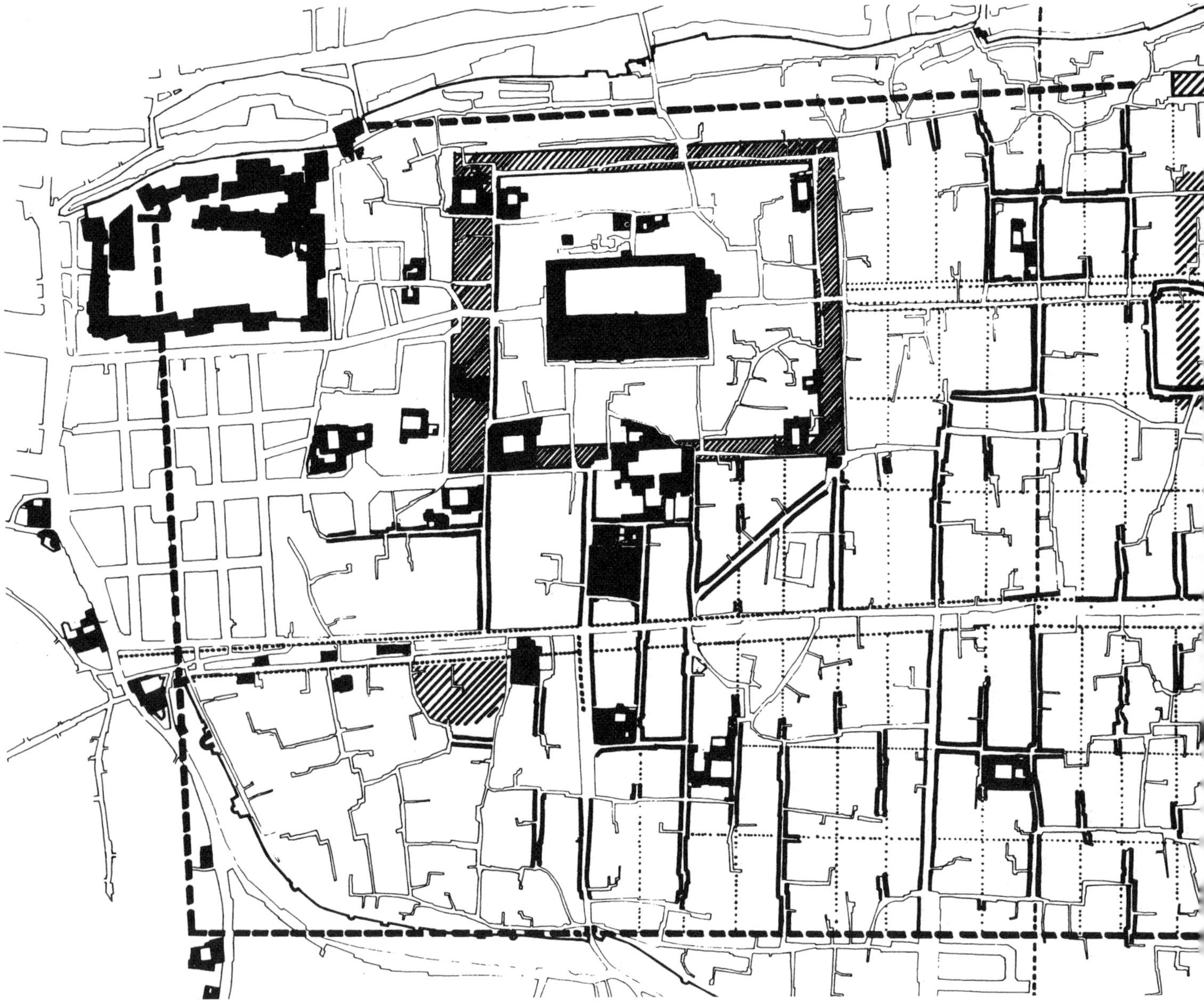

135 Plan der Stadt Damaskus, antike Bauten sind schraffiert, arabische Bauten schwarz, frühere Bauphasen gestrichelt eingezeichnet (nach Leonardo Benevolo, 1975)

sowie urbanen Bewässerungsanlagen, fehlten seit der Spätphase byzantinischer Herrschaft einfach die politischen oder wirtschaftlichen Gründe für reglementierende Eingriffe in die Stadtentwicklung: Die zentrale Kirche beziehungsweise die Moschee ersetzte das Forum, die Händler gingen ihren Geschäften zunehmend vor den Toren der Stadt oder in den Basaren nach, der vermehrte Einsatz des Kamels als Transportmittel machte das System breiter Wagenstraßen überflüssig.[19]
Im Kern resultierte die neue Qualität von Stadtplanung und baulicher Gestalt aus der erheblich modifizierten Sozialstruktur der städtischen Eliten und deren ökonomischen Interessen. Die klassische Stadt der Antike war primär Zentrum von Verwaltung und Steuereintreibung, in der die grundbesitzenden, eng mit der Zentralverwaltung verbundenen Aristokraten und Amtsträger dominierten. Den ebenfalls wichtigen kommerziellen und gewerblichen Aktivitäten kam dagegen ein geringerer Stellenwert zu. In den Städten der islamischen Ära traten nun die Händler und Gewerbetreibenden mehr in den Vordergrund. Die für die neue Qualität der Stadtentwicklung entscheidenden soziopolitischen Prozesse vollzogen sich naturgemäß in den von arabischen Armeen eroberten Städten Syriens, Nordafrikas und Spaniens besonders rasch. Die vorangegangene Okkupation durch Perser, Vandalen oder Westgoten hatten hier

bereits das System der Steuerabschöpfung unterbrochen und die alten Eliten geschwächt und dezimiert. Diese Veränderungen waren aber für alle Regionen typisch, in denen die Kalifen das Erbe des römischen Imperiums unmittelbar antraten.[20]

Im vormals sassanidischen Irak und Iran dürfte die Stadtentwicklung vom 5. bis zum 10. Jahrhundert sogar noch etwas mehr Kontinuität aufgewiesen haben als in den von den Arabern eroberten oströmischen Reichsteilen. Wie in Byzanz waren die größeren Städte im Sassanidenbereich insbesondere Zentren der staatlichen Lokal- und Fiskalverwaltung. Diese lag unmittelbar vor der islamischen Expansion aber im nordöstlichen Chorasan und in Transoxanien in Zentralasien – Letzteres befand sich lediglich in loser Abhängigkeit von den Sassaniden – fest in den Händen der lokalen Eliten. In den westpersischen und irakischen Kernprovinzen des Imperiums dürften die Funktionäre gegenüber dem stadtsässigen Adel dominiert haben, sodass der unter den islamischen Kalifen einsetzende Prozess bürokratischer Zentralisierung bereits vorbereitet war. Manche Autoren spekulieren sogar über den Aufstieg eines machtvollen Stadtbürgertums in den Westprovinzen des spätsassanidischen Imperiums, wo sich der Adel schon vor der islamischen Invasion in raschem Abstieg befand.[21]

Über den Verlauf des Urbanisierungsprozesses im Sassanidenreich liegen viele widersprüchliche Vermutungen vor. Einige Beispiele lassen aber immerhin vermuten, dass die Prosperität vieler Städte in der Kernregion und den Ostprovinzen des islamischen Imperiums eine Kontinuität von den Sassaniden zum Kalifat darstellt. Obgleich dessen dürfte die Dominanz der zahlreichen kleinen Landstädte abgenommen und die Größe von Provinzzentren wie Raiy, Isfahan, Nischapur oder Samarkand erheblich zugenommen haben.

Es ist anzunehmen, dass selbst die metropolitane Städteagglomeration Ktesiphon viel bescheidenere Dimensionen aufwies als später das abbasidische Bagdad oder das fatimidische Kairo.[22] Die bauliche Gestalt der vormals sassanidischen Städte soll über die Expansionsphase hinweg ebenfalls viele Kontinuitäten aufweisen. Ganz abgesehen von der durch sassanidische Vorbilder stark beeinflussten Rundstadt im Zentrum dürfte Bagdad viele Parallelen zur alten Metropole Ktesiphon/Madain aufgewiesen haben; Kufa und Basra – deren Gründung unabhängig von kommerziellen Erwägungen erfolgt sein dürfte – standen in erheblichem Maß in der Tradition altorientalischer Städte; auf dem iranischen Plateau bestimmte die Oasengebundenheit von Städten wie Isfahan weiterhin die bauliche Gestalt; Form und Funktion der Stadtmauern sollen im sassanidischen und islamischen Persien analog gewesen sein. Die traditionelle Teilung der islamischen Städte des iranischen Ostens in eine Zitadelle, die eigentliche Stadt, und angelagerte Vororte, dürfte unter den Sassaniden allerdings weniger charakteristisch gewesen sein als später im Kalifat. Im Fall von Nischapur stammten der befestigte Stadtkern und eine imposante Zitadelle aber schon aus der Sassanidenära.[23] Im Vergleich zu den früher byzantinischen Provinzen verliefen der Funktionswandel der städtischen Zentren und die Modifikationen der baulichen Strukturen noch fließender, da insbesondere die spezifischen sozialen, politischen und architektonischen Verhältnisse der Städte im östlichen Chorasan und Transoxanien den Machtwechsel überdauerten.[24]

Trotz unterschiedlicher Ausgangsbedingungen[25] kam es demnach sowohl in den ehemals sassanidischen als auch in den von Byzanz sowie von den Westgoten eroberten Regionen in allen größeren Städten des Kalifats zu einem kontinuierlichen Bedeutungszuwachs der schon in vorislamischer Zeit nicht unbedeutenden kommerziellen Klassen. Diese Tendenz ist übrigens auch in den erst durch die arabische Expansion in ein Großreich integrierten westmaghrebinischen und transoxanischen Fürstentümern zu beobachten. Überall dort, wo Kaufleute schon in vorislamischer Zeit eine wichtige ökonomische und soziopolitische Rolle gespielt hatten, vergrößerte sich ihr Einfluss unter der Herrschaft der Kalifen. Wo die traditionellen städtischen Eliten Schaden genommen oder im Zuge der islamischen Expansion die Flucht ergriffen hatten, wurden die Kaufleute zum bestimmenden Faktor der urbanen Ökonomie und Gesellschaft. Infolge des Versagens der oströmischen Steuermaschinerie waren zunächst die Einkünfte der bisher agierenden Gesellschaftsschicht als Steuereintreiber und somit ihre führende gesellschaftliche Position verloren. Zudem waren infolge der Kriege zwischen Byzanz und Persien ihre Handlungsspielräume empfindlich eingeschränkt worden.

Selbst in neu gegründeten Garnisons-, Verwaltungs- und Residenzstädten setzte schon nach kurzer Zeit der Aufstieg der kommerziell tätigen Bevölkerungsschichten ein, da die politische Zentralität fast immer auch wirtschaftliche Bedeutung nach sich zog. Die Frühgeschichte von Basra, Kufa, Fustāt und Bagdad belegt den entsprechenden Prozess eindrucksvoll. In Syrien, Ägypten und Nordafrika erlangte die Stadtentwicklung, die in der Antike natürlich nach unterschiedlichen, regionalspezifischen Mustern verlaufen war, in den frühislamischen Jahrhunderten infolge der hohen Wertschätzung und erfolgreichen Entfaltung kommerzieller Tätigkeiten eine neue Qualität. Im Irak und im iranischen Osten wurde der Aufstieg der in Handel oder Gewerbe erfolgreichen Oberschichten zumindest bestätigt, wenn nicht gar gefördert, was zweifellos mit dem allgemeinen Handelsaufschwung seit dem 7. Jahrhundert korrespondierte.[26]

Ein klares Indiz für den gesellschaftlichen Aufstieg der Kaufleute ist die Tatsache, dass spätestens seit den Abbasiden die Mehrzahl der einflussreichen Rechtsgelehrten, Richter, der Kadis, und sonstigen städtischen Funktionäre aus ihrem Kreis und nicht aus den Reihen der Armee oder imperialer Sekretäre kamen – ein Trend, der sich nach der Jahrtausendwende weiter festigte. Besonders aufschlussreich ist in dieser Hinsicht der kommerzielle Hintergrund vieler Kadis und Marktaufseher (*muhtasib*), die fast immer von der Zentralregierung bestellte Mitglieder der lokalen städtischen Oberschicht waren, da zu ihren Aufgaben baupolizeilich-stadtplanerische Entscheidungen zählten. Während das Amt des Kadis in allen größeren Städten der islamischen Welt eine wichtige Rolle spielte, aber nur fallweise von Händlern bekleidet wurde, war jenes des Muhtasib nahezu ein Monopol der Kaufleute.[27] Der Wandel von der römischen Stadt zur Stadt der frühislamischen Ära, von manchen Autoren nicht unproblematisch als „Reorientalisierung" bezeichnet, bedeutete somit keineswegs einen radikalen Bruch, sondern war das Ergebnis eines langwierigen, differenzierten Prozesses. Vieles deutet darauf hin, dass spätestens unter den Abbasiden für die Mehrzahl der Städte eine vorteilhafte Entwicklung einsetzte, die freilich regional recht unterschiedliche Ergebnisse zeitigte und im Gefolge der politischen und sozioökonomischen Umwälzungen des 10. und 11. Jahrhunderts sowohl vereinheitlichende als auch modifizierende Auswirkungen hatte. Zu diesem Zeitpunkt war einerseits die Umgestaltung der Stadtgrundrisse in tendenziell einheitlicher Richtung weit vorangeschritten. Andererseits stiegen im Gefolge des Zerfalls des Kalifats einige mittelgroße Siedlungen zu neuen Hauptstädten und Administrationszentren auf, was die Vielfalt vergrößerte. Es sollte bei all dem allerdings nicht übersehen werden, dass die Niedergangsphase des Abbasidenkalifats seit dem späten 9. Jahrhundert in verschiedenen Gebieten – beispielsweise im hamdanidischen Nordsyrien und Nordmesopotamien – von einem Abstieg der kleineren und einer ökonomisch-baulichen Stockungsphase der größeren Städte begleitet wurde. Die ungebrochene Stadtblüte im ägyptisch-syrischen Fatimidenstaat und in den meisten maghrebinischen oder auch iranischen Regionen fand im Großraum um Aleppo und Mosul erst im Gefolge seldschukischer Großreichsbildung im 11. und 12. Jahrhundert eine Entsprechung.

Das Städtewachstum unter islamischer Herrschaft

Der im Gefolge der politisch-administrativen Stabilisierung der islamisch-arabischen Eroberungen von Persien und Chorasan im Osten bis Marokko und Spanien im Westen fast allerorts zu beobachtende Agrar-, Gewerbe- und Handelsaufschwung schuf zusammen mit Verwaltungs- und Militärerfordernissen mächtige Antriebe für ein vielerorts bemerkenswertes Stadtwachstum. Während die Intensivierung und Steigerung der Agrar- und Gewerbeproduktion sowohl die Gründung neuer als auch die Expansion alter Städte überhaupt erst erlaubte, erwies sich die Handelskonjunktur neben den Bedürfnissen der Zentralverwaltung und der Armee langfristig als wichtigster Urbanisierungsmotor. In Syrien und im Irak erlebten viele alte und neu gegründete Städte einen spektakulären Aufstieg, während nur wenige Plätze zurückfielen. In fast allen anderen islamischen Ländern des Ostens und Westens verhielt es sich ähnlich, wobei es naturgemäß auch Ausnahmen gab. Antiochia und Alexandria beispielsweise dürften unter dem fortgesetzten Krieg zur See zwischen Byzanz und den Umayyaden gelitten haben und Hira verschwand infolge der neuen Situation in Handel und Politik völlig. In aller Regel aber haben die arabischen Eroberungen in Regionen, wo es vorher keine dichte städtische Besiedlung gegeben hatte, neue Städte ins Leben gerufen. Diese waren anfänglich vor allem Militär- und Verwaltungsmittelpunkte, entwickelten sich aber bald zu wichtigen Wirtschaftszentren wie Kufa, Basra und Schiras in Mesopotamien beziehungsweise Persien, Fustāt in Ägypten oder Kairuan und Tunis in Ifrīqiya. Metropolen kamen hinzu: Bagdad und Sāmarrā' durch die Abbasiden, das nordafrikanische Tahert durch die charidschitischen Rustamiden, Fes durch die Idrisiden Marokkos, Kairo unter den Fatimiden Ägyptens. In Spanien, wo die Muslime von Anfang an weit verstreut lebten und kein streng zentralisierter Fiskalapparat existierte, wurden weder Garnisons- noch Palaststädte neu gegründet. Hier entwickelten sich große wie kleine Städte (zum Beispiel Córdoba, Valencia oder Salamanca) durchwegs auf antiken beziehungsweise westgotischen Grundlagen.[28]

Die in der Regel genau geplanten und luxuriös ausgestatteten Palaststädte verdankten ihre Entstehung der Entscheidung eines Herrschers, eine neue, verwaltungspolitisch und strategisch günstig gelegene Residenz zu errichten. Die weitere Entwicklung hing natürlich von den örtlichen Gegebenheiten und der großräumigen Wirtschaftsentwicklung, insbesondere aber von überregionalen politischen Veränderungen ab. Sobald sich der geografische Machtmittelpunkt des Kalifates oder Sultanates verschob, drohte der bisherigen Metropole nicht bloß der Verlust soziopolitischer Bedeutung, sondern auch eine gravierende Schrumpfung der ökonomischen Basis.[29]

Viel größer als die Zahl der Neugründungen war jene der eroberten alten Städte, die bisweilen um neue Quartiere ergänzt wurden und manchmal in weiterer Folge, etwa im Fall von Damaskus und Córdoba, spektakulär anwuchsen. Ausdehnung und Ablauf der Urbanisierung waren allerdings nach Region und Epoche sehr unterschiedlich. Während beispielsweise ein Teil Obermesopotamiens im Gefolge der islamischen Reichsbildung einen Urbanisierungsschub erfuhr, stieß in Syrien eine weitere Verstädterung auf große Schwierigkeiten – das enorme Wachstum von Damaskus resultierte aus der Sonderstellung als Hauptstadt der Umayyaden. In Mesopotamien, Iran, Ägypten und im Maghreb blieben weite Gebiete vorwiegend ländlich. Neben steilem Aufstieg gab es selbstverständlich auch Krisen und Niedergang. Beispielsweise sanken mehrere ehemals wichtige Städte des Maghreb und sogar Sāmarrā', das erst 836 mit erheblichem Aufwand gegründet worden war und Bagdad als Sitz des Kalifen abgelöst hatte, in kurzer Zeit in völlige Bedeutungslosigkeit ab. Damaskus erlitt nach der umayyadischen Epoche, zumindest vorübergehend, ein ähnliches Schicksal, Bagdad erfuhr nach dem Ende des Abbasidenkalifats einen jahrhundertelangen kontinuierlichen Niedergang und so manch kleinere Stadt verschwand völlig.[30]

Dass mehrere berühmte Küstenstädte der Antike – Karthago, Caesarea, Alexandria – durch Metropolen im Landesinneren in den Hintergrund gedrängt oder abgelöst wurden, deutet auf keinen allgemeinen Bedeutungsverlust der Städte unter den neuen islamischen Herren hin, sondern dürfte mit der ambivalenten Haltung einiger Kalifen gegenüber Meer, Schifffahrt und Flottenpolitik zusammenhängen. Die Kalifate der Umayyaden und Abbasiden waren wie alle größeren Nachfolgestaaten bis zu den Osmanen im Grunde Territorialmächte. Dies schuf zwar immer wieder Probleme beim Aufbau und Einsatz leistungsfähiger Kriegsflotten, stellte aber sicherlich kein strukturelles Urbanisierungshemmnis dar, wie die Verdichtung des Städtenetzes vieler Provinzen sowie das bisweilen recht eindrucksvolle Größenwachstum der Städte belegt.[31]

Nicht nur die selbst nach den konservativsten Schätzungen im Vergleich zum mittelalterlichen Europa ungewöhnlich hohen Bevölkerungszahlen einiger Städte, sondern auch ihre räumliche Ausdehnung liefert Hinweise auf das Gewicht der urbanen Komponente in den Gesellschaften und Ökonomien der islamischen Welt. Bagdad und Sāmarrā', die am Höhepunkt ihrer Entwicklung jeweils eine Fläche von nahezu 7000 Hektar aufwiesen und somit Ktesiphon um mehr als das Zehnfache übertrafen, waren sicher Ausnahmen. Dutzende andere Haupt-, Handels- und Hafenstädte erreichten aber ebenfalls beachtliche, außerhalb Chinas wahrscheinlich unbekannte Dimensionen.[32] Wahrscheinlich wurde der demografische Aufschwung, der sich im gesamten Maschrik, in den iranischen Provinzen, in Ägypten, in Spanien und wohl auch im Maghreb in den Jahrhunderten umayyadischer und abbasidischer Herrschaft vollzog, überproportional von großen und auch kleinen Städten getragen, obgleich in den östlichen Ländern als auch in Nordafrika weite Gebiete vorwiegend ländlich blieben.[33] Als ziemlich gesichert gilt aber auch, dass in den neu eroberten Gebieten viele der zum Islam Konvertierten in die großen Städte zogen, wo sie ein statusgemäßes Milieu und günstigere Bedingungen für politische und wirtschaftliche Ambitionen vorfanden. Archäologische Forschungen belegen beispielsweise für Mesopotamien und das benachbarte Chusistan im heutigen Iran ab etwa 800 ein Wachstum der Städte auf Kosten der Dörfer. Obwohl einige sassanidische Städte, vermutlich infolge der Konkurrenz erfolgreicher Neugründungen wie Basra, Kufa und Wasit, völlig verschwanden, stieg in der gesamten Region, wie auch im östlichen Iran, der Urbanisierungsgrad.[34]

Spezifische Bauformen der islamischen Stadt

Das auffällige Phänomen einer recht dynamischen Stadtentwicklung verlieh Wirtschaft und Kultur des Kalifats starke Impulse und ein spezifisches Gepräge. Man kann selbstverständlich nicht von den Metropolen wie Bagdad, Fustāt/Kairo oder Córdoba auf die Masse der mehrheitlich viel kleineren Städte schließen. Nur wenige von diesen wiesen ausgedehnte Palastbezirke auf – der Prunk Sāmarrā's und Bagdads stürzte die Abbasiden in arge Finanznöte[35] – und nicht jede verfügte über so bedeutende Jahrmärkte wie die Knotenpunkte des Fernhandels in Transoxanien, Chorasan, Syrien, Ägypten, Ifrīqiya und Marokko. Allen gemeinsam war dagegen die große Zahl und Ausdehnung ständiger Marktbezirke in den engen Gassen um die Moschee. Der hohe Stellenwert des Basars (*sūq*) war eines der auffälligsten Merkmale der Städte des islamischen Mittelalters (Abb. 136 und 137). Geschäftszentren dieser Art gab es weder im Alten Orient und der klassischen Antike noch im feudalen Europa.[36]
Der Basar war im Alltag und Erscheinungsbild aller Städte des islamischen Raumes ein gewichtiges sozioökonomisches Zentrum. Obwohl nur vereinzelt als Ergebnis systematischer Stadtplanung entstanden, entsprach die wirtschaftliche Funktionsvielfalt, die räumliche Strukturierung und die architektonische Gestaltung des Basars einer Stadt in den meisten Teilen des Orients einem allgemeinen Muster. Fast überall in Nordafrika und Westasien war und ist der Basar nicht bloß Einkaufs- und Gewerbezentrum, sondern auch Finanz- und Kreditplatz. In enger organisatorischer und materieller Verflechtung sind hier stationärer und ambulanter Einzelhandel, Dienstleistungsbetriebe, Groß-

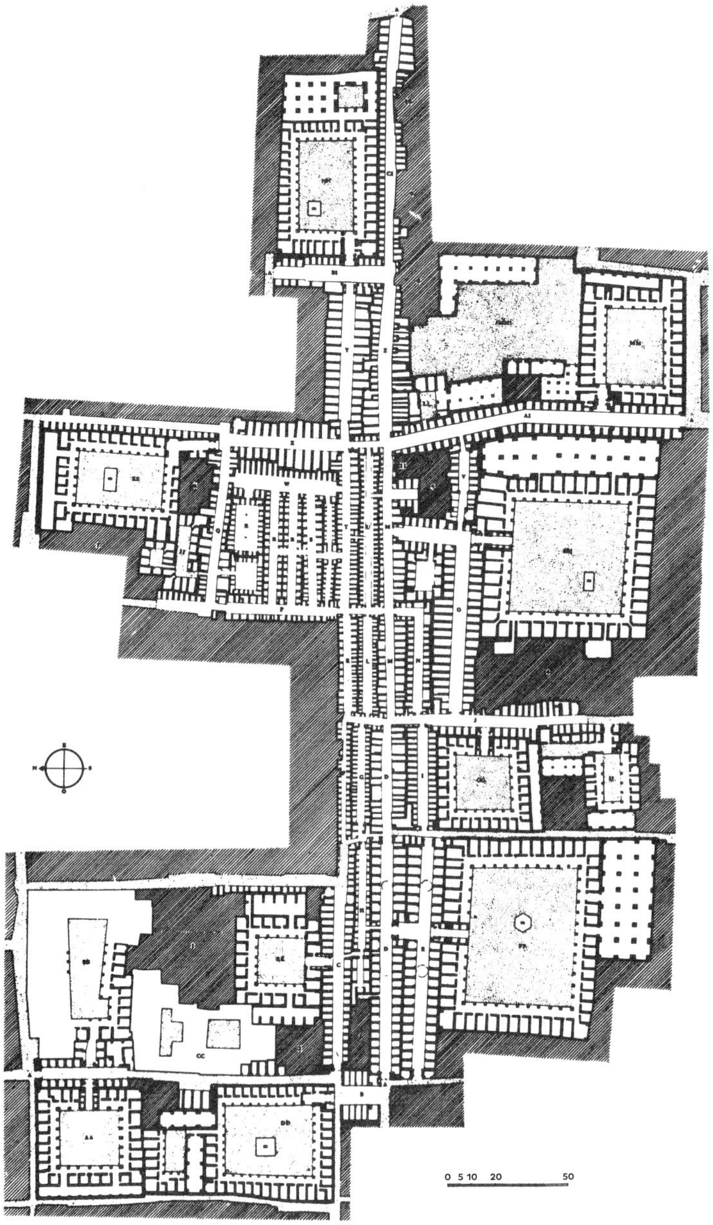

136 Plan des *sūq* in Aleppo, überdachte Flächen sind weiß, offene punktiert, anliegende Bauten schraffiert verzeichnet (nach Leonardo Benevolo, 1975)

137 *Sūq* in Aleppo, 1. Hälfte des 20. Jahrhunderts

und Fernhandel, Finanz- und Kreditwesen, Handwerk und Gewerbe zusammengefasst. Funktionelle Erfordernisse und Rang der Branchen bestimmten ihre Anordnung. Ein wichtiges Ordnungskriterium dürfte die rituelle Reinheit der Waren gewesen sein, ein weiteres war wohl die Sicherheit. So wurden vor dem Haupttor der Moschee Bücher und Devotionalien, feine Stoffe, Lederwaren und Parfüms verkauft. In unmittelbarer Nachbarschaft hatten Geldwechsler sowie Gold- und Silberschmiede ihre Läden. Die Hauptstraße des Basars lieferte den gehobenen Handelsbedarf, Stoffe und Kleider; in den Nebenstraßen bekam man Grundnahrungsmittel und Geräte. Geschlossene Hallen standen für Lagerung und Verkauf besonders wertvoller Waren zur Verfügung, offene Plätze erfüllten verschiedenste Funktionen. Noch deutlicher als im mittelalterlichen Europa gab es eine im Wesentlichen ökonomisch bedingte, räumliche Sonderung der einzelnen Branchen, die sich beispielsweise in Basra schon sehr früh nachweisen lässt. Wahrscheinlich vollzog sich die spezifische räumliche und organisatorische Zusammenfassung bereits früher vorhandener Wirtschaftsaktivitäten und Gebäudetypen zu einem im Stadtkern gelegenen, relativ geschlossenen Baukörper und zu einem hochkomplexen Funktionssystem in den ersten beiden Jahrhunderten islamischer Herrschaft. Im Unterschied zu anderen sozioökonomischen Strukturmerkmalen und geografischen Kriterien der Stadt des islamischen Mittelalters, war die Ausformung des Basars offenbar ein Spezifikum der kommerzfreundlichen islamischen Gesellschaft.[37]

Die im Vergleich zu Westeuropa immer relativ geringe Bedeutung überregionaler Messen resultierte wahrscheinlich aus der hervorragenden Infrastruktur, die der Basar für die verschiedenen kommerziellen Aktivitäten bot. Der französische Historiker Fernand Braudel bewertet das Geschäftsleben auf den Basaren und in den Ausländervierteln geradezu als „Dauermessen", die Jahrmärkte und dergleichen tendenziell überflüssig gemacht hätten.[38] Ohne diesen Unterschied und andere differenzierende Spezifika des Wirtschaftslebens – etwa im Bereich der Kommerz- und Finanztechniken[39] – unterschätzen zu wollen, sollte man nicht übersehen, dass Städte wie Aleppo, Damaskus, Bagdad, Siraf, Kairuan oder auch das östliche Nischapur in ihrer Funktion für den Regional- und Fernhandel schon vor der Jahrtausendwende den berühmten Handels-

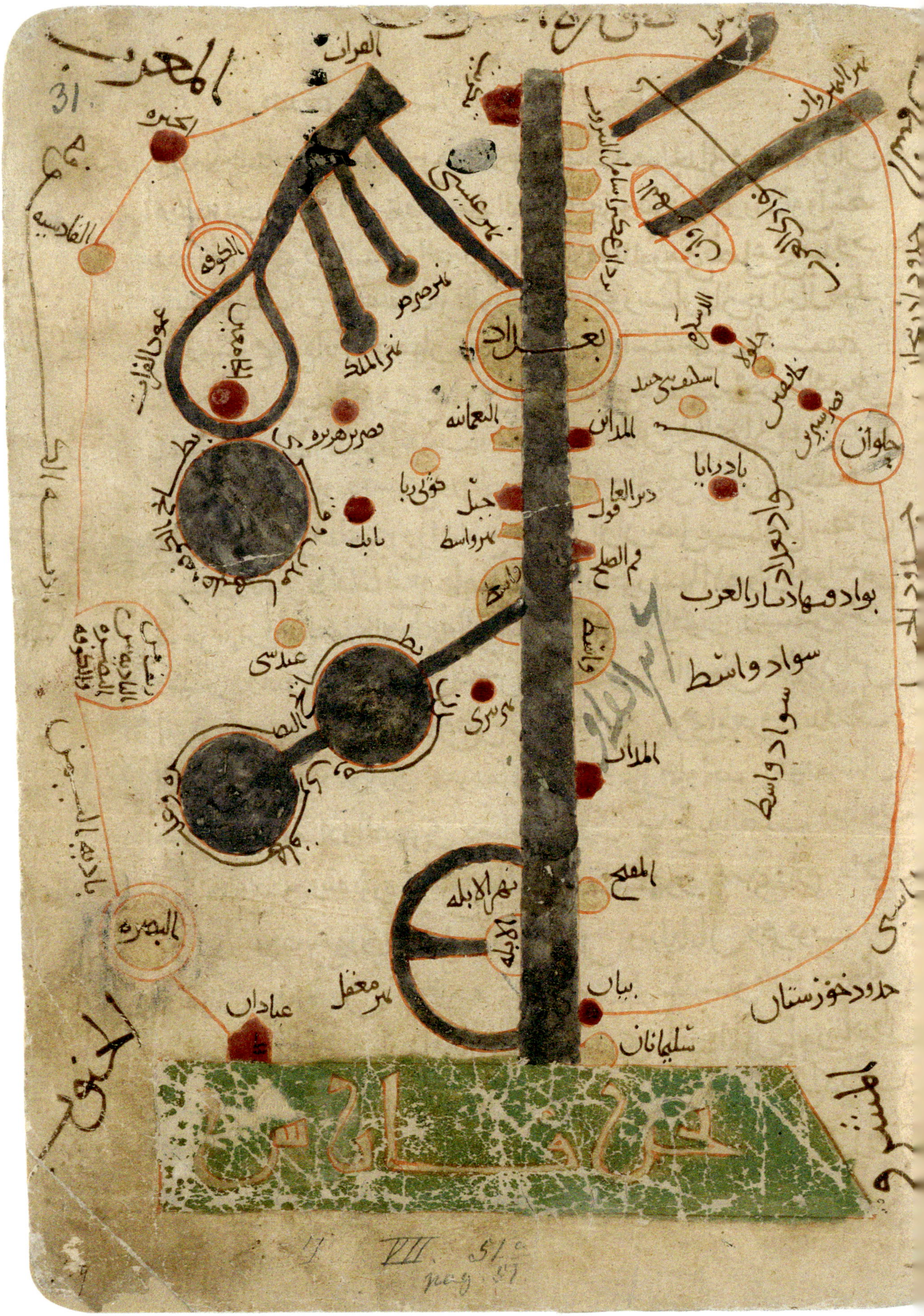
31
المغرب
الفرات
الكوفه
القادسيه
بغداد
نهر عيسى
نهر صرصر
نهر الملك
المداين
جلوان
النعمانيه
واسط
بواد وسهاد بار العرب
سواد واسط
سواد واسط
الملاان
المفتح
نهر الابله
نهر معقل
البصره
عبادان
بيان
سليمانان
حدود خوزستان

138 **Landkarte des Südirak mit Bagdad als die zwei gelb gefassten Halbkreise im oberen Kartendrittel aus einer Abschrift des *Buchs der Länder*, 8./9. Jahrhundert. Gotha, Universitäts- und Forschungsbibliothek**

republiken des spätmittelalterlichen Oberitalien stark ähnelten. Mit ihnen sollten sie dann ab der Ära der Kreuzzüge in enger Verbindung stehen.
Das Erscheinungsbild der Städte unterschiedlicher Größe, Funktion und Region war naturgemäß sehr vielfältig, wenngleich es andererseits von Marokko und Spanien bis Iran und Zentralasien auch deutliche Parallelen gab. Charakteristisch waren in der Regel, neben der prominenten Position des Basars, eine oder mehrere Moscheen, die in alten byzantinischen Städten wiederholt an die Stelle von Kirchen traten und bisweilen sogar durch den Umbau christlicher Gotteshäuser entstanden – etwa in Damaskus und Aleppo (Abb. 130).[40] Typisch waren des Weiteren die wenigstens anfänglich in den Außenbezirken gelegenen Karawansereien und Warenhäuser des Transithandels, verschiedene Gewerbebetriebe sowie eng mit dem Basar verbundene Khane – im Maghreb und in Andalusien auch *funduq* genannt –, die überwiegend der Beherbergung ortsfremder Kaufleute dienten. Öffentliche Badeanstalten fanden sich in allen größeren städtischen Siedlungen. Später entstanden auch zunehmend Schulen (*madrasa*) sowie im Fall von Regierungs- und Verwaltungszentren aufwendige Paläste. Charakteristisch waren darüber hinaus die für den Orient typischen schmalen Straßen sowie Sackgassen – ihr gehäuftes Auftreten gilt bis heute als besonders typisches Merkmal „islamischer" Städte – und die peripher vor den Toren der Stadt gelegenen Märkte der landwirtschaftlichen Produktion. Im Unterschied zu den Moscheen stammen viele der prächtigen Paläste, die meisten Schulen und die eindrucksvollen Kaufmannshäuser erst aus der Zeit nach der Jahrtausendwende beziehungsweise dem 13. bis 15. Jahrhundert. Die zum Groß- und Fernhandelszentrum mutierte, mitten im Basarbezirk gelegene Karawanserei, die im iranischen Isfahan schon im 11. Jahrhundert existierte, verbreitete sich überhaupt erst unter den Mamluken und dann vermehrt in den aufstrebenden Städten der Osmanen und Safawiden. Wehrbauten und Befestigungsanlagen, das heißt vor allem Stadtmauern und innerstädtische Zitadellen, gehen dagegen teilweise bis vor die Jahrtausendwende zurück. Sie weisen kaum baustrukturelle Unterschiede zum christlichen Westen auf.[41]

Bagdad: Beispiel und Sonderfall

Unter den Städten der islamischen Welt in dieser Epoche nimmt Bagdad eine besondere Rolle ein (Abb. 138). Nicht nur, weil die Stadt als planmäßige Gründung und Hauptstadt der abbasidischen Dynastie das politische und geistige Zentrum der islamischen Welt in der Zeit Karls des Großen war, sondern auch, weil sich in ihr verschiedene Elemente beispielhaft darstellen lassen, die in der vorangegangenen, allgemeinen Diskussion schon angesprochen wurden.
Bagdad wurde 762 durch den Kalifen al-Manṣūr gegründet (Abb. 139).[42] Sein Zentrum bildete die von zwei konzentrischen Mauerringen umgebene Rundstadt *Madīnat as-Salām* („Stadt des Friedens") mit dem von der berühmten „Grünen Kuppel" gekrönten Palast des Kalifen, dem *Kasr adh-Dhahab* („Goldenen Schloss"). Innerhalb des inneren Mauerringes finden sich zudem eine Moschee, Polizeikaserne, Bauten für die Reichsverwaltung sowie Residenzen der Herrscherfamilie, bedeutender Adeliger und hoher Würdenträger. Die Forschung geht heute davon aus, dass die Wohnquartiere zwischen den beiden Mauerringen der „Stadt des Friedens" vor allem Personen vorbehalten waren, die im und für den

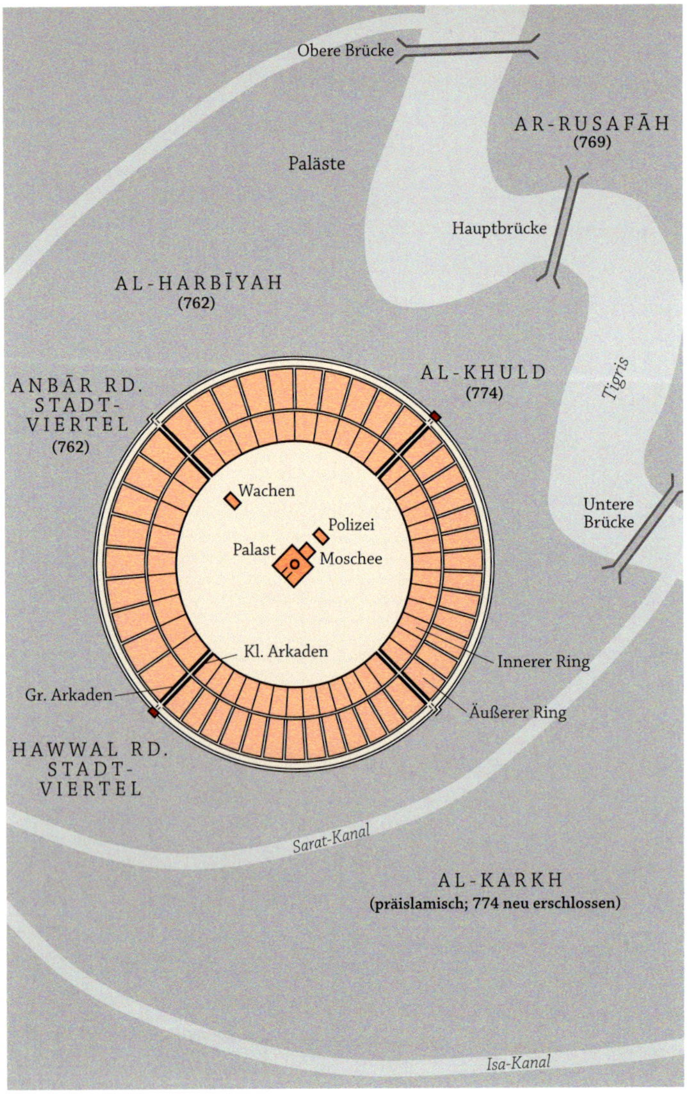

139 Schematischer Plan der Stadt Bagdad um das Jahr 800

Palast arbeiteten beziehungsweise für die innerhalb der Mauern angesiedelten Institutionen der Reichsverwaltung – Handwerker, Soldaten und Schreiber sowie deren Familien und Personal mit inbegriffen.[43]

Der Name stammt wohl von einer persischen Vorgängersiedlung, die Araber benutzten bevorzugt den offiziellen Namen *Madīnat as-Salām* und das obskure *al-Zawra* („die Gekrümmte"), über deren Ursprung sich die Gelehrten streiten. In der kreisrunden Anlage spiegelt sich architektonisch der iranische Einfluss, der ja auch politisch die neue Dynastie an die Macht gebracht hatte. Bei aller ihrer geometrischen Klarheit war die von einem doppelten Mauerring mit vier monumentalen Toranlagen umgebene Rundstadt doch keineswegs eine urbanistische Anlage im Sinne antiker Planstädte. Vielmehr bildet *Madīnat as-Salām* eine großflächige Palaststadt, welche in ihrer Funktion in ähnlichen Gründungen wie Sāmarrāʾ, Anjar im Libanon[44] und dem Wüstenschloss von Mschatta beziehungsweise in der Form in weit älteren, iranischen Anlagen wie der medischen Hauptstadt Ekbatana (650 v. Chr.),[45] dem choresmischen Koi-Krylgan Kala (3. Jahrhundert v. Chr.)[46] oder der sassanidischen Residenz von Sarvestan und Gur (3. bis 5. Jahrhundert),[47] wenn auch auf dort vergleichsweise kleinerem Grundriss, ihre Entsprechung findet. Die Tatsache, dass Perser – wie der Astronom Nobakht Ahvazi[48] – bei der Planung der Stadt eine wichtige Rolle spielten, unterstreicht den iranischen Einfluss. Bei der Entscheidung, das Zentrum der Regierung aus der gewachsenen Stadtlandschaft von Damaskus in eine sozusagen auf dem Reißbrett geplante und auf das freie Feld gesetzte Residenz zu übersiedeln, mag auch das Beispiel der nahe gelegenen, im Jahr 637 von den islamischen Eroberern teilweise zerstörten, parthisch/sassanidischen Residenz Ktesiphon[49] – selbst Nachfolgerin der seleukidischen Vorgängerhauptstadt Seleukia am Tigris – eine Rolle gespielt haben. Sicher ist, dass die Ruinen der persischen Hauptstadt Material für den Ausbau Bagdads liefern sollten und deren Restbevölkerung mit dem Aufstieg Bagdads rasch in das neue Zentrum abwanderte.

Das eigentliche städtische Leben Bagdads spielte sich in den bald explosionsartig anwachsenden Vorstädten ab. Innerhalb weniger Jahrzehnte dürfte die Bevölkerung auf mehr als 200 000 Einwohner angewachsen sein, von denen die Mehrheit in den planlos wuchernden Wohn- und Gewerbevierteln außerhalb der Mauern lebte. Doch auch innerhalb der Palaststadt zeigten sich bald erste Schwierigkeiten. Die legendenhaft ausgeschmückte

Überlieferung will es,[50] dass ein byzantinischer Botschafter den Kalifen auf die Nachteile der Anlage aufmerksam machte: Sie habe keine Wasserquelle innerhalb der Mauer; keine Gärten und die Märkte seien innerhalb der Anlage, was ein Sicherheitsrisiko darstellte. Auch wenn der Kalif die Einwände des Gesandten rhetorisch geschickt vom Tisch wischte, soll er Anweisungen gegeben haben, eine Wasserleitung zu bauen und die Märkte außerhalb der Rundstadt neu anzulegen. Schließlich wurde auch den Herrschern die Rundstadt zu eng. Schon al-Manṣūr errichtete nahe am Tigris den *Kasr al-Chuld* („Palast der Paradiesischen Ewigkeit") und auf der anderen Seite des Flusses einen Palast für den Kronprinzen al-Mahdī sowie Quartiere für Teile der Truppen. Auch die Wesire aus der Dynastie der Barmakiden, die über zwei Generationen die Geschicke des Kalifats an der Seite der Herrscher lenkten, hatten ihre Residenz bereits auf der östlichen Flussseite; Hārūn ar-Rašīd beschlagnahmte diese, als die Familie 803 in Ungnade fiel. Er, der Enkel al-Manṣūrs, Zeitgenosse Karls des Großen und mit ihm durch Legende und Überlieferung dauerhaft verbunden, residierte bereits bevorzugt im *al-Chud*-Palast. Ein Teil des Ruhmes, der mit dem Namen des Kalifen aus *Tausendundeine Nacht* verknüpft ist und sich auch in seiner zeitgenössischen und späteren Rezeption im Abendland widerspiegelt, beruhte sicherlich auf der – für europäische Verhältnisse – atemberaubenden baulichen Opulenz seines Hofes und der mitreißenden Dynamik einer Metropole, die sich gerade ihrer Blütezeit näherte.[51]

Das Gravitationszentrum des Kalifenhofes, der in der Stadt konzentrierten Reichsverwaltung und der Reichen und Mächtigen des Kalifats zog um die Wende zum 9. Jahrhundert Menschen in großer Zahl in die Stadt, die so am Ende ihrer Glanzzeit möglicherweise bis zu 300 000 Einwohner erreichte. Das Patronat des Hofes und der Oberschicht lockten dabei neben Gelehrten und Künstlern, welche den nachhaltigen Ruhm Bagdads als geistige Metropole ihrer Zeit begründen sollten,[52] vor allem auch Luxusgewerbe an. Von diesen stellte die Seidenweberei – zum Teil in palasteigenen Werkstätten (*tiraz*) für den Bedarf des Hofes – den wichtigsten Gewerbezweig dar.[53] Auch hier hatte die planende Hand des Kalifen eine Rolle gespielt, der persische Seidenweber und ägyptische Webmethoden einführte. Seidenstoffe aus Bagdad hatten weltweit einen derartigen Ruf, dass Konkurrenten aus al-Andalus eine frühe Form der Markenpiraterie betrieben und ihre Produkte sozusagen mit „Made in Bagdad" dem Kunden empfahlen. Überhaupt zeigt sich am Beispiel der Seidenweberei, in geringem Maße auch im Bereich der Keramik und des Metallhandwerks, dass der Hof und der demonstrative Konsum der Elite einen wesentlichen Motor der städtischen Wirtschaft Bagdads darstellten. Auch die Versorgung der rasch anwachsenden Bevölkerung mit Nahrung spielte eine bedeutende Rolle. Abgesehen vom urbanen Wachstum muss schon die Ansiedlung des Hofes und der Garnison der Reichsarmee (mehrere Zehntausend Mann sollen zeitweise in und um die Stadt stationiert gewesen sein)[54] einen massiven Sog auf die landwirtschaftliche Produktion – im in dieser Hinsicht ertragreichen Umland – erzeugt haben.[55]
Nichts desto trotz war die Lage der Stadt – und die gerade zur Zeit ihrer Gründung günstigen Konjunkturen des Fernhandels – auch in anderer Hinsicht geeignet, sie rasch zu einer bedeutenden Metropole heranwachsen zu lassen. Bagdad liegt an jener Stelle, an der

sich Euphrat und Tigris am nächsten kommen. Verbunden durch ein bereits lange etabliertes Netz von Kanälen, machte dies den Ort zu einem idealen Umschlagplatz für den Handel mit Asien. Dem Gründer selbst war dies angeblich klar: „In der Tat, diese Insel zwischen dem Tigris im Osten und dem Euphrat im Westen ist der Hafen der Welt. Alle Schiffe, die den Tigris heraufsegeln aus Wasit, Basra, Ubullah, Ahvaz [Häfen im unteren Irak], Fars, Oman, Al-Yamamah und Bahrain [Regionen um den Persischen Golf] und den angrenzenden Gebieten werden hier vor Anker gehen. Gleichermaßen werden die Güter, welche auf den Schiffen kommen, die den Tigris herunterfahren aus Mosul, Diyar Rabi'a [Oberirak entlang des Tigris], Aserbaidschan und Armenien und jenen, die den Euphrat herunterfahren aus Dyar Mudar [Oberirak entlang des Euphrat], ar-Raqqa [Euphrathafen in Syrien] und Syrien, den Grenzgebieten [zu Anatolien], Ägypten und dem Westen [dem Maghreb], diese Güter werden hierher gebracht und hier entladen werden. Es wird ein Halteplatz werden für die Leute aus den Bergen, aus Isfahan und den Bezirken von Chorasan [d. h. aus dem iranischen Hochland]. Gott sei gepriesen, dass er diesen Ort für mich bewahrt hat und ihn alle, die mir vorangingen, übersehen ließ!" Oder es wurde al-Manṣūr so zumindest vom Geografen al-Yaʿqūbī, selbst übrigens geborener Bagdader, in den Mund gelegt, als sich die Gunst der Lage bereits erwiesen hatte.
Die Schicht der Fernhändler und Großkaufleute (allen voran die Getreidehändler) spielte daher in der sozialen Struktur der Stadt eine bedeutende Rolle. Schon die erwähnten produzierenden Gewerbe waren auf das engste mit dem Fernhandel verbunden. So importierten die Händler die Rohstoffe, die in den Werkstätten verarbeitet wurde und warfen sodann die veredelten Endprodukte, so sie nicht den Weg in den lokalen Luxuskonsum fanden, mit Erfolg auf den internationalen Markt, wie das oben erwähnte Beispiel der Seidenproduktion schon gezeigt hat. Neben dem Markt in Karch am Westufer des Tigris entwickelte sich bald der *Suq ath-Thalatha*, der *Dienstagsmarkt* am anderen Ufer zum kommerziellen Zentrum der Stadt. Al-Yaʿqūbī äußert sich im *Kitāb al-Buldān*, dem *Buch der Länder*, seinem 889 bis 890 fertigstellten geografischen Werk, begeistert: „Da gibt es kein Volk aus irgendeinem Land, das hier nicht sein Viertel hätte, einen Platz für den Austausch seiner Erzeugnisse und einen eigenen Bezirk. Das, was man in keiner anderen Stadt der Welt finden kann, wird hier zusammengetragen [...]. Zu Lande und zu Wasser gelangen die Waren und Lebensmittel auf den einfachsten Wegen in die Stadt, sodass alle Handelsgüter, die man vom Osten und Westen der Länder des Islam gebracht hat – abgesehen von denen aus anderen Ländern –, hier vertreten sind. So viel Handel wird mit Indien, Sind [an der Mündung des Indus], China, Tibet, den Türken, Dailam [an der Südküste des Kaspischen Meeres], den Chazaren, den Äthiopiern und anderen Ländern getrieben, dass man in Bagdad mehr Waren finden kann, als selbst in den Ursprungsländern."
Die Verflechtungen dieser Kaufmanns- und Unternehmerschicht reichten weit. Nicht nur die Bürokraten des Hofes und der Reichsverwaltung, auch die Dichter und Gelehrten rekrutierten sich zunehmend aus ihr, ja vereinten beide Welten in einer Person. So soll einer der – christlichen – Leibärzte des Kalifen al-Muktafī eine Fabrik für Flaschen besessen haben. Sie stellten auch durchwegs den bereits besprochenen Marktaufseher, den Muhtasib. Dass damit der sprichwörtliche

Bock zum Gärtner gemacht wurde, zeigt sich unter anderem darin, dass durch Getreidespekulationen der Großhändler zeitweise der Getreidepreis bis auf mehr als das Dreißigfache anstieg; was der Muhtasib im Interesse von Recht und Gerechtigkeit, wie es das islamische Gesetz vorschrieb, hätte unterbinden sollen. Versuche der Regierung, die reichen Gewinne der Kaufmannsschicht zu besteuern, mündeten regelmäßig in Revolten, können aber auch als Indikator, für das Volumen des Handels dienen: Von einer durch einen Aufstand 985 abgewendeten Steuer auf den Seiden- und Baumwollhandel erhoffte man sich Einnahmen von 1 Million Dirham im Jahr;[56] wohlgemerkt zu einer Zeit, in der Bagdad seinen Zenit bereits überschritten hatte. Es darf aber nicht unerwähnt bleiben, dass sich die Regierung auch mit großer Brutalität am Besitz der städtischen Oberschicht bediente. Durch sogenannte Bußen und willkürliche Beschlagnahmen, gelangten punktuell gewaltige Vermögen in die Hand des Kalifen und seiner Funktionäre. So verfuhr etwa der Wesir Yaḥyā ibn Hubaira mit der Flaschenfabrik des schon genannten christlichen Arztes, und der Kalif Muʿtaḍid selbst soll einem Angehörigen der Bagdader Oberschicht durch eine solche Buße 6 Millionen Dinar abgenommen haben. Mit der zunehmenden Schwäche des Staates wurden solche Übergriffe häufiger und förderten somit indirekt die Entstehung frommer Stiftungen (*wakf*), in denen das Vermögen durch religiöse Normen geschützt war, während die Familie des Stifters durch die profitable Verwaltung der Stiftungen weiterhin von ihm profitieren konnte. Gleichzeitig banden diese Stiftungen – deren Besitz unveräußerlich war – dieses Kapital und entzogen es somit teilweise der Wirtschaft. In ähnlicher Weise führte die zunehmende, politische Unsicherheit im Laufe des 10. Jahrhunderts zu anderen Missständen – Korruption, Ämterkauf, Bandenunwesen – welche einerseits Indikatoren, andererseits Mitursache für den städtischen Verfall Bagdads wurden. Die zeitgleiche Verlagerung der Hauptrouten des Asienhandels aus dem Persischen Golf ins Rote Meer traf die ökonomische Grundlage der Stadt schwer. Die Spannungen zwischen der städtischen Elite, dem Hof und den Militärfraktionen, die zunehmend die Kontrolle über die Regierung übernahmen, machten Bagdad zeitweise zu einem „heißen Pflaster".[57]

Al-Muʿtaṣim, Hārūn ar-Rašīds Sohn, sollte nicht zuletzt auch deswegen der Stadt schon früher den Rücken gekehrt haben und ein Gründungsexperiment auf noch größerem Maßstab im circa 125 Kilometer nördlich gelegenen Sāmarrāʾ unternehmen.[58] Der Kalif versuchte sich dem Paradox, dass eine Residenz immer ein urbanes Zentrum brauchte und gegebenenfalls auch selbst erzeugte, gleichzeitig aber politisch immer durch die Aspirationen der führenden Schichten dieser Stadt bedroht war, durch Flucht zu entziehen. Für 50 Jahre residierten die Kalifen in Sāmarrāʾ, ehe al-Muʿtamid 883 nach Bagdad zurückkehrte, in eine Stadt, die zu diesem Zeitpunkt bereits, wie die Dynastie als Ganzes, ihre Blütezeit überschritten hatte. In der ersten Hälfte des 10. Jahrhunderts schreibt eine Quelle: „Damals standen die Häuser der Stadt leer, die Besitzer gaben schließlich jenen Geld, die sie überhaupt bewohnen und in Stand halten wollten. Viele Bäder und Moscheen waren geschlossen." Für die Blütezeit Bagdads, welche auch dem Zeitrahmen des vorliegenden Bandes entspricht, kann die Machtübernahme der Buyiden 945 somit als sinnvoller Abschluss gelten.

REY DELTAURIS
TARSSIA
ARABIA SEBBA

Mobilität um das Jahr 800

Das Mittelmeer als Zone von Kommunikation

Volker Scior

Ähnlich wie heute umfasste der Mittelmeerraum um das Jahr 800 die Lebensräume unterschiedlicher Gesellschaften und Kulturen. In seiner großen Ausdehnung zwischen der Straße von Gibraltar im Westen und Syrien im Osten bespülte das Meer die Küsten verschiedener Reiche. Ein Blick auf Karten in historischen Weltatlanten führt vor Augen (Abb. 141), dass etwa zum Zeitpunkt der Kaiserkrönung Karls des Großen, an der Wende vom 8. zum 9. Jahrhundert, die Küsten des heutigen Südfrankreich und Norditalien zum Karolingerreich gehörten, die der heutigen Balkanstaaten, Griechenlands und der Türkei zum Byzantinischen Reich und fast die gesamte Küstenlinie Nordafrikas und des Nahen Ostens zum Kalifat der Abbasiden. Aus solchen Karten gehen vornehmlich die Mittelmeeranrainer der damaligen Zeit hervor, und sie präsentieren dem Betrachter vor allem eines: das Bild eines riesigen Gewässers, das Reiche voneinander trennte – auch die drei genannten Großreiche, welche die Politik in Europa und in den angrenzenden Regionen um das Jahr 800 maßgeblich bestimmten. Was der Blick auf Karten hingegen eher verschleiert und höchstens erahnen lässt, ist die Tatsache, dass das Gewässer nicht nur eine trennende Funktion hatte, sondern auch eine verbindende. Es diente als Zone des Kontakts zwischen den Angehörigen unterschiedlicher Gesellschaften und Kulturen. An den Küsten des Mittelmeers residierten lateinische und orthodoxe Christen ebenso wie Muslime und Juden. Und über das Meer fand ein ständiger Austausch von Gegenständen, Ideen und Personen statt, in einem Ausmaß, das kaum überschätzt werden kann. Menschen mit unterschiedlichen ethnischen, politischen und religiösen Zugehörigkeiten traten hier, im Mittelmeerraum, miteinander in Verbindung, indem sie reisten und miteinander kommunizierten.

Man muss nicht die von manchen Forschern gestellte Frage einheitlich beantworten, ob das Mittelmeer einen eigenständigen geografischen Raum darstellt – bereits die Antwort auf die Frage, was genau man eigentlich unter dem Mittelmeerraum zu verstehen hat, darf als umstritten gelten –,[1] doch lässt sich diese große geografische Region in jedem Fall als eine Zone von Kontakten begreifen, die in der Kommunikation und Mobilität eine wichtige Rolle spielten. Die Fernkommunikation, die manchmal über Tausende von Kilometern hinweg ausgeübt wurde, konnte friedlich wie kriegerisch, geplant wie zufällig erfolgen und in erster Linie politisch, religiös oder wirtschaftlich motiviert sein.

Kommunikation und Mobilität hängen in der gesamten Vormoderne, bei allen Unterschieden zwischen einzelnen Epochen und Gesellschaften, auf sehr spezifische Weise eng zusammen. Denn Kommunikation und Mobilität waren in verschiedenen lebensweltlichen Zusammenhängen untrennbar miteinander verknüpft.[2] Auch im frühmittelalterlichen Mittelmeerraum hat Fernkommunikation Mobilität geradezu zur Bedingung. Denn in Gesellschaften und in einem Zeitalter ohne technische Medien im heutigen Sinn bedurfte die Kommunikation über

140 Isaaks Reise aus dem sogenannten *Atlas Catalan*, Spanien, 1375. Paris, Bibliothèque nationale de France

141 **Fränkisches Herrschaftsgebiet um 800 aus dem *Große[n] historische[n] Weltatlas*, München 1979. Berlin, Deutsches Historisches Museum**

größere räumliche Entfernungen hinweg immer des Reisens. Mobilität diente sogar oft in erster Linie, manchmal gar ausschließlich, dem Zweck der Kommunikation. Dieser enge Konnex von Unterwegssein und Kommunikation betraf letztlich auch sämtliche Sphären aller Gesellschaften im Mittelmeerraum, den politisch-administrativen Bereich ebenso wie den religiös-kultischen oder kulturellen, den gesellschaftlichen und den wirtschaftlichen.[3] In dieser Hinsicht ist das Frühmittelalter, was das Ausmaß sowohl von räumlicher Mobilität als auch von Kommunikation betrifft, lange als defizitär gegenüber den benachbarten Epochen beschrieben worden. Das führte zu der bekannten Ansicht, dass dem Abschwung

nach der Antike der Aufschwung (erst) im Hochmittelalter gefolgt sei. Und es ist zu einem Gutteil dieser Argumentation geschuldet, dass die meisten Untersuchungen zu diesen Themenbereichen erst mit dem Beginn des Hochmittelalters einsetzen[4] oder, noch weitaus öfter, das Spätmittelalter zum Gegenstand haben.[5] Mittlerweile gibt es jedoch durchaus auch Studien, die sich mit den frühmittelalterlichen Verhältnissen beschäftigen und für diese Epoche ein hohes Maß sowohl an räumlicher Mobilität als auch an (Fern-)Kommunikation aufgezeigt haben.[6]

Den Mittelmeerraum um das Jahr 800 als Zone von Kommunikation und Mobilität zu begreifen, ergibt sich also einerseits aus den Bedingungen der damaligen Zeit, kann jedoch andererseits forschungsgeschichtlich für das frühe Mittelalter keine sehr lange Tradition aufweisen. Umso wichtiger sind zum einen Studien aus der jüngeren Zeit, die transkulturelle Vergleiche angestellt und auf grenzüberschreitende Verflechtungen zwischen solchen Herrschaftsbereichen hingewiesen haben, die bislang oft eher getrennt untersucht worden sind.[7] Insbesondere der Mittelmeerraum kann den Ergebnissen dieser Untersuchungen zufolge als eine Verbindungszone zwischen unterschiedlichen Personen, Reichen und Kulturen betrachtet werden.

Zum anderen ist vor einigen Jahren mit einer recht umfassenden, prosopografisch wie sozial- und wirtschaftshistorisch angelegten Studie über die Mobilität im spätantiken und frühmittelalterlichen Mittelmeerraum die Grundlage für eine weitere Behandlung der Thematik gelegt worden.[8]

Bereits wenn man sich die unterschiedlichen Gründe und Anlässe vergegenwärtigt, die einzelne Individuen zur Mobilität im Mittelmeerraum bewegten, tritt offen zutage, dass das Reisen Gesellschaften und Kulturen miteinander verband, deren politische Rahmenbedingungen voneinander verschieden, aber eben auch miteinander verflochten waren. Unter den zahlreichen Menschen, die sich in die eine oder andere Richtung um das Jahr 800 herum auf den Weg über die See machten, befanden sich laut zeitgenössischer Texte vielfach Exilanten und Flüchtlinge, Sklaven, Immigranten und Kaufleute. Vor allem zwei Kategorien von Reisenden aber werden besonders häufig genannt, und zwar ganz gleich, ob sie aus dem westlichen oder aus dem östlichen Mittelmeerraum kamen: Pilger und Gesandte. Informationen über sie fließen aus den Texten der damaligen Zeit deshalb verhältnismäßig reichhaltig. Aus diesem Grund widmen sich die folgenden Ausführungen vor allem Pilgern und Gesandten.

Zunächst wird auf sozialgeschichtliche Grundlagen der Mobilität und Kommunikation im Mittelmeerraum um 800 eingegangen. Anschließend stehen einzelne Berichte über Pilger- und Gesandtschaftsreisen im Zentrum der Betrachtung. Zum Abschluss wird auf etwas fokussiert, das man die geografische Infrastruktur nennen könnte: die verschiedenen Reiserouten, die Mobilität und Kommunikation um das Jahr 800 herum ermöglichten.

Sozialhistorische Grundlagen von Mobilität und Kommunikation

Der Historiker Michael McCormick hat in seiner umfassenden, für die folgenden Ausführungen grundlegenden Studie über Kommunikation und Handel in Spätantike und Frühmittelalter knapp 700 Personen gezählt, die man nachweislich als Reisende im Mittelmeerraum zwischen den Jahren 700 und 900 benennen kann, und sie zu einem beträchtlichen Teil, nämlich ungefähr zur Hälfte, namentlich identifiziert.[9] Diese Personen unternahmen insgesamt etwa 400 Reisen im Mittelmeerraum und in dessen Hinterland. Etwa 80 Prozent von ihnen legten Strecken von über 500 Kilometer zurück. Von den insgesamt fast 700 Personen waren immerhin 480 als Pilger oder Gesandte unterwegs.

Aus dem Norden und Westen Europas – vor allem aus dem Karolingerreich, aus Italien, England, Irland und Spanien – kamen allein fast 240 Pilger und Gesandte. Das sind freilich nur diejenigen, deren Erwähnung in den Texten einen Niederschlag gefunden hat, die tatsächliche Anzahl liegt deutlich höher. Die Anzahl der Gesandten übersteigt noch diejenige der Pilger.[10] Eine Aufschlüsslung nach Herkunftsregionen zeigt, dass die meisten dieser Pilger und Gesandten, die aus dem Westen und Norden aufbrachen, aus dem nicht byzantinischen Italien kamen, eine weitere große Anzahl kam aus dem Karolingerreich.

Die Stadt Rom bildete einen wichtigen Knotenpunkt für die Kommunikation und Mobilität im Mittelmeerraum. Vor allem die Verbindungen zwischen Rom und Byzanz, die historisch gewachsen waren und mit der Verwaltung des Kaiserreichs zusammenhingen, bildeten eine zentrale Grundlage für die Kontaktzone Mittelmeerraum. Reisende, die mit einem hohen diplomatischen Status oder als Pilger unterwegs waren, kamen im 8. Jahrhundert besonders oft aus Rom.[11]

Für Reisende aus dem östlichen Mittelmeerraum – vor allem aus dem Byzantinischen Reich – lassen sich zunächst einmal fast dieselben Zahlen nennen. Auch hier kann man 240 Personen feststellen, die als Pilger oder Gesandte reisten, und auch von ihnen ist ungefähr die Hälfte namentlich identifizierbar.[12] Diese Reisenden kamen ihrer Herkunft oder ihrem Aufenthaltsort nach zu urteilen aus dem byzantinischen Italien, aus Kleinasien, aus Griechenland, Konstantinopel selbst und aus Georgien. Auch von diesen Personen, die von Osten aus den Mittelmeerraum bereisten (und in den Texten erwähnt werden), gehörte die weit überwiegende

Anzahl – McCormick geht von etwa 80 Prozent aus – zu der Gruppe der Gesandten und Pilger. Und auch für sie stellte Rom einen wichtigen Ort der Verbindung zwischen den unterschiedlichen Regionen des Mittelmeerraums dar. Rom nahm eine zentrale Position auf den Wegen von Reisenden ein. Es bildete am Rand des Byzantinischen Reiches das häufigste Ziel, und es bildete den Fluchtpunkt für Immigranten aus Syrien und Palästina. Darüber hinaus spielte für die aus Byzanz kommenden Personen das Kalifat eine Rolle, sowohl als Ausgangspunkt für Reisen als auch als Durchgangsregion. Für rund 20 Prozent der Reisenden lässt sich eine Anwesenheit im Kalifat nachweisen.

Wie sehr sämtliche Untersuchungen über diese Thematik des Reisens, der Kommunikation und Mobilität, letztlich von der Quellenlage abhangen, von Überlieferungszufällen und -eigenarten bestimmter Gattungen, mag der Befund verdeutlichen, dass ausgerechnet unter denjenigen Reisenden, die aus dem Herrschaftsbereich der Karolinger in den Mittelmeerraum hervorstießen, die Gesandten deutlich überwiegen. Nur für diesen, aber für keinen anderen geografischen Raum trifft dies zu. Überall sonst überwiegt die Anzahl der Pilger unter den Reisenden, für die eine bestimmte Ausgangsregion festgestellt werden kann. Als Gründe dafür sind sowohl die enorme Bedeutung der karolingischen Diplomatie im damaligen Europa und im Mittelmeerraum anzuführen als auch die in den offiziösen karolingischen Texten der Zeit auftauchenden Erwähnungen von Gesandten zu nennen, die letztlich dazu dienten, den eigenen Karolingerherrscher als übergeordneten König beziehungsweise Kaiser darzustellen. So ist es nicht zuletzt die Repräsentativität von Gesandtschaften, die ihre Erwähnung in offiziösen karolingischen Quellen begünstigt.[13] Vor allem deshalb sind wir so gut über die Gesandten Karls des Großen oder auch Ludwigs des Frommen informiert, die die Beziehungen zu anderen Reichen, und nachgerade zu denjenigen im Mittelmeerraum, aufrechterhielten – zum Kaiserreich von Byzanz genauso wie zum Patriarchat von Jerusalem und zum Kalifat der Abbasiden.[14]

Die meisten Reisenden, die sich identifizieren lassen, bekleideten ein religiöses Amt, gleich ob sie aus dem Westen oder aus dem Osten kamen. Differenziert man diesen Befund, ergeben sich jedoch Unterschiede: Bezieht man Mönche in die Rechnung ein, dann befanden sich unter den westlichen Gesandten doppelt so viele Geistliche wie weltliche Personen. Allerdings überwogen hier Bischöfe, Priester und päpstliche Administratoren, auch Äbte spielen quantitativ eine wichtige Rolle. Anders ist das Bild der byzantinischen Gesandten, unter denen die Zahl der Laien die der Geistlichen übersteigt. Unter den Pilgern bilden, leicht verständlich, sowohl im Westen als auch im Osten Geistliche den größten Teil. Hier wie dort stellen Mönche die größte Untergruppe der Pilger dar.[15] Unter den westlichen Pilgern beträgt das Verhältnis von Geistlichen zu Weltlichen 8 : 1.[16] Michael McCormick hat ganz zu Recht darauf hingewiesen, dass dieses Verhältnis nicht unbedingt den Tatsachen entsprechen muss. Auch hier spielt einmal mehr die Überlieferung eine wichtige Rolle: Zum einen dürfte zutreffen, dass manche dieser Reisenden ihre klösterliche Laufbahn erst in Jerusalem einschlugen, sie also noch nicht als Mönche aufgebrochen waren, und zum anderen bedingt die enge Verbindung zwischen Geistlichkeit und Schriftlichkeit eine genauere Berichterstattung über Geistliche. Der religiöse Status war demnach wichtig, zwar nicht unbedingt für das Reisen selbst, aber in jedem Fall für das Erwähntwerden. Wir wissen letztlich nicht sicher, bis zu welchem Grad der soziale Status das Reisen ermöglichte, aus den Quellen lässt sich jedoch schließen, dass oft nur die Reisenden mit einem hohen sozialen Status erwähnt wurden. Bei Gesandtschaften, für die oft nur die ranghöchsten genannt wurden, ist das besonders auffällig.[17] Dass unter den vielen Reisenden ausgerechnet Bischöfe und Äbte so gut belegt sind, nimmt nicht Wunder, handelt es sich bei ihnen doch um die auch sonst am besten belegten sozialen Gruppen der Karolingerzeit. Aber auch die Gesandten aus Byzanz waren oft Inhaber kirchlicher Ämter.[18]

Pilger- und Gesandtschaftsreisen im Mittelmeerraum

Was lässt sich nun Näheres über die Reisen von Pilgern und Gesandten sagen, die im 8. und 9. Jahrhundert den Mittelmeerraum durchzogen? Schon in den Berichten über die Reisen des späteren Bischofs von Eichstätt, Willibald, der in den 720er-Jahren von Angelsachsen in Nordwesteuropa über Rom, Sizilien, Griechenland und Zypern bis nach Jerusalem pilgerte, und des wohl aus einem Kloster in der Champagne stammenden Mönchs Bernhard, der eine ähnlich weite Strecke zurücklegte, offenbart sich der Mittelmeerraum als eine von Mobilität und Kommunikation bestimmte Region. Die Nonne Hugeburg von Heidenheim, die uns die Reise des Jerusalempilgers Willibald überliefert hat, berichtet nicht nur über die Bedingungen, unter denen Mobilität im 8. Jahrhundert im Mittelmeerraum stattfand – etwa über die typischen Reisezeiten, die Möglichkeit der Überwinterung in Kleinasien, die Größe und Zusammensetzung von Reisegruppen –, sondern auch über die vielfältigen Kontakte, welche die wohl mehrheitlich aus Angelsachsen zusammengesetzte Gruppe Gleichgesinnter um Willibald in der Fremde mit Einheimischen knüpften.[19] Willibald, der als etwa 20-Jähriger von Hampshire aus zusammen mit seinem Vater und seinem Bruder Wynnebald nach Süden aufbrach, hielt sich zunächst eine Weile lang in Rom auf, bevor er, nun ohne den verstorbenen Vater und den in Rom zurückgelassenen Bruder, mit anderen Angelsachsen den Weg fortsetzte, zunächst zu Land durch Süditalien bis Neapel, dann zur See der im 8. Jahrhundert geradezu üblichen Route folgend in mehreren kleineren Etappen über Sizilien, das Ionische Meer, um die Südspitze des Peloponnes herum nach Osten reiste. Zwischen den Inseln und dem Festland hindurch manövrierend, erreichte die mittlerweile achtköpfige Gruppe nach der Überwinterung in der heutigen Südtürkei Zypern und ging im heutigen Tartus (Syrien) von Bord, von wo sie über den Landweg nach Jerusalem gelangte. Im Reisebericht, der Hugeburgs Aussage zufolge Willibalds Worte wiedergibt, wird deutlich, dass die räumliche Mobilität des Pilgers immer wieder durch die äußeren Bedingungen des Unterwegsseins unterbrochen wurde. Stürme, saisonal bedingte Wetterlagen und Probleme bei der Navigation sorgten für Unterbrechungen einzelner Reisen, verhinderten letztlich aber weder das Reisen noch die Kommunikation. Dasselbe gilt auch für Krankheiten, über die in zahlreichen Texten berichtet wird. Zwar wird des Öfteren erwähnt, dass Krankheiten zu Verzögerungen im Reiseablauf führten; darunter spielten auch neue, ungewohnte Krankheiten eine Rolle, die in bereisten Gebieten kursierten. Doch verstarben letztlich nur 3 Prozent der Reisenden, die sich nachweisen lassen, bevor sie ihre Reise abgeschlossen hatten.[20] Öfter als durch Krankheiten wurden Reisen aus anderen Gründen abgebrochen: 12 Prozent der Gesandten mit Ziel Konstantinopel gelangten nicht dorthin, weil das Reisen zur See gefährlich war. Kenternde Schiffe und schwer kranke Reisende fielen als Ursachen für einen Reiseabbruch quantitativ gesehen eher ins Gewicht als die in einigen Regionen des Mittelmeerraumes durchaus vorkommende Seeräuberei.[21]

Die *Vita des Willibald* berichtet eindrucksvoll, wie Kontakte und Begegnungen ablaufen konnten. Das Misstrauen gegenüber den weitgereisten christlichen Pilgern war etwa in Syrien so groß, dass man sie zwischenzeitlich als Spione verhaftete und verhörte. Durch Verbindungen zum Kalifen und durch Eidleistungen des Kapitäns ihres Schiffes kamen die Inhaftierten wieder frei. Dennoch gab es auch Hilfe in schwierigen Situationen. Es wird von der Freundlichkeit eines Kaufmanns gesprochen, von der Ausstellung einer Art offiziellen Reisedokuments (*epistola*), welches das Unterwegssein erleichterte. Essensmangel und wohl auch finanzielle Probleme werden ebenfalls thematisiert.

Während sich aus dem Bericht über die Reise des knapp anderthalb Jahrhunderte später, im Jahr 867, nach Jerusalem pilgernden Bernhard viele Gemeinsamkeiten herauslesen lassen – etwa die Hinweise auf Reisedokumente, die man mit sich führte[22] –, gibt es auch diverse Unterschiede: Neben der Reisedauer – Willibald war deutlich länger unterwegs als Bernhard, ganze acht Jahre – fällt besonders die unterschiedliche Reiseroute ins Auge. Zwar hatten beide mit Jerusalem dasselbe Ziel, doch glich Bernhards Route nicht der unterteilten Strecke Willibalds, die sich in viele kleine küstennahe Segeletappen gliederte. Bernhard überquerte vielmehr das Mittelmeer von Süditalien nach Alexandria und folgte dann einer Überlandroute durch Ägypten. Nicht zuletzt hier muss er in nahezu ständigem Kontakt mit Einheimischen, auch mit einheimischen Reisenden gestanden haben. Die Sicherheit für Reisende im Kalifat wird am Ende des Reiseberichts eigens gelobt. Die Unterschiede in der Mobilität im Mittelmeerraum können als einigermaßen typisch gelten. Indizien für neue Routen im Mittelmeerraum, sei es der fast direkte Weg über das Meer oder der Landweg durch Ägypten, ergeben sich für Reisende aus dem Norden und Westen Europas ungefähr mit dem Beginn des 9. Jahrhunderts, spätestens in dessen erstem Viertel.[23]

Anhand der Pilgerrouten lassen sich Veränderungen zeigen. Zu ihnen gehört, dass zwischen 735/776 und 900, zu einer Zeit, als sich die Anzahl der Reisen ins Heilige Land erhöhte, kein Pilger aus dem lateinischen Westen auf dem Weg von oder nach Jerusalem mehr in Konstantinopel anhielt. Während manche Orte wie die Hafen- und Marktstadt Ephesos auch weiterhin zentrale Umschlagplätze für Mobilität und Kommunikation im Mittelmeerraum blieben, fanden sich im 9. Jahrhundert neue Routen. Das korrespondierte mit politischen Veränderungen, denn in der zweiten Hälfte des 9. Jahrhunderts war zum ersten Mal seit der Spätantike auch die Landroute auf dem Balkan wieder geöffnet. Byzantinische Pilger, meistens mit dem Ziel Rom unterwegs, machten, den Berichten zufolge, ähnliche Erfahrungen. Auch hier existieren einige ausführliche zeitgenössische Texte, etwa über die Reisen des Gregor Akritas, der Ende des 8. Jahrhunderts als Pilger zunächst von Kreta ins Heilige Land zog, später dann vom Kalifat nach Rom;[24] oder über Gregor Dekapolita, der – ähnlich wie Willibald in Syrien – in Italien für einen Spion gehalten wurde,[25] zu Beginn der 830er-Jahre vornehmlich im Adriatischen Meer unterwegs war und von Konstantinopel aus, zu Schiff und zuweilen auf dem Landweg, über Thessaloniki, Rom und Sizilien sowie Otranto wieder nach Thessaloniki reiste. Seine Vita ist nicht nur mit Dämonenkämpfen des Heiligen gespickt, sondern enthält auch zahlreiche Angaben über die Gefahren, die Reisende zu jener Zeit auf dem Mittelmeer erwarten konnten: Seeräuber aus verschiedenen Gegenden, darunter slawische Piraten, die an der Mündung der Struma in der Ägäis agierten,[26] aber auch in der Nähe von Ephesos und in anderen Teilen der See, bereiteten den Kapitänen der Schiffe Sorgen, und hohe Wellen oder Unwetter verursachten Havarien.[27]

Die Bedeutung von Mobilität und Kommunikation im Mittelmeerraum lässt sich nicht nur am Beispiel von Pilgern, sondern ebenso exemplarisch am Beispiel von Gesandten zeigen. Insbesondere die Zeit Karls des Großen und Ludwigs des Frommen ist, wie oben bereits hervorgehoben, in den zeitgenössischen Texten als Epoche eines intensiven Gesandtenaustauschs zwischen dem Kaiser und Frankenkönig auf der einen und den Herrschern zahlreicher anderer Reiche auf der anderen Seite beschrieben worden.

Einer der Gesandten, die zur hochgebildeten und weitgereisten karolingischen Elite gehörte, war Bischof Amalarius von Trier. Er gehörte in den letzten Jahren zur Umgebung Karls des Großen und übernahm zusammen mit Abt Peter von Nonantola im Jahr 813 eine diplomatische Mission, um die Ausfertigung eines Friedensvertrags zum byzantinischen Kaiser nach Konstantinopel zu bringen und dessen Unterschrift zu erlangen. Wir wissen über seine Reise einigermaßen Bescheid, weil Amalarius selbst ein (wenngleich inhaltlich recht obskur gebliebenes) Gedicht darüber verfasste, die *Versus marini*.[28] Nachdem die Gesandtschaft, die wie üblich mehrere Personen umfasste, die Adria hinuntergesegelt war, wurde sie an der Grenze zum Byzantinischen Reich von Boten des Kaisers empfangen und an das Ziel geleitet. Die Kommunikation mittels Gesandter folgte hier ganz bestimmten Ritualen und Erwartungen.[29] In diesem Punkt sind Pilger- und Gesandtschaftsreisen auch letztlich nicht vergleichbar.

Zwar werden in den zeitgenössischen Berichten üblicherweise lediglich die hochstehenden Anführer von Gesandtschaften erwähnt, doch zeigt schon die Tatsache des Geleits, das man in Friedenszeiten willkommenen Gesandten entgegenbrachte, dass man zuvor bereits über ihre Ankunft informiert worden war, dass also bereits Boten unterwegs gewesen sein mussten, die zwischen Gesandtschaft und kaiserlichem Empfänger interagiert hatten. Uns zeigt das heute, dass die in den Texten auffindbaren Anzeichen für Mobilität und Kommunikation nur die unmittelbar sicht baren Spuren überliefern und dass das tatsächliche Ausmaß sowohl räumlicher Mobilität als auch kommunikativer Akte weitaus größer war.

Anders als rund zwei Generationen später der päpstliche Gesandte Marinus, der in den 860er-Jahren unter veränderten politischen Bedingungen Konstantinopel über den Landweg durch bulgarisches Gebiet erreichen und damit auch eine längere Reisesaison ausnutzen konnte,[30] segelten Amalarius, Peter und die byzantinischen Geleitboten an Bord eines Schiffes gemeinsam nach Konstantinopel. Später, nach erfolgreicher Mission und der Überwinterung, legten Amalarius und Peter zusammen mit einer byzantinischen Gesandtschaft an Kaiser Karl den Weg nach Aachen zurück: zunächst per Schiff nach Italien – auch hier ist von schwierigen Wetterverhältnissen und von der Angst vor arabischen Schiffen die Rede –, dann über Land. Als sie in Aachen ankamen, war Karl der Große bereits gestorben, sodass sie von Ludwig dem Frommen empfangen wurden.

Der byzantinische kaiserliche Gesandte Michael wurde 803 zu Karl dem Großen geschickt, um ihm die Entmachtung der Kaiserin Irene zu erläutern. Als er Karl im Ort Salz an der Saale antraf, waren außer ihm noch zwei Mönche aus Jerusalem bei ihm. Derselbe Michael war später, im Jahr 806, als Gesandter des Kaisers an den Kalifen Hārūn ar-Rašīd unterwegs, um ihm nach dessen militärischen Erfolgen auf byzantinischem Gebiet ein Friedensgesuch zu unterbreiten. Ein paar Jahre später war Michael – nach einer Reise, die er gemeinsam mit Gesandten Karls des Großen und byzantinischen Amtsträgern ins Frankenreich unternahm –, erneut Gesandter des Kaisers und in führender Position in die Auseinandersetzungen mit Venedig involviert.

Die wenigen Beispiele lassen, so skizzenhaft ihre Erwähnung hier auch letztlich nur erfolgen konnte, das Ausmaß von Mobilität und Kommunikation erahnen, das den Mittelmeerraum um das Jahr 800 herum erfasste. Die zeitbedingte Notwendigkeit der Mobilität zu Kommunikationszwecken wird im Boten- und Gesandtschaftswesen besonders gut greifbar. Die oftmals interkulturellen Begegnungen oder interreligiösen Kontakte, die etwa zwischen Reisenden aus der lateinischen und der orthodoxen Christenheit sowie mit Reisenden aus dem Islam stattfanden, erweisen das Frühmittelalter als Zeit intensiver Kommunikation und Mobilität und insbesondere den Mittelmeerraum als eine Region, deren Bedeutung als Kontaktzone nicht überschätzt werden kann. Abschließend sei noch kurz auf die Routen eingegangen, die für die Kommunikation im Mittelmeerraum genutzt wurden und die sich zur Zeit Karls des Großen veränderten. Daraus lassen sich Einblicke in die geografische Struktur der frühmittelalterlichen mediterranen Kommunikation gewinnen.

Routen

Es ist einmal mehr Michael McCormicks Studie zu verdanken, ausgehend von den zahlreichen einzelnen Bewegungen von Reisenden im Mittelmeerraum die Entwicklung von Haupt- und Nebenrouten nachgezeichnet zu haben (Abb. 142).[31] Zwischen dem Beginn des 8. und dem Beginn des 10. Jahrhunderts finden diesbezüglich markante Veränderungen statt. Um das Jahr 700 herum und noch im gesamten 8. Jahrhundert existierte im Wesentlichen eine Route, auf der Kontakte der Christenheit zwischen Rom und Byzanz ermöglicht wurden. Sie führte ausschließlich zur See, von Rom aus entlang der Tyrrhenischen Küste Italiens durch die Straße von Messina über das Ionische Meer um den Peloponnes herum nach Konstantinopel. Diese Strecke ging auf antike Verbindungen zurück.[32] Da der Landweg im 7. Jahrhundert unterbrochen war, kam dieser Route bis weit ins 8. Jahrhundert hinein nahezu eine Monopolstellung in der west-östlichen Kommunikation zu.[33] Neben anderen nahm beispielsweise auch Willibald diesen Weg, der zudem für Gesandtschaften und Pilger, soweit sie aus der lateinischen oder orthodoxen Christenheit kamen, von absolut zentraler Bedeutung war.

Neben dieser Hauptseeroute im nördlichen Mittelmeerraum entwickelten sich jedoch um

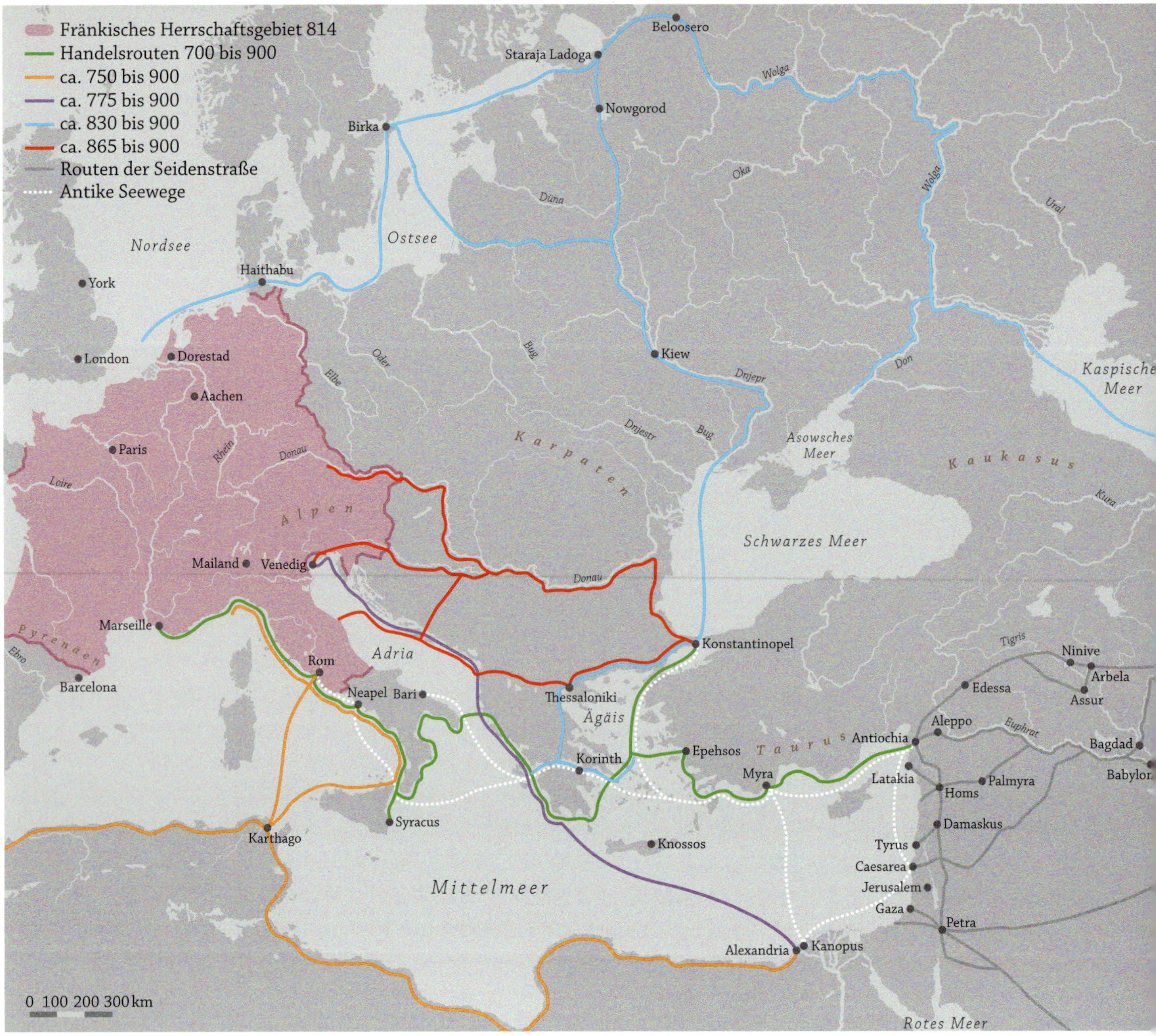

142 Handelsrouten im Mittelmeerraum 8./9. Jahrhundert

die Mitte des 8. Jahrhunderts weitere. So lässt sich im Süden eine zunächst gewissermaßen innermuslimische Verbindung zwischen dem Maghreb und dem Nahen Osten, namentlich Ägypten, erkennen, die von Schiffen entlang der Küste befahren wurde. Diese Route nahmen neben muslimischen Pilgern auch Händler und Migranten.[34]

Eine weitere Verbindung bestand zwischen Afrika und dem südlichen Tyrrhenischen Meer. Ihr dürften auch die Gesandten Karls des Großen und Hārūn ar-Rašīds gefolgt sein, als sie von Syrien nach Europa zunächst über Land ins heutige Tunesien und von dort mit dem Schiff über das Mittelmeer nach Pisa fuhren (Abb. 67, S. 96).[35] Aus den verschiedenen, in den Texten recht versprengt auftretenden Angaben lässt sich schließen, dass auch christliche Reisende, darunter kaiserliche Gesandte, im 8. Jahrhundert zunehmend die Infrastrukturen nutzten, die das Kalifat ihnen bot. Christen und Muslime reisten dabei durchaus gemeinsam.[36] Noch bevor die Araber zu Beginn des 9. Jahrhunderts mit der Eroberung Siziliens begannen, wuchsen die kommunikativen Verbindungen zwischen den Muslimen auf dem afrikanischen und den Christen auf dem europäischen Kontinent an. Um 820 kamen Sklaven von Afrika nach Sizilien und Süditalien. Friedliche Handelskontakte zwischen Christen und Muslimen bestanden im 9. Jahrhundert trotz kriegerischer Auseinandersetzungen weiter.[37]

Um das Jahr 700 war Kommunikation zwischen dem westlichen Europa und dem Nahen Osten nur durch Mobilität zur See

möglich. Sie führte Reisende immer über Byzanz. Etwa einhundert Jahre später verband die Nord-Süd-Seeroute Westitalien mit der Hauptkommunikationsachse der islamischen Welt, die entlang der südlichen Mittelmeerküste verlief. Weitere Veränderungen ergaben sich vor allem im letzten Viertel des 8. Jahrhunderts, wesentlich unter venezianischem Einfluss, im Adriatischen Meer, das als Zone der Schifffahrt und als Ausgangspunkt für Fernreisen an Bedeutung zunahm. Verbindungen mit Byzanz und besonders nach Arabien wuchsen stark an.[38] Etwas später, gegen Mitte des 9. Jahrhunderts, wurde der Golf von Korinth zum Bestandteil einer weiteren wichtigen Route im Mittelmeerraum, die eine Alternative zur Umsegelung Griechenlands darstellte und vom Isthmos aus eine Verbindung über Land- und Seeweg nach Konstantinopel ermöglichte (Abb. 142).
Routen über den Balkan und entlang der Donau eröffneten zudem im Lauf des 9. Jahrhunderts die Option, das lateinisch-christliche West- und Mitteleuropa mit dem orthodoxen Osteuropa zu verbinden. Bis in die 890er-Jahre hinein, als bulgarisch-byzantinische Auseinandersetzungen diese Route wieder versperrten, bildete der Landweg vor allem im Winter eine wichtige Alternative zu der alten Verbindung über das Mittelmeer. Hier offenbart sich – was auch für den Alpenraum gilt, der das nordwestliche Europa mit dem mediterranen Raum im 8. Jahrhundert zunehmend verband – die Bedeutung des Friedens und der Sicherheit. Politische Stabilität war Voraussetzung für Kommunikation und Mobilität im frühen Mittelalter. Sie sorgte für die Begehbarkeit von Routen, für die Etablierung von Verbindungen und die Herausbildung einer kommunikativen Infrastruktur.
Blickt man auf Veränderungen an der Wende vom 8. zum 9. Jahrhundert, so zeigt sich deutlich, dass die Fernkommunikation im Mittelmeerraum und zwischen Europa und der islamischen Welt zwischen 750 und 900 zunahm. Neue Routen öffneten und gesellten sich zu der alten, bereits in der Antike begangenen Fernwasserstraße. Im späten 9. Jahrhundert gab es verschiedene Routen, welche die verschiedenen Regionen des großen Mittelmeerraums miteinander verbanden. Intensivere Mobilität und intensivere Kommunikation waren die Folge. Die Häufigkeit der Fahrten über das Meer nahm nach allem, was wir aus den zeitgenössischen Texten wissen, ebenso zu wie die Schnelligkeit, weil man nun auch die Nacht hindurch segelte und nicht mehr in jedem Fall an Land bis zum Anbruch des nächsten Tages wartete. Die Geschwindigkeit war im Frühmittelalter nicht geringer als in der Spätantike oder als im späten Mittelalter. Alles in allem erweist sich der Mittelmeerraum um das Jahr 800 somit als ein großer geografischer Raum, der nicht nur Großreiche voneinander trennte, sondern auch – und vor allem – Verbindungen ermöglichte. Hergestellt und etabliert wurden diese Verbindungen durch eine anwachsende Mobilität, durch unzählige Reisen von einzelnen Personen, die verschiedensten politischen, ethnischen und kulturellen Gruppen angehörten. So waren es Reisende, nicht zuletzt Pilger und Gesandte, die den Mittelmeerraum als einen Verbindungsraum, als einen interkulturellen und kommunikativen Raum nutzten und konstituierten.

QUOD CARO

Partes, termini, confinia regnorum

Innere und äußere Grenzen

Stuart Airlie

144 **Denar Karls des Großen, fränkisch, vor 814. Berlin, Staatliche Museen zu Berlin, Münzkabinett**

Über Grenzen nachzudenken bedeutet, über Trennungen, aber auch über Kontakte nachzudenken. Das gilt in gewisser Weise auch für das historische Denken; schließlich ist die Welt Karls des Großen für uns heute in weite Ferne gerückt. Das Münzkabinett der Staatlichen Museen zu Berlin besitzt einen silbernen Denar mit Karls Konterfei (Abb. 144). Ganz gleich, wie überlegt sie präsentiert und wie gut sie beschrieben ist, in ihrer modernen Vitrine erscheint diese über tausend Jahre alte Münze heute als ein isoliertes Objekt, herausgelöst aus den historischen Erfahrun gen, die ihr einst Bedeutung und Funktion gaben.

Es ist keine gewöhnliche Münze, die in Berlin zu sehen ist. Sie gehört zu einer speziellen Prägung, die Karl der Große zwischen 812 und seinem Tod im Jahr 814 in Auftrag gab. Schon ein flüchtiger Blick auf das Geldstück verrät uns etwas über seine Bedeutung. Die Bildseite zeigt Karl den Großen mit Lorbeerkranz und in römischer Toga sowie die Umschrift *KAROLUS IMP[ERATOR] AUG[USTUS]*. Damit lässt sich die Münze mit der Kaiserkrönung Karls durch den Papst in Rom am Weihnachtstag des Jahres 800 in Verbindung bringen. Aber warum wartete er bis zum Jahr 812, bevor er eine solche Kaisermünze prägen ließ? Offenbar hatten Karl und seine Entourage kein allzu großes Zutrauen in die Autorität des Papstes, einen Kaiser zu krönen. Es gab bereits ein großes christliches Kaiserreich im Osten (Abb. 145), das von Konstantinopel aus regiert wurde, und von karolingischer Seite wünschte man sich nichts so sehr, als dass ihr eigenes Kaisertum auch dort anerkannt würde. Diese Anerkennung erfolgte erst im Jahr 812. Und sie hatte ihren Preis. Nach einem längeren Konflikt mussten die Franken zugestehen, dass das bedeutende Handelszentrum Venedig fortan zum Machtbereich des byzantinischen Kaisers gehörte (Abb. 145). Zur Besiegelung dieser Vereinbarung reiste eine Gesandtschaft des byzantinischen Hofs zu Karl dem Großen nach Aachen. Der bittere Verlust Venedigs wurde damit kompensiert, dass sie ihm als Kaiser huldigte. In der prächtigen Kirche in Aachen (Abb. 146 und 143) stimmten die Gesandten eine lange Reihe von Lobgesängen (*laudes*) an, die Karl als Herrscher priesen und die Mächte des Himmels um Unterstützung seiner Regentschaft baten. Die kleinen Kaisermünzen, zu denen auch das Berliner Exemplar gehört, sind somit auch kreatives Produkt der politischen Spannungen zwischen Frankenreich, Italien und Byzanz.[1] Bei heutiger Betrachtung sollte man diesen Chor schmeichlerischer Kaiserlitaneien und den Kirchenraum im Kopf haben, oder anders gesagt, man sollte versu-

143 **Oktogon der Aachener Pfalzkapelle**

chen, eine historische Vorstellungskraft für das aufzubringen, was aus der fernen karolingischen Ära überlebt hat. Das bedeutet jedoch nicht, sich in Träumereien über die Vergangenheit zu verlieren, sondern vielmehr, dass man sich eine kritische Distanz bewahren sollte. Die Berliner Münze hat heute nicht einfach bloß einen intellektuellen und kulturellen Wert, weil sie aus der Welt Karls des Großen stammt. Die Seltenheit solcher Münzen (auf die noch zurückzukommen sein wird) verschafft ihnen auch einen ökonomischen Wert, an dem heute so vieles gemessen wird. Im Jahr 2012 erzielte eine Münze dieser Serie bei einer Versteigerung in Osnabrück den sagenhaften Preis von 160 000 Euro. In dieser beträchtlichen Summe spiegelt sich nicht nur eine Bewertung, die den großen zeitlichen Abstand zwischen frühem Mittelalter und unserer Zeit bezeichnet, sondern auch ein historisches Verständnis, das den Wert solcher Objekte mitbestimmte.

Wenn es im Folgenden um die Grenzen des Herrschaftsgebiets der Karolinger geht, dann wird es nicht vorrangig um die Beziehungen zwischen Karl und dem Mittelmeerraum gehen. Vielmehr sollen in vier Abschnitten Aspekte der Vernetzung beleuchtet werden, die nicht nur zwischen dem Frankenreich und seinen Nachbarn bestanden – ob im Norden oder am Mittelmeer. Man darf sich die Grenzen des Frankenreichs nicht als fest definiert

145 Fränkisches und byzantinisches Herrschaftsgebiet um 800

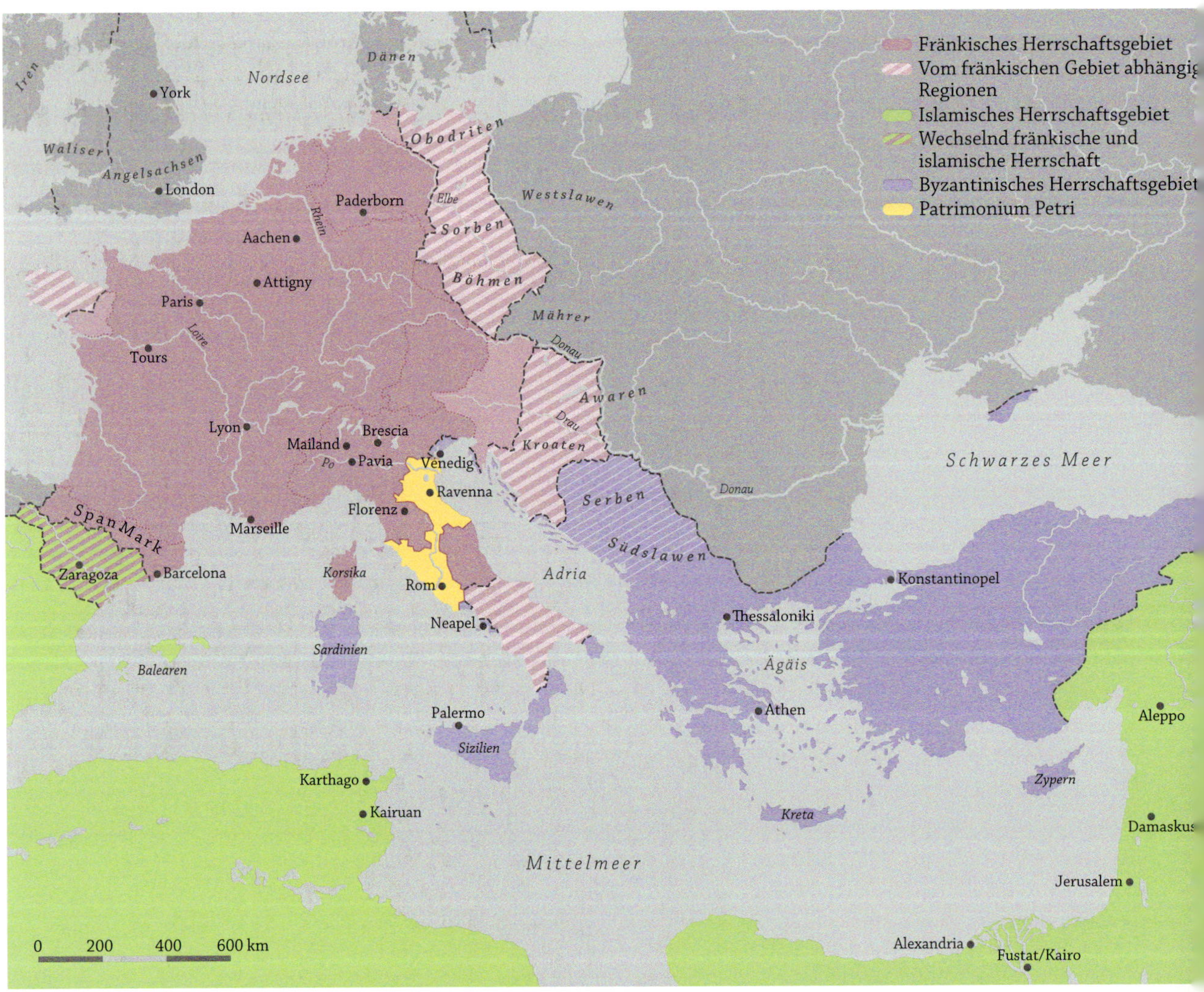

vorstellen. Vielmehr bildeten sie etwas, das für die Menschen der damaligen Zeit unter verschiedenen Aspekten ganz unterschiedliche Bedeutungen annehmen konnte, und das mit Vorstellungen und Kontrolle von Raum sowie Bewegungen im Raum zu tun hatte. Geografische Begrenzungen waren mit Definitionen von Machtstrukturen verbunden.[2] Die Grenzregionen standen in engem Zusammenhang mit dem Zentrum.[3]

Transformationen

Zu Beginn der Regentschaft Karls des Großen ab 768 galt es, das Herrschaftsgebiet zu sichern und zu kontrollieren. Chronisten berichten, wie sehr es die Franken verärgerte, dass der Rebell Hunold von Aquitanien Karl aufgrund seiner Ortskenntnisse entkam: „er wusste, wo er sich vor der Armee des Königs verstecken konnte“, und so mussten die fränkischen Könige mühsam „Felsen und Höhlen“ erobern, um die Herrschaft über diesen Landstrich zu sichern.[4] Einhard, der Biograf Karls des Großen, klagte über die ungünstige Beschaffenheit des Geländes in Spanien, die zur Niederlage der Franken im Jahr 778 beigetragen habe.[5] Zudem drückte er auch seine Bewunderung für die Schwierigkeiten aus, die Karl 774 bei der Alpenüberquerung meisterte. Die Franken wussten, dass die Alpen nicht bloß ein natürliches Hindernis darstellten, ihnen war ebenso bekannt, dass die langobardischen Herrscher Norditaliens die Alpenpässe zu sperren vermochten. Das hatten sie beispielsweise im Jahr 773 unter Beweis gestellt, als sie den Papst daran hindern wollten, Nachrichten in den Norden zu senden, und dieser sich gezwungen sah, eine Gesandtschaft über den Seeweg zu schicken.[6] Eine dramatische Episode aus dem Jahr 743 illustriert die faktische Kontrollmacht der Langobarden: Als Abgesandte des Papstes Zacharias ihm (dem Papst) eine Botschaft aus dem Königreich der Langobarden zukommen lassen wollten, mussten sie diese heimlich in der Nacht auf den Weg bringen.[7]
Aber selbst wenn es möglich war, sich mühelos durch schwieriges Terrain und über politische Grenzen hinweg zu bewegen und Kommunikation kein Problem darstellte, konnte gerade dies gefährlich werden. Als Karlmann, der Bruder und Mitregent Karls des Großen,

146 Innenraum der Aachener Pfalzkapelle

771 starb, setzten sich dessen Witwe und Kinder nach Italien ab. Auch wenn Einhard im *Leben Karls des Großen* sich darüber zu wundern scheint, bestanden in Wirklichkeit gute Verbindungen zwischen den fränkischen und langobardischen Eliten. Diese Verbindungen machten die Flucht von Karlmanns Familie nach Italien möglich, aber sie bedeuteten auch, dass der Langobardenkönig Desiderius nun an seinem Hof ein Druckmittel hatte, das er direkt gegen Karl den Großen einsetzen konnte: die möglichen Anwärter auf den Frankenthron. Desiderius und einige Exilfranken übten großen Druck auf den Papst aus, die noch jungen Söhne von Karlmann zu Königen zu salben und damit das Frankenreich zu destabilisieren. Dies und ein Hilfsersuchen des Papstes gehörten zu den Anlässen für den erfolgreichen Feldzug gegen Italien, den Karl im Jahr 774 führte.[8]

Es ist also wenig überraschend, dass die höfische Elite des Frankenreichs davon träumte, sich ungehindert durch allein von ihr kontrollierte Gebiete bewegen zu können. Dies kommt in den *Annalen* zum Ausdruck, die den unaufhaltsamen Vormarsch Karls des Großen durch Sachsen im Jahr 785 schildern: Auf „offenen Straßen" konnte er sich wenden, wohin er wollte, ohne dass sich ihm jemand zu widersetzen vermochte.[9] Das war keine bloße Fantasie, es entsprach der Wirklichkeit des fränkischen Eroberungsfeldzugs, durch den Karl den Raum des frühmittelalterlichen Europa drastisch veränderte. Das italienische Königreich der Langobarden, die Herzogtümer von Aquitanien, der Gascogne und Bayerns fielen sämtlich ihm zu, auch das Sachsenland kam unter seinen Herrschaftsbereich (Abb. 145). Unzufriedene Franken, ob Mitglieder der Königsfamilie oder nicht, hatten nun kaum noch eine Möglichkeit, an einem fremden Hof Unterschlupf zu finden. Noch eine Generation zuvor hatte ein Aufrührer wie Grifo Unruhe im Zentrum stiften können, indem er an den Rand des Reichs floh; dies war nun nicht mehr möglich.

Natürlich dauerte es seine Zeit, bis sich diese Herrschaft durchsetzte, und sie war auch nie total, aber im Ergebnis veränderten die Eroberungszüge Karls des Großen die politische Landkarte seiner Zeit. Die Grenzen verschoben sich nach außen oder änderten ihre frühere Bedeutung. Als Einhard in den 820er-Jahren Karls Biografie verfasste, schilderte er dies als Karls große Ruhmestat: „Er vergrößerte das Frankenreich [...] fast um das Doppelte."[10] Mit demselben Stolz verkündete

147 Tassilo-Kelch, Salzburg (?), vor 788. Kremsmünster, Benediktinerstift

seine Grabinschrift: „Karl [...] der das Reich der Franken ruhmvoll vergrößerte." Im Ergebnis, so sah es Einhard, verschwanden alte Grenzen oder verloren an Bedeutung. In der Vergangenheit hatten sich religiöse Spannungen zwischen heidnischen Sachsen und christlichen Franken in regelmäßigen Zusammenstößen an den Grenzen entladen, denn „die Grenzen zwischen unserem und ihrem Gebiet verliefen fast ausschließlich durch flaches Land", aber die Eroberungs- und Bekehrungsfeldzüge Karls des Großen hätten aus Sachsen und Franken schließlich eine „Volkseinheit" gemacht.[11] Die Franken zogen ins Sachsenland und viele Sachsen – Männer, Frauen und Kinder – wurden „in verschiedenen Gruppen zerstreut in Gallien und Germanien" zwangsumgesiedelt.[12] Damit war für Einhard das Problem gelöst. Im Süden hatte früher der Lech die Grenze zwischen dem Reich Karls des Großen und dem aufrührerischen Herzogtum Bayern gebildet, aber nachdem Karl der Große 788 Herzog Tassilo entmachtet hatte, hörte Bayern auf, als eigenständiges Herzogtum zu existieren und wurde in das fränkische Lehnssystem integriert (Abb. 147).[13] Für Einhard war Tassilo nicht ein interner Herausforderer der fränkischen Autorität, sondern ein Grenzproblem, das Vergangenheit war, sobald es als überwunden galt. Was die neuen, durch die Expansion geschaffenen Grenzen anging, so lässt Einhard genüsslich durch ein zitiertes byzantinisches Sprichwort etwas von der aggressiven Arroganz der fränkischen Elite durchblicken: „Der Franke soll dein Freund, nicht aber dein Nachbar sein."[14]

Informationen

Könige und ihr Gefolge waren stets begierig auf Informationen über alles, was sich an und jenseits der Grenzen des Reichs zutrug. Die Reichsversammlungen waren immer auch eine Gelegenheit, Informationen zu sammeln und auszuwerten. So erfuhr Karl der Große beispielsweise auf einer Versammlung in Mainz im Jahr 795, dass die Sachsen rebellierten, worauf er persönlich gegen sie ins Feld zog.[15] Die kurzen, trockenen Berichte von solchen Neuigkeiten, die uns die *Annalen* bieten, lassen uns höchstens ahnen, wie dicht das Kommunikationsnetzwerk gewesen sein muss. Gelegentlich lässt sich jedoch ein Eindruck davon gewinnen, wie die Nachrichtenübertragung in der karolingischen Welt funktionierte. Die *Annalen von Fulda* berichten für das Jahr 891, dass König Arnulf Gesandte zu den Mährern schickte, um den Frieden zu erneuern. Ebenfalls überliefert ist der Originalbrief, den der Markgraf Aribo von dieser Gesandtschaftsreise an den König schickte.[16] Aus der Herrschaftszeit Karls des Großen ist ein faszinierender Bericht (zwar nicht im Original, aber in einer zeitgenössischen Abschrift) erhalten, den der Abt Maginarius von Saint Denis im Jahr 788 an den König schickte. Er schildert die Misslichkeiten, die dem Abt und seinen Gesandtschaftsgefahrten widerfuhren, als sie die Grenze von Benevent in Mittelitalien zu überschreiten versuchten, um die Loyalität zu Karl dem Großen zu überprüfen. Erhalten ist auch ein Brief von Papst Hadrian, in dem er dem König weitere Details über diese unglückliche Gesandtschaft mitteilte. Der Brief zeichnet sich vor allem durch die lebendige und detailreiche Schilderung der Reise ins Grenzgebiet aus. Man erfährt von allerlei logistischen Problemen, von Plänen, die daran scheiterten, dass die Gesandten den Kontakt zueinander verloren und Täuschungsmanöver ausführten, um beispielsweise durch vorgeschützte Krankheit unliebsame Begegnungen zu vermeiden. Vor allem

das letzte Schreiben vermittelt dem Leser und der Leserin heute so gut wie seinerzeit Karl dem Großen, welche Sorgen den Abt in den unübersichtlichen südlichen Gefilden fern des fränkischen Machtzentrums plagten.[17]
Der Brief führt vor Augen, wie schwierig es war, verlässliche Informationen aus den entfernteren Regionen des Reichs, den Grenzgebieten und von jenseits der Grenzen zu erhalten. Blitzschnelle Kommunikation ist für uns heute eine Selbstverständlichkeit, die Nachrichtenübermittler und ihre Herren im Mittelalter hatten es um einiges schwerer. Auch ein Eilbote mit wichtigen Nachrichten konnte allenfalls 70 Kilometer pro Tag zurücklegen.[18] Und es waren nicht immer verlässliche Informationen, die sich verbreiteten, auch Gerüchte machten die Runde. Am Aachener Hof versuchte man beispielsweise in den letzten Regierungsjahren Karls sehr aufmerksam zu verfolgen, was der dänische König Godfrid im Schilde führte, und wurde von den wildesten Gerüchten über dessen Absichten regelrecht überschwemmt.[19] Mit diesem Problem hatte man häufig zu kämpfen. Im Jahr 826 war Ludwig der Fromme verunsichert, wie er mit einer bulgarischen Gesandtschaft umgehen sollte, da ihm das Gerücht zu Ohren gekommen war, der bulgarische Herrscher sei bereits getötet worden.[20]
Das heißt, ein Regent musste stets auch Gerüchte ernst nehmen und herausfinden, was an den Grenzen und jenseits von ihnen passierte – nicht immer hatte er dabei Erfolg. Die hochrangige Delegation, die Ludwig der Fromme zu den Grenzposten schickte, um die Gerüchte über den Tod des bulgarischen Herrschers zu überprüfen, konnte keine zuverlässigen Informationen nach Hause bringen. Ebenfalls konnte er nichts Genaues über die Umstände erfahren, unter denen im Jahr 823 in Rom einige fränkische Amtsträger ermordet worden waren und in die Papst Paschalis I. verwickelt gewesen sein sollte.[21]
Auch Karl der Große und sein Hof hätten 799 gern gewusst, was sich in Rom zutrug, wo die Spannungen zwischen Papst Leo III. und seinen Gegnern überkochten, doch war es für sie schwierig, der Affäre auf den Grund zu kommen. Das lag teilweise an der Entfernung des Hofs zum Ort des Geschehens, aber auch daran, dass es um heikle Fragen der päpstlichen Autorität ging. Die Briefe Alkuins, eines der wichtigsten Berater Karls, aus dem Jahr 799 zeugen vom Bedürfnis seiner Zeitgenossen, über Rom informiert zu sein, aber auch von der Sorge, dass sich diese Informationen als problematisch herausstellen konnten. So erwähnt Alkuin ein Schreiben aus Rom, das er wegen seines brisanten Inhalts verbrannte. Briefe und Nachrichten gingen also auch durch (gezielte) Zerstörung verloren.[22] Die Päpste jenseits der Alpen standen vor denselben Problemen. Weil Papst Stephan III. nicht wusste, welcher der jungen fränkischen Könige, Karl der Große oder sein Bruder Karlmann, in den Jahren 770/771 eine langobardische Prinzessin zu heiraten beabsichtigte, schrieb er an beide und versuchte sie – erfolglos – mit scharfen Worten davon abzuhalten.[23] Und die Geschichte des großen intellektuellen Projekts, das der Hof Karls des Großen von 787 bis 794 auf den Weg brachte, die *Libri Carolini*, mit dem die Franken sich in die theologische Streitfrage um die Bilderverehrung einbrachten, ist in mancher Hinsicht auch eine Geschichte mangelhafter Kommunikation, von Missverständnissen und auch absichtlichen Fehlinterpretationen im Dreieck Rom, Aachen und Konstantinopel.[24]
Bemerkenswert und nicht weniger wichtig waren die Anstrengungen, die Herrscher un-

ternahmen, um immer auf dem Laufenden zu bleiben, und wie effektiv damalige Nachrichtenübermittlung auch über weite Strecken sein konnte. Die Boten mussten den König überall erreichen können; wo immer er war, befand sich das Zentrum seines Reichs. Als Karl der Große im Jahr 778 bei seiner Rückkehr aus Spanien von den Aufständen der Sachsen erfuhr, befand er sich in Auxerre, und von den Revolten in Spanien und Sachsen des Jahres 793 hörte er bei einem Aufenthalt im Gebiet der Flüsse Rednitz und Altmühl.[25] Im Jahr 803 musste eine Gesandtschaft aus den Mittelmeerzentren Konstantinopel und Grado zu ihrer vermutlich nicht geringen Verwunderung nach Salz an der Saale in Bayern reisen, samt dem prächtigen Geschenk eines Paars geschnitzter Elfenbeintüren, denn dort hielt sich Karl zur Vorbereitung auf die Jagd auf. Eine Vielzahl von Personen musste über seinen Aufenthaltsort Bescheid wissen.[26] Dass diese Nachrichten in den Quellen überliefert sind, belegt die Bedeutung, die solche Informationen für die Menschen der damaligen Zeit hatten.

Doch Karl der Große wurde nicht nur mit Neuigkeiten versorgt, er produzierte auch welche. Dass ihm feindlich gesinnte Blicke von den Grenzen aus folgen konnten, belegt, wie weit sich Nachrichten über die Reisen des Königs verbreiteten. Die Sachsen wussten, dass der König im Jahr 778 auf dem Weg nach Spanien war und nutzten seine Abwesenheit zur Rebellion, erfuhren jedoch bald (die Franken werden sicherlich dafür gesorgt haben), dass er von Auxerre aus in ihre Richtung nach Osten eilte, und so zogen sie sich zurück. Ähnlich ermutigt fühlte sich Hisham I., Emir von Córdoba, zu einem Feldzug durch das südliche Gallien, als er von den fruchtlosen Kämpfen der Karolinger gegen die Awaren im Jahr 793 erfuhr. So gelang es dem Emir, bis nach Narbonne vorzustoßen, wo ihm die Grenzwächter unterlagen.[27] Nachrichten über die Aktivitäten Karls im Gebiet der Awaren hatten sich also bis nach Spanien verbreitet und Angriffe an der südwestlichen Flanke des Fränkischen Reichs ausgelöst; diese Nachrichten hiervon wiederum erreichten Karl, als er sich in Bayern aufhielt, und zwangen ihn zum Handeln. Neuigkeiten, seien es nun Gerüchte oder Tatsachen, überwanderten demnach große Entfernungen. Herrscher waren gleichsam Knotenpunkte, an denen Neuigkeiten zusammenliefen und weitergegeben wurden.

Die Grenzen und das Zentrum

Grenzen und Zentrum standen in einem dauerhaft dialektischen Verhältnis zueinander. Das Zentrum, und darunter verstehe ich die Macht und Autorität des karolingischen Herrschers, strahlte bis zu den Grenzen aus. Auch wenn der Herrscher nicht immer an den Grenzen präsent war – wie und warum hätte er das sein sollen? –, so stand er doch hinter all den „Marken und Markgrafen“, über die Andrea Stieldorf vor Kurzem eine Studie vorgelegt hat.[28] Darüber hinaus zeigen Bauprojekte, wie der Herrscher sich bemühte, Einfluss auf die Grenzregionen zu nehmen. So sorgte beispielsweise die Pfalz in Paderborn (Abb. 148) durch ihre monumentale Inbesitznahme der Landschaft für eine massive Präsenz des karolingischen Herrschers auch dann, wenn er gar nicht persönlich anwesend war. Dennoch hielt das die Sachsen nicht davon ab, die Gelegenheit zur Rebellion zu nutzen, als Karl 778 auf dem Weg nach Spanien war, obgleich sie noch im Jahr 777 in Paderborn dem König ihre Aufwartung gemacht hatten; offenbar kam die Botschaft nicht bei jedem an. Aber die Tatsache, dass

148 Digitale Rekonstruktion der Pfalz Paderborn 776/777

Karl der Große seine Zusammenkunft mit Papst Leo III. 799 in Paderborn abhielt, zeigt, dass sich die Grenze nach Osten verlagert hatte.[29] Auch Münzen dienten als Zeichen der karolingischen Herrschaft. Beispielsweise wurden in Barcelona Münzen geprägt, die den Namen des Königs und ein Kreuz trugen und neben arabischen Münzen in Katalonien zirkulierten.[30] Karl der Große bestand 788 in einem Vertrag mit dem Herzogtum Benevent darauf, dass sein Name auf den dort geprägten Münzen erscheinen sollte, und dass er später von diesen wieder verschwand, kann als Zeichen der wiedergewonnenen Unabhängigkeit Benevents gelten.[31]

Das Reich bestand aber auch in den Köpfen der Menschen. Herrscher und Hof waren durchaus überzeugt, dass das, was sie im Zentrum taten, bis zu den Grenzen Widerhall fand. Als Papst Zacharias 751 dem karolingischen Coup d'État seinen Segen gab, und Pippin die Herrschaft des Geschlechts der Merowinger durch eine Zeremonie beendete, in der er sich vom heiligen Bonifatius salben ließ, heißt es in den *Annalen*: „die Kunde über die Macht und Furcht vor seiner [Pippins] Stärke verbreitete sich in allen Ländern".[32] Einhard greift dieses Motiv in seiner Schilderung darüber auf, wie Karl der Große im Jahr 813 in Aachen seinen Sohn Ludwig zu seinem Nachfolger krönte, indem er berichtet, dass dies die „fremden Völker" mit großem Respekt erfüllte.[33] Auf diese Weise vergewisserte man sich selbst mittels erzählter Geschichten darüber, wie der Schatten seiner Macht bis zu den Grenzen reichte. In diesem Zusammenhang ist die Beschreibung der Gemälde in der Kaiserpfalz von Ingelheim bedeutsam, die Ermold der Schwarze in den 820er-Jahren in seinem Lobgedicht über Ludwig den Frommen machte. Schließlich konnten die höfische Elite und die ausländischen Machthaber hier, an einem der zentralen Orte des Reichs (Abb. 108, S. 158), Bilder der karolingischen Herrscher betrachten, in denen ihre Herrschaft über jene außerhalb des Reichs dargestellt wurde: Darunter waren Themen wie Karl Martell, der über die Friesen wachte, Pippin, der die Aquitanier in Schach hielt, und Karl der Große, der die Sachsen unterwarf.[34] König und Hof, also das Zentrum, träumten nicht nur davon, solche Macht und Autorität über die Grenzen zu haben, sie übten diese Macht tatsächlich aus und stellten sie unter Beweis. Bei seinem Feldzug gegen das Königreich der Langobarden in Italien ließ Karl auch die Königin und seine Kinder zu sich vor das belagerte Pavia bringen.[35] Damit hatte er vorübergehend das Zentrum der fränkischen Welt nach Italien verlegt und Franken und Langobarden gleichermaßen dargelegt, wie ernst ihm seine Eroberungsabsichten waren. Im Jahr 781 ließ er, wiederum in Begleitung von Königin Hildegard, in Rom im Rahmen aufwendiger Zeremonien seinen vierjährigen Sohn Pippin zum Unterkönig von Italien und dessen dreijährigen Bruder zum Unterkönig von Aquitanien krönen. Rom war ein ungewöhnlicher Ort für eine fränkische Königskrönung, aber Karl der Große legte Wert darauf, dass der Papst die beiden Knaben salbte, wahrscheinlich, um göttliche Zustimmung und Schutz zu erlangen und um den langen Arm der fränkischen Könige zu demonstrieren; es ist nicht auszuschließen, dass auch Gesandte aus Byzanz zum Publikum dieser prachtvollen Veranstaltung gehörten. In Rom wurde auch Rotrud, die sechsjährige Tochter Karls, Kaiser Konstantin zur Frau versprochen. Letzterer kam zwar zu diesem Anlass nicht nach Rom, aber sicherlich sollte es seine Gesandten beeindrucken, wie sich Karl anlässlich dieser Zeremonie als ein Herrscher präsentierte, der über so viele Königreiche gebot, dass er sie unter seinen Kindern aufteilen musste. Dafür bot Rom die perfekte Kulisse (Abb. 149).[36]

Zentrum und Grenzen lassen sich nach dem bisher Geschilderten in ihrer Beziehung als (dynamische) Verflechtungsprozesse beschreiben, in denen die Impulse nicht zwangsläufig nur vom Zentrum ausgingen und an den Grenzen empfangen wurden, sondern sich gegenseitig bedingten. Auch hier spielten materielle Objekte eine wichtige Rolle. Ein Beispiel dafür ist der Schatz der Awaren (Abb. 150 und 151). Karl der Große erbeutete ihn nicht selbst, sondern nahm ihn in Aachen entgegen und verteilte ihn dann über sein Herrschaftsgebiet und Europa, einschließlich England.[37] Die fränkischen Krieger, die Karl Schätze, Gefangene, Geiseln und anderes von den Grenzen schickten, erkannten ihn damit als ihren Herrn an und bewiesen sich in ihrer Rolle als treue Gefolgsleute. So schenkte Guido nach seinem Sieg über die Bretonen im März 799 Karl die Schwerter der geschlagenen bretonischen Führer, in die ihre Namen eingraviert waren.[38] Diese Schwerter zeugten als beredte Objekte nicht nur vom Triumph der Franken in der Bretagne. Der Akt der Über-

149 Giovan Battista Ricci da Novara, *Alt-Sankt Peter in Rom*, 1617–1619, Teil der Freskenausstattung unter Neu-Sankt Peter, auf Leinwand übertragen. Vatikanstadt, Fabbrica di San Pietro

gabe bewies auch die Anerkennung des fränkischen Königs für seinen Hof.
Solche Schenkungen von den Grenzen waren für das Publikum des Zentrums, also für ein internes Publikum, gedacht. Ganz deutlich zeigt sich dies bei einer Gelegenheit im Jahr 801, als an ein und demselben Tag Karl dem Großen und seinem Hof die gefangenen Herrscher von Chieti und Barcelona als Beute übergeben wurden. Der geschlagene Muslim von Barcelona und der Christ von Chieti erhielten dieselbe Bestrafung: das Exil.[39] So trug der Hof Sorge, zwei Siege in verschiedenen Mittelmeerregionen durch eine Inszenierung miteinander zu verknüpfen, die den siegreichen Kriegern und auch den Gefangenen selbst vor Augen führte, dass sie Teil eines größeren Ganzen, dem Herrschaftsgebiet Karls des Großen, waren, und dass dieser darin die zentrale Stellung einnahm – schließlich waren die Siege in seinem Namen errungen worden. Ebenfalls im Jahr 801 werden Besucher am Hof gehört haben, dass ein exotisches Geschenk auf dem Weg war und es inzwischen bis Italien geschafft hatte: Der Elefant, den Hārūn ar-Rašīd dem fränkischen Herrscher als Geschenk übersandte, legte ebenso Zeugnis von den vorsichtig freundlichen Beziehungen zwischen Aachen und Bagdad ab wie von dem Transportnetzwerk, das im Mittelmeerraum existierte (Abb. 67, S. 96).[40]
Als internes Publikum inszenierte sich Karl letztendlich selbst, so bei dem Besuch der Gesandten aus Byzanz, die ihm 812 in Aachen als Kaiser huldigten. Wie bereits erwähnt, waren Karl der Große und sein Hof schon lange sehr darauf bedacht, von Konstantinopel die Anerkennung der fränkischen Kaiserkrone zu erhalten, auch wenn es schwer vorstellbar war, dass der Kaiser in Konstantinopel Karl als ebenbürtig betrachten würde; das hätte dem Weltbild Konstantinopels widersprochen. Die west-östliche Begegnung in Aachen im Jahr 812 hatte für beide Seiten einen unterschiedlichen Stellenwert. Ihre Bedeutung für Karl den Großen und seinen Hof schlägt sich in der Tatsache nieder, dass er erst jetzt Münzen mit dem Kaiserporträt prägen ließ (Abb. 144). Gerade einmal etwa 40 dieser besonderen Münzen haben sich erhalten; da Karl 814 starb, wurden sie allerdings nur für kurze Zeit geprägt, sie sind also auch deshalb heute so rar.[41] Ihrer Bedeutung tut das keinen Abbruch. Münzen mit ihren Inschriften und visuellen Symbolen waren eines der wenigen Vehikel, die für die weite Verbreitung einer politischen Botschaft sorgen konnten, und Karl und sein Hof beabsichtigten, dass die Porträtmünzen die Kunde vom endlich bestätigten Kaisertitel durch das ganze Reich trugen. Sie wurden von Münzstätten geschlagen, die von Mainz bis Arles und über Mailand bis nach Rom ansässig waren.[42]
Noch wichtiger für die Demonstration der eigenen Bedeutung und kaum zu unterschätzen waren die Besuche der Gesandtschaften am Hof Karls des Großen. Wenn Gesandte, Geiseln oder Gefangene in eine der Kaiserpfalzen kamen, war dies natürlich eine Begegnung, die für ein doppeltes Publikum,

150 Schale in Form eines gehörnten Löwen aus dem Awaren-Schatz, Sânnicolau Mare, 7./9. Jahrhundert. Wien, Kunsthistorisches Museum

das von innerhalb und außerhalb des Herrschaftsgebiets kam, inszeniert wurde. Die arabischen Gesandten, die 767/768 zu Pippins Vater reisten, konnten zweifellos schon auf dem langen Weg quer durch das Frankenreich einen Eindruck von der weitreichenden Macht der Karolinger gewinnen.[43] Die sächsischen Geiseln, von denen in der *Indiculus Obsidum* (Liste der Geiseln) von 805 berichtet wird, erfuhren auf ihrem Transport durch das Reich zwangsläufig viel über die fränkische Lebensweise. *Vice versa* bestand auch fur die Franken die Möglichkeit, bei ihrer Aufsicht von den sächsischen Geiseln zu lernen.[44]

Ein weiteres lehrreiches Beispiel ist die große Versammlung, die 777 in Paderborn abgehalten wurde. Paderborn lag auf westfälisch-sächsischem Gebiet im Quellgebiet der Lippe, das (möglicherweise) für die Sachsen kultische Bedeutung hatte. Für die Franken war das Gebiet von heimtückischen Heiden besiedelt. Karl wählte Paderborn als Aufenthaltsort und ließ dort 776 die Karlsburg (*urbs Caroli*) errichten, um die Macht der Franken und des Christentums zu demonstrieren. Ein Jahr später veranstaltete er dort eine Massentaufe für die unterworfenen Sachsen (Abb. 152). Zu diesem Zweck berief er die höfische Elite nach Paderborn ein; auf diese Weise trat in Paderborn die politische Elite des Frankenreichs in Sachsen zusammen und erklärte damit Franken und Sachsen gleichermaßen, dass dies nun eine fränkische Welt war; das siegreiche fränkische Zentrum hatte sich Richtung Osten ausgedehnt und den christlichen Gott mitgebracht. Die Anwesenheit Karls lockte im Jahr 777 auch andere Besucher nach Paderborn. Gesandte der arabischen Herrscher in Nordspanien nahmen den weiten Weg auf sich, um sich der Unterstützung des Königs gegen das umayyadische Córdoba zu versichern. Man darf annehmen, dass Karl und sein Gefolge die Aufmerksamkeit dieser Gesandten auf die Unterwerfung, Befriedung und Bekehrung

151 Awaren-Schatz, Sânnicolau Mare, 7./9. Jahrhundert. Wien, Kunsthistorisches Museum

152 **Taufe in einer theologischen Sammelhandschrift, Süddeutschland, um 814. München, Bayerische Staatsbibliothek**

der westfälischen Sachsen in Paderborn zu lenken verstanden. Und sicher verstanden es die Gesandten auch, dem König unter Bezugnahme auf seine Heldentaten zu schmeicheln; schließlich zeugte allein ihre Anwesenheit in dem neu geschaffenen karolingischen Zentrum Paderborn von seinem Ruhm. Karl und seine Krieger konnten sich in Paderborn rühmen, die Heiden bekehrt zu haben und von den Muslimen hofiert zu werden; Paderborn entwickelt sich also zum zentralen Schauplatz der fränkischen „Supermacht", die ihre Grenzen im Nordosten und Südwesten im Griff hatte.

Die religiösen Spannungen zwischen Heiden und Christen waren zu diesem Zeitpunkt nicht mit denen zwischen Christen und Muslimen gleichzusetzen. Erst etwa eine Generation später wurden die Eroberungsbemühungen Karls in Spanien von den Franken als Konflikt mit islamischen Mächten dargestellt. Weiter ist hervorzuheben, dass die Pracht der Paderborner Reichsversammlung des Jahres 777 eine trügerische Seite hatte. Im folgenden Jahr endete der spanische Feldzug Karls des Großen mit der Niederlage gegen die Basken bei Roncesvalles, während die Sachsen seine Abwesenheit zum Aufstand gegen die fränkische Herrschaft nutzten und die Anlage in Paderborn zerstörten. Zwar kehrten die Franken nach Paderborn zurück und bauten die Pfalz und den Bischofssitz wieder auf, doch verschwand der Name Karlsburg aus den fränkischen Quellen.[45] Weder die arabischen Gesandten noch die Unterwerfung der Sachsen auf der Reichsversammlung von Paderborn konnten darüber hinwegtäuschen, dass die Handlungsspielräume zur Sicherung und zum Ausbau der fränkischen Grenzen noch von anderen Machtfaktoren bestimmt wurden. Die Franken hatten die Wirkmächtigkeit von Paderborn überschätzt; sie sollten diesen Fehler nicht wiederholen.

Michael Borgolte hat überzeugend gezeigt, dass Besuche von Gesandten muslimischer Herrscher am fränkischen Hof nicht zu einem tieferen Verständnis ihrer Kultur führten oder überhaupt große intellektuelle Neugier weckten. Die fränkischen Quellen aus dieser Zeit berichten nur wenig über Dinge wie Kleidung, Sprache und Sitten von Gesandten, die zu Karl an den Hof kamen.[46] Man kann jedoch davon ausgehen, dass Gesandte und Höflinge einander genauestens in Augenschein nahmen. Bedeutende Herrscher wie der Kalif von Bagdad suchten Gesandtschaften mit prachtvollen Empfängen zu beeindrucken, was seine Wirkung nicht verfehlte, wie es das Beispiel einer byzantinischen Delegation zeigt, die im Jahr 917 im Palast des Kalifen al-Muqtadir in Bagdad empfangen wurde.[47] Berichte von westlichen Gesandten aus dem 10. Jahrhundert über die hoch entwickelte Palastkultur der islamischen und byzantinischen Welt zeugen von der intensiven gegenseitigen Beobachtung der jeweils anderen Kultur. Erlebnisse wie die von Johannes von Gorze in Córdoba oder Liutprand von Cremona in Konstantinopel zeigen, dass diese Begegnung der Kulturen aber auch in Konfliktsituationen münden konnte.[48]

Der karolingische Hof betrieb bei dem Empfang von Gesandten zwar nicht den Aufwand, der in Konstantinopel und an islamischen Höfen üblich war, aber dennoch widmete man diesen Anlässen größte Aufmerksamkeit. Im Jahr 839 wurde Ludwig der Fromme trotz einer Bürgschaft Konstantinopels ziemlich misstrauisch gegenüber der Gesandtschaft der „Rhos“ (Russen). Eine genauere Überprüfung der Neuankömmlinge ergab, dass es sich um Schweden handelte. Der Besuch der Skandinavier, die in einer Zeit kamen, in der die Wikinger für Unruhe sorgten, war für Ludwig Grund genug, sie für Späher zu halten.[49] Dagegen stellt Einhard gerade Karls große Bereitschaft heraus, Fremde an seinen Hof willkommen zu heißen.[50]

Der Interpretationsspielraum der gemachten Beobachtungen und gesammelten Informationen war natürlich auf das Engste mit den politischen und wirtschaftlichen Absichten verschränkt. In den Jahren 797 und 798 führte Alfons II., König von Asturien und Galizien, im Norden Spaniens Feldzüge, in deren Verlauf er weit in islamisches Gebiet eindrang und bis Lissabon vorstieß. Er übersandte Gefangene und Beutegut an Karl den Großen. Die fränkischen Quellen vermerken dies als Selbstverständlichkeit, da diese Siegeszeichen (*insignia victoriae*) dem König zustünden. Einhard behauptet gar, dass Alfons Karl so sehr verehrte, dass er „sich in Briefen und Botschaften an König Karl immer als seinen Vasallen bezeichnete.“[51] Aber das war wahrscheinlich Wunschdenken eines Teils des fränkischen Hofs. Es gibt Hinweise darauf, dass sich selbst die fränkischen Beobachter fragten, ob das, was Karl da geschickt wurde, tatsächlich ein Zeichen von Alfons' Untertanentreue darstellte.[52]

Interne Grenzen

Mit der Ausdehnung des Herrschaftsgebiets hatten sich die Wege verlängert, was die Sicherung der Grenzen erschwerte. Auch nach der Kaiserkrönung im Jahr 800 sorgten sich Karl und sein Hof um die Sicherheit an den Grenzen und um die arabische Flottenmacht im Mittelmeer. Die Aachener Versammlung von 812 wurde durch Gerüchte aufgeschreckt, dass sich von der afrikanischen und spanischen Küste Flotten in Richtung Italien in Bewegung gesetzt hätten. Dazu kam, dass der bereits erwähnte dänische König Godfrid die Grenzen im Norden des karolingischen Herrschaftsgebiets bedrohte. Karl beauftragte einen seiner engsten Getreuen, seinen Vetter Wala, die italienischen Grenzen zu sichern.[53]

Die Unruhen an den Grenzen waren aber nicht die größte Sorge Karls. Problematischer waren die inneren Grenzen, die das Königreich zu spalten drohten. In seiner Nachfolgeregelung (*Divisio Regnorum*) von 806 betont Karl, dass seine drei legitimen Söhne, die dazu bestimmt waren, einen Thron zu erben, einander gegen „fremde Völker“ unterstützen sollten.[54] Kein Herrscher konnte die Bedrohung von außen ignorieren. Konterkariert wurde dieser Wunsch von dem Umstand, dass die Söhne und ihre Förderer am Hofe Rivalen um die Ressourcen des Herrschaftsgebiets waren. In den *Divisio Regnorum* folgen zehn Klauseln, die die möglichen internen Spannungen behandeln, also die Beziehungen zwischen den drei zukünftigen Königreichen der Söhne Karls.[55] Die Aufteilung des riesigen Gebiets musste unvermeidlich zu Interessenkonflikten innerhalb der politischen Elite führen. Die *Annalen* zeigen deutlich, wie sehr sich die Versammlung des Jahres 806 bemühte, den Frieden zu sichern, und zwar den

Frieden innerhalb des Reichs.[56] Interne Konflikte waren die Hauptsorge im Jahr 806 – sie stellten eine größere Gefahr für die Stabilität des Königreichs dar, als sämtliche Unruhen jenseits der Grenzen.

In beredtem Schweigen erwähnte Karl mit keinem Wort in seiner Nachfolgeregelung, ob er den Kaisertitel auf einen seiner Söhne übertragen wollte. So viel ihm auch an der Kaiserwürde lag, er opferte die Einheit des Reichs der fränkischen Tradition, die beinhaltete, dass jedem Königssohn ein Erbteil zustand. Karls Entscheidung fiel sicherlich mit Blick auf Rom und Konstantinopel aus; diese Mittelmeerzentren hatte er täglich in seiner Schatzkammer vor Augen, wo ihre Stadtsilhouetten in Gold und Silber prunkvolle Tische verzierten.[57] Die Bedeutung Roms lag für Karl in der engen Verflechtung mit seinem eigenen Herrscherhaus. In seiner Nachfolgeregelung bezog er sich nur insofern auf Rom und die Peterskirche, als dass er seinen drei Söhnen auftrug, diese Kirche im Namen ihrer Vorfahren zu verteidigen.[58]

Die politische und geistliche Kultur war also in vielerlei Hinsicht auch eine patrimoniale Kultur. Im Herzen dieses Riesenreichs von ungefähr einer Million Quadratkilometern bildete eine einzige Familie, das Haus der Karolinger, die Schlüsselinstitution. Die Tatsache, dass Pippin, der Sohn Karls des Großen, in Italien herrschte, sorgte für engen Kontakt mit dem Zentrum der Karolinger. Als Pippin 810 in Italien starb, wurden nicht nur sein Sohn, sondern auch seine jungen Töchter über die Alpen zu ihrem Großvater nach Aachen gebracht.[59] Entfernungen konnten durchaus eine Rolle spielen: Es gab in Italien nun keinen männlichen Karolinger mehr, der die Kontrolle darüber hatte, welche Verbindungen die karolingischen Prinzessinnen vielleicht eingingen, und so erhob der Hof in Aachen Anspruch auf sie, damit sie dort unter dem Blick ihres Großvaters aufwuchsen. Aber in mancher Hinsicht spielten Entfernungen wiederum keine Rolle: Der Tod Pippins löste Erschütterungen aus, die auch in Aachen spürbar waren. Die politische Identität, die das Reich zusammenhielt, war das dynastische Herrschergeschlecht, und dieses reichte über Grenzen hinweg.

Die dynastischen Ansprüche waren so stark, dass Karl schließlich seinem Enkel, Pippins Sohn Bernhard, ein Königreich in Italien geben musste, auch wenn er wusste, dass dies seinem Sohn Ludwig dem Frommen nicht gefallen konnte, dem einzigen seiner drei Söhne, die er im Jahr 806 als Erben eingesetzt hatte, der ihn überleben sollte. Als Bernhard dann im Jahr 817 gegen Ludwigs Reichsverteilungspläne rebellierte, reagierte Ludwig rasch und entschlossen. Eine Revolte durch einen Karolinger in Italien war eine Herausforderung an den führenden Karolinger nördlich der Alpen. Der besiegte Bernard wurde angeklagt, die Alpenpässe besetzt zu haben. Das war eine alte Taktik der Langobarden gewesen, aber nun umso gefährlicher, da sie von einem Karolinger gegen einen Karolinger angewandt wurde.[60] Problematisch für das karolingische Herrscherhaus waren weniger die Unsicherheiten an den Grenzen des Herrschaftsgebiets, sondern die politischen Reaktionen auf diese Unsicherheiten und die Auswirkungen auf das Zentrum. Als die fränkische Streitmacht im Jahr 827 auf ihrem Zug nach Spanien besiegt wurde, erwies sich das in der Folge als Katastrophe für Ludwig den Frommen. Der Grund dafür war nicht, dass es sich um eine Niederlage an der Grenze handelte, obwohl auch dies die Zeitgenossen sehr beunruhigte. Prekärer war, dass Ludwig sie als

Gelegenheit benutzte, die erfolglosen Heerführer, die Grafen Matfrid und Hugo, zu entmachten und stattdessen ihren Rivalen, den Grafen Bernhard von Barcelona, förderte und ihn von seiner Position in der Spanischen Mark zu hohen Ehren am Hof verhalf.[61] Dieser plötzliche Umschwung in der Gunst des Kaisers löste Rivalitäten innerhalb der höfischen Elite und Missstimmungen gegen den Regenten aus. Das führte zu einer Reihe von Konflikten innerhalb des Reichs, die erst 843 mit der Aufteilung des Reichs im Vertrag von Verdun beigelegt werden konnten.

Die größte Bedrohung der Dynastie und damit der karolingischen politischen Ordnung war die Dynastie selbst. Ein zeitgenössischer Chronist der Krise des Weströmischen Reichs im 5. Jahrhundert berichtet, die Geschichte, die er erzählen wolle, handle von „den Grenzen des eng umschlossenen römischen Reichs, die dem Untergang geweiht sind".[62] Diese Vorstellung, dass das Reich von äußeren Eindringlingen überwältigt wurde, deckt sich vielleicht nicht mit der Ansicht heutiger Historiker vom Fall des Karolingischen Reichs, aber es drückt ein Verständnis der Zeitgenossen aus. Schon Anfang des 10. Jahrhunderts war der Abt Regino von Prüm überzeugt, das Reich der Karolinger sei durch innere Spannungen zerfallen; das Versagen der königlichen Linie, akzeptable Erben hervorzubringen, führte dazu, dass die höfische Elite Ansprüche erhob und schließlich die dynastische Exklusivität aufbrach: „Die Königreiche lösten sich in verschiedene Teile auf und ohne auf ihren natürlichen Herrn zu warten, entschied jedes, einen König zu wählen. Dies wurde der Anlass großer Kriege [...]."[63] Es war nicht der Druck von außen, weder der Wikinger im Norden noch der Ungarn im Osten oder der Araber im Mittelmeerraum, der das Herrschaftsgebiet zerschlug, das Karl der Große geschaffen hatte. Die Serie der tragisch früh zu Tode gekommenen Prinzen, die Väter, die keine Söhne hinterließen, all dies war eine Krise des innersten Zirkels der karolingischen Herrscherfamilie. Die arabischen Flotten aus Afrika und Spanien waren nicht das Hauptproblem, mit dem sich der alternde Karl am Ende seiner Herrschaft konfrontiert sah. Er ahnte wohl, dass seine Familie und die höfische Elite ein Reich erobert hatten, das durch Rivalitäten und Feindschaften gespalten blieb,[64] aber das Zentrum konnte es nicht halten.

(Übersetzung: Thomas Wollermann)

Übertragung von Motiven und Technik
Textiles Handwerk des östlichen Mittelmeergebiets

Ulrike Koenen

Textilien sind besonders geeignet, die zahlreichen und vielfältigen Übertragungen von Materialien, Motiven, Mustern und Techniken aufzuzeigen,[1] denn sie waren leicht transportabel. Insbesondere die kostbaren Seiden hatten als äußerst begehrte Handelsobjekte, geldwerter Ersatz und vor allem als Geschenke im diplomatischen Austausch eine solche Zweckbestimmung. Die Mobilität ist – verglichen mit immobilen Bildträgern – eine ihrer genuinsten Eigenschaften, die sie als Vermittler von Ornament- und Mustermotiven bis hin zu komplexen Bildprogrammen prädestiniert. Bereits die historische Entwicklung der Seidenproduktion impliziert den Transfer. Über die Seidenstraße (Abb. 142, S. 212) mit den verschiedenen verzweigten Handelsrouten von China bis in das östliche Mittelmeergebiet kamen etappenweise Rohseide und Seidenfabrikate mit Bildmotiven Richtung Westen. Das Wissen um die Seidenproduktion mit Kultivierung von Maulbeerbaum und Seidenspinner wurde ebenso weitergegeben, und damit schließlich auch die Kenntnis der Fertigung von Seidengeweben.[2] Über die Vermittlung chinesischer Seiden erklärt sich beispielsweise das Auftreten des Phönix auf den Schmalseiten eines byzantinischen Elfenbeinkastens im Kathedralschatz von Troyes, der auch in der eigenwilligen Komposition seines Deckelreliefs eine Beziehung zu Seidenstoffmustern preisgibt.[3] Aber auch in umgekehrter Richtung wanderten Motive von West nach Ost, wie vielleicht das Beispiel einer sassanidischen Seide mit einem Herrscherbild belegt, das besonders in Form der Krone Elemente des byzantinischen Herrscherbildes offenbart.[4]

Die Motivübertragung durch Textilien ist eine sehr komplexe, vielschichtige Angelegenheit, denn die frühmittelalterlichen Textilien des östlichen Mittelmeergebiets führten in der Regel alte Motivtraditionen fort und beim Transfer[5] textiler Motive von einem Kulturraum in den anderen treten meist auch kulturübergreifende Traditionslinien hervor.[6]

Textilien förderten die Übertragung ihres Motivrepertoires nicht nur innerhalb der eigenen Gattung, sondern auch in andere Medien.[7]

Zwei berühmte Beispiele führen dies anschaulich vor Augen: In der kostbaren im zweifarbigen Kontrast ausgeführten Quadrigaseide (Abb. 153), die Karl der Große wohl als Geschenk erhielt, vereinen sich in den Medaillons und Zwickeln Elemente der spätantiken Herrscherikonografie, dargestellt in Form des dynamisch frontal auf den Betrachter ausgerichteten Wagenrennens, mit persischen Bildtraditionen, die im Motiv der Steinböcke mit Halsband zu erkennen sind.[8] Die sogenannte Heiratsurkunde der Kaiserin Theophanu (Abb. 154), der aus dem byzantinischen Kaiserhaus stammenden Gemahlin Ottos II., die er 972 in Rom ehelichte, ist in ihrer einzigartigen Ausgestaltung als Prunkurkunde von der Imitation kostbarer Seidenstoffe geprägt und zeugt von einem solchen Übertragungsprozess über weite Distanzen und über Jahrhunderte.[9] Mit dem offensichtlich beabsichtigten Beschnitt des Musterrapports der Medaillonreihen und mit der blau-roten Farbgebung des Untergrundes ist ihre Ausführung

153 Quadrigaseide aus dem Schrein Karls des Großen, byzantinisch, um 800. Paris, Musée de Cluny – Musée national du Moyen Âge

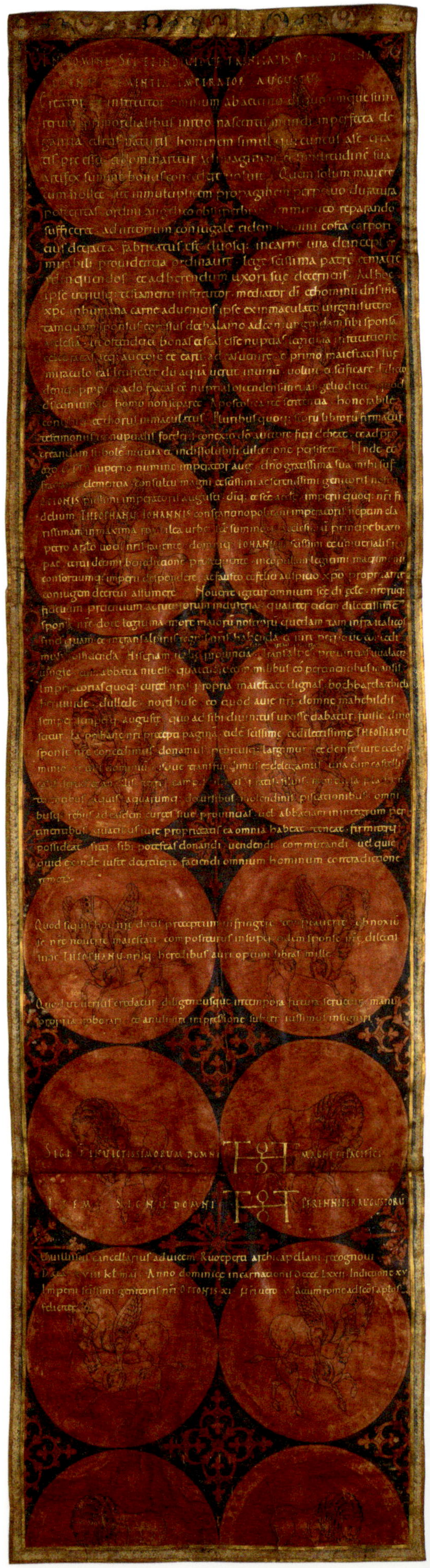

154 Heiratsurkunde der Kaiserin Theophanu, Rom, 972. Wolfenbüttel, Niedersächsisches Landesarchiv – Staatsarchiv Wolfenbüttel

ganz darauf ausgerichtet, die Illusion eines kostbaren Seidengewebes zu evozieren. Die Mustermotive wurden offensichtlich von Seiden aus dem östlichen Mittelmeergebiet angeregt, die seit der Herrschaft Karls des Großen besonders zahlreich in den Westen gelangten. Der Musterrapport, die Rahmung der Medaillons mit Perlreihen und vor allem die stilisierten pflanzlichen Zwickelmotive sind eindeutige Indizien dafür, dass die Hintergrundgestaltung der Urkundenschrift aus dem textilen Medium angeregt wurde. Die hier in ein anderes Material – Buchmalerei auf Pergament – übertragenen textilen Motive mit den fein ausgezeichneten Tierpaaren gehen letztlich auf persische Bildtraditionen zurück.[10]

Ein Blick auf einige ausgewählte Beispielgruppen unternimmt im Folgenden den Versuch, die Komplexität dieser Übertragungsprozesse auszuleuchten. Die Beispiele werden vorwiegend ins 7./8. mitunter auch ins beginnende 9. Jahrhundert datiert. Die Fundorte sind meist unbekannt, die Objekte stammen wohl aber alle aus Ägypten.[11]

Seidenstoffmotive dienten als Vorlagen für weitere Produktion und Vervielfältigung. Sie gelten auch als Vorbilder für gewirkte Gewandapplikationen, wobei die Einschätzung der Abhängigkeit von Inspiration bis zu Imitation reicht. Doch nicht allein der Austausch fertiger Erzeugnisse förderte die Übertragung und Verbreitung von Motiven. In besonderem Maße begünstigte der Herstellungsprozess der Seidengewebe und Wirkereien die Übermittlung der Muster mit der Übertragung der technischen Tools. Bei der Weberei war es die Weitergabe vorgefertigter Kettsysteme,[12] mit denen man die Motive nicht nur 1:1 übernehmen, sondern auch mit geringen Veränderungen den Wünschen anderer Auftraggeber oder

Adressaten anpassen konnte, wie es die Kunstwissenschaftlerin Thelma Thomas kürzlich für einige Seidenstoffe aus Akhmim in Ägypten aufzeigte.[13] Es handelt sich um Seiden mit Amazonen (Abb. 155) und Jagdmotiven. Die Mustermotive dieser zahlreich erhaltenen Seidenstofffragmente führen einerseits mit den antiken wie auch persisch-sassanidischen Motiven der paarweise reitenden Jäger, die jeweils ein Tier erstechen oder mit jagenden Amazonen das klassische Motivrepertoire in einer Art mimetischen Traditionalismus weiter, ein Charakteristikum, das der byzantinischen Kunst eigens attestiert wird. Die Spiegelsymmetrie der meist um die Achse des Lebensbaummotivs angelegten Kompositionen ist webtechnisch bedingt. Dieser Gesetzmäßigkeit unterliegen bei den Amazonenseiden auch die Rahmen der Medaillons und die Zwickelmotive. Die Seide mit reitenden Jägern liegt in drei Versionen vor, die weitgehende Übereinstimmung der Kompositionen aufweisen und nur im Detail geringfügige Abweichungen zeigen. Wesentlich ist die Adressierung unterschiedlicher ethnischer oder religiöser Gruppen. Die griechischen Namensbeischriften „Joseph" und „Zacharias" verweisen auf einen griechischsprachigen Auftraggeber- und Adressatenkreis, die Lobpreisung Allahs hingegen auf die sich gerade in Akhmim, dem ehemaligen Panopolis, etablierende islamische Bevölkerung. Bei den Seiden mit dem Amazonenmuster sind es ebenfalls die Lobpreisung Allahs oder die Inserierung eines kleinen Kreuzes in die Randbordüre, die diese Distinktionen vornehmen. Die Übereinstimmungen der Mustermotive, traditionell Mimesis genannt, die in der Kunstgeschichte bisher mit entsprechenden Vorlagen erklärt wurden, geben einen wichtigen Hinweis zum Verständnis des Miteinanders verschiedener kultureller Einheiten, die sich durch politische oder religiöse Merkmale unterscheiden.[14] Diese Beispielgruppe führt vor, dass sich Übertragungen von Motiven von einer kulturellen Einheit zur anderen offensichtlich in einer Stadt vollzogen, vielleicht im Rahmen der organisierten Korporationen der Textilhandwerker, sogenannter *syntechnai*, möglicherweise gar in einer Werkstattorganisation.[15]

Bei der Wirkerei ermöglichten Musterblätter die Motivübertragungen. Während man für andere Gattungen des Kunsthandwerks nur erahnen kann, dass bestimmte Ornamentmuster und Figurenmotive über Mustervorlagen oder Skizzen übertragen wurden, ist im Falle der Wirkereien die Überlieferungssituation relativ günstig. Mit ihrer systematischen Untersuchung erhaltener Musterblätter legte die Kunstwissenschaftlerin und Textilrestauratorin Annemarie Stauffer detailliert den Herstellungsprozess und damit vor allem den

155 Seidenstoff mit Amazonen, Ägypten oder Syrien (?), 7./9. Jahrhundert. Paris, Musée de Cluny – Musée national du Moyen Âge

156 Orbiculus mit Alexander dem Großen, Ägypten (?), 7./8. Jahrhundert. Washington, D.C., The Textile Museum Collection

Übertragungsprozess der Mustermotive dar.[16] Der Fertigungsvorgang der Wirkereien mittels dieser auf Papyrus aufgemalten Motivvorlagen macht die Möglichkeit der beliebigen Kombination einzelner Motive verschiedener Musterblätter evident.

Einige Besatzstücke, die aufgrund der übereinstimmenden Bildthemen Gruppen bilden, werden im Folgenden eingehender betrachtet, um die Vielschichtigkeit und Vielfalt der Motivübertragungen aufzuzeigen, in denen Traditionen und damit gängiges Motivrepertoire variantenreich ineinandergreifen. Es geht dabei um Übertragungen innerhalb der textilen Medien, um die Aufnahme bekannter Einzelmotive in einem neuen thematischen Kontext und in einem Fall um die Übertragung in eine andere Gattung.

Zwei im Rahmen der Überlieferung einzigartige[17] und nahezu vollständig übereinstimmende[18] Orbiculi (runde Besatzstücke) im Textile Museum in Washington (Abb. 156) und im Cleveland Museum of Arts (Abb. 157) stellen laut Inschrift *Alexander den Makedonen* in doppelter Ausführung dar.[19] Die relativ große Inschrift in koptischen Buchstaben zieht sich über zwei Schriftzeilen in Gelb auf kontrastierendem rotem Grund.[20] Sie ist neben den stilisierten, achssymmetrischen Pflanzenmotiven auf der Mittelachse das einzige Element im Medaillon, das nicht in spiegelbildlicher Entsprechung zweifach auftritt. Die Figur des Alexander zu Pferde mit wehendem Mantel und erhobenem Schwert ist in gegenständiger Anordnung zweifach dargestellt, ebenso die Tiere[21] und die geflügelten nackten Wesen, die einen Siegeskranz über sein Haupt halten. In dieser Zusammenstellung der Motive erscheint Alexander sowohl als erfolgreicher Jäger wie auch als siegreicher Heros.[22] Die in Anbetracht der Inschrift kaum Sinn machende doppelte Darstellung des Heroen erklärt sich aus der Übernahme des Reitermotivs von einem Seidenstoff, bei dem aufgrund der Herstellungstechnik die Mustermotive spiegelsymmetrisch angeordnet worden sind.[23] Das stark stilisierte achsensymmetrische Pflanzenmotiv auf der Mittelachse ist ebenfalls auf Mustermotive der Seidenstoffe zurückzuführen.[24] Denn dort erfüllte oft ein mittig auf der Achse stehender und achsensymmetrisch gestalteter Palmettenbaum die

157 Orbiculus mit Alexander dem Großen, Ägypten (?), 7./8. Jahrhundert. Cleveland, The Cleveland Museum of Art

webtechnischen Konditionen der Symmetrie und teilte die Medaillons sinnvoll in zwei Bildhälften. Die Spiegelbildlichkeit dieser Orbiculi aus Washington und Cleveland spricht dafür, dass ein Seidengewebe die Alexanderdarstellung in der Wirkerei anregte. Die Absicht, kostbares Seidengewebe zu imitieren, wird durch die sinnlose Dopplung des Heroen offensichtlich. Der Wirker gestaltete in beiden Hälften des Medaillons einzelne Motive farblich unterschiedlich – wie die Pferde und Genien – was ebenfalls bei beiden Orbiculi übereinstimmt. Die übliche Anordnung derartiger Zierstücke auf Tuniken führt nun zur Annahme, dass diese Orbiculi paarweise und sich gegenüberstehend auf einer Tunika appliziert waren,[25] was bedeutet, dass Alexander mindestens viermal gegenwärtig war.[26] Angesichts der so starken Übereinstimmung – die geringen Abweichungen sind in der Regel dem individuellen, nicht genormten Herstellungsprozess und der Geschicklichkeit des Wirkers geschuldet[27] – darf man wohl mit Vorbehalt annehmen, dass beide Orbiculi auf die gleiche Mustervorlage zurückgehen. Das heißt, es stellt sich die Frage, ob beide Orbiculi aus derselben Werkstatt, möglicherweise gar von demselben Wirker stammen. Die Übereinstimmungen nicht nur im Motivischen, sondern auch in der Art der Ausführung sprechen dafür. In Anbetracht der Zufälligkeiten solcher Überlieferungssituationen lässt sich nur mit allergrößter Vorsicht annehmen, dass beide Besatzstücke auf eine Mustervorlage in Form der bemalten Papyri zurückgehen, wahrscheinlich in einem Atelier entstanden und vielleicht sogar auf einem Webstuhl hergestellt wurden.[28]

Exakt das gleiche Reitermotiv mit einer nach links sprengenden Reiterfigur findet sich in einem Elfenbeinrelieffragment, das heute im Walters Art Museum in Baltimore verwahrt wird (Abb. 158).[29] Erneut stellt sich die Frage nach der Verbreitung dieses Motivs und nach der Motivübertragung. Die wenigen Abweichungen im Relief bestehen in dem hochgebauschten Pferdeschweif, in der frontalen Ausrichtung des juwelenbesetzten Kronenreifs,[30] in der Haltung des Kopfes des rechten Genius und in der Positionierung der Blattmotive vor den Vorderhufen des Pferdes, die möglicherweise als Blätter eines Kandelaber- oder Palmettenbaums zu identifizieren sind. Dagegen stimmen minutiöse Details überein,

158 Reitender Herrscher, Ägypten, 7. Jahrhundert. Baltimore, The Walters Art Museum

159 Orbiculus mit triumphierendem Herrscher, Ägypten (?), 8. Jahrhundert. London, Victoria and Albert Museum

160 Orbiculus mit triumphierendem Herrscher, Ägypten (?), 7./8. Jahrhundert. Zürich, Museum Rietberg

wie der Besatz des Schildes, die Musterung im Innenfutter des wehenden Mantels, der Juwelenbesatz des Kronenreifs, die eigenwillige Körperform der Genien, das Zaumzeug des Pferdes etc. Der Zusammenhang dieser drei Alexanderdarstellungen wird aber vor allem durch die Übernahmen von Bildelementen evident, die im Kontext der Darstellung missverständlich anmuten: Da ist zum einen das unerklärbare Gebilde über dem kleinen Rundschild des Heroen, zum anderen die Barfüßigkeit des Fußes in dem Steigbügel.[31] Dass hier ein Austausch der Motive vorliegt, ist augenfällig, doch über die Art und Weise lässt sich nur spekulieren.[32] Das Elfenbeinrelief weist noch die logischste Darstellung des Gebildes über dem Schild auf, so man sie als Stoffzipfel interpretiert, der von der verhüllten Hand des Genius herabfällt. Es könnte auch ein weiterer Mantelzipfel sein, der vom reitenden Herrscher wegflattert. Keinesfalls wird es sich um die linke Hand des Heroen handeln, da diese den kleinen Rundschild hält.[33] Solche Ungereimtheiten, wie sie auch in den Orbiculi auftreten, ließen sich mit einer Beschädigung der Mustervorlage an dieser Stelle erklären. Was wiederum die Frage aufwirft, ob die drei erhaltenen Darstellungen auf ein und dasselbe Musterblatt zurückgehen. Ist es denkbar, dass auch in Schnitzwerkstätten textile Mustervorlagen kursierten, die für die Wirker gedacht waren? Das würde bedeuten, dass man sich von der Vorstellung lösen müsste, dass die auf Papyrus gemalten Mustervorlagen ausschließlich für Wirker hergestellt wurden, auch wenn die Anlage und Ausführung dieser Papyri genau auf diese Zweckbestimmung abgestimmt waren.[34] Könnte es sich hier um eine Überlieferung eines Sonderfalls handeln? Auch wenn sich keine eindeutige Entscheidung treffen lässt, in welcher Weise die Darstellungen in den verschiedenen Medien voneinander abhängen, so zeigt dies Beispiel doch deutlich, wie komplex der Transfer von Motiven gewesen ist.

Ähnlich verhält es sich bei einigen weiteren Besatzstücken (Abb. 159–162), die aufgrund folgender Übereinstimmungen zusammengeführt werden: In allen Fällen handelt es sich um Rundmedaillons, die sich durch einen dreifach gestuften Rahmen auszeichnen. Sie zeigen im Zentrum bildparallel im Traversgang einen prächtig aufgezäumten Schimmel mit zurückgewendetem Kopf. Im Sattel sitzt ein mit Krone und Nimbus ausgezeichneter Herrscher, der einen Globus in der einen und ein Langzepter in der anderen Hand hält. Über einem Panzer trägt er einen auf der Brust mit einer Kreuzfibel zusammengehaltenen Mantel, der nach beiden Seiten zu einem breiten Bogen aufbauscht und damit fast die gesamte Breite des Orbiculus füllt. Der Pferdeleib schwebt quasi über der mittigen Flügelpalmette. Zu ihren Seiten erscheint links ein

161 **Orbiculus mit triumphierendem Herrscher, Ägypten, 6./8. Jahrhundert. Wien, MAK – Österreichisches Museum für angewandte Kunst/ Gegenwartskunst**

Löwe und rechts eine Tierkampfszene, wobei ein Tier – entweder eine gefleckte Hyäne oder ein Jagdhund – eine Gazelle erlegt. Der reitende Herrscher wird von zwei Figuren flankiert, die sich ihm zuwenden und durch ihre Tracht und Haltung als gefangene Barbaren orientalischer Herkunft anzusehen sind.
Das Bildthema des siegreichen Herrschers zu Pferde hat eine lange Bildtradition in verschiedenen Medien, mit unterschiedlichen Aussageschwerpunkten. Ab dem 6. Jahrhundert kommt das Motiv des Reiters vermehrt auf Textilien des östlichen Mittelmeergebiets in Varianten mit begleitenden Jagd- oder Siegesmotiven vor. Hier wird der Herrscher zudem von zwei Barbaren umgeben, die er gefesselt mit sich führt. Der Sieg über die Feinde zeichnet den Herrscher eindeutig als Triumphator aus. Man könnte annehmen, die beiden Orbiculi, die heute in London im Victoria and Albert Museum (Abb. 159) und in Zürich im Museum Rietberg (Abb. 160) verwahrt werden, stammten als paarweise angeordnete Besatzstücke von ein und demselben Bekleidungsstück. Denn spiegelbildlich entsprechen sich die beiden Orbiculi mit reitendem Herrscher zwischen gefangenen Barbaren über einem Pflanzenmotiv zwischen Löwe und Tierkampfszene.[37] Die Übereinstimmungen betreffen die kleinsten Details wie beispielsweise die kreuzförmige Fibel, die den wallenden Mantel auf der Brust zusammenhält, oder den Stern, der links neben dem Reiter unter dem wehenden Bausch des Mantels erscheint; ebenso gleichen sich Satteldecke, Zaumzeug und Rüstung. Beide Orbiculi weisen neben dem Nimbus des Herrschers Spuren auf, die möglicherweise auf früher vorhandene Buchstaben hindeuten.[38] Sogar die Farbabstufungen, insbesondere am Leib des Pferdes, stimmen überein. Die identische Rahmengestaltung spricht weiterhin für ihre Zusammengehörigkeit. Die minimalen Abweichungen – wie der etwas zu klein geratene linke Vorderlauf des Pferdes oder die Schrägführung des Zepters beim Londoner Beispiel – wären mit dem individuellen handwerklichen Arbeitsprozess zu erklären. Man hätte keine Schwierigkeit, die gleiche, nur spiegelbildlich ausgeführte Mustervorlage anzunehmen.[39]
Bei beiden Objekten handelt es sich um Besatzstücke aus farbiger Wolle und ungefärbtem Leinen auf vollem, ungefärbtem Leinengrund. Sie sind mit einfachem Stich auf das Trägergewebe aufgenäht. Beide wurden von dem Leinengrund des Gewandes, das sie einst zierten, herausgeschnitten und teilen damit das bedauerliche Schicksal vieler älterer Textilfunde.[40] Die jeweils unklare Überlieferungssituation und Provenienz sollte vor voreiligen Schlüssen warnen.[41] Auch wenn für diese beiden Orbiculi trotz ihrer allfälligen Übereinstimmungen keine historische Verbindung rekonstruiert werden kann, so ist doch mit ziemlicher Wahrscheinlichkeit für beide ein analoges Pendant anzunehmen, das entsprechend der Zweckbestimmung dieser Besatzstücke die andere Hälfte der Tunika zierte.
Die vermutete Übernahme dieses Motivs aus der Seidenweberei[42] kann in diesem Fall jedoch nicht wie beim Alexander-Medaillon (Abb. 156 und 157) auf die Übertragung der spezifischen Spiegelbildlichkeit der Seidenwe-

berei zurückgeführt werden. Denn dann hätte die Spiegelbildlichkeit im Orbiculus selbst angelegt sein müssen. Es muss also zwei verschiedene, entsprechend rechts und links gerichtete Mustervorlagen gegeben haben. Spiegelbildliche Motive aus der Seidenweberei förderten eine paarweise, spiegelbildliche Disposition auf den Tuniken.
Diesen beiden so gleichen Orbiculi lässt sich noch das Beispiel aus dem Museum für angewandte Kunst in Wien zuordnen (Abb. 161).[43] Es ist zwar etwas einfacher in der Ausführung,[44] stimmt aber in den wesentlichen Bildmotiven mit den Orbiculi aus London und Zürich überein. Die einzige eklatante Abweichung ist die Anordnung von zwei Vögeln neben dem Haupt des Herrschers, also an der Stelle, an der bei den anderen zwei Beispielen Spuren zu sehen sind, die möglicherweise von einer Inschrift herrühren. In der Ausrichtung von Pferd und Reiter entspricht das Wiener Beispiel dem Zürcher Orbiculus. Bei allen drei Beispielen ist die Besonderheit gewahrt, dass der bärtige Orientale hinter dem Pferd mit einem Strang um den Hals gezogen wird,[45] während die unbärtige Figur vor dem Pferd – sie könnte auch eine Frau sein[46] – dem Reiter zugewandt, vorantänzelt. Die hinter ihrem Rücken ansetzenden zwei schwarzen Streifen, die im roten Grund auslaufen, werden für einen weiteren Fesselstrang gehalten.[47]
Das Bildthema des reitenden triumphalen Herrschers, flankiert von gefesselten Barbaren, mit Palmettenbaum und Tieren, weisen noch weitere Vergleichsbeispiele auf. So zeigt ein Medaillon in einem größer angelegten Besatzstück im Düsseldorfer Museum Kunstpalast eben dieses Bildthema.[48] Hier wird das Haupt des Herrschers von einigen queroval angelegten Gegenständen flankiert, die kaum zu deuten sind. Das Rahmenornament mit der Wellenranke entspricht dem Orbiculus im Wiener Museum für angewandte Kunst (Abb. 161). Trotz der beeinträchtigten Erhaltung und stark schematisierter Ausführung sind die wesentlichen Motive zu erkennen. Die gleiche Figurenstaffage enthält auch der Orbiculus in der Abegg-Stiftung in Riggisberg,[49] in dem ebenfalls trotz schlechter Erhaltung und Schematisierung der Darstellung die gefesselten Barbaren, die Attribute des Reiters zu erkennen und weitere Details durch den Vergleich zu erahnen sind.
So wie das Düsseldorfer Medaillon kein einzelner Orbiculus, sondern Teil eines größeren Besatzstücks mit mindestens einem weiteren Medaillon war, so ist auch in einem gewirkten Textilfragment im Londoner Victoria and Albert Museum das Bildmotiv des triumphierenden Herrschers Teil eines größeren Ensembles (Abb. 162).[50] Wohl in zweiter Verwendung als Borte auf eine Leinentunika aufgenäht, enthält dieses Fragment noch drei Medaillons mit verschiedenen Bildthemen. Das linke Medaillon zeigt in der uns bekannten Weise den triumphierenden Herrscher, der die gefesselten Barbaren mit sich führt.

162 Tunika mit Orbiculi-Besatzstücken, Ägypten (?), 7./8. Jahrhundert. London, Victoria and Albert Museum

Trotz der Beschädigungen weisen die erhaltenen Motive, vor allem die Figur des Reiters mit Nimbus und dem auffallend wehenden Mantel, die Musterung der Satteldecke sowie der Barbar in seiner charakteristischen Schrittstellung dieses Bild eindeutig dem engeren Kreis unserer Vergleichsgruppe zu. Ein Blatt des Kandelaberbaums ist noch rechts unter dem Pferd zu erkennen, doch die flankierenden Tiere sind nicht mehr erhalten.[51] Das mittlere Medaillon zeigt zwei Figurenpaare zuseiten eines Sees, auf dem zwei bemannte Boote schwimmen. Dahinter erscheint mittig ein Baum. Von der Komposition her ist dieses Bildfeld annähernd achssymmetrisch angelegt. Nicht symmetrisch ist hingegen das sich rechts anschließende Medaillon aufgebaut. Links ist eine männliche Figur zu sehen, die zwei rechts unter Bäumen weidende Tiere am Zügel führt. Offensichtlich aus dem gleichen Kontext stammen die über der Borte angebrachten Halbkreissegmente, deren figürliche Darstellungen aufgrund des Erhaltungszustands nicht mehr zu deuten sind. Die Zusammengehörigkeit wird aber durch die entsprechende Rahmengestaltung und Details wie Baumkronengestaltung etc. deutlich. Die Längsstreifen auf der Tunika sind aus Seide und werden einem jüngeren Datum zugewiesen und als nachträglich appliziert angesehen. Die Medaillons der unteren Borte stammen offensichtlich aus einem größeren Musterrapport, darauf deuten die angeschnittenen Zwickelmotive und Verknüpfungsknoten zu weiteren Medaillons hin. Zumindest rechts ist sicher ein viertes Medaillon zu rekonstruieren, denn dort ist noch der Rand des Rahmens des angrenzenden Medaillons angeschnitten. Aus dem einst sicher wesentlich größeren Textil wurden wahrscheinlich auch die Fragmente ausgeschnitten, die nun seitlich oberhalb dieser Borte angesetzt sind. Der aus dem erhaltenen Bestand zu rekonstruierende Musterrapport zeigt eindeutig, dass hier ein gewebter Seidenstoff vorbildlich war, ist doch die verknüpfte Reihung der Medaillons mit den Zwickelmotiven charakteristisch für persisch-sassanidische und dann byzantinische Seidenweberrepertoires. Das Londoner Fragment gehört damit zu denjenigen Textilien, die davon zeugen, dass auch großflächige Musterrapporte der Seidenweberei in die Wirkerei übertragen wurden, strukturiert von ebensolchen komplexen Rahmenbeziehungsweise Rastersystemen.[52] Aber in diesem Fall haben die Wirker ihre technischen Möglichkeiten – und es ist ein Vorteil gegenüber der Seidenweberei – voll ausgenutzt, indem sie die Bildmotive der einzelnen Medaillons variierten. Die in der Darstellung narrativ wirkenden Kompositionen erzählen wahrscheinlich eine auf einem literarischen Thema basierende Geschichte. Den Wirkern war es möglich, einen fortlaufenden Bilderzyklus anzulegen, der durch die von der geschätzten Seidenweberei bekannten Rastersysteme strukturiert wurde. Beachtenswert ist bei dem Londoner Textilfragment, dass das Bildmotiv mit dem repräsentativ als Triumphator dargestellten Herrscher ohne weitere Modifikationen, die in gewissem Maße bei der Wirkerei von gleicher Mustervorlage möglich gewesen wären, nun exakt in dieser Ausführung in einen narrativen Kontext übertragen wurde. Das für sich stehende, repräsentative Motiv des triumphierenden Herrschers konnte offensichtlich sinnvoll in einen narrativen Kontext eingefügt werden. Andernfalls zeugt dieses Beispiel davon, dass Bildmotive mitunter beliebig übernommen wurden.
Einige weitere Beispiele seien hier kurz angeführt, die zwar im Motiv des Herrschers über-

163 **Orbiculus mit Herrscher und Barbaren, Ägypten, 8./9. Jahrhundert. Sankt Petersburg, Eremitage**

einstimmen, ansonsten doch mit geringfügigen Änderungen den Schwerpunkt der Bildaussage modifizieren. Ein Orbiculus aus einer Wiener Privatsammlung, der in der Österreichischen Nationalbibliothek verwahrt wird,[53] stellt entsprechend den Herrscher dar. Ohne die gefangenen Barbaren fehlt jedoch das Triumphmotiv und der Kaiser erscheint als Löwenbezwinger. Eine sehr schematisierte Darstellung auf einem weiteren Orbiculus im Wiener Kunsthistorischen Museum zeigt weder Barbaren noch Tiere, sondern lediglich Pflanzenmotive in den Freiräumen.[54] In einem Orbiculus der Sankt Petersburger Eremitage (Abb. 163) ist der rechte Barbar nicht gefesselt, sondern huldigt dem Herrscher, wie die Haltung seiner Arme eindeutig anzeigt.[55] Während hier der Kronenreif mit Perlschnur deutlich ausgearbeitet ist, scheint der weit waagerecht flatternde Mantelzipfel zu fliegenden Blattgebilden verballhornt, die rechts über der Hand mit dem Globus angeordnet sind. Was als schlangenförmiger Körper des Barbaren beschrieben wurde,[56] scheint eher auf die Haltung des gefesselten Barbaren mit seinen verschränkten Beinen zurückzugehen. Es bleibt daher meines Erachtens fraglich, ob der Huldigungsgestus bewusst der Fesselung vorgezogen wurde oder ob diese Änderung auf einer unklaren Mustervorlage und einem Nichterkennen des Wirkers basierte.

Das letztgenannte Beispiel zeigt, wie mit geringfügiger Abwandlung der Mustervorlage aus gefesselten Gefangenen ein huldigender Barbar werden konnte. Das Fortlassen der Tiere nimmt der Darstellung den Aspekt der herrschaftlichen Jagd. Das Fehlen von Barbaren und Tieren reduziert das Motiv auf die Repräsentanz des reitenden Herrschers mit den Insignien seiner Macht. Bei den Orbiculi aus London, Zürich und Wien (Abb. 159–161) macht ein Detail der Ausführung ihre enge Verbindung augenfällig: Das Zepter im Londoner Orbiculus ist nicht gerade, sondern schräg geführt, sodass sich der untere Teil über das Bein des Reiters hinzieht. In den beiden anderen Beispielen verläuft an entsprechender Stelle ein Strang am Bein entlang. Ursache einer solchen Verschiebung könnte ein im Musterblatt dargestellter Steigbügel gewesen sein, den der Wirker des Londoner Orbiculus nicht als solchen erkannte und daher für den unteren Teil des Stabes hielt. Ein leichtes Verrutschen des Musterblatts mag dies verursacht haben.

Die Darstellungen dieser Besatzstücke erweisen sich zudem als Verdichtung verschiedener, auch einzeln auftretender Bildthemen.[57] Der Palmettenbaum – auch Flügelpalmette oder Kandelaberbaum genannt – ist ein Motiv aus persisch-sassanidischer Tradition, das in der Seidenweberei vielfach zur Anwendung kam, da es sich ideal als Mittelachsenmotiv der symmetrisch angelegten Medaillons eignete. Es ist auch als Einzelmotiv sowohl in der Seidenweberei wie auch auf gewirkten Orbiculi vertreten.[58] Das palmettenartige, stark stilisierte Gewächs entspringt einer Amphora und wird von je einem Hund und Löwen flankiert, während die ornamental gestalteten Blätter kleine Vögel bevölkern. Auch bei den Orbiculi mit triumphierendem Herrscher aus London, Zürich und Wien (Abb. 159–161) flankieren Tiere den Kandelaberbaum, darunter ein Löwe. Ideal fügt sich dieser bei einer anzunehmenden Motivübertragung in den Kontext des jagenden Herrschers, denn mit ihm ist insbesondere auf das herrschaftliche Privileg der Löwenjagd verwiesen. Das Vogelpaar im Wiener Orbiculus mag ebenfalls von einem Palmettenbaummotiv herrühren. Der Fertigungsprozess der Wirkereien förderte geradezu die Zusammenstellung von Motiven aus unterschiedlichen Kontexten.

Für einige der vorgestellten Beispiele wurde eine Identifizierung des Herrschers mit Kaiser Heraclius vorgeschlagen, der 629 den Sieg über die Perser errungen hatte. Die Spuren möglicher Buchstaben einer einst aufgebrachten Inschrift könnten den Herrscher ähnlich dem Alexander-Medaillon namentlich benannt haben, doch in beiden Fällen ist die Inschrift verloren und nur noch schemenhaft sind Reste der Buchstaben zu erkennen. Bei dem Orbiculus im Zürcher Rietbergmuseum sind seitlich des Nimbus noch zwei Ks zu erkennen, die spiegelbildlich in einem hellen Farbton in den roten Hintergrund eingewirkt sind. Beim Londoner Orbiculus sind es eher Fehlstellen, die die Form von Buchstaben suggerieren. Eine Entzifferung ist jedoch nicht möglich und es findet sich erst recht kein Indiz für den Schriftzug des Namens Heraclius. Die Inschrift ist hier seitlich des Hauptes angeordnet und es ist nicht, wie bei dem Alexander-Medaillon, eigens Raum für die Einfügung einer Inschrift vorgesehen, sodass möglicherweise eine Identifizierung des Herrschers gar nicht beabsichtigt war.[59] Die fragliche Identifizierung sollte nicht dazu verleiten, die Orbiculi mit diesem Motiv in die Zeit kurz nach dem historischen Sieg des Heraclius über die Perser im Jahre 629, also in die Dreißigerjahre des 7. Jahrhunderts, zu datieren.[60] Die Identifizierung mit Heraclius bot für die Datierungsproblematik der Textilien, die durch das Fehlen sachgemäßer Ausgrabungen und damit stratigrafischer Zuordnungen jegliche relative Chronologie vermissen ließ, einen willkommenen Anhaltspunkt, denn so konnte man die Wirkereien mit diesem Bildmotiv nach dem siegreichen Perserfeldzug ansetzen. Es wäre auch eine spätere Rückbesinnung auf diesen Herrscher denkbar,[61] und vor dem Hintergrund, dass Heraclius auch bei der islamischen Bevölkerung populär war, erfolgte die aktuelle Datierung in das 8. Jahrhundert.[62] Meines Erachtens sollte offen bleiben, ob diese Identifizierung intendiert war oder ob nicht generell der immerwährend über die Feinde siegreiche Herrscher dargestellt werden sollte.

Bei der Datierungsproblematik der Textilien, die sich aus unklarer Provenienz bei den älteren Funden ergibt, spielten das lange Fortleben älterer Bildtraditionen und der rege Austausch der Motive über weite und kurze Distanzen, der durch den technischen Herstellungsprozess noch wesentlich gefördert wurde, eine wesentliche Rolle. Die aktuelle Forschung bemüht sich, mit heute gesicherten Fundsituationen bei rezenten Ausgrabungen auch ältere Funde durch stilistische Vergleiche, Gewebeanalysen und naturwissenschaftliche Altersbestimmungen des Materials einordnen zu können.[63] In wenigen Fällen kann die ikonografische Forschung einen Beitrag leisten, wenn sie die Übertragungen von Mustermotiven an Fallbeispielen nachverfolgt.

IC
ΙΔΩΥ ΩCCOΥ
ΙΔΟΥΗ ΜΙΤΙΡC

Byzantinische Kultur um 800

Tradition und zeitgenössische Neuerungen

Arne Effenberger

Im Jahre 754 ließ Kaiser Konstantin V. auf der Synode von Hiereia den Bilderkult als Häresie verdammen.[1] Im selben Jahr salbte Papst Stephan II. den merowingischen Hausmeier Pippin zum König der Franken. Seither bahnten sich im Westen für Byzanz durchaus bedrohliche Entwicklungen an. Es begann der Aufstieg der fränkischen Macht im Verbund mit den Päpsten, die nun ihrerseits eine Loslösung von Byzanz betrieben und im Kirchenstaat eine geistlich-weltliche Territorialmacht etablierten.[2] 774 vernichtete Karl der Große das Langobardenreich. Damit war er Herr über den größten Teil Italiens und Grenznachbar der von Byzanz in Unteritalien noch gehaltenen Besitzungen (Abb. 43, S. 57). Nach dem frühen Tod Leons IV., der die bilderfeindliche Politik seines Vaters eher halbherzig fortgesetzt hatte, übernahm seine Witwe Irene die Regentschaft für den noch unmündigen Konstantin VI.[3] Unter Federführung des Patriarchen Tarasios fand 787 in Nicäa das siebte ökumenische Konzil statt, das die ikonoklastischen Glaubensentscheidungen der Synode von 754 verurteilte und den Bilderstreit vorläufig beendete.[4] Während der zeitweiligen Entmachtung Irenes war Konstantin VI. seit 791 zwar Alleinherrscher, geriet aber in dauernden Konflikt mit der Partei seiner Mutter und wurde auf deren Betreiben schließlich 797 geblendet. Seither regierte Irene bis zu ihrem Sturz 802 durch Kaiser Nikephoros I. als erste byzantinische Kaiserin das Reich allein.

Karls Aufstieg zum mächtigsten Herrscher des lateinischen Westens und seine Erhebung zum *Imperator Romanorum* im Jahr 800 fallen vor allem in das Interim zwischen der ersten (726–787) und der zweiten Phase (815–843) des byzantinischen Bilderstreits.[5] Auf diese Zeitspanne möchte ich mich in meinem Beitrag beschränken und die Aufmerksamkeit vor allem auf vier Aspekte lenken: Zum einen auf das in Byzanz wiedererwachende Interesse an den Wissenschaften.[6] Zum anderen auf grundlegende Neuerungen im Kirchenbau, die sich zunächst im monastischen Milieu vollzogen haben. Zudem lassen sich in der Zeit der gemeinsamen Herrschaft von Irene und Konstantin etliche Kirchenstiftungen innerhalb und außerhalb von Konstantinopel nachweisen, an denen beide Herrscher aktiv beteiligt waren, wobei vor allem die Erneuerung des Kults der heiligen Euphemia von Chalkedon näher betrachtet werden soll. Schließlich haben sich an besonders geschützten Orten wie dem Katharinenkloster am Sinai zahlreiche Ikonen erhalten, die für die Zeit vom 7. bis zum 9. Jahrhundert eine ungebrochene malerische Tätigkeit belegen. Zwar erlebten Kultur und Kunst erst unter der makedonischen Dynastie (867–1055) jene unvergleichliche Blüte, die häufig, wenn auch zu Unrecht, als „makedonische Renaissance" bezeichnet wurde, doch führten die beiden Phasen des Bilderstreits keineswegs zu einem Versiegen der künstlerischen Produktion. Die ständigen Kriege mit den Bulgaren auf dem Balkan und die jährlichen Raubzüge der Araber in Kleinasien waren mit Plünderungen zahlloser Städte, Klöster, Kirchen und Privathäuser verbunden und verursachten unter

164 Staurothek Fieschi-Morgan, Konstantinopel, 1. Hälfte des 9. Jahrhunderts. New York, Metropolitan Museum of Art

den beweglichen und vergänglichen Kunstgegenständen (Handschriften, Ikonen und Gerätschaften aus Edelmetallen) immense Verluste. Das verheerende Erdbeben von 740 in Konstantinopel und seiner Umgebung tat ein Übriges, um Gebäude und Kunstwerke in kaum abschätzbaren Dimensionen zu vernichten. Die eher dürftige Überlieferung aus dem 7. und 8. Jahrhundert ist also nicht einer nachlassenden oder verbotenen Ausübung künstlerischer Tätigkeiten, sondern in erster Linie diesen katastrophalen Ereignissen geschuldet. Demgegenüber sind die aus schriftlichen oder archäologischen Quellen erschließbaren Zerstörungen existierender Kunstwerke beziehungsweise der Austausch älterer Bilder durch anikonische Darstellungen eher marginal.[7]

Traditionen griechischer Gelehrsamkeit

Die griechische Gelehrsamkeit war auch während der sogenannten dunklen Jahrhunderte weder in Konstantinopel noch in den arabisch beherrschten Gebieten des Byzantinischen Reichs jemals zum Erliegen gekommen. Sie lebte vor allen in Damaskus und Antiochia sowie in den syrisch-palästinischen Klöstern fort (Abb. 47, S. 64/65), erinnert sei nur an den bedeutenden Theologen Johannes von Damaskus. Zudem strömten aus dem Kalifat griechische Gelehrte nach Konstantinopel, und mit ihnen erfolgte ein „Reimport griechischer Kultur nach Byzanz".[8] Von nicht zu unterschätzender Bedeutung im Rahmen des byzantinisch-arabischen Kulturtransfers sind auch die Anregungen, die aus dem Kalifat nach Konstantinopel gelangten. Das wiedererwachende Interesse an der eigenen Vergangenheit fand im letzten Viertel des 8. Jahrhunderts seinen Niederschlag in den *Parastaseis syntomoi chronikai*, den „Kurzen historischen Notizen". Das nur in einer einzigen Handschrift aus dem 11. Jahrhundert schlecht überlieferte Werk enthält teils fantastische, teils zutreffende Mitteilungen vor allem über die in Konstantinopel einst oder noch vorhandenen Statuen.[9] Hinter den Kompilatoren dieser merkwürdigen Schrift standen die alten hauptstädtischen Eliten, die sich durch fremde Aufsteiger bei Hofe zurückgedrängt sahen und für sich exklusives Wissen um die prophetische Bedeutung der alten Bildwerke beanspruchten.[10]

Die neuerliche Hinwendung zur Astronomie belegen mehrere byzantinische Kopien der *Handlichen Tafeln* des Ptolemäus.[11] Die bekannteste befindet sich im Vatikan.[12] Neben den üblichen astronomischen Tabellen enthält der Kodex zahlreiche Miniaturen. Zwei zeigen den nördlichen und südlichen Nachthimmel, eine weitere eine Sonnentafel (Abb. 165).[13] Das auf einem goldenen Hintergrund gemalte Bild besteht aus einem zentralen Medaillon sowie aus fünf konzentrischen Kreisen. Insgesamt ist die Darstellung radial in zwölf Segmente unterteilt. Helios erscheint im himmelblau grundierten Medaillon in einem frontal wiedergegebenen Viergespann. Der Sonnengott ist mit einer Tunika mit breitem Gürtel und einem purpurfarbenen Mantel bekleidet, auf dem Haupt trägt er die siebenstrahlige Krone. In der verhüllten linken Hand hält er Globus und Peitsche, die Rechte ist in einer herrscherlichen Geste ausgestreckt. Auf dem sich anschließenden Ring sind – teils hell, teils dunkel – zwölf nackte und gestikulierende weibliche Halbfiguren dargestellt. Es sind die Horen, die Personifikationen der Tag- und Nachtstunden. Der folgende Ring enthält Angaben von Stunden und Minuten. In der nächsten Zone erscheinen die männlichen oder weiblichen Personifi-

165 **Sonnentafel aus den *Handlichen Tafeln* des Ptolemäus, Konstantinopel, nach 811. Vatikanstadt, Biblioteca Apostolica Vaticana**

kationen der zwölf Monate. Sie halten überwiegend bestimmte Attribute oder führen Tätigkeiten aus, die für die betreffenden Monate typisch sind. Im vorletzten Ring sind Monatsnamen und Tagesdaten angegeben. Der äußerste Ring zeigt schließlich die Sternbildzeichen der zwölf Monate. Monat, Tag, Stunde und Minute geben an, wann genau die Sonne in das jeweilige Tierkreiszeichen eintritt. So lesen wir etwa bei dem Segment mit dem Sternbild des Widders, dem ersten Bild oben rechts von der Mittelachse: 20. März/5. Nachtstunde, 20. Minute – also der für ein bestimmtes Jahr und einen bestimmten Ort geltende Zeitpunkt der Frühjahrs-Tagundnachtgleiche. Entsprechend ist die Hore als dunkle Figur wiedergegeben. Darüber erscheint der Monat März (*Martius*) als Kriegsgott Mars. Die Datierung der Sonnentafel und damit die Entstehungszeit der Handschrift sind allerdings umstritten. Die astronomischen Angaben würden zwar mit einer gewissen Toleranz auf die Jahre 680/681, 753/754 oder 830/831 zutreffen,[14] doch sprechen paläografische Beobachtungen an den Eintragungen in der Herrscherliste für eine Vollendung der Handschrift bald nach 811.[15] Da die Miniaturen mit der Abschrift des Kodex gleichzeitig entstanden sind und unverändert aus einer alten Vorlage kopiert wurden,[16] lässt sich ohnehin ausschließen, dass die astronomischen Daten der Sonnentafel für Konstantinopel und für eines dieser Jahre neu berechnet worden wären.

Neuerungen im Sakralbau

Die wohl bedeutendste und in die Zukunft weisende Neuerung der Zeitspanne zwischen dem ersten und zweiten Bilderstreit lässt sich in der kirchlichen Architektur beobachten: in der Ausbildung der Kreuzkuppelkirche. Die wenigen archäologisch belegten Kirchen, die zwischen dem späteren 6. und dem frühen 9. Jahrhundert entstanden sind – die meisten kennen wir ohnehin nur aus Schriftquellen –, waren in der Regel relativ klein und im Schema einer Kuppelbasilika errichtet. Hierbei ist der Naos, der zentrale Teil des Gebäudes, mit einer Tambourkuppel überdeckt, die auf vier Pfeilern ruht.[17] Einige Varianten zeigen schon in der unteren Ebene, meist aber auf dem Niveau der Empore, dass sich vom Kuppelquadrat kreuzförmig abzweigende Arme mit Tonnengewölben fortsetzen.[18] Ein Beispiel hierfür ist die wohl bereits im 7. Jahrhundert errichtete Hagia Sophia in Thessaloniki (Abb. 166).[19] Unter Irene und Konstantin VI. wurden Apsis und Wölbung des Bemas zwischen 780 und 797 – wahrscheinlich bald nach 783 – mit einem Mosaik ausgelegt.[20] Das Bema markiert den vom Kirchenraum mittels eines Templons abgetrennten Altarraum. Die Apsis erhielt als einzigen Schmuck ein Kreuz, das im 11. Jahrhundert durch eine thronende Maria ersetzt wurde. Den Scheitel des Bemas schmückt ebenfalls ein Kreuz, hier im Kreismedaillon. Die Bemawölbung ist beiderseits im unteren Teil mit ornamentalen Paneelen verziert, darunter befinden sich Monogramme mit Anrufungen von Irene und Konstantin. Die Bildlosigkeit steht hier noch ganz in der Tradition der von Konstantin V. nach 753 reparierten und ebenfalls nur mit einem großen Kreuz in der Apsis ausgeschmückten Irenenkirche in Konstantinopel (Abb. 167).[21] Anders als bei der Kuppelbasilika ist bei der Kreuzkuppelkirche in die Grundform eines Quadrats ein gleichseitiges griechisches Kreuz eingeschrieben, wodurch sich neun Raumeinheiten ergeben (Abb. 168). Die zentrale Raumeinheit, der Naos, wird durch vier im Quadrat stehende Säulen definiert, die eine Kuppel über dem durchfensterten Tambour tragen. Da die Säulen die Hauptlast der Kuppel aufzunehmen hatten, waren dem inneren Kuppeldurchmesser aus statischen Gründen enge Grenzen gesetzt (kaum mehr als 5–6 Meter), weshalb die Kirchen relativ klein sind und nur eine begrenzte Zahl von Teilnehmern an der Liturgiefeier zulassen. Das Kuppelquadrat öffnet sich zu vier kurzen seitlichen Kreuzarmen, die ein Tonnen- oder Kreuzgratgewölbe aufweisen. Dem östlichen Kreuzarm schließen sich das tonnengewölbte Bema und die nach außen hervortretende Apsis an. Vier quadratische Räume, die Eckkompartimente, verbinden die kurzen Kreuzarme miteinander. Den

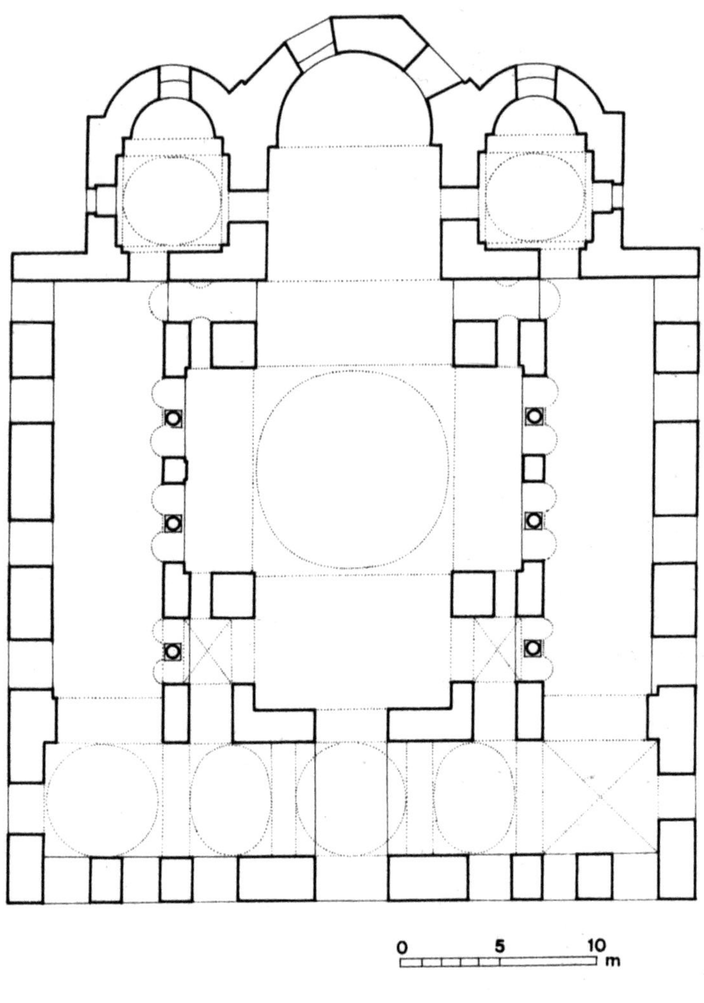

166 Grundriss der Kirche Hagia Sophia in Thessaloniki aus dem 7. Jahrhundert

östlichen Eckkompartimenten sind Apsisnebenräume als kleine Kapellen vorgelagert, die mit dem Hauptbema mittels Durchgängen verbunden sind. Die Ostfassade bietet sich demnach in der Regel als Dreiapsidenanlage dar. Der Westseite ist eine Vorhalle, der Narthex, angeschlossen.
Die ältesten erhaltenen Kreuzkuppelkirchen wurden an der Südküste des Marmarameers entdeckt: in den Klöstern von Tirilye (heute Zeytinbağı),[22] von Megas Agros bei Kurşunlu[23] und im Johannes-Theologus-Kloster von Pelekete aus dem frühen 9. Jahrhundert (Abb. 169).[24] Die Kirche von Tirilye kann dendrochronologisch bald nach 799 datiert werden (Abb. 168). Die Nebenapsiden, von denen nur die linke nachgewiesen ist, bilden hier, einer älteren Bauweise folgend, noch eine kompakte Einheit und ragen über die seitlichen Fluchten des Baukörpers hinaus. Das Kloster Megas Agros entstand vermutlich um das Jahr 787. Seine Gründung geht auf den byzantinischen Mönch Theophanes zurück, dessen Chronik die wichtigste Quelle für die Geschichte der sogenannten dunklen Jahrhunderte ist.[25] Sofern die Identifizierung der

167 Innenraum der Kirche Hagia Irene in Konstantinopel

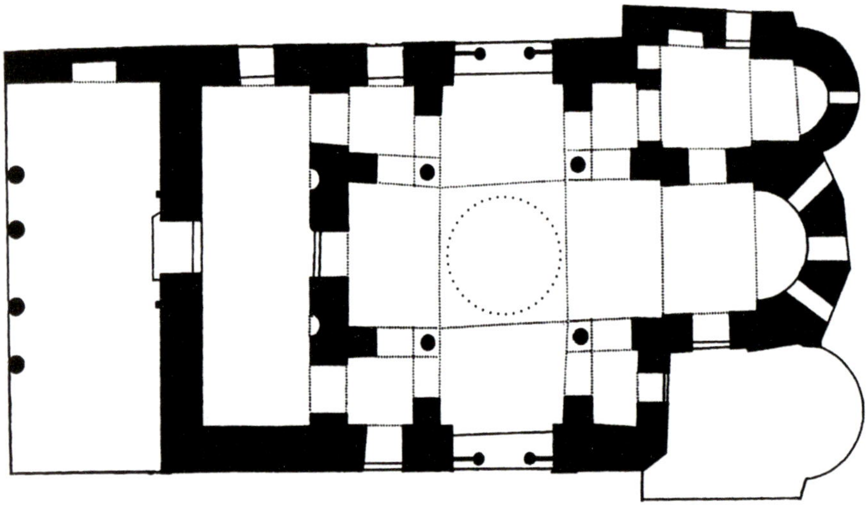

168 **Grundriss der Kreuzkuppelkirche von Tirilye**

Baufragmente bei Kurşunlu mit dem Kloster Megas Agros als gesichert gelten kann,[26] würde das bedeuten, dass die Kirche mehr als zehn Jahre älter wäre als die von Tirilye – ein umso erstaunlicherer Befund, da im Vergleich zu Tirilye der Kreuzkuppelbautypus bei Kurşunlu bereits im Wesentlichen voll ausgebildet war. Da in Konstantinopel aus dieser Zeit nichts Vergleichbares erhalten ist, obgleich in der Hauptstadt und ihrem Umland zahlreiche Klöster gestiftet wurden,[27] kann nur vermutet werden, dass die innovativen Kräfte, die den neuen Bautypus entwickelt haben, im Mönchtum zu suchen sind, zumal die Kreuzkuppelkirche als Katholikon zur bevorzugten Kirchenform der Klöster werden sollte. Zudem scheinen die Mönchsgemeinschaften über enorme ökonomische Ressourcen verfügt zu haben, wodurch ihnen die zahlreichen Klostergründungen ermöglicht wurden.

Erneuerung des Euphemiakults

Von den Stiftungen Irenes ist die wohl bedeutendste die im Jahr 796 erfolgte Einrichtung der Kirche der heiligen Euphemia von Chalkedon (Abb. 171) im ehemaligen Antiochospalast beim Hippodrom von Konstantinopel (Abb. 170).[28] Nach dem zeitgenössischen Bericht des Theophanes habe Konstantin V. die Reliquien Euphemias ins Meer geworfen, doch gelangten sie auf wunderbare Weise zur Insel Lemnos und wurden so gerettet. Obendrein soll der Kaiser ihre Kirche 766 geschän-

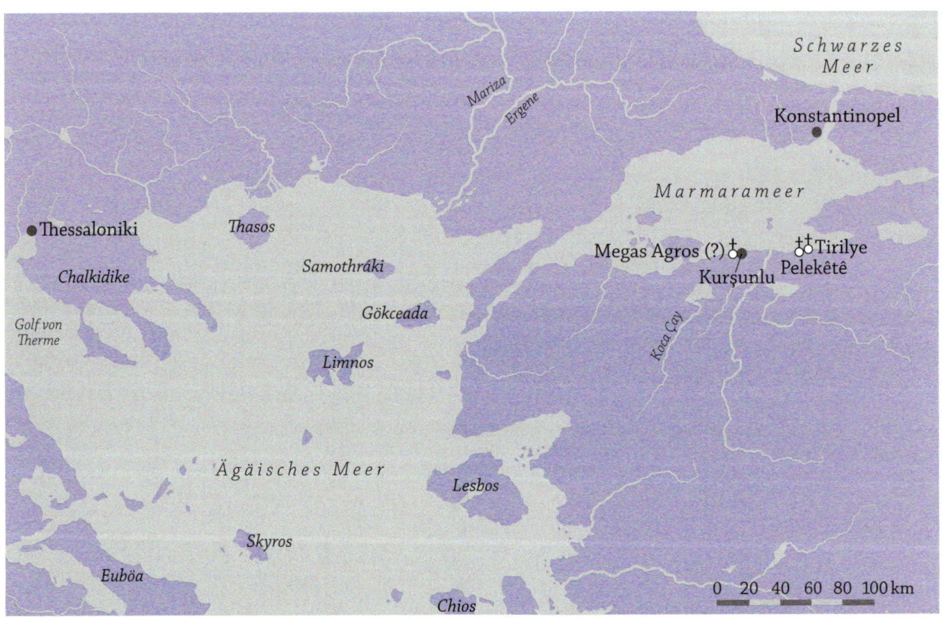

169 **Südküste des Marmarameers**

170 **Schematischer Plan von Konstantinopel im 8. Jahrhundert**

det und darin ein Lager für Waffen und Dung eingerichtet haben. Unter Irene und ihrem Sohn Konstantin seien die Reliquien in die gereinigte und neu geweihte Kirche zurückgekehrt. Von diesem Wunder will Theophanes im Beisein der Kaiser und des Patriarchen Tarasios selbst Augenzeuge gewesen sein.[29] Zudem erweckt er den Anschein, als habe die Kirche im Antiochospalast schon lange vor 766 existiert.

Die Kultgeschichte Euphemias ist jedoch weitaus komplizierter. Die Berichte über den Zeitpunkt und die Umstände der Überführung ihrer Gebeine von Chalkedon, wo sich seit alters ihr Hauptheiligtum befand, nach Konstantinopel sind widersprüchlich.[30] Die Translation fand nicht, wie lange angenommen, 628 unter Kaiser Herakleios statt, sondern vermutlich erst um 680 unter Konstantin IV.[31] Zudem besaß Euphemia in der Hauptstadt bereits zahlreiche Kirchen, eine der ältesten lag im Stadtviertel Petrion am Goldenen Horn.[32] Damit stellt sich die Frage, wo sich ihre Reliquien vor der Einrichtung der neuen Kirche im Antiochospalast befanden. Die liturgischen Quellen berichten von mehreren Festen der Heiligen an beiden Kultorten. Nach der ältesten erhaltenen Fassung des Typikons, der liturgischen Vorschriften der Hagia Sophia aus der Zeit um 900, gedachte man am 16. September des Martyriums der Euphemia in ihrer Kirche im Petrion.[33] Hingegen ver-

171 **Historische Aufnahme der ausgegrabenen Fundamente der Euphemia-Kirche in Konstantinopel**

zeichnet die etwa 50 bis 60 Jahre jüngere und dem aktuellen Festkalender angepasste Fassung des Typikons unter dem 16. September und dem 11. Juli jeweils einen Gottesdienst in der Kirche im Antiochospalast.[34] Die gleiche Ortsangabe findet sich unter beiden Daten auch im Synaxar, dem liturgischen Festkalender der Kirche von Konstantinopel.[35] Am 11. Juli galt der Gottesdienst der Erinnerung an die wunderbare Beglaubigung des Dogmas von Chalkedon im Jahr 451 durch Euphemia. Nach der Legende hatte jede der beiden streitenden Parteien eine Schriftrolle mit ihrer Lehrdefinition in die Hände der Heiligen in ihrem Sarkophag gelegt; als dieser nach drei Tagen geöffnet wurde, lag die Rolle der Orthodoxen in Euphemias rechter Hand, diejenige der Ketzer aber zu ihren Füßen.

Eine um die Mitte des 11. Jahrhunderts für ausländische Pilger angefertigte Beschreibung der Kirchen und Reliquien von Konstantinopel berichtet, dass in der Kirche im Antiochospalast im linken Teil des Altars ein großer Marmorsarkophag stand, in dem das Haupt und weitere Reliquien der heiligen Euphemia sowie die Gebeine vieler Heiligen ruhten, die mit ihr das Martyrium erlitten hatten.[36] Nach derselben Beschreibung befanden sich in der Kirche im Petrion ihre Hand und weitere Reliquien.[37] Möglicherweise wurden die Gebeine bei der ersten Translation von Chalkedon nach Konstantinopel um 680 in die schon bestehende Euphemiakirche im Petrion verbracht. Insofern scheint das ältere Typikon noch die Erinnerung an die Situation vor 796 zu bewahren.[38] Das Haupt könnte also 796 von der Kirche im Petrion in das neue Heiligtum im Antiochospalast überführt worden sein, während die Hand im Petrion verblieben wäre. Wie dem auch sei, entscheidend ist, dass durch die Einrichtung der neuen Kirche im Antiochospalast der Euphemiakult gleichsam wiedererweckt und in das sakrale Zentrum der Kaiserstadt – in die unmittelbare Nachbarschaft der Hagia Sophia – verlagert wurde. Erst zu dieser Zeit hat man den oktogonalen Raum des ehemaligen Palastes in eine Kirche umgewandelt und unter Verwendung vieler älterer Bauteile prächtig ausgestaltet.[39] Doch welchen programmatischen Zweck Irene und Patriarch Tarasios mit der Neuinstallation des Euphemiakults verfolgt haben könnten, bleibt Vermutung. Vielleicht war die ostentative Herausstellung einer Heiligen, die als Inbegriff der Orthodoxie galt, gegen die zahlreichen Gegner der Konzilsentscheidungen von 787 gerichtet.[40] Unbekannt ist auch, ob die neue Kirche bereits mit einem Freskenzyklus mit Darstellungen aus dem Leben der Heiligen ausgestattet war.[41] Dass dies der Fall gewesen sein könnte, belegt eine Quelle aus dem 10. Jahrhundert, der zufolge Irene nach einem Heilungswunder der Konstantinopeler Theotokoskirche „bei der Quelle" kostbare Gefäße und Seidentextilien gestiftet hatte und an den Seitenwänden zwei Mosaiken anbringen ließ, die sie bei der Darbringung der Ga ben darstellten.[42] Gegen diese Bilder hätten auch die Wortführer der zweiten Phase des Bilderstreits nichts einwenden können. Während die Ausschmückung der Hagia Sophia in Thessaloniki noch anikonisch war, zeigt dieses Beispiel, wie allmählich wieder bildlicher Schmuck in die Kirchen zurückkehrte.

Die Ikonenmalerei während des Bilderstreits

Im Zusammenhang mit der zweiten Phase des Bilderstreits gewinnt eine Reihe von Epigrammen an Gewicht, die Theodoros Studites, Abt des berühmten Konstantinopeler Studios-Klosters, verfasste.[43] Die Kurzgedichte könnten sowohl Wandinschriften wiedergeben als auch Beischriften eines Fresken- oder Mosaikzyklus mit Heiligendarstellungen gewesen sein, mit dem um 800 die Basilika oder eher noch eines der Klostergebäude ausgeschmückt worden war. Zwar behauptete der spanische Gesandte Ruy Gonzáles de Clavijo, der 1403 in Konstantinopel weilte, dass die ganze Kirche mit Mosaiken ausgestattet sei,[44] doch liegt hier möglicherweise eine Verwechslung mit einer anderen Kirche vor, denn Clavijos Beschreibung des Gebäudes ist unzutreffend. Russische Pilger der spätbyzantinischen Epoche und frühneuzeitliche Besucher des Studios-Klosters erwähnen hier keinerlei Heiligenbilder.[45]

172 Katharinenkloster auf dem Sinai

Unter den Epigrammen des Theodoros Studites beziehen sich einige auf vorhandene Kunstwerke. Erwähnt wird eine Christusikone, die ein gewisser Leon Patrikios dem Kloster gestiftet hatte.[46] Ein anderes Gedicht beschreibt ein Altartuch in einer Theotokoskirche, womöglich mit einer Darstellung der Geburt Christi.[47] Überliefert ist, dass Christus auf einem Tuch abgebildet war, das ein Stifter namens Symeon dargebracht hatte.[48] Immerhin befand sich in Konstantinopel seit der Zeit Justins II. das Acheiropoieton, das „nicht von Menschenhand gemachte" Christusbild, das 574 von Kamulianai in Kappadokien nach Konstantinopel überführt wurde.[49] Das Tuchbild Symeons könnte gewissermaßen eine authentische Kopie gewesen sein, wenngleich auch Ikonen in Tuchform für Heilige belegt sind. Eine ganze Serie von Epigrammen bezieht sich auf Christusikonen, wobei der bildertheologische Tenor vielleicht schon eine Reaktion auf die 815 anbrechende zweite Phase des Bilderstreits ist.[50]

Dass die Ikonenmalerei auch während des Bilderstreits nicht zum Erliegen kam, belegen zahlreiche Tafeln im Sinaikloster (Abb. 172 und 47, S. 64/65). Zu den besten gehört eine fragmentierte Darstellung der Kreuzigung Christi (Abb. 173).[51] Sie wird allgemein in das 8. Jahrhundert datiert, doch ist die genauere zeitliche Eingrenzung nicht möglich, weshalb eine Entstehung zwischen den beiden Phasen des Bilderstreits nicht ausgeschlossen werden kann. Die Darstellungsweise folgt dem östlichen Kreuzigungstypus, der gegen Ende des 6. Jahrhunderts im syropalästinischen Raum ausgebildet worden war:[52] Der mit vier Nägeln am Kreuz angeschlagene Christus steht aufrecht und mit leichter Andeutung eines Kontraposts auf dem unteren Querholz. Er ist bekleidet mit einem purpurfarbenen, mit goldenen Streifen und Blütenmustern verzierten Gewand, dem Kolobion. Das Haupt mit Dornenkrone und Nimbus ist leicht zur rechten Seite geneigt, die Augen sind geschlossen. Aus der geöffneten Wunde unter der rechten Achsel dringt ein Strahl aus Blut und Wasser hervor. Auch von den durchbohrten Händen und Füßen tropft Blut. Von den Namenskürzeln ist nur das IC für Iesous Christos auf der lin-

173 Ikone mit der Darstellung der Kreuzigung Christi, Sinai oder Palästina, 8. Jahrhundert. Sinai, Katharinenkloster

ken Bildseite erhalten. Die Tafel an der Kreuzesspitze trägt die griechische Aufschrift „Der König der Juden". Über dem Querbalken schweben je zwei Engelpaare (von dem rechten Paar ist nur einer der Engel erhalten) und weisen anbetend auf den toten Christus hin. Von den kosmischen Symbolen, die zum Grundbestand des Kreuzigungsbildes gehören, ist nur links oben die Sonne erhalten. Links unten steht Maria und blickt zu ihrem Sohn auf. Ihre Rechte weist auf ihn hin, in der erhobenen Linken hält sie ein Tuch, ihr Zeigefinger ist in einer nachdenklichen Geste an die Wange geführt. Ihr purpurfarbenes Manteltuch weist die gleiche Musterung auf wie das Gewand Christi. Das doppelte Monogramm ist jeweils in „Die heilige Maria" aufzulösen. Gegenüber steht Johannes, der Lieblingsjünger Jesu, eingehüllt in einen Mantel und ohne das später obligatorische Evangelienbuch, und blickt ebenfalls zum Gekreuzigten auf. Stark verkleinert ist auf der erhaltenen linken Tafelseite im Mittelgrund einer der beiden Schächer dargestellt. Die Hände hinter dem Querbalken gefesselt, wendet er sein Haupt zu Christus hin. Er müsste eigentlich der gute Schächer sein, der Christus um Fürsprache im Paradies bat, jedoch ist ihm der Name des bösen Gestas beigegeben. Von dem Namen des guten Schächers Dimas ist nur noch der Anfang auf der rechten Seite zu sehen. Fraglich ist, ob die Namen wissentlich oder versehentlich vertauscht worden sind. Beide Namen begegnen uns nur in den apokryphen Pilatusakten im Nikodemusevangelium.[53] Hinter den Schächern sind die Berge Gareb und Agra angedeutet. Am Fuße des Kreuzes sitzen drei Männer und verlosen im Morra-Spiel das Gewand Christi – ungerührt davon, dass sein Heil bringendes Blut auf ihre Kleider tropft.

Es fehlt hier der schon auf älteren Darstellungen vorkommende Soldat, der, gemäß dem nur im Johannesevangelium (19,34) berichteten Detail, mit der Lanze in die Seite des toten Christus sticht, worauf der Wunde ein Strahl von Blut und Wasser entströmte. Das scheinbare Paradoxon des tot-lebendigen Christus am Kreuz findet seine theologische Begründung im Kanon 82, der auf der Trullanischen Synode von 691/692 erlassen wurde.[54] Darin werden Darstellungen Christi in Gestalt eines Lamms verboten und nur noch Abbildungen mit menschlichen Zügen erlaubt, denn „[d]adurch erfassen wir die Erhabenheit der Erniedrigung des Gott-Logos und werden zum Gedenken seines Wandels im Fleisch, seines Leidens und heilbringenden Todes und der dadurch der Welt zuteil gewordenen Erlösung geführt".[55] Das Kreuzigungsbild reflektiert in aller Eindeutigkeit die orthodoxe Lehre, wonach nur die menschliche Natur des Gott-Logos zum Erleiden des Todes fähig war, die göttliche davon jedoch unberührt blieb. Blut und Wasser sind als Hinweis auf die göttliche und zugleich menschliche Natur des Gott-Logos zu verstehen. Im Gottesdienst der byzantinischen Kirche war es Brauch, dem Wein der Eucharistie Wasser beizumischen.[56] Im Kanon 32 war dies unter Bezugnahme auf Johannes Chrysostomos ausdrücklich als orthodoxe Praxis vorgeschrieben.[57]

Wie das Kreuzigungsbild weiterentwickelt wurde, zeigt ein besonders kostbares Zeugnis der sakralen Kunst: die Staurothek Fieschi-Morgan (Abb. 164, 174 und 175).[58] Auftraggeber und Empfänger des Kästchens sind unbekannt, ebenso wann und wie es in den Westen gelangte. Hier ist es zuerst im Besitz des Sinibaldo Fieschi, des späteren Papstes Innozenz IV., nachweisbar. Die Staurothek

174 und 175 **Staurothek Fieschi-Morgan, Konstantinopel, 1. Hälfte des 9. Jahrhunderts. New York, Metropolitan Museum of Art**

enthielt eine Partikel der in Konstantinopel aufbewahrten Kreuzesreliquie. Allein der Kaiser war im Einvernehmen mit dem Patriarchen befugt, etwas davon an besonders ausgezeichnete Persönlichkeiten zu verschenken. Schon das spricht für eine Entstehung der Staurothek in der byzantinischen Hauptstadt. Auf dem Schiebedeckel ist im Mittelfeld eine Kreuzigung in der Technik des Zellenschmelzes dargestellt (Abb. 164). Die Augen Christi wie die Augen des Johannes sind jeweils mit einer hellen Masse gefüllt, weshalb nicht sicher gesagt werden kann, ob sie als geöffnet oder geschlossen zu verstehen sind. Auch fehlt der Blut-Wasser-Strahl aus der Seite Christi. Über den Kreuzarmen sind, stark verschrieben, die Anempfehlungsworte gemäß dem Johannesevangelium (19,26–27) zu lesen: links „Siehe dein Sohn“ und rechts „Siehe deine Mutter“. Neben Maria und Johannes sind senkrecht die Namen „Theotokos“ (Gottesgebärerin) und „Joannes“ gesetzt. Auf den Randstreifen sind vierzehn und auf den Seiten des Kästchens dreizehn Heiligenbüsten angebracht, die alle ebenfalls in der Technik des Zellenschmelzes ausgeführt sind und durch Beischriften bezeichnet werden. In der Zellenschmelztechnik werden feine Metallstreifen zu entsprechenden Formen gestaltet und mit (unterschiedlich farbiger) Emailmasse ausgefüllt. Die Innenseite des Deckels

(Abb. 175) zeigt – hier in Niellotechnik – Verkündigung, Geburt, Kreuzigung und Auferstehung. Das Innere des Kästchens ist durch Stege in ein kreuzförmiges Fach für die Kreuzesreliquie und vier kleine Reliquienfächer unterteilt. Auf der Unterseite sind ein Kreuz und vier Winkelborten eingraviert, die sich von dem mit Punktmustern überzogenen Grund abheben. Damit wird eine Altardecke evoziert und das Kästchen als Altargrab ausgewiesen.

Die Forschung stimmt heute darin überein, dass dieses einzigartige Werk im frühen 9. Jahrhundert entstanden ist. Doch in seiner Singularität besteht zugleich seine Problematik. Aufgrund des hier vorliegenden Typus der Auferstehung (Abb. 164), der Technologie des Zellenschmelzes, die im Westen entwickelt und Ende des 8. Jahrhunderts nach Byzanz vermittelt wurde,[59] vor allem aber wegen der Anempfehlungsworte und der Bezeichnung Marias als Theotokos, die ein gewandeltes theologisches Verständnis des Kreuzigungsbildes belegen,[60] gilt die Staurothek nur deshalb als das älteste byzantinische Beispiel, weil es vor 800 nichts Vergleichbares gibt. Von den in Ikonografie und Niellotechnik nächstverwandten Werken böte allenfalls das Kreuzreliquiar aus Pliska (Abb. 176) einen *terminus a quo*, und zwar dann, wenn sich erweisen ließe, dass es der Bulgarenkhan Boris anlässlich seiner Taufe 865 von Kaiser Michael III. zum Geschenk erhalten hätte.[61] Obwohl das Bild der Auferstehung in Konstantinopel entstanden sein dürfte, sind die ältesten Darstellungen dieses Themas, und zwar die Befreiung Adams durch Christus, in Rom nachweisbar: zum einen innerhalb des Mosaikzyklus, mit dem Papst Johannes VII. sein Oratorium in Alt-Sankt Peter ausgeschmückt hatte, zum anderen in zwei Fresken in Santa Maria Antiqua, die derselbe Papst anbringen ließ.[62]

Irenes Stiftungen für die Theotokoskirche „bei der Quelle" belegen, dass auch zwischen beiden Phasen des Bilderstreits Luxusobjekte aus Gold und Silber hergestellt wurden. Die Gaben umfassten nebst einer Krone mit Edelsteinen und Perlen verzierte Gefäße sowie Seidentextilien, deren Produktion, wie etliche erhaltene Fragmente belegen, niemals unterbrochen war.[63] Ihre säkularen Darstellungen, meist kaiserliche Jagdszenen, fielen zu keiner Zeit unter ein bilderfeindliches Verdikt.

176 Kreuzreliquiar, Konstantinopel, 1. Hälfte des 9. Jahrhunderts. Sofia, Nationales Archäologisches Museum

Bauten für Kalifen und Kaiser

Künstlerischer Austausch im Mittelmeerraum

Lorenz Korn

Als in Aachen unter der Herrschaft Karls des Großen mit der Errichtung der Pfalzkapelle begonnen wurde, wurde damit ein neues Kapitel in der Geschichte der europäischen Architektur aufgeschlagen (Abb. 120, S. 169). Der neue Bau war vollkommen anders geartet als ältere Kirchenbauten im Frankenreich. Sowohl der Bautyp als auch die Konstruktion, einzelne Elemente der Architektur wie auch Motive und Techniken des Baudekors gingen über das bisher Gesehene hinaus und sollten zur weiteren Entwicklung der mittelalterlichen Architektur in West- und Mitteleuropa entscheidend beitragen. Die Gestaltung der Pfalzkapelle entstand aber nicht aus dem Nichts. Anregungen und Vorbilder gingen vom Mittelmeerraum aus, wo eine reichere Tradition der Architektur seit der Spätantike fortbestanden und sich weiterentwickelt hatte. Konstantinopel war als Hauptstadt des Römischen Reichs und kaiserliche Residenz mit Kirchen und Palästen ausgestattet, deren Prestige kaum zu übertreffen war. Der Ruhm der Hagia Sophia und der Kaiserpaläste am Marmarameer strahlte weithin aus; diese Bauwerke setzten Maßstäbe für die imperiale Repräsentation. Im Vorderen Orient und in Nordafrika waren seit dem späten 7. Jahrhundert prachtvolle Bauwerke entstanden, in denen sich die Macht der Kalifen manifestierte: Der Felsendom und die al-Aqsa-Moschee in Jerusalem, die Umayydenmoschee in Damaskus sowie eine große Zahl ländlicher Residenzen der Umayyaden zeugen noch heute von der Bautätigkeit dieser ersten Dynastie islamischer Herrscher, die von Syrien aus das neu geschaffene Reich regierten. Nach dem Sturz der Umayyaden und der Machtergreifung der Abbasiden 750 verlagerte sich der Schwerpunkt der Bautätigkeit in den Irak: Die Rundstadt von Bagdad (Abb. 139, S. 198) und die Palaststädte der Abbasidenkalifen im mesopotamischen ar-Raqqa (heute Syrien, Abb. 178) und später in Sāmarrāʾ (Abb. 134, S. 187) bildeten die Brennpunkte, an denen sich ein neuer Baustil entwickelte, der wiederum in kleineren Zentren Nachfolge fand (Abb. 47, S. 64/65).

Kulturkontakt und künstlerischer Austausch

Das Thema des kulturellen Austauschs über das Mittelmeer hinweg hat in letzter Zeit einige Beachtung in der Geschichte und in der Kunstgeschichte erfahren. Das in einer breiteren Öffentlichkeit formulierte Interesse für historische Kontakte zwischen den Kulturen Europas und benachbarten Regionen wirkt sich in zahlreichen Tagungen, Ausstellungen und Schriften aus, die das Verhältnis von Orient und Okzident im Mittelalter thematisieren.[1] Fragen nach Identität und Alterität, nach dem zeichenhaften Gebrauch bestimmter Formen in einem interkulturellen Diskurs, sind gerade in den letzten Jahren verstärkt diskutiert worden. Innerhalb der Kulturwissenschaften scheinen sich transkulturelle Studien gerade den Status einer eigenen Disziplin zu erobern; dabei überwiegen allerdings Themen der Kolonialzeit, der Moderne und Postmoderne, während das Mittelalter eine eher untergeordnete Rolle spielt.[2]

177 Umzeichnungen eines Mosaiks des Hofs der Umayyadenmoschee in Damaskus, 1929. Paris, Musée du Louvre

178 Ruinenstadt ar-Raqqa/ar-Rafiqa, um 1930

Die mittelalterliche Kunstgeschichte hat sich schon lange mit Fragen nach den Kontakten und dem Austausch zwischen dem lateinischen Europa und seinen südlichen und östlichen Nachbarn beschäftigt; dem Forschungsinteresse stand jedoch ebenso mächtig die disziplinäre Beschränkung auf Europa entgegen. Manche Darstellungen mussten unter diesen Umständen notgedrungen oberflächlich bleiben.[3] Dies gilt selbst für einen Aufsatz des Kunsthistorikers Richard Ettinghausen, der die künstlerischen Kontakte zwischen der islamischen Welt und dem Abendland in einem Überblick auf der Grundlage größter Sachkenntnis behandelt.[4] Andere Beiträge befassten sich mit dem Transfer einzelner Elemente und ikonografischer Motive.[5] Für das Spätmittelalter liegen seit jüngerer Zeit detailliertere Untersuchungen vor, die nicht nur aufgrund ähnlicher Formen und Motive das Vorhandensein von Kontakten und Einflüssen feststellen, sondern die sich mit den Mechanismen des Austauschs im Kontext von Handel, Diplomatie, Krieg und Migration beschäftigen.[6]

Wenn die Aneignung von Elementen einer benachbarten Kultur Rückschlüsse auf die ästhetische Wertschätzung zulässt, wird in der Tat künstlerischer Austausch nicht nur in seiner Materialität, sondern auch als kulturelles Phänomen sichtbar. Als Beleg für eine solche gegenseitige Wahrnehmung der Kulturen eignen sich bewegliche Objekte besonders gut. Die Wiederverwendung von Objekten, ihre Einbindung in einen neuen Kontext, die Übernahme von Formen und Motiven kann durch das Mittelalter hindurch an Reliquienbehältern, Textilien, Metallarbeiten und Keramiken belegt werden, die aus dem islamischen und byzantinischen Bereich nach Europa gelangten.[7]

Im Bereich der Architektur standen dem künstlerischen Austausch schon aufgrund der Unbeweglichkeit der Bauten einige Hindernisse entgegen. Formen konnten beobachtet und in zeichnerischer oder beschreibender Wiedergabe transferiert werden. Diese Art der Übermittlung architektonischer Ideen lag einer ganzen Reihe mittelalterlicher Architekturkopien zugrunde, bei denen sich die Ähnlichkeit zwischen dem Vorbild und dem Abbild auf wenige charakteristische Merkmale beschränkt. Dies gilt für das Abendland ebenso wie für den islamischen Orient. Die intendierte Übereinstimmung war nach zeitgenössischer Auffassung gültig, selbst wenn sie in der ästhetischen Wirkung nur in begrenztem Maß zum Tragen kam. So konnten etwa sogenannte Kopien des Heiligen Grabes in Jerusalem sowohl auf die Form der Rotunde der Auferstehungskirche (Anastasis) als auch auf das Grabmonument unter deren Kuppel Bezug nehmen. Die Nachahmung der Anastasis war dabei weder in den Maßen noch in den Formen von Grundriss und Aufriss an Einzelheiten des Vorbilds gebunden: Anstelle der Rotunde wurde nicht selten mit polygonalen Grundrissen gebaut, und bei den meisten Kopien wurden weder die Wandöffnungen und Wandgliederung noch die Gewölbeformen der Anastasis getreu nachgebildet.[8] Auch die Migration von Auftraggebern kann in einzelnen Fällen als Erklärung für formale Übereinstimmungen herangezogen werden. Ein hervorragendes Beispiel stellt die Ibn Ṭūlūn-Moschee in Kairo von 879 dar, deren Bauherr als Statthalter aus dem Irak nach Ägypten entsandt worden war. In Übereinstimmung mit dieser Übersiedlung weist auch die Moschee, die Ibn Ṭūlūn in Kairo errichten ließ, enge Parallelen zu den Moscheen der Kalifenresidenz Sāmarrā᾿ im Irak auf (Abb. 179).

179 **Große Moschee von Sāmarrā᾿, 1965**

Sowohl der Bautyp der breit gestreckten Pfeilerhalle (mit der Besonderheit des schneckenförmigen Minaretts) als auch die Technik des Backsteinbaues mit gemauerten Pfeilern entspricht irakischen Vorbildern. Auch der Baudekor, in dem Stuckreliefs in Schrägschnitttechnik dominieren, lehnt sich recht eng an die Bauten von Sāmarrā᾿ an. Zwar ist nicht sicher belegt, dass auch Bauleute aus dem Irak für die Errichtung der Moschee herangezogen wurden, doch würde dies den Grad der Übereinstimmung am überzeugendsten erklären.[9] Ganz allgemein ist der Transfer von konstruktiven und stilistischen Merkmalen über größere Entfernungen hinweg am ehesten durch die Annahme wandernder Baumeister oder Bauhütten zu verstehen.[10] Insgesamt scheint es, dass die Erklärung künstlerischer Austauschprozesse im Bereich der Architektur verhältnismäßig größere Schwierigkeiten bereitet als bei beweglichen Objekten. Die Tatsache, dass es zwischen Orient und Okzident Handel und Pilgerverkehr gab, reicht für sich allein in der Regel nicht hin, um übereinstimmende Motive und parallele Phänomene zu begründen. Vielleicht ist auch aus diesem Grund der künstlerische Austausch in der Architektur zwischen der islamischen Welt und dem mittelalterlichen Europa nicht allzu häufig behandelt worden, denn es ist schwierig, in den einzelnen Fällen zwischen dem Import von Merkmalen und bereits in der Region verankerten Traditionen zu unterscheiden und bei nachweislich innovativen Elementen die Herkunft aus dem Orient zu belegen.[11]

Zonen des Austauschs

Berührungspunkte und Zonen besonders intensiven Austauschs waren selbstverständlich al-Andalus und Sizilien im Hoch- und Spätmittelalter, also nach dem Übergang von muslimischer zu christlicher Herrschaft. Mit der Reconquista auf der Iberischen Halbinsel und mit der Normannenherrschaft auf Sizilien wurden dem lateinischen Europa Regionen geöffnet, in denen sich über lange Zeit islamisch dominierte Kulturen entfaltet hatten. In Andalusien hatte sich seit 711 eine islamische Herrschaft etabliert, die schon bald – spätestens mit der Loslösung vom Kalifat der Abbasiden um 755 – eine eigene Kunst entwickelte. Sizilien stand dagegen

180 Südfassade der Grabeskirche in Jerusalem

stark unter dem politischen Einfluss der Fatimiden und Ziriden in Nordafrika und Kairo. In beiden Fällen blieben nach dem Übergang zur Herrschaft christlicher Dynastien Teile der muslimischen Bevölkerung ansässig. Sie wurden gerade wegen ihrer handwerklichen Fähigkeiten geschätzt, was sich auch in der Architektur niederschlug. Hier ist der Austausch ganz deutlich als Fortsetzung muslimischen Erbes zu sehen. Schöpfungen wie die Mudéjar-Kirchen in Spanien, der Alcázar von Sevilla oder die normannischen Paläste in und um Palermo sind aus dieser Konstellation hervorgegangen.[12]

Im Vorderen Orient schufen die Kreuzzüge die Voraussetzung für besonders intensive Kontakte zwischen den Kulturen. Aus der kriegerischen Konfrontation und der gesellschaftlichen Koexistenz über 200 Jahre hinweg erwuchs ein künstlerischer Austausch. Er zeigte sich nicht nur im Transfer von Objekten, sondern auch in der gegenseitigen Beeinflussung in der Architektur. In der Festungsarchitektur lag die Übernahme architektonischer Merkmale, die zugleich technische Eigenschaften mit sich brachten, besonders nahe. Darüber hinaus wurde die gegenseitige Wahrnehmung muslimischer, lateinischer und byzantinischer Kulturen auch durch ästhetisch wirksame Elemente signalisiert. Der visuelle Code für kulturelle Identität scheint in Teilbereichen klar definiert gewesen zu sein, während er auf anderen Gebieten verschwamm. So ist die Südfassade der Grabeskirche in Jerusalem, die bis zur Mitte des 12. Jahrhunderts unter der Herrschaft der Kreuzfahrer errichtet wurde, als gemeinschaftliches Werk zu sehen, an dem Baumeister und Bildhauer aus Südfrankreich und Italien Seite an Seite mit einheimischen, wahrscheinlich armenischen Meistern arbeiteten (Abb. 180).[13] An den Bauwerken der Mamlukensultane, die im späten 13. Jahrhundert die letzten Brückenköpfe der Kreuzfahrer in der Levante eroberten, sind Formen erkennbar, die als explizite Übernahme von Stilelementen der Kreuzfahrer-Architektur identifiziert werden können; auch Spolien aus Kreuzfahrer-Bauwerken fanden Eingang in die mamlukischen Neubauten. Eine solche Aneignung einzelner Elemente für das eigene Formenrepertoire lässt sich als Verweis auf die nunmehr überwundenen Kreuzfahrer verstehen. Dieser konnte jedoch auf verschiedene Weise funktionieren: Sowohl die siegesgewisse Verwendung von Trophäen als auch die Aneignung als faszinierend empfundener Ornamente und Bilder können in den Zitaten, Entlehnungen und stilistischen Annäherungen gefunden werden.[14] Dass man für die visuellen Merkmale grundsätzlich sehr sensibel war und Verletzungen der Zugehörigkeit unmittelbar als störend empfunden wurden, macht eine Episode am byzantinischen Hof deutlich, bei der eine arabische Inschrift auf einem Metallgefäß als unpassend galt.[15]

Vor der Zeit der Kreuzzüge sind Berührungspunkte und Kontaktzonen weitaus schwieriger zu bestimmen. Wege des Austauschs, die immer wieder beschritten wurden, waren die christlichen Pilgerrouten nach Jerusalem und Santiago de Compostela und die Handelsrouten. Sie verbanden al-Andalus mit West- und Mitteleuropa, die italienischen Städte, allen voran Pisa, Amalfi und Venedig, über das Mittelmeer mit Nordafrika, Ägypten, Syrien und Byzanz.[16] Diplomatische Kontakte und kriegerischen Auseinandersetzungen blieben dagegen Episoden, obwohl sie für die gegenseitige Wahrnehmung politisch und religiös definierter Gemeinschaften entscheidende Bedeutung besaßen. Schemata für die

181 Felsendom in Jerusalem

Beschreibung des jeweils Anderen und für die Empfindung von Fremdheit wurden geprägt und Modi der Bezugnahme geschaffen, auf die spätere Jahrhunderte zurückgreifen sollten. Die Beschreibungen der „Ifranǧ" (Westeuropäer) durch arabische Geografen, die Berichte der Chronisten über die Gesandtschaften zwischen europäischen und orientalischen Höfen, schließlich auch Epen wie das *Rolandslied*, trugen zur Erweiterung und Ausarbeitung dieser gegenseitigen Wahrnehmung bei.[17]

Antikes Erbe

Ohne Zweifel bauten Kunst und Kultur in der islamischen Welt und im lateinischen Europa zu weiten Teile auf demselben Erbe auf. Inhalte und Formen aus dem untergegangenen Römischen Reich wurden in gebrochener Weise weitertradiert und mit neu hinzugekommenen Elementen verbunden.[18] Antike Traditionen konnten aufgegriffen und für bestimmte Ziele reaktiviert werden. Die *Renovatio Imperii* Karls des Großen, die Erneuerung des römischen Kaisertums, orchestriert durch Vordenker an seinem Hof vom Schlage Einhards, kann als eine von mehreren *renascences* in der abendländischen Kultur angesehen werden.[19] Auf der anderen Seite des Mittelmeeres übersetzte man systematisch antike Texte ins Arabische. Diese Aneignung antiken Erbes am Bagdader Hof der Abbasidenkalifen war zwar in keiner Weise mit der Idee einer Wiederbelebung des römischen Kaisertums verknüpft, hatte jedoch für die Weitergabe antiken Erbes weitreichende Folgen.[20]

Die Kunst der frühislamischen Zeit weist über weite Strecken so deutliche Merkmale der Kontinuität aus der spätrömisch-hellenistischen Kunst auf, dass manche Autoren dazu tendieren, die Umayyadenzeit vorwiegend im kulturellen Kontext der Spätantike zu sehen.[21] Konsequent müsste die Epochengrenze zum islamischen „Mittelalter" dann erst um 750 ansetzen. Auch für die Architekturgeschichte ist diese Sichtweise nicht unbegründet. So ist etwa das früheste erhaltene Hauptwerk der islamischen Architektur, der Felsendom in Jerusalem (datiert 691 bis 692), nach dem Bautyp, den Architekturformen und dem Dekor ganz aus der byzantinischen Tradition heraus zu verstehen (Abb. 181–183).[22] Das Grundrissschema entspricht recht exakt dem der Kathisma-Kirche bei Bethlehem aus dem 5. Jahrhundert; die Arkaden der Rotunde und des Oktogons gleichen mit ihrem Stützenwechsel spätantiken Bauten wie etwa der konstantinischen Grabeskirchen-Rotunde, ihre Säulen sind aus Spolien mit vergoldeten korinthischen Kapitellen zusammengesetzt; in den großflächigen Mosaiken dominieren Ranken (Abb. 184), wie sie in der Geburtskirche zu Bethlehem in ähnlicher Form vorkommen, und die Bronzebleche, die als Verkleidung der hölzernen Zuganker und der Türstürze dienen, sind mit Palmetten und Weinrankenfriesen in gänzlich römisch-hellenistischer Formensprache dekoriert. Selbstverständlich sind gegenüber diesen Elementen aus spätantiker Tradition auch Innovationen und besondere Merkmale zu nennen, die den Felsendom zu einem unverkennbar islamischen Bauwerk machen: Dazu gehört die arabische Inschrift, die den Mosaikdekor des achteckigen Umgangs nach oben abschließt, ebenso wie die Tatsache, dass figürliche Darstellungen im Motivrepertoire des Baudekors fehlen.

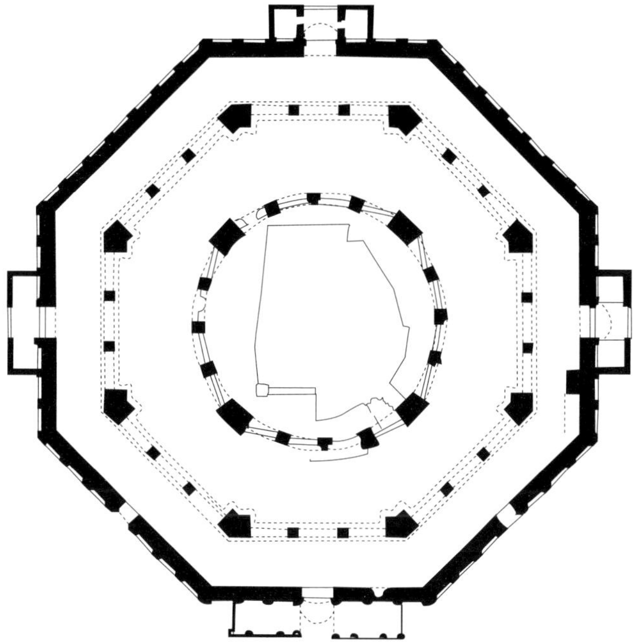

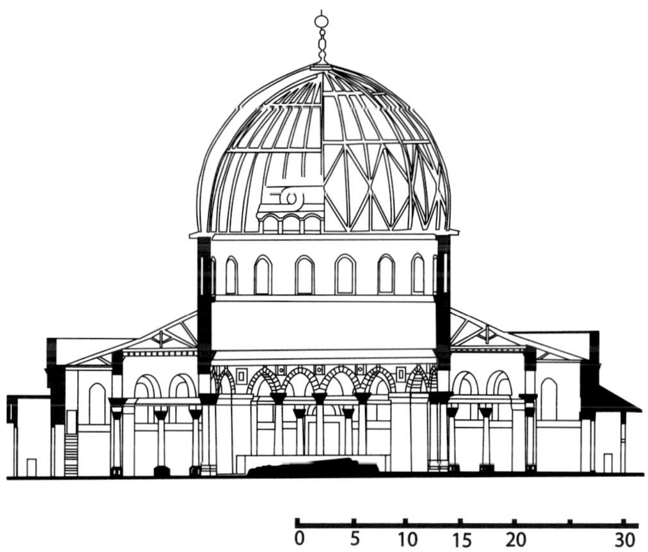

182 und 183 Grundriss und Schnitt des Felsendoms in Jerusalem

Ohnehin ist der Felsendom schon aufgrund seines Standortes auf dem Berg Moria, an der Stelle des jüdischen Tempels, ein einzigartiges Bauwerk, zu dem keine echten Parallelen existieren. Erst in der jüngeren Literatur ist erkannt worden, wie eindeutig sein Bauherr, der Umayyadenkalifen ʿAbd al-Malik, darauf abzielte, den Ort des jüdischen Tempels, an den sich uralte kosmologische und chiliastische Legenden knüpften, wieder in sein altes Recht einzusetzen und damit die christliche Grabeskirche von ihrer Position als erstes Heiligtum

184 Innere Retunde des Felsendoms in Jerusalem

Jerusalems wieder zu verdrängen. Es kann kein Zufall sein, dass der Kuppeldurchmesser des Felsendoms beinahe auf den Zentimeter dem der Grabeskirche gleicht. Aus der Liturgie, die ʿAbd al-Malik im Felsendom regelmäßig abhalten ließ, wird sogar deutlich, dass mit dem Bau des Felsendoms ganz direkt eine Wiedererrichtung des Tempels unter islamischen Vorzeichen intendiert war.[23]

Auch die Umayyadenmoschee in Damaskus, der älteste erhaltene große Moscheebau, lässt sich in vielen ihrer Merkmale aus der spätantiken Architektur herleiten (Abb. 185 und 20, S. 29). Sie wurde zwischen 705 und 715 im Auftrag des Umayyadenkalifen al-Walīd I. errichtet. Die Anlage des dreischiffigen Betsaals mit dem Transept, das die Ost-West-Richtung der Arkadenreihen durchschneidet und in der Hoffassade mit einem großen Giebel in der Hauptachse in Erscheinung tritt, legt den Vergleich mit spätantiken Basiliken nahe – eine frühe Hypothese zur Baugeschichte der Moschee wollte gar den Betsaal mit der byzantinischen Johannesbasilika identifizieren, die dann ein monumentales Querhaus besessen hätte.[24] Auch in Damaskus können die Elemente der Architektur und die Art ihrer Gruppierung aus spätantiken, römisch-hellenistischen Quellen hergeleitet werden. Die frappierende Übereinstimmung der Hoffassade der Umayyadenmoschee mit dem Mosaikbild der Palastfassade in Sant' Apollinare Nuovo in Ravenna könnte sogar dafür sprechen, dass es konkrete Palastbauten gab – etwa in Byzanz –, die in beiden Fällen als Vorbild dienten.[25] Andererseits könnte die Fassadengestaltung mit den doppelgeschossigen Arkaden und der mittigen Giebelfront mit der Dreierarkade auch schlichtweg Erhabenheit signalisieren. Einen Rückgriff auf antike Motive kann man auch in den berühmten Wandmosaiken der Umayyadenmoschee erkennen (Abb. 177 und 185): Die Ikonografie ihrer fantastischen Architekturen mit Exedren und Baldachinen zwischen ländlich anmutenden Häusergruppen und hohen Bäumen weist einige Übereinstimmung mit den Motiven von Wandmalereien in Pompeji und Boscoreale auf. Jedoch liegt hier keine einfache Übernahme vor, sondern die paradiesische Landschaft stellt eine eschatologische Vision dar, die sich sehr überzeugend als Abbildung muslimischer Glaubensvorstellungen interpretieren lässt.[26]

Einen ähnlich freien Gebrauch von Architekturmotiven, die aus der Antike überliefert waren, zeigen auch abendländische Bauten des Frühmittelalters. Ein Beispiel ist der Palast am Monte Naranco in Oviedo, erbaut unter König Ramiro I. von Asturien um die Mitte des 9. Jahrhunderts (Abb. 210, S. 292).[27] Er weist an seinen Schmalseiten dasselbe Giebelmotiv auf wie die Umayyadenmoschee (Abb. 185). Die große Dreierarkade des Hauptgeschosses findet ihr Echo in einer kleinen Bogenstellung im Giebel. In die Zwickel der größeren Arkade sind Relieftondi eingepasst,

185 Hof der Umayyadenmoschee in Damaskus

186 Ornament an der Westwand des sogenannten Tempietto Langobardo in Cividale (Friaul)

187 Stuckrelief der Prozession der Jungfrauen und Märtyrerinnen an der Westwand des sogenannten Tempietto Langobardo in Cividale (Friaul)

von denen sich Profilbänder vertikal nach oben erstrecken und die kleinere Arkade einfassen. Bemerkenswert ist auch die Rhythmisierung der Arkaden, deren mittlerer Bogen jeweils einen etwas größeren Durchmesser besitzt als die beiden seitlichen. Im Innern des Hauptraumes laufen Blendarkaden um, die in ähnlicher Weise behandelt sind wie außen und deren Stützen ihre Fortsetzung oben in den Gurtbögen des Tonnengewölbes finden (Abb. 228, S. 306). Matthias Untermann stellt fest, dass an diesem Bau „neben westgotischen Traditionen [...] arabische und byzantinische Anregungen"[28] wirkten, ohne jedoch konkreter zu werden. Zwar ist für das Motiv der Dreierarkade mit überhöhter Mitte eine enge Parallele in der Fassade der Moschee des Muḥammad ibn Ḫairūn zu sehen, die 866 in Kairouan im heutigen Tunesien erbaut wurde.[29] Jedoch findet es sich ebenso in spätantiken Bauwerken in Syrien zusammen mit weiteren Merkmalen wie eingestellten Säulen und profilierten Bändern. Die Gestaltung des Palastes von Oviedo kann also auf ganz verschiedenen Wegen angeregt worden sein.
An dem berühmten Baudekor der langobardischen Kapelle Santa Maria in Valle in Cividale (Friaul), die um die Mitte des 8. Jahrhunderts zu datieren ist, lässt sich Ähnliches feststellen (Abb. 186 und 187). Der kleine Sakralbau, vielleicht als Palastkapelle des langobardischen *Gastalden* zu identifizieren, weist im Innern eine reiche Ausstattung mit Säulen und Architraven im Chorbereich, mit stuckierten Architraven und Blendbögen, lebensgroßen Stuckfiguren sowie Malereien auf.[30] Dieses Ensemble muss in seiner ursprünglichen

188 Stuckrelief der umayyadischen Residenz von Ḫirbat al-Mafǧar bei Jericho

Bemalung, die aus Resten rekonstruiert werden kann, sehr farbig gewirkt haben. Wiederum finden sich im umayyadischen Baudekor in Syrien enge Parallelen für einzelne Motive: Die weiblichen Stuckfiguren in der oberen Zone der Westwand entsprechen im Figurenstil und im Ausdruck ihrer glatten Gesichter den stuckierten Figuren, die in den Fassadenschmuck des umayyadischen Palastes von Qaṣr al-Ḥair integriert waren (Abb. 189).[31] Der Weinrankenfries auf den Archivolten der Blendbögen hat in der Anordnung seiner Elemente ein Gegenstück in dem Weinrankenrelief auf einem der Türstürze des Felsendoms;[32] und für die plastische Ausarbeitung der Ranken gibt es eine enge Parallele in den feinsten Stuckreliefs der umayyadischen Residenz von Ḫirbat al-Mafǧar bei Jericho (Abb. 188).[33] Auch der Rosettenfries, der die Westwand des Tempietto über und unter den Stuckfiguren horizontal teilt, hat eine Entsprechung in den Stuckrosetten, die einige Baluster im Palast von Ḫirbat al-Mafǧar zieren.[34]
Der Palast von Qaṣr al-Ḥair al-Ġarbī gehört zu den sogenannten Wüstenschlössern, den

189 Fassade des umayyadischen Palastes von Qaṣr al-Ḥair al-Ġarbī

reich ausgestatteten ländlichen Residenzen der Umayyadenzeit in den syrischen Provinzen des Kalifats (Abb. 189).[35] Sie sind überwiegend in die erste Hälfte des 8. Jahrhunderts zu datieren, als die Eroberungszüge der arabisch-islamischen Heere mit der Überschreitung der Straße von Gibraltar, des Oxus in Zentralasien und des Indus eine vorläufige Grenze erreicht hatten und die Ansprüche der Dynastie an höfische Repräsentation gestiegen waren. Im Kern bestehen die Anlagen meist aus einem Vierflügelbau mit quadratischem Innenhof, über den die Raumgruppen erschlossen sind. Zu diesen kastellähnlichen Residenzen treten häufig weitere Gebäude hinzu, die eng anschließen oder weiter entfernt sein können. Badeanlagen spielen dabei eine wichtige Rolle. Die Ausstattung der Bauten mit reliefiertem und malerischem Dekor, Mosaiken und Skultpuren zeigt eine große Bandbreite der Motive und Stile. In Qaṣr al-Ḥair al-Ġarbī, das wohl um 725 zu datieren ist, weist die Vierflügelanlage reiche Stuckreliefs auf. Sie konzentrieren sich auf die Hauptfassade mit den beiden das Portal flankierenden Türmen, auf die Portiken um den Innenhof und die Eingänge zu den umliegenden Räumen. Architektonische Gliederungselemente wie Säulen, Gesimse, Nischenreihen, Ädikulen und Zinnen wechseln mit flach gerahmten Feldern ab, in denen geometrische Flächenmuster mit vegetabilen Elementen kombiniert sind. Skulpierte Bäume, Büsten und Figuren waren in dieses Dekorschema integriert. Fast alle Einzelformen lassen sich aus hellenistisch-römischen Quellen ableiten, die hier und da mit Motiven orientalischer Herkunft (etwa die Stufenzinnen) oder deutlich sassanidischen Ursprungs (Kleidung und Haltung einiger Figuren) versetzt sind. Die Stilisierung des vegetabilen Dekors schließt unmittelbar an Tendenzen der Spätantike in Syrien und Arabien an.

190 Rekonstruktion des Bades der umayyadischen Residenz von Ḫirbat al-Mafǧar bei Jericho

Der Palast von Ḫirbat al-Mafǧar (Abb. 190) ist wahrscheinlich etwas später zu datieren als Qaṣr al-Ḥair al-Ġarbī.[36] Die Badeanlage nimmt hier einen bedeutenden Umfang ein. Ihre hoch aufragende Empfangs- und Frigidariumshalle mit reich dekorierter Fassade muss auch neben dem Vierflügelbau beeindruckend gewirkt haben. Diese Halle ist im Hinblick auf ihre Architektur und ihren Dekor bemerkenswert. Im Grundriss bildet sie ein Quadrat von ungefähr 30 Metern, das an allen vier Seiten durch je drei Exedren aufgeweitet wird (an der Südseite liegt anstelle der mittleren Exedra der Portalvorbau). 16 Pfeiler gliedern den Bau regelmäßig in Schiffe, deren Breite von den Mittelachsen zu den Seiten hin abnimmt. Auch in der Höhe war der Bau gestaffelt; die mit Tonnen- und Kreuzgratgewölben gedeckten seitlichen Schiffe wurden

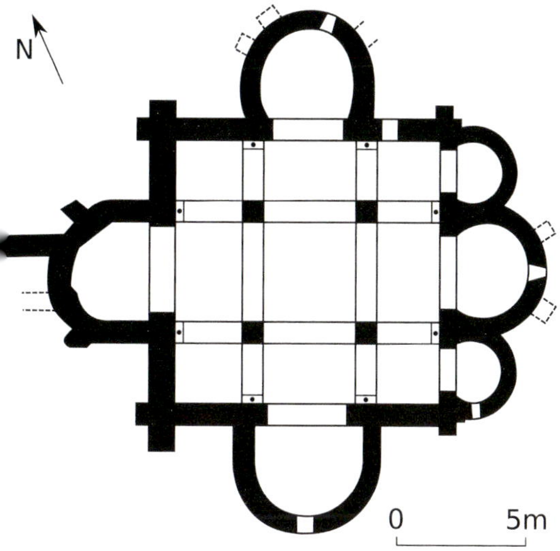

von den inneren Schiffen überragt, die durch einen Obergaden belichtet wurden; das Mitteljoch wiederum überragte auch diese und war überkuppelt. Während die Mauern, Pfeiler und Bögen aus Sandstein bestanden, waren die Gewölbe aus Backstein gemauert. Außer im westlichen Schiff, das fast gänzlich von einem Wasserbecken eingenommen wurde, bedecken Mosaiken mit geometrischen Mustern den gesamten Fußboden. Wesentlich kleiner waren die heißeren Baderäume dimensioniert, die im Osten an die Empfangshalle angrenzen. Unmittelbar daneben liegt ein kleiner Raum mit einer Apsis, der besonders reich mit Stuck und mit einem ausgezeichneten Bodenmosaik dekoriert war. Ebenso reichen Stuckdekor besaß der überkuppelte Portalvorbau, in dem Atlantenfiguren das Hauptgesims trugen und dessen Außenfassade mit einer lebensgroßen Figur des Kalifen geschmückt war.

Wenn in manchen Motiven und im Stil der Stuckarbeiten von Qaṣr al-Ḥair und Ḫirbat al-Mafǧar deutliche Parallelen zu einzelnen Elementen in der Ausstattung des Tempietto von Cividale zu erkennen sind, so muss man aus dieser Übereinstimmung doch nicht notwendig das Postulat teilen, dass hier ein unmittelbarer islamischer „Einfluss" vorliegt.[37] Freilich ist die stilistische Nähe gerade zwischen den Figuren, aber auch den Weinranken und dem Blütenfries des Tempietto und den Parallelen in Qaṣr al-Ḥair so eng, dass die Vorstellung, hier sei dieselbe Werkstatt beteiligt gewesen, nicht abwegig erscheint. Dennoch: Die fraglichen Elemente und Merkmale können zum weitverbreiteten Erbe der Spätantike gerechnet werden, aus dem man in Italien ebenso schöpfte wie in Syrien.[38]

Spezifische Eigenheiten, die auf eine Übernahme aus dem islamischen Herrschaftsbereich hindeuten, finden sich dagegen an einem anderen kleinen Sakralbau, der bereits in die Karolingerzeit zu datieren ist. Die Rede ist von der Kirche von Germigny-des-Prés (Abb. 191 und 192).[39] Der Bauherr Theodulf, Bischof von Orléans und Abt von Fleury, kann

191 Grundriss der Kapelle des Theodulf in Germigny-des-Prés

192 Innenansicht der Kapelle des Theodulf in Germigny-des-Prés

zu den einflussreichsten Persönlichkeiten im Reich Karls des Großen gezählt werden. Die Kapelle, die er auf seinem Landgut errichten ließ, zeichnet sich durch einen eigentümlichen, zentralisierenden Bautyp aus. Vom mittigen, turmartig überhöhten Kuppeljoch gehen Kreuzarme aus, die mit den Eckkompartimenten in der Höhe abgestuft sind. Apsiden weiten den Baukörper nach drei Seiten auf, die Apsis an der Westseite ist verschwunden.[40] Diese Gliederung bildet eine Parallele zur Empfangshalle im Bad von Ḫirbat al-Mafǧar, wenn auch in weitaus kleineren Dimensionen und in reduzierter Komplexität. Eine gewisse Ähnlichkeit hat der Grundriss des Baus auch mit byzantinischen und armenischen Kirchen. Allgemein gehaltene Verweise auf andere Regionen der Mittelmeerwelt und auf den Vorderen Orient als Quelle finden sich daher wiederholt in der kunsthistorischen Literatur.[41] Charakteristische Einzelheiten kommen hinzu: Die Hufeisenbögen der Arkaden, die Blendarkade in der Hauptapsis, schließlich die Mosaiken, die in der Apsiskalotte erhalten sind und ehemals auch das Gewölbe im davorliegenden Joch schmückten (Abb. 36, S. 48). Für Einzelheiten dieses Mosaikdekors hat André Grabar Parallelen im umayyadischen Syrien nachgewiesen.[42] Eine näher liegende Quelle hat Matthias Untermann betont: Theodulf stammte aus dem westgotischen Septimanien. Einige westgotische und mozarabische Kirchen auf der Iberischen Halbinsel weisen eng gekammerte, zentralisierende Strukturen auf, die mit Theodulfs Bauwerk so verwandt scheinen, dass Germigny mit Untermann als „ferner Außenposten moderner, mozarabischer Architektur" anzusehen ist.[43] Im Licht dieser Befunde ist es eher von untergeordneter Bedeutung, dass zeitgenössische Autoren die Kapelle von Germigny-des-Prés mit der Pfalzkapelle Karls des Großen in Aachen verglichen – dieser Vergleich bezog sich wohl eher auf den materiellen Aufwand, mit dem der Bau errichtet wurde.[44]

In gewisser Weise können die Entwicklungen im lateinischen Abendland und im islamischen Orient bis zum 8. Jahrhundert als zwei Seiten einer Medaille angesehen werden. In den ehemaligen Provinzen des römischen Reichs waren neue Kräfte am Werk, die sprachlich und kulturell nur locker mit der antiken Vergangenheit verknüpft waren. Während die Errichtung des arabisch-islamischen Reichs im Orient, in Nordafrika und Spanien mit der Herrschaft der neuen Religion einherging und auf diese Weise römische Traditionen ersetzte, lebte in Germanien, Gallien, Britannien und Italien zwar die Religion des christlichen Römerreichs fort, jedoch waren Ökonomie und Infrastruktur des Reichs zerfallen, die urbanen Strukturen stark geschrumpft oder gar verschwunden, sodass neue gesellschaftliche und wirtschaftliche Strukturen entstanden. Im Orient hingegen war die urbane Tradition lebendig geblieben, ja man kann sogar von einem Aufblühen der Stadtkultur unter islamischer Herrschaft sprechen. In Byzanz kam es nicht zu so einschneidenden Veränderungen in Kultur und Wirtschaft wie in den anderen Regionen, doch sorgte eine Folge schwerer Krisen dafür, dass auch hier nicht von einer ungebrochenen Kontinuität der spätantiken Kultur die Rede sein kann.[45]

Anregungen und Einflüsse

Aus dem Vorangegangenen dürfte schon deutlich geworden sein, dass die visuellen Konzepte der Darstellung von Autorität, Würde und Heiligkeit in den verschiedenen um das Mittelmeer gelegenen Regionen noch über

193 Tabellenrahmung im Werk des Boethius, Tours, um 845. Bamberg, Staatsbibliothek

einige Zeit sehr ähnlich blieben. Für die Architektur bedeutet dies: Die Prinzipien von Symmetrie und Axialität, die Verwendung von Wand, Säule, Pfeiler und Bogen sowie Elementen des Baudekors waren in allen Teilen des Mittelmeerraums eng verwandt. Gegenseitige Anregungen und Einflüsse können nur dort angenommen werden, wo die Ähnlichkeiten über diese allgemeinen Merkmale hinausgehen.

Aufschlussreich sind in dieser Hinsicht die Abbildungen von Architekturen, etwa in der Buchmalerei: Hierfür muss man den Blick einmal von den prachtvollen Evangelistenbildern der karolingischen Buchmalerei abwenden und sich weniger prächtigen Buchausstattungen widmen. Das arithmetische Werk des Boethius in einer Handschrift aus Tours, datiert um 845, gruppiert Zahlen in ein architektonisches Rahmenwerk, das an die Kanontafeln von Evangelien-Handschriften erinnert (Abb. 193).[46] Zu beiden Seiten eines rechteckigen Mittelfelds sind Arkaden in aufgeklappter Ansicht gezeichnet; mit ihren Säulen und Bögen liegen sie einander gegenüber wie in einer dreischiffigen Halle, dargestellt in einer Mischung aus Grundriss und Aufriss. Dass es sich um die Darstellung aufgehenden Mauerwerks mit einer prachtvollen Ausstattung handelt, verdeutlichen die Ornamente auf den Archivolten und die unter den Bögen hängenden Lampen. Im Rahmen des mathematischen Werks wurde durch die architektonische Rahmung zum einen Ordnung, zum anderen eine Aura der Würde geschaffen, wie sie sonst von Sakralbauten ausging. Dieselbe Art der Darstellung von Architektur weisen die Fragmente von Koranhandschriften auf, die in der Großen Moschee von Sanaa gefunden wurden und wahrscheinlich aus dem 8. Jahrhundert stammen (Abb. 194).[47] Wiederum sind Grundriss und Aufriss miteinander verquickt, die Arkaden erscheinen in mehreren Reihen übereinander. Sogar die Lampen unter den Bögen gleichen denen der karolingischen Handschrift. Obwohl es sich im einen Fall um die Darstellung eines Moscheebaus handelte – vielleicht sogar einer ganz bestimmten Moschee – und im anderen

194 Darstellung einer Moschee in einem fragmentierten Koran, Damaskus oder Jemen, 8. Jahrhundert (?). Sanaa, Haus des Buchs

195 und 196 Grundriss und Schnitt der Aachener Pfalzkapelle

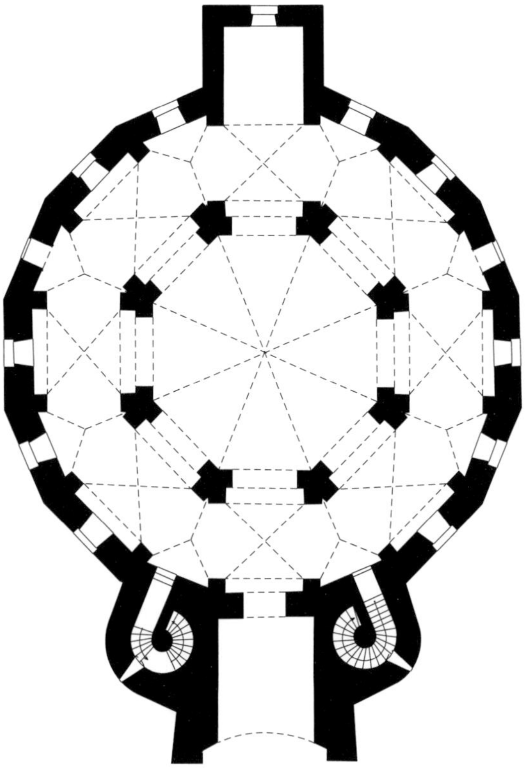

Fall um die Rahmung einer Tabelle, wurden dieselben Formen verwendet. Sie gehören einer ganz anderen Bildwelt an als etwa der Sankt Gallener Klosterplan, in dem der Grundriss einer mehrschiffigen Kirche mit knappsten Linien schematisch wiedergegeben ist.
Das Aachener Münster, die Pfalzkapelle Karls des Großen, stellt zweifellos einen der bedeutendsten Fälle künstlerischen Austauschs in der Architektur des Mittelalters dar (Abb. 197). Allerdings weist das Bauwerk einen solchen Reichtum an Bedeutungsebenen auf, dass seine Interpretation nicht auf diesen einen Aspekt verengt werden sollte.[48] Die um 798 begonnene mehrteilige Anlage diente verschiedenen Zwecken, und ihre Architektur folgte einer inneren Logik. Dennoch ist die Übereinstimmung mit dem Felsendom in Jerusalem in mehreren Eigenschaften frappierend (Abb. 195 und 196): Der Zentralbau-Grundriss vereint das innere, überkuppelte Raumelement mit dem oktogonalen Umgang, der sich im Stützenwechsel von Pfeilern und erlesenen Marmorsäulen zum Innenraum hin orientiert. Auch in der Proportionierung lassen sich Ähnlichkeiten feststellen; die Abmessungen des inneren Raumelements weisen eine einfache Beziehung von Grundriss zu Höhe auf (1:1 das Maß bis zum Hauptgesims in Jerusalem, 1:2 das Maß bis zum Gewölbescheitel in Aachen). Nach ihren architektonischen Merkmalen sind Aachen, San Vitale in Ravenna, Hagioi Sergios und Bakchos in Konstantinopel und der Felsendom in Jerusalem in einem Atemzug zu nennen. Die Wahl von San Vitale als Vorbild für den Aachener Bau mag aufgrund der leichteren Zugänglichkeit einleuchten, zumal auch Spolien aus Ravenna, die offenbar für die Pfalzkapelle verwendet wurden, die Verbindung nach Italien belegen.[49]

Doch wurde Jerusalem im Zuge von Karls Orient-Diplomatie zusehends leichter zugänglich, sodass eine Bezugnahme der Pfalzkapelle auf den Felsendom gar nicht außer Reichweite scheint.[50]

Nach den *Gesta Karoli* Notkers des Stammlers war die Aachener Pfalzkapelle als Kopie des Tempels in Jerusalem zu verstehen. Diese Gleichsetzung ist lange Zeit für die Interpretation der Architektur kaum berücksichtigt worden, weil die Tempel-Assoziation als allgemein verbreiteter Topos galt, der ohnehin keinen Bezug zu gebauter Architektur haben konnte – schließlich habe der Tempel ja spätestens seit der Zerstörung durch Titus als verloren zu gelten.[51] Dabei übersah man, dass die Kopie des Jerusalemer Tempels sich sehr wohl auf eine architektonische Realität bezog, nämlich den Felsendom. Bekanntlich hatten die Kreuzfahrer den umayyadischen Bau mit dem Tempel gleichgesetzt, der zur Zeit Jesu bestanden hatte. Der Kunsthistoriker Gustav Kühnel arbeitete heraus, dass bereits lange zuvor, nämlich durch den karolingischen Autor Bernardus Monachus, der Felsendom als *Templum Salomonis* angesehen wurde und daher die Orientierung Aachens an Jerusalem durchaus ernst zu nehmen sei.[52] Jedoch waren auch in Kühnels Beitrag noch nicht die neueren Schriften der Islamwissenschaftler Josef van Ess und Andreas Kaplony eingeflossen. Sie stellen anhand arabischer Quellen klar, dass der Bauherr des Felsendoms, ʿAbd al-Malik, sein neues Heiligtum durchaus als Restitution des jüdischen Tempels verstand.[53] Die spätkarolingische Interpretation des Felsendoms als *Templum Salomonis* kann sich also nicht allein auf den Bericht des Bernardus Monachus stützen, sondern entspricht den Intentionen des Bauherrn. Zu Recht ist bemerkt worden, dass ein solcher Jerusalem-Bezug dem imperialen Verständnis von Karls Herrschaft noch eine weitere Dimension verlieh.[54] Angesichts der Gesandtschaften, die in den Jahren von 797 bis 807 zwischen Aachen, Jerusalem und Bagdad hin und her gingen, erscheint es logisch, die Übereinstimmungen zwischen Felsendom und Aachener Pfalzkapelle auf Notkers Äußerung zu beziehen. Die Pfalzkapelle sollte ein Abbild des Salomonischen Tempels sein und auf diese Weise die Herrschaft Karls mit Assoziationen unter-

197 Innenraum der Aachener Pfalzkapelle

malen, die vom biblischen Königtum bis zur eschatologischen Komponente des Himmlischen Jerusalem reichten.
Für die nachfolgenden Jahrhunderte sind in der vorromanischen und romanischen Architektur Europas mehrfach Verbindungen zur islamischen Welt nachweisbar, selbst wenn sich kein konsistentes Gesamtbild mit schlüssig nachgewiesenen Einflusslinien zeichnen lässt. Gestalterische Möglichkeiten, die in der Architektur in al-Andalus, Nordafrika, Ägypten und Syrien entwickelt worden waren, wurden nach und nach auch im Abendland genutzt. Für die Übermittlung können die oben beschriebenen Wege des Austauschs angenommen werden; zweifelsfrei nachweisbar sind die Mechanismen des Austauschs jedoch nirgends. So können beispielsweise in der christlichen Architektur Nordspaniens arabische Bauleute im 10. Jahrhundert an mehreren Stellen vermutet werden, wo Hufeisenbögen, sich überkreuzende Bögen, Kuppelgewölbe oder Rollenkonsolen auftauchen. Zu nennen sind etwa die Klosterkirche von San Miguel de Escalada (León) von 914, die Klosterkirche von Lebena (Asturien) um 920, die Klosterkirche von San Millán de la Cogolla, erbaut wohl um 970 bis 980, sowie die Memorialkapelle San Miguel in Celanova (Galicien) um 960.[55]
An den Bauten der französischen Vor- und Frühromanik sind es nur vereinzelte Elemente, die am besten als Übernahme aus der islamischen Architektur zu erklären sind. Die weniger getreue Übereinstimmung legt nahe, dass diese Übernahme aus zweiter Hand erfolgte. In der Kirche Saint Philibert in Tournus, einem Hauptwerk des 11. Jahrhunderts, fällt sofort der Farbwechsel in den Keilsteinen der Schwibbögen ins Auge. Er war im islamischen al-Andalus vorgeprägt und geht letztlich bis auf die Umayyadenmoschee in Damaskus zurück (Abb. 185). Die durchgehende Einwölbung der Schiffe, im Mittelschiff mit Quertonnen über den Schwibbögen, hat ebenfalls ihre Parallele in Bauwerken, die südlich und östlich des Mittelmeeres standen: Sie erscheint bereits kurz nach der Mitte des 8. Jahrhunderts in dem abbasidischen Palast von al-Uḫaiḍir im Irak.[56] Die allgemeine Tendenz, dass im Laufe des 11. und 12. Jahrhunderts mehr und mehr Gewölbe und Kuppeln

198 **Fassade der Kirche Saint-Micheld'Aiguilhe in Le Puy**

anstelle von Flachdecken verwendet wurden, ist im abendländischen Kirchenbau ebenso wie in Ägypten und Syrien festzustellen. Sie kann im Orient mit dem verstärkten Holzmangel begründet werden. Der Wölbungsbau impliziert aber auch, wie im Westen, eine veränderte Ästhetik des Raums.

An späteren romanischen Bauten sind vor allem Motive der Bauplastik zu nennen, die einen künstlerischen Austausch mit der islamischen Welt bezeugen. Vielpassige Bögen oder Blendbögen, die rechteckige Rahmung von Bögen und die Ausarbeitung von Konsolen in Form eines Rollenbündels (*modillons à copeaux*) sind zu nennen; hinzu kommen andere Merkmale, die den ganzen Bau oder ganze Fassaden betreffen, wie die Belebung der Farbigkeit durch Wechsel im Steinmaterial. Schließlich sind die imitierten kufischen Schriftzeichen von Bedeutung, die als Friese an den verschiedensten Stellen im Relief oder als Malerei erscheinen.[57] Dieses Merkmal verbreitete sich weit über den Mittelmeerraum hinaus. Im Braunschweiger Dom etwa erscheinen pseudokufische Schriftfriese in der Wandmalerei des Querhauses als Bordüre von Ornamentfeldern, die gemalte Wandbehänge darstellen. Offensichtlich sollten kostbare orientalische Textilien imitiert werden.[58] Innerhalb Frankreichs erscheinen Anregungen aus der islamischen Architektur am stärksten an den Kirchen von Le Puy wirksam gewesen zu sein (Abb. 198). Die auffallenden Ähnlichkeiten haben den Kunsthistoriker Ahmad Fikry zu einer der wenigen monografischen Arbeiten über den künstlerischen Austausch zwischen Orient und Okzident in der mittelalterlichen Architektur veranlasst.[59] Die Fassaden von Saint-Michel-d'Aiguilhe und von Saint Clair sind in farblich wechselndem Steinmaterial ausgeführt und durch Dreipass- und Fünfpass-Blendbogen gegliedert. Für einige Elemente der Bauplastik, so etwa das Rankenwerk am Portalbogen von Saint Michel, lassen sich stilistische Parallelen in Nordafrika und im fatimidischen Ägypten anführen. Die Kathedrale von Le Puy besitzt an ihren Türflügeln eine reliefierte pseudokufische Inschrift, deren Stil am ehesten aus dem fatimidisch-ziridischen Tunesien abgeleitet werden kann. Auch die Überwölbung mit Trompenkuppeln ordnet Fikry einem orientalischen Einfluss zu. Entscheidend sind für ihn jedoch nicht die einzelnen Elemente, die er auf die jeweils ähnlichsten Vergleichsstücke im islamischen Orient zurückführt, sondern er legt besonderes Gewicht auf die Konstellation eines kulturellen Austauschs, der gerade in Le Puy ein ganz eigenes Gesamtbild der Architektur entstehen ließ.[60]

Auch in Italien sind an manchen Bauten der Romanik orientalische Anregungen zu sehen. Das betrifft zunächst ganz direkt die importierten glasierten Keramiken, die für den Baudekor verwendet wurden. Unter den sogenannten *Bacini*, in das Mauerwerk eingelassenen Schalen, finden sich an zahlreichen Kirchtürmen des 11. bis 13. Jahrhunderts Importkeramiken aus dem islamischen al-Andalus, Ägypten und Nordafrika.[61] Es überrascht kaum, dass ein besonderer Reichtum an islamischen Keramiken an den Kirchen der Handelsstadt Pisa zu finden ist (Abb. 199). Die Praxis, Gefäßkeramik am Bau zu verwenden, hatte jedoch kein unmittelbares Vorbild im Orient.

Die Baugruppe des Doms von Pisa lässt weitere orientalische Anregungen erkennen. Die Anlage des Bapisteriums in der Achse der Kirche wurde vermutlich vom Komplex der Grabeskirche in Jerusalem beeinflusst. Jedenfalls ist die Architektur des Baptisteriums von der Grundform bis in Einzelheiten von der Anastasis-Rotunde inspiriert. Auch die Basilika des Doms selbst, dessen Bau vermutlich nach dem Sieg der pisanischen Flotte über muslimische Verbände 1063 begonnen wurde, weist Merkmale auf, die aus dem Orient angeregt worden sein dürften. Das gilt einerseits für den Bautyp, der neben den römischen Basiliken möglicherweise auch syrische oder byzantinische Vorbilder aufgreift.[62] Hinzu kommen Eigenheiten des Baudekors: So sind die Wände von Lang- und Querhaus mit farblich wechselnden Steinlagen gestaltet (Abb. 200). Dieses Merkmal dominiert bereits in der im 10. Jahrhundert errichteten Hoffassade der Zaitūna-Moschee von Tunis.[63] Ein weiteres Element sind die rautenförmigen Medaillons, die die Außenwände des Doms unter den Blendarkaden schmücken. Sie weisen ins fatimidische Ägypten. An der Fassade der al-Ḥākim-Moschee in Kairo, datiert 1003, finden sich nämlich ebenfalls Blendarkaden – wenn auch nicht über Säulen, sondern über flachen Wandvorlagen –, deren Felder mit rautenförmigen Medaillons besetzt sind.[64] Auch an der 1125 errichteten al-Aqmar-Moschee und späteren Bauwerken in Kairo waren die Rautenmedaillons ein gängiges Motiv des Fassadendekors.[65] Sie erscheinen auch an mehreren Kirchenbauten in Süditalien, so etwa an der Kirche Santa Maria di Siponto in Manfredonia, die auf älteren Resten ab 1025 neu erbaut und 1117 geweiht wurde. Auch hier besetzen die Rauten die Wandfelder einer Blendarkade. Diese Art des Fassadendekors fand weitere Nachfolge an anderen apulischen Kirchenbauten des 12. Jahrhunderts.[66]

So schwierig es auch im Einzelfall sein mag, Quellen bestimmter architektonischer Merkmale nachzuweisen – die Anziehungskraft, die Bauwerke in den islamischen Nachbargebieten Europas für die Bewohner des Abendlandes

199 Dom und Baptisterium in Pisa

200 **Südfassade des Langhauses des Doms in Pisa**

im frühen und hohen Mittelalter besaßen, wird aus den architektonischen Entlehnungen sichtbar. Eine umfassende Kenntnis der Bauten in der islamischen Welt konnte sicherlich in dieser Zeit kaum ein lateinischer Europäer erlangen. Dennoch gelangten Nachrichten und Eindrücke ins Frankenreich und seine Nachfolgestaaten, gelegentlich wohl auch kundige Baumeister. Die Anregungen aus der arabisch-islamischen Welt ließen sich in die eigene Bautätigkeit ohne Schwierigkeiten integrieren, weil man auf gemeinsamem Grund stand. Ein Einzelfall blieb die Aachener Pfalzkapelle in ihrer Bezugnahme auf den Felsendom-Tempel. Weithin durchsetzen konnte sich jedoch die Wertschätzung für die plastischen Eigenschaften des Gewölbebaus, für den Reichtum der Bauwerke an Farbigkeit und für ihre Ausstattung mit kostbaren Reliefs und mit Textilien, sodass manche dieser Merkmale Eingang in die vorromanische und romanische Architektur Europas finden konnten. Zu bemerken ist dabei, dass nur Teile der islamischen Welt und ihrer Architektur überhaupt wahrgenommen wurden. Die Länder östlich von Syrien, in denen die Hauptstädte des Abbasidenreichs, Bagdad, ar-Raqqa und Sāmarrāʾ, lagen, spielten für den künstlerischen Austausch mit Europa keine Rolle.
Mit den Kreuzzügen brach ein neues, konfliktreiches Kapitel in den Beziehungen zwischen den Anrainern des Mittelmeers an, das aber auch die Möglichkeit eines gesteigerten kulturellen Austauschs mit sich brachte. Diese Beziehungen sind, wie oben angedeutet, in jüngerer Zeit Gegenstand intensiver Forschung gewesen. Weniger gut bekannt sind die byzantinisch-islamischen Kontakte und der künstlerische Austausch zwischen dem Kaukasus (Armenien und Georgien) und seinen Nachbarregionen. Aber auch innerhalb der islamischen Welt gab es Entwicklungen, die die weitere Erforschung lohnen würden. So sind beispielsweise die Austauschbeziehungen zwischen al-Andalus und dem islamischen Osten noch unzureichend bekannt. Die Blütezeit des Kalifats von Córdoba und sein rascher Zerfall nach der Jahrtausendwende brachten in der Bautätigkeit eine Dynamik mit sich, die sich auch in der Ausbildung von Bauleuten und in ihren Beschäftigungsmöglichkeiten ausgewirkt haben muss. Weitere Auswirkungen scheint dies auch in anderen Teilen der islamischen Welt gehabt zu haben, denn im fatimidischen Ägypten entstand ein neuer Stil im Baudekor, der wahrscheinlich als Import aus al-Andalus verstanden werden kann.[67] Auch zwischen Teilen der islamischen Welt bildete das Mittelmeer Grenze und Verkehrsweg zugleich.

Theoderich als König der Aachener Thermen

Horst Bredekamp

Das Reiterstandbild Theoderichs, das Karl der Große im Jahr 801 nach Aachen überführen ließ, muss einer der Blickfänge des Aachener Pfalzareals gewesen sein. Vermutlich ist es während der Verwüstung Aachens durch die Normannen im Jahr 881 zerstört und eingeschmolzen worden, sodass alle Spuren seines Standorts und seiner Inszenierung verloren gegangen sind. Dies ist umso bedauerlicher, als es aus Ravenna überführt wurde. Dieser allein schon technisch und logistisch äußerst schwierige Vorgang macht seine hohe Bedeutung für das Selbstverständnis Karls des Großen und der Botschaft aus, die er mithilfe dieses Monumentes vertreten wollte.

Der ravennatische Geistliche Agnellus hat in seiner Bischofschronik über den Vorgang dieser Translatio berichtet. Nachdem Karl der Große in Rom zum Kaiser gekrönt worden war, „kehrte er wieder ins Frankenreich zurück. Dabei kam er nach Ravenna und sah das herrliche Bild, von dem er selbst bezeugt, dass er niemals etwas Vergleichbares gesehen hat. Er sah es, ließ es ins Frankenreich transportieren und in seinem Palast in Aachen aufstellen.“[1]

Mit diesem Akt war Ravenna neben Rom als zweiter Bezugsort der fränkischen Herrschaft in Aachen präsent.[2] Bei dieser Doppelstrategie haben verschiedene Gründe eine Rolle gespielt. Ein gewichtiger Impuls kann darin gesehen werden, dass eine unmittelbare Konfrontation mit dem Oströmischen Reich vermieden werden sollte. Die Akzeptanz der Kaiserwürde war mit hohem Risiko verbunden, und es konnte keineswegs als sicher gelten, dass die Realisierung einer zweiten Kaiserwürde nicht mit Krieg von byzantinischer Seite aus beantwortet werden würde. Schon aus militärstrategischen Gründen musste Karl der Große darauf bedacht sein, Byzanz nicht herauszufordern. Mit der Reklamation von Theoderich, der als König der Ostgoten unter dem Kaiser von Byzanz stand, war der Kaiserwürde, die Karl der Große in Rom erhalten hatte, ein Teil des Provokationspotenzials gegenüber dem Oströmischen Reich genommen.[3]

Ein vermutlich noch stärker ins Gewicht fallender Grund wird darin bestanden haben, das Westreich mit einer vertieften historischen Legitimität versehen zu können. Im Bewusstsein der Zeitgenossen hatte Theoderich einen Schnitt gegenüber dem römischen Imperium vollzogen, indem er dieses Reich nach seinem Untergang zumindest für Italien wieder hatte entstehen lassen. Mit Blick auf diese Geschichtskonstruktion hat sich Alkuin, Gelehrter und Berater Karls, vielfältig auf Cassiodor, Minister Theoderichs, wie auch auf den Bischof von Pavia, Magnus Felix Ennodius, bezogen. Vermutlich hatte bereits Paulus Diaconus die von Ennodius umfangreich hymnisch angelegte Vita des Gotenkönigs unter dem Titel *Panegyricus Theoderico regi dictus* am Hof Karls des Großen bekannt gemacht.[4] Falls Karl der Große mit diesem Text vertraut war, werden ihn die Aussagen beeindruckt haben, dass mit dem Ostgotenkönig gegenüber dem „Aschehaufen“ Rom etwas grundlegend Junges, Neues entstanden sei. Durch Theoderich habe das Reich wieder seine „alten Grenzen“

201 **Barberini-Diptychon, Konstantinopel, 2. Hälfte des 6. Jahrhunderts. Paris, Musée du Louvre**

erreicht, sodass dieser zum „Wächter des lateinischen Reiches" geworden sei.[5] Der Bezug auf Ravenna bot einen Brückenschlag zum Neubeginn Theoderichs, den Karl der Große als einigender Herrscher fast des gesamten westlichen Reichs vollendet hatte. Mit Ravenna als zweitem Bezugsort war die germanische Tradition der karolingischen Herrschaft gestärkt.

Wie Einhard, Karls Administrator, Ratgeber und Freund, betont, hat dieser sich um die Zusammenstellung alter Gesetzestexte und bis in die heidnische Zeit zurückreichender Dichtungen bemüht, welche „die Taten und Kriege der alten Könige" festgehalten hatten. In diesem Rahmen könnte er auch seine Kenntnisse über die Ostgotenherrschaft gewonnen haben.[6] Theoderich genoss als Germanenkönig, der Italien den antiken Anspruch zurückzugeben vermocht hatte, in der populären Erinnerung einen mythischen Ruf.[7] Die Historiker verfügten zudem über hinreichend belastbare Informationen; so hat Paulus Diaconus sowohl in seiner *Historia Romana* wie auch in der *Historia Langobardorum* umfassende Darstellungen Theoderichs gegeben.[8]

All dies lässt vermuten, dass der Bezug auf Ravenna im Jahr 801 eine durch die Verleihung der Kaiserwürde gesteigerte Neufassung der Motive war, die zum Einbau ravennatischer Spolien in die Marienkirche seit 787 geführt hatte.[9] Vermutlich liegt in der Aufstellung des Theoderich-Monumentes eine schriftlich nicht niedergelegte, aber praktisch realisierte Rezeption von Suetons Biografie des römischen Kaisers Augustus, die für Einhards *Vita* Karls des Großen eine der Anregungsquellen war. Der Kaiser habe auf dem Forum Triumphalstatuen seiner Feldherrn aufstellen lassen, „die das römische Reich aus kleinsten Anfängen zum größten gemacht hätten", weil er sich mit den in den Statuen verkörperten Leistungen habe messen wollen. Spätere Generationen sollten die kommenden Kaiser mit Blick auf diese Statuen bewerten.[10] Kaum besser als durch diese Statuenpolitik von Karls *alter ego* Augustus konnte der in jeder Hinsicht aufsehenerregende Akt, die bronzene Riesenfigur nach Aachen überführen zu lassen, begründet werden.

Die mutmaßliche Form des Reiterstandbilds

Andeutungen der Form des Monumentes sind in zwei zeitgenössischen Texten enthalten, von denen der erste aus der Feder des bereits zitierten Agnellus stammt. Seinem Bericht über die Translation der Statue von Ravenna nach Aachen zufolge handelte es sich zweifelsfrei um die Figur Theoderichs.[11] An Agnellus' kurzer Beschreibung ist im Kern nicht zu zweifeln: „Vor beider Angesicht war ein Sockel, der aus viereckigen zweischichtigen Steinen bestand und sechs Ellen hoch war, darauf aber befand sich das Pferd aus Erz, das mit blinkendem Gold überzogen war. Sein Reiter, der König Theoderich, hielt mit dem linken Arm den Schild, in der erhobenen Rechten die Lanze. Aus den geöffneten Nüstern und dem Maul des Pferdes flogen Vögel heraus und bauten ihre Nester unter seinem Bauch. Kann sich jemand ein solches Denkmal vorstellen? Wer mir nicht glauben will, gehe ins Frankenland, dort wird er es erblicken!"[12]

Im Jahr 829 hat Walahfrid Strabo, ein vielversprechender Spross der Reichenauer Klosterschule, dies getan. Kurz nach seiner Ankunft in Aachen nahm er die Auseinandersetzung mit der Reiterstatue zum Anlass eines Lobgedichts auf Ludwig den Frommen. Dieses Gedicht stellt die zweite Quelle zum Verständnis des Theoderich-Denkmals dar. In einem 261 Text- und 6 Ausklangverse umfassenden Dialog zwischen ihm selbst und „Scintilla", die als geistiger „Funke" die Walahfrid innewohnende Muse der Wahrheit und der Imagination darstellt,[13] geht dieser mit Verve auf das Reiterstandbild Theoderichs ein. Sein Text ist eine einzige Abrechnung, sowohl mit der Gestalt des ostgotischen Königs von Italien als auch mit dessen Monument. Gegenüber Agnellus, der die Pracht des Denkmals und dessen Hochschätzung durch Karl den Großen aus der ravennatischen Perspektive in einem Atemzug nennt, sieht Walahfrid in ihm all das verkörpert, was einer glücklichen Regentschaft entgegensteht

Der Grund dieser Verurteilung lag im arianischen Glauben der Goten, demzufolge Christus nicht als Gottessohn, sondern als überragender Mensch zu verehren sei. Aus diesem Grund war Theoderich als Anführer der Goten unter Theologen höchst verdächtig. Der papstfreundlichen Nachwelt war er zudem geradezu verhasst, weil angenommen wurde, dass er den Gelehrten Boethius unter dem Verdacht hatte hinrichten lassen, hinter einer gegen die Ostgotenherrschaft gerichteten Verschwörung gestanden zu haben. Gregor der Große imaginierte den Tod Theoderichs in einer Steigerung des ehrenrührigen Ertrinkens als Sturz in den Schlund eines Vulkans.[14] Dass in der Verachtung Theoderichs eine scharfe Kritik an Karl dem Großen, der das Monument hatte aufstellen lassen, mitschwang, war die zwangsläufige Konsequenz.

Der erste Teil von Walahfrids Gedicht denunziert die Umgebung des Standbildes sowie den Dargestellten im Medium seiner Bronzefigur (Verse 1–88).[15] Im zweiten Teil treten Kaiser Ludwig mit seiner Familie und seinen Ratgebern als Lichtgestalten auf, denen der zu Füßen der Marienkirche liegende Zoologische Garten als irdisches Paradies entspricht, während die Statue Theoderichs und seiner Begleitfiguren eine wüste Gegenwelt aufführen (89–145). Der dritte Teil des Gedichts gilt dem Auftritt Ludwigs mitsamt seiner Familie und den wichtigsten Mitgliedern des Hofstaats (146–256). Als abschließendes Addendum folgt eine Selbstsicht des Autors und seiner Fähigkeiten (257–261, 1–7).

Walahfrid setzt die Kenntnis des Denkmals voraus, sodass er auf dessen Form und Beschaffenheit jeweils nur beiläufig und ohne eine auf die Beschreibung bezogene Systematik eingeht. Ihm zufolge handelt es sich um ein „mit Figuren gestaltetes Bild" (Vers 29), der Dargestellte sei ein Reiter (45), der Reiter sei vergoldet (129), er besäße goldgeschmückte Glieder (60), er habe keine Zügel (68), er trage eine Lanze (79),[16] er treibe goldene Sporen in die Weichen des Pferdes (61 f.), er reite auf seinem Pferd über Steine, Blei und hohles Metall (69 f.), und das Pferd habe einen Lauf erhoben (80 f.).

Diese Bemerkungen ergänzen sich mit dem Bericht des Agnellus, der zusätzlich zu den aufgeführten Motiven den Schild erwähnt, den Theoderich in der Linken hielt. Offenkundig reitet Theoderich auf einem Pferd, dem er die Sporen gibt, sodass es sich anspannt und den Vorderlauf nach vorn setzt; dieses Motiv weisen sämtliche antiken Reitermonumente auf.[17] In der Rechten hält er eine Lanze, mit der Linken einen Schild, sodass er die Zügel nicht ergreifen kann; er reitet frei. Die Skulptur insgesamt steht auf einem knapp zwei Meter hohen Sockel, der gegenüber dem in Ravenna verwendeten Podest offenbar modifiziert worden ist.

Unmittelbar zuzuordnende Wiedergaben sind nicht überliefert, aber vergleichbare Darstel-

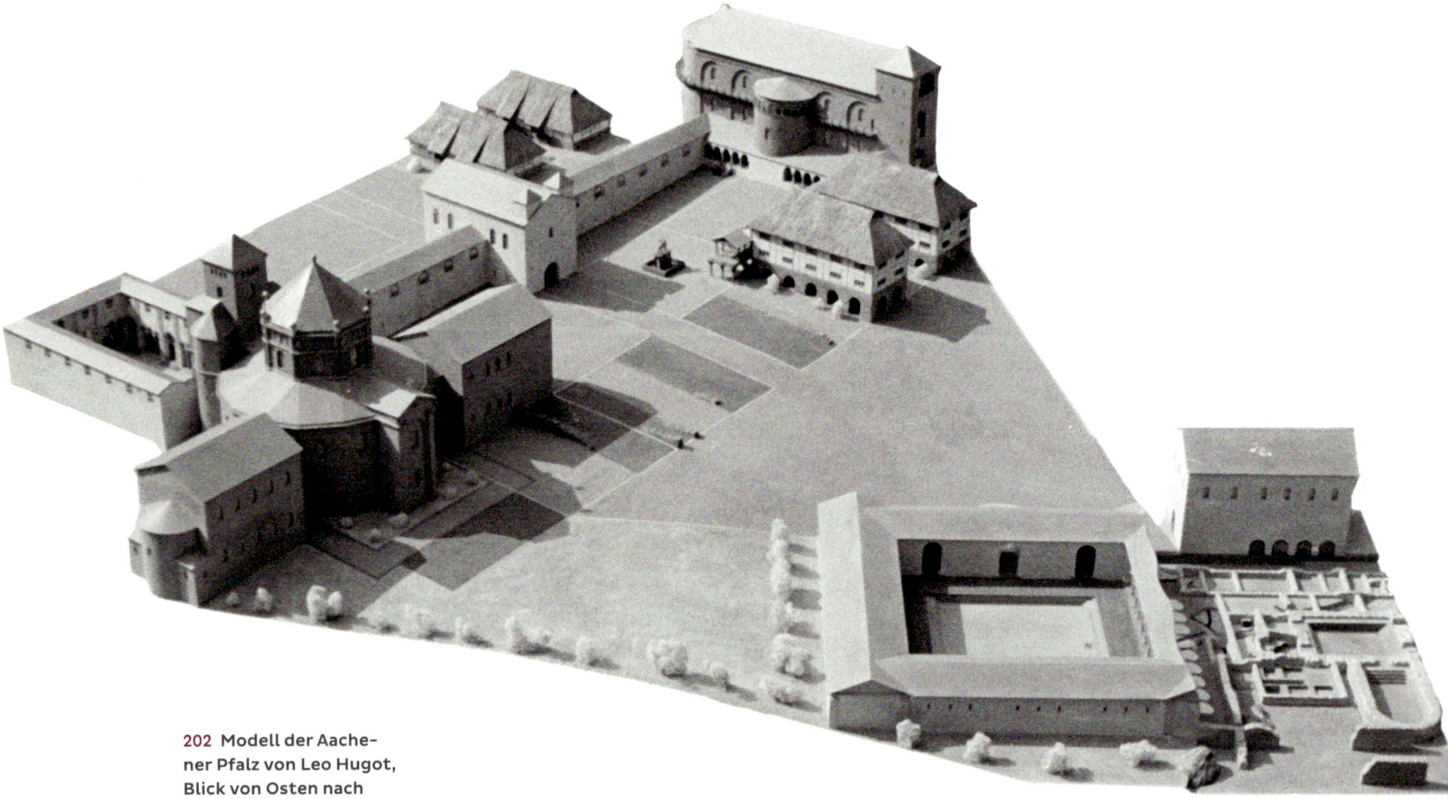

202 **Modell der Aachener Pfalz von Leo Hugot, Blick von Osten nach Westen, 1965. Aachen, Museen der Stadt**

lungen dürften zumindest das Muster verdeutlichen.[18] In Betracht kommt eine der beiden Tafeln des im 6. Jahrhundert geschaffenen Barberini-Diptychons, die zumindest theoretisch in Kenntnis des Theoderich-Denkmals entstanden sein könnte (Abb. 201). Hier wie dort reitet ein lanzenbewehrter Herrscher auf einem Pferd, das eine Vorwärtsbewegung zeigt, umgeben von Figuren.[19] Vor allem aber dürfte die möglicherweise durch das Theoderich-Monument inspirierte Metzer Reiterstatue Karls des Großen das Grundmuster verdeutlichen (Abb. 203). Die Akzentuierung des Schnurrbarts, der ein Wahrzeichen seiner Körperpolitik war, dürfte auch als Assimilation an Theoderich, der ebenfalls einen Schnurrbart trug, verstanden worden sein.[20]

Die Umgebung der Reiterstatue

Wo die Reiterstatue Theoderichs gestanden hat, ist umstritten. Der relativ klare Hinweis Walahfrids, dass sich der Reiter „gegen die Pfalz und die christlichen Scharen" wende,[21] ergab die Möglichkeit, die Statue in die Mitte des Geländes zwischen Königshalle und Marienkirche zu stellen.[22] Der Reiter hätte sich dann entweder gegen die Halle (Abb. 204, Punkt B) und damit zur weltlichen Seite oder auch gegen die Marienkirche (Abb. 204, Punkt A) als dem geistlichen Zentrum wenden können (Abb. 202). Im zweiten Fall wäre dies auch als Zuwendung zu den Baureliquien seines eigenen Palastes zu verstehen gewesen. Beide Möglichkeiten unterstellend, wird dieser Standort in der Forschung bis heute favorisiert.[23]

Das Problem dieser Rekonstruktion liegt darin, dass Walahfrid nicht von der Marienkirche spricht, sondern von den *praeclara palatia*, also den „glänzenden Palästen" als Sammelbezeichnung des Pfalzbereichs *in toto*, und dies hat vermuten lassen, dass von seinem Standort aus das gesamte Areal in den Blick genommen werden konnte. Als bislang einzige Möglichkeit ergab sich die Position vor der Eingangshalle des großen, überdachten und mit Kolonnaden versehenen Gangs, der zwischen der Aula Regia und der Marienkirche vermittelte (Abb. 202, Punkt L). Hier war ein Ort gegeben, der hinreichend distanziert war, um die gesamte Pfalz übersehen zu können, andererseits aber nah genug erschien, um noch zu ihr zu gehören und mit ihrer Botschaft verbunden zu sein.[24]

Im Einklang damit, dass der östliche Bereich der Pfalz mitsamt den Badeanlagen zumeist im Schatten der Aufmerksamkeit stand, ist ein spiegelbildlich angelegter Standort der Reiterstatue im Osten bis auf eine einzige Ausnahme bislang nicht erörtert worden. Einen deutlichen Hinweis, dass die Statue Theoderichs in diesem Bereich aufgestellt war, gibt jedoch ein Vers von Walahfrids Gedicht, der in der Forschung umstritten ist, weil sein Zusammenhang bislang nicht erkannt werden konnte.[25] Walahfrid beschreibt den Zoologischen Garten aus der Höhe der Marienkirche, und er geht zunächst auf die Wiesen und die Bäche ein, die sich durch das Gelände ziehen, um dann die verschiedenen Arten von Tieren anzuführen, die sich friedlich das Gelände teilen. Der Blick schweift über das Areal, um im selben Atemzug die Statue Theoderichs zu erfassen: „Auf der anderen Seite aber sprengt schimmernd in strahlendem Glanz der vergoldete Reiter, begleitet von einer Schar zu Fuß."[26]

Die Annahme, dass das *alia de parte*, „auf der anderen Seite", vom Blick der Marienkirche aus auf die Westseite der Pfalz vor der Eingangshalle des Verbindungsganges zu beziehen sei (Abb. 204, Punkt L),[27] kann nicht zutreffen, da die Erwähnung der Reiterstatue mit der Beschreibung des Wildgeheges ohne auch nur ein Wort der Distanz verbunden ist. Von den nach Osten weisenden Fenstern, von denen aus der Überblick über den gesamten Wildpark möglich war, konnte dieser Punkt nicht eingesehen werden. Walahfrid wirft den Blick vielmehr auf die andere Seite des Wildgeheges in Richtung der Badeanlagen, um dort die Statue Theoderichs zu erblicken. Von

203 Reiterstatuette Karls des Großen, 9. Jahrhundert. Paris, Musée du Louvre

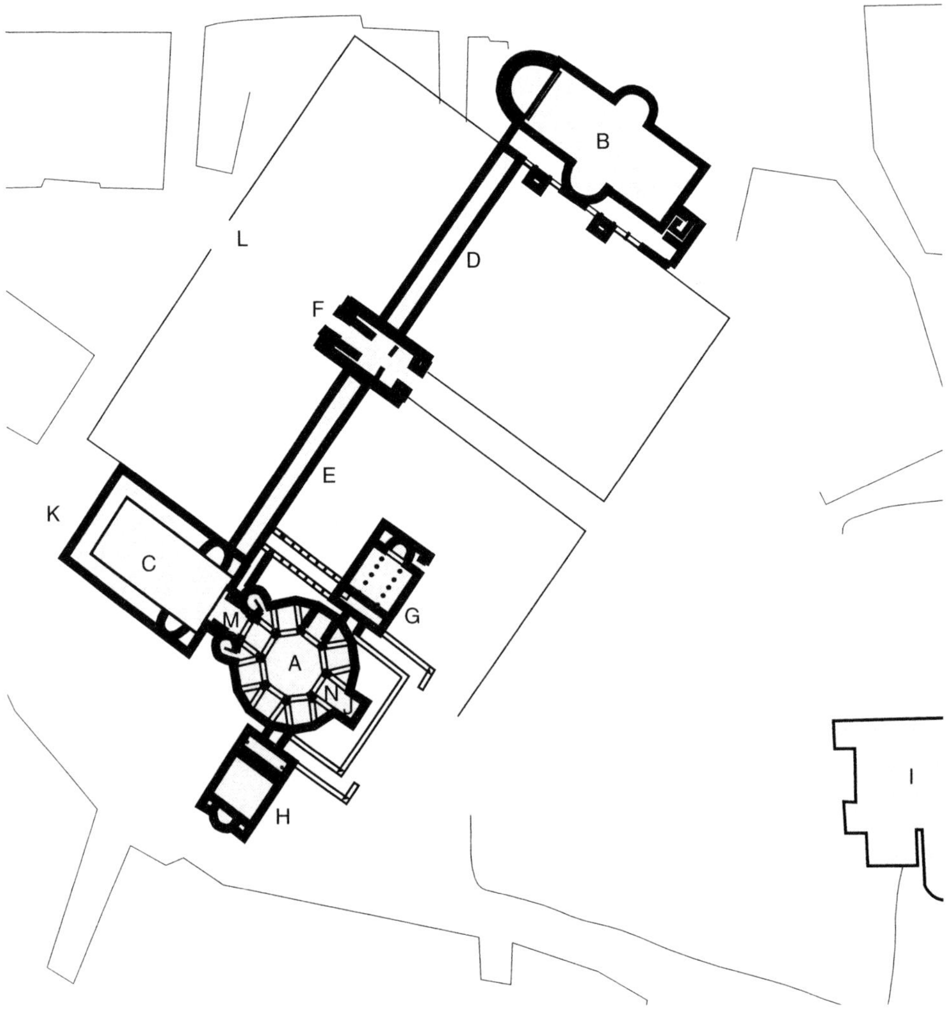

204 Grundriss der Platzanlage Karls des Großen in Aachen

dort her wendet sich diese gegen die Pfalz (Abb. 202).

Damit aber ist die Positionierung des Reiterstandbilds im Bereich der Thermenanlagen bestätigt, wie sie mit Berufung auf andere Verse des Gedichts bereits im 19. Jahrhundert vorgenommen worden ist.[28] Sie ist in Vergessenheit geraten, weil offenbar ausgeschlossen schien, dass Karl der Große eine scheinbar periphere Position gewählt habe. Diese Ausblendung aber konnte nur geschehen, weil die Funktion des Schwimmens und Badens mitsamt seiner Architektur aus dem Bewusstsein geriet.

Einhard zufolge, der Karl dem Großen so nahe gekommen ist wie nur wenige seiner Zeitgenossen, gehörte das Schwimmen zu dessen besonders beliebten Aktivitäten. Am Ende des 22. Kapitels seiner Karlsbiografie, das der äußeren Erscheinung sowie den körperlichen Gewohnheiten des Kaisers gewidmet ist, vermerkt Einhard: „Karl liebte die Dämpfe heißer Naturquellen und schwamm sehr viel und so gut, dass es niemand mit ihm aufnehmen konnte. Darum baute er einen Palast in Aachen und verbrachte seine letzten Lebensjahre ununterbrochen bis zu seinem Tode dort. Er lud nicht nur seine Söhne, sondern auch Optimaten und Freunde, manchmal sogar seine Palastwache und seine Leibwache zum Baden ein. Oft badeten mehr als hundert Leute mit ihm."[29]

Der Passus ist kurz, in seiner schnörkellosen Kompression aber umso gehaltvoller. Jeder der insgesamt vier Sätze beinhaltet eine eigene, komplexe Aussage, die jeweils für Karl den Großen selbst, die Stadt Aachen und den Regierungsstil des Kaisers von erheblicher Bedeutung ist. Mit den Söhnen, den Optimaten, den Freunden und den engsten Ringen seiner Schutztruppen war der dichteste Zirkel seiner Macht beschrieben.[30] Das Mirakel der Organisation des fränkischen Riesenreiches durch Karl den Großen lag darin, dass er mangels staatlicher Strukturen auf die nachhaltige Pflege von Freundschaftsbeziehungen bauen musste; sie waren ein essenzielles Element der politischen Bündelung des riesigen Reiches. Zu den bisher geläufigen Mitteln der gemeinsamen Jagd, der oft tagelangen Feste sowie des gemeinsamen Gebets muss das gemeinsame Schwimmen hinzugerechnet werden.[31] Der Besuch der Badeanstalt hat die Gemeinschaften offenbar im selben Maß gestärkt, in dem die Hierarchien im Wasser untergingen.

Das Theoderich-Monument als Brunnenfigur

Die Begleitfiguren des Theoderich-Monumentes fügen sich diesem Zusammenhang. Beim Blick vom Fenster der Marienkirche über den Wildgarten hinweg auf das Reiterdenkmal berichtet Walahfrids Gesprächspartnerin Scintilla, der goldene Reiter sei „begleitet von einer Schar zu Fuß./Einige schlagen Glocken, andere schlagen Instrumente".[32] Als einziges Individuum kommt eine Frau zur Sprache, die durch den Wohlklang der Stimmen in Verzückung geraten und offenbar in Ekstase gestorben sei.[33] Karl der Große wird nichts weniger als eine solche Deutung im Sinn gehabt haben. Was Scintilla als Hinscheiden einer in Ekstase verlorenen Frau deutet, war offenkundig als Verzückung einer Mänade gemeint. Im Verein mit einem mehrfach von Walahfrid erwähnten dunkelhäutigen Schellenschläger und den weiteren glockenschlagenden und sich als Trommler betätigenden Musikanten ergab sich ein bacchantischer Zug, der Theoderich begleitete.[34]

Gleichwohl ist Walahfrids Bericht darin von Wert, dass die Gemeinschaft der Begleitfiguren dem König der Ostgoten „den Weg durch die Wasser bahnt" (*vada praeparet*). Hierin liegt ein erneuter Bezug zum Wasser. Der Begriff *vadum* bezeichnet die Furt durch einen Fluss, wie sie zum Gründungsmythos von Frankfurt gehört; so hat Thietmar von Merseburg zu Beginn des 11. Jahrhunderts beschrieben, wie Karl der Große auf dem Rückzug vor den Sachsen mitsamt seiner Armee an den Main gedrückt worden sei, ohne eine Stelle zu kennen, an der er hätte übersetzen können. Eine Hirschkuh habe ihm qua göttlicher Eingebung durch das Durchwaten des Flusses die Furt gezeigt, über welche die Franken setzen könnten: „Danach ist dieser Ort die Furt [*vadum*] der Franken genannt worden."[35] Wenn Walahfrid mit der Verwendung des Begriffes „Furten" (*vada*)[36] unterstellt, dass die Anhänger Theoderichs diesem Wasserdurchgänge bereitet hätten, kann dies als eine Metapher dafür gewertet werden, dass er von Wasser umgeben war, ohne von ihm beeinträchtigt zu werden. Dies deutet darauf, dass dieses Reitermonument als Brunnenfigur diente.

Auch der Fingerzeig, dass unter der Statue „Wasser strömen",[37] weist auf diese Bestimmung. Kaum ist vorstellbar, dass der Sockel als eine Brücke gedient hat, sodass ein Bach unter den Hufen fließen konnte, und Scintilla beeilt sich denn auch, in den folgenden Versen zu erläutern, auf welche Weise dies geschieht. Theoderich, so führt sie aus, reitet „über Steine und Blei, über hohle Metalle".[38] Wie sich offenkundig der Stein auf den Sockel und das Metall auf das Pferd beziehen, so weist das Blei auf die Röhren, in denen Wasser geführt werden konnte.[39] Dies legt auch das folgend erwähnte „hohle Metall" (*inane metallum*) nahe.

Die Wasserzufuhr mittels Bleiröhren entsprach der üblichen Praxis.[40] Vor allem ist bedeutsam, dass eine der berühmtesten Statuen des Mittelalters, die Reiterstatue Justinians, ebenfalls als Brunnen diente.[41] Eine vermutlich mit Blick auf die Aachener Theoderich-Statue in der Mitte des 9. Jahrhunderts in Limoges errichtete Brunnenanlage vermittelt eine Ahnung davon, wie die Aufstellung in Aachen ausgesehen haben könnte. Nur mehr in einer Zeichnung des 18. Jahrhunderts überliefert, zeigt sie den Reiter die Geste der *allocutio* (den zur Ansprache erhobenen Arm) vollziehen. Sein Pferd setzt den rechten Vorderhuf auf den Schädel eines Besiegten (Abb. 205). Vermutlich handelt es sich um eine wiederverwendete antike Statue, die als Darstellung Konstantins galt. Sie hatte den politischen Sinn, das aquitanische Königreich in seiner Autonomie im Rahmen des karolingischen Verbundes zu stärken.[42]

205 Zeichnung des im 13. Jahrhundert zerstörten Brunnens in Limoges, 18. Jahrhundert

In Aachen kam ein Figurenensemble als Begleitung hinzu. Aus der Antike sind eine Fülle von Beispielen derartiger Skulpturen, die entweder am Rand eines Brunnens standen oder ein Bassin umgaben, überliefert oder zumindest bekannt. Die wohl berühmteste Anlage stellt das Wasserbassin der Hadriansvilla von Tivoli dar, aber kaum weniger eindrucksvoll muss das Becken einer bei Trier gelegenen antiken kaiserlichen Villa gewesen sein, die in den Besitz der Merowingerkönige überging, um dann an kirchliche Einrichtungen gestiftet zu werden. Zur Zeit Karls des Großen war der Komplex unter dem Namen Billiaco oder Pilliaco bekannt (heute Welschbillig). Mit seiner Größe von circa 58 × 18 Metern war das Bassin von vermutlich 112 Thermenfiguren umstellt.[43] Sie zeigten Vertreter unterschiedlicher Völker, und falls ihr Ensemble um 800 noch nachvollziehbar gewesen sein sollte, könnte dies der Bestimmung der Aachener Figurengruppe entsprechen, in deren Kontext Walahfrid mehrfach den Schwarzen hervorhebt.[44]

Mit dieser bacchantischen Gruppe, die vermutlich den Erdkreis verkörperte, hat Karl der Große offenkundig die Statue Theoderichs um eine weitere Dimension versehen: nun als Über-Vertreter der Völker, die sich in der Verzückung des bacchantischen Zugs vereint,

206 **Rekonstruktion des Aachener Dombezirks von Leo Hugot, vorne der Badebezirk, hinten der Dom, 1965. Aachen, Museen der Stadt**

sich in Richtung des Tiergartens bewegen. Damit verband sich das prälapsale Sujet dieses irdischen Paradieses mit der Unschuld der rauschhaften Erkenntnis. Über die Figur des Schwarzen als einem erdumspannenden Motiv wurde die Hauptaussage der gesamten Anlage markant verstärkt.

Der Aufbau des Theoderich-Denkmals als Brunnenfigur müsste möglichst nah bei jenen Quellen geschehen sein, die das nötige Wasser spenden würden, und daher sprechen auch technische Gründe dafür, dass die Statue vor den Thermenanlagen aufgestellt war. Das in der Mitte der 1960er-Jahre gefertigte Modell Leo Hugots ist nicht mehr als ein fundiertes Gedankenspiel dessen, wie dieser Bereich ausgesehen haben könnte (Abb. 202 und 206),[45] aber die jüngsten Erkundungen der antiken Bestände lassen erkennen, dass es in seinem allgemeinen Zuschnitt nicht fiktiv war. Diese Rekonstruktion hypothetisch nutzend, könnte die Statue mit Blick auf die Pfalz vor die Thermenhalle gesetzt gewesen sein, vor sich einen Brunnen oder ein Bassin, das mit Figuren umstellt war. Als Modell eignen sich die beiden Reiter, die Einhard auf seinem sogenannten Einhardsbogen möglicherweise nach dem Muster des schild- und lanzenbewehrten Theoderich hat gestalten lassen (Abb. 207).[46] Die von Walahfrid gegebenen Hinweise bestärken diesen Standort der Bronzestatue. Ihre Position lag vor den Anlagen der Bäder, an einem Punkt, an dem sich ein Weg und ein Bach oder Fluss trafen, und von dem aus ein freier Blick über das Wildgehege auf die Pfalzanlagen gegeben war. Als Zentrum der Schwimm- und Badeanlage war es von den Nutzern und Betreibern des Komplexes geschätzt und, wie die weiteren Ausführungen nahelegen, auch in Funktion gehalten.[47]

Das Volk der Thermen

Walahfrids Ablehnung sowohl von Theoderich wie auch seines Denkmals führt mit dem Ort auch die Begleitfiguren in die Zone der rhetorischen Verdammung, und immer spielt das Wasser der Thermen und deren Umgebung eine Rolle. Bereits eingangs lehnt Walahfrids Dialogpartnerin Scintilla den Standort ab, weil sie ihn mit dem negativen Effekt von Wasser in Verbindung bringt. Die elegischen Naturorte der antiken Dichtung konfrontiert Scintilla mit dem Elend des eigenen Standortes. Schmutz und Unrat herrschen an diesem Ort, dem sich die Menschen angepasst haben: „Hier tönt das Geschrei der Verläumder, dort das der Bedürftigen;/schwarz sind vom Schmutz die entblößten Glieder."[48] Das Zusammenspiel des Verhaltens der Menschen mit der Bodenbeschaffenheit, das diesen Ort

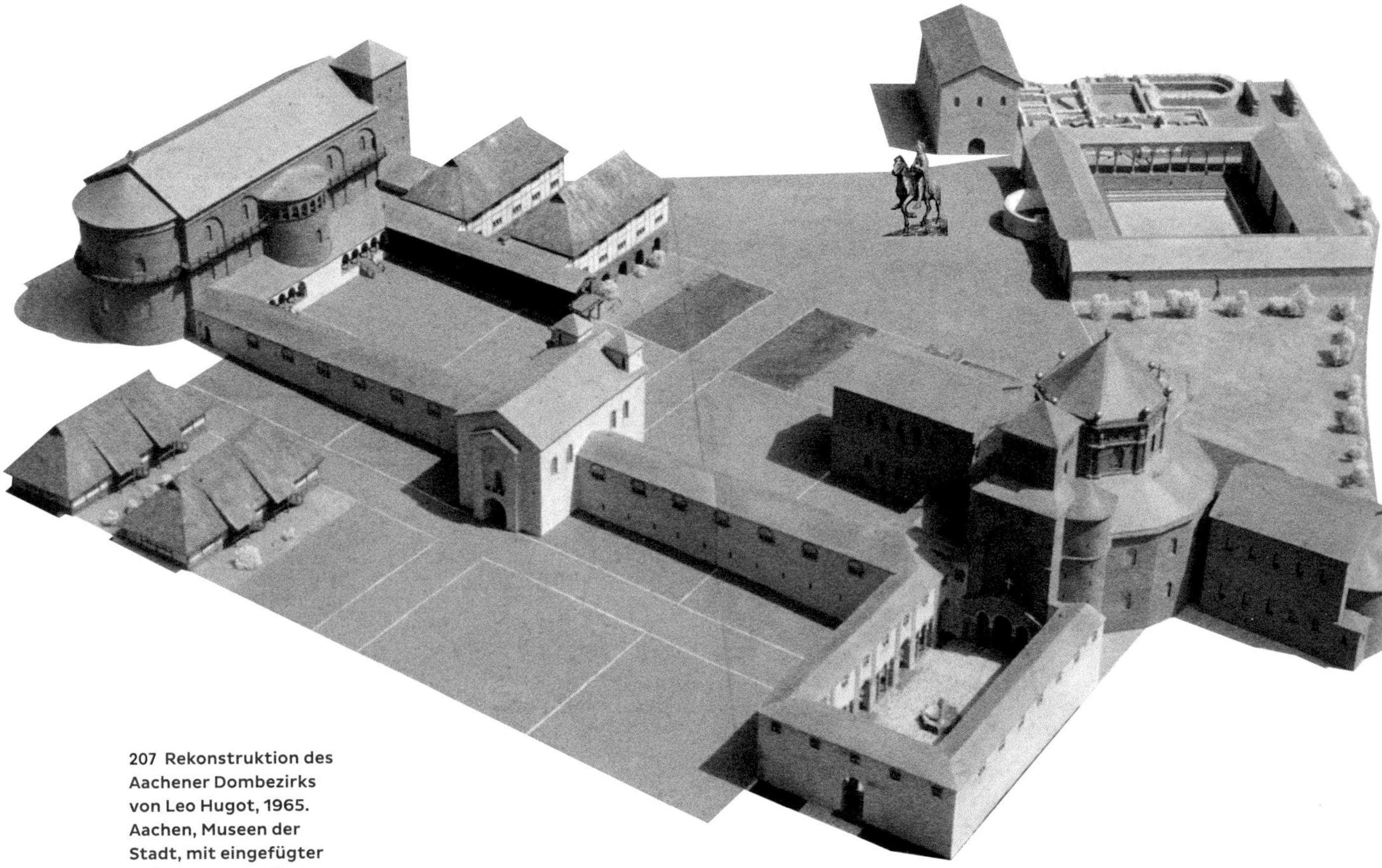

207 Rekonstruktion des Aachener Dombezirks von Leo Hugot, 1965. Aachen, Museen der Stadt, mit eingefügter Reiterstatuette Karls des Großen als Simulation des Theoderich-Monuments

für die Musen, so Scintilla, „nicht geeignet" sein lässt,[49] geht vom Wasser aus: „Schmutz, Geschrei, besudelte Fluten, Tumulte."[50] Der Ort insgesamt ist verflucht; er ist schlammig, dreckiges Wasser fließt, die Menschen sind entsprechend schmutzig, und sie verhalten sich gemäß ihrer Befleckung. Diese Bestimmung verdichtet sich in der Figur eines schelletragenden Schwarzen, der noch an weiteren Stellen des Gedichts als Begleitfigur Theoderichs auftaucht.[51] Der dunkelhäutige Musikant ist die Inkarnation einer Finsternis, die sich vom Schwarz des morastigen Untergrundes, dem Dunkel des Dreckwassers und dem schwarzen Schmutz auf der Haut der Menschen her aufbaut.

In einer späteren Beschreibung der Begleitpersonen des Denkmals, zu denen der Schwarze gehört, liegt der bislang unbeachtet gebliebene Schlüsselvers des gesamten Gedichts.

In diesem Passus identifiziert Scintilla diese Figuren als Beschützer des allerorten verfluchten Theoderich: „Nichts bleibt ihm übrig auf der Welt als kaum ein dürrer Ruhm,/obwohl das Volk der Thermen den Weg durch die Wasser bahnt."[52] Seine Begleitpersonen gehen mit den lebenden Personen, die sich um die Brunnenanlage kümmern und hier ihren Trennpunkt haben, eine Einheit ein. Als Parteigänger des Königs der Ostgoten sind sie das „Volk der Thermen" (*thermarum vulgus*). Diese formelhafte Zuspitzung ist für das Verständnis des Gedichts als auch für die Klärung des Standorts des Monumentes fundamental. Alle Anwesenden, so Scintilla, sind Parteigänger des Gotteslästerers, und aus diesem Grund beschützen sie ihn. Wie in den Stadien von Konstantinopel seit der Antike die Anhänger der unterschiedlichen Sportvereine in

die Fraktionen der Blauen und Grünen getrennt waren, die sich auch zu allgemeinpolitischen Fragen äußerten, so sind hier die Besucher der Thermen als Partei gedeutet. Sie sind Walahfrid zufolge dreckig und verkommen, und sie verehren Theoderich. Hierin liegt die tiefgründigste Verkehrung dessen, was Karl der Große in der Statue Theoderichs sah.
Die positive Ursprungsbestimmung der Brunnenfigur erschließt sich daher aus der Negation von Walahfrids Kritik. Den Worten Einhards zufolge bildete die Schwimmleidenschaft Karls des Großen den Grund, warum Aachen zu seiner privilegierten Stellung gekommen war. Im Sinne des eigenen Faibles für das Schwimmen dürfte ihn beeindruckt haben, dass Theoderich, der ähnlich groß gewachsen war wie er selbst, dem Panegyricus Theoderico zufolge in dessen Lieblingsbeschäftigung, dem Schwimmen, ebenfalls ein Meister war. „Reißende Fluten" schrecken ihn nicht und „widersetzen" sich ihm nicht, und seine vielleicht wichtigste Schlacht gewinnt Theoderich dadurch, dass er, an einem Fluss in aussichtsloser Lage eingekesselt, das Aberwitzige unternimmt und mit seinen Soldaten durch den Fluss watet und schwimmt. Obwohl er bereits im Wasser von den gegnerischen Landtruppen angegriffen wird und am Ufer zunächst vollständig ausgezehrt ist, geht er nach kurzer Sammlung mit der Wucht eines Wasserstroms aus Menschenkörpern in die Schlacht und erzielt einen umfassenden Sieg.[53] Auch Theoderich war ein großer Schwimmer, und auch dies mag ihn prädestiniert haben, dem Thermenbereich vorzustehen.
Über diesen möglichen persönlichen Bezug hinaus konnte die Positionierung der Skulptur als eine Brunnen- oder Bassinfigur Theoderichs die ravennatische Distanz gegenüber dem engeren Pfalzbereich als Neu-Rom verdeutlichen. In dieser Bipolarität manifestierten sich die beiden Wurzeln des legitimatorischen Selbstverständnisses von Karl dem Großen. Wie kein zweites Areal der Stadt garantierten die Bäder einen Neubeginn auf den Trümmern der Antike, und dies machte den Reiz aus, die Statue Theoderichs hier aufzustellen und mit einer bacchantischen Gruppe zu versehen, die dem „Volk der Thermen" einen weithin sichtbaren Bezugspunkt bot, auch als Gegenpol zu den Gebäuden der Pfalz.

Oviedo und Aachen

Gebaute Macht der Asturer und Franken

Stefan Trinks

Am Rande der asturischen Königsstadt Oviedo liegen einsam am Naranco-Berghang zwei majestätische Gebäude aus karolingischer Zeit (Abb. 209): Eine zweigeschossige Palasthalle mit starkem Höhenzug (Abb. 210) und wenige Meter entfernt in nordwestlicher Richtung eine sich noch höher auftürmende Palastkirche von über elf Metern Scheitelhöhe, von der seit einem Erdrutsch im 11. oder 12. Jahrhundert gerade noch ein Drittel steht (Abb. 211).[1] Beides bildete mit weiteren, heute verlorenen Wohn- und Stallgebäuden die Pfalz König Ramiros I.[2] Diese wurde in den wenigen Jahren von dessen Regierungsantritt im Jahr 842 bis spätestens 850 errichtet, da der König in diesem Jahr in seinem Palast am Monte Naranco verstarb.

Vermutlich überrascht, dass die heute als Santa María del Naranco bekannte Anlage hier als Königshalle angesprochen wird. Bereits die zweigeschossige Architektur, die aufgrund ihrer nach allen Seiten hin offenen Form „Belvedere" genannt wird,[3] hätte aber das Missverständnis, dass hier zwei Kirchen dicht beieinander stehen und so die einstige Funktion als Pfalzanlage verschleiert wurde, aufdecken müssen. Tatsächlich wurde der ursprüngliche Profanbau früh in eine Kirche konvertiert. Weil der siebenjochige, aufwendig tonnengewölbte Saal nach dem Tod Ramiros nicht mehr als Königshalle gebraucht wurde, vermauerte man die offenen Arkaden. Den heute noch in der östlichen Loggia aufgestellten Marmoraltar mit der ausführlichen Dedikation an Maria brachte man aus der benachbarten Palastkirche San Miguel de Liño hierher.[4] Die Palastkirche jedoch war, und dies ist die eigentliche Überraschung, ursprünglich nicht dem Erzengel Michael geweiht, sondern der Jungfrau Maria.[5] Mit einer baulich aufwendigen, weil durchgängig gewölbten und hoch aufragenden Marienkirche sowie einer mit dieser verbundenen zweigeschossigen Aula Regia liegt daher eine grundsätzlich verwandte Disposition wie bei der Aachener Pfalz vor.[6]

Fast durchgängig nur als luxuriöse Jagd-Eremitage vor den Mauern der Stadt adressiert und damit in ihrer Bedeutung unterschätzt, hat die Pfalzanlage von Oviedo bis heute weder die ihr zukommende architekturhistorische Stellung als ältester erhaltener mittelalterlicher Profanbau Europas, geschweige denn die ihrem Rang entsprechende und mit Aachen konkurrierende historische Einordnung erhalten.[7] Dies kann auch hier nicht geleistet werden. Dennoch soll Spanien als blinder Fleck einer Forschung in den Fokus rücken, die bisher ostwärts nach Byzanz und Bagdad orientiert war. Gerade weil es eine Außenposition einnahm, zeigt Oviedo eine derart enge Verbindung mit Aachen wie keine andere Pfalzanlage.

Rückblick: Die spanisch-fränkische Brücke eine Generation zuvor unter Alfons II.

König Alfons II. von Asturien pflegte – auf der Suche nach militärischem Rückhalt gegen die Araber – über zahlreiche Gesandtschaften derart enge Beziehungen zum karolingischen Kernreich, dass Einhard ihn als direkten Vasal-

208 Arkaden der Ostfront von Santa María del Naranco in Oviedo

len Karls bezeichnen konnte.[8] Alfons, der sich als Verteidiger des Glaubens (*Defensor Fidei*) des noch nicht vom Islam eroberten kleinen Rests Spaniens sah, legt in Santiago de Compostela die Grundlagen für einen der drei großen Pilgerwege der Christenheit, der von Beginn an besonders viele Pilger aus dem Frankenreich angezogen hat.[9] Unter Alfons II. wird das Grab des Jakobus, das einzige Apostelgrab auf spanischem Boden, kaum zufällig in dem christlich verbliebenen äußersten Nordwestzipfel der Iberischen Halbinsel aufgefunden und von diesem eine erste Kirche über der Nekropole gebaut.[10] In Oviedo, der Hauptstadt seines Königreichs, ließ er zahlreiche repräsentative Bauten errichten. Von seinem innerstädtischen Palast ist allerdings lediglich ein tonnengewölbter Raum erhalten, die heutige *Cámara Santa*, die Schatzkammer des Asturischen Reichs, in der insbesondere die goldenen Reliquienkreuze und das „Schweißtuch" (*Sudarium*) Christi verwahrt werden.[11] Ebenso ist von der Kirche San Tirso nur noch die gerade abschließende Ostwand der Hauptapsis zu sehen. Die kurze Zeit nach Karls Tod um das Jahr 820 vor den Mauern Oviedos auf der grünen Wiese errichtete, daher San Julián de los Prados getaufte Kirche (vom Spanischen: *Prado* = Wiese), meist kurz *Santullana* genannt, ist die besterhaltene Kirche des karolingischen Europa (Abb. 212), inklusive der nahezu vollständig bewahrten Wandmalereien im Inneren (Abb. 213).[12] Die Stilbezeichnung „Karolingisch" oder auch „Asturisch" würde allerdings die augenscheinliche Intention des Stifters verfehlen.[13] Die erstaunliche Ausmalung im römisch-pompejanischen Stil, welche die Betrachterwahrnehmung suggestiv bestimmt, erzeugt den Eindruck einer durchgängig antiken Basilika. Historistisch wäre ein zu schwacher Begriff

für die angewandte Assimilationstechnik. Hier wird unmittelbar jenes römische Hispanien fortgeführt, aus dem nicht weniger als drei römische Kaiser erwuchsen.[14] Dass Alfons II. sich unverändert *Rex Gotorum* nennt, so wie Karl den Titel *Rex Francorum* führt, zeigt bereits im Titel an, dass sich beide Herrscher in einer unausgesetzten Linie mit den Westgoten, respektive Franken der Spätantike sahen.[15] Ein Bruch, gar „dunkle" Jahrhunderte, wird nirgends erwähnt und ist aus dem Bestand der Bauten und ihrer Ausstattung, aus den Stiftungen und Kunstwerken, schon gar nicht herauszulesen.[16] Die Antike hat weder in Asturien noch im Frankenreich aufgehört, sie wird nur mit den Mitteln der Zeit immer wieder aktualisiert und wo nötig respektvoll „korrigiert".[17]
Alfons hält sich selbst, wie die *Santullana* mit ihren menschenleeren Architekturprospekten zeigt, an die scharfe Auslegung eines Bildverbots der *Libri Carolini*. Die vorsichtige Haltung in Fragen der Darstellung Gottes ist vermutlich vor allem zwei Faktoren geschuldet: Theodulf, der maßgebliche Verfasser der *Libri Carolini*, war ein aus Spanien exilierter Westgote. Es ist möglich, dass es die Vorbildwirkung und der Stolz auf den Landsmann gewesen sind, die hier seitens der asturischen Könige ausschlaggebend waren.[18] Des Weiteren ist der starke byzantinische Einfluss mit seiner radikalen Anikonizität auf der Iberischen Halbinsel nicht zu unterschätzen, denn bis zur umayyadischen Invasion Spaniens ab dem Jahr 711 war der gesamte Süden der Halbinsel im Einflussgebiet des Byzantinischen Reichs.[19] Dennoch fordern gerade die pompejianischen Traum-Architekturen Asturiens den Betrachter geradezu auf, imaginativ Personen hineinzustellen, was sich besonders deutlich an einem zeltartigen Rundtempelchen an der Querhauswestwand von San Julián de los Prados zeigt (Abb. 214),[20] der seine direkten Parallelen in den ganzseitigen *Fons vitae*-Darstellungen in dem von Karl dem Großen in Auftrag gegebenen sogenannten *Godescalc-Evangelistar* (Abb. 215) wie auch dem *Evangeliar aus Saint-Medard in Soissons* (Abb. 216) hat.[21] Während die illuminierten Brunnen bereits mit wuselnden Paradiesestieren zum Bersten angefüllt sind, siedelt der Betrachter der *Santullana* automatisch die noch leere, aber unzweifelhaft menschengemachte Parkarchitektur mit Geschöpfen der Fantasie auf.

211 San Miguel de Liño in Oviedo

212 San Julián de los Prados in Oviedo

209 Luftbild mit San Miguel de Liño und Santa María del Naranco in Oviedo

210 Santa María del Naranco in Oviedo

213 Innenansicht von San Julián de los Prados in Oviedo

214 Detail der Wandmalerei in San Julián de los Prados in Oviedo

Weitblick: Ramiro unter dem Einfluss Karls – Spukhafte Fernwirkungen

Die Pfalzen von Oviedo und Aachen stimmen in wesentlichen Punkten ihrer Anlage überein. Beide repräsentieren den Typus der *Imbellis aula*, des unkriegerisch-unbefestigten Palastes ohne Umfassungsmauer,[22] was im Fall Oviedo umso mehr erstaunt, als die Gefahr durch die Araber noch keineswegs gebannt war: Ramiro gibt der Palastanlage mit dieser vorgeblichen Sorglosigkeit oder aufreizenden Geste gegenüber dem Feind eine Aura von Unberührbarkeit und Erwähltheit. Als Standort wurden beide aufgrund ihrer naturräumlichen Gegebenheiten und Vorteile gewählt: Aachen wurde von Karl, obwohl nicht im Zentrum des Reichs gelegen, ausdrücklich wegen seiner bereits im römischen *Aquisgranum* genutzten und namensgebenden Thermalquellen erkoren und mit einer für frühmittelalterliche Verhältnisse riesigen Badeanlage direkt neben der Pfalzkirche versehen (Abb. 217).[23] In dieser konnte Karl mit etwa hundert Gefolgsleuten schwimmen und damit seine souveräne Politik der *Physis* demonstrieren, wie sie Horst Bredekamp jüngst als entscheidendes Element für Karls Herrschaftsführung aufgezeigt hat.[24] Im Fall des aus dem römischen Ovetum hervorgegangenen Oviedo werden die antiken Thermen ungewöhnlicherweise als am Monte Naranco gelegen überliefert;[25] vielleicht waren es Teile der Badeanlage einer am Berghang gelegenen römischen Villa, ähnlich derjenigen des Plinius in Hanglage am Comer See. König Ramiro nimmt Karls Anregung auf, geht allerdings noch einen Schritt weiter, indem er die in allen Quellen explizit erwähnte Badeanlage direkt unter die Königshalle setzen lässt.[26] Das bautechnisch aufwendig gewölbte Sockelgeschoss der Aula Regia mit seinen Bassins in einem tiefer gelegenen Raum

koppelt Badezeremoniell und Regierungsgeschäfte auch architektonisch derart eng zusammen, dass eine nur profane Waschmöglichkeit nach der Jagd wohl auszuschließen ist.[27] Die Lauterkeit der Herrschaft Ramiros wird durch die einzigartige Superposition von Badesaal und Regierungshalle veranschaulicht: Ramiro wäscht seine Hände bei den Regierungsgeschäften architektursymbolisch in Unschuld.

Für Aachen sind ausgiebige Jagden Karls in den umliegenden Wäldern und Wiesen überliefert.[28] Die außerhalb der asturischen Hauptstadt auch wegen seiner guten Jagdmöglichkeiten an dem ehedem stärker bewaldeten Hang des Monte Naranco gesetzte Pfalz – der Patroziniumszusatz San Miguel „de Liño"/*in ligno*, also „im Geholz" ruhrt wohl daher – war ebenfalls ein Ausgangspunkt für ausgedehnte Jagden.[29]

Aachens und Oviedos hoch aufragende Palastkirchen sind jeweils Maria der Himmelskönigin geweiht. Im Innern der Kirchen gibt es nicht nur in beiden Fällen marmorne Architekturspolien als Beleg ihrer Altehrwürdigkeit,[30] sondern auch ein ausgeprägtes Westwerk mit Herrscheremporen und einer ausgefeilten Lichtregie, die den jeweils wahrscheinlich mobilen Thron illuminierten,[31] der so zu bestimmten Tageszeiten ins rechte Licht gesetzt werden konnte. Zusätzlich konnte in Oviedo über eine heute noch über der Emporenöffnung erhaltene Holzkonsole mit Laufrolle ein Vorhang über dem Herrscher auf- und zugezogen werden und damit eine antikrömische *Apparitio Regis* inszeniert werden.[32] Will man keine lückenlose Kontinuität dieser feierlichen Enthullung des Herrschers von der Antike über die Westgotenkönige konstruieren, konnte die *Apparitio* auf der Iberischen

215 Lebensbrunnen im sogenannten *Godescalc-Evangelistar*, Hofschule Karls des Großen, 781–783. Paris, Bibliothèque nationale de France

216 Lebensbrunnen im *Evangeliar aus Saint-Medard in Soissons*, Hofschule Karls des Großen, um 800. Paris, Bibliothèque nationale de France

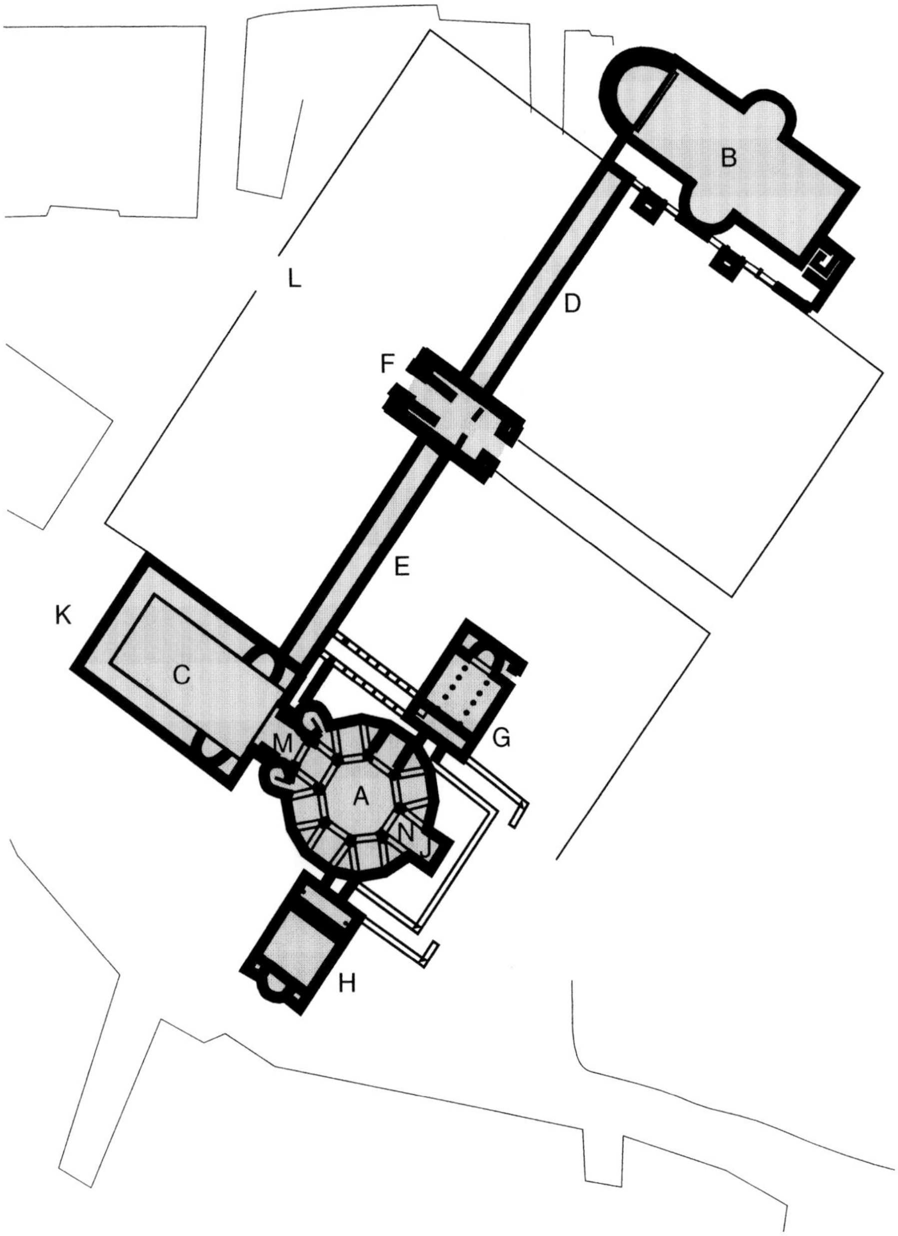

217 Grundriss der Platzanlage Karls des Großen in Aachen

Halbinsel auch im Hofzeremoniell der Umayyaden in Córdoba studiert werden, wo sie sich nahtlos erhalten hatte.[33] In Aachen ist diese Betonung des Herrschersitzes auf der Empore im Kircheninneren durch eine Aussparung in den ansonsten geschlossen umlaufenden Bronzegittern bewirkt (Abb. 218), sodass der Blick auf den thronenden Herrscher wie auch dessen Blick auf den Altar unverstellt war.[34] Im Außenbau hingegen bildet der riesige eingenischte Aachener Triumphbogen, das sogenannte „Fenster der Erscheinung", eine bausymbolische Benediktionsloggia.[35] Die Doppelarkade, das architektonische Hauptmotiv der Aachener Emporenzone, wandert an die Schmalseiten der Palasthalle in Oviedo nach außen: Während in Aachen die drei Segmentbögen auf je zwei antiken Spolienmarmorsäulen mit musterbuchhaft dazwischengeschalteten Kämpfersteinen in der Mitte und zu den Seiten hin auf den auskragenden Pfeilerkämpfern ruhen (Abb. 218), tragen in Oviedo je zwei sehr schlanke, aus einem doppelten Tauband gebildete Steinsäulen die ebenfalls leicht gestelzten Rundbogen in der Mitte (Abb. 219); zwei den seitlichen Wänden vorgesetzte Halbsäulen leiten harmonisch zu den Seiten ab. Der mittlere Bogen zieht sowohl in Aachen als auch in Oviedo etwas höher nach oben in Richtung eines jeweils stark ausgeprägten Horizontalbandes, das bei beiden Bauten eine Brücke entstehen lässt. In Aachen betont das gestaffelte Triforiumsmotiv durch seinen sichtlichen Einzug und einen eigenen überfangenden Bogen, in den die oberen Kämpferwürfel einzuschneiden scheinen, dass es in den großen Rundbogen eingestellt ist; in Oviedo dagegen wird das Drillingsbogenmotiv durch ein deutlich helleres Steinmaterial von dem Braun der Wand abgesetzt. Der Hauptunterschied besteht darin, dass die Drillingsfenster in Oviedo nur noch die Breite des mittleren unteren Bogens einnehmen, da sich hinter ihnen ein nicht begehbares Scheingeschoss über der Aula-Rundtonne befindet. Das Motiv in Aachen hingegen erstreckt sich bis in die hohe Halbtonne hinein und eröffnet damit einen großzügigen Luftraum zum Beispiel über dem Karlsthron. Als hätte den Architekten von Oviedo diese fehlende, weil ästhetisch nicht zufriedenstellend zu lösende größere Öffnung in das Scheingeschoss geschmerzt, zieht er anstelle der Aachener Säulen des zweiten Geschosses zwei kannelierte Lisenen genau in der Flucht der unteren Säulen nach oben, die

über zwei wie die Säulen aus Tauband bestehenden Medaillons gekoppelt sind. Diese vermittelnden Medaillons finden sich auch in der Aachener Marmorinkrustation des 19. Jahrhunderts.[36] Wegen der Ungewöhnlichkeit des Motivs scheint hier bei der Erneuerung der Verkleidung die alte Architekturgliederung aufgenommen worden zu sein. Dass sich beide Bauten in ihren Fehlstellen spiegeln und rekonstruieren lassen, zeigt ein weiteres gemeinsames Detail, das bisher nicht in Anschlag gebracht wurde: Kunstvolle Emporengitter wie in Aachen gab es auch in Oviedo. Deutlich sind in den Arkadensäulen die schmalen hochrechteckigen Einschnitte zu sehen, in die sie einst eingehängt waren (Abb. 208). Da die Eintiefungen an den Säulen erkennbar nicht bis nach unten in die Plinthe durchgehen, können es aus statischen Gründen keine massiven schweren Platten gewesen sein. Die Gitter waren stattdessen wohl filigran durchbrochen und hätten damit ähnlich wie in Aachen gewirkt.[37]

Ein weiteres verbindendes Element ist die räumliche Nähe der Palastkirchen zu den baulich aufwendigen, zweigeschossigen Königshallen bei gleichzeitig klarer räumlicher Trennung der Funktionen; beide Kirchen sind absolut autonome Bauten, keine in den Palast integrierten Kapellen. Am Monte Naranco schlossen sich weitere Palastgebäude, Pferdeställe und Zwinger für die Jagdhunde an. In Aachen gab es neben diesen Wirtschaftsgebäuden und Ställen noch einen ausgedehnten Tierpark, der eine Vielzahl an wilden und edlen Tieren wie Löwen, Bären, dem Mirabilium des weißen Elefanten Abul Abbas sowie Pfauen beherbergte.[38] Neben dem Atrium, das ohnehin als *Paradisus* bezeichnet wurde, konnte so ein paradiesisches Gefilde als gebauter Garten Eden heraufbeschworen werden.[39]

Dazu kommt, dass die Pfalz von Oviedo von einem großen paradiesischen Obsthain umgeben war, der noch im Testament von Ramiros Nachfolger Alfons III. aus dem Jahr 905 aus-

218 Innenraum der Aachener Pfalzkapelle

219 Santa María del Naranco in Oviedo

drücklich als wertvolle Erbmasse genannt wird.[40] Auch in Aachen sind Fruchtgärten wie im *Capitulare de Villis* verzeichnet,[41] wohl nicht zuletzt, um den prächtigen Gärten des Kalifen Hārūn ar-Rašīd zumindest ansatzweise etwas entgegensetzen zu können.

Himmelsblick: Gebaute Elfenbeintürme für die Himmelskönigin – Die Semantik der Höhe

Die Pfalzanlage von Oviedo ragt vor ihrer Bergkulisse ebenso von Weitem sichtbar auf wie der hohe Münsterturm von Aachen und die Pfalz von Ingelheim auf ihrer Terrasse hoch über dem Rhein.[42] Alle drei versinnbildlichen als unübersehbare *points de vue* die im sogenannten *Paderborner Epos* von etwa 799 geprägte Metapher auf den Herrscher als „Europae veneranda pharus",[43] den verehrungswürdigen Leuchtturm Europas, weil sich in den Bauten in besonderer Weise die jeweilige Herrscherrepräsentation verkörpert.[44] Wiesen für Karl die Ostgoten und insbesondere Theoderich mit seiner Hauptpfalz Ravenna den Königsweg, an den noch vorhandenen Glanz Westroms anzuknüpfen, waren für die asturischen Könige die Westgoten das Vorbild.[45] Damit greifen beide auf eine gotische Stilsprache in der Herrscherrepräsentation zurück, die sich im Kern trotz der großen räumlichen Trennung ähnlich entwickelt hat: Nach außen hin kennzeichnend ist der enorme Höhenzug aller Gebäude, wie ihn sowohl die Baptisterien und das Mausoleum Theoderichs in Ravenna als auch die einsam auf Hügeln thronenden Hofkirchen des Westgotenadels aufweisen,[46] die über die gesamte Iberische Halbinsel als Kronen eines Himmlischen Jerusalems verteilt sind und von denen sich selbst heute, anderthalb Jahrtausende später, noch über ein Dutzend erhalten haben.

Wenn Werner Jacobsen vermutet, dass die Aachener Palasthalle eine Art Söller besaß, „auf den der König hinaustreten und sich zeigen konnte",[47] da die Aulen der Pfalzen wohl durchgängig zweigeschossig waren, so gilt diese semantisierte Exposition des Herrschers in gesteigertem Maß für Oviedo.[48] Da auch die gesamte dem Tal und damit Oviedo zugewandte Seite der Königsloggia durch Arkaden geöffnet war, sind die Grenzen zwischen Innen und Außen fließend – der Herrscher ist zugleich im Regierungssaal und in der Natur, er herrscht über Menschen, Tiere und die Natur gleichermaßen.[49] Auf dieser monumentalen architektonischen Sockelzone und Thronbank ist er von allen Seiten weithin sichtbar exponiert als Staatskörper.

Am stärksten aber springen die acht mächtigen Strebepfeiler auf beiden Langseiten ins Auge, die über einen Meter aus der Wand herausragen und damit bauphysikalisch durchaus Schub von dieser abzufangen vermögen.[50] Jeden der optisch die Wand vollständig haltenden Pfeiler bekrönt ein auskragendes eckiges Kapitell mit Schräggravuren, bevor vier Steinlagen nach oben Richtung Dachfirst treppend einen angeschrägten Abschluss bilden (Abb. 210). Die Binnenfläche der Pfeiler ist wie bei antiken Säulen durch fein eingeschnittene, gefüllte Pfeifen kanneliert. Kerzengerade aufragend unterstreichen sie den ausschließlich vertikalen Höhenzug dieser Architektur. Im Fall des Aachener Münsters haben die Strebepfeiler des oktogonalen Obergadengeschosses auf dem sechzehneckigen Sockelgeschoss nie die Aufmerksamkeit erfahren, die sie verdienen,[51] obwohl sie einschließlich ihrer – leider stark abgesandeten – Kapitelle zum originalen karolingischen Bestand gehören und eine geradezu ideal-klassische Tempelecklösung ausbilden, indem sie elegant nur jeweils armbreit vor den Oktogonecken einspringen (Abb. 120).[52] Wie bei der Königshalle in Oviedo enden auch die Aachener Pfeiler mit ihren Kapitellen vor dem Traufgesims, sodass sie optisch ununterbrochen nach oben hin weiterstreben und auch hier den rasanten, quasi-gotischen Höhenzug befördern, der in karolingischer Zeit noch in einem scharfgratigen Zeltdach anstelle des heutigen Kuppeldachs gebündelt wurde und in den Himmel zu stechen schien. In Aachen und Oviedo ist demnach nichts weniger als die Erfindung des Strebepfeilers in seiner gotischen Form zu verfolgen.[53]

Die Jungfrau Maria, der das Aachener Münster gewidmet ist und an die Karl mit diesem Patrozinium wohl nicht nur als demütige Mutter Gottes, sondern auch als majestätische *Regina Coeli* dachte, erlebt hier ihre architektonische Himmelfahrt.[54] Die neuzeitlich erscheinende Rede vom Wolkenkratzer ist in Aachen wie auch in Oviedo am Platze. Elogen zu beiden Bauten betonen jedenfalls wiederholt, dass sie mit ihrem aufwärtsstürmenden Zug dem Himmel nahe kommen.[55]

Insofern sollte neben dem naheliegenden antiken Vorbild des ab dem Jahr 609 zur Marienkirche umgewidmeten, hoch aufragenden Rundbau des Pantheon in Rom auch die auf dem Marienberg der fränkischen Stadt Würzburg, der heute noch auf gesamter Länge des Bergrückens die mächtige Festung Marienberg trägt, im Jahr 706 durch Herzog Hetan II. errichtete Marienkirche in Betracht gezogen werden. Wie in Aachen ist ein sich mit einem breiteren Sockelgeschoss und einziehendem Tambourgeschoss nach oben staffelnder Marienturm auf den höchsten Punkt einer Maria geweihten, natürlichen Erhebung gestellt.[56]

Die auf Maria übertragene Metapher „Dein Hals ist wie ein Elfenbeinturm" („Formula cervicis tibi sicut eburnea turris") aus dem Hohelied der Liebe (7,5) hat dazu beigetragen, dass Elfenbein immer schon in besonderem Maße als jungfräuliches Marienmaterial galt.

Weil aber Material und Marienikonografie derart eng aneinander gekoppelt sind, lag die Verwendung von und Inspiration durch aus der Antike überlieferte, teils pagane, teils christlich-spätantike Elfenbeinreliefs in den Marienkirchen von Aachen und Oviedo näher als bei anderen Patrozinien.

Einblick:
Elfenbein als Bildgenerator – Die Pforten der Wahrnehmung

In Aachen wie auch in Oviedo liegt eine besondere Betonung auf den Pforten ins Innere. Im Fall des Aachener Marienmünsters sind dies acht monumentale Türflügel aus Bronze. Im Fall der Marienkirche von Oviedo bilden zwei aufwendig reliefierte, über einen Meter breite steinerne Wangenreliefs links und rechts des Haupteingangs (Abb. 211), der vielleicht ursprünglich offen und nicht durch Holztüren verschlossen war, optisch einen Tunnelschacht in das dunkle Innere.

Da sich bis in Karls Zeit wahrscheinlich keine monumentalen Bronzetüren mit Löwenköpfen aus der Antike erhalten haben,[57] muss ein anderer Weg der Inspiration gefunden werden, will man nicht davon ausgehen, dass es sich um eine vollständige Neuerfindung handelt. Der mobilste und meistgenutzte Bilddatenträger im Mittelalter waren die kleinformatigen Elfenbeintafeln,[58] insbesondere die antiken Konsulardiptychen, die zu zehntausenden in Europa kursierten und sich in nahezu allen Kirchen und Klöstern als Buchdeckel, als Bestandteile des Liturgiegeräts[59] sowie in Schätzen fanden.[60]

220 Aachener Pfalzkapelle

Auf mindestens drei Arten könnten antike Löwenzieher von antiken Konsulardiptychen aus Elfenbein in das dreidimensionale Medium der Bronzetüren übergesprungen sein: Dass es in der Antike Bronzetüren mit Türziehern in Löwengestalt gab, ist über spätantike Elfenbeintafeln gesichert. Die vier von einem ehemaligen Elfenbeinkasten stammenden Täfelchen des Britischen Museums (um 420) zeigen – als früheste erhaltene Darstellung dieser Szene in der Kunstgeschichte überhaupt – die Kreuztragung Christi,[61] sodann die Kreuzigung, die zwei Frauen am Grab (nach Mt 28,1) sowie den Thomaszweifel (Abb. 221). Auf dem Panel mit den zwei Frauen und Grabwächtern, von denen der rechte in der antiken Pose des Schlafens gezeigt wird, steht der linke Türflügel des Grabzentralbaus fast bildparallel offen, wenn auch zur Hälfte abgebrochen; der rechte Flügel ist einen Spalt geöffnet. Auf diesem ist oben ein eingetieftes figürliches Relief mit der Erweckung des Lazarus, unten eine im Melancholie-Gestus des auf den Arm aufgestützten Kopfes trauernde Gestalt zu erkennen.[62] Zwischen beiden Relieffeldern ragt ein Löwenkopftürzieher mit Ring im Maul aus der glatten, vorkragenden Türoberfläche, der so groß wie das obere Relief ist. Es dürfte sich bei dem Löwenkopftürzieher kaum um eine pure Fantasie des Elfenbeinschnitzers handeln, denn derartige Türen mit der Erweckung des Lazarus als Auferstehungsmetapher existieren. Zudem ist die Größe des Löwenkopfs „realistisch" im Vergleich zur Größe der Wächter; selbst die wild abstehende Mähne des Löwen und die den Ring im geöffneten Maul haltenden Reißzähne scheinen im Vergleich mit den flachen und schematisierten Reliefs gesehene Vorbilder aufzunehmen.

Für die gerade im Vergleich zu ihrer monumentalen Größe ungewöhnlich bildlosen Aachener Bronzetüren bietet sich ein Vergleich mit einer Gruppe von Konsulardiptychen an, die in der völlig glatten Fläche ihrer von kräftigen Profilen umgebenen Hochrechtecke Löwenköpfe *en face* (Abb. 222 häufig in vegetabilen Ornamentrahmen zeigen, sodass sich mit den wild abstehenden Akanthusblättern beinahe der Eindruck von apotropäischen Gorgonenhäuptern einstellen kann.[63] Aber auch der die Schrift in der Mitte der Tafel rahmende Kreis aus Palmetten könnte in seiner klassizistischen Perfektion diejenigen der heutigen Aachener Haupteingangstore, der sogenannten „Wolfstür", beeinflusst haben.

Numerisch die größte Menge an möglichen Vorlagenlieferanten für Löwenkopftürzieher an Bronzetüren bieten die während des gesamten Mittelalters hindurch besonders zahlreich erhaltenen figürlichen Konsulardiptychen. So sitzt beispielsweise auf dem nach dem Stifter benannten Areobindus-Diptychon (Abb. 223) aus dem Jahr 506 der reich gekleidete Konsul auf einem aufwendig beschnitzten Thron.[64] Die mit Edelsteinen verzierte Thronbank wird von mächtigen Löwenpranken sowie von zwei kleineren Löwenköpfen getragen, die mit ihren leicht geöffneten Mäulern und langen Zähnen wohl metallisch zu denkende Ringe halten. Neben dem Fakt, dass es derartige Thronbänke, die zudem in diesem Fall an beiden Seiten von Viktorien bekrönt werden, die offenbar Bilder des Konsuls über ihren Köpfen hochhalten, in der Antike gab, spielt sicher ein inhaltlicher Faktor eine wesentliche Rolle für den christlichen Konsul: Der im Alten Testament plastisch beschriebene Thron Salomos aus Gold

221 Elfenbeinrelief mit Heiligem Grabturm, Rom, um 420. London, British Museum

222 Konsulardiptychon des Justinian, Konstantinopel, 521. Mailand, Museo del Castello Sforzesco

und Elfenbein (1 Kön 10,18–20), der *Sedes Sapientiae*, wies ebenfalls Löwen als Zeichen von Stärke und Klugheit auf. Areobindus ist im Begriff, durch den Wurf des *Mappa*-Sandsäckchens in die Arena, die von ihm finanzierten Zirkusspiele in der Szenerie darunter zu eröffnen.

Die auf den ersten Blick abwegig anmutende Vorstellung, dass Werke der Kleinkunst, noch dazu aus einem völlig anderen Material, monumentale Gusswerke wie Türen beeinflusst haben sollen, bewahrheitet sich in der Palastkirche von Oviedo. Dort finden sich am westlichen Haupteingang die bisher einzigen in der Kunstgeschichte nachgewiesenen Übersetzungen kleinformatiger Elfenbeintafeln in große Steinreliefs (Abb. 224 und 225),[65] die zudem die Tor-Metaphorik der sich in der Elfenbein-Arena für einen mittelalterlichen Betrachter anscheinend *ex nihilo* öffnenden Türen aufnahm (Abb. 223).

Für Salvatore Settis bilden die beiden Türwangenreliefs den Auftakt von verehrender Antikenrezeption im Mittelalter, allerdings sieht er die Hierarchie des Konsuls oben mit der *Mappa*, die er in das Gewimmel der Arena unten werfen wird, als unverstanden an und das Herrscherbild als aus Symmetriegründen mechanisch wiederholt.[66] Von dem zuletzt vorgestellten Areobindus-Diptychon mit dem Löwenkopfthron wurden tatsächlich beide Szenen gleichberechtigt als Vorlage verwendet, weil die Spiele auch ohne den *Mappa*-Wurf bereits in vollem Gange sind und eine konsekutive Abhängigkeit beider Szenen sich für den mittelalterlichen Künstler deshalb nicht herstellte; es wird zu sehen sein, dass die Vervierfachung des Konsulenbildes bewusst geschah.

Was über den Köpfen des Königs und seiner Gefährten wie Nimben mit Strahlenkränzen wirkt, sind die akkurat gekämmten Haare des Konsuls,[67] die in noch stärker stilisierter Form auch für seine Begleiter übernommen wurden. Der Adlerzepter mit figurativer Bekrönung wird zu einem dreizackartigen Langzepter, der bis auf die Fußfläche des Suppedaneums herabreicht, die Kontur des Fußschemels selbst wird im Türwangenrelief von den stark vereinfachten Löwenpranken gebildet.[68] Eine weitere solche Stilisierung bis hin zur Abstraktion bildet der markante Gewandbausch im Schoß des Konsuls, der im Steinrelief zu einer völlig isolierten Nierenform innerhalb der Figur wird, die ohne Kenntnis des Elfenbeins unerklärlich bliebe. Weil der Famulus der linken Seite seinen Kopf unübersehbar Richtung König beugt und offenbar weil das narrative reizvolle Element des Gewandraffens unüberschnitten zu sehen sein sollte, hat sich der Bildhauer von Oviedo dafür entschieden, dass Ramiro die *Mappa* bereits nach unten in die Arena wirft.

Die beiden klar differenzierten Ornamente des Prachtgewandes und die kunstvoll unter der Achsel und von hinten über die rechte Schulter geschlungene Stola – in ein Quadrat eingeschriebene Sternblüten sowie ein vexierbildhaft changierendes Geflecht aus Lanzettsternen mit Kreisen als Füllung der Zwischenräume – finden sich bereits in der malerischen Ausstattung der *Santullana* wieder; es wird aber isoliert mit den vier Lanzettblättern in der Diagonale und den vier abgerundeten in Form eines griechischen Kreuzes als besonders repräsentatives Eckmotiv verwendet, wobei der verdoppelte Profilquadratrahmen der äußere Saum der Stola ist. Aber auch in den Christusgewändern karolingischer Handschriften wie dem *Lorscher Evangeliar* (Abb. 226) wird dieses der römischen Wandmalerei entlehnte Ornament ähnlich aufgegriffen wie in

223 **Areobindus-Diptychon, Konstantinopel, 506. Sankt Petersburg, Eremitage**

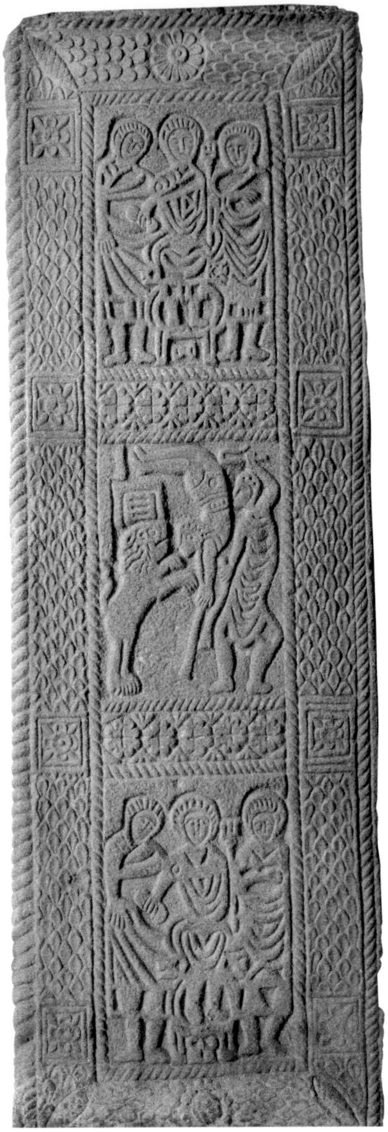

224 und 225 Reliefpfeiler am Westeingang von San Miguel de Liño in Oviedo

stark stilisierter Form an den Bronzegittern von Aachen.

Ein bisher nicht erkanntes Detail des Areobindus-Elfenbeins hingegen wird nicht auf den Türwangenreliefs zitiert, sondern zieht sich in das Innere der Aula Regia: Über ihren Köpfen tragen die verwandelten Viktorien auf der Thronbank des Konsuls je ein *Imago clipeata* (Abb. 223), ein gerahmtes Bild des Konsuls. Im Innern der Thronhalle werden die bildtragenden Viktorien in einem der steinernen Bänder über den Medaillons zu Männern, die einen Gegenstand über ihren Kopf halten (Abb. 227). Bisher wurde das auffällige Motiv des Hochhaltens eines queroblongen Gegenstandes als Elevation des Evangeliums durch die Engel der Apokalypse gedeutet, wie es ausschließlich der viel kopierte und weitverbreitete Apokalypsekommentar des Mönches Beatus von Liébana zeigt.[69] Ikonografisch ist bislang kein anderes Vorbild für dieses Motiv gefunden worden. Jedoch steht der Ableitung von Beatus-Kodizes entgegen, dass in Oviedo keine Engel dargestellt sind, vor allem aber, dass sich kein früherer Kodex als vom Ende des 9. Jahrhunderts erhalten hat. Nachdem selbst winzige und anscheinend marginale Elemente des Areobindus-Diptychons wie die Stola-Rosette oder die ineinandergeschachtelten Kästen des Dompteurs übernommen wurden (Abb. 223), erscheint es daher weitaus wahrscheinlicher, dass auch die Tafel haltenden Genien in der Königshalle dem Elfenbeinrelief entlehnt sind.

Zudem wird der auffällige, kordelartige Saum des Konsul-Gewandkragens zu den markanten Kordel-Arkadenbögen über den buchhaltenden Männern wie auch zum rahmenden Tauband-Ornament aller Tiermedaillons im Inneren der Halle.

Bemerkenswert ist die scheinbar völlige Absenz eines Herrscherbildes von Ramiro innerhalb der Palastanlage.[70] In der vierfach wiederholten und durch diese Reproduziertheit auratisierten Darstellung auf den elfenbeinernen[71] Toren des Salomonischen Tempels von Santa María del Naranco (das heutige San Miguel de Liño) hat sich jedoch eine der markantesten Herrscherinszenierungen des frühen Mittelalters erhalten. Der Herrscher war damit selbst bei körperlicher Absenz beispielsweise auf Reisen *in effigie* stets präsent,[72] und es war theologisch offenbar kein Problem, dass er vierfältig am Portal einer Kirche erscheint wie der thronende Christus der Parusie. In der Krisenzeit des mittleren 9. Jahrhunderts zeigt sich Ramiro – anders als Karl, von dem keine sicher zuschreibbaren Bildnisse existieren –, als Ikone eines Pazifikators

226 Evangelist Johannes im *Lorscher Evangeliar* (Faksimile), Hofschule Karls des Großen, um 810. Vatikanstadt, Biblioteca Apostolica Vaticana

christusgleich inmitten eines amoenischen Friedensreiches. Er herrscht wie der ebenso furchtlose wie weise König David über Menschen und wilde Tiere gleichermaßen, die in dem Thronsaal von Oviedo in großer Zahl dargestellt sind und durchgängig von dem Tauband als eine Art *Signum* und Siegel des asturischen Königreiches eingefasst werden (Abb. 228).[73]

Beide Gebäude in Oviedo werden durch das an allen Stellen vorkommende Motiv des Kordelbandes zusammengebunden. Nachdrücklich betonte der Bibeltext bei der Beschreibung des Salomonischen Tempels, der sowohl in Aachen als auch in Oviedo die biblische Referenz für die Herrschaftsbauten darstellt,[74] dass der für die gesamte Bauplastik zuständige Bronzegießer Hiram von Tyrus die Kapitelle der beiden zentralen Symbolsäulen Jachin und Boas mit explizit als textilartig benannten Kordelbändern als wichtigstem semantisiertem Ornament bekrönt und damit visuell verknüpft: „Auch machte er Geflechte [„serta quasi in modum texturae"] für die Kapitelle oben auf den Säulen, und zwar ein Geflecht für das eine und ein Geflecht für das andere" (Vulgata, Liber I Regum 7,17). Aus der Bibel wie auch aus der Antike wird in beiden Pfalzen alles zitiert, was die gesteigerten Ansprüche beider Herrscher auf eine nahtlose Fortführung der Antike zu legitimieren half.

227 Detail der Thronhalle von Santa María del Naranco in Oviedo

Ausblick: Die korrigierte Antike – Übertrumpfende Stilmischungen und Hybride als Band zwischen Aachen und Oviedo

Wenn es in dem Gedicht *Karolus Magnus et Leo Papa* über Aachen „Erblühe zu einem zweiten Rom" heißt,[75] so liegt vielleicht kein geringerer Teil der Emphase auf dem „zweiten" als auf dem Zitieren und Wiedererstehen Roms. Ein „zweites Rom" bedeutet immer auch ein verändertes Rom, und dies war Kennzeichen von Karls Antikenrezeption.[76] Nie wird bei

228 Thronhalle von Santa María del Naranco in Oviedo

ihm und in der gesamten von ihm maßgeblich geprägten Hofkunst die Antike in ehrfurchtsvoller Erstarrung unhinterfragt nur kopiert. Es findet sich in jeder karolingischen Antikenaufnahme eine Anverwandlung, eine Zutat oder eine aus Karls Sicht verbessernde und veredelnde Umformung. Die Aachener Marienkirche amalgamiert bekanntlich zahlreiche Zentralbauten der Antike;[77] mit der Erfindung des Strebepfeilers fügt sie jedoch ein ebenso unantikisches wie zukunftsträchtiges Element hinzu, das durch seine strenge Gliederung die dem Bau zugrunde liegenden Proportionssysteme sichtbar macht und den Höhenzug ins Gotische zu steigern vermag. Im Fall Oviedos verkörpert die ungemein modern anmutende Wandgliederung durch die vorgelagerten Streben die Klarheit und festgefügte *Continuatio* der Herrschaft Ramiros.

Die Ausstattungsstücke der Aachener Pfalz demonstrieren hingegen Karls Interesse an einer deutlich reformierten Antike: Der mit höchster Kunstfertigkeit gegossene Pinienzapfenbrunnen zitiert erkennbar den antiken

Pigna-Atriumsbrunnen von Alt-Sankt Peter in Rom.[78] In seiner technischen Meisterschaft der Wasserleitung kann er mit der Antike konkurrieren, übertrifft sie vielleicht.[79] Nahezu alle Brunnen und Taufbecken des anbrechenden Mittelalters aber prägt er, indem er an die Ecken der Sockelplatte die Personifikationen der vier Paradiesesflüsse hinzufügt (Abb. 229) und damit eine Ikonografie grundlegt, die kanonisch werden sollte. Während aber Euphrat, Tigris, Phison und Geon im Mittelalter fast immer bekleidet werden, sind sie im Fall Aachens antikisch nackt, ohne antik zu sein, denn die jugendlich-schmalen und gespannt sitzenden Körper haben nichts von den breit gelagerten, senioren Flussgöttern der Antike. Mit den zwischen ihren gespreizten Schenkeln anstelle des Geschlechts gehaltenen Quelltöpfen verströmen sie auf unmittelbar anschauliche Weise ihre Fruchtbarkeit, wie es auf eine erheblich abstrahiertere Art die nordalpin nicht verbreitete *Pigna* der Antike symbolisiert.

In dieser kreativen Anverwandlung der Antike wurden offenbar auch die monumentalen Aachener Bronzetore geschaffen, die ihre Inspiration einerseits über die Vermittlung von Elfenbeintafeln von antiken abstrakten Monumentaltüren beziehen, andererseits der im Mittelalter virulenten Dämonenabwehr mit der Wiederaufnahme der von nun an explizit apotropäisch gemeinten Löwenkopftürziehern Rechnung tragen.

Dieses kreative Weiterdenken der – durchaus auch heidnisch-dämonischen – Antike schuf in der Palastkirche von Oviedo mit den nachweislich aus zigfach vergrößerten Elfenbeinreliefs mit Zirkuskämpfen bestehenden Portalreliefs eine der zentralen Bildzonen des gesamten Mittelalters: das Erfolgsmodell des figürlichen Kirchenportals.

Die Pfalzen Aachen und Oviedo kommen sich hier trotz der geografischen Distanz erstaunlich nahe. Die strukturelle Assimilierung geschieht jedoch im Rahmen einer fundamental unterschiedlichen Beziehung zur Antike: in Aachen eine „moderne“ Neuschöpfung nach dem Untergang der römischen Epoche, in Oviedo ihr bruchloses Fortbestehen.

229 Detail mit der Personifikation eines Paradiesflusses am bronzenen Pinienzapfen in der Vorhalle der Aachener Pfalzkapelle

Moderne Perspektiven

Karl der Große im Langzeitgebrauch
Wie sich das alte Europa ein Vorbild schuf

Bernd Schneidmüller

Am 28. Januar 814 starb Karl der Große. Seine Vita verfasste wenige Jahre später der fränkische Gelehrte Einhard, dem wir auch die Stilisierung der berühmten Sterbeszene verdanken: „Er zog wie üblich, doch schon entkräftet vom Alter, nicht weit von seiner Pfalz Aachen auf die Jagd. Damit brachte er den Rest des Herbstes zu und kehrte um den 1. November nach Aachen zurück. Hier wollte er den Winter verbringen. Doch im Januar musste er sich, von heftigem Fieber gepackt, ins Bett legen. Sofort befahl er für sich, wie immer bei Fieber, ein Fasten, in der Annahme, durch diesen Verzicht die Krankheit meistern oder wenigstens lindern zu können. Als zum Fieber noch Seitenschmerzen kamen, er seine Hungerkur weiter fortsetzte und seinen Körper nur noch durch ganz spärliches Trinken stärkte, starb er nach Empfang der heiligen Kommunion, am siebten Tag, nachdem er sich gelegt hatte, im 72. Lebensjahr, im 47. Herrschaftsjahr, am 28. Januar in der dritten Stunde des Tages."[1]

Die *Vita Karoli Magni* Einhards war schon für den Nachfolger Karls des Großen geschrieben, als Vergewisserung und als Vorbild.[2] So ragte Karl zunächst als Textspur in die Zukunft. Später erst machte man sich auch Bilder von diesem Kaiser, dem eigentlich bildlosen, der sich uns nur in seinen Siegeln und Münzen zeigt. 814 begann die lange Geschichte jener Gedächtnisdesigns, die bis zur 1200. Wiederkehr von Karls Tod 2014 beständig anhält.

Die Erinnerungsgeschichte von 814 bis 2014, die sich mit Karl dem Großen verknüpft, mutet noch komplexer an, als es die Lebensgeschichte zwischen 747/748 und 814 ohnehin schon war.[3] Jedes Jahrhundert, ja fast jede Generation schuf sich ein neues Gedächtnis, überschrieb oder verformte die Karlsbilder und malte sie weiter. Wer diese Imaginationen studiert, begegnet weniger dem alten Kaiser als den dauernden Häutungen von Geschichte über die Jahrhunderte hinweg. Dieser Beitrag wählt aus der Fülle des Mittelalters und der frühen Neuzeit aus, um den Charme und die Flexibilität einer Hülle zu entdecken, die sich beständig neu ausfüllen ließ.[4]

Beim Rückwärtsgang durch die Geschichte begegnen wir vor allem den Kreationen Karls als einer Idealperson – seine dunkle Geschichte lassen wir hier aus. Er sollte die Nachgeborenen in immer neuen Bildern anspornen. So diente Karl als Ausgang einer Verflechtungsgeschichte von Deutschen und Franzosen.[5] Ich begnüge mich hier mit alten Beispielen, wenn ich auf den Schöpfer des römischen Kaisertums im lateinischen Europa wie auf den königlichen Vorfahren hinweise, dessen Geschlecht das „süße Frankreich" (*douce France*) des Mittelalters regierte und den französischen Königsthron bis 1848 innehatte.[6] Wie Karl der Große als Urheber regionaler Identitäten taugte, wird an zwei Beispielen gezeigt: an der von Karl gestifteten Freiheit der Friesen und an seiner einzigen heute noch lebenden Tochter, dem Fürstentum Andorra. Endlich ist auf die Erfindung des „Nullten Kreuzzugs" einzugehen, eine Fiktion, die Karl – lange vor den Orientkreuzzügen der lateinischen Christenheit seit 1096 – nach Konstantinopel und Jerusalem führte. Im Mittelalter

230 Schrein Karls des Großen, Aachen, 1182–1215. Aachen, Pfalzkapelle

erwuchs dieser Eroberungszug neben Karls historisch verbürgtem Maurenkampf in Spanien gleichsam zur Mutter aller Kreuzzüge. Für die aktuelle transkulturelle Forschung scheint die Wiederentdeckung dieser mittelalterlichen Vorbildfunktion von besonderem Reiz. Sie ging in den Instrumentalisierungen des Karolingers als Vater Europas, als Deutscher oder Franzose, als Kaiser oder König etwas unter, weil sie als historische Fiktion in den Zuständigkeitsbereich der Philologien geraten war.[7]

Der geträumte Karl

Als Ausgangspunkt unserer Zeitreise dient das berühmteste Karlsbild. Albrecht Dürer malte es – zusammen mit einem Porträt Kaiser Sigismunds – im frühen 16. Jahrhundert in der Reichsstadt Nürnberg (Abb. 231 und 232). Diese leitete ihren vornehmen Rang als Aufbewahrungsort von Reichsinsignien und Heiltümern wie als Stadt der Reichstage von kaiserlicher Fürsorge ab.[8] Dürers Bild schuf das Image eines alten Kaisers im Rauschebart, mit der oktogonalen Reichskrone auf dem Kopf, mit dem Reichsschwert in der rechten, mit dem Reichsapfel in der linken Hand. Das Adlerwappen der römischen Kaiser zur rechten, das Lilienwappen der französischen Könige zur linken Seite des Kopfs symbolisieren die doppelte Ursprungsstiftung von Kaiser- und Königtum.

„Dass Karl der Große ein Deutscher war, darüber besteht kein Zweifel, obgleich er auch über die Franzosen herrschte." Dieser Satz des 13. Jahrhunderts stammt vom Kölner Domherrn Alexander von Roes.[9] Das Heilige Römische Reich feierte im großen Karolinger den Schöpfer des mittelalterlichen Kaisertums und damit des eigenen Vorrangs in Politik und Heilsgeschichte. Von Generation zu Generation setzte sich das anachronistische Ringen um Karl den Großen oder Charlemagne fort, verband und trennte die Krieger wie die Gelehrten.[10] In der humanistischen Instrumentalisierung verschmolz der fränkische Karl mit dem römischen und dem deutschen Karl. Solche Aneignungen prägten die Erben des Karolingerreichs, erlaubten ihnen Selbstinszenierungen und Ausgrenzungen, begleiteten historische Entwürfe von Größe und Hass.

Dürers Vereinnahmung des Rauschebarts konkurrierte mit dem Charlemagne der *Chansons de geste*, der sein Lebenszentrum in der süßen *France* gefunden hatte, dem glanzvollen Zentrum von Kultur und Politik, der Heimat der fränkischen Karolinger.[11] So bot ein multipler Karl Platz für viele Sehnsüchte seiner konkurrierenden Erben, als Kaiser oder König, als Urheber von Recht und Freiheit, als Kreuzfahrer und Heidenkämpfer, je nachdem, was man aus dem Bestellkatalog der Geschichte benötigte.

In den Kontext später Aneignungen aus dem historischen Umfeld des Dürer-Bilds gehört der Traum, den Hans Luppold von Hermansgrün vor dem Wormser Reichstag von 1495 für den sächsischen Kurfürsten Friedrich III. den Weisen aufschrieb. Zwei Handschriften kennen unterschiedliche Bühnen des Geschehens, den Mauritiusdom in Magdeburg und den Markusdom in Venedig. Wir folgen hier der Münchener Handschrift, die Magdeburg als Ort des Traumbilds nannte: „Mir kam es so vor, als ob ich irgendwie in den Magdeburger Dom des hl. Mauritius versetzt wäre und alle Kurfürsten, Erzbischöfe, Erzherzöge, Bischöfe, Herzöge, Markgrafen, Botschafter der Gemeinwesen und Städte, und was es an Kraft und Macht des Römischen Reiches gibt, dort versammelt sähe. Die Versammlung bot,

wie mir schien, insgesamt den Eindruck eines großen Treffens oder Reichstages, wie wir ihn in unseren Zeitläufen oft im Reich gesehen haben; nur fehlte der Vorsitzende; ich sah nämlich weder einen Kaiser noch einen König. Aber die Menge saß aufmerksam in großer Runde da, als ob sie einem Redner zuhören wollte. In diesem Augenblick der Erwartung zeigten sich drei uralte Männer, die den Dom betraten, in mehr erhabener als menschlicher Gestalt, alle mit der Kaiserkrone geschmückt. Bei deren Erscheinen erhob sich die ganze Versammlung, beugte die Knie und senkte das Haupt, und jeder verehrte so die Ankömmlinge. Sie aber stiegen auf einen erhöhten Platz, gewissermaßen einen Ehrensitz, und ließen sich dort nieder […].“
Einer schließlich, Kaiser Friedrich, ergriff das Wort: „Ihr scheint nicht zu wissen, meine Fürsten und Ritter, von wem ihr Worte vernehmt; das verwundert mich nicht. Ihr seid ja so weit von den väterlichen Tugenden und Sitten zu Gebräuchen fremder Völker entartet, dass ihr auch uns fast zu Unbekannten geworden seid. Nur eure Stimmen und eure Sprache verstehen wir, ansonsten sind uns eure Sitten, Waffen, Gesinnungen und Kleidung fremd. Doch damit euch jeder von uns besser bekannt ist, schaut auf diese zwei uralten und heiligmäßigen Männer! Dies ist Karl der Große, jener Römische Kaiser, der durch seine bedeutenden Taten die Welt erleuchtete, das Römische Reich den Griechen entwand und es bei den Deutschen befestigte und erweiterte. Der andere, der zu seiner Rechten sitzt, ist Otto der Große Römischer Kaiser, die Zierde und der Ruhm der Deutschen, ein einzigartiger Eiferer des rechten christlichen Glaubens. Ich bin ebenfalls ein Römischer Kaiser, Friedrich II. [sic!] mit dem Beinamen Barbarossa. Ich habe das zusammenbrechende Reich der Deutschen wieder-

231 und 232 Albrecht Dürer (Werkstatt): *Karl der Große* und *Sigismund*, Nürnberg, 1514. Berlin, Deutsches Historisches Museum

233 Krönung Karls des Großen zum fränkischen König 768 in den *Grandes Chroniques de France*, Saint-Denis, um 1375–1380. Paris, Bibliothèque nationale de France

hergestellt; dabei habe ich die Verächter und Feinde des Römischen Reiches in die Flucht geschlagen, zerstreut, besiegt und die siegreichen Adler[standarten] zu Lande und zu Wasser über den ganzen Weltkreis getragen."[12] Dieser historischen Meistererzählung von den Kaisern der Deutschen stand jener Charlemagne gegenüber, dem seine Heimat in der Île-de-France zum Zentrum eines rastlosen Herrscherlebens wurde (Abb. 233). Ihm galten das *Rolandslied* und ein beträchtlicher Teil der *Chansons de geste*. In den Geschichtserzählungen des Westens träumten auch die französischen Könige von Karl. Giraldus Cambrensis überlieferte die Anekdote, dass König Philipp II. Augustus sinniert habe: Würde es ihm oder einem seiner Nachfolger vergönnt sein, das Königreich Frankreich noch einmal in jenem Umfang herzustellen, den es einst unter Karl dem Großen besaß? Philipps Sohn, der spätere König Ludwig VIII., wurde jedenfalls mit einem Fürstenspiegel erzogen, der den bezeichnenden Namen „Karolinus" trug.[13] Damals entstand die Lehre von der Rückkehr des französischen Königtums zum Blut Karls des Großen. Sie heilte den dynastischen Bruch von 987, als die Kapetinger den Karolingern das Königtum geraubt hatten, durch eine späte Heirat. König Philipp II. Augustus nahm mit Elisabeth von Hennegau eine Nachfahrin Karls des Großen zur Frau, die ihr Karolingerblut an alle Nachfahren auf dem französischen Thron bis 1848 weitergab. Diese „Rückkehr des Königreichs Frankreich zum Geschlecht Karls des Großen" wurde zum Pfeiler des französischen Geschichtsbewusstseins.[14] Stets aktualisierte man die Herkunftslinien französischer Könige bis zu Karl dem Großen, bis zu Chlodwig als dem ersten christlichen Frankenkönig und bis zu den trojanischen Anfängen zurück. So erwuchs Karl der Große zum Bindeglied dynastischer Kontinuität über die Jahrtausende hinweg.[15]

Doch Karl wurde hier nur zum großen Vorbild, nicht zum Schöpfer der Institution, wie das im Heiligen Römischen Reich mit dem Kaisertum der Fall war. So nützte er seinen französischen Nachfolgern als idealer Vorfahr, seinen römisch-deutschen als idealer Vorgänger. Bis zum Ende des Heiligen Römischen Reichs 1806 betrachtete man die Insignien und Rituale des Kaisertums als Schöpfungen

Karls des Großen, auch wenn Kritiker längst das exakte Alter von Krone oder Gewändern in Zweifel zogen.[16]

Berühmt ist der Spott des Ritters Karl Heinrich von Lang aus dem 19. Jahrhundert über die Frankfurter Kaiserkrönung: „Der Kaiserornat sah aus, als wär' er auf dem Trödelmarkt zusammengekauft, die kaiserliche Krone aber, als hätte sie der allerungeschickteste Kupferschmied zusammengeschmiedet und mit Kieselstein und Glasscherben besetzt, auf dem angeblichen Schwert Karls des Großen war ein Löwe mit dem böhmischen Wappen. Die herabwürdigenden Zeremonien, nach welchen der Kaiser alle Augenblicke vom Stuhl herab und hinauf, hinauf und herab sich ankleiden und auskleiden, einschmieren und wieder abwischen lassen, sich vor den Bischofsmützen mit Händen und Füßen ausgestreckt auf die Erde werfen und liegenbleiben musste, waren in der Hauptsache ganz dieselben, womit der gemeinste Mönch in jedem Bettelkloster eingekleidet wird. Am possierlichsten war es, als eine Bischofsmütze im lieblichsten Nasentone und lateinisch zur Orgel hinaus intonierte, ob sie da oben nun wirklich den *Serenissimum Dominum, Dominum Leopoldum* wollten *in regem suum habere*, worauf der bejahende Chorregent gewaltig mit dem Kopfe schüttelte, seinen Fiedelbogen greulich auf- und niederschwenkte, die Chorjungfern und Singknaben aber im höchsten Diskant herunterriefen: *fiat! fiat! fiat!* Sowie also vonseiten dieser kleinen Herrschaft nichts mehr entgegenzustehen schien, ging's nun mit der Krone eilends auf das kaiserliche Haupt, vom Empor aber mit Heerpauken und Trompeten donnernd herab: Haderipump! Haderipump! Pump! Pump! [...] Von der Kirche aus nahm der Kaiser in seinem abgeschabten Mantel in langer, aber etwas eilig drängender, daher auch krummer und verwirrter Prozession seinen Zug auf das Rathaus zurück. Er ging in seinen alten Kaiserpantoffeln über gelegte Bretter, die man mit rotem Tuche bedeckte, welches aber die gemeinen Leute auf dem Boden kniend und mit Messern in den Händen hart hinter seinen Fersen herunterschnitten und zum Teil so gewaltsam in Fetzen herunterrissen, dass sie den vorn laufenden Kaiser beinahe damit niederwarfen."[17]

1806 kam die Kontinuität des Kaisertums ans Ende, um bald anderen Sehnsüchten nach Karl Platz zu machen. In der mittelalterlichen Konkurrenz seiner Erben in Frankreich oder Deutschland wurde der Karolinger aufgespalten, was sich in der Verehrung des kaiserlichen Körpers oder in der Idee einer transpersonalen Dynastie unterschiedlich manifestierte.

In Aachen zeigte die Inbesitznahme des Karlsthrons seit der Krönung Ottos des Großen 936 den legitimen Herrscher an. Dann benutzten drei römische Kaiser Karls Gebeine in Aachen zur eigenen Herrschaftslegitimation. Im Jahr 1000 ließ Otto III. nach langem Zug von Italien über Gnesen nach Aachen die Karlsgruft öffnen (Abb. 234). Darüber erzählte die Chronik des Klosters Novalesa im Piemont: „Nach vielen Jahren kam Kaiser Otto III. in die Gegend, wo Karls Leichnam geziemend begraben ruhte. An den Ort des Begräbnisses stieg er zusammen mit zwei Bischöfen und dem Grafen Otto von Lomello hinab. Der Kaiser selbst war der vierte. Jener Graf erzählte die Sache folgendermaßen: Wir traten bei Karl ein. Er lag nämlich nicht, wie üblicherweise die Leiber anderer Verstorbener, sondern er saß wie lebendig auf einem Thron, war mit einer goldenen Krone gekrönt, hielt das Zepter in den Händen mit angezogenen Handschuhen, durch die bereits die Finger-

234 **Wilhelm Kaulbach: *Otto III. in der Gruft Karls des Großen*, Nürnberg, 1859 (Fresko heute zerstört). Nürnberg, Germanisches Nationalmuseum**

nägel durchbohrend herausgewachsen waren. Über ihm war ein aus Kalk und Marmor ziemlich gut gebautes Gewölbe. Wir beschädigten es beim Hinkommen, indem wir ein Loch hineinbrachen. Als wir dann zu ihm eintraten, nahmen wir einen sehr starken Geruch wahr. Mit gebeugten Knien richteten wir sofort ein Gebet an ihn. Kaiser Otto bekleidete ihn dann mit weißen Gewändern, beschnitt ihm die Nägel und stellte alles Abgefallene um ihn wieder her. Nichts von seinen Gliedern war bis dahin durch Verwesung vernichtet, nur von seiner Nasenspitze fehlte ein wenig. Sie ließ der Kaiser sogleich aus Gold ergänzen und ging dann weg, nachdem er aus [Karls] Mund einen Zahn gezogen und das Gewölbe wieder hatte herstellen lassen."[18]

Ob hier schon die heiligmäßige Verehrung intendiert war, wird in der neueren Forschung kontrovers diskutiert.[19] 1165 erlangte Kaiser Friedrich I. Barbarossa – gewiss auf massives Betreiben des Aachener Stiftskapitels – von seinem Papst Paschalis III. die Kanonisationsurkunde, die Karl den Großen in den Heiligenhimmel erhob. Persönlich trug der Staufer bei der Erhebung die heiligen Gebeine und befestigte damit für alle sichtbar seine Idee des Heiligen Reichs (*sacrum imperium*).[20] Barbarossas Enkel Friedrich II. legte 1215 ein zweites Mal Hand an (Abb. 230). Nach seiner gewaltsamen Durchsetzung im Reich verschloss er den Schrein des heiligen Kaisers mit einem Hammerschlag und legte dabei – in der Nachfolge Karls des Großen wie Friedrichs I. – ein Kreuzzugsversprechen ab.[21]

Den französischen Königen fehlten Grab und Leib Karls des Großen. Sie ersetzten die Lücke durch eine dynastische Langzeitidee. König

Ludwig IX. der Heilige schuf eine neue Ordnung in der Königsgrablege von Saint-Denis, die der Abfolge von Merowingern, Karolingern und Kapetingern sinnfälligen Ausdruck verlieh. Vom Hauptaltar aus gesehen lagen links die Gräber von Merowingern und Karolingern, rechts die der Robertiner und Kapetinger. Dazwischen befanden sich die Grabstätten Philipps II. und Ludwigs VIII. als jene Bindeglieder, welche die Rückkehr des Königreichs Frankreich zum Geschlecht Karls des Großen realisiert hatten.[22]

Der gefälschte Karl

Die Attraktivität Karls des Großen für die Nachgeborenen lässt sich an der hohen Zahl der Fälschungen und Verfälschungen von Urkunden ablesen, die unter Karls Namen fabriziert wurden. Eine von Dieter Hägermann publizierte Übersicht macht deutlich: Von 262 Urkunden aus der Ausgabe der *Monumenta Germaniae Historica* sind 104 Stücke gefälscht oder von zweifelhafter Geltung. 23 Stücke sind als vermeintliche Originale in die Neuzeit gekommen. Es gibt nicht viele historische Persönlichkeiten, die sich einer solchen Karriere erfreuten. Hägermanns Statistik verdeutlicht Karls Konjunkturen bei den späteren Fälschern. Zwei Drittel der 104 Urkunden, also 40 beziehungsweise 45, entstanden im 11. und 12. Jahrhundert, jener Epoche der besonderen Rückbesinnung auf den Karolinger. 10 beziehungsweise 13 Fälschungen entstanden im 10., 6 beziehungsweise 9 im 9. Jahrhundert, im Spätmittelalter dann noch einmal 10. Nicht immer ließen die Fälscherinnen oder Fälscher ihrer Fantasie freien Lauf, benutzten bisweilen echte Urkunden Karls des Großen, stellten sie bei Verlust wieder her oder ergänzten die ersehnten Privilegierungen. Unter den Fälscherlandschaften ragte das fränkische Kerngebiet zwischen Loire und Rhein hervor; doch auch im Land südlich der Loire, östlich des Rheins oder in Italien benutzte man Karls Autorität. Frei erfundene Fälschungen geben wichtige Einblicke in kreative Fantasien des Mittelalters.[23]

Zwei Beispiele von den Rändern des Frankenreichs sollen das erläutern. Friesische Rechtstexte leiteten im Hochmittelalter die eigene Freiheit und Unabhängigkeit wiederholt von Karl dem Großen ab. Als Lohn für herausragende Tapferkeit in Karls Heer nahmen die Friesen kein Gold, sondern ließen sich Freiheit verbriefen: keine Unterwerfung unter auswärtige Herren, keine Abgabenpflicht, begrenzte Heerfolge nur zur Verteidigung der eigenen Heimat – im Osten bis zur Weser, im Westen bis zur Flie, auf dass der friesische Krieger bald wieder nach Hause zurückkehren konnte. Aus solchen Wünschen entstand im 13. Jahrhundert ein vermeintliches Privileg Karls des Großen, das 1479 in einer echten Kaiserurkunde Friedrichs III. bestätigt wurde: Friesische Tapferkeit, so der Urkundentext, hätte gegen die Sachsen und vor Rom die Freiheit von Abgaben und von nicht selbst gewählten Herren erkämpft. Dafür dürften sich die Friesen ihre *consules* frei küren, diese wiederum einen Machthaber erheben. Dieser *potestas Frisie* konnte die Befähigten und Willigen zu Rittern schlagen, nach Art der Ritter des Königreichs Frankreich. Die Interessen sind deutlich, weil hier Wege zur spätmittelalterlichen Häuptlingsherrschaft und zur endlichen Feudalisierung Ostfrieslands gewiesen werden.[24]

Auch am südlichen Ende des Frankenreichs benutzte man Karl den Großen und seinen Sohn Ludwig den Frommen als Stifter eigener Freiheit. Eine angebliche Originalurkunde, die freilich erst im 11. Jahrhundert entstand,

235 Karl der Große als Kreuzfahrer beim Töten von Sarazenen in den *Grandes Chroniques de France*, Saint-Denis, um 1375–1380. Paris, Bibliothèque nationale de France

gewährte den Menschen im Tal von Andorra den eigenen Besitz, das Recht zur Grafenwahl, die Freiheit von Abgaben und eigene Gerichtsbarkeit. An der damaligen Grenze zum maurischen Spanien förderte das vermeintliche karolingische Handeln eine Selbstvergewisserung, die anhält. Als einziges Land Europas führt sich das nur 468 Quadratkilometer große Fürstentum Andorra bis heute in der Nationalhymne dezidiert auf Karl den Großen zurück: „Der erhabene Karl der Große befreite mich von den Mauren [...]. Ich allein bleibe die einzige Tochter Karls des Großen. Gläubig und frei, elf Jahrhunderte lang, gläubig und frei will ich sein zwischen meinen beiden tapferen Vormunden und meinen beiden mich schützenden Fürsten."[25]

Der erfundene Karl

Seit dem 10. Jahrhundert erzählten die Quellen von einem Orientkreuzzug Karls des Großen nach Konstantinopel und Jerusalem. Nikolas Jaspert sprach diese Erfindung als einen „nullten Kreuzzug" vor dem ersten an.[26] Er stand – drei Jahrhunderte vor den wirklichen Orientkreuzzügen der lateinischen Christenheit – neben dem historisch verbürgten Heidenkampf des Karolingers gegen die Sachsen im Norden und gegen die Muslime im maurischen Spanien. Dem Feldzug über die Pyrenäen galt seit dem endenden 11. Jahrhundert das Interesse des altfranzösischen *Rolandslieds* und nachfolgender Dichtungen. Das Europa der Kreuzfahrer schuf sich seinen Karl als Kämpfer gegen die Muslime, in Spa-

236 **Karl der Große beim Empfang eines Nagels vom Kreuz Christi in den *Grandes Chroniques de France*, Saint-Denis, um 1375–1380. Paris, Bibliothèque nationale de France**

nien wie in Palästina.[27] Während der Gesandtenaustausch der Karolinger mit den Abbasiden und den Patriarchen von Jerusalem sowie die Schutzfunktion des Frankenherrschers für die östliche Christenheit neuerdings gut erforscht sind,[28] überließ die Geschichtswissenschaft Karls Orientkreuzzug als bloße Fiktion den Literaturwissenschaften. Dabei sind die (falschen) Nachrichten in lateinischen wie volkssprachlichen Quellen seit dem 10. Jahrhundert so breit überliefert, dass Karls Reise nach Konstantinopel und Jerusalem zum handlungsleitenden Wissen des Hoch- und Spätmittelalters gehört (Abb. 235).
Noch vor dem Ersten Kreuzzug von 1096 bis 1099 wurde Karls Orientreise in drei unabhängigen Quellen des 10. und 11. Jahrhunderts aus Mittelitalien, Nordfrankreich und Südfrankreich bezeugt. Das Interesse der geistlichen Chronisten erwuchs aus dem Wunsch, kostbare Reliquien des eigenen Klosters als Stiftungen und Mitbringsel Karls aus dem Osten zu legitimieren.
Die kaum rezipierte und nur in einer Handschrift erhaltene Chronik des Benedikt von Sankt Andreas aus dem letzten Drittel des 10. Jahrhunderts lässt den Karolinger zunächst durch Kalabrien zur Küste ziehen, um für sein großes Heer Brücken über das Meer zu errichten. Als Freund des Kalifen „Aaron" (das ist Hārūn ar-Rašīd) kam Karl nach Jerusalem ans Grab des Herrn, ehrte es mit Gold, Edelsteinen und einer prachtvollen goldenen Fahne. Mit Hārūn reiste Karl nach Alexandria

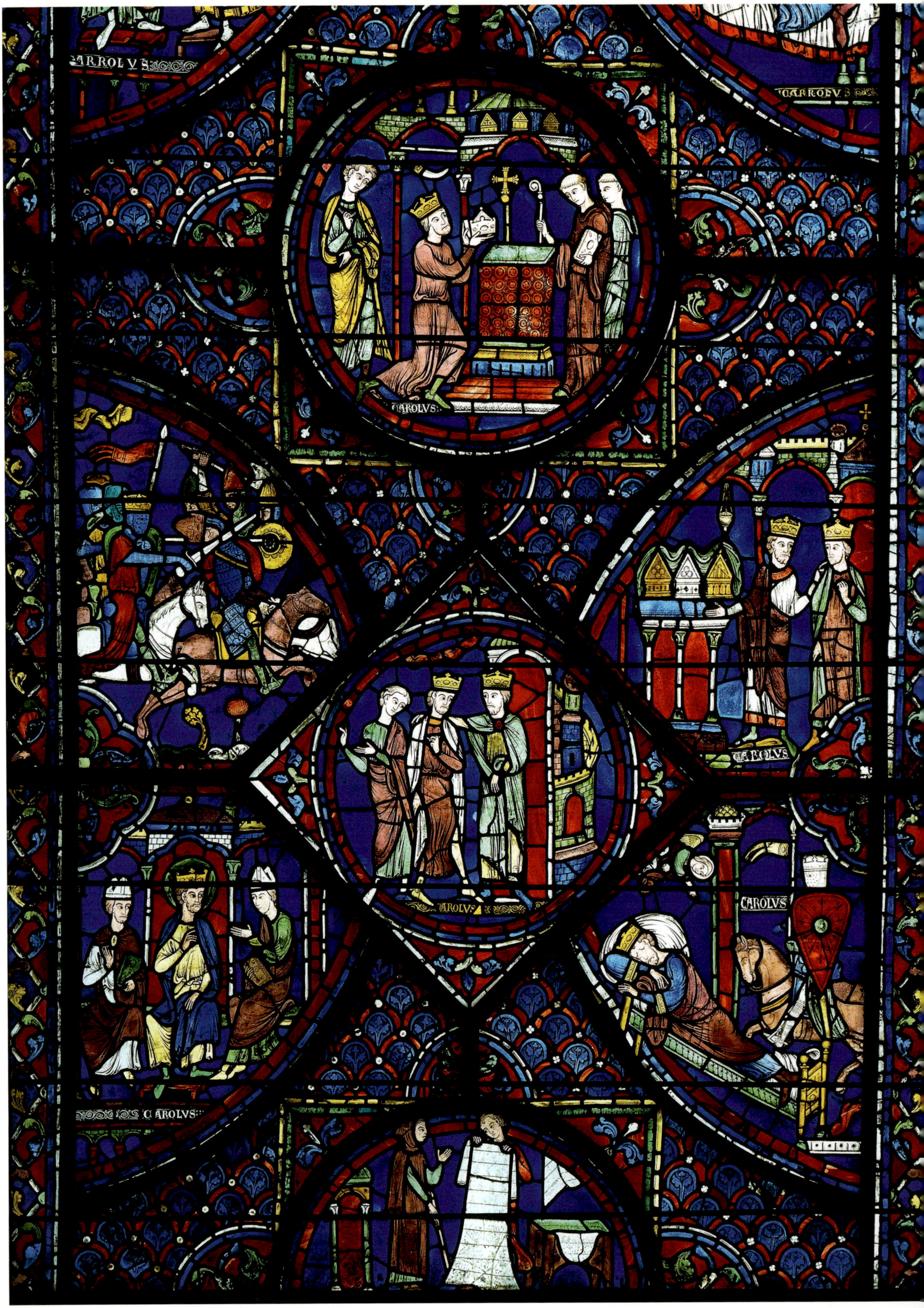
CARROLVS
CAROLVS
CAROLVS
CAROLVS
CAROLVS
CAROLVS

237 Karl der Große als Kreuzfahrer gegen die Muslime, Chartres, 13. Jahrhundert. Chartres, Kathedrale

und dann – vom Kalifen reich durch Geschenke, Gewänder und Gewürze geehrt – allein über Antiochia nach Konstantinopel. Hier erhielt er die kostbaren Reliquien des heiligen Andreas, die dann ans Kloster am Monte Soratte kamen.[29]

Um Reliquien ging es auch in der berühmten *Beschreibung, wie Karl der Große den Nagel und die Krone des Herrn von Konstantinopel nach Aachen brachte und wie Karl der Kahle dies nach Saint-Denis überführte*. Entstanden vielleicht um 1054 in Saint-Denis,[30] bezeugte die Schrift die Authentizität der kostbaren Klosterreliquien aus dem Handeln zweier karolingischer Kaiser. Karl der Große sei nach einem Hilferuf des Patriarchen von Jerusalem mit Heeresmacht über Konstantinopel ins Heilige Land gezogen und habe dort Jerusalem befreit. Zum Dank erhielt er kostbare Reliquien, die er nach Aachen stiftete. Sein Enkel Karl der Kahle überführte Teile der Dornenkrone und einen Nagel vom Kreuz Christi später nach Saint-Denis.[31] Diese Geschichte wurde nach ihrer Übersetzung ins Altfranzösische breit rezipiert und illuminiert (Abb. 236).[32]

Nimmt man noch die Erzählung vom Orientzug Karls des Großen aus dem Kloster Charroux im Poitou hinzu,[33] so entdecken wir ein beachtliches Tableau lateinischer Erinnerung, die in der späteren Kreuzzugsgeschichtsschreibung noch ausgefaltet wurde. Guido von Bazoches zählte den Kreuzzug der Jahre 1096 bis 1099 ins Heilige Land als zweite „expeditio", weil Karl der Große ja die erste durchgeführt habe.[34] Robert, Mönch in Saint-Remi vor Reims, wusste, dass die Kreuzfahrerheere Karls Weg nach Konstantinopel folgten.[35] Im 13. Jahrhundert widmete sich ein großartiges Fensterprogramm in der Kathedrale von Chartres Karl dem Großen als Bekämpfer der Muslime (Abb. 237).

In diese Linie gehören sowohl das Aachener Kreuzzugsversprechen Friedrichs II. am Reliquienschrein Karls das Großen als auch die spätmittelalterlichen Aufrufe zur Befreiung des Heiligen Lands, die auf karolingische Traditionen verwiesen. Autoren wie Pierre Dubois, Marino Sanudo oder Philippe de Mézières lobten nach dem endgültigen Untergang der Kreuzfahrerreiche 1291 den Orientkreuzzug Karls des Großen als leuchtendes Vorbild und forderten ihre Zeitgenossen zur erneuten Befreiung der heiligen christlichen Stätten von muslimischer Herrschaft auf.[36]

Wie präsent der große Karolinger als Begründer der Kreuzfahrerherrschaft im Heiligen Land blieb, zeigt die bis 1296 reichende Weltchronik des Jacopo d'Acqui. Sie erklärt den Gebrauch des Französischen (*lingua gallica*) in Akkon durch die anhaltende Präsenz jener Adelsfamilien, die bereits mit Karl dem Großen ins Land gekommen seien.[37]

Auch wenn all das nur erfunden war, bewegte der breite Strom historischen Erzählens von Karls Reise nach Konstantinopel und Jerusalem im Mittelalter das lateinische Europa weitaus stärker als die marginalen Worte vom Vater Europas oder vom Leuchtturm Europas,[38] die wir heute so gerne zitieren. Der Karolinger war im Mittelalter nicht nur Garant kaiserlicher oder königlicher Legitimität, Garant friesischer oder andorranischer Freiheit, Garant deutscher oder französischer Würde. Er wurde vor allem auch zum Vater der Orientkreuzzüge stilisiert. Wir sollten das bei unseren neuesten Verformungen nicht vergessen, wenn wir uns den Kaiser der Pluralitäten, den Kaiser der Wissensgesellschaft oder den Kaiser der transkulturellen Verflechtungen herbeiforschen. Im Langzeitgebrauch wird Karl der Große auch noch diese Vorbildfunktionen überleben.

Karl der Große und Europa

Rudolf Schieffer

Karl den Großen als Leitbild, als Vorläufer, als Wegbereiter eines geeinten Europa einzuschätzen, dürfte derzeit die geläufigste Assoziation sein, die sich bei der öffentlichen Erinnerung an den ersten Kaiser des lateinischen Mittelalters einstellt.[1] Und das nicht allein hierzulande, wie man rund um das Jahr 2000 beobachten konnte, als aus Anlass des Jubiläums seiner Kaiserkrönung Ausstellungen nicht bloß in Paderborn, Rom und Aachen, sondern auch in Barcelona, Brescia, York und Split stattfanden und Karl dabei nirgends für eine nationale Tradition in Anspruch genommen wurde.[2] Dass er einem Zeitalter angehört, das vor allen nationalen Differenzierungen späterer Jahrhunderte auf unserem Kontinent lag, gilt heute in der internationalen Forschung als ausgemacht. Allerdings ist dieser Konsens relativ jung, denn noch die erste Hälfte des 20. Jahrhunderts hat ebenso lebhaften wie fruchtlosen Streit darüber erlebt, ob Karl eher Deutscher oder Franzose gewesen sei.[3] Erst die auf zwei Weltkriege reagierende europäische Einigungsbewegung, eine der großen politischen Ideen des vorigen Jahrhunderts, hat nach 1945 einer neuen Sicht den Weg geebnet, die weniger die Unterschiede als die gemeinsamen Wurzeln der lange verfeindeten Völker in den Vordergrund rückte. Dabei geriet mit einer gewissen Notwendigkeit Karl der Große ins Visier, den bereits das Mittelalter als eine vieles verbindende Gründergestalt betrachtet hat.[4] Schon 1949 wurde in Aachen, wo der Kaiser starb und begraben liegt, ein Internationaler Karlspreis für Verdienste um die europäische Verständigung gestiftet (Abb. 241).[5] Und als die Römischen Verträge 1957 eine Europäische Wirtschaftsgemeinschaft schufen, zu der sich die Beneluxstaaten, Frankreich, Italien und die damalige Bundesrepublik, ostwärts abgegrenzt durch Unterelbe und Böhmerwald, zusammenschlossen, glich ihr Kartenbild, wenn man die Schweiz und Österreich großzügig einbezog, in verblüffender Weise dem fränkisch-römischen Imperium Karls des Großen und ließ im politischen Meinungsstreit die Floskel von der „karolingischen Vision" aufkommen (Abb. 242).[6] Ganz in diesem Sinne wurde 1965 wiederum in Aachen eine der frühesten Europarats-Ausstellungen mit dem Thema *Karl der Große – Werk und Wirkung* veranstaltet (Abb. 239),[7] und seither hat sich die Vorstellung von Karls europäischer Bedeutung nur noch weiter verfestigt.

Wir wissen heute, dass diese Wende in der geschichtlichen Einordnung des Kaisers eine von der Nachkriegsgeneration gern verdrängte Vorstufe in der NS-Propaganda während des Zweiten Weltkrieges gehabt hat. Nachdem Karl der Große im „Dritten Reich" bald als „Sachsenschlächter" geschmäht, bald wegen seiner „germanischen Art" gerühmt worden war, musste er seit 1940 zur historischen Legitimierung der europäischen Hegemonialstellung herhalten, die das Regime im Rausch der frühen Waffenerfolge als sein Kriegsziel zu befestigen suchte (Abb. 238 und 240).[8] Neben den geschichtspolitischen Bemühungen um eine breitere Öffentlichkeit, die nach 1945 erst einmal für den Europagedanken gewonnen werden musste (und vielleicht immer

239 Cover des Begleitbuchs zur Ausstellung *Karl der Große: Werk und Wirkung* unter den Auspizien des Europarates in Aachen im Jahr 1965

238 Karl der Große zu Pferd auf dem Umzug zum *Tag der Deutschen Kunst* in München im Jahr 1937. Berlin, Deutsches Historisches Museum

240 **Statuette Karls des Großen im Katalog zur Ausstellung *Deutsche Größe* in München im Jahr 1940**

neu gewonnen werden muss), setzte alsbald und zumal in Deutschland eine intensive historische Forschung ein, die den konkreten Erscheinungsformen von europäischem Bewusstsein in älterer und neuerer Zeit auf den Grund ging.[9] Die ausgiebigen Quellenstudien waren von dem mehr oder minder eingestandenen Wunsch geleitet, den massiven Zeugnissen nationalen, aber auch regionalen Denkens und Handelns wenigstens eine gewisse Kontinuität des europäischen Horizonts gegenüberstellen zu können.[10] Gemessen an diesem Maßstab, ist das Ergebnis zumindest für das Mittelalter ziemlich ernüchternd ausgefallen, denn es finden sich zwar in allen Jahrhunderten Belege für den Raumbegriff Europa, schon weil es sich um einen der drei Erdteile im geografischen Weltbild der Antike und damit um einen jederzeit abrufbaren Wissensbestand der mittelalterlichen Gelehrten handelte, doch bleiben die Erwähnungen relativ spärlich und bis zur Konfrontation mit den Türken im 15. Jahrhundert ohne spezifische politische Kontur.[11]

Raumbegriff Europa

Um es gleich an Karl dem Großen zu exemplifizieren: Viel moderne Beachtung hat gefunden, dass er in einem Lobgedicht aus seinen Kaiserjahren als „Vater Europas" (*pater Europae*) gerühmt wird.[12] Der unbekannte, gewiss hofnahe Dichter steht dabei mit seiner Wortwahl keineswegs allein, denn bei näherer Durchsicht der zeitgenössischen Quellen sind auch Belege dafür gefunden worden, dass der Karolinger als „Ruhm des Reiches Europa" (*gloria regni Europae*),[13] als „verehrungswürdige Zier Europas" (*Europae venerandus apex*) oder auch bildhaft als „ehrwürdiger Leuchtturm Europas" (*Europae veneranda pharus*)[14] gepriesen worden ist. Das klingt auf Anhieb beachtlich, doch ist gebührend in Rechnung zu stellen, dass diese Äußerungen allesamt der literarischen Sphäre entstammen und keinerlei Entsprechung in der amtlich-offiziellen Diktion der Urkunden und Rechtstexte haben, wo Karls Herrschaft nirgends auf „Europa" bezogen wurde. Die räumlichen Dimensionen, in denen sich Karls geschichtliches Wirken mit erkennbarer Bewusstheit abspielte, waren (1.) das Frankenreich, das zunehmend als Reich aus vielen Völkern empfunden wurde,[15] ferner (2.) das römische Imperium, das durch die Kaiserkrönung von 800 in gewandelter Form zu neuem Leben erweckt wurde und mit dem nie untergegangenen östlichen Römerreich der Byzantiner gleichen Rang beanspruchte,[16] schließlich (3.) die Christenheit, zumindest deren westliche Hemisphäre, für deren oberste Leitung sich der König seit den 790er-Jahren verantwortlich glaubte, auch wenn deren Radius noch ein Stück weit über die Grenzen seines stark gewachsenen Frankenreiches hinauswies.[17] In den gelegentlichen Dichterzitaten, die ihn emphatisch mit Europa in Beziehung setzen, artikuliert sich somit ein eher instinktives Gefühl dafür, dass Erfolg und Wirkung dieses Herrschers nicht mehr im herkömmlichen Rahmen der Geschichte einzelner Völker wie etwa des fränkischen zu fassen waren, sondern viel

241 **Medaille zum Internationalen Karlspreis zu Aachen**

größere, freilich nicht exakt bestimmbare Dimensionen aufwiesen.
Denn was mag der Erdteil Europa für die karolingischen Literaten gewesen sein? Sicher scheint allenfalls, dass Rom und Italien wie auch das auf dem Boden Galliens groß gewordene Frankenreich dazugehörten, während wie in der Antike der Orient und die südliche Gegenküste des Mittelmeers, mittlerweile fest in muslimischer Hand, abseits standen. Was sonst noch zu Europa gehörte, hing sehr vom jeweiligen Betrachter ab. So hatten sich bis zur Zeit Karls um 800 die beiden großen Inseln des Nordwestens, Britannien und Irland, nachdrücklich ins allgemeine Bewusstsein geschoben, wohingegen die seit dem frühen 8. Jahrhundert islamisch beherrschte Iberische Halbinsel (bis auf ihren äußersten Norden) eher den Blicken entschwand und vollends die Kenntnis davon abhanden kam, dass es einst Griechenland gewesen war, wo zuerst der Raumbegriff Europa der eigenen Abgrenzung gegenüber den östlicheren Weltgegenden gedient hatte. Gänzlich ungewiss war die Erstreckung Europas nach Norden hin, wo man Skandinavien in antiker Tradition für eine große Insel hielt,[18] und überdies in die Weiten des Ostens hinein, wo sich Völker slawischer Sprache ausgebreitet hatten, aber von Zeit zu Zeit auch ungestüme Eroberer asiatischer Herkunft wie die Awaren oder später die Ungarn hervorbrachen, die dann „Europa" in Angst und Schrecken versetzten.[19]
Dass dieses ganz amorphe Weltbild Karl den Großen zu einem bedachtsamen, auf Europa

242 **Fränkisches Herrschaftsgebiet 814 und die Europäische Wirtschaftsgemeinschaft um 1957**

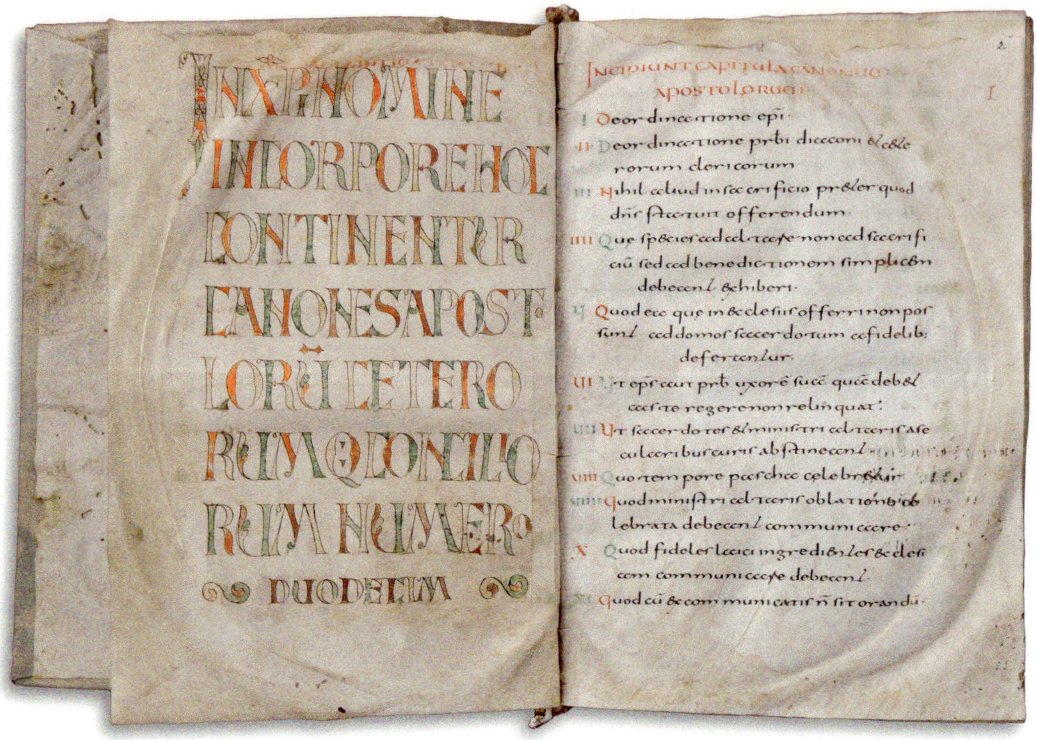

im Ganzen gerichteten politischen oder gar militärischen Handeln angeregt hätte, kann man im Einklang mit allen verfügbaren Quellen getrost ausschließen. Als er 768 seinem Vater Pippin dem Jüngeren nachfolgte und 771 im Alter von 23 Jahren durch den Tod seines Bruders zu voller Handlungsfreiheit gelangte, hat er gewiss kein durchdachtes Programm zur politischen Einigung des Kontinents, gar mit dem Fernziel einer Erneuerung des römischen Kaisertums, vor Augen gehabt. Der Gang der Ereignisse lässt vielmehr erkennen, dass er zwar von vornherein gesonnen war, dem Expansionsdrang seines Vaters, seines Großvaters und seines Urgroßvaters nachzueifern und deren Erfolge womöglich noch zu übertreffen, dass er im Einzelnen aber ganz unterschiedliche und kaum vorhersehbare Chancen nutzte.[20] In diesen (hier nicht näher zu schildernden) beständigen Kämpfen, an deren Grausamkeit es nichts zu beschönigen gibt, ging es drei Jahrzehnte lang um den Aufweis militärischer Überlegenheit, um Machtzuwachs auch für die beteiligten Großen und nicht zuletzt um möglichst reiche Beute für alle.[21] Auch die Ausbreitung des christlichen Glaubens war ein für die Integration in das Frankenreich unabdingbares und daher nicht bloß vorgeschobenes Ziel, das indes nicht losgelöst von den sonstigen Rahmenbedingungen gesehen werden darf.[22] So hat sich Karl niemals von der bloßen Existenz von Heiden in seiner Reichweite zu politisch-militärischen Anstrengungen hinreißen lassen, die sich nicht auch aus anderen Gründen empfahlen. Zur Unterwerfung (und damit notwendigerweise auch Christianisierung) der Dänen und weiterer nordischer Völker zeigte er trotz deren zeitweiliger Unterstützung des sächsischen Widerstands keinerlei Neigung.[23] Gegenüber den grenznahen Slawen an Elbe und Saale sowie in Böhmen begnügte er sich mit sporadischen Vorstößen, um sie von eigenen Raubzügen abzuschrecken, überließ sie im Übrigen aber ihren hergebrachten politischen und religiösen Ordnungen.[24] Im Verhältnis zur islamischen Welt, die, wenn auch in sich gespalten, den größeren Teil der Küsten des Mittelmeers dominierte, war es ihm spätestens nach den ganz begrenzten Erfahrungen im Nordosten der Iberischen Halbinsel keineswegs um Konfrontation zu tun, sondern um höfliche Kontakte auf weite Distanz im Zeichen der Gleichrangigkeit, wie dies im Gesandtenverkehr mit dem Kalifen Hārūn ar-Rašīd in Bagdad zum Ausdruck kam.[25] Komplizierter gestalteten sich die Beziehungen zu den christlichen Kaisern in Konstantinopel,

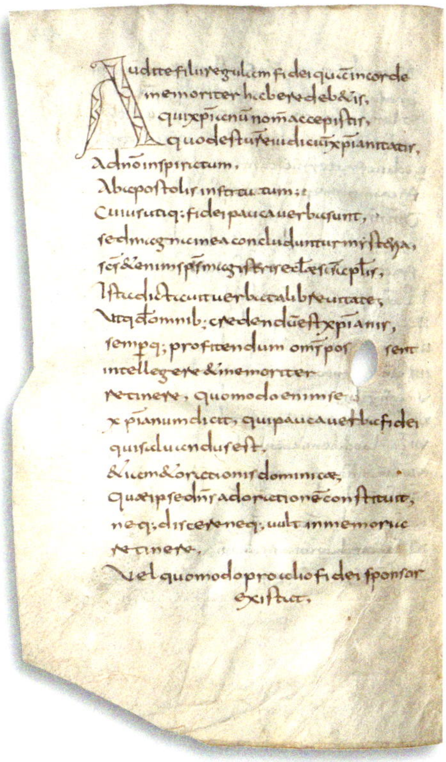

243 **Minuskeln aus den *Canones apostolorum et duodecim Conciliorum*, Reichenau (?), Anfang des 9. Jahrhunderts. Sankt Paul im Lavanttal, Stiftsbibliothek**

244 **Seite aus dem *Exhortatio ad plebem christianam*, Bayern, um 805. München, Bayerische Staatsbibliothek**

die immer leicht dem Verdacht mangelnder Rechtgläubigkeit ausgesetzt und zudem fränkischen Interessen in Italien im Wege waren.[26] Gleichwohl ist ihnen zu keiner Zeit von Karl das Existenzrecht bestritten worden, dem eben der Gedanke fernlag, eine Weltherrschaft im Namen des Frankenvolkes oder des katholischen Glaubens aufzurichten. Bei allem Tatendrang, der ihn sicherlich beseelte, wusste er sein Potenzial nüchtern einzuschätzen und wandte sich von weiterer Expansion ab, als gegen Ende der 790er-Jahre kein Ziel mehr in Sicht war, das die fränkischen Großen hätte locken können.[27]

Herrschaftsraum

Was Karl der Große bis dahin erstritten hatte, war indes bedeutsam genug und ist zu Recht als die einzige Großreichsbildung des lateinischen Mittelalters bezeichnet worden, die das Nebeneinander der aus der sogenannten Völkerwanderung hervorgegangenen Barbarenreiche größtenteils aufhob und einen geschlossenen Herrschaftsraum vom Ebro bis zum Plattensee und von der Eider bis zum Tiber entstehen ließ.[28] Immerhin hatte dieses Großfränkische Reich von 751 bis 840, also rund 90 Jahre hindurch, einen einzigen Gebieter und lag 130 Jahre lang in den Händen derselben karolingischen Herrscherdynastie, bevor es dauerhaft in gesonderte Reiche zerfiel, denen die Zukunft gehören sollte. Die Frage ist nicht, ob dies ein stecken gebliebener oder abgebrochener Versuch zur Einigung Europas war, sondern muss lauten: Was hat es im historischen Rückblick bedeutet, dass vor aller (bis heute wirksamen) nationalen Diversifizierung ein zentraler und ausgedehnter Bereich des Kontinents für mehrere Generationen einem politischen Willen unterworfen war? Damit kommt das Streben nach Vereinheitlichung des heterogenen, ziemlich rasch zusammengebrachten Großreichs zur Sprache, das in der Forschung schon Pippin dem Jüngeren, vor allem aber Karl wie auch seinem Sohn Ludwig dem Frommen (jedenfalls in dessen Anfangsjahren) zugeschrieben worden ist.[29] Tatsächlich kann auf ganz verschiedenen Lebensgebieten eine nachhaltige Umgestaltung durch innere Reformen konstatiert werden, die den Zerfall des Karlsreichs überdauert, mit der Zeit auch weitere Teile Europas (wie etwa England nach 1066, aber ebenso die Iberische Halbinsel und den Osten) erfasst hat und kennzeichnend geworden ist für die historische Physiognomie unseres Kontinents.

Freilich sind auch hierbei, soweit möglich, Intention und Wirkung zu unterscheiden.[30] So dürfte sich beispielsweise die karolingische Minuskel als vereinfachte neue Norm der lateinischen Schrift ohne jede höhere Weisung von mehreren Skriptorien aus verbreitet haben, begünstigt durch den weiträumigen Austausch innerhalb der Reichsgrenzen (und darüber hinaus) (Abb. 243 und 244).[31] Auch die Rückbesinnung auf klassische Sprachmuster des Lateins, ablesbar an der wachsenden Textproduktion im 9. Jahrhundert, folgte gewiss keiner zentralen Vorschrift, sondern resultierte aus vermehrtem Schulunterricht und dem Ausbau der Bücherbestände, was seinerseits von Karls Bildungserlassen angebahnt war.[32] Umgekehrt ist bei der Durchsetzung der Benediktregel als alleiniger Richtschnur des Mönchtums und der ergänzenden Einführung der Aachener Kanoniker- und Kanonissenregeln die dezidierte Initiative des Kaiserhofs unübersehbar, der keine administrative Mühe scheute, um seine Vorgaben überall im Reich in Schriftform zu verbreiten.[33] Schwächer ist die Quellenbasis für die Reformmaßnahmen im profanen Bereich, die primär die illiteraten Laien angingen. Die Beschränkung der verpflichtenden Gerichtstermine, die Institutionalisierung des Schöffenwesens,[34] die Ausbreitung der (im fränkischen Kernbereich schon älteren) Grafschaftsverfassung,[35] die Heeresreform mit Begrenzung der Folgepflicht für die „kleinen" Freien[36] wie auch die reichsweite Einführung des neuen schwereren Denars[37] (Abb. 245) – all dies und manches Weitere ist für uns mehr in seinen praktischen Auswirkungen als in programmatischen Äußerungen des Kaisers oder anderer Zeitgenossen fassbar. Soweit Begründungen laut werden, betreffen sie recht präzise die Bedrückung der unteren Schichten, Ungerechtigkeiten vor Gericht oder Beeinträchtigungen des Handels durch Münzvielfalt, natürlich auch störende Divergenzen in der inneren Ordnung und liturgischen Praxis der Kirche, kaum jedoch das umfassende Ziel einer allseitigen Einheit des Reiches. Wenn man sich vor Augen hält, dass Karl auch noch als Kaiser den Rechtspluralismus seiner Völker durch den Befehl zur Aufzeichnung ihrer einzelnen Rechte (*leges*) befestigte[38] und 806 für die Zeit nach seinem Tode die Aufteilung der Herrschaft unter dreien seiner Söhne vorsah[39] (wozu es nur deshalb nicht kam, weil zwei dieser Söhne vor ihm starben), dann wird deutlich, dass die Wahrung und Steigerung der Einheit, in moderner Terminologie die Integration, des Reiches an sich keine maßgebliche Leitlinie seiner Herrschaft gewesen ist. Was er in dieser Hinsicht vollbracht hat (und das war nicht wenig), müssen wir als die objektiv eingetretene Konsequenz vieler subjektiv anders begründeter Einzelentscheidungen einschätzen.

245 Denar Karls des Großen, fränkisch, vor 814. Berlin, Staatliche Museen zu Berlin – Münzkabinett

Einheitsraum Kirche

Ein durchaus anderer Befund ergibt sich erst, wenn man allein die kirchlichen Reformmaßnahmen betrachtet, die in den Verlautbarungen der Reichssynoden, aber auch in den Kapitularien breiten Raum einnehmen. Hier zeigt sich der großfränkische Herrscher besorgt um den würdigen Vollzug des Gottesdienstes, um die angemessene Bildung des Klerus, um die Beachtung des kanonischen Rechts, ja sogar um die Reinheit des Glaubens und trifft Vorkehrungen, um ein überall gleichermaßen gottgefälliges kirchliches Leben zu gewährleisten, das seinerseits als notwendige Bedingung für Bestand und Zukunft des ihm und seinen Nachkommen von Gottes Gnade verliehenen Reiches angesehen wird.[40] Hinter der Einheit der Kirche, wofür der christliche Kaiser zuständig ist, verblasst die Einheit des Reiches als eigenständige Zielbestimmung. Unter Ludwig dem Frommen, der 817 den Versuch unternahm, den Vorrang des unteilbaren Kaisertums vor den teilenden Erbansprüchen weiterer Söhne zu verordnen,[41] führte das für eine kurze Weile dazu, dass von Kirchenmännern die multiethnische Struktur des Imperiums im Namen Gottes infrage gestellt werden konnte. Erzbischof Agobard von Lyon forderte den Kaiser auf, „die Vielfalt der Volksrechte" (*diversitas legum*) zu überwinden,

246 Doppelseite aus einer Gesetzessammlung der *Lex Romana Visigothorum*, *Lex Salica*, *Lex Alamannorum*, Lyon, 794. Sankt Gallen, Stiftsbibliothek

die, wie er schrieb, nicht nur die einzelnen Regionen und Städte, sondern sogar viele Häuser zerteile und in schroffem Gegensatz zur Einheit des von Christus erlösten Menschengeschlechts stehe. Vor Gott sei kein Unterschied zwischen Aquitaniern und Langobarden, Burgundern und Alemannen, führte er in Erweiterung des paulinischen Korintherbriefs aus, der den Unterschied zwischen Juden und Heiden in der Taufe aufgehoben gesehen hatte.[42] Agobard traf sich dabei im Grundsatz mit dem Fuldaer Abt Hrabanus Maurus, von dem der Satz überliefert ist, eine Unterscheidung dürfe es nicht geben in der Vielfalt der Völker, da die eine rechtgläubige Kirche über den ganzen Erdkreis verbreitet sei.[43] Und auch an den Biografen Karls des Großen, Einhard, ist zu erinnern, der in denselben 820er-Jahren im Rückblick auf Karls Unterwerfung der Sachsen harmonisierend befand, durch Abkehr vom Heidentum seien diese schließlich mit den Franken ein Volk (*unus populus*) geworden (Abb. 246).[44]
Solche Tendenzen, die darauf hinausliefen, aus dezidiert christlicher Weltsicht die historisch bedingte gentile Vielfalt des Reiches zu überwinden und den einen Kaiser nur noch über ein allumfassendes „Volk Gottes“ herrschen zu lassen,[45] waren politisch unrealistisch, weil sie dem hergebrachten fränkischen Selbstgefühl zuwiderliefen. Sie sind erkennbar kein Bestandteil der Politik Ludwigs des Frommen geworden, der den Eifer für den dynastischen Vorrang der Kaiserwürde angesichts wachsender Widerstände schließlich aufgab und dem beginnenden Zerfall der Zentralgewalt nicht länger entgegentrat.
Fazit: Wer Karl den Großen zum „Vater Europas“ erhebt, muss trotz des zeitgenössischen Zitats bedenken, dass Europa für Karl keine politische Größenordnung war, dass er als fränkischer König und römischer Kaiser die innere Einheit mehr für die lateinische Kirche als für sein Riesenreich erstrebte, dass er aber ohne klares Bewusstsein von der Tragweite seines Tuns durch das entschlossene Bemühen um die Überwindung der verschiedensten Missstände, die in unseren Augen eher historische Entwicklungsunterschiede waren, ein festes Fundament für die weitere Entwicklung Europas im Mittelalter und darüber hinaus gelegt hat.

Bild- und Mediengeschichte

Karl der Große in der Moderne[1]

Bernhard Jussen

Wie kommen Bilder Karls des Großen in unsere Köpfe? Karl der Große gehört als historische Figur ins Identifikationsrepertoire insbesondere deutscher und französischer Geschichtspolitik der Moderne. Er hat alle ideologischen Wendungen im modernen Deutschland und Frankreich überlebt und ist heute wie vor 200 Jahren prominent in den Geschichtserzählungen vertreten. Selbst wenn Bücher – Handbücher oder Schulbücher – nur sparsam illustriert sind, hat Karl gute Chancen auf ein Bild. In den meisten anderen europäischen Ländern spielt er eine weit geringere Rolle.

Im Vergleich deutscher und französischer Bildproduktionen zum Thema Karl der Große wird augenfällig, wie Geschichtspolitik funktioniert, wie diese beiden Gesellschaften in jeder Generation neu ihre jeweiligen Ideologien und Konflikte in Figuren wie Karl hineingeschrieben haben (Laizismus der Dritten Republik, Kulturkampf, Nationalsozialismus, Europapolitik etc.), wie obrigkeitliche Produkte (Schulbücher) im Vergleich zu markwirtschaftlichen (Nationalgeschichten, Reklamebilder) funktionieren, wie neue Techniken (Fotografie), neue unternehmerische Möglichkeiten (billiger Farbdruck) und neue Marktstrukturen (Entstehung von Bildagenturen) die Bildauswahl und Verbreitung beeinflussen. Es geht auf den folgenden Seiten darum, welche Entwicklungen ihre Spuren hinterlassen haben in jenen Bildern Karls des Großen, die unsere Medien bevölkern – die Schul-, Lehr- und Handbücher von früher und heute, aber auch die Reklamesammelalben, Quartettspiele, Postkarten vergangener Generationen.

Dabei sei vorausgeschickt, dass Karl der Große in der Moderne kaum einmal das Interesse „großer" Maler gefunden hat. In Deutschland hat sich etwa der Nazarener Julius Schnorr von Carolsfeld mit Karl dem Großen als Bildthema befasst, seine Bildideen haben aber praktisch keine Verbreitung gefunden, danach ragen besonders Alfred Rethels und Friedrich Kaulbachs Gemälde aus der Menge des Materials heraus. In Frankreich stammt praktisch das gesamte Repertoire von weniger prominenten Malern und Zeichnern. Raffaels Krönung Karls des Großen in den Stanzen im Vatikan hat kaum ein Weiterleben in Reproduktionen gefunden. Dürers Bildnis Karls ist zwar in Deutschland oft reproduziert worden, war aber wohl nicht fränkisch genug, um die Karlsikonografie in Deutschland zu beeinflussen. Vorstellungen über Charlemagne und Karl den Großen lebten und leben in der Moderne nicht in der „großen" Kunstwelt der Museen, allenfalls in weniger prominenten Gemälden kleinerer Auktionshäuser, besonders aber in kleinen Bildgattungen – in Illustrationen in Schulbüchern, in Sammelbildern, auf Porzellan und so weiter.

Rechtfertigungserzählungen: Geschichtspolitik mit dem großen Karl

Wie bebildern und bebilderten französische Historiker ihre Kapitel über Karl den Großen und die Karolinger? Ein im Jahr 1952 bei Hachette in Paris erschienenes französisches

247 Krönung Karls des Großen aus dem Bilderzyklus für das Aachener Rathaus von Alfred Rethel, Ausführung Joseph Kehren, zwischen 1850/1860

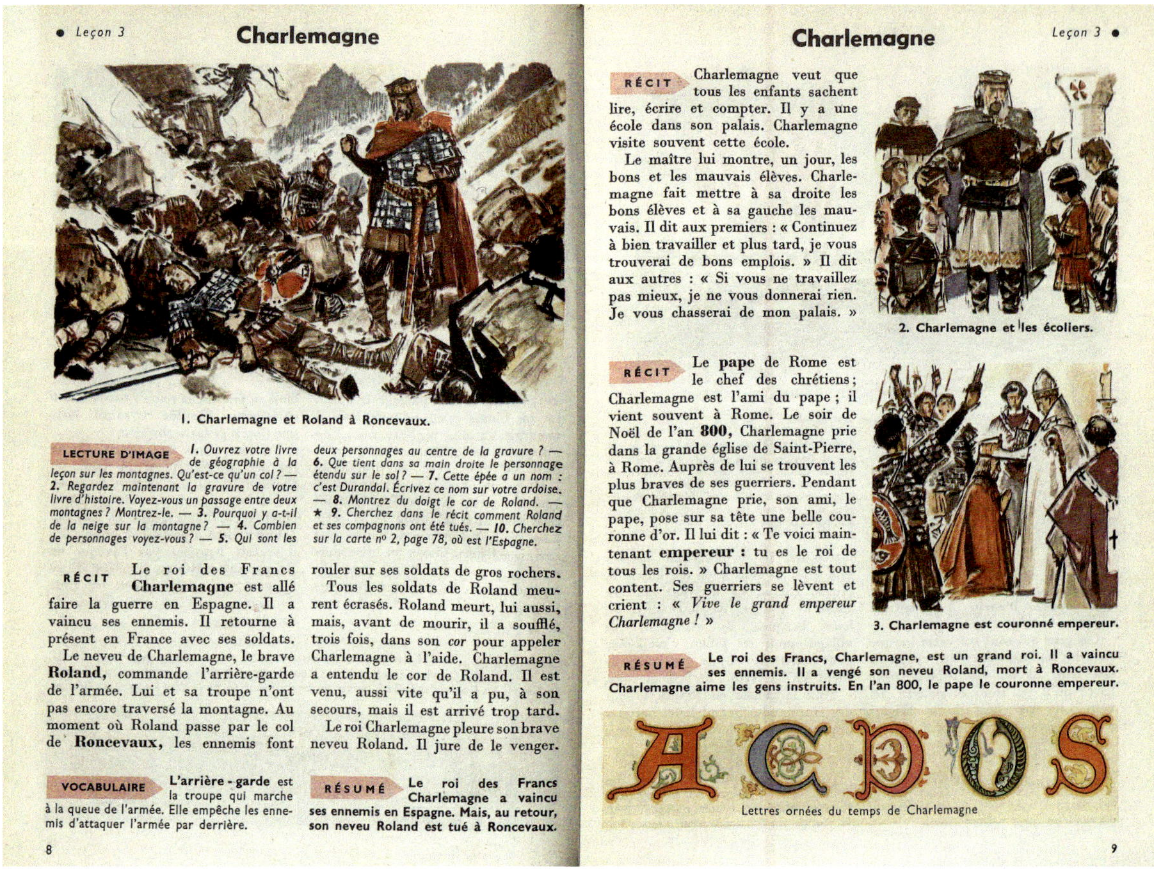

● Leçon 3

Charlemagne

1. Charlemagne et Roland à Roncevaux.

LECTURE D'IMAGE *1. Ouvrez votre livre de géographie à la leçon sur les montagnes. Qu'est-ce qu'un col ? — 2. Regardez maintenant la gravure de votre livre d'histoire. Voyez-vous un passage entre deux montagnes ? Montrez-le. — 3. Pourquoi y a-t-il de la neige sur la montagne ? — 4. Combien de personnages voyez-vous ? — 5. Qui sont les deux personnages au centre de la gravure ? — 6. Que tient dans sa main droite le personnage étendu sur le sol ? — 7. Cette épée a un nom : c'est Durandal. Écrivez ce nom sur votre ardoise. — 8. Montrez du doigt le cor de Roland. — ★ 9. Cherchez dans le récit comment Roland et ses compagnons ont été tués. — 10. Cherchez sur la carte nº 2, page 78, où est l'Espagne.*

RÉCIT Le roi des Francs **Charlemagne** est allé faire la guerre en Espagne. Il a vaincu ses ennemis. Il retourne à présent en France avec ses soldats.

Le neveu de Charlemagne, le brave **Roland,** commande l'arrière-garde de l'armée. Lui et sa troupe n'ont pas encore traversé la montagne. Au moment où Roland passe par le col de **Roncevaux,** les ennemis font rouler sur ses soldats de gros rochers.

Tous les soldats de Roland meurent écrasés. Roland meurt, lui aussi, mais, avant de mourir, il a soufflé, trois fois, dans son *cor* pour appeler Charlemagne à l'aide. Charlemagne a entendu le cor de Roland. Il est venu, aussi vite qu'il a pu, à son secours, mais il est arrivé trop tard.

Le roi Charlemagne pleure son brave neveu Roland. Il jure de le venger.

VOCABULAIRE **L'arrière-garde** est la troupe qui marche à la queue de l'armée. Elle empêche les ennemis d'attaquer l'armée par derrière.

RÉSUMÉ **Le roi des Francs Charlemagne a vaincu ses ennemis en Espagne. Mais, au retour, son neveu Roland est tué à Roncevaux.**

8

Charlemagne

Leçon 3 ●

RÉCIT Charlemagne veut que tous les enfants sachent lire, écrire et compter. Il y a une école dans son palais. Charlemagne visite souvent cette école.

Le maître lui montre, un jour, les bons et les mauvais élèves. Charlemagne fait mettre à sa droite les bons élèves et à sa gauche les mauvais. Il dit aux premiers : « Continuez à bien travailler et plus tard, je vous trouverai de bons emplois. » Il dit aux autres : « Si vous ne travaillez pas mieux, je ne vous donnerai rien. Je vous chasserai de mon palais. »

2. Charlemagne et les écoliers.

RÉCIT Le **pape** de Rome est le chef des chrétiens ; Charlemagne est l'ami du pape ; il vient souvent à Rome. Le soir de Noël de l'an **800,** Charlemagne prie dans la grande église de Saint-Pierre, à Rome. Auprès de lui se trouvent les plus braves de ses guerriers. Pendant que Charlemagne prie, son ami, le pape, pose sur sa tête une belle couronne d'or. Il lui dit : « Te voici maintenant **empereur :** tu es le roi de tous les rois. » Charlemagne est tout content. Ses guerriers se lèvent et crient : « *Vive le grand empereur Charlemagne !* »

3. Charlemagne est couronné empereur.

RÉSUMÉ **Le roi des Francs, Charlemagne, est un grand roi. Il a vaincu ses ennemis. Il a vengé son neveu Roland, mort à Roncevaux. Charlemagne aime les gens instruits. En l'an 800, le pape le couronne empereur.**

Lettres ornées du temps de Charlemagne

9

248 **Seite aus dem französischen Schulbuch *Histoire de France. Cours élémentaire*, Paris 1952. Braunschweig, Georg-Eckert-Institut**

Schulbuch von Antoine Bonifacio und Louis Mérieult für den *cours élémentaire* zeigt in kondensierter Form, wie die politische Kultur Frankreichs ihr Karlsbild schon seit Generationen weitergegeben hat. Das Schulbuch verzichtete völlig auf fotografische Dokumentation und weitgehend auf dokumentierende Illustrationen. Stattdessen setzte es auf den Stil des 19. Jahrhunderts, auf eine reiche Historienbebilderung. Auf einer Doppelseite zusammengestellt finden sich die Highlights des kanonisch gewordenen französischen Historienbild-Universums zum Thema Charlemagne (Abb. 248): der Tod Rolands in Roncevalles, der alte Charlemagne bei den Schülern in der Palastschule, die Kaiserkrönung in Rom. Kein Thema war häufiger abgebildet als diese drei. In stärker dokumentierenden Büchern brachten es allenfalls die Reiterstatuette aus dem Louvre (Abb. 269) und die berühmte Münze Karls des Großen (Abb. 268) auf ähnliche Abbildungsfrequenz.

Keines der drei Bildthemen in dem französischen Schulbuch war in Deutschland ähnlich prominent. In Deutschland wurde bis zum Niedergang der Historien-Illustrationen um 1930 das Thema Karl der Große bildlich hauptsächlich durch die Missionierung der Sachsen gefasst, besonders durch die Zerstörung der Irminsul und die Taufe Widukinds sowie durch Abbildungen der Reiterstatuette aus dem Louvre und Darstellungen des Aachener Doms. Keines dieser Motive fehlte in Frankreich völlig, aber seine prozentuale Präsenz in Deutschland war weit höher. Einige weitere Motive gehörten jeweils nur in einem der beiden Länder zum Repertoire – so in Deutschland Dürers Bildnis Karls, Darstellungen des Aachener Palastkomplexes, Karl als Bauherr, die Begegnung Karls mit islamischen Gesandten und schließlich die Öffnung von Karls Grab durch Otto III. Weitgehend auf Frankreich beschränkt war die Darstellung Karls im Kreis seiner Gelehrten sowie des greisen Karl, der besorgt aus dem Fenster die anrückenden normannischen Schiffe betrachtet.

Karl der Gekrönte: Kulturkampf um die Kaiserkrönung

Auf den ersten Blick mag es so aussehen, als sei das Motiv der Kaiserkrönung ein überkulturell geteiltes mit wenig Spielraum für national spezifische Kodierungen. Dabei ist zunächst auffällig, dass die Kaiserkrönung in französischen Büchern beinahe dreimal so häufig abgebildet wurde wie in Deutschland. Bei näherem Hinsehen zeigt gerade diese Schlüsselszene einen deutlich unterschiedlichen Bildgebrauch. In Deutschland spiegelt die Szene ein Zentrum der politischen Auseinandersetzung, in Frankreich war sie politisch wenig belastet.

Die Kaiserkrönung Karls des Großen war in deutschen historischen Darstellungen durchweg eine politische Aussage, ein Spiegel des Kulturkampfes. Grosso modo traten zwei Bilderzählungen gegeneinander an: Die eine Variante erzählt die Kaiserkrönung als päpstliche Überrumpelung des wehrlos ins Gebet versunkenen Karl. Als frühes Beispiel sei hier auf Alfred Rethels zwischen 1850/1860 entstandenes Aachener Fresko verwiesen, das die Krönung als regelrechten Krönungsüberfall inszenierte (Abb. 247). Listig überwältigt der Papst den Herrscher von hinten mit der Kaiserwürde in eben jenem Moment, in dem Karl vor dem Gekreuzigten kniend seine Kopfbedeckung abnimmt. Dem Überrumpelten bleibt nur, sich mit erzürnter Mimik vom Kreuz ab- und dem päpstlichen Treiben zuzuwenden. Rethels Fresko wurde zur immer wieder aufgegriffenen, gewissermaßen kanonischen Bildidee. Die Variante in dem 1862 erschienenem Werk *Das deutsche Volk. Deutsche Geschichte in Wort und Bild* von Adolf Streckfuß mag als Beispiel ausreichen (Abb. 249).[2] Ludwig Löffler, der Illustrator, inszenierte einen hocherschrockenen Karl, der kniend aus dem Gebet aufschreckt und ganz unheldenhaft zusammensinkend der drohenden Kaiserkrönung entgegenstarrt. Wilhelm Zimmermanns *Illustrierte Geschichte des Deutschen Volkes* von 1873 bietet eine auf

Pippin's, Bertha, einer klugen, thatkräftig
Frau, den Frieden zwischen ihren beiden Sö
nen wieder zu vermitteln.
Carl hatte eine große Achtung vor sein
Mutter, er liebte dieselbe zärtlich und fol
vielfach ihren Rathschlägen, da er die Klugh
und das feine Gefühl der Mutter anerkannte.
that dies auch bei einer Gelegenheit, bei welc
er vielleicht besser seinem eigenen Gefühle gefo
wäre.
Bertha schaute mit Besorgniß auf die U
einigkeit der Söhne, sie fürchtete, daß aus d
selben Gefahr für das weit ausgebreitete Frank
reich hervorgehen könnte; sie fürchtete dies um
mehr, da sie noch nicht Gelegenheit gehabt ha
die großartigen Fähigkeiten ihres Sohnes C
kennen zu lernen.
Noch bedenklicher erschienen ihr zwei
Feinde des Frankenreiches und diese wünschte
zu Bundesgenossen ihrer Söhne zu machen:
stets zum Aufruhr geneigten Herzog Thassilo
Bayern und den Longobardenkönig Desiderius.
Sie glaubte kein besseres Mittel, um
feste Bundesgenossenschaft herbeizuführen, fin
zu können, als enge Verwandtschaftsbande;
freilich hatte sie vergessen, wie leicht solche V
bindungen in jener Zeit zerrissen wurden,
grade die nächsten Verwandten meist die erbitt
sten Feinde waren.
Bertha reiste selbst nach Italien,
dort das Bündniß, welches sie im Si
hatte, zu knüpfen; es gelang ihr, den L
gobardenkönig zu gewinnen und sie un
handelte eine dreifache Verschwägerung.
Carl und Herzog Thassilo
Bayern sollten Töchter des D
derius heirathen, der Sohn
Longobardenkönigs, Adalgis,
gegen sollte
Carl's Schwe
Gisla, verm
werden.
Der Plan
schien vortreff
— nur ein kle
Hinderniß s
sich dem entge
Carl n
lich —
war be
Krönung Carl's des Großen.

418

Dreiundzwanzigstes Hauptstück.

Die Ueberwindung der Dänen. Karl der Franke — römischer Kaiser. Stellung des neuen germanischen Kaiserthums zum Papstthum. Karls Hofhalt, Charakter und Familienleben. Sein Tod.

Aufrecht stand so das Sachsenvolk als ein lebensvolles Glied, als eine freie Genossenschaft des Reiches Karls. Noch im Unterliegen hatte dieses Volk durch den Heldenkampf für seine Freiheit, seine Würdigkeit, frei zu leben, seine innere Herrlichkeit bekundet, und dem Sieger selbst solche Hochachtung abgewonnen, daß er zum Vergleich dem unterlegenen die Hand bot und es zu sich heraufzog, frei wieder auf den eigenen Boden stellte, und es versöhnte mit den neuen Verhältnissen im einheitlichen Reiche, dessen Herrscher nicht bloß ein deutscher Fürst war, sondern in welchem die deutsche Nationalität die herrschende war.

Das Volk der Sachsen hatte seinen Uebergang aus dem Fürsichsein in das Aufgehen im deutschen Staatsganzen, aus der Vereinzelung in die nationale Einheit, aus der Sonderstellung in die Weltstellung, in sich vollzogen; zunächst zwar nur äußerlich, bald aber wunderbar schnell auch innerlich.

Nicht so die zahlreichen sächsischen Flüchtlinge, die Ausgewanderten. Außer den aus der Heimat weggeführten Tausenden von Sachsen gab es eine große Zahl freiwillig Ausgewanderter, ein kleines Heer von Flüchtlingen, welche in's dänische Gränzland entwichen waren. Diese Unversöhnlichen fügten sich nicht der Entscheidung, welche in ihrer Heimath zur vollendeten Thatsache geworden war. Sie waren nicht zu überzeugen, daß mit der Kraft zum Widerstand auch die Zeit zum Widerstand vorüber war. Sie hetzten die Dänen zum Einfall in's Frankenreich auf.

Die Dänen, germanischen Blutes wie die Sachsen, hüben in Jütland und Schleswig, drüben auf den Inseln, vielfach als Seeräuber, seßhaft, gehörten zu demjenigen Völkerast der Germanen, welcher aus Gothen und aus Sachsen sich gebildet hatte und mit den Norwegern zusammen das

249 ***Krönung Carl's des Großen*** **aus Adolf Streckfuß'** ***Das deutsche Volk*****, Berlin 1862. Berlin, Staatsbibliothek zu Berlin**

250 Krönung Karls des Großen aus Wilhelm Zimmermanns ***Illustrierte Geschichte des Deutschen Volkes*****, Stuttgart 1873. Berlin, Staatsbibliothek zu Berlin**

251 Nachstich von Julius Schnorr von Carolsfelds Gemälde *Krönung Karls des Großen* (1839/1840), Frontispiz aus Karl Heinrich Ludwig Pölitz' *Die Weltgeschichte für gebildete Leser und Studierende*, Leipzig/ Frankfurt am Main 1820. Berlin, Staatsbibliothek zu Berlin

die Protagonisten reduzierte Variante der Rethel'schen Deutung (Abb. 250).[3]

Gegen diese Erzählung vom päpstlichen Überfall auf einen Karl, der längst kaiserlich war und des Papstes gar nicht bedurfte, steht das Bild der Kaiserkrönung als eines abgesprochenen, inszenierten hierarchischen Rituals mit einem vor dem Papst knienden Karl, wie es das französische Schulbuch (Abb. 248) noch 1952 abbildete. In Deutschland scheint bis in die 1860er-Jahre eine Interpretation wie die von Julius Schnorr von Carolsfeld, die einen dem Papst ergebenen Karl ins Bild setzte, noch hier und dort akzeptabel gewesen zu sein, etwa als Frontispitz der 1820 erschienenen *Weltgeschichte* von Karl Heinrich Ludwig Pölitz (Abb. 251). Danach ziehen die Illustratoren (Abb. 252 und 253) wenn überhaupt diese Version gewählt wird, Friedrich Kaulbachs monumentale Ausführung von 1861 für das Münchener Maximilianeum vor, deren Vorteil immerhin darin bestand, dass Karl so groß gewachsen erscheint, dass er stolz und aufrecht kniend, zudem bewaffnet, kaum kleiner ist als der ihn krönende, stehende Papst. Diese Bildidee Kaulbachs für das Thema „inszenierte Kaiserkrönung" verband eine papstfreundlich-katholische Deutung mit den Anforderungen an die bildliche Darstellung eines großen Deutschen. Anders als bei Rethels antipäpstlicher Bildlösung sind von der Version Kaulbachs nicht schon frühere Varianten als Illustrationen zu finden. Seine Bildidee scheint nicht schon im Reservoir deutscher Illustratoren gewesen zu sein und fand erst durch die Bildagenturen seit etwa 1890 (siehe unten) Verbreitung.

In Frankreich kannten die Illustratoren offenbar das deutsche Problem mit der Kaiserkrönung nicht. Nie wurde die Rethel'sche Überrumpelungsversion ins Bild gesetzt.

Die Illustration im französischen Schulbuch (Abb. 248) ist symptomatisch für die Indifferenz in dieser Frage. Ganz selbstverständlich illustriert man in Frankreich die Kaiserkrönung als geplanten und choreografierten, hierarchischen Akt, in dem Karl nicht einmal wie bei Kaulbach ein stolzer, waffentragender Hüne sein muss. Ein devot kniender und die Hände faltender Karl war für die französische Geschichtspolitik kein Problem.

Solange deutsche Nationalgeschichten mit Historienbildern argumentierten (diese Gewohnheit ließ seit der Jahrhundertwende deutlich nach, bis in die 1920er-Jahre wurden aber die alten Bücher weitergedruckt), ergriffen sie in der Wahl der einen oder der anderen

252 Nachstich von Friedrich Kaulbachs Gemälde *Kaiserkrönung Karls des Große* (1861) von Adolf Cloß aus Johannes Scherrs *Germania*, Stuttgart [1879]. Berlin, Staatsbibliothek zu Berlin

253 Fotografische Reproduktion von Friedrich Kaulbachs Gemälde *Kaiserkrönung Karls des Großen* (1861) aus Richard du Moulin-Eckarts *Vom alten Germanien zum neuen Reich*, Stuttgart 1926. Berlin, Universitätsbibliothek der Humboldt-Universität zu Berlin

Illustration der Krönung Partei. So blieben bis in die 1920er-Jahre diese Spuren des Kulturkampfes in den Darstellungen der Kaiserkrönung Karls lebendig und weitverbreitet.

Karl der Laizist: Vorkämpfer der weltlichen Schule

Während sich im Deutschland des späten 19. Jahrhunderts besonders im Bild der Kaiserkrönung die politischen Konflikte des Kulturkampfes bündelten, bündelte in Frankreich ein anderes Motiv die Auseinandersetzung des Staates mit der katholischen Kirche.

254 ***Saint Charlemagne*, französische Postkarte aus dem frühen 20. Jahrhundert. Privatbesitz**

Solange man mit Historienbildern illustrierte, zeigte etwa ein Zehntel der Illustrationen zu Karl dem Großen das Thema *Charlemagne à l'école* (Karl der Große in der Schule), ein in Deutschland eher seltenes Motiv. In Frankreich sind die Stichworte „Karl der Große" und „Erfinder der Schule" so eng verbunden, dass der Gedanke zum Kinderlied und zum millionenfach verkauften Schlager taugte. Der Schlager *Sacre Charlemagne* (Heiliger/blöder Karl der Große) von France Gall ist bis heute populär: „Wer hatte eines Tages die blöde Idee, / die Schule zu erfinden? / Wer hatte eines Tages die blöde Idee, / die Schule zu erfinden? / Das ist der gesegnete Karl der Große / blöder Karl der Große! [...] Dieser Sohn Pippins des Kurzen / macht uns viel Ärger / und wir haben hunderte Beschwerden / Gegen, gegen, gegen ihn [...]."[4]

Die historische Substanz dieser Bildgeschichte ist ebenso dürftig wie die der meisten anderen Bilder: Rund 70 Jahre nach Karls Tod erzählte der Gelehrte Mönch Notker (der Stammler) in seinen *Taten Karls*, wie Karl eine Schule gründete. Einem zugereisten irischen Lehrer habe er „ziemlich viele Knaben vornehmer, mittlerer und niederer Herkunft" übertragen und „ihnen geeignete Wohnstätten zum Arbeiten zugewiesen". Später habe Karl in dieser Schule Lernerfolg und Fleiß der Schüler selbst überwacht.[5] Nichts schreibt Notker dazu, wo diese „geeigneten Wohnstätten" der Schule waren. Dieses Schweigen war das Einfallstor für die Fantasie der Historiker im 19. und 20. Jahrhundert. Französische und deutsche Historiker lebten in völlig verschiedenen politischen Systemen und entwickelten entsprechend sehr verschiedene Vorstellungen.

Entscheidend ist bei allen französischen Bildern, dass die Szenerie im Palast spielt. Biswei-

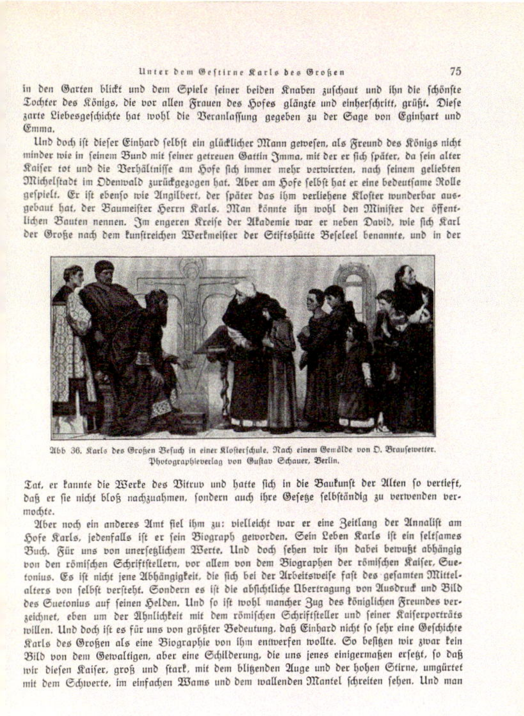

in den Garten blickt und dem Spiele seiner beiden Knaben zuschaut und ihn die schönste Tochter des Königs, die vor allen Frauen des Hofes glänzte und einherschritt, grüßt. Diese zarte Liebesgeschichte hat wohl die Veranlassung gegeben zu der Sage von Eginhart und Emma.

Und doch ist dieser Einhard selbst ein glücklicher Mann gewesen, als Freund des Königs nicht minder wie in seinem Bund mit seiner getreuen Gattin Imma, mit der er sich später, da sein alter Kaiser tot und die Verhältnisse am Hofe sich immer mehr verwirrten, nach seinem geliebten Michelstadt im Odenwald zurückgezogen hat. Aber am Hofe selbst hat er eine bedeutsame Rolle gespielt. Er ist ebenso wie Angilbert, der später das ihm verliehene Kloster wunderbar ausgebaut hat, der Baumeister Herrn Karls. Man könnte ihn wohl den Minister der öffentlichen Bauten nennen. Im engeren Kreise der Akademie war er neben David, wie sich Karl der Große nach dem kunstreichen Werkmeister der Stiftshütte Beseleel benannte, und in der

Abb 36. Karls des Großen Besuch in einer Klosterschule. Nach einem Gemälde von O. Brausewetter. Photographieverlag von Gustav Schauer, Berlin.

Tat, er kannte die Werke des Vitruv und hatte sich in die Baukunst der Alten so vertieft, daß er sie nicht bloß nachzuahmen, sondern auch ihre Gesetze selbständig zu verwenden vermochte.

Aber noch ein anderes Amt fiel ihm zu: vielleicht war er eine Zeitlang der Annalist am Hofe Karls, jedenfalls ist er sein Biograph geworden. Sein Leben Karls ist ein seltsames Buch. Für uns von unersetzlichem Werte. Und doch sehen wir ihn dabei bewußt abhängig von den römischen Schriftstellern, vor allem von dem Biographen der römischen Kaiser, Suetonius. Es ist nicht jene Abhängigkeit, die sich bei der Arbeitsweise fast des gesamten Mittelalters von selbst versteht. Sondern es ist die absichtliche Übertragung von Ausdruck und Bild des Suetonius auf seinen Helden. Und so ist wohl mancher Zug des königlichen Freundes verzeichnet, eben um der Ähnlichkeit mit dem römischen Schriftsteller und seiner Kaiserporträts willen. Und doch ist es für uns von größter Bedeutung, daß Einhard nicht so sehr eine Geschichte Karls des Großen als eine Biographie von ihm entwerfen wollte. So besitzen wir zwar kein Bild von dem Gewaltigen, aber eine Schilderung, die uns jenes einigermaßen ersetzt, so daß wir diesen Kaiser, groß und stark, mit dem blitzenden Auge und der hohen Stirne, umgürtet mit dem Schwerte, im einfachen Wams und dem wallenden Mantel schreiten sehen. Und man

In der Klosterschule.

len ist ein Mönch als Lehrer zu sehen, aber der Ort ist ausdrücklich nicht religiös markiert. Die entscheidende Botschaft ist stets die gleiche: Karl hat keine Klosterschule gegründet, sondern eine Palastschule, eine laizistische Institution. Karl ist der Gründer und Patron der französischen, laikalen Schule (Abb. 254). Die Postkarte, eine Chromolithografie aus dem frühen 20. Jahrhundert, macht ihn dafür zum *Saint Charlemagne*, zum heiligen Karl und gibt ihm den Titel, der üblicherweise dem heiligen Nikolaus zustand: *Patron des ecoliers* (Patron/Schutzherr der Schüler). Der laizistische Impuls der französischen Republik wurde zurückverlegt in eine laikale Ursprungssituation des französischen Bildungssystems: Karl kümmert sich selbst um die kleinen Schüler, die in seinem Palast gelehrt werden.

In Deutschland fehlt dieses Bildmotiv weitgehend, und wenn es einmal in eine deutsche Nationalgeschichte importiert wurde, ist es zumeist umgedeutet geworden.[6] In Richard du Moulin-Eckarts *Vom alten Germanien zum neuen Reich. Zwei Jahrtausende deutscher Geschichte* von 1926 (nur eine Auflage) verlegen Text und Bild das Motiv gerade dorthin, wo es die Franzosen nicht haben wollten, nämlich ins Kloster (Abb. 255).[7] Ähnlich, aber mit weit größerer Verbreitung als durch Moulin-Eckarts Buch, findet sich diese Deutung illustriert in Johannes Scherrs *Germania. Zwei Jahrtausende deutschen Lebens*, die zwischen 1876 und 1906 neunmal aufgelegt wurde (Abb. 256).[8] Als klosterliche Institution stellten deutsche Illustratoren und Autoren sich die karolingische Schule üblicherweise vor. In dem aktuellen, seit 2005 benutzten Lateinbuch *Prima* der Verlage Buchner und Oldenbourg (Abb. 257) wird den heutigen Schülern zwar eine französische Zeichnung des Symbolisten Maurice Denis geboten, aber mit einer deutschen Beschreibung: „Karl der Große besucht eine Klosterschule“. Die Zeichnung gibt natürlich keinen Hinweis auf ein Kloster. Der Verlag hat sich offenbar auf die – deutsche – Bildagentur verlassen, die das Bild, das in der Bibliothèque nationale in Paris liegt, mit diesem traditionellen deutschen Titel anbietet.

Karl der Feudalherr: Roland in Frankreich und Deutschland

Das mit Abstand häufigste Motiv unter den französischen Bildern zu Karl dem Großen zeigt seinen sterbenden treuen Diener Roland (Abb. 248). Roland begleitet Karl in die Pyrenäen zum Kampf gegen die Mauren, auf dem

255 **Karl in der Klosterschule aus Richard du Moulin-Eckarts *Vom alten Germanien zum neuen Reich*, Stuttgart 1926. Berlin, Universitätsbibliothek der Humboldt-Universität zu Berlin**

256 **Karl in der Klosterschule aus Johannes Scherrs *Germania*, Stuttgart [1879]. Berlin, Staatsbibliothek zu Berlin**

257 ***Karl der Große besucht eine Klosterschule*** **aus dem Lateinschulbuch *Prima. Gesamtkurs Latein, Arbeitsheft 3*, Oldenbourg 2006. Bamberg, Buchner Verlag**

Rückweg geraten Karls Soldaten in einen Hinterhalt. Karls treuer Diener bläst, um seinen Herrn zu warnen, mit letzter Kraft sein Horn. In diesem Motiv stellt die französische Erinnerungskultur besonders eines heraus: die feudale Treue – also das, was Historiker zum Kern des Feudalsystems erklärt haben. Jedes Bild Rolands in einem Schul- oder Handbuch verkörpert die Idee der unbedingten Treue des Dienstmannes zu seinem Herrn – bis in den Tod.

Auch zu diesem Bildmotiv gibt es keine historische Basis. Mehr als 50 Jahre nach Karls Feldzug gegen die Mauren im Jahr 778 erzählt Einhard in seiner Vita Karls des Großen von der tödlichen Attacke der Mauren gegen Karls Krieger in den Pyrenäen. In der Liste der Getöteten taucht mit wenigen Worten ein Roland auf: „In diesem Kampf wurde Eginhard, der Vorsteher der königlichen Tafel, Anselm der Graf der Palastes, und Ruotland, der Befehlshaber des bretonischen Grenzgebiets und viele andere getötet."[9] Mehr gibt es nicht. Was Roland zu einer historischen, heldentauglichen und für das Geschichtsbild brauchbaren Figur macht, ist erst die Fantasie der *Chanson de Roland* (des *Rolandslieds*) aus dem 11./12. Jahrhundert, des ersten und stilbildenden französischsprachigen Romans.

Roland als treuer Diener Karls bebildert also in Frankreich eine Zeit, in der er historisch gar nichts zu suchen hat. Moderne Autoren französischer Geschichts- und Schulbücher im 19. und 20. Jahrhundert haben die Fantasie eines höfischen Romans des 11./12. Jahrhunderts rückprojiziert in das 8. Jahrhundert Karls des Großen. Noch in dem eingangs herangezogenen Schulbuch von 1952 (Abb. 248) gehörte er zum Kern der Karlsbilder. Das große bronzene Standbild Karls des Großen, hoch zu Ross und geführt von seinen treuen Dienern Roland und Oliver, das seit dem Ende des 19. Jahrhunderts auf der Île de la Cité vor Notre-Dame in Paris steht, verkörpert das unangefochtene Leitmotiv der französischen Ikonografie Karls des Großen (Abb. 258).

In Deutschland war die Musterszene des Feudalsystems in den Pyrenäen um Karls treuem Diener Roland kaum einmal Bildthema. Denn Roland gehörte hier zu einem ganz anderen Thema – zum Bildbestand der spätmittelalterlichen städtischen Freiheit. Der Roland der deutschen Geschichtsbücher stirbt nicht in den Pyrenäen und hat nie ein Jagdhorn in der Hand.[10] Die Figur Rolands machte gerade dort Karriere, wo antifeudale Zeichen zu setzen waren, als steifer Riese vor städtischen Rathäusern. Markiert Roland in Frankreich das Feudalsystem, so markiert er in Deutschland das Gegenteil: den städtischen Raum als einen Rechtsraum ohne eben jenes System. Postkarten wie die hier reproduzierte (Abb. 259) machen deutlich, dass die Figuren zu Wahrzeichen ihrer Städte geworden sind. Hinweise auf den ursprünglichen Kontext der Figur im Rolandslied – insbesondere seine Beziehung zu Karl – hat diese Figur ikonografisch völlig und in den begleitenden Texten weitgehend verloren.

Bildmotive machen nicht an Staatsgrenzen halt. In manchen Medien hat das französische Motiv auch deutsche Wohnzimmer erreicht. So haben gegen 1900 einige großformatige Bücher mit Druckgrafiken weite Verbreitung gefunden, in denen deutsche Illustratoren nach französischen Vorlagen gearbeitet haben. Der häufig aufgelegte *Bildersaal deutscher Geschichte* von 1890 (Abb. 260) und zahlreiche Reklamesammelbilder sind dafür beispielhaft. Die Nürnberger Vereinigten Margarine-Werke haben die Fantasie in dem 1952 herausgegebenen Sammelalbum *Vermächtnis der Vergangenheit* noch ein bisschen weiter getrieben und deutlich gemacht, wie hinterhältig – und wie schwarz! die muslimischen Feinde waren (Abb. 261): Nur durch die feige Attacke eines tiefschwarzen Mauren in den Rücken Rolands war dieser germanische Held zu besiegen. Vom schwarzen Muslim tödlich in den Rücken getroffen sinkt er, das berühmte Horn wirksam ins Bild gesetzt, vom Pferd. Schon im *Helden-Album* der Kölner Schokoladenfabrik Stollwerck von 1908 waren die Feinde schwarz (Abb. 262).

Das deutsche Wissen des 19. und 20. Jahrhunderts zu Karls Diener Roland lässt sich exemplarisch an den Reklamesammelbildern ablesen, dem wichtigsten Medium zur Erzeugung von Weltwissen im Jahrhundert vor dem Fernsehzeitalter.[11] Die bebilderten Vorderseiten verdichteten die für ein breites Bildwissen relevante Ikonografie, die Rückseiten kondensierten zumeist das dominante Narrativ in der vom Format erzwungenen Kürze. Das Standardmotiv waren die immer sehr ähnlichen Rolandssäulen in wechselnden Städten, dabei wurde natürlich die älteste der Säulen, die in Bremen steht (Abb. 263), am häufigsten reproduziert. Zu erkennen ist jeweils ein stati-

258 **Reitermonument Karls des Großen vor Notre-Dame in Paris, dort aufgestellt 1895**

259 **Postkarte mit Rolandstatue, um 1900. Privatbesitz**

260 ***Roland in der Schlacht bei Roncevalles*** **aus Adolf Bärs und Paul Quensels** ***Bildersaal deutscher Geschichte*****, Stuttgart 1902. Berlin, Staatsbibliothek zu Berlin**

scher Riese mit Schild und erhobenem Schwert vor Rathauskulisse auf einem Sockel, meist frontal, bisweilen im Halbprofil.
Die Texte stellen stets den Zusammenhang her zwischen Roland und der privilegierten Stellung der Stadt, zeichnen Roland als Symbol der Freiheit von adliger Herrschaft und als ständigen Dorn im Auge der außerstädtischen Herren. Blutgerichtbarkeit, Kaiserunmittelbarkeit, Souveränität, Stadtfreiheit, Freiheit von Lehnsabgaben, Recht und Gerechtigkeit („gesunde Staatseinrichtung") – dies sind die zentralen Wissensbestände, die mit dem Symbol Roland verbunden wurden. Im Jahr 1927 gab Le-Ha-Ve (Lebensmittel-Handels-Vereinigung) in einer größeren Reihe von Städteansichten eine Serie über Bremen heraus. Das Bild *Der Roland. Anno 1404* (Abb. 263) trug folgenden Rückseitentext: „‚Roland, der Riese am Rathaus zu Bremen' haben wir in der Schule als Muster des Stabreims gelernt. Die Roland-Bildsäule, die im Jahre 1404 errichtet wurde, soll ein Denkmal der Stadtfreiheit sein. Sie stellt einen Paladin Karls des Großen dar, einen Stellvertreter des deutschen Kaisers, der im Volksbewußtsein als Schirmherr aller gesunden Staatseinrichtungen galt. Wie die meisten Rolandstandbilder der märkischen und niedersächsischen Städte, hat auch der Bremer Roland seinen selbstverständlichen Platz in nächster Nähe des Rathauses. Ursprünglich hat er mit der breiten Rückseite unmittelbar an der Wand des alten Rathauses gestanden. An dem Denkmal findet man den Wahlspruch der späteren preußischen Könige: ‚Enen jeden dat syne'."
Grosso modo gibt diese Bildrückseite das Wissen wieder, das man auch in anderen Medien zu den Riesen auf norddeutschen Rathausplätzen lernte. Rolande waren – mit den Worten eines Sammelbildes von 1910 – „ein Sinnbild der Gerichtsbarkeit und Reichsfreiheit". Das Bild Rolands war also nicht wie in Frankreich im Kapitel über Karl den Großen zu finden, sondern 600 Jahre später im Kapitel über die städtische Freiheit. Der deutsche Roland bebilderte das Spätmittelalter, der französische das Frühmittelalter. Wenn bisweilen (wie in dem zitierten Text von Le-Ha-

Ve) auf Rolands Rolle als Gefolgsmann Karls des Großen verwiesen wird, dann geht es nicht um die unverbrüchliche Treue des Vasallen zu seinem Herrn bis in den Tod, sondern darum, dass er „Stellvertreter des deutschen Kaisers“ gewesen sei und als solcher die städtische Freiheit garantierte.

Karl der Franke: Vollbart oder Schnurrbart?

„Karl d Gr. nur Schnurrbart!“ Diese schroffe Anweisung des Autors Otto Thümmel fand der Zeichner Werner Schicke auf einem Aquarell (Abb. 264 und 265), das er als Vorlage für das Sammelbild *Karl der Große empfängt die Gesandten Harun al Rashids* angefertigt hatte. Es sollte in dem Sammelalbum *Deutsche Geschichte* 1953 erscheinen. Dieses Album wurde mit einer Auflage von 295 000 die am weitesten verbreitete Geschichtserzählung im Sammelbild der frühen Bundesrepublik. Unzufrieden war Thümmel, der Autor der *Deutschen Geschichte*, offenbar, weil der Zeichner Karl mit einem Vollbart ausgestattet hatte, wie ihn Karl etwa auf Dürers Bildnis oder auf fast allen französischen Bildern trägt. Thümmel wollte einen anderen, einen deutschen Karl, und so trägt der König nun auf dem Sammelbild „nur Schnurrbart“ (Abb. 265). Thümmel achtete sehr darauf, dass die großen deutschen Kaiser im rechten Licht erschienen. Nicht nur Karls Vollbart hatte seinen Unmut erregt, sondern auch Ottos I. Statur („Otto zu klein – er war ‚von hoher Gestalt‘“) oder Barbarossas Figur („Bei der außergewöhnlichen Bedeutung Barbarossas für die deutsche Tradition darf er auf keinen Fall klein und ‚beleibt‘ wirken!“).
„Für die deutsche Tradition“ mussten die Könige korrekt hergerichtet sein, mit Schnurrbart, groß und nicht zu dick. Im Bild hatte sich leichter durchgesetzt, was im Text trotz vieler Versuche nicht etabliert worden ist. Seit dem späten 18. Jahrhundert taucht die Formel „Karl der Franke“ in vielen Büchern als alternative Bezeichnung für „Karl der Große“ auf.[12] Bis zum „Dritten Reich“ wurde die Bezeichnung „Karl der Franke“ von seinerzeit sehr prominenten Autoren im Spiel gehalten, so etwa von dem heute vergessenen Friedrich Wilhelm Weber und von Hermann Löns. Webers 1878 erschienenes Epos *Dreizehnlinden* erlebte über 200 Auflagen und gehörte zum Lesekanon des deutschen Bürgertums. Hier,

261 Sammelbild *Graf Rolands Tod* aus dem Album *Vermächtnis der Vergangenheit* der Vereinigten Margarine-Werke Nürnberg, 1952. Frankfurt am Main, Goethe-Universität

262 Sammelbild aus dem *Helden-Album* der Kölner Schokoladenfabrik Stollwerck, Köln 1908. Frankfurt am Main, Goethe-Universität

263 Sammelbild *Der Roland. Anno 1404* der Firma Le-Ha-Ve (Lebensmittel-Handels-Vereinigung), Hamburg 1927. Frankfurt am Main, Goethe-Universität

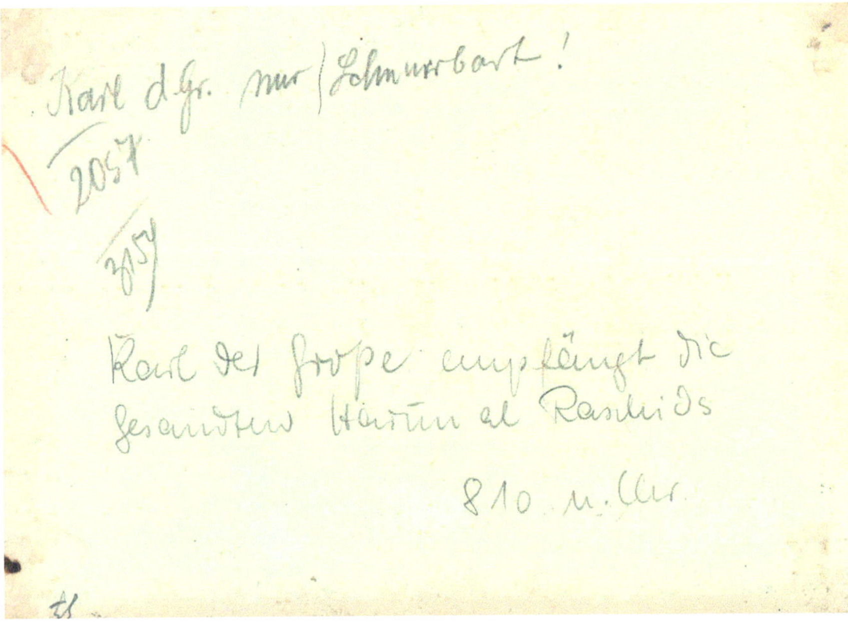

264 und 265 Rückseite und Vorderseite des Aquarells *Karl der Große empfängt die Gesandten Harun al Rashids*, Plochingen o.J. Plochingen, Verlagsarchiv Siegfried Driess

wie in anderen Texten Webers, trug Karl den Beinamen „der Franke“: „Freiheit sei der Zweck des Zwanges, / Wie man eine Rebe bindet, / Daß sie, statt im Staub zu kriechen, / Froh sich in die Lüfte windet. – Beides schaffte Karl der Franke, / Liebenswertes, Hassenswertes; / Hielt er fest am Kreuz der Kirche, / Fester doch am Kreuz des Schwertes. – Und mit rotgefärbten Händen / Schwang er’s gegen unsre Väter, / Ein Apostel in der Brünne, / Ein mit Blut bespritzter Beter. – Uns uns selbst abzugewinnen, / Hat er todwund uns gehauen; / Zeigend nach den Himmelsburgen, / Nahm er uns die Erdenauen. – Dienen muß der faltenreiche / Kirchenmantel hundert Zwecken: / Ehrsucht, Habsucht, Machtgelüste, / Haß und Rache muß er decken.“[13] Auch bei Hermann Löns, gestorben 1914 und wie Weber eine feste Größe in bürgerlichen Haushalten bis in die NS-Zeit, hatte Karl den Beinamen „der Franke“.[14] Dass *Der Stürmer* und Heinrich Himmler diesen Namen forcierten, war sein endgültiges Ende. Bisweilen kann man den Autoren beim Schwanken zwischen den beiden Namen zuschauen. Der als Schulbuchautor seit Ende der 1920er-Jahre aktive Karl Sievers hat in der Reihe *Geschichte in Erzählungen* des Beltz Verlags seit 1930 den Band *Karl der Große* publiziert. Für die 11. und 12. Auflage, beide 1935, passte man den Titel an die neuen politischen Verhältnisse an und nannte den Band *Karl der Franke und die Sachsen*, ehe er (spätestens mit der 15. Auflage 1937) in *Karl der Große und die Sachsen* umbenannt wurde. Nach dem Krieg verschwindet die Formel „Karl der Franke“ dann vollständig und ist heute nur noch in rechtsextremen Verlagen zu finden.

Die Unklarheit des Bildes Karls des Großen – gewissermaßen zwischen Römer und Franke – ist ebenso in den Illustrationen zu sehen. Insbesondere im Sammelbild finden sich viele Darstellungen des ausdrücklich fränkisch gekleideten – und einen Schnurrbart tragenden – Karl. Zwar war das Gegenbild, der alte, weise Karl mit römischem Gewand und langem, meist grauem Bart, nicht zu verdrängen, schon wegen der Prominenz von Dürers Gemälde. Insgesamt aber ist der ostentativ fränkische Karl in der Bildproduktion deutlich präsenter gewesen als in den sprachlichen Bezeichnungen, und er hielt sich länger. Dem

Autor Albert Thümmel, der die Formel „Karl der Franke“ nicht benutzte, war in den frühen 1950er-Jahren Karls Vollbart ein Dorn im Auge, und so sahen die Schulkinder, die zwischen 1953 und den 1990er-Jahren über Sparkassen und Milchfirmen insgesamt 295 000 Exemplare des Albums *Deutsche Geschichte* sammelten, einen demonstrativ fränkischen Karl.

Medien: Karl zwischen Holzstich, Chromolithografie und Fotografie

Bislang war nur von Bildern die Rede, die in aktuellen Geschichtsbüchern kaum noch vorkommen, von Illustrationen im Stil des Historienbildes, also offensichtlichen historischen Fiktionen. Diese Art von Illustration verlor nach 1900 rapide, und vollends bis 1930, an Plausibilität. Der Zusammenhang mit dem technischen Stand der Fotografie und der entsprechenden Reproduktionstechnik, ferner mit dem Aufkommen der Bildagenturen gegen 1890 ist augenfällig. Das Historienbild wurde weitgehend ein Medium des Kinderbuchs, des Schulbuchs für junge Schüler (Abb. 248) und kurzlebiger Medien wie der Reklamesammelbilder. Ansonsten griff man seit den 1930er-Jahren weitgehend zum Dokument, man erweckte zumindest den Anschein. Mit dem Historienbild verschwand für eine Vielzahl von Schlüsselsituationen der Nationalgeschichtsschreibung die Möglichkeit der visuellen Begleitung des Textes. Das Gros der bisherigen Bildthemen ging zwangsweise verloren. Historiker konnten im neuen dokumentarischen Stil weder die Kaiserkrönung noch Karls Zerstörung der Irminsul, nicht seinen Einzug in Pavia, nicht den Laizisten, den Feudalherrn oder den Bauherrn bildlich thematisieren. Der Wechsel vom illustrierenden zum dokumentierenden Bebilderungsstil in historischen Synthesen hatte eine Neukonzeption der bildlichen Erzählmuster geradezu erzwungen, und dies in Deutschland gerade in einer Zeit, die mehrfach dramatische politische Veränderungen erlebte.

Diese Veränderung des Bebilderungsstils hatte fundamentale Folgen für die Art, wie Historiker ihre Geschichtsentwürfe ins Bild setzen konnten, mithin für die Position der geschichtswissenschaftlichen Werke als Teil der Geschichtspolitik. Selbstredend handelte es sich nicht um einen vollständigen Wechsel des Bebilderungsstils. Einerseits hatte es immer schon Publikationen im dokumentierenden Stil gegeben, andererseits greifen bis heute immer wieder Historiker zu eigentümlichen Mixturen aus Historienbildern und Dokumenten.

Ausdrücklich ist noch darauf hinzuweisen, dass der Wechsel vom illustrierenden zum dokumentierenden Stil in vielen Situationen tatsächlich nur ein Stilwechsel war, aber keineswegs zum Einfügen eines bildlichen Dokuments geführt haben muss. Offenbar reichte es (und reicht oft immer noch), dass das Abgebildete „irgendwie alt“ sein muss. So findet man in aktuellen Büchern zur Kaiserkrönung Karls des Großen nicht mehr die Historienbilder Kaulbachs oder Rethels aus dem 19. Jahrhundert, wohl aber spätmittelalterliche Illustrationen etwa aus der *Sächsischen Weltchronik* oder aus den *Grandes Chroniques de France*. Damit ist an sich nichts gewonnen – ein 500 Jahre nach dem Ereignis gezeichnetes Bild ist nicht dokumentarischer als ein 1500 Jahre danach gezeichnetes –, offenbar aber wirkt es dokumentarischer. Es ist bis heute weitverbreitet, mittelalterliche Bilder aus dem hohen und späten Mittelalter zu benutzen, um das Frühmittelalter zu bebildern. Dies ist mit der Formel „dokumentie-

266 Fotografische Reproduktion der Rethel'schen Krönung aus Theodor Ebners *Illustrierte Geschichte Deutschlands*, Stuttgart 1891. Berlin, Staatsbibliothek zu Berlin

render Stil" gemeint. Offenbar fühlen sich viele Historiker bei diesem Verfahren wohler als beim Rückgriff auf ein Historienbild des 19. Jahrhunderts, obgleich es kein bisschen besser ist, vielleicht sogar schlechter, weil die Friktionen zwischen Bild und Text für viele Leser noch schwieriger wahrnehmbar sind.

Karl der Lizensierte: Die Bildagenturen verändern den Bildervorrat

Copyrightvermerke gab es hier und dort schon vor dem Einzug der Fotografie, aber erst gegen 1890 tauchen die Hinweise auf Bildagenturen auf, in deutschen Nationalgeschichten besonders auf die Berliner Photographische Gesellschaft und auf Hanfstaengl in München. Die fotografische Reproduktionstechnik und mit ihr eine neue Form der Bildverbreitung – durch Agenturen – hat sehr schnell zur Reduktion der Darstellungsvarianz eines Themas geführt. Die Rethel'sche Kaiserkrönung zeigt dies exemplarisch: Während bis zum Auftritt der Bildagenturen die antipäpstliche Bildidee vom Krönungsüberfall auf den wehrlosen Karl in verschiedener Weise künstlerisch umspielt wurde (neben Rethels Version etwa in den Illustrationen bei Streckfuß und Zimmermann [Abb. 249 und 250]), ist Theodor Ebners *Illustrierte Geschichte Deutschlands* von 1887, die bis 1906 fünfmal aufgelegt wurde, ein früher Fall der sich nun durchsetzenden neuen Form der Bildauswahl – die fotografische Reproduktion der Rethel'schen Version (Abb. 266).[15] Der Hinweis unter dem Holzstich „Mit Genehmigung der Photographischen Gesellschaft in Berlin" weist auf die von nun an gewichtige Rolle der Bildagenturen im Prozess der Bildkanonisierung hin.[16] Mit dem Auftritt der Bildagenturen bekommt die antipäpstliche Bildidee ihre fortan gültige, nunmehr technisch reproduzierte Form in der Ausführung Rethels. Dieser Vorgang dürfte exemplarisch sein, mit dem Aufkommen der Bildagenturen schrumpfte zunächst der Variantenreichtum.

Karl der Dokumentierte: Eine Münze, ein Pferd, ein Mosaik

Mit dem Wegfall der Historienbilder schrumpften die Möglichkeiten zur Bebilderung der Zeit Karls des Großen dramatisch. Letztlich blieben eine Münze (Abb. 268), die Karl in der Art der alten römischen Kaiser zeigt, und die kleine Reiterstatuette des Louvre (Abb. 269), die man mit etwas Großzügigkeit, aber immerhin nicht ohne Plausibilität, als Karl den Großen deuten kann. Das dritte offensichtlich Karl darstellende Bild, das Triclinium-Mosaik in Rom (Abb. 267), war für lange Zeiten der Moderne wenig brauchbar, da es allzu offensichtlich die päpstliche Perspektive einnahm. Zu abhängig war das Kaisertum Karls hier vom Papst.

Verschwinden also die Differenzen zwischen Deutschland und Frankreich in der Bebilderung Karls des Großen mit der Durchsetzung des dokumentierenden Stils? Wenn in beiden Ländern die Reiterstatuette oder die Bildnismünze zu dominanten Bildformeln für das Thema Karl der Große werden, wo sollten sich dann noch nationale Unterschiede der Bebilderung artikulieren? Doch sogar die dokumentierende Abbildung ein und desselben Objekts bringt in Deutschland ein anderes Argument zur Geltung als in Frankreich.

267 Triclinium-Mosaik am Lateran in Rom

268 Münzbildnis Karls des Großen auf einem Denar, fränkisch, vor 814. Berlin, Staatliche Museen zu Berlin – Münzkabinett

269 Reiterstatuette Karls des Großen (Neuausformung 1994). Berlin, Deutsches Historisches Museum

270 und 271 **Albrecht Dürer, *Bildnis Karls des Großen*, und die sogenannte Widukind Grabplatte aus Richard Suchenwirths *Deutsche Geschichte*, Leipzig 1936. Berlin, Staatsbibliothek zu Berlin**

Die Reiterstatuette sieht zwar in einem französischen Buch nicht anders aus als in einem deutschen, aber Bedeutung entsteht bekanntlich durch den Kontext, im Falle nationalgeschichtlicher Bebilderung also durch den bildlichen Kontext. Im Zusammenhang mit der Reiterstatuette taucht in Deutschland seit den 1920er-Jahren regelmäßig ein zweites Monument auf – das Grabbild Widukinds aus Enger.[17] Das Grabbild ist erst im 11. oder 12. Jahrhundert entstanden, ist also für die Zeit Karls des Großen völlig irrelevant. Die Karriere dieses Grabes in den Kapiteln zur Karolingerzeit ist ein Beispiel dafür, wie man den dokumentierenden Stil bedienen konnte, ohne tatsächlich zu dokumentieren, und wie selbst im Medium des dokumentierenden Stils nationale Differenzen gewahrt blieben.

Die am weitesten verbreitete *Deutsche Geschichte* des „Dritten Reiches“ von Richard Suchenwirth (zwischen 1934 und 1942 in 730 000er Auflage produziert) visualisiert die ganze deutsche Geschichte von der Bronze-

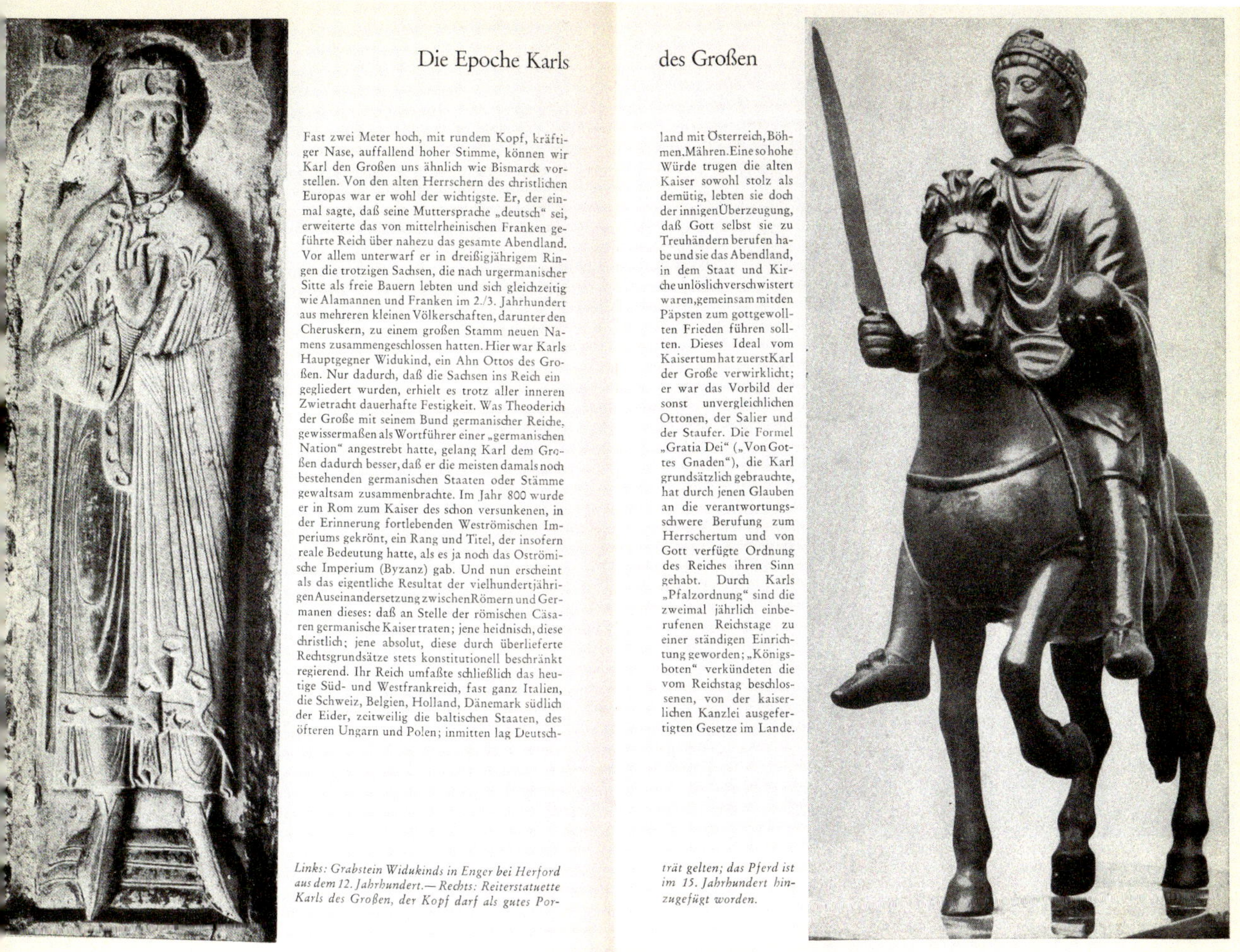
Die Epoche Karls des Großen

Fast zwei Meter hoch, mit rundem Kopf, kräftiger Nase, auffallend hoher Stimme, können wir Karl den Großen uns ähnlich wie Bismarck vorstellen. Von den alten Herrschern des christlichen Europas war er wohl der wichtigste. Er, der einmal sagte, daß seine Muttersprache „deutsch" sei, erweiterte das von mittelrheinischen Franken geführte Reich über nahezu das gesamte Abendland. Vor allem unterwarf er in dreißigjährigem Ringen die trotzigen Sachsen, die nach urgermanischer Sitte als freie Bauern lebten und sich gleichzeitig wie Alamannen und Franken im 2./3. Jahrhundert aus mehreren kleinen Völkerschaften, darunter den Cheruskern, zu einem großen Stamm neuen Namens zusammengeschlossen hatten. Hier war Karls Hauptgegner Widukind, ein Ahn Ottos des Großen. Nur dadurch, daß die Sachsen ins Reich ein gegliedert wurden, erhielt es trotz aller inneren Zwietracht dauerhafte Festigkeit. Was Theoderich der Große mit seinem Bund germanischer Reiche, gewissermaßen als Wortführer einer „germanischen Nation" angestrebt hatte, gelang Karl dem Großen dadurch besser, daß er die meisten damals noch bestehenden germanischen Staaten oder Stämme gewaltsam zusammenbrachte. Im Jahr 800 wurde er in Rom zum Kaiser des schon versunkenen, in der Erinnerung fortlebenden Weströmischen Imperiums gekrönt, ein Rang und Titel, der insofern reale Bedeutung hatte, als es ja noch das Oströmische Imperium (Byzanz) gab. Und nun erscheint als das eigentliche Resultat der vielhundertjährigen Auseinandersetzung zwischen Römern und Germanen dieses: daß an Stelle der römischen Cäsaren germanische Kaiser traten; jene heidnisch, diese christlich; jene absolut, diese durch überlieferte Rechtsgrundsätze stets konstitutionell beschränkt regierend. Ihr Reich umfaßte schließlich das heutige Süd- und Westfrankreich, fast ganz Italien, die Schweiz, Belgien, Holland, Dänemark südlich der Eider, zeitweilig die baltischen Staaten, des öfteren Ungarn und Polen; inmitten lag Deutschland mit Österreich, Böhmen, Mähren. Eine so hohe Würde trugen die alten Kaiser sowohl stolz als demütig, lebten sie doch der innigen Überzeugung, daß Gott selbst sie zu Treuhändern berufen habe und sie das Abendland, in dem Staat und Kirche unlöslich verschwistert waren, gemeinsam mit den Päpsten zum gottgewollten Frieden führen sollten. Dieses Ideal vom Kaisertum hat zuerst Karl der Große verwirklicht; er war das Vorbild der sonst unvergleichlichen Ottonen, der Salier und der Staufer. Die Formel „Gratia Dei" („Von Gottes Gnaden"), die Karl grundsätzlich gebrauchte, hat durch jenen Glauben an die verantwortungsschwere Berufung zum Herrschertum und von Gott verfügte Ordnung des Reiches ihren Sinn gehabt. Durch Karls „Pfalzordnung" sind die zweimal jährlich einberufenen Reichstage zu einer ständigen Einrichtung geworden; „Königsboten" verkündeten die vom Reichstag beschlossenen, von der kaiserlichen Kanzlei ausgefertigten Gesetze im Lande.

Links: Grabstein Widukinds in Enger bei Herford aus dem 12. Jahrhundert.— Rechts: Reiterstatuette Karls des Großen, der Kopf darf als gutes Porträt gelten; das Pferd ist im 15. Jahrhundert hinzugefügt worden.

272 Karl und Widukind aus Eberhard Orthbandts *Illustrierte Deutsche Geschichte*, München 1964. Berlin, Zentral- und Landesbibliothek

zeit bis zu Hitler mit 41 Tafeln. Für die Karolingerzeit bietet das Buch zwei Tafeln, zunächst Dürers Bildnis Karls (Abb. 270) und dann Widukinds Grab (Abb. 271).[18] In den geschichtswissenschaftlichen Werken mit dokumentarischer Bebilderung aus dem 19. Jahrhundert taucht diese Opposition praktisch nie auf. Karl ist oft in mehreren Varianten abgebildet – Statuette, Triclinium-Mosaik, Dürers Bildnis – aber Widukind war diesen Autoren kein Bild wert. In den Werken, die mit Historienbildern agierten, ist zwar oft die Sachsenmission illustriert, aber nicht mit einem Fokus auf den Kampf mit Widukind, sondern auf die Fällung der Irminsul, die Glaubensunterweisung oder die Taufe.

Man könnte die Erfindung der Opposition Karl–Widukind als bildliches Kondensat der Karolingerzeit mit dem Hinweis übergehen, dass die genannten Werke weitgehend dem Geist der NS-Zeit verpflichtet waren, mithin ein unsicherer Status Karls und ein besonderer Ehrenplatz für Widukind nicht überraschen. Aber mit der NS-Zeit verschwand diese Konstellation nicht, ganz im Gegenteil, Nachkriegswerke wiederholten sie oft noch offensiver. So sind in Eberhard Orthbandts weitverbreiteten Geschichtswerken das Grabbild und die Statuette gleich groß und ebenbürtig auf gegenüberliegenden Seiten ins Bild gesetzt und rahmen programmatisch die Überschrift des Kapitels: *Die Epoche Karls des Großen* (Abb. 272).[19]

Das Beispiel mag Anlass sein, unterschiedliche Transformationsgeschwindigkeiten von Bebilderung und Text in den Blick zu nehmen. Nur wenige deutsche Historiker (abgesehen vielleicht von Zeithistorikern) scheinen in den 1950er-Jahren neben ihren Texten auch ihre Bebilderung überarbeitet, gewissermaßen entnazifiziert, zu haben. Das Augenmerk – anscheinend auch das der Alliierten – galt den Texten. Offenbar hat kaum jemand darüber nachgedacht, wann eine Konfigura-

273 Sammelbild *Karel de Groote, een School bezoekend* der holländischen Kakaofirma Bensdorp um 1912. Frankfurt am Main, Goethe-Universität

274 Sammelbild aus dem *Helden-Album* der Kölner Schokoladenfabrik Stollwerck, Köln 1908. Frankfurt am Main, Goethe-Universität

275 Sammelbild *Kaiserkrönung Karls des Großen 800 n. Chr.* aus dem Album *Alles für Deutschland* der Firma Yosma, Bremen 1934. Frankfurt am Main, Goethe-Universität

tion wie die Gegenüberstellung von Karl dem Großen und dem Sachsenführer Widukind aufgekommen ist und mit welchem Ziel.[20] Das Medium Fotografie wurde zwar von Anbeginn mit dem Versprechen der getreulichen Abbildlichkeit verbunden, aber die Illustratoren und Autoren fanden schnell Wege, um die „objektiven" Bilder zu nicht dokumentierenden Bildstrecken zusammenzubauen.

Karl der Hybride: Verschwimmende Ideologien zwischen Schulbuch und Sammelalbum

Die bisherigen Beobachtungen bezogen sich weitgehend auf Schulbücher, akademische und populäre Geschichtsbücher. Diese Medien lassen in ihren Kapiteln über Karl den Großen deutlich nationale Auseinandersetzungen und politische Strömungen erkennen. In anderen Medien hingegen gerät die Eindeutigkeit nationaler Bildvorräte und Bildaussagen immer wieder durcheinander. So setzten Reklamesammelbilder – vor dem Fernsehzeitalter das einflussreichste Medium der Vermittlung historischer Vorstellung – immer wieder Material aus anderen, zum Beispiel französischen, Bildvorräten zusammen.

Der niederländische Kakaoproduzent Bensdorp hatte es sich bei der Herstellung seiner Sammelbilder für deutsche Kunden besonders einfach gemacht (Abb. 273). Die Firma ließ zwar auf die Rückseite der Bilder einen deutschen Text drucken, für die Bildseite aber verwertete sie eine Lithografie, die für den heimischen Markt bestimmt war und eine niederländische Inschrift trug. Das Motiv entsprach weder dem deutschen Bilderkanon noch dem französischen. Die dargestellte räumliche Situation auf dem Sammelbild ist frei von Hinweisen auf einen klösterlichen Kontext und mag einer französischen Vorlage entnommen sein. Die einzige Person auf dem Bild, die als Lehrer infrage kommt, ist der Laie am rechten Bildrand. Der Bischof ist eine funktionslose Zugabe. Unpassend aber ist der Titel *Karel de Groote, een School bezoekend* (Karl der Große, eine Schule besuchend), denn er spricht weder wie in Deutschland üblich von einer Klosterschule noch bezieht er sich auf die Palastschule, die die Franzosen sehen wollten. Insgesamt war das Bild für deutsche Sammler dieser hochwertigen und beliebten Chromolithografien nicht leicht einzuordnen, und augenscheinlich ging es dem

276 Sammelbild *Kaiserkrönung Karls des Großen (800)* aus dem Herba Album *Deutsche Geschichte*, Plochingen 1953. Frankfurt am Main, Goethe-Universität

Autor des Rückseitentextes nicht besser, denn sein lexikonartiger Text über Karl hat mit der Szene nichts zu tun.

Nicht nur durch niederländischen Kakao kam dieses Motiv in deutsche Wohnzimmer, auch der Kölner Schokoladenhersteller Stollwerck integrierte das Motiv Karl in der Schule in sein *Helden-Album* von 1908 (Abb. 274). Der Raum gibt auf diesem Sammelbild keine Orientierung über den Ort des Geschehens, aber die einzige als Lehrer infrage kommende Person auf dem Bild ist, wie auf deutschen Bildern dieser Szene üblich, ein Geistlicher. Karl ist ostentativ fränkisch gekleidet und durch den Schnurrbart eindeutig der deutschen Karlsikonografie angepasst. Statt wie Bensdorp in eher französischer Bildtradition einen alten Herrscher mit langem Bart zu zeigen, der im Sessel sitzt und sich auf sein Schwert stützt, bringt das Heldenalbum einen „echten" deutschen Helden. Auch die *Berliner Morgenpost* stattete die Szene 1928 mit einem geistlichen Lehrer und einem betont fränkischen Herrscher aus. Obgleich diese Motive also etwas eingedeutscht waren, verbreiteten die Sammelalben ein Motiv, das an sich nicht zum Bestand der deutschen Historiker gehörte. Das Reklamesammelalbum *Alles für Deutschland* der Zigarettenmarke Yosma von 1934, ein dem Nationalsozialismus huldigendes Album, nutzt nicht den im NS-Zusammenhang zu erwartenden antipäpstlichen Bildtyp des Krönungsüberfalls, sondern lehnt sich an den papstfreundlichen Bildtyp Kaulbachs an, der ein geplantes, hierarchisches Zeremoniell zeigt (Abb. 275). Als nach dem Krieg der Herba Verlag in Plochingen das 1953 erschienene Sammelalbum *Deutsche Geschichte* konzipierte und dabei auf weitverbreitetes Bildmaterial zurückgriff, hat der Zeichner der Krönung Karls des Großen alles durcheinandergebracht (Abb. 276). Augenscheinlich hat er den Sinn seiner Vorlage nicht mehr verstanden. Der Papst krönt zwar noch listig von hinten, als ginge es um jenen Krönungsüberfall auf den überraschten Karl, den Rethel für das Aachener Rathaus entworfen hatte (Abb. 247), aber die Szene hat nichts mehr von einem Überfall, sie ist als geplantes Zeremoniell aufgebaut, ganz wie in Kaulbachs Gemälde für das Maximilianeum in München. Das Gleiche lässt sich an Karls treuem Diener Roland beobachten. Abgesehen von den etwas orientierungslosen Anfängen der Nationalgeschichtsschreibung, die zugleich die Zeit der Historienmalerei war, war Roland, der in feudaler Treue für seinen Herrn stirbt, nicht Gegenstand der deutschen Schul- und Geschichtsbücher. Wenn trotzdem die Erzählung vom treuen Gefolgsmann Karls, von Kampf, Niederlange und Tod in den Pyrenäen in deutschen Wohn- und Kinderzimmern landete, dann durch das marktwirtschaftliche Medium der Sammelbilder. Auf ihnen fand sich durchaus häufig, was in Geschichtsbüchern nichts zu suchen hatte.

Zur Aktualität Karls des Großen

Johannes Fried

Europa heute hat keinen Vater, wohl aber den Euro und auch ihn nicht einmal ganz. Nur von Zypern bis zur Bretagne, von Gibraltar bis an den Polarkreis. Es bleibt ein Rest und dieser Rest von Euro-Europa differiert jenseits des Euros so stark, dass kaum noch ein Einheitsmerkmal entdeckt werden kann. Die Sprachen der Beteiligten unterscheiden sich bis zu wechselseitiger Unverständlichkeit, selbst die Kirchen pflegen eher Abgrenzung denn Eintracht, sogar die „europäischen" Gesetze, von einem gemeinsamen Parlament verabschiedet, werden hier und da unterschiedlich angewandt und ausgelegt; allenfalls sorgen die Urteile des europäischen Gerichtshofes für eine relative Einheitlichkeit.

Und Karl der Große? Was hat er mit diesem oder einem anderen Europa zu schaffen? Der Euro wankt; Karl aber stand fest. Nur für einige der betroffenen Staaten starb vor nunmehr 1200 Jahren der zuständige Herrscher; für die übrigen Staaten bedeutete seine Regierung wenig oder nichts. Das Ergebnis lehrt jeder Blick in den Geldbeutel: Kein einziges Stück Kurrentgeld, ob Penny oder Fünfhunderteuroschein, ob in Slowenien oder Malta, in Finnland oder Portugal, zeigt ein Bild des Karolingers. Karl also „der Vater Europas", wie er so gerne apostrophiert wurde und wird? Zweifel steigen auf und sie wachsen, sobald wir auf das Geld verzichten und uns die Geschichte dieser Formel näher betrachten.

Vor 1200 Jahren hätte kein Angelsachse, kein Wikinger, kein Grieche den Karolinger einen Vater Europas genannt. Von einem namenlosen Poeten am Kaiserhof um 800 als Herrscherlob geprägt, wurde die Formel bald vergessen, für ein Jahrtausend begraben, und wurde Karl – von schwachen, nicht durchsetzungskräftigen und ganz unpolitischen Vorstellungen im 18. und frühen 19. Jahrhundert abgesehen – in einem politischen Sinne erst im 20. Jahrhundert mit Europa in Verbindung gebracht.[1] Es geschah zu unseliger Stunde. Mitten im Krieg, um die Gewalttaten Adolf Hitlers und seines dem Untergang entgegenfiebernden „Großdeutschlands" mit dem Nimbus des großen Karl zu umgeben und zu legitimieren und den Sieg im „Endkampf" zu beschwören.

Doch herrschte im „Dritten Reich" keine einheitliche Meinung zu Karl dem Großen. Da kursierte früh das Wort vom „Sachsenschlächter". Es nahm Bezug auf den Bericht der *Reichsannalen* zum Jahr 782, wonach Karl 4500 Sachsen bei Verden an der Aller habe hinrichten lassen zur Rache für einen Vertragsbruch. Das böse Wort wurde dem „Chefideologen" Alfred Rosenberg in den Mund gelegt, der sich aber dezidiert dagegen verwahrte. Gleichwohl forderte er im Jahr 1934 die Errichtung eines „Mahnmals", je einen Findling für jeden der 4500 erschlagenen Sachsen. Heinrich Himmler, der Chef der SS, hat die nötige Steinmenge auftreiben, sie mit Hilfe seiner *Stiftung Ahnenerbe* und des Reichsarbeitsdienstes herbeischaffen und an einem zwei Kilometer langen Rundweg aufstellen lassen. Seitdem stehen die Steine da, im „Sachsenhain". Er diente der SS zu Aufmärschen; und noch in jüngster Zeit versammelten sich dort NPD-nahe Verbände und an-

277 Teller als Ehrengabe Adolf Hitlers, Sèvres, 1944, Detail. Berlin, Deutsches Historisches Museum

dere Neonazis zum, wie es in der Presse hieß, „Spaziergang unterm Hakenkreuz".[2]
Hitler selbst hat diesen Sachsenkult seiner Paladine abgelehnt. Er feierte die großen „deutschen" Kaiser und ihre imperiale Politik. Er warnte Rosenberg vor der Verunglimpfung des Karolingers. Er selbst sah sich während des Krieges in Karls Nachfolge. Zum 2. April 1942, dem Geburtstag des Heros, erschien für Aachen ein Sonderstempel der Reichspost „Grossdeutschland gedenkt Karls des Grossen", im Jahr 1943 brüstete sich Hitler auf einem zur Ehrengabe zumal für die vorwiegend aus französischen Freiwilligen gebildete SS-Division „Charlemagne" bestimmten Teller aus kostbarem Sèvres-Porzellan mit der Wiedervereinigung Europas, das die Enkel Karls des Großen 1100 Jahre zuvor zerteilt hätten (Abb. 278). Es stimmt nachdenklich, dass nach dem Krieg ein *politisches Europa* mit Karl als Patron beschworen wurde. Noch einmal: War Karl wirklich der Vater Europas?
Propaganda auch dies? „Wer war Karl der Große? Wann lebte er? Diese Frage stelle ich seit einiger Zeit [...] und erfahre mit gewisser Ungläubigkeit, wie stark seine Gestalt trotz ‚Karls-Preis' und Aachener Pfalzkapelle im allgemeinen Geschichtsbewußtsein zurückgetreten" ist. Mit diesen Sätzen leitete Horst Fuhrmann, der frühere Präsident der *Monumenta Germaniae Historica*, der ehrwürdigsten Forschungsstelle zur Geschichte des Mittelalters, und langjähriger Präsident der Bayerischen Akademie der Wissenschaften, einen Rundfunkvortrag ein. Besser ist die Lage in den letzten Jahrzehnten nicht geworden. Jedenfalls beklagte noch unlängst der Präsident des Deutschen Lehrerverbandes, ein praxiserfahrener Altphilologe und Historiker, das Um-Sich-Greifen des historischen Analphabetismus. „Schüler wissen mit zentralen Ereignissen nichts mehr anzufangen".
Jüngste Facebook-Notizen bestätigen das triste Fazit. Da kursieren mitunter abstruse Vorstellungen und erschreckende Perspektiven. In einer unlängst durchs „Netz" geisternden Debattierrunde, die unter dem Deckmantel „*Geschichtsforum.de*" daherkam, konnte man die Äußerung eines „Freiherrn" lesen (7.5.13): „Also ich bin der Meinung, dass Karl der Grosse nur ein (sic!) Titel verdient: erster Völkermörder Europas. Karl hat die Sachsen doch nur aus Machtgier unterworfen. Unterstützt wurde er dabei von einem anderen Verbrecher: dem Bischof von Rom (anderen auch als Papst bekannt)." Ein gewisser „ponzelar" antwortete: „jaja, der ‚Sachsenschlächter' Karl. diese Charakterisierung stammt, wenn ich nicht irre, aus berufenem Munde und von einem Bayern." Auf Nachfrage ergänzte er: „Ich denke an Heinrich Himmler." Nazi-Ideologie, Religions- und Kirchenfeindschaft, mangelnde Kenntnisse und fehlerhafte Sprache reichen einander die Hand. Armer Karl.
Bloß armer Karl? Zum historischen Analphabetismus tritt mangelnde Sprachbeherrschung. Eine jüngste deutschlandweite Umfrage zur Studierfähigkeit deutscher Studenten offenbarte einen erschreckenden Rückgang der Sprachbeherrschung und Lesekompetenz.[3] Doch jede Sprache ist historisch gewachsen, birgt Vergangenheiten in sich und transportiert in ihren Mustern unbemerkt, doch höchst wirksam allgemeines Wissen und kulturelle Werte. Dass – nur dieses Beispiel – heute noch das „Vaterunser" gebetet wird und nicht ein „Unservater", wie es Sprachpuristen fordern, verdankt sich den ältesten überlieferten althochdeutschen Gebetsübersetzung eben aus der Zeit, vielleicht gar im Auftrag Karls des Großen. (Die ältere gotische Über-

278 Teller als Ehrengabe Adolf Hitlers, Sèvres, 1944 Berlin, Deutsches Historisches Museum

setzung dürfte um 800 längst untergegangen und nur noch in wenigen handschriftlichen Zeugnissen verfügbar gewesen sein.) Die Sprache birgt ein großes Wissensarchiv. Ohne Lesefähigkeit, die über bloße Buchstabierkunst hinausgeht, versinken nicht nur die Geschichtskenntnisse im Sumpf unreflektierter Augenblicksbedürfnisse und deren Befriedigung. Dann geht Wissen zugrunde, verfestigen sich Vorurteile, Ideologien und Propagandamuster im allgemeinen Bewusstsein, leeres Gerede. Ohne Lesekompetenz verschwinden Herkunft und Zukunft, verschwinden Differenzierungs- und Orientierungsfähigkeit in Vergangenheit und Gegenwart, verschwindet die verantwortungsbewusste Persönlichkeit, verschwindet jede Werteordnung und mündet in das Trugbild vom schnellen Euro, in gieriges Zockertum. Denn wir sind, ob wir wollen oder nicht, keine voraussetzungslosen Wesen, wir sind Sprachwesen, wir sind unser, auch unser kulturelles Gedächtnis. Kultur aber muss gepflegt sein, soll sie nicht in Barbarei versinken. Auch handlungssatte Filme können nicht an die Stelle der Lektüre treten. Sie schieben alle Zwischentöne zur Seite, um dem Publikum mit Aktionismus zu schmeicheln. Nachdenklichkeit wird auf diese Weise nicht gefördert.

Europa also kann sich mit Karl *nicht* schmücken, jedenfalls nicht in dem herkömmlichen Sinn. Karl war zu erfolgreich, als dass die bislang, nach über 50-jährigen Bemühungen, doch recht erfolglose Europäisierung der Europabewohner sich mit ihm brüsten dürfte. In Deutschland liegt ohnehin der lange Schatten des „Dritten Reiches“ über der Erinnerung an Karl. Auch Hermann Löns' angebliches und nie gesungenes *Lied vom aisken Schlächter und der roten Beeke* (wohl die Quelle der Diffamierung durch die Nazis) hallt noch nach. Der Kriegskönig, der unersättliche Eroberer, der „Schlächter“ wird bis zur Stunde eher apostrophiert als der Bildungserneuerer, der Kulturstifter, der den Barbaren mit Christentum und Kirche literate Bildung und Kunst erschloss, der Partner der Griechen und Muslime, der die Fremden achtete und an sich band.

Acht namhafte deutsche Historiker versuchten seinerzeit gegen den mächtigen Rosenberg in einem schmalen Büchlein *Karl der Große oder Charlemagne* anzuschreiben (1935). Es gelang ihnen nur vordergründig. Sie ersetzten die Karlsfeindschaft durch andere Feindbilder. Der „französische Aufklärer“ Voltaire nämlich sei es gewesen, der Karls Sachsenkriege erstmals diffamiert habe. „Heute haben wir gewiss weniger als je Veranlassung, diesem Wegbereiter der Französischen Revolution in der Missachtung des ersten Kaisers germanischer Abkunft Gefolgschaft zu leisten“, so hieß es im Vorwort, das wohl aus der Feder Karl Hampes, des damaligen Doyens deutschsprachiger Mittelalterforscher, geflossen war. Voltaire hatte den großen Franken, „den Sohn eines Domestiken“, als Usurpator und Despoten getadelt, der Tausende von Sachsen niedergehauen habe. Selbst die bemerkenswerteste geschichtswissenschaftliche Publikation zu Karl während der braunen Jahre konnte sich damit aus dem nationalistischen Sumpf nicht lösen und feierte nur den (angeblich) deutschen Karl. Sogar Carl Erdmann, sonst ein Gegner Nazi-Deutschlands, betonte in seinem Beitrag zu dem Sammelband Karls nationale, deutsche Rolle. Karls Sachsenkriege wiesen für den Vorwort-Autor eine „richtunggebende Politik zur Eindämmung der Slawenflut und zur Vorbereitung germanisierender Siedlung im Osten“. Antiwelsch und antislawisch kamen diese „Antworten“ daher, germanisch-deutsch.

Wie anders nahm sich dagegen das etwa gleichzeitige, zu Recht berühmte Buch des großen Belgiers Henri Pirenne aus: *Mahomet et Charlemagne*. Kurz vor seinem Tod 1935 konnte der Autor noch seine letzte Überarbeitung durchführen, während das Buch selbst dann posthum 1937 – und gleich mit sechs Auflagen – erschien. Hier trat ein anderer Karl hervor als bei den deutschen Historikern, ein Karl der Opfer, Nutznießer und Gewinner spätantik-frühmittelalterlicher Weltpolitik war, der dieser Welt auch seine eigenen Impulse vermitteln konnte. Pirennes These, dass das Auftreten Mohammeds und der Erfolg seiner Botschaft die Mittelmeereinheit zerbrechen ließ und die Verlagerung der Kultur nach dem Norden, eben zu Karl dem Großen, ermöglichte, fand zunächst lebhafte Zustimmung, erst mit der Zeit wachsende Kritik.

Die erste französische Karlsmonographie, die nach dem Krieg erschien, Joseph Calmettes *Charlemagne. Sa vie et son œuvre* (Paris 1945, deutsch Wien 1948) knüpfte zwar an solche Weite nicht an. Aber sie beschrieb mit Blick auf Sachsen und Baiern gerade nicht den brutalen Kriegskönig, vielmehr den fränkischen Kulturbringer, der den künftigen Deutschen die Partizipation an der aus der Antike geretteten Hochzivilisation ermöglichte. Sein „Nachfolger“ Jean Favier, dessen Karlsbuch ein halbes Jahrhundert später (1999) der Presse übergeben wurde, blieb eher bei der nationalen französischen Sicht, schwieg von Europa, verwies indessen auf die lange Karlstradition in Frankreich, um zuletzt „von Charlemagne zu Napoleon“ zu eilen.

Jüngere deutsche Historiker setzten die Tradition seit den 30er Jahren des letzten Jahrhunderts fort und sprangen geradezu auf den Europa-Zug auf. Dieter Hägermanns *Karl der Grosse. Herrscher des Abendlandes* (Berlin 2000) beschränkte Karls Herrschaft, wie es schien, zutreffend auf den Westen, eben das „Abendland“, doch zu diesem zählten auch die Angelsachsen und Iren, die Westgoten Asturiens oder die Basken, ohne dass sie zu Karls Reich gehörten, letztere gar dem König eine traumatische und nie vergessene Niederlage beibrachten. Also kein „Herrscher des Abendlandes“. Andernorts wurde – wohl durch den Rahmen der Europäischen Union verleitet – das Konzept aufgegriffen. Alessandro Barberos *Carlo Magno. Un padre dell'Europa* (Rom/Bari 2000) erhielt den nicht unwesentlich veränderten deutschen Titel: *Karl der Grosse. Vater Europas* (Stuttgart 2007) und auf Englisch den insular klingenden Titel: *Charlemagne: father of a continent* (Berkeley 2004). Immerhin bot der italienische Historiker ein zentrales Kapitel: *Carlomagno e l'Europa – Fine del mondo antico et nascita dell'Europa*.

In mancherlei Verkleidung geistert der *pater Europae* noch immer durch den Blätterwald der Gelehrten. Doch die panegyrische Formel des Poeten greift bald zu kurz, bald zu weit. Europa war zu Karls Zeit keine politische Größe, sondern ein verschwommener aus der Antike überkommener geographischer Begriff. Das heidnische Skandinavien und das orthodoxe Byzanz gehörten nicht dazu, obgleich die *Romania* an die Donau und bis nach Sizilien und Süditalien reichte; von den Karantanen abgesehen auch die Länder der Slawen nicht, schon gar nicht das heutige Russland, da gewöhnlich die Mäotischen Sümpfe als kontinentale Grenzzone galten, ebenso wenig das muslimische Spanien.

Karl selbst hat sich in keinem einzigen offiziösen Dokument mit einem „europäischen Titel" geschmückt. Er war Franken- und Langobardenkönig, Römerkaiser oder einfach Kaiser. Indes, seine Bedeutung reichte für seine Zeitgenossen weit über sein Reich hinaus. Er besaß Geltung in der gesamten ihm und seinen Beratern bekannten Welt. So gesehen, darf Karl als *ein* Wegbereiter heutiger Globalisierung betrachtet werden. Globalisierung im Rahmen seiner Weltkenntnis, mithin im Rahmen der Trias der Erdteile Europa, Asien und Afrika, deren Größe Karl nicht ahnen konnte. Immerhin erwähnten die Informationsschriften, die an seinem Hof verfügbar gewesen sein dürften, auch Indien. Aber schon Chorasan war unbekannt, und selbst Skandinavien war für den Franken kaum mehr als ein Schemen im Norden Europas – trotz der anbrandenden Wikingergefahr. Soweit aber die Reiche um das Mittelmeer die Welt vertraten, betrieb Karl Weltpolitik. In allen drei bekannten Kontinenten wurde er diplomatisch und irgendwie wirtschaftlich aktiv. Zu reden wäre also über Karl und Byzanz, Karl und das Reich der Abassiden, Karl und Kairouan, Karl und das Emirat von Córdoba.

Die Karlslegende warf ein Echo dieser Entwicklung zurück. Sie ließ nun den Franken in eigener Person nach Jerusalem pilgern. Ihre ersten Spuren finden sich im 12. Jahrhundert, etwa bei dem sogenannten Pseudo-Turpin. Und noch im Jahr 1869 diente sie dem Kunstmaler Leonhard Gey zur Ausschmückung des repräsentativen Speisesaales im jüngsten Welfenschloss, der von König Georg V. erbauten Marienburg in der Region Hannover, als Fresco nämlich von der Ankunft Karls des Großen vor Jerusalem.[4]

Die Betrachtung der karlszeitlichen Globalisierung hat auf jede politische Konnotation zu verzichten. Jetzt geht es ums universale Wissen, um eine alle gentilen, regionalen, nationalen Grenzen sprengende Kultur, um eine rationale Erfassung der Welt, um die Etablierung eines eigentümlichen, kategorialen Denkstils, der seither die Welt erobert hat. Karl war inmitten der agonalen Gesellschaft seiner Zeit, in der er sich als Kriegskönig bewähren musste, und entgegen aller Verehrung, die er für den jeder theoretischen Neugier abholden heiligen Augustinus empfand, ein Mann fortgesetzten Fragens, unbändigen Wissenwollens, einer nach „nackter Wahrheit" dürstenden Neugier. Er oder seine Gelehrten haben jenen in die Aufklärung mündenden Denkstil nicht erfunden, aber sie bewirkten dessen erste Etablierung im weiten

Karlsreich und verhalfen ihm damit zur territorialen Basis, die in den folgenden Jahrhunderten dessen Siegeszug rund um die Erde ermöglichte.
Kein zweiter Herrscherhof seiner Zeit versammelte so viele Fremde wie der Hof Karls des Großen. Der König rief sie in sein Reich, weil sie Wissen und Können mitbrachten, finanzierte sie, verlieh ihnen Kirchen, damit sie Schulen einrichten und unterhalten konnten. Ihre „Mitbringsel" (einschließlich kostbarer Handschriften) wurden vom König begrüßt, durch den Hof aufgegriffen und wie in einem Schmelztiegel mit dem Wissen und Können der anderen Fremden vereint. Internationalität der geistigen Kultur prägte dieses Reich, strahlte vom Königshof aus über das Karlsreich hinaus und bewirkte in der Folge die geistige Nähe aller an der westlich-abendländischen Kultur mitwirkenden Völker.
Kein zweiter Hof der Epoche gab so viele neue Impulse für Wissenschaft und Kunst und nicht zuletzt für die Festigung der Kirche wie jener des Karolingers. Die Schrift, die durch den Karlshof gefördert wurde, die sogenannte karolingische Minuskel, eroberte die Welt; selbst China beginnt heutigen Tags, sich ihr anzupassen. Der Kalender, der am Hof Karls des Großen entstand, hat sich mittlerweile, wenn auch nach mancherlei Veränderungen über die gesamte Erde ausgebreitet. Der heutige Welthandel, die Börsen Europas, Amerikas oder Asiens, auch der Flugverkehr rechnen weder nach dem jüdischen, noch nach dem chinesischen, noch nach sonst einem Kalender, auch nicht nach den Jahren seit der Hedschra, sondern durchweg nach den Jahren der *Common Era*, die sich durch den „karolingischen Reichskalender" einzubürgern und auszubreiten begonnen hatte. Karl also, das zeigen diese Beispiele, übt eine noch immer anhaltende, weltweite Wirkung auf Kultur, Wissenschaft und Wirtschaft.
Film und Fernsehen haben sich längst des Karls-Themas angenommen – so etwa der französische Streifen von 1993 *Charlemagne, le prince à cheval*, den sogar Wikipedia anzeigt. Er folgt Einhard, Karls Biographen, nicht anders als die Filmdoku, die unlängst bei Arte und anderen Sendern zu sehen war. Wir sehen uns weiter um, fliegen etwa nach Montreal und wohnen in *Charlemagne*, einer der Suburbs der kanadischen Metropole, 5000 Seelen groß. Die internationale Regenbogenpresse, die im Flugzeug ausliegt, lässt sich breit aus über Charles, den Prince of Wales. Wer bedenkt bei der Lektüre, dass ohne Karl den Großen weder dieser Brite noch sonst ein Royal diesen Namen tragen könnte? Seit Karl von Anjou, dem König Siziliens, im späteren 13. und Karl IV. von Frankreich im früheren 14. Jahrhundert verbindet der Name eine endlose Kette europäischer Könige mit dem großen Karolinger. Mit ihnen setzte eine Flut von Nachbenennungen ein. Ohne den Großen gäbe es keinen heiligen *Carlo* Borromeo, keinen Revolutionsdenker wie *Karl* Marx, keinen *Charles* de Gaulles, hieße keiner unserer Freunde, Verwandten, Bekannten *Karl*. Endlos erscheint die Liste derer, die mit Vor- oder Nachnamen an *Charlemagne* erinnern.
Ein Viertel Jahrtausend musste freilich verstreichen, von Karls des Großen Urenkel Karl III. und Karl von Niederlothringen bis zu Karl von Anjou und seinem Vetter Karl von Valois, dem Vater Karls IV. von Frankreich, bevor sich die Flut Bahn brach. Die Wiedergeburt des Namens verdankte sich barer Ideologie. Das französische Königshaus der Kapetinger hatte nämlich lange das Odium des Thronraubs zu tragen, den ihr erster König, Hugo Capet, mit dem Ausschalten

jenes Karl von Niederlothringen, eines legitimen und thronfähigen Karolingers, begangen hatte. Erst die Ehe Philipps II. Augustus mit Isabella von Hennegau verbesserte die Lage, insofern die Abkunft der Braut von Karl dem Großen betont wurde, um die Gleichrangigkeit mit dem Königshaus hervorzuheben. In der Folge entstand das Konzept der Rückkehr des Königtums zum Geschlecht Karls des Großen. Die erlauchten Namen – Ludwig und Karl – verkündeten den Erfolg. Karl IV. von Frankreich war dann der Firmpate Wenzels von Böhmen, der mit der Firmung den Namen seines Paten annahm: Karl IV., der endlich Kaiser wurde. Legitimationsstrategien, die sich der Karlssage und Legende bedienten.

Wir lassen das alles auf sich beruhen und begeben uns auf die Heimreise. Zum Zeitvertreib im Flugzeug lesen wir Comics, etwa aus der Serie *Charlemagne*, die 1994 in den USA über die Ladentische wanderte. Natürlich erzählte sie nicht die Geschichte des dort weithin unbekannten Karolingers, vielmehr jene eines US-boys, der in ein herzergreifendes Melodram aus dem Vietnam-Krieg verwickelt war und – ein amerikanischer Odysseus – nach mancherlei Irrfahrten endlich die Heimat wieder sehen durfte.

In Paris steigen wir im Hotel *Charlemagne* ab, genehmigen uns einen Chardonais aus der Weinlage *Corton-Charlemagne* (Anbaugebiet Côte de Beaune). Der große Karl soll einst dessen Besitzer gewesen sein; jedenfalls behauptet solches die angeblich ins 14. Jahrhundert zurückreichende Tradition. In Aachen lassen wir uns die kräftige *Bockwurst Karl der Große* schmecken, die der Fußballklub Alemannia Aachen – in die niedere Liga abgestiegen – vertreibt, um für den Wiederaufstieg zu rüsten. Danach aber wollen wir deftigere geistige Speise, nichts mehr von jener amerikanischen Herzensnahrung. Härteres. Mehr Rhythmus. Heavy Metal. Genauer: das *symphonic metal concept album*, das Sir Christopher Lee im Jahr 2010 herausbrachte, und jenes Album, das er 2013 folgen ließ.

Das erste Album – *Charlemagne. By the Sword and the Cross – Tells the story of the First Holy Roman Emperor*. Ganz falsch ist es nicht. Lee hat Einhards *Vita Karoli* gelesen. Seine Lyrics – intoniert mit Lydia Salnikova am Keyboard – handeln von historischen Szenen: *King of the Franks*, *The Iron Crown of Lombardy*, *The Bloody Verdict of Verden*, dann auch *The Age of oneness out of diversity* (eine selbstbewusste Reflexion Charlemagnes über seine Taten), *Iberia*. Hier beschwört und reflektiert der große König seine Taten. Einen Höhepunkt stellt *The Bloody Verdict of Verden* dar: „Warmongers fight to take my throne / No respect is ever shown / To Pope, or Prince, nor man nor beast / And steal our cattle for the feast." Natürlich betont der Sänger seinen, nämlich Karls, Kampf für „Jesus Christo". Doch die Rache, die Strafe dominiert: „Rivers flowing red / With the blood of four thousand men / That I did behead / (I shed blood of the Saxon men) I shed the blood of the Saxon men / I shed the blood of the Saxon men / I shed the blood of the Saxon men / I shed it at Verden / I shed the blood of the Saxon men / I shed the blood of four thousand Saxon men / I shed the blood of the Saxon men / I shed the blood of the Saxon man. (I shed the blood of the Saxon men)." Neunmal Blutvergießen. Wusste Lee, dass Karl dort, in Verden, 28 Jahre nach diesem Exzess eines Morgens unruhig erwachte, allein übers Feld ritt, zusammenbrach, vermutlich von einem epileptischen Anfall zu Boden geworfen? Erschrocken, erschüttert, von Erinnerung heimgesucht?

Kannte der 90-jährige Schauspieler, Sänger und Composer, der mit Dracula-Rollen einst berühmt wurde und im Hobbit mitwirkte, den „Sachsenhain"?

Das zweite Album erschien im vergangenen Jahr: *Charlemagne: The Omens of Death*. Bester heavy metal wird hier geboten, arrangiert von Richie Faulkner und seiner Band *Judas Priest*. Lee intoniert Karls Quasi-Beichte auf dem Totenbett: „Einhart gather near / Come hither to my bedside. / The hour that I must retire / is drawing ever near. / From the exigencies of this life / My deeds layed out before your eyes / and my conscience must be clear." Abermals wird der *Massacre of the Saxons* erinnert „I shed the blood of the Saxon men..." Dann hoffnungsvoll *Drawing of a New Age*. Endlich die letzte Nummer: *Judgement Day*. Noch einmal: Ahnung vom Heraufziehen einer neuen Welt, „a New Age of enlightenment..." Das Volk aus Nichtwissen und Chaos befreit ... Feierliche Orgelmusik (Synthesizer) in langen Tönen. „But what, if there is no god, no afterlife? Only dust and darkness?" Heftige Rhythmen ... Guitarre, Bass, Drums ... Chorus der Engel? Oder der Teufel? „... the glory of your destiny, the glory of a new age..." leise Hoffnungsrufe im Hintergrund. Oder Warnrufe? Jedenfalls Ruf und Antwort: „Charlemagne – Charlemagne, Charlemagne – Charlemagne..."

Flucht aus dem Chaos des Nichtwissens: Es klingt, als hätte Lee sich mit der Bildungsreform Karls des Großen auseinandergesetzt und erkannt, dass dieselbe in der Tat die geistigen Grundlagen fortgesetzter Aufklärung geschaffen hat, die über viele Weiterungen und Aufklärungen in die Gegenwart führen. Sie veränderten die Welt nicht von heute auf morgen; jetzt sieht manches anders aus als damals und nichts ist so, wie Karl es gewünscht haben dürfte. Dennoch, sein Beginnen verbreitete sich seit seinen Tagen in die heraufziehende Zukunft und lehrte von Mal zu Mal die Welt neu zu denken, zu erforschen und umzugestalten.

Die Aktualisierungen mögen genügen. Die angeführten Kostproben haben uns mit ihrer Serie wechselvollster Karlsbilder zu einer eigentümlichen Wahrnehmung von Zeit geführt! Einstmals ein Heros und nun der große Mann zu einem fast leeren Namen verkümmert, zu einem Etikett geschrumpft, benutzt zu Europa-Beschwörung und missbraucht als Legitimationsfigur, so möchte es scheinen, und jüngst noch zum Stoff für Pop-Musik eingesetzt. Und noch einmal die Frage: Wer war Karl der Große? Die vorstehenden Antworten enthüllen die ungeheure Bandbreite eines sich ständig transformierenden kulturellen Gedächtnisses, das selektiert und vergisst, das deformiert und sich auflöst.

Lassen sich verallgemeinernde Folgerungen ziehen? Die Vergangenheit ist nicht vergangen, jedenfalls nicht restlos. Ihre Errungenschaften, ihre Verluste sind der Welt eingeschrieben und noch immer zu spüren. Nichts geht völlig verloren, vieles aber in Teilen. So hat Karl für die Rettung antiken Wissens gesorgt. Jede Planung, jede Zukunftsforschung verlangt Vergangenheitserkundung. Aus der Vergangenheit kommen die Wege, die in die Zukunft führen. Nur sie, die Wege und Irrwege von einst, liegen offen vor uns, lehren uns, setzen Maßstäbe, verkünden Werte. Karl trachtete nach Erneuerung der Kirche, ihrer Ordnung, ihres Rechts, ihrer Gebete. Die Zukunft aber ist dunkel. Nur aus kritisch betrachteter Vergangenheit lassen sich langfristige Trends, nicht bloß die Tagesbedürfnisse von heute und jetzt erkennen, lässt sich Zukunft also zu gestalten wagen. Karl sah in der

Tat aus Wissen um die Vergangenheit Kräfte der Auflösung seines Reiches.
Die Erwartung einer Übertragungsmöglichkeit vergangener Erfahrungen eins zu eins in die Gegenwart wäre freilich fatal. Der Blick zurück offenbart Handlungsspielräume, Chancen und Folgen, auch Scheitern und Neubeginnen. Wesentliche Fragen von einst sind ja noch immer oder erneut aktuell. Der große Karl lehrt den Perspektivenreichtum vergangener Zukunft. Erfolge, auch und gerade militärische, verflüchtigen sich; Karls Reich, in endlosen Kriegen gezimmert, zerfiel. Nur geistige, oft auch religiöse Impulse blieben und wirkten fort. Karls Sendungsbewusstsein – gleich dem biblischen König Josias: den Dienst für Gott erneuern, in ständiger Sorge um Frieden und Gerechtigkeit, um die Ordnung der Kirche, um die Erneuerung der Bildung – führt jetzt zu vielfältigem Fragen: Wie muss ein erfolgreicher Politiker handeln? Wie sollte er mit den Eliten seiner Zeit kooperieren? Wie ihnen die dringlichen Ziele nachhaltig übertragen? Wer befindet über ihre Dringlichkeit? Wer stellt die Eliten? Wie dieselben bei der Stange halten? Langfristige Entwicklungstrends, die durch des Königs oder aller seiner Nachfolger Handeln eingeleitet wurden und die selbst schwerste Katastrophen überstanden, treten hervor. Verluste aber sind unvermeidlich.
Frieden also und Gerechtigkeit: In ihrer Verwirklichung sah Karl eine seiner wichtigsten Aufgaben. Ohne Gerechtigkeit kein Frieden und ohne sozialen Frieden keine Gerechtigkeit. Jeder empfange das ihm Zustehende. Doch wessen und welche Bedürfnisse bestimmen das Maß? Karls Antwort kann heute in keiner Weise genügen: Dem Herrn die Herrschaft, dem Knecht die Knechtschaft – bei Wahrung der Menschenwürde. So etwa suchte Karl soziales Chaos abzuwehren. Seine Gerechtigkeit ist offenkundig nicht die unsere. Absolute Gerechtigkeit scheint es nicht zu geben, ebenso wenig eine allgemein verbindliche Gerechtigkeitstheorie, sondern nur jene Gerechtigkeit, die dem je dominierenden sozialen Kontext, dem je relevanten Theoriediskurs und dem aktuellen ideologischen Kontext entspricht.
Aber Karl hat Wege gewiesen, die zu Erfolgen führten. Er liebte beispielsweise die Fremden, wie sein Biograph Einhard festhielt. Er hat die Rückständigkeit seiner Franken im Blick auf Wissen, Kunst und Musik, auf die Fragetechniken der Rhetorik und Dialektik erkannt und ihre unmissverständliche Botschaft verstanden, die Notwendigkeit nämlich der Erneuerung. Fremdes verband sich mit Vertrautem und Eigenem. Wie aber das Fremde verstehen? Wie ihm gegenüber Toleranz entwickeln, wenn es sich jenseits der eigenen Bedürfnisse aufscheint? Dem fremden Gesicht, den fremden Werten, der fremden Wahrheit, der fremden Religion? Fortschritt, so wusste und verkündete Karl, war nur durch grenzüberschreitendes Wissen zu erzielen, nicht durch blinden, nutzlosen Aktionismus. Sein Wissenwollen, seine Glaubensbereitschaft, seine unstillbare Neugier, sein Fragen sind zeitlos aktuell – und seien sie auch zur Frage von Christopher Lee kondensiert, die dem großen Franken freilich völlig unverständlich, ja abwegig erschienen wäre: But, if there is no god, no afterlife?

Anhang

Anmerkungen

Karl der Große als Akteur im Mittelmeerraum (Barbara Segelken / Tim Urban) - S. 10

1 Pirenne 1939.
2 Vgl. beispielsweise Leppin/Schneidmüller/Weinfurter 2012 oder Leppin 2013, deren Analysen die tradierte Geschichte des Kaisertums wie auch der Herrschaftspraxis revisionsbedürftig erscheinen lassen.
3 Vgl. beispielsweise Drews 2009; Borgolte/Tischler 2011; Borgolte u.a. 2011; McCormick 2001.
4 Karolus Magnus ed. 1881, S. 379, Vers 504.

Karl der Große – Ein Global Player? (Michael Borgolte) - S. 16

1 Das Folgende stellt die Abbreviatur einer längeren, gleichzeitig erscheinenden Abhandlung dar: Borgolte (im Druck).
2 Zu Karls Geschichte siehe die jüngeren Biografien: Fried 2013; Weinfurter 2013; Hartmann 2010; McKitterick 2008b; Hägermann 2000; Becher 2000.
3 Zur Unterscheidung von Universal- und Globalgeschichte siehe Borgolte 2012a; Reinhard 2012; Conrad 2013.
4 Vgl. aber zuletzt den Beitrag von Michael Borgolte, in: Kafadar (im Druck); Fried/Hehl 2010; Ertl 2008; ders. 2010.
5 Borgolte 2010b.
6 Vgl. Krämer 2005, bes. S. 82ff. und S. 104f.; Herbers 2006, bes. S. 83ff.; Kennedy 1995, bes. S. 261ff.; Borgolte 2006.
7 Vgl. Münkler 2000, S. 148f.
8 Vgl. Borgolte/Dücker/Müllerburg 2011.
9 Bentley 1996; ders./Ziegler 2008; Borgolte 2010b.
10 Borgolte 2009.
11 Die Sachsen etwa hatten schon den Merowingern Tribut geleistet, sodass in der Forschung für das 6. bis 8. Jahrhundert von einem „Nebenland" des Frankenreiches die Rede ist: Becher 1999b.
12 Zum Adoptianismus und zur fränkischen Auseinandersetzung mit ihm: Kloft 1994 (mit Literatur); Fried 1994, S. 28f.; Berndt 1997, passim; Heil 1965; Concilium Francofurtense ed. 1906.
13 Zur Genese des Sarazenen-Namens vgl. Esders 2009, S. 272ff.; zum erst hochmittelalterlichen Austausch zwischen Christen und Muslimen, darunter zu der von Petrus Venerabilis 1142 angeregten lateinischen Koranübersetzung, siehe etwa Borgolte 2011b, S. 42ff.
14 Alcuini sive Albini epistolae ed. 1974, Nr. 87, S. 131.
15 Borgolte 2011a, S. 964 (mit Nachweisen im Einzelnen).
16 Annales regni Francorum ed. 1895, S. 104 (zum Jahr 798); siehe auch S. 105 den überarbeiteten Bericht der Annales qui dicuntur Einhardi. Vgl. Borgolte 2012b, S. 365.
17 Vgl. Sprigade 1964; Althoff 1983.
18 Die Urkunden der Karolinger ed. 1956, Nr. 179, S. 241f.: „Et invenimus in ipsa epistola insertum, quod Iohannes ipse super ereticos sive Sarracenos infideles nostros magnum certamen certavit in pago Barchinonense, ubi superavit eos in locum, ubi dicitur Ad Ponte, et occidit de iam dictos infideles et cepit de ipsa spolia; aliquid exinde dilecto filio nostro obtulit, equum obtimum et brunia obtima et spata India cum techa de argento parata."
19 Zu Karl dem Jüngeren siehe Schieffer 1992, bes. S. 81 und S. 106ff.; Kasten 1997, S. 138ff.
20 Regesta Imperii ed. 1966, Nrn. 92i, 93c, S. 47f.; Chronicarum quae dicuntur Fredegarii Scholastici libri IV ed. 1888, Kap. 42, S. 187 bzw. Kap. 43, S. 188: *ad sedem propriam.*
21 Heereszüge nach Aquitanien 769, nach Sachsen 772 u.ö., Italien 774, Spanien 778, Thüringen 786, Benevent 787, Slawenland 789, Awarenland 791.
22 Zu Ludwig vgl. Boshof 1996; Kasten 1997, bes. S. 138ff.
23 Karls ältester Sohn von Himiltrud wurde nach einer Verschwörung 792 ins Kloster Prüm verbannt, kann also als Zwangsmigrant angesehen werden: Regesta Imperii ed. 1966, Nr. 320a, S. 136f.; Kasten 1997, S. 139 und S. 143ff. Ähnliches gilt von den mit Konkubinen gezeugten Söhnen Karls, für Drogo, Hugo und Theuderich. Sie waren nach dem Tod des Kaisers zunächst am Hof geblieben, wurden aber dann durch Ludwig den Frommen tonsuriert, also zu Geistlichen gemacht, und in freier Klosterhaft gehalten. – Die beiden Söhne seines Bruders Karlmann flohen nach dem Tod des Vaters mit ihrer Mutter nach Italien und fielen 774 in Verona Karl dem Großen in die Hände; ihr weiteres Schicksal ist unbekannt. – Von den männlichen Enkeln Karls ist Bernhard, der uneheliche Sohn Pippins von Italien, der offenbar im Kloster Fulda zum Geistlichen hatte erzogen werden sollen, noch zu Lebzeiten des Kaisers zum Nachfolger seines Vaters im Süden der Alpen erhoben worden. Über den Aufenthalt Nithards und Hartnids, die Söhne von Karls Tochter Bertha, zu Lebzeiten des alten Kaisers wissen wir nichts.
24 Zu Karls fünf Ehefrauen und dessen bekannten Geliebten siehe Hartmann 2009, S. 95ff. Seine von der Mutter eingefädelte Ehe mit der Tochter des Langobardenkönigs Desiderius löste Karl schon nach einem Jahr. – Nach Kasten (1997, S. 143 und S. 175) kann erst Ludwig dem Frommen (817) ein karolingisches „Hausgesetz" zugeschrieben werden, das auswärtige Heiraten für Könige verbot. – Zu der gegenteiligen Politik bei Ostgoten (Theoderich der Große), Westgoten (Galswinth) und Langobarden (Wacho, Alboin, Authari, Desiderius) siehe Hartmann 2009, S. 27f., S. 40ff., S. 55ff. und S. 189; zu auswärtigen Vermählungen von Merowingern siehe ebd., S. 28, S. 41f., S. 72, S. 80, S. 82, S. 188f., aber ebd., S. 141. – Der Kaiser Konstantin V. von Byzanz hatte selbst umsonst 766/767 für seinen Sohn Leon um die Hand von Karls Schwester Gisela geworben: ebd., S. 190; auch der Langobardenkönig Desiderius hat sich bei Gisela vergeblich zugunsten seines Sohnes Adelchis bemüht (ebd.). – Gerberga, die Gemahlin von Karls Bruder König Karlmann, war eine Fränkin, wie Papst Stephan III. bezeugt: Codex Carolinus ed. 1957, Nr. 45, S. 561 (anders Hartmann 2009, S. 98).
25 Vgl. Schieffer 1993, S. 125; Hartmann 2009, S. 190. – Zum nicht realisierten Plan, Karl den Jüngeren mit der Tochter König Offas von Mercien zu vermählen, vgl. Story 2003, S. 184ff.; Wallace-Hadrill 1967, S. 688f.; Hartmann 2009, S. 190. Skeptisch gegenüber dieser Überlieferung: McKitterick 2008b, S. 246f.
26 Neff 1908, Nr. XIII, S. 67: „Nec me latet, sed exulto, quod pergat trans maria/vestra, rector, et capessat sceptrum pulchra filia,/ut per natam regni vires tendantur in Asiam."
27 Vgl. Wolf 1991, S. 16f.
28 Einhard ed. 1911, Kap. 27, S. 31; Übersetzung: Quellen zur karolingischen Reichsgeschichte ed. 1968, S. 199.
29 McCormick 2011, S. 72.

30 Schmid 1974/1983; Borgolte 1976, bes. S. 97 ff.; McCormick 2011, bes. S. 77 ff.

31 McCormick 2011, S. 206 f.; zur Datierung des Basler Rotulus auf 808/810 vgl. ebd., S. 177; zur Kommunität vgl. ebd., S. 76 f.; Borgolte 1976 und Schmid 1974/1983. – Bemerkenswert ist der Hinweis von McCormick (2011, S. 187 ff., nach Victor Elbern), dass die in der Kaiserzeit Karls ausgebrachten Denare mit der Inschrift *XPICTIANA RELIGIO* auf dem Bild der Rückseite die Architektur des Heiligen Grabes in Jerusalem nachzuahmen scheinen.

32 Borgolte 1976, S. 121 f.; ders. 1980, S. 403 ff.

33 Alcuini sive Albini epistolae ed. 1974, Nr. 210, S. 350 f.; vgl. Borgolte 1976, S. 63.

34 Angenendt 2005, S. 64.

35 Die „krumme" Zahl spricht dafür, dass die Gruppe nicht geschlossen, etwa anlässlich einer Klostergründung, aus dem Karlsreich ins Heilige Land gekommen war; vielmehr dürften sich die Sanktimonialen, möglicherweise ergänzend zu einer organisierten Migrantinnengruppe, am Grab Christi versammelt haben, als Karl dieses vom Kalifen zum Geschenk gemacht worden war. Im Basler Rotulus wird nach den 17 Sanktimonialen eine Inkluse aus Spanien aufgeführt. Den Passus „Monasteria puellarum xxvi, de imperio domni Karoli quae ad sepulchrum Domini seruiunt Deo sacratas xvii, inclusa de Spania i"; übersetzt McCormick: „A monastery of 26 women [, of whom] 17 nuns who serve at the Holy Sepulcher are from the empire of Lord Charles; 1 recluse from Spain" (McCormick 2011, S. 206 f., vgl. S. 220, ferner S. 26 f. und S. 76 f.).

36 Vgl. Toch 2013, S. 190 ff. – Zum umstrittenen Zeugnis jüdischer Handelsreisen zwischen Westeuropa, Sind, Indien oder gar China auf vier Routen zu Wasser und zu Lande, das noch aus dem 9. Jahrhundert stammt, siehe Jacobi 1971; zuletzt Toch 2013, S. 193 ff. (mit neuer engl. Übersetzung nach Moshe Gil 2004, S. 196 f.); McCormick 2001, S. 688 ff. (vgl. Karte, Map. 23.1, S. 676).

37 Zum Folgenden künftig Michael Borgolte, in: Kafadar (im Druck), bei Anm. 126.

38 Vgl. Johanek 1987, S. 15 und S. 17.

39 Bolin 1953/1968.

40 Ebd., S. 232 f.

41 Fried 1994, S. 32; vgl. Kluge 2007, S. 87.

42 Vgl. McCormick 2001, Nr. A 23, S. 825 f.

43 Ebd., bes. S. 548, S. 568 f. und S. 797 f.

44 Ebd., S. 569 (Übersetzung: Michael Borgolte).

45 Vgl. Borgolte 2010a, bes. S. 597 f.

46 Vgl. Bentley 1996; Borgolte 2013.

Byzanz – Eine marginalisierte Weltmacht (Michael Grünbart) – S. 24

1 Dignas/Winter 2007.

2 Kaegi 2003.

3 Chrysos 2005. Diese Vorstellung wirkt noch weit in die mittelbyzantinische Zeit, siehe Schmalzbauer 2004. Darin eine Stelle aus dem Brief Nikolaos Mystikos ed. 1973, Brief 1 an al-Muqtadir: „Ich meine, es gibt zwei Mächte, nämlich die Sarazenen und die Römer, die alle Macht auf Erden übertreffen und überstrahlen, wie die zwei großen Leuchten am Firmament. Allein schon aus diesem Grund müssen sie Gemeinsamkeit pflegen und Brüderlichkeit und nicht, weil wir in Lebensweise, Bräuchen und Glauben uns unterscheiden, fremd in allem einander bleiben." In dieser Zeit findet man auch Hinweise auf den globalen Herrschaftsanspruch, siehe zuletzt Walker 2012.

4 Jetzt aber McLoughlin 2010.

5 Rotter 1986; Gantner 2005.

6 Millar 2010; Whittow 2002.

7 Engelhardt 1974.

8 Lilie 1976.

9 Kaegi 1992.

10 Howard-Johnston 2010, S. 302 ff.

11 Kaegi 2010.

12 Walker 2012, S. 33 f. und S. 127 ff. (z. B. Alexander der Große).

13 Musca 1967.

14 Aschoff 1980.

15 Brubaker 2011, S. 120 (Der Begriff Ikonoklasmus kommt seit 1571 in lateinischen Quellen vor, ab den 1950er-Jahren in den byzantinistischen Studien).

16 Ohme 1990, bes. S. 1 ff. Zum Münzbild zuletzt Morrisson 2013, S. 73.

17 Siehe ausführlich Brubaker 2011. Die Erklärungsversuche reichen vom Vulkanausbruch bei Thera 726 über soziale Spannungen bis hin zu Beeinflussungen seitens der islamischen Bildauffassung. Vgl. auch Gero 1973, S. 44 ff. (ein Brief des Umar an den Kaiser).

18 Zu dem Patriarchen siehe Stein 1999, S. 5 ff.

19 Zum Neuschreiben und Überschreiben von Quellen siehe Brubaker 2011, S. 29 und S. 120.

20 So auch der ikonoklastische Konstantin V., der als neuer Konstantin bezeichnet wurde, siehe Demoen 1998, S. 312.

21 Zur Bilderfrage im Westen zuletzt Ertl 2006.

22 Zur Beziehung zu den byzantinischen Vorlagen siehe Speck 1998.

23 Byzanz bot Karl nach einer Kölner Notiz das Kaisertum an, siehe Schieffer 2004.

24 Walker 2012, S. 76.

25 Siehe hierzu den Beitrag von Matthias Becher in diesem Band.

26 Zum Prozess der zunehmenden Entfremdung siehe Gantner 2005.

27 Ekonomou 2007.

28 Döpmann 1991, S. 47 f.

29 Gantner 2005, S. 106. Die Päpste betrieben zu dieser Zeit gezieltes *Othering* gegen die „Griechen".

30 Brown 1984; Gantner 2005, S. 104 und S. 106 (zum Terminus *Greci* im päpstlichen Schriftverkehr).

31 Epp 2002.

32 Herrin 1992. Generell zu Kontakten zwischen Byzanz und dem lateinischen Westen Tinnefeld 2001; Schieffer 2004.

33 Borgolte 1976; McCormick 2002.

34 Ademar von Chabannes ed. 1999, Chronicon II 15, S. 98. Dazu Callahan 2008.

35 McCormick 2011, S. 193; Einhard ed. 1911, Kap. 16, S. 19; später auch Wilhelm von Tyrus ed. 1986, Kap. 3, S. 108.

36 807 traf eine Gesandtschaft von Hārūn ar-Rašīd am Hofe Karls des Großen ein (inklusive einer Wasseruhr, siehe Borgolte 1976, S. 87).

37 Kluge 1999, S. 82 ff. (Zitat S. 83); ders. 2012, S. 432 f. (immer ‚Viersäuliges Kirchengebäude, in der Mitte und auf dem Giebel ein Kreuz"). Ähnlich Coupland 2005, S. 224: „This legend (scil. Xrictiana religio) surrounds a temple, which may represent the palace chapel at Aachen or perhaps the ‚Christian Church' more broadly" (mit Taf. 9.4–7, datiert 812–814). Auf Münzprägungen Karls findet man übrigens auch das in Byzanz seit Herakleios gängige Dreistufenkreuz.

38 Schumacher-Wolfgarten 1994; Kötzsche 1995, S. 275.

39 McCormick 2011, S. 192 (mit Stellen bei Alkuin und weiterer Literatur).

40 Ebd.

41 Schaller 2011, S. 154. Die Studie, die den gesamten Diskurs über die Herkunft des Monogramms beleuchtet, geht nicht auf den Zweck dieser Übernahme ein.

Zwischen Nutzen und Erniedrigung (Johannes Heil) – S. 38

1 Annales regni Francorum ed. 1895, S. 116 f. Vgl. Borgolte 1976; ferner Dreßen/Minkeberg/Oellers 2003.

2 Toch 1998, S. 5; ders. 2004.

3 Notker Balbulus ed. 1959, S. 19 ff.; vgl. Aronius 1970, Nr. 75; hier sind auch die folgend benannten Quellen ohne den jüngeren Forschungsstand, soweit nicht anders angegeben, verzeichnet.

4 Vgl. Menache 1996.

5 Ta-Shema 1988; Brody 1998.

6 Capitularia regum Francorum ed. 1883, Nr. 145, S. 298; vgl. Toch 1998, S. 5.

7 Vgl. Hollender 2004.

8 Die Passage fehlt in der einschlägigen Edition (Aḇrāhām Ibn-Daud ed. 1967); vgl. mit frz. Übers. Grabois 1966, S. 12.

9 Übersicht bei Perani 2003; Noy 2000; Colafemmina 2000.

10 Eine umfassende Beschreibung jüdischer Kultur(en) am Übergang zwischen Antike und Mittelalter steht noch aus. Vgl. so-

weit Blumenkranz 1973; Bonfil 1983; Marcus 2002.

11 Colafemmina 2000.

12 Vgl. Drews 2001; Bronisch 2005; ferner Battenberg 1990, S. 28ff.; Ashtor 1973–1984; Ray 2012.

13 Toch 1998, S. 125f.

14 Cohen 2005, S. 70ff.

15 Lagerstätte für aus dem Gebrauch gekommene sakrale und sonstige Schriftstücke, die den Gottesnamen enthalten; zur historischen Aussagekraft der Kairoer Genizah vgl. Goitein 1999.

16 Cohen 2005, S. 96f.

17 Benjamin von Tudela/Petachja von Regensburg ed. 1991.

18 Bammel 1991; Baltrusch 1994.

19 Formulae Merovingici et Karolini aevi ed. 1886, Nr. 30–32, S. 309ff.; Nr. 52, S. 325; ähnlich Nr. 37, S. 314f. (irrige Lesung, S. 315, Zeile 11); Aronuis 1970, Nr. 81–83; vgl. Battenberg 1990, S. 52f.

20 Toch 1998, S. 103f.

21 Heil 1998a.

22 Blumenkranz 1973, S., 22ff.

23 Übersicht: Chazelle/Edwards 2003.

24 Eggers 1964.

25 Formulae Merovingici et Karolini aevi ed. 1886, S. 426; dazu Toch 1998, S. 50.

26 Den meisten Kredit räumt hier noch ein: Cluse 2005, S. 4ff.; ansonsten etwa Schütte 2004. Eine systematische Bestandsaufnahme durch den Autor dieses Beitrags erscheint 2014 in Verbindung mit dem Jüdischen Museum Frankfurt.

27 Vgl. Cohen 1999; ferner Heil 1998b.

28 Ebd., S. 175.

29 Ebd., S. 332, S. 358f. und S. 383.

30 Capitularia regum Francorum ed. 1883, Nr. 131, S. 258f.; zur Kritik bereits Aronius 1970, Nr. 72–73 und Nr. 76–78.

31 Battenberg 1990, S. 52; Toch 1998, S. 81f.

32 Dazu Heil 2013.

Die Päpste und Karl der Große (Matthias Becher) – S. 50

1 Classen 1988.

2 Ebenso bezeichnend ist der Titel des grundlegenden Werkes von Caspar 1935.

3 Eher den päpstlichen Standpunkt nehmen ein: Hartmann 2006; Scholz 2006; vgl. auch Becher 2008.

4 Vgl. grundsätzlich Pohl 2004.

5 Vgl. Thümmel 2002; Brubaker 2012.

6 Hartmann 2006, S. 44ff.; Scholz 2012.

7 Liber Pontificalis ed. 1955, Bd. 1, Vita Gegorii II., Kap. 7, S. 400; allgemein zu ihm Delogu 2000a, S. 647ff.

8 Liber Pontificalis ed. 1955, Bd. 1, Vita Gegorii II., Kap. 21, S. 407.

9 Zur Datierung vgl. Noble 1984, S. 41f., Anm. 131.

10 Epistolae Langobardicae collectae ed. 1892, Nr. 11f., S. 702; zur Echtheit des Briefs: Bertolini 1941, S. 457; Noble 1984, S. 42, Anm. 132; dagegen etwa Hartmann 1897, S. 153f., Anm. 8; Caspar 1933, S. 729, Anm. 1.

11 Vgl. Jarnut 1982, S. 86ff.; zum römisch-langobardischen Verhältnis vgl. auch Gasparri 2001b, S. 219ff.

12 Der lateinische Text „ut a partibus imperatoris recederet [...]" in: Chronicarum quae dicuntur Fredegarii scholastici ed. 1888, Kap. 22, S. 178f.; vgl. Hlawitschka 1972; Classen 1981, S. 944ff.; Finck von Finckenstein 1993, S. 23ff.; Anton 1990, S. 98f.; Anton 2002, S. 221; Becher 2007, S. 245ff.

13 Liber Pontificalis ed. 1955, Bd. 1, Vita Stephani II., Kap. 26, S. 448.

14 Vgl. etwa Fritze 1973, S. 63ff.; Jarnut 1975; Althoff 2003, S. 42ff.; Hartmann 2010 (Florian), S. 29ff.

15 Angenendt 1980, S. 40ff.

16 Vgl. künftig Becher (in Vorbereitung).

17 Codex Carolinus ed. 1892, Nr. 45, S. 560ff.; vgl. Pohl 2007; zum Hintergrund der damaligen Bündnispolitik vgl. Jarnut 1993.

18 Vgl. Classen 1988, S. 17ff.; Jarnut 1975, S. 291ff.; Engels 1992; Hägermann 2000, S. 116ff.; Hartmann 2006, S. 113ff.; ders. 2010, S. 43ff.

19 Liber Pontificalis ed. 1955, Bd. 1, Vita Hadriani, Kap. 32f., S. 495f.

20 Ebd., Bd. 1, Vita Hadriani, Kap. 35, S. 496: „[Adrianus papa] in magno stupore et extasi decuctus." Vgl. Caspar 1933, S. 37 mit neutraler Übersetzung sowie die gegensätzlichen Interpretationen von Ewig 1966, S. 66f.; Engels 1992, S. 18f. und Classen 1988, S. 17.

21 Liber Pontificalis ed. 1955, Bd. 1, Vita Hadriani, Kap. 36, S. 497; zum Empfangszeremoniell vgl. Hack 1999, S. 424ff.

22 Vgl. hierzu und zum Folgenden Hartmann 2010.

23 Caspar 1933, S. 38.

24 Liber Pontificalis ed. 1955, Bd. 1, Vita Hadriani, Kap. 41, S. 498.

25 Hierzu und zum Folgenden vgl. Hartmann 2006, S. 157ff.

26 Codex Carolinus ed. 1892, Nr. 60, S. 586; vgl. Angenendt 1980, S. 70f.

27 Codex Carolinus ed. 1892, Nr. 60, S. 587; vgl. Caspar 1933, S. 45; Angenendt 1980, S. 87ff.; Classen 1988, S. 27f. mit Anm. 83; Hägermann 2000, S. 173f.; Anton 2002, S. 231f.

28 Ebd., S. 231; vgl. auch Classen 1988, S. 27f.; Hägermann 2000, S. 175.

29 Thoma 1993, S. 50f.

30 Vgl. Classen 1988, S. 28ff.; Hägermann 2000, S. 178ff. und S. 186ff.

31 Hierzu und zum Folgenden vgl. Fried 2002; Becher 2002a; ders. 2002b; Hartmann 2011, S. 378ff.

32 Vgl. Zimmermann 1968, S. 27.

33 Annales regni Francorum ed. 1895, S. 112 (zum Jahr 801): „Carolo augusto, a Deo coronato magno et pacifico imperatori Romanorum, vita et victoria!" Vgl. Liber Pontificalis ed. 1955, Bd. 2, Vita Leonis III., Kap. 23, S. 7.

34 Annales regni Francorum ed. 1895, S. 112 (zum Jahr 801); vgl. Becher 2012a.

35 Caspar 1933, S. 148ff.

36 Leonis III. papae epistolae ed. 1899, Nr. 10, S. 102.

37 Ebd., Nr. 1, S. 87.

38 Vgl. Boshof 1996, S. 135f.; Hageneder 1983, S. 73; Herbers 1999, S. 17; ders. 2000, S. 16f.

39 Abel 1888, S. 66; Mohr 1960, S. 169; Delogu 2000b, S. 704f.

40 Bis zu Gregors III. Pontifikatsantritt 731 war so verfahren worden. Vgl. Fuhrmann 1987, S. 138; Noble 1984, S. 49; Daileader 1993, S. 13f.

41 Annales regni Francorum ed. 1895, S. 144 (zum Jahr 816); Thegan ed. 1995, Kap. 16, S. 196 (er allein berichtet über die Vereidigung der Römer); Astronomus ed. 1995, Kap. 26, S. 364.

42 Liber Pontificalis ed. 1955, Bd. 2, Vita Stephani IV., Kap. 2, S. 49: „[...] pro confirmanda pace et unitate sanctae Dei ecclesiae [...]".

43 Hahn 1975, S. 130ff.; vgl. Fritze 1973, S. 15ff.

44 Allein die Tatsache, dass Ludwig die Besitzungen und Rechte des Papstes bestätigte, machte dessen Abhängigkeit vom fränkischen Herrscher deutlich, was Noble (1984, S. 303ff.) in seiner Bedeutung etwas zu gering einschätzt. Vgl. auch Depreux 1992b, S. 899f.

45 Vgl. Becher 2012b.

46 Vgl. Noble 1984, S. 313.

47 Müller-Mertens 2009; vgl. auch den Beitrag von Rudolf Schieffer in diesem Band.

Aufstieg der arabischen Welt (Anna Akasoy) – S. 62

1 Zu diesen Bestimmungen und den folgenden Ereignissen siehe El-Hibri 1992. Zu al-Ma'mūn siehe Cooperson 2005.

2 Stephen J. Shoemaker (2011) behandelt in seinem *Death of a Prophet. The End of Muhammad's Life and the Beginnings of Islam* eine alternative und vor allem nichtmuslimisch überlieferte Tradition, wonach Mohammed wenige Jahre später starb und an der Eroberung Palästinas noch beteiligt war. Für einen Überblick weiterer jüngerer Debatten zur frühislamischen Geschichte siehe Robinson 2010.

3 Crone/Hinds 1986.

4 Zadeh 2008.

5 Siehe Donner 1981 und die entsprechenden Kapitel in Robinson 2010.

6 Siehe Donner 1986; Robinson 2005.

7 Donner 1986; Robinson 2005; Johns 2003.

8 Bulliet 1979.

9 Waardenburg 1999.

10 Foltz 2010; Beckwith 2012; Starr 2013.

11 Zu den Barmakiden siehe van Bladel 2010.

12 Zu diesem Herrscher siehe Fierro 2005.

13 Siehe das Kapitel über die Abbasiden in Robinson 2010 und für

die Legendenbildung um Abū Muslim Mélikoff 1962.

14 Crone 2012.

15 El-Hibri 1992.

16 Ebd.

Kaisertum und Priestertum (Jan-Markus Kötter) - S. 76

1 Collectio Veronensis ed. 1934, S. 20, 5–8; Übersetzung: Rahner 1961, S. 257.

2 Die Zweigewalten sind Teil eines längeren Briefs, dessen entscheidende Passage sich in Collectio Veronensis (ed. 1934, S. 20, 5–22) findet.

3 Vgl. Kötter 2013, S. 170 und S. 216. Zu einem ähnlichen Schluss kommt z. B. Cottrell 1993, S. 105 ff. Zum Handeln des Hormisdas, das die unmittelbare Wirkungslosigkeit der gelasianischen Konzeption unterstreicht: vgl. unten Anm. 13.

4 In Anlehnung an Luhmann kann man die Zweigewaltenlehre als Sinnangebot sehen, das aus einem virtuellen Überdauern heraus in neuen Kontexten aktualisiert wird. Vgl. Luhmann 1991, S. 92 ff.

5 Zur heute verlorenen Inschrift von 781: Beumann 1966, S. 47 ff.; Scholz 2006, S. 90 ff. Zur Neukonzeption bischöflicher Amtsführung im Frankenreich: Patzold 2008, S. 155 ff. und S. 179 f.

6 Dies setzt nicht die Krönung Karls zum Kaiser voraus. Für eine Aktivierung des Fragenkomplexes um Reich und Kirche war weniger der Titel des Herrschers von Bedeutung als dessen faktische Machtfülle.

7 Entscheidend für eine Interpretation ist das Verhältnis der Begriffe Gewalt (*potestas*) und Auktorität (*auctoritas*). Bereits mit Enßlin 1955 sollten diese nicht zu stark aufgeladen werden, v. a. nicht in Richtung einer Überordnung des Papsttums über das Kaisertum. Gelasius ging es weniger um eine solche als um eine Arbeitsteilung. Vgl. aus der reichhaltigen Literatur Cottrell 1993, S. 97 ff.; Ullmann 1978, S. 41 ff. Überblicke zum kirchenpolitischen Kontext des Schreibens, dem Akakianischen Schisma (484–519): Kötter 2013; Schwartz 1934.

8 Vgl. insbesondere des Eusebius biografische Lobschrift auf den Kaiser, die *Vita Constantini*. Nachfolgende Kaiser jedenfalls wurden regelmäßig für ein Verhalten kritisiert, das bei Konstantin noch hingenommen wurde. Dies gilt bereits für dessen Sohn Constantius II.: Klein 1977, S. 154 ff. und S. 295 ff.

9 Vgl. Winkelmann 1971, S. 194. In diesem Zusammenhang ist festzuhalten, dass Orthodoxie und Häresie historisch gesehen stets relative Kategorien darstellen.

10 Zu Donatus und Leo: Optatus von Mileve ed. 1893, 3,3; Leo der Große ed. 1881, epist. 104. Kurze Überblicke zu Konflikten um Athanasius und Ambrosius: Girardet 1975, S. 66 ff.; McLynn 1994, S. 170 ff. und S. 291 ff. Vgl. auch Anm. 28.

11 Bewertung kaiserlicher Eingriffe nach Maßgabe ihrer Dienlichkeit: Winkelmann 1971, S. 293 f. Eindrücklich ist das Beispiel des Athanasius. Dieser beklagte zwar 339 seine Absetzung durch den östlichen Kaiser Constantius II. (vgl. Athanasius von Alexandria ed. 1941, 2–4), warb im Westen des Reichs aber zugleich um die Unterstützung des dortigen Kaisers Constans.

12 Das Zusammenwirken ist für Gelasius weniger hierarchisch als kooperativ zu denken. Nur in religiösen Fragen wollte der Papst die säkulare Macht an priesterliche Weisungen binden. Vgl. Dvornik 1951, S. 112 ff. Insofern war sein Gedanke nicht neu, sondern bewegte sich auf Linien seiner Vorgänger: Blaudeau 2007, S. 82 ff.

13 Der Gelasius-Nachfolger Hormisdas gestand dem auf römische Linie zurückgekehrten Anastasius-Nachfolger Justin Eingriffe in die Kirche wieder vorbehaltlos zu: Collectio Avellana ed. 1898, epist. 168. Vgl. Kötter 2013, S. 163 und S. 271 f.

14 Collectio Veronensis ed. 1934, S. 20, 13–16; Übersetzung (vom Autor gekürzt): Rahner 1961, S. 257 ff.

15 Überblick über Maßnahmen gegen religiöse Abweichler: Noethlichs 1971. Insgesamt lag der Schwerpunkt kaiserlicher Maßnahmen auf der Abwehr von Häretikern. Das Heidentum zog sich seit dem 4. Jahrhundert schrittweise zurück.

16 Eine widerwillige Durchsetzung gründete oftmals in befürchteten desintegrativen Effekten. Dem Kaisertum war nicht daran gelegen, sich durch religiösen Eifer bei größeren Gruppen zu diskreditieren. Kaiser Anastasius beispielsweise verweigerte die Vollstreckung von Absetzungsurteilen seines kirchlichen Beraters Severus von Antiochia, weil er fürchtete, dass diese zu erheblichem Blutvergießen führen könnten: Euagrios ed. 1964, 3,34.

17 Eusebius ed. 1908, 7,30. Das Durchsetzungsdefizit gründete in der kirchlichen Zersplitterung, die auch in der Spätantike nicht grundlegend überwunden werden konnte. Vgl. Kötter (im Druck), Kap. 3.

18 Gelasius ist ein naheliegendes Beispiel, nahm er doch Kontakt zum Kaiser auf, obwohl dieser eine andere Linie verfolgte als er selbst. Die dogmatischen Gegner des Papstes, die Miaphysiten, verhielten sich zuvor nicht anders: Blaudeau 1996, S. 123 ff. Schon der bei Constantius II. in Ungnade gefallene Athanasius von Alexandria hatte dem Kaiser eine Verteidigungsschrift, die *Apologia ad Constantium imperatorem*, zukommen lassen.

19 Das Galerius-Edikt (Lactantius ed. 1984, 34), welches die Verfolgung beendete, formulierte genau diesen Gedanken: Wenn sich die Christen schon nicht von ihrer Religion abwenden wollten, sollten sie doch wenigstens Ruhe wahren und für das Wohlergehen von Reich und Kaiser beten.

20 Der Gedanke, das Kaisertum sei für die Sicherstellung der von göttlichen Mächten gewährten Reichswohlfahrt zuständig, wurde von Christen und Heiden geteilt: Elm 2012, v. a. S. 9 ff. und S. 483 ff. Insofern waren für die „Konstantinische Wende" die Beschlüsse von Mailand sicherlich von größerer Bedeutung als die so häufig bemühte Schlacht an der Milvischen Brücke 312.

21 Vor dem Hintergrund der Reichskrise des 3. Jahrhunderts ging Konstantins Plan mit dem Christentum bis zu einem gewissen Grad sogar auf – insgesamt war die Einheitlichkeit des Christentums aber überschätzt worden. Zu diesem Missverständnis weiterhin einleuchtend: Winkelmann 1971.

22 Zur zeitgenössischen Sicht auf die Einheit des geteilten Reichs: Pabst 1986. Dies war nach 476 gerade für das östliche Kaisertum von Interesse, das in der Kircheneinheit den Gedanken der Reichseinheit und damit auch seine Herrschaftsansprüche wachhielt. Als einheitsstiftendes Element diente dabei nicht nur kirchlicher Schriftverkehr, sondern insbesondere die liturgische Verbundenheit.

23 Vgl. Winkelmann 1971, S. 283 ff.

24 Leppin (1996, S. 186 ff.) zeigt an den Kirchenhistorikern des frühen 5. Jahrhunderts, dass sich der orthodoxe Widerstand gegen häretische Kaiser in engen Grenzen hielt. Der Sturz eines Kaisers aufgrund eines abweichenden Bekenntnisses habe niemals zur Debatte gestanden.

25 Sie mochte im Angesicht des christlichen Universalismus sowie der zunehmenden Desintegration des Reichs zumindest konsistenter erscheinen als eine auf das Heidentum gestützte Legitimierung kaiserlicher Macht.

26 Als Ausnahme steht die kurze Herrschaft des heidnischen Kaisers Julian in den 360er-Jahren. Spätestens nach ihm scheint aber geradezu selbstverständlich von einem christlichen Reich ausgegangen worden zu sein.

27 Vgl. die inkonsistenten Äußerungen des Neuen Testaments zur weltlichen Herrschaft: Römer 13,1–7; Offenbarung des Johannes 18.

28 Leppin 2013, S. 208 und S. 210 ff. Demut als Herrschaftstugend gehörte fortan zum Inventar kaiserlicher Selbstdarstellung. Zum Bußakt von Mailand u. a.: Ambrosius ed. 1955, 34.

29 Kötter (im Druck), Kap. 3.

30 Erschwerend hinzu kam, dass es für die Kaiser nicht einmal allgemein legitimierte Ansprechpartner in der Kirche gab.

31 Zur kaiserlichen Aufgabe, dem Gemeinwesen das Wohlwollen

göttlicher Mächte zu sichern: vgl. Anm. 19 und Anm. 20.

32 Den Akteuren war bewusst, dass einem Eingreifen fast zwangsläufig Kritik folgte. So weigerte sich im Jahr 502 der Ostgotenkönig Theoderich, ein Schisma in der römischen Kirche zu lösen, obwohl der Episkopat ihn darum bat: Acta Synhodorum Habitarum Romae ed. 1894, S. 419 ff. Theoderich war eine solche Verweigerung aber hauptsächlich deshalb möglich, weil er Arianer war.

33 Aus Sicht der Kirche handelte es sich keineswegs um Nichtigkeiten. Gerade das Kirchenvolk sorgte sich um seine Erlösung, weshalb sich dogmatische Konflikte häufig in kollektiver Gewalt entluden.

34 Allein Kaiser Honorius hatte zu Beginn des 5. Jahrhunderts sechs Usurpationen zu überstehen: Demandt 1989, S. 137 ff.

35 Nicht einmal an der Rechtmäßigkeit der Herrschaft des ‚abtrünnigen' Julian in den 360er-Jahren wurden von christlicher Seite Zweifel laut. Wieder griff der Loyalismus: vgl. Anm. 24. Im Gegensatz zur Schwerpunktsetzung unserer Quellen war es meist wohl ohnehin so, dass in der zeitgenössischen Bewertung religiöse Fragen weniger im Vordergrund standen als profane Aspekte. So zur Herrschaft des dogmatisch umstrittenen Anastasius: Rubin 1960, S. 61.

36 Als sich 520 einer von Papst Hormisdas geforderten Verfolgung von Miaphysiten eine Vielzahl von Kirchen widersetzte (vgl. Anm. 13), bat Kaiser Justin den Papst, von allzu rigoristischen Positionen abzurücken, da die mangelnde Kompromissbereitschaft Roms die kirchliche Einheit gefährden würde: Collectio Avellana ed. 1895, epist. 232,5.

37 Sokrates Scholastikos ed. 1995, 2,37,18–24 (datiertes Bekenntnis); Codex Vaticanus gr. 1431 ed. 1927, S. 54, 12–4 (Henotikon). Gemeinsam war diesen Dokumenten, dass sie Glaubensinhalte auf Grundlage kaiserlicher Machtvollkommenheit definierten. Im Spottnamen des Constantius-Bekenntnisses wiesen dessen Gegner darauf hin: Das Bekenntnis war datiert wie ein kaiserliches Gesetz.

38 Winkelmann 1971, S. 289: „So überschnitten sich zwar die Interessen von Staat und Kirche in Teilen des Einheitsgedankens, aber sie deckten sich nicht. Es kam zu engen Verbindungen und Aktionseinheiten zwischen Staat und Kirche, aber nicht zur Identifikation." Im Gegensatz zur christlichen Entwicklung fielen in der Antike politische Gemeinde und Kultgemeinde traditionell eigentlich in eins.

39 Überblick über die Quellen zur Taufe Chlodwigs: Steinen 1963. Bis dahin waren „Barbaren" für gewöhnlich Arianer, was Chlodwigs Entscheidung für das katholische Christentum eine besondere Bedeutung verlieh. Der gallische Bischof Avitus von Vienne jedenfalls stellte den König hinsichtlich der Religion direkt neben den Kaiser im Osten: Avitus von Vienne ed. 1883, epist. 46.

40 Zur Bedeutung der Salbungen: Becher 2012b, S. 257 f. Mit Leppin (2013, S. 213) gehört die Salbung, ebenso wie die Demut (vgl. Anm. 28), zum Bereich alttestamentlich-pönitentialer Herrschaftsrechtfertigungen. Zum Bußakt von Attigny: Boshof 1996, S. 148 ff.; Patzold 2008, S. 146 ff.

41 Vgl. Becher 2000, S. 49 f.; Springer 2004, S. 166 ff. Die ultimative Steigerung überregionaler Regelungsansprüche der Karolinger lag schließlich in der Erhebung Karls zum Kaiser. Die kühle Reaktion darauf im Osten zeigt, dass Konstantinopel die erhöhten Ansprüche durchaus wahrnahm. Hierzu: Classen 1968, v. a. S. 595 ff.

42 Die in der Antike entstandene und 325 in Nicäa festgeschriebene Metropolitanordnung war schon an sich Zeichen der Annäherung von Reich und Kirche, da sie politische auch zu kirchlichen Zentren gemacht hatte. War die administrative Ordnung des Reichs insofern Vorbild für die kirchliche Organisation, half die kirchliche Organisation jetzt, den Herrschaftsverband zu durchdringen. Vgl. Padberg 1995, S. 95 ff. und v. a. S. 231 ff.

43 Ein auf den ersten Blick wichtiger Unterschied war nicht grundsätzlicher Natur: Da Prozesse innerer Mission, die in der Antike Vorrang hatten, mittlerweile zum Abschluss gelangt waren, musste sich der Missionseifer unter den Karolingern nach außen richten. In der Spätantike hatte sich die kaiserliche Mission dagegen noch maßgeblich legislativ geäußert. Abgesehen davon bewegten sich die Karolinger jedoch im Rahmen des traditionellen Schutz- und Fördergedankens der Spätantike.

44 Vgl. Classen 1968, S. 541 ff.; Hartmann 2006, S. 157 ff.

45 Bezüglich der Kritikbereitschaft am Kaisertum gab es keinen generellen Ost-West-Gegensatz. Die Front verlief vielmehr zwischen Kirchen, die ihren Rang auf ihre apostolische Gründung stützten, und Kirchen, die in Ermangelung einer solchen politische Prinzipien zur Ordnung kirchlicher Hierarchie vertraten. Zu diesem Konflikt: Kötter 2013, S. 191 ff. Der Eindruck eines Ost-West-Gegensatzes ergibt sich daraus, dass die Protagonisten in diesem Konflikt Rom und Konstantinopel waren.

46 Zum mangelnden Verständnis zwischen Konstantinopel und Rom: Meier 2008, S. 67 ff.

47 Herman (1953, S. 472 ff.) erkennt einen apostolischen „Geburtsfehler" Konstantinopels. In der Tat brachte das die Patriarchen in Abhängigkeit vom Kaisertum, da die apostolische Konkurrenz diesen Mangel immer wieder gegen Konstantinopel richtete, z. B. Ende des 4. Jahrhunderts Papst Damasus: Decretum Gelasianum ed. 1912, 3,3.

48 Die politischen Verhältnisse im Osten waren stabiler als im Westen. Ausdruck findet die latente Distanz Roms zu politischen Institutionen beim Chronisten Prosper, der bereits Mitte des 5. Jahrhunderts das Bild einer wirkmächtigen Kirche inmitten des politischen Niedergangs entwirft. Vgl. Prosper Tiro von Aquitanien ed. 1892, c. 1336 gegen 1339 sowie c. 1367.

49 Wie real diese Gefahr war, zeigte Karl, der aus seinem herrschaftlichen Anspruch auf besondere Nähe zu Gott heraus Einfluss auf theologische Entscheidungen nahm, z. B. 794 im Umfeld der Synode von Frankfurt: Becher 2012b, S. 260 und S. 264 f.; Fleckenstein 1997, S. 37 ff. Sein Verhalten erinnert an Kaiser Justinian im 6. Jahrhundert. Zu dessen „hierokratischer" Herrschaftsrechtfertigung: Leppin 2013, S. 207 f. und S. 214 f.

50 Zur päpstlichen Sicht auf Krönungsakt und Verhältnis zum Frankenherrscher: Beumann 1966, S. 47 ff.; Hartmann 2006, S. 197 ff.; Scholz 2006, S. 90 ff. Ausgehend von bereits in der Spätantike an den Kaiser herangetragenen Orthodoxieforderungen (z. B. Euagrios ed. 1964, 3,32), war der Gedanke nicht fern, dass kirchliche Akteure die Herrscher einzusetzen hatten. So wurde der oströmische Kaiser 457 erstmals durch den Bischof von Konstantinopel gekrönt. Diese Krönung galt aber lediglich als symbolischer Akt ohne rechtliche Relevanz. Im Osten wurde der Kaiser also nicht vom Bischof eingesetzt.

51 Die *Lorscher Annalen* argumentieren, dass Gott – nicht der Papst – Karl die Herrschaft über weite Teile des Weströmischen Reichs übertragen hätte. Allein deshalb solle er Kaiser heißen. Vgl. Becher 2012b, S. 252 f. Der Bezug auf Gott wurde auch in der Titulatur des Kaisers deutlich: Herbers 2010, S. 207. Wie gering er selbst die Rolle des Papstes bei der Erhebung veranschlagte, verdeutlichte Karl, als er seinen Titel ohne Rücksprache an seinen Sohn weitergab. Interpretationen zur Kaiseridee Karls zusammengefasst bei Wolf 1971.

Karl, Byzanz und die Mächte des Islam (Wolfram Drews) – S. 86

1 Liber Pontificalis ed. 1955, Bd. 1, Kap. 44, S. 452; Fredegarii et aliorum Chronica ed. 1888, Kap. 40, S. 186; Annales regni Francorum ed. 1895, S. 24 (zum Jahr 767): „Tunc habuit domnus Pippinus rex in supradicta villa synodum magnum inter Romanos et Grecos de sancta Trinitate vel de sanctorum imaginibus." Zu den karolingischen Gesandtschaften ausführlich Berschin 1997.

2 McCormick 2004, S. 241: „Pippin and his advisers deserve full credit for innovative, even brilliantly original political initiatives."

3 Gregorii Episcopi Turonensis ed. 1951, Buch II, 38, S. 88: „Igitur ab Anastasio imperatore codecillos de consolato accepit, et in basilica beati Martini tunica blattea indutus et clamide, inponens vertice diademam."

4 Ebd., Buch V, 17, S. 216: „Quod ille dispiciens, apud Sessionas atque Parisius circus aedificare praecepit, eosque populis spectaculum praebens."

5 Vgl. McCormick 1994b. Berschin 1997, S. 167: „Nie mehr, solange Byzanz noch bestand, sind Gesandtschaften zwischen Konstantinopel und Herrschern nördlich der Alpen in so dichter Folge hin- und hergegangen wie am Ende der Regierungszeit Karls des Großen und am Anfang derjenigen Ludwigs des Frommen." Vgl. die detaillierte Übersicht über die Gesandtschaften ebd., S. 168ff.

6 Hierzu Hack 2008.

7 Vgl. Tremp 2002. Zu den Gesandtschaften der abbasidischen und jemenitischen Partei aus al-Andalus vgl. Schilling 2004, S. 207. Zu einer Gesandtschaft des umayyadischen Emirs an den Hof Karls des Großen vgl. ebd., S. 211f. Die Interpretation einer arabischen Quellenstelle, wonach der Umayyade um die Etablierung verwandtschaftlicher Beziehungen zu den Karolingern nachgesucht haben soll, wird von Schilling (ebd., S. 212ff.) überzeugend zurückgewiesen, gegen die Deutung von Rosenthal 1930. Mit ähnlicher Tendenz wie Schilling vgl. Hack 2008, S. 48.

8 Schilling 2004, S. 201.

9 Für einen Brief Hārūn ar-Rašīds an Kaiser Konstantin VI. von 796 vgl. Abduh 2006; Übersetzung: Eid 1992, S. 79f.; für einen Brief desselben Kalifen an Nikepohoros I. von 802 vgl. al-Ṭabarī 1879, S. 695f.

10 Hartmann 1988.

11 Barion 1930; Berndt 1997.

12 Meyvaert 2002; Freeman 1985.

13 Opus Caroli regis ed. 1998, Buch 4, 3, S. 494f.; vgl. McCormick 2011, S. 148 und S. 195.

14 Vgl. ders. 1994a.

15 Vgl. Classen 1988, S. 93.

16 Annales regni Francorum ed. 1895, S. 136 (zum Jahr 812): „Nam Aquisgrani, ubi ad imperatorem venerunt, scriptum pacti ab eo in ecclesia suscipientes more suo, id est Greca lingua, laudes ei dixerunt, imperatorem eum et basileum appellantes." Vgl. Berschin 1997, S. 164.

17 Theophanes ed. 1883–1885, S. 473 (zum Jahr 6289).

18 Ebd., S. 494 (zum Jahr 6304).

19 Zum byzantinischen Titel vgl. Classen 1988, S. 21. Karl führte den zuvor nur in päpstlicher Korrespondenz benutzten Titel erst nach der Eroberung des Langobardenreichs, also nach 774; vgl. auch Berschin 1997, S. 157. Die Erweiterung des byzantinischen *patrikios*-Titels durch das Genitivattribut *Romanorum* entspricht nicht byzantinischer Praxis, sondern ist eine päpstliche Erweiterung, vgl. Classen 1988, S. 21. Zur entsprechenden Verleihung an den langobardischen Prinzen Adelchis vgl. allerdings Berschin 1997, S. 157.

20 Becher 2002a; Benz 1975.

21 Thümmel 2009; Wiederanders 1980; Noble 2009.

22 Zu dessen Bedeutung vor dem Hintergrund der vorangehenden Geschichte der Christen in Palästina, namentlich im Hinblick auf den Bau von Kirchengebäuden, vgl. Bieberstein 1993. Dass auf Veranlassung Karls tatsächlich „mindestens drei neue Kirchen" in und bei Jerusalem errichtet worden sind, dürfte nach den neueren Forschungen McCormicks zweifelhaft sein, vgl. Bieberstein 1993, S. 163. Karl dem Großen ging es in erster Linie nicht um Kirchenneubauten, sondern um die Erhaltung der Bausubstanz bestehender Kirchen; daher sein großes Interesse für die Dächer der dortigen Sakralbauten; vgl. McCormick 2011, S. 163 mit Anm. 28.

23 Zu den europäischen Nonnen und zum Peter-und-Pauls-Kloster auf dem Ölberg zusammenfassend ebd., S. 76ff.

24 Ebd., S. 47.

25 Zum Peter-und-Pauls-Kloster vgl. ebd., S. 59: „It stood at the head of the second tier of local monasteries and constituted the largest single religious establishment in Jerusalem after the Holy Sepulcher complex itself."

26 Vgl. allerdings Classen 1988, S. 91: „Zu keiner Zeit hat Karl aus seinem Kaisertum neue territoriale Ansprüche abgeleitet." Die machtpolitische Marginalität Jerusalems geht aus dessen Positionierung als lediglich fünftes Patriarchat im Rahmen der spätantiken Pentarchie hervor.

27 Gemeinhardt 2002; Schultze 1982; Borgolte 1980. Die Tatsache, dass der Filioque-Streit in den *Reichsannalen* keine Erwähnung findet, dürfte damit zu erklären sein, dass die Entwicklung dieser Angelegenheit einen für die Karolinger eher peinlichen Verlauf nahm. Zu den Quellen für den Filioque-Streit vgl. Willjung 1998.

28 Cavadini 1993; McWilliam 1990; Heil 1965.

29 Zur Bezeichnung Karls als „defensor sanctae Dei ecclesiae" (bemerkenswerterweise ohne expliziten Rombezug) vgl. die zusammengestellten Quellen bei Classen 1988, S. 51, Anm. 175. Zur „gesteigerte[n] Idee des Kirchenschutzes der fränkischen Könige" vgl. ebd., S. 54, Anm. 187 (mit Hinweis auf die Formel „omnibus fidelibus sanctae Dei ecclesiae et nostris").

30 Vgl. bereits Bréhier 1928; Runciman1935; Buckler 1931.

31 Vgl. hierzu Hack 2011.

32 Annales regni Francorum ed. 1895, S. 123 (zum Jahr 807).

33 Borgolte 1976, S. 134.

34 Vgl. Hauck 1963, S. 45: „Politisch ist der Freundschaftsbund vor allem auch gegen Byzanz gerichtet."

35 Vgl. Borgolte 1976, S. 89 und S. 93. Nach dem Pilgerbericht des Mönches Bernhard aus dem Jahr 867 soll Karl in Jerusalem einer neben dem dortigen Hospital gelegenen Marienkirche eine kostbare Bibel (oder auch eine Bibliothek) gestiftet haben, zusätzlich zu den Stiftungen für das Hospital; vgl. McCormick 2011, S. 81 und S. 86.

36 Einhard ed. 1911, Kap. 27, S. 31f.: „Circa pauperes sustentandos et gratuitam liberalitatem, quam Greci eleimosinam vocant, devotissimus, ut qui non in patria solum et in suo regno id facere curaverit, verum trans maria in Syriam et Aegyptum atque Africam, Hierosolimis, Alexandriae auque Cartagini, ubi Christianos in paupertate vivere conpererat, penuriae illorum conpatiens pecuniam mittere solebat; ob hoc maxime transmarinorum regum amicitias expetens, ut Christianis sub eorum dominatu degentibus refrigerium aliquod ac relevatio proveniret." Übersetzung: Einhard ed. 1989, Kap. 27, S. 51. Nach den Forschungen von McCormick (2011, S. 7) übernimmt Einhard die Wendung „liberalitas gratuita" von Laktanz, aus dessen Diskussion des selbstlosen Almosengebens in den „Divinae institutiones".

37 Konstantin Porphyrogennetos ed. 2006, Kap. 26, S. 108f.; McCormick 2011, S. 79 und S. 181.

38 Ebd., S. 185: „Roof measurements and the detailed numbers of religious men and women in a faraway land, along with the names of their prelates: here we see a face of Charlemagne's imperial ambition which is at once strangely familiar and unexpected." In den Jahren 796/797 sowie 802/803 fanden mehrere Erdbeben im östlichen Mittelmeerraum statt, bei denen etliche Kirchengebäude beschädigt worden sein dürften; das verheerendste Beben ereignete sich allerdings schon 749; vgl. ebd., S. 160.

39 Vgl. den Beitrag von Lutz Ilisch in diesem Band.

40 Ilisch 2012, S. 300. Für den Hinweis auf diesen Aufsatz danke ich Johannes Fried.

41 Ilisch bezeichnet die neuen Funde als „erste arabische Komplementärüberlieferung zur innerkarolingischen Tradition" (ebd., S. 301).

42 Vgl. Bieberstein 1993, S. 165: „Daher dürfte Karl der Große, wenn er nun über Byzanz hinweg Kontakte mit Hārūn al-Rašīd aufnahm, sehr bewußt als *rector populi christiani*, als *gubernator omnium christianorum* und *devotus sanctae Dei ecclesiae defensor* die ‚Außenpolitik' des *imperium christianum* übernommen haben."

43 Vgl. Classen 1988, S. 75, mit Bezug auf Einhard ed. 1911, Kap. 28, S. 32f. Zur byzantinischen Identifikation von Reich und Kirche vgl. Classen 1988, S. 97: „Wie das Konzil von 787 die Kirche des Reiches mit der Kirche überhaupt gleichgesetzt hatte, so hatte auch Kaiser Nikepohoros die Lösung des Papstes aus dem Reiche als Lösung aus der Kirche bezeichnet."

44 McCormick 2011, S. 185 und S. 202: „One is tempted to hear in this rare historical comment the echo of discussions in Aachen about an earlier imperial tradition."

45 Ebd., S. 195: „Charlemagne may have relished the opportunity to outdo the Eastern emperors in their own backyard." Ebenso ebd., S. 196: „The fact that the Frankish king's largess to the shrines of Palestine was still reckoned memorable in the imperial palace on the Bosporus more than a century later assures us that Charlemagne's intervention in the Holy Land did not go unnoticed there in his own time."

46 Borgolte 1976, S. 121.

47 McCormick 2011, S. 192.

48 Alkuin hingegen verfolgte die Idee eines hegemonialen Königtums; vgl. Classen 1988, S. 49 und Einhard ed. 1911, Kap. 16, S. 19: „Auxit etiam gloriam regni sui quibusdam regibus ac gentibus per amicitiam sibi conciliatis."

49 Zur „hegemoniale[n] Stellung des Karolingerhauses" und zum imperialen Königtum Classen 1988, S. 91. Auch die Verwendung von Spolien im Aachener Bauprogramm könnte in diesem Sinn interpretiert werden.

50 McCormick 2011, S. 115, Anm. 74.

51 Borgolte 1976, S. 122.

52 Einhard ed. 1911, Kap. 16, S. 19: „[...] ad eum venissent et ei domini sui voluntatem indicassent, non solum quae petebantur fieri permisit, sed etiam sacrum illum et salutarem locum, ut illius potestati adscriberetur, concessit."

53 McCormick 2011, S. 141, 165f. und S. 177: „[...] the royal circle developed a plan and obtained diplomatic support and clearance from the caliph."

54 Zu Elefanten als diplomatischem Geschenk vgl. Hack 2011, S. 28ff. Ob die Existenz des umayyadischen Emirats in Spanien auch 50 Jahre nach dem Sieg der abbasidischen Revolution noch immer als Bedrohung wahrgenommen wurde, ist zweifelhaft, denn der machtpolitische Fokus hatte sich (mittlerweile) stark nach Osten verlagert. Im Mekkanischen Abkommen von 802 teilte Hārūn ar-Rašīd das Reich zwischen seinen Söhnen in eine östliche und eine westliche Hälfte; das westliche Zentrum sollte bezeichnenderweise Bagdad sein: Der Maghreb und Spanien waren aus dieser Perspektive derart weit im Westen gelegen, dass fraglich ist, ob man die dortige umayyadische Herrschaft wirklich noch als Bedrohung wahrnehmen konnte, zumal sich unter Hārūn ar-Rašīd in Nordafrika die ersten halb autonomen Herrscherdynastien lokaler Reichweite zu etablieren begannen. Dementsprechend sollte folgende Aussage für das beginnende 9. Jahrhundert relativiert werden: „[...] establishing good relations with the Christian king on the doorstep of a deadly rival was in the vital interest of the rulers of Baghdad" (McCormick 2004, S. 240).

55 So auch Bieberstein 1993, S. 163.

56 Hauck 1963, S. 42.

57 Ebd., S. 46.

58 Borgolte 1976, S. 86. Zu den kalifalen Geschenken und ihrer Erwiderung durch den karolingischen Hof McCormick 2011, S. 80.

59 Einhard ed. 1911, Kap. 16, S. 19: „[...] inter vestes et aromata et ceteras orientalium terrarum opes ingentia." In den *Reichsannalen* erscheinen die Gewänder an der Spitze einer zweiten Geschenkgruppe, im Anschluss an die Beschreibung verschiedener kostbarer Zelte (Annales regni Francorum ed. 1895, S. 123 [zum Jahr 807]): „Fuerunt praeterea munera praefati regis pallia sirica multa et preciosa et odores atque unguenta et balsamum [...]."

60 Zu den Schriftbändern als „wichtige[m] Instrument kalifaler Selbstdarstellung und Propaganda" vgl. Springberg-Hinsen 2000, S. 61.

61 Die ersten *Ḫilʿa*-Verleihungen sind für die Zeit Hārūn ar-Rašīds belegt; vgl. ebd., S. 63. Zur Verschenkung durch Übergeordnete an Untergebene vgl. ebd., S. 76. Erst im Verlauf des 9. Jahrhunderts erscheint die *Ḫilʿa* zunehmend als Investitursymbol, ohne dass klar zwischen Ehren- und Investiturgewand unterschieden würde (ebd., S. 99). Die soziale Beziehung zwischen Schenkendem und Beschenktem ist dabei eindeutig geregelt (ebd., S. 118): „Der Gouverneur, der das Gewand des Kalifen anzieht, begibt sind unter dessen Schutz, gelobt aber gleichzeitig durch die Annahme des geschenkten Kleides loyales Verhalten."

62 Zur Übersendung eines mit Geschenken beladenen Lasttiers vgl. ebd., S. 64.

63 Hauck 1963, S. 45.

64 Bieberstein (1993, S. 166) interpretiert die patriarchalen Geschenke als „Ehrenbezeugung und Schutzbegehren zugleich" sowie als Indikator für „ein opportunistisches Überlaufen des Jerusalemer Patriarchen auf die Seite Karls des Großen [...], von dem er sich vermutlich eine wirksamere Hilfe als vom krisengeschüttelten Kaiserhaus in Byzanz versprach."

65 Mayer 1972, S. 207.

66 McCormick 2011, S. 22: „Economic reasons would have urged the church of Jerusalem to turn to the distant Christian monarch who was spreading his generosity widely around the churches of his empire and beyond."

67 Musca 1961.

68 Walther 1985; Valdés Fernández 2001.

69 Annales regni Francorum ed. 1895, S. 132 (zum Jahr 810). Ein Grund für die Gesandtschaften unter König Pippin könnte nach McCormick in den Auseinandersetzungen mit Waifar von Aquitanien gelegen haben, denn immerhin hatte sich einer von Waifars Vorgängern an die Muslime in Spanien gewandt, um Pippins Vater Karl Martell die Stirn bieten zu können; vgl. McCormick 2004, S. 238.

70 Bieberstein 1993, S. 167.

71 Classen (1988, S. 1) spricht vom „begrenzten Universalismus". Ob man die Tatsache, dass Ludwig der Fromme es nach 831 unterließ, die Gesandtschaft des Kalifen al-Maʾmūn mit einer Gegengesandtschaft zu erwidern, auf den unter Ludwig akzentuierten „universelle[n] Anspruch des abendländisch-christlichen Kaisertums" zurückführen sollte, was „einer Begegnung auf gleicher Ebene" entgegengestanden habe, erscheint jedoch zweifelhaft; vgl. Tremp 2002, S. 298.

72 Dieser universale Zug entspricht dem gleichfalls stärker universalen Zuschnitt des frühabbasidischen Kalifats. Anders als spätere Kalifen sah sich der Kalif al-Manṣūr, der eigentliche Architekt der abbasidischen Revolution, vom flüchtigen umayyadischen Prinzen in Spanien in der gerade erst errungenen Machtstellung seines Hauses herausgefordert; aus diesem Grund schickte er 763 eine militärische Expedition an die westliche Küste der Iberischen Halbinsel, die versuchen sollte, die Umayyaden von dort zu vertreiben; vgl. McCormick 2004, S. 239.

73 Karoli Magni capitularia ed. 1883, Kapitular 64, 18, S. 153f.

74 McCormick 2011, S. 95 und S. 163.

75 Ebd., S. 182 mit Anm. 90; Tremp 2002, S. 297.

76 Vgl. Bieberstein 1993, S. 168; McCormick 2011, S. 183.

77 Vgl. Jaspert 2005.

Italien – Vielfalt der Begegnungen (Stefano Gasparri) – S. 100

1 Gasparri 2012; ders. 2008, S. 41ff.

2 Ortalli 1980, S. 366f.

3 Wickham 2009, S. 321ff.

4 Andreolli 1983, S. 36ff.

5 Wickham 1998, S. 152ff.

6 Gasparri 2005, S. 171ff.; gegen Rovelli 2005, S. 120f.

7 Ebd., S. 122f.

8 Leges Langobardorum ed. 1962, 2–3.

9 Paulus Diaconus ed. 1878, V, 36.

10 Manaresi 1955, Nr. 56; Gasparri 1992, S. 3ff.

11 Ders. 2005, S. 157ff.

12 Le Jan 2005, S. 25ff.
13 Wickham 2009, S. 681ff.
14 Ward Perkins 1997, S. 157ff.
15 Gasparri 1980, S. 429ff.; Pasquali 1979, S. 41ff.
16 Gasparri 2001a, S. 105ff.
17 Goffart 1988, S. 329ff.
18 Gasparri 2012, S. 117ff.
19 Ebd., S. 124ff.
20 Schiaparelli 1929, Nr. 114.
21 Vgl. Wickham 1998, S. 152ff.
22 Bougard 2008, S. 340ff.
23 Gasparri 2012, S. 121ff.
24 Ebd., S. 46ff.
25 Versus de Verona ed. 1960.
26 Paulus Diaconus ed. 1878, VI, 54.
27 Codex Carolinus ed. 1892, Nr. 84, S. 620.
28 Gasparri 2012, S. 95f.
29 Augenti 2008, S. 183ff.
30 Liber pontificalis ed. 1886, Bd. 1, S. 461f.
31 McKitterick 2004, S. 146f.
32 Paulus Diaconus ed. 1878, V, 11.
33 Liber pontificalis ed. 1886, Bd. 1, S. 497f.
34 Paulus Diaconus ed. 1878, III, 24.
35 Agnellus 1878, S. 361ff.
36 Augenti 2010, S. 43ff.
37 Gelichi 2008, S. 81ff.; ders. u.a. 2012, S. 169ff.
38 Hartmann 1904, S. 74.
39 Gelichi 2008, S. 81ff.; ders. u.a. 2012, S. 169ff.
40 Gasparri 2011.
41 Ebd., S. 39.
42 Paulus Diaconus ed. 1878, II, 14.
43 Ortalli 1992, S. 725ff.; Castagnetti 1992, S. 577ff.
44 Liber pontificalis ed. 1886, Bd. 1, S. 433.
45 Codex Carolinus ed. 1892, Nr. 86, S. 622f.
46 Rovelli 2012, S. 292ff.
47 Gasparri 1989, S. 83ff.
48 Carletti 1980, S. 7ff.
49 Delogu 1977, S. 13ff.
50 Ebd., S. 36ff.
51 West 2010, S. 384ff.
52 Wickham 2009, S. 325f.
53 Gasparri 2009, S. 63ff.

Zentralität, Sakralität, Repräsentativität (Matthias Wemhoff) – S. 116

1 Kroker 2005, S. 229. Ausführlicher und mit Vergleich zu den anderen sächsischen Domburgen: ders. 2007, S. 263ff.
2 Spiong 2014, S. 36.
3 Gai/Mecke 2004, S. 93.
4 Ebd., S. 98, Abb. 49.
5 Eggenstein 2008. Der in diesem Katalog gezogene Vergleich von Balhorn mit dem fränkischen Königshof Karlburg am Main mit Burg und Klostergründung erweckt falsche Vorstellungen über die Bedeutung von Balhorn.
6 Vgl. Kröger-Köb 2008, S. 150 (Plan der Hofstellen).
7 Schlüter 1999, S. 394.
8 Balzer 1999b, S. 14f.; Käuper 2004, S. 62f. mit Diskussion zur Gleichsetzung von Paderborn und *urbs caroli.*
9 Translatio Sancti Liborii ed. 1841, S. 150: „quia civitates, in quibus more antiquo sedes episcopales constituerentur, illi paenitus provinciae deerant, loca tamen ad hoc, quae et naturali quadam excellentia et populi frequentia prae caeteris oportuna videbantur, elegit", hier zit. n. De Vry 1997, S. 189 (Vita und Translatio des Paderborner Anonymus).
10 Poetae Saxonis ed. 1899, V. 329ff.
11 Wemhoff 2002; ders. 2003.
12 Ders. 1993.
13 Melzer 1991.
14 Wemhoff 2005.
15 Capitulatio de partibus Saxoniae ed. 1883, S. 69; Capitulatio de partibus Saxoniae ed. 1918, S. 41: „Iubemus ut corpora christianorum Saxanorum ad cimiteria ecclesiae deferantur et non ad tumulus paganorum."
16 Wemhoff 1993, Bd. 1, S. 12.
17 Best/Gensen/Hömberg 1999, S. 340ff.
18 Zuletzt: Balzer 2012, S. 12: „Es lässt sich beobachten, dass Kirchengründungen auf Erbgütern von Bekehrten erfolgten, außerdem an vom König oder vom christianisierten Adel zugewiesenen Plätzen und durch den König selbst auf fränkischen Stützpunkten."
19 Brandt/Hengst 2002, S. 26 (Die Irmensul).
20 Röckelein 2013. Röckelein gelingt inzwischen der Nachweis von über 60 Reliquientranslationen: „Jedes Kloster, jedes Bistum, jede Adelsfamilie holte sich einen oder mehrere solcher Heiliger ins Haus."
21 Antiphon zum Liborifest: „Liborio plaudat Gallia, quae tantum virum edidit: felicior nunc Germania, cui corpus illa credidit."
22 Drescher 1999, S. 361.
23 Käuper 2004.
24 Gai 1999.
25 Preißler 2003.
26 Annales Laureshamenses ed. 1826, S. 38
27 Gai/Mecket 2004, S. 133 (Die erneute Errichtung einer Klausur?).
28 Preißler 2003, S. 39.
29 Ebd., S. 79ff.
30 Ebd., S. 108ff.
31 Käuper 2004, S. 65; Annales Laureshamenses ed. 1826, S. 38.
32 Vita Waltgeri ed. 1867, c. 13; zur Vita vgl. Wemhoff 2005, S. 6ff.
33 Ebd., S. 14ff.
34 Die Lebensgeschichte der heiligen Ida von Herzfeld ed. 1867.
35 Isenberg 2012, S. 25.
36 FAZ vom 04.08.1999 (Dirk Schümer).
37 Uwe Lobbedey: Inschriftentafel vom Westwerk in Corvey, in: Stiegemann/Wemhoff 1999, Kat.-Nr. VIII.52, S. 570f.

Militärische Gewaltkultur (Hans-Henning Kortüm) – S. 130

1 Einhard ed. 1911, Kap. 5–15, S. 7ff.
2 Zuletzt Hartmann 2010.
3 Prietzel 2006, S. 9ff.
4 Verbruggen 1965; Steuer 1999; Szameit 2007.
5 Kühne 2000; Kortüm 2010, S. 27ff.
6 Rogers 2010.
7 Kortüm 2010, S. 41ff.
8 Rüpke 1993; von Stietencron 1995.
9 Scharff 2002.
10 Becher 2003.
11 Annales regni Francorum ed. 1895, S. 50 (zum Jahr 778); anders Einhard ed. 1911, Kap. 9, S. 12f.
12 Clauss 2010.
13 Pohl 1988; ders. 2002, S. 312ff.
14 Die Awaren werden als Hunnen gedeutet: ders. 2003, S. 313.
15 Annales regni Francorum ed. 1895, S. 88 (zum Jahr 791).
16 Vgl. z.B. ebd. (zu den Jahren 772, 778, 784 etc.).
17 Coupland 1990, S. 30.
18 Hartmann 2010, S. 108.
19 Halsall 2003, S. 163ff.
20 Zum *Goldenen Psalter*: Eggenberger 1987; zum *Stuttgarter Psalter*: Stuttgarter Bilderpsalter 1968; Trost 2012.
21 Starke Abhängigkeit von spätantiken und byzantinischen Bildprogrammen: Eggenberger 1987, S. 138; Stuttgarter Bilderpsalter 1968, Bd. 2, S. 200. Plädoyer für eine gewisse Realitätsnähe: Coupland 1990.
22 Nicolle 2005, S. 34.
23 Ebd., S. 33.
24 Bachrach 2001, S. 53.
25 Hartmann 2010, S. 109.
26 Steuer 1999, S. 312.
27 France 2002, S. 65.
28 Reuter 1999, S. 25; Kortüm 2010, S. 129f.
29 Reuter 1999, S. 25.
30 Zu den *scarae* siehe Delbrück 1964, S. 18f. sowie Bachrach 2001, S. 80ff.
31 France 2002, S. 79: „The Saxon war simply did not produce profitable campaigns like those against Bavaria, Italy and the Avars."
32 Springer 2003, S. 483; Halsall 2003, S. 171.
33 Werner 1968; Bachrach 2001, S. 57ff.
34 Reuter 1999; France 2002.
35 Allgemein zur Logistik Kortüm 2010, S. 175ff.
36 Werner 1968.
37 Schünemann 1938, S. 57f. (teilweise zitiert bei Pohl 1988, S. 14 mit Anm. 77).
38 Hartmann 2010, S. 108.
39 Die bildlichen Darstellungen des *Stuttgarter Psalters* und des Sankt Gallener *Codex aureus* zeigen ausschließlich Schuppenpanzer. Vgl. dazu Eggenberger 1987, S. 64, S. 113, S. 129, S. 132 und S. 138.
40 Halsall 2003, S. 171; Springer 2003, S. 483.
41 Zum Schild ausführlich Coupland 1990, S. 35ff.
42 Menghin 1983; zu Schwertern siehe auch Coupland 1990, S. 42ff.
43 Ders. 1990, S. 49.
44 Halsall 2003, S. 164.
45 Abbildungen bei Steuer 1999, S. 294.
46 Szameit 1986, S. 155.
47 Ders. 2007, S. 72.

48 Steuer 1995, S. 253.

49 Halsall 2003, S. 165: „It seems more likely that these wings were either for decoration (some are inlaid), or for catching enemy blades."

50 Hartmann 2010, S. 98 ff.

51 Pohl 1988, S. 26.

52 Hack 2009, S. 111 ff.

53 Allmand 2011.

54 Ebd., S. 214 ff.

55 Zur aktuellen Forschungsdiskussion: Rogers 2006; Morillo 2006.

56 P. Flavii Vegeti Renati epitoma rei militaris ed. 1995, Kap. 18, S. 159 ff.

57 Annales q.d. Einhardi ed. 1895, S. 63 (zum Jahr 782). Zur Schlacht am Süntel: Bachrach 2001, S. 191 ff.

58 Clauss 2010, S. 281 ff.

59 Annales q.d. Einhardi ed. 1895, S. 63 (zum Jahr 782).

60 Was es in Vorbereitung einer Feldschlacht zu beachten gilt: P. Flavii Vegeti Renati epitoma rei militaris ed. 1995, Kap. 6, S. 125 sowie Kap. 9, S. 133 ff.

61 Kortüm 2010, S. 138 ff. Zur Forschungsdiskussion: Bachrach 2006.

62 Ebd., S. 151: „Decisive victories won by heavily armed mounted troops in significant battles in the open field were not a major feature of Carolingian warfare under Charlemagne and his predecessors."

63 Zum karolingischen Belagerungskrieg vgl. ders. 2001, S. 228 ff.

64 Regino ed. 1890, S. 79: Fränkische Fußkrieger, die es gewohnt waren, dicht gedrängt den Kampf aufzunehmen, werden durch eine bretonische Reiterattacke völlig aus dem Konzept gebracht (*perculsi*), weil sie bislang diese Art des Gefechtes nicht kannten (*novitate ante inexperti discriminis*).

65 Vgl. dazu den *Goldenen Psalter* von Sankt Gallen. Zum Steigbügel in karolingischer Zeit vgl. Bachrach 1993, S. 59 ff.

66 Reuter 1985.

67 Vgl. den Beitrag von Stuart Airlie in diesem Band.

68 Zur Wortwahl vgl. etwa den Tagebucheintrag von Joseph Goebbels zum 09.06.1936: „Beim Führer. [...] Außenpolitik. Führer sieht Konflikt im fernen Osten kommen. Und Japan wird Rußland verdreschen. Und dieser Koloß wird ins Wanken kommen. Und dann ist unsere Stunde da. Dann müssen wir uns für 100 Jahre an Land eindecken." Hier zitiert nach: Hermann 2011, S. 134, A. 371.

69 Wunderli 2005; Fajen 2008.

70 Paravicini 1989, S. 97 ff.

71 Schünemann 1938, S. 81.

Geldgeschichten (Lutz Ilisch) - S. 144

1 Silberschatzfund aus Steckborn, Kanton Thurgau, 1830: ca. 27 Dirhams, davon 21 datierbar in die Jahre 785–799, aus den Münzstätten Ifrīqiya: 16 Stück, al ʻAbbāsīyah: 2 Stück, Todgha: 3 Stück und je ein Karlsdenar aus Pavia, Mailand und Melle; vgl. Ilisch 2005, S. 75 ff.

2 Michael McCormick (2001, S. 831 f.) benutzte noch die unvollständige und widersprüchliche Fundrekonstruktion von Christian Martin Fraehn (1837) und Frederic Soret (1840). Erhaltene Fundteile und frühe Bearbeitungen erlauben heute 24 der 30 Münzen zu bestimmen, vgl. Ilisch 2006, S. 75 ff.

3 Zum Geschenk des Elefanten vgl. Hack 2011; zum Gesandtschaftsbeitrag Ibrahims vgl. Annales regni Francorum ed. 1895, S. 116 f. (zum Jahr 801).

4 Ilisch 2012. Ob nach freundlicher Auskunft von Dr. Carsten Schmoldt ebenfalls hier gefundene bronzene Stabbarren in denselben Handelskontext gehören, ist gegenwärtig noch nicht geklärt.

5 McCormick 2001.

6 Ebd., S. 281 ff.

7 Völckers 1965, Verbergungsfunde I, VI, XX, XXI, XXII, XXIII, XXVI, XXXIII, L; Grabfunde, zum Teil Einzelstücke II, XXV, XXVII, XXXI, XLI, XLIV, XLVII (?), LI. Zum Schatzfund aus Steckborn vgl. Anm. 1; Silberschatzfund aus Wiesbaden-Biebrich, 1921: in einem großen Fund, von dem 49 Stücke erfasst wurden, 44 Karlspfennige, 3 päpstliche Denare Leos III. und ein Dirham aus den Jahren 790–791, aus der Münzstätte al ʻAbbāsīyah; dieser Schatz ging nach 795, Anfang 9. Jahrhundert verloren; vgl. Völckers 1965, S. 104 ff. und S. 182 ff.; McCormick 2001, S. 817 f. Silberschatzfund aus Ancenis, Département Loire-Atlantique, 2001 bei der Bergung mehrerer im Loirebett verstreuter Schatzfunde des 9. und 12. Jahrhunderts: darunter zwei Dirhams aus den Jahren 813–814 und 852–853, beide von der Iberischen Halbinsel; vgl. Saget/Ménanteau 2003, S. 51.

8 Völckers 1965.

9 McCormick 2001.

10 Quinsat 1997, S. 296 ff.; zu ergänzen um den Nachweis der arabischen Bedeutung „schrifttragender Münzen" vgl. Ilisch 2004, S. 91 f.

11 McCormick 2001, S. 622 ff.

12 Goldschatzfund aus dem Reno bei Bologna, 1857 beim Eisenbahnbrückenbau: ursprünglich ca. 100 Goldmünzen, von denen 59 untersucht werden konnten: neben 41 byzantinischen und 5 beneventischen Solidi wurden 13 originale abbasidische Dinare der Jahre 770–806 und ein imitativer *solidus mancusus* von 784–785 bestimmt; vgl. Frati 1857; Stasolla 1986, S. 237 ff.; Saccocci 2005, S. 140 (Nr. 8), zum Imitat vgl. Ilisch 2007. Goldschatzfund aus Hon, Norwegen, 1834: wikingerzeitlicher Goldschatzfund mit 7 abbasidischen Dinaren der Jahre 769–800, überwiegend aus Ägypten, 1 vergoldeter Bagdader Dirham von 806–807, alle Stücke mit gleichartigen einfachen Henkelungen, weiter 1 Dinar von 848–849 aus Merw (heute Turkmenistan) in anglofriesischer Schmuckfassung, 5 weitere karolingische Goldmünzen und vergoldete Pfennige, 1 römische und 3 byzantinische Goldmünzen sowie Schmuck; vgl. Holmboe 1854, S. 55 ff.; Skaare 1966, S. 403 ff.; McCormick 2001, S. 823.

13 Lowick 1973, S. 173; Ilisch 2004, S. 91 ff.

14 Der früheste Schatzfundbestand aus dem islamischen Osten mit *terminus post quem* von 785–786 soll in Syrien gefunden worden sein und enthielt 20 westliche Dirhams von insgesamt 493 Stücken, vgl. Heidemann 2011, S. 461.

15 Noonan 1989; Heidemann (2011, S. 458) glaubt, dass der nordafrikanische Silberhandel in den Osten des Kalifats schon 795 zum Erliegen gekommen sei, was aber durch konstante Repräsentanz westlicher Dirhams der Prägejahre 791–802 im Fund von Denizbaci widerlegt wird.

16 Silbereinzelfund aus Venedig, Torcello, 1961/62: 1 Dirham der Aghlabiden-Dynastie, Ibrāhīm ibn al-Aġlab, von 805–812, aus der Münzstätte Todgha (?); vgl. McCormick 2001, S. 833 ohne Bestimmung; Ilisch 2005, S. 85; Saccocci 2005, S. 141. Silbereinzelfund aus Lucca, Grabungsfund, 1990: 1 Dirham der Idrisiden-Dynastie, Muḥammad ibn Idrīs oder sein Sohn Yahya, von 837–864. Freundliche Bildmitteilung von Andrea Saccocci 18.08.2011.

17 Ilisch 2012, S. 300.

18 At-Tamīmī ed. 1988, S. 427; eine ausführlichere Diskussion der Berichte bei Ilisch 2012, S. 298 ff.

19 Kromann 1988, S. 243 ff. kannte nur ein dänisches Fundstück; zu zwei Dirhams aus den Jahren 789 und 784 gefunden im dänischen Havsmarken/Bornholm und Horsemosegard/Fünen vgl. URL:<http://salamviking.wordpress.com/201001/31/den-tiende-spanier i det sydfynske-øhav/>; Noonan 1980, S. 81 ff.; zu Mecklenburg-Vorpommern vgl. Herrmann 2006, S. 29 f., Nr. 0549–0551. Die drei Dirhams aus dem umayyadischen al-Andalus im Schatzfund von Ralswiek datieren in die Jahre 786, 812 oder 822 und in die Zeit al-Hakams I., dritter Emir von Córdoba, blieben aber in der Veröffentlichung undatiert.

20 Silbereinzelfund aus Southampton, Hampshire: umayyadisches Dirhamfragment von der Iberischen Halbinsel von ca. 765–815; vgl. Naismith 2005, S. 216 (Nr. 32). Silbereinzelfund aus Callantsoog, Nordholland, 1993: umayyadischer Dirham von der Iberischen Halbinsel aus dem Jahr 832; vgl. Rijksmuseum het Koninklijk Penningkabinet 1994, S. 10.

21 Archibald 2007, S. 129 f.

22 Parvérie 2012, S. 14 ff.; Moesgaard 2008. Für das 10. Jahrhun-

dert ist vor allem der Sklavenhandel auf einer Route von Prag über Verdun bis auf die Iberische Halbinsel gut belegt, was Parvéries südlicher Route entsprechen mag.

23 Ders. 2007.

24 Mitteilung von Marc Parvérie an die Islamic Coins Group vom 08.07.2011. Kupfereinzelfund aus Auenberg bei Bliesransbach, Saarland, 1963 oder 1964: zusammen mit einem Follis der Helena aus Trier, umayyadisch, Fals ohne Jahr und ohne Münzstätte des Reformtyps (ca. 696–701), ägyptischer Stil bei syrischem Gewicht, Südpalästina (?); vgl. Franke 1977, S. 95.

25 Kupfereinzelfunde aus Groß Strömkendorf, Mecklenburg-Vorpommern, 2010 und 2011: Kupfermünze vom abbasidischen Gouverneure von Ifrīqiya, al-Fadl ibn Rawh, Fals mit Jahreszahl (793), Münzstätte undeutlich; 5 Stücke vom abbasidischen Gouverneure von Ifrīqiya, Muḥammad al-ʿAkkī, Fals Musterung und Jahr nicht lesbar; 1 umayyadisches Stück, anonymer Fals ohne Münzstätte (evtl. Iberische Halbinsel), in das zweite Viertel des 8. Jahrhunderts zu datieren; 1 Stück als Einzelfunde in der Siedlung verstreut; vgl. Ilisch 2012, S. 297, dort auch weitere arabische Kupfermünzen aus der Zeit um 800 aus dem slawischen Raum.

26 Ebd., S. 297f. Zu einem Kupferhandel auf der Bernsteinstraße passen eventuell auch zwei abbasidische Kupfermünzen, die in Palanga in Litauen am Ostseeufer gefunden wurden, vgl. Noonan 1974, S. 453.

27 Savage/Gordus 1998, S. 378ff.

28 Notker Balbulus ed. 1959, S. 757, Nr. 14.

29 Ibn Khordâdbeh ed. 1889, S. 114ff. (franz. Übersetzung: S. 153ff.); arab. Text: Gil 1973.

30 Capitularia Regum Francorum ed. 1883, S. 258, Nr. 131.

31 Mit (imitativem) Münzstättennamen al ʿAbbâsīyah aus dem Jahr 776, vgl. Lowick/Savage 1999, S. 46, Nr. 44 und S. 48, Nr. 55, aus dem Jahr 783; Münzsammlung der Universität Tübingen, Inv.-Nr. 97–29–29 und Inv.-Nr. 99–22–2; mit Münzstättennamen Todgha aus dem Jahr 805; ebd. Inv.-Nr. 97–24–2; aus dem Jahr 839; Eustache 1971, S. 75 und S. 301ff.

32 Ilisch 2005, S. 78f. (2 Stücke im Fund von Steckborn), S. 84 (aus Friesland) und S. 85 (aus Santueri, Mallorca).

33 Botet y Siso 1908, S. 44f. und S. 201f.

34 Lowick/Savage 1999, S. 86, einige ältere Prägedaten ab dem Jahr 777sind begründet als zweifelhaft gekennzeichnet. Eustache 1971, S. 95.

35 Al-Hamdânī ed. 1968, S. 146 zur Lage von al-Yamama auf der Straße nach Basra. Die Münzstätte von al-Yamama wurde mit der Einrichtung einer neuen Münzstätte für Gold und Silber 786 geschlossen.

36 Bates (2011, S. 14) zitiert den armenischen Geschichtsschreiber Ghewond, der die Neufunde von Silber ausdrücklich der Regierungszeit des al-Mahdī zuschreibt.

37 Mayer 1998, S. 30.

38 Ilisch u.a. 2003, S. 62f. (Münzstätte ash-Shash), S. 109 (Ma'din Bajunays), S. 110 (San'a) und S. 111 (Todgha und al ʿAbbâsīyah); für die vermutlich mit dem Bergbau im Hohen Atlas zusammenhängenden Massenprägungen von al ʿAbbâsīyah haben schon früher Savage/Gordus (1998, S. 383) auf die Goldspurenfreiheit hingewiesen.

39 Al-Hamdânī ed. 1968, S. 164ff.; Peli 2008, Bd. 1, S. 294ff.

40 Ilisch u.a. 2003, S. 92 (Balch) und S. 103 (Merw).

41 Sarah 2010, S. 284f. Diese Münzen (Typ Prou 688, 692–698) sind dort formaliter Karl dem Kahlen zugeordnet, was aber nach dem auf S. 272f. aufgeführten Vorkommen im Fund von Wiesbaden-Biebrich unrichtig ist.

42 Sarah 2010, S. 280f.

Pfalzen Karls des Großen (Holger Grewe) – S. 158

1 Annales regni francorum ed. 1987, S. 61 (zu den Jahren 791, 792, 793), S. 67 (zum Jahr 798), S. 77 (zum Jahr 801), S. 79 (zum Jahr 802).

2 Quellen, die zum Herrscherlob verfasst worden sind wie das *Paderborner Epos* oder zeitferne Berichte wie die Schilderung des Empfangs Karls des Großen im Palast Arechis II. zu Salerno (vgl. Luchterhand 2006) bleiben hier unberücksichtigt.

3 Vgl. etwa McKitterick 2008, S. 171ff.

4 Zotz 2010, S. 55ff.; ders. 2001, S. 13ff.

5 Sennhauser 2010, S. 2ff.

6 Wyss 2010, S. 147ff.

7 Vergleichende Darstellungen zur karolingischen Pfalzenarchitektur in Auswahl: Patzold 2009, S. 243ff.; Lobbedey 2003, S. 129ff.; Binding 1996a, S. 59ff.; Jacobsen 1994, S. 23ff.

8 In der Pfalz Samoussy wurde 1917 bei eilig durchgeführten Ausgrabungen eine halbrunde Struktur (geschlossenes Gebäude?) von ca. 45 Metern Durchmesser aufgedeckt. Der Befund ist undatiert.

9 Die Bauskulptur der karolingischen Pfalzanlage wurde jüngst in verdienstvoller Art und Weise von Britta Schulze-Böhm katalogisiert und ausgewertet sowie als Dissertationsschrift vorgelegt. Die Arbeit ist in Druckvorbereitung und wird voraussichtlich 2014 erscheinen.

10 Brandenburg 2000, S. 47ff.

11 Binding 2007, S. 5ff.; Esch 2005, S. 11ff.; Jacobsen 1996, S. 155ff.

12 Die Herleitung von einer Exedra im Forum von Köln wurde von Sven Schütte vorgeschlagen, jedoch sind die Befunde der Heumarkt-Grabung für eine gesicherte Bauwerksrekonstruktion zu lückenhaft. Vgl. Schütte 2000, S. 203ff.

13 Fontaine 2003, S. 130ff.; LVR-Rheinland 1997, S. 73ff.

14 Grewe 2007b, S. 191ff.; Haupt 2007, S. 183ff. Eine mit Steinplatten flach gedeckte, 700 Meter lange Wasserleitung wurde in Saint Denis gefunden (8. Jahrhundert), vgl. Wyss 2010, S. 155. Die Datierung des Pau-Kanals in Aachen ist der Gegenstand laufender Untersuchungen.

15 Grewe 1988, S. 79ff. Zum Ende der Nutzungszeit kontrovers: Clemens 2003, S. 144f.

16 Pelgen 2004, S. 30ff.

17 Vitruvius Pollio ed. 1991, S. 389ff. Zur Rezeption der Schrift vgl. Binding 1996b, S. 38.

18 Zur Rezeption antiker Bautechnik vgl. Nussbaum 2008, S. 161ff.

19 Von den beiden östlichen Fenstern sind Reste der Laibungen erhalten. Die lichte Breite der Öffnungen betrug innen 1,3 Meter. Ob die Öffnungen nach außen verjüngt waren oder gleichbleibend breit durch das Mauerwerk liefen, ist dem Baubefund ohne invasive Untersuchung nicht zu entnehmen. Die Fensteranordnung der Osthälfte wurde rekonstruktiv spiegelsymmetrisch auf die Westhälfte projiziert.

20 Ermoldus Nigellus ed. 1884, S. 4ff.

21 Eine Übersicht findet sich bei Lobbedey 2003, S. 129ff. Seither sind die Pfalzgrabungen von Paderborn und Frankfurt am Main monografisch publiziert worden: Gai/Mecke 2004; Wintergerst 2007.

22 Teilergebnisse der laufenden Untersuchungen durch Judith Ley (RWTH Aachen) befinden sich im Druck, in: Kraus (im Druck). Zur älteren Forschungsliteratur vgl. Falkenstein 1970, S. 7ff.

23 Menis 1990, S. 300ff.

24 In diesem Zusammenhang verdient die 1996 bei archäologischen Ausgrabungen in Ingelheim am Rhein gefundene Goldmünze mit dem Bildnis Karls des Großen Erwähnung (Abb. 104, S. 148), die nach P. H. Martin 1998 als Hinweis auf die Emission von Solidi nach dem Vorbild römischer Kaisermünzen gewertet werden kann, vgl. den Beitrag Lutz Ilisch in diesem Band.

25 Zur Rolle Einhards am Hof Karls des Großen vgl. Binding 1996b, S. 40ff.

26 Einhard ed. 1987, S. 186f.: „Inchoavit et palatia operis egregii, unum haud longe a Mogontiaco civitate, iuxt villam cui vocabulum est Ingilenheim […].“

27 Zur Funktion der Aachener Marienkirche vgl. Patzold 2009, S. 247; kontrovers zu Falkenstein 2002, S. 169ff.

28 Einhard ed. 1987, S. 196ff.: „Ad cuius structuram cum columnas et marmora aliunde habere non posset, Roma atque Ravenna devehenda curavit.“

29 Eine auf Vollständigkeit angelegte Bearbeitung der Säulen und Kapitelle mit Katalog ist

ein Desiderat, vgl. vorläufig Binding 2007, S. 4ff.

30 Zum Motiv der Säulengitter vgl. Untermann 1999, S. 152ff.

31 Ders. 1989, S. 86ff.

32 Heckner 2012, S. 43ff.

33 Schmidt u.a. 2009, S. 220ff.; Maintz 2011, S. 96f.; Heckner 2012, S. 25f.

34 Freundliche Mitteilung von Sebastian Ristow. Vgl. Ristow (im Druck).

35 Eine Übersicht über diesbezügliche Rekonstruktionsvorschläge gibt zum Beispiel Keller 2003, S. 22f.

36 Sage 1982, S. 78 und S. 80.

37 Hugot 1965, S. 554f.; so auch Meckseper 1996, S. 46.

38 Luchterhand 2006, S. 179ff.

39 Meckseper 1998, S. 119ff.

40 Luchterhand 2006, S. 194f.

41 Ristow 2012, S. 6f.

42 Ristow (im Druck).

43 Müller 2012, S. 17ff.

44 Beiträge von Judith Ley, Harald Müller, Frank Pohle, Andreas Schaub, Sebastian Ristow und Marc Witheger in: Kraus (im Druck).

45 Zum Beispiel Schaub 2010, S. 161ff.

46 Kolloquium zum 30. Todestag Leo Hugots, veranstaltet vom Rheinischen Verein für Denkmalpflege und Landschaftsschutz e.V. und der RWTH Aachen am 9. November 2012 im Krönungssaal des Aachener Rathauses.

47 Gai 2004, S. 115ff.

48 Lobbedey 1986, S. 15ff. und S. 141ff.

49 Ebd., S. 146.

50 Gai 2004, S. 194.

51 Zur Frage langobardischer Einflüsse in der Wandmalerei vgl. Preissler 2003, S. 73ff.

52 Ehlers 2012, S. 411.

53 Grewe 2007a, S. 104ff.

54 Zum merowingerzeitlichen Sakralbezirk demnächst: Ehlers/Grewe/Ristow (in Vorbereitung).

55 Die Forschung ist seit 2009 im Arbeitskreis *Pfalzenforschung Aachen – Ingelheim* interdisziplinär vernetzt.

56 Zu den Quellen und ihrer Interpretation in bauhistorischer Sicht vgl. Jacobsen 1988, S. 334f.

57 Streich 1984, S. 33; Jacobsen 1994, S. 32.

58 Falck 1973, S. 58ff.; Schulze-Dörrlamm 2009, S. 17ff.; dies. 2013, S. 88ff. (Keine Zustimmung kann der Lokalisierungsversuch einer Königspfalz erhalten, selbst für die Herleitung der Existenz einer solchen aus marmornen Reliefplatten eines „Königsthrons" ist es noch zu früh.); Knöchlein 2011, S. 265ff.

59 Becher 2012b, S. 251f.

60 Mitchell 1999, S. 95ff.

61 Zur imperialen Tradition abweichend Beuckers 2012, S. 311.

Die „islamische" Stadt (Peter Feldbauer / Ilja Steffelbauer) – S. 182

1 Dieser Beitrag beruht in Teilen auf dem gleichnamigen Kapitel aus Feldbauer/Liedl 2008.

2 Hierzu z.B.: Nicholas 1997, insbes. S. 24ff. und Brandes/Haldon 2000.

3 Zur Frage des Ursprungs städtischer Siedlungsweise im Nahen Osten: Oates u.a. 2007 und zur griechisch/römischen Stadt allgemein: Tomlinson 1992.

4 Eine vorzügliche Bestandsaufnahme der Erforschung der Stadtentwicklung der westasiatisch-nordafrikanischen Welt bietet der Sammelband von Haneda/Miura 1994. Die beste Überblicksdarstellung auf wenigen Seiten bietet wohl Egger 2004, S. 241ff. – Zur Rolle von Tribalstrukturen und Nomaden in der arabisch-iranischen Welt siehe Feldbauer 1995, S. 432ff. und S. 538f. oder Guichard 2000.

5 Watson (1983, S. 132ff. und S. 207f.) hat die in der Sekundärliteratur vorliegenden Bevölkerungsschätzungen für große Städte des Nahen Ostens und Nordafrikas vorzüglich zusammengestellt, gelangt aber trotz des vorsichtigen Umgangs mit den Daten möglicherweise doch zu etwas überhöhten Einwohnerzahlen. Zur Ergänzung seiner Zahlenangaben und Literaturhinweise bzw. zur Relativierung seiner Ergebnisse siehe zuletzt Garcin/Arnaud/Denoix 2000, bes. S. 267ff. Ergänzend zu Fustât/Kairo Garcin 2000, S. 213; zu Bagdad siehe Lassner 1970, S. 282f.; zu Nischapur vorzüglich Bulliet 1972, S. 9f.; zu Granada zuletzt Liedl 2005, S. 282ff.

6 Die erste Position findet sich bereits in Marcais 1928, S. 86ff. sowie in mehreren Beiträgen von Serjeant 1980, wo Jean-Louis Michon etwa den Zusammenhang zwischen islamischer Expansion und ausgeprägtem Urbanisierungsprozess betont (S. 14) und Nikita Elisséeff auf die rasante Stadtentwicklung im Irak nach dem Machtantritt der Abbasiden hinweist (S. 92). Prominente Vertreter der konträren Auffassung sind Lapidus 1973a, S. 21ff., insbes. S. 27f.; ders. 1973b, S. 51ff., insbes. S. 52f. sowie Wagstaff 1985.

7 Vgl. dazu die kritische Würdigung von Kennedy 1985.

8 Vgl. etwa Bulliet 1994; Garcin/Arnaud/Denoix 2000; Garcin 2000; Wirth 2000.

9 Das Bild der durch Quartiere geprägten Stadt ist prägnant zusammengefasst in Egger 2004, S. 244f. Eine sehr hilfreiche Würdigung der noch immer relevanten Positionen Ibn Chaldūns sowie weiterführende Literaturhinweise bieten Lacoste 1984 und Al-Azmeh 1981. Vgl. auch Baali 1988.

10 Eine komplette Zusammenstellung der Literatur, die aufeinander aufbauend, zur Formulierung des Konzeptes der islamischen Stadt beigetragen hat, bieten Haneda/Miura 1994. Eine vollständige Darstellung der Forschungsdebatte muss hier aus Platzgründen entfallen.

11 Cahen 1958, S. 74f.; Brett 1986, S. 78ff.; sehr skeptisch diesbezüglich Nagel 1998 (Tilmann), S. 208f.

12 Kritisch dazu Wirth 2000, S. 59ff.; eine sehr negative Charakterisierung islamischer Städte dagegen bei Southall 1998, S. 207ff., S. 222ff. und S. 226.

13 Cahen 1958, S. 59ff.; ders. 1958/59a, S. 37ff., insbes. S. 38ff.; ders. 1968, S. 160ff.

14 Cahen 1968, S. 161 und allgemein Kippenberg 1991, S. 427ff.

15 Sauvaget 1934, S. 81ff.

16 Ausführlich dargestellt in Kennedy 1985, S. 17ff.; ders. 1992, S. 181ff.; ders. 1998b, S. 53ff. Wirth (2000, S. 34ff.) und Gawlikowski (1997, S. 339ff.) akzentuieren den Entwicklungsbruch etwas stärker. Dies passt gut zur Einschätzung der spätantiken mediterranen bzw. byzantinischen Stadtentwicklung, wie sie von Cameron (1993, S. 152ff.) und Walmsley (1996, S. 126ff.) vorgenommen wurde.

17 Hodges/Whitehouse 1983, S. 126ff. Vgl. dazu auch Lassner 1980, S. 163ff. und Joffe 1998, S. 549ff., insbes. S. 563ff.

18 Vgl. dazu Wirth 2000, S. 325ff.; Mortada 2003, insbes. S. 65ff. und S. 78ff.

19 Allgemein dazu Kennedy 1985, S. 11ff. und S. 21ff. Zu den einzelnen Argumenten sowie zur Differenzierung vgl. auch Bulliet 1975, S. 224ff.; Wirth 2000, S. 42ff.; Abu-Lughod 1987, S. 162ff. sowie Kippenberg 1991, S. 434ff. Die Verwischung der kaiserzeitlichen Stadtgrundrisse vollzog sich im Übrigen in ähnlicher Form auch im christlichen Westen, nur förderten dort andere soziale und kulturelle Faktoren später die Herausbildung anderer, neuer Stadtstrukturen. Vgl. z.B. für Italien: Jones 1997, S. 57ff.

20 Zum Wandel im spätantiken Westrom im Vergleich zu Byzanz siehe Udovitch 1993, S. 767ff., insbes. S. 771ff. und Wirth 2000, S. 38ff. Beide betonen, dass sich im Bereich des Kalifats die Veränderungen von Struktur und baulicher Gestalt der Städte nicht nur in vormals byzantinischen Provinzen, sondern – in abgewandelter Form – auch im sassanidischen Osten und im spanischen Westen feststellen lassen.

21 Vgl. dazu Frye 1975, S. 8ff.; Morony 1984, S. 27ff.; Kennedy 1986, S. 10f.

22 Vgl. die unterschiedlichen Positionen von Frye 1975, S. 22f. und Lombard 1992, S. 129ff.

23 Allgemein dazu Frye 1975, S. 23; Gaube 1979, S. 20ff. und Wirth 2000, S. 38ff.; zu Nischapur siehe Bulliet 1972, S. 6ff.; zu Bagdad unter anderem Lassner 1970, S. 27ff. und S. 138ff.; ders. 1980, S. 171ff.; zu Kufa grundlegend Djait 1986, S. 83ff.

24 Vgl. etwa Bosworth 1963, S. 32 oder Bulliet 1972, S. 7ff.

25 Natürlich war das urbane Erbe selbst innerhalb der kulturellen „Großräume" – westgotisch, nordafrikanisch, byzantinisch, sassa-

nidisch – regional verschieden und brachte somit gemeinsam mit dem neuen arabisch-islamischen Element, das auch seine Heterogenitäten mitbrachte, jeweils spezifische Formen hervor. Siehe für den Maghreb Thébert 1983, S. 116ff.; dies./Biget 1990, S. 576ff.; für al-Andalus Cressier/García-Arenal 1998.

26 Vgl. zum Problemkreis Kaufleute, Kommerz und Islam Goitein 1957, S. 583ff. und vor allem Kennedy 1985, S. 23ff.

27 Die Literatur zum Amt des Kadis und des Marktaufsehers ist zusammengefasst in Feldbauer 1995, S. 183, S. 276f., S. 312f. und S. 456f.; siehe dazu auch Kickinger 1993, S. 72ff.

28 Allgemein zu Urbanisierung und Stadtwachstum vgl. neben Lombard 1992, S. 129ff. und Bulliet 1994, S. 67ff. auch Ashtor 1976, S. 87ff.; Chaudhuri 1990, S. 338ff.; Hourani 1992, S. 149ff. und Egger 2004, S. 241f. Zu al-Andalus siehe Kennedy 1998, S. 63f.; Mazzoli-Guintard 1998, S. 100ff.

29 Zur Gründung bzw. Entwicklung der berühmtesten Haupt- und Palaststädte gibt es naturgemäß sehr viel Literatur. Empfehlenswert etwa Hitti 1973; Hodges/Whitehouse 1983, S. 126ff.; Wagstaff 1985, S. 172f.; Bresc/Guichard 1990a, S. 231ff., insbes. S. 248ff. Zu Bagdad siehe auch Lassner 1970 und ders. 1980, S. 163ff.; zu Sâmarrâʾ vgl. Rogers 1970, S. 119ff.; zu Kufa vor allem Djait 1986; zu Damaskus sehr ausführlich Degeorge 2006a; ders. 2006b; zu Kairo schließlich Abu-Lughod 1971 und Halm 2003, S. 18ff.

30 Vgl. Cahen 1968, S. 159; Wagstaff 1985, S. 173ff.; Bresc/Guichard 1990b, S. 141ff., und insbes. S. 156f.; dies. 1990a, S. 247ff. Zu den wechselnden Geschicken und zum Verdrängungswettbewerb der Hauptstädte sei nochmals verwiesen auf Hitti 1973.

31 Vgl. dazu Udovitch 1978, S. 144f. und Hourani 1992, S. 150.

32 Lassner 1966, S. 4f.

33 Vgl. Ashtor 1976, S. 86ff.

34 Siehe dazu Bulliet 1979, S. 53ff. und Wagstaff 1985, S. 172. Etwas skeptischer hinsichtlich Bevölkerungs- und Stadtwachstum im Irak und im Iran dagegen Lapidus 1981, S. 178ff. und S. 191ff.

35 Vgl. Hodges/Whitehouse 1983, S. 126ff., insbes. S. 156. Die Geschichte der Stadtplanung und der öffentlichen Bauten ist für Sâmarrâʾ, Bagdad und Kairo gut erforscht: vgl. dazu Miura 1994, S. 98ff., S. 104 und S. 139ff.; ergänzend für das mamlukische Kairo siehe Rabbat 1995.

36 Allgemein dazu Kennedy 1985, S. 12f. und S. 25; Udovitch 1993, S. 768ff. und S. 771. Zu den vielen Basaren Kairos siehe Chaudhuri 1997, S. 148ff., insbes. S. 169.

37 Grundlegend Wirth 1974/75, S. 203ff. und S. 6ff. und ders. 2000, S. 103ff. Aus der reichhaltigen Literatur zu diesem Themenkomplex sei noch verwiesen auf Naji/Ali 1981, S. 298ff.; Weiss/Westermann 1994, insbes. S. 54ff.

38 Braudel 1986, S. 130ff. und S. 19ff. Siehe auch Chalmeta 1993, S. 667ff. und insbes. S. 680f. sowie Wirth 1974/75.

39 Feldbauer 1995, S. 147ff.

40 Udovitch 1993, S. 771.

41 Vgl. Wirth 2000, S. 145ff., S. 241ff., S. 258ff. und S. 264ff.; Kennedy 1985, S. 8ff.; Wagstaff 1985, S. 173ff.; Akbar 1988, S. 107ff.; Hillenbrand 1994; Garcin/Arnaud/Denoix 2000 und Egger 2004, S. 242ff. Die differenzierende Rolle des *sūq* betont, wie H. Gaube und E. Wirth, sehr eindringlich Gawlikowski 1997, S. 342f.; zu den Veränderungen seit dem 13. Jahrhundert, besonders in Bezug auf Rolle und Standort von Karawansereien, vgl. Gaube/Wirth 1978 und Gaube 1997, S. 381f.

42 Zu den Gründungsumständen und -mythen: Lassner 1980, S. 163ff.

43 Vgl. ebd., S. 185ff.

44 Creswell 1969.

45 Wie sie von Herodot 1.98 als eine Zitadelle umgeben von konzentrischen Mauerringen beschrieben wird. Vgl. Brown 1997

46 Stawiskij 1982, S. 61ff.

47 Huff 1999

48 Hill 1994, S. 10.

49 Kröger 1993

50 Khatib al Baghdadi (Kairo) 1:78–79 = (Paris) 18–19.

51 Lassner 1980, S. 197ff.

52 Hitti 1973, S. 85ff.

53 Zur Rolle der Seidenproduktion: Xinru Liu 1998, S. 141ff.

54 Lassner 1980, S. 208ff.; Feldbauer 1995, S. 200ff. und Kennedy 2001, S. 96ff.

55 Feldbauer 1995, S. 69ff. und S. 106ff.

56 Ein Dirham ist in dieser Zeit eine Silbermünze von ca. 2,97 Gramm. 10 bis 12 Dirham – je nach dem Stand der Münzverschlechterung – ergeben in dieser Zeit einen Dinar, eine hochwertige Goldmünze zu ca. 4,25 Gramm. Ein Laib Brot kostet in guten Zeiten 1 Dirham; ein Tagelöhner verdiente in Bagdad im 9. Jahrhundert ca. 2 Dirham pro Tag.

57 Cahen 1958 und ders. 1958/59.

58 Rodgers 1970; Northedge 1990 und ders. 2005.

Mobilität um das Jahr 800 (Volker Scior) – S. 202

1 Vgl. etwa Braudel 1966; Pirenne 1937; Horden/Purcell 2000.

2 Zum Zusammenhang zwischen Kommunikation und Mobilität vgl. aus der Fülle an Literatur etwa die Beiträge in: De Rachewiltz/Riedmann 1995 sowie Berings 1992, S. 47. Zum Thema Kommunikation im Mittelalter vgl. aus der mittlerweile überbordenden Literaturlage an dieser Stelle lediglich die reflektierten Übersichten von Depkat 2003; Röckelein 2001; Hoffmann 2001; vgl. auch die umfangreiche Bibliografie bei Mostert 2012.

3 Vgl. Röckelein 2001, S. 14 sowie außerdem die Studien von McCormick 2001 und Pohl 1987.

4 Vgl. außer Menache 1990 z. B. die Beiträge in: Rösener 2000; De Rachewiltz/Riedmann 1995. Einen neueren Zugang bietet, auf Kaiser Friedrich I. bezogen, Görich 2001. Einen mediengeschichtlichen Wandel im Hochmittelalter konstatiert Schaefer 1996.

5 Vgl. außer den im weiteren Verlauf genannten Einzeluntersuchungen und Sammelbänden an dieser Stelle lediglich: Günthart/Jucker 2005; Heimann 1998; Genet 1997; Hundsbichler 1992.

6 Vgl. insbesondere Röckelein 2001, mit einer ausführlichen, den hier getätigten Ausführungen entsprechenden Forschungskritik, S. 9ff., sowie Althoff 1993; ders. 2001; vgl. ferner McCormick 2001.

7 Drews 2009; Oesterle 2009; Borgolte/Tischler 2011; Borgolte u. a. 2011; Jaspert/Oesterle/von der Höh 2013.

8 Vgl. McCormick 2001.

9 Ebd., S. 124 mit S. 125, Anm. 4. Die folgenden Zahlen und Belege beruhen auf McCormicks genannter Untersuchung.

10 Ebd., S. 153 mit Anm. 5, kann für immerhin 168 der 239 belegbaren Reisenden aus dem Westen (144 Gesandte, 95 Pilger) die genannten Reiche/Regionen als hauptsächlichen Aufenthaltsort geltend machen. Zum Gesandtschaftswesen vgl. etwa Borgolte 1976; Franklin/Shepard 1992; McCormick 1994a; Hack 2006–2007; Beihammer/Parani/Schabel 2008; Scior 2009; vgl. demnächst umfassend meine im Erscheinen begriffene Habilitationsschrift *Boten im frühen Mittelalter. Studie zur zeitgenössischen Praxis von Kommunikation und Mobilität*. Zu Pilgern nach Rom und Jerusalem sei an dieser Stelle lediglich verwiesen auf Schmugge 1984 und ders. 1995 sowie Hippler 1984 und Oursel 1978.

11 Im 9. Jahrhundert lassen sich weniger Belege dafür finden. Vgl. McCormick 2001, S. 155ff.

12 Vgl. hierzu und zum Folgenden: Ebd., S. 211ff. und S. 227f.

13 Ein Blick in die *Reichsannalen* beispielsweise kann leicht zu der Annahme führen, dass der Empfang und die Entlassung von Gesandten zu den Hauptaufgaben des fränkischen Königs gehörten und dass Gesandte in erster Linie repräsentative Aufgaben wahrnahmen.

14 Grundlegend: Borgolte 1976. Vgl. auch Steiger 2012.

15 McCormick 2001, S. 163.

16 Ebd., S. 158.

17 Mittelalterliches Reisen ist in den allermeisten Fällen ein Reisen in Gruppen, auch für Gesandtschaften gilt das. Vgl. dazu neben Hack 2006–2007 die demnächst erscheinende Habilitationsschrift des Verfassers.

18 McCormick 2001, S. 225 f.
19 Hugeburg von Heidenheim ed. 1984. Zur Vita und ihren Versionen vgl. Weinfurter 2010.
20 McCormick 2001, S. 170.
21 Das zeigen die wenigen Fälle, in denen Gesandte oder Pilger als Opfer räuberischer Übergriffe genannt werden, vgl. ebd., S. 170 f.
22 Vgl. etwa Bernard ed. 1880, S. 310 ff.
23 McCormick 2001, S. 172. Vgl. dazu noch eingehender unten in Abschnitt 3.
24 Synaxarion Ecclesiae Constantinopolitanae ed. 1902, S. 372, 7–10. Dazu McCormick 2001, S. 197 ff.
25 Ignatius diaconus ed. 1926, S. 27, 69, 16–20; vgl. auch Mango 1985, S. 637 und S. 645 f.
26 Vgl. McCormick 2001, S. 201 und S. 208.
27 Ignatius diaconus ed. 1926, 12, 55, 25–56, 9.
28 Amalarius von Metz ed. 1881, S. 426 ff.; vgl. dazu Düchting 1989.
29 Besonders deutlich wird das in den umfassenderen Berichten aus der Ottonenzeit, etwa von Liutprand von Cremona oder über die Reise des Johannes Gorze nach Córdoba, es lässt sich jedoch auch gut in karolingischen Texten, etwa den *Gesta Karoli* Notkers, greifen und ist selbstverständlich auch in anderen Kulturen von Bedeutung; vgl. dazu etwa Oesterle 2012.
30 So auch zusammenfassend McCormick 2001, S. 146.
31 Vgl. die Karte in ebd., S. 567, Abb. 19.2.
32 Ebd., S. 503.
33 Vgl. etwa Liber pontificalis ed 1955, Bd. 1, S. 416 f. Zu dieser Route vgl. Pryor 1992, S. 92 ff. sowie McCormick 2001, S. 503 ff. mit weiteren Beispielen.
34 Ebd., S. 509, Anm. 30 f. Vgl. auch ebd., S. 511 ff. mit weiteren Beispielen für Reisen über diesen Verbindungsweg.
35 Grewe/Pohle 2003, S. 68 f. mit Karte; Hack 2011.
36 Leontius ed. 1867, 99 f., Sp. 543F-544B.
37 Für das Jahr 892 ist eine päpstliche Legation nach Afrika bezeugt, die die Routine in der Kommunikation belegt; das spätantike Tripolis als Knotenpunkt in Land- und Seerouten betont McCormick (2001, S. 515).
38 Hierzu und zum Folgenden ausführlicher ebd., S. 438 ff., S. 521 ff. und S. 531 ff.

Partes, termini, confinia regnorum (Stuart Airlie) – S. 214

1 Annales Regni Francorum ed. 1895, S. 136 (zum Jahr 812); Coupland 2005, S. 23 ff.
2 Pohl 2000; ders. 2001, S. 129 f.; Reimitz 2000, S. 107 ff.; ders. 2001.
3 Smith 1995, S. 179 ff.
4 Annales Regni Francorum ed. 1895, S. 24 (zum Jahr 767) und S. 31 (zum Jahr 769).
5 Einhard ed. 1911, Kap. 9, S. 12.
6 Ebd., Kap. 6, S. 8 f.; Annales Regni Francorum ed. 1895, S. 34 (zum Jahr 773).
7 Pohl 2001, S. 135.
8 Airlie 2005, S. 96 f.
9 Annales Regni Francorum ed. 1895, S. 68 ff. (zum Jahr 785).
10 Einhard ed. 1911, Kap. 15, S. 17; Kap. 31, S. 35.
11 Ebd., Kap. 7, S. 9 ff.
12 Ebd., Kap. 7, S. 9 ff.; zur Übersetzung vgl. Ganz 2008, S. 23 f.
13 Einhard ed. 1911, Kap. 11, S. 14
14 Ebd., Kap. 16, S. 20.
15 Annales Regni Francorum ed. 1895, S. 96 (zum Jahr 795).
16 Schwarzmaier 1972.
17 Codex Carolinus ed. 1892, Appendix 2, S. 655 ff.; West 1999, S. 354; McKitterick 2008a, S. 220.
18 Zielinski 1991.
19 Collins 1998, S. 167 ff.
20 Borgolte 2011a, S. 960 f.
21 Annales Regni Francorum ed. 1895, S. 168 f. (zum Jahr 826) und S. 161 f. (zum Jahr 823).
22 Collins 1998, S. 141 ff.; Becher 1999a.
23 Pohl 2007, S. 169 ff.
24 Noble 2009, S. 160 ff.
25 Annales Regni Francorum ed. 1895, S. 52 (zum Jahr 778), S. 93 und S. 95 (zum Jahr 793).
26 Ebd., S. 118 (zum Jahr 803); Annales Mettenses priores ed. 1905, S. 89 f. (zum Jahr 803); McKitterick 2008a, S. 208 f. und S. 280.
27 Annales Regni Francorum ed. 1895, S. 95 (zum Jahr 793); Annales Laureshamenses ed. 1826, S. 35 (zum Jahr 793); Collins 1998, S. 73.
28 Stieldorf 2012.
29 Balzer 1999a.
30 Marot 1999.
31 West 1999, S. 358 f. und S. 363.
32 Annales Mettenses Priores ed. 1905, S. 42 (zum Jahr 750).
33 Einhard ed. 1911, Kap. 30, S. 34.
34 Airlie 2000, S. 10.
35 Kasten 1997, S. 240.
36 McKitterick 2008a, S. 95 f.
37 Story 2003, S. 101.
38 Annales Regni Francorum ed. 1895, S. 108 (zum Jahr 799).
39 McCormick 1986, S. 376 f.
40 Ders. 2001, S. 273 und S. 520; Borgolte 2011a, S. 963 ff.
41 Coupland 2005, S. 223 f.
42 Grierson/Blackburn 1986, S. 209f; Coupland 2005; Garipzanov 2008, S. 208 ff.
43 McCormick 2004.
44 Nelson 2008.
45 Collins 1998, S. 49 f. und S. 65 ff.; McKitterick 2008a, S. 165 und S. 223 f.; Balzer 1999a.
46 Borgolte 2011a, S. 966 f.
47 Kennedy 2006, S. 152 ff.
48 Airlie (im Druck).
49 Shepard 1995.
50 Einhard ed. 1911, Kap. 21, S. 26.
51 Annales Regni Francorum ed. 1895, S. 105 (zum Jahr 798); Einhard ed. 1911, Kap. 16, S. 19; zur Übersetzung vgl. Ganz 2008, S. 29.
52 McCormick 1986, S. 376 ff.; Collins 1998, S. 74 f. und S. 192.
53 Annales Regni Francorum ed. 1895, S. 137 (zum Jahr 812).
54 Divisio regnorum ed. 1883, Kap. 6, S. 128.
55 Ebd., Kap. 5, 7–14, 18, S. 128 ff.
56 Annales Regni Francorum ed. 1895, S. 121 (zum Jahr 806).
57 Einhard ed. 1911, Kap. 33, S. 40.
58 Divisio regnorum ed. 1883, Kap. 15, S. 129.
59 Einhard ed. 1911, Kap. 19, S. 24.
60 Depreux 1992b.
61 Jong 2009, S. 39 und S. 148 ff.
62 The Chronicle of Hydatius ed. 1993, S. 74 f.
63 Regino ed. 1890, S. 129 (zum Jahr 888); MacLean 2009, S. 199.
64 Fried 1998.

Übertragung von Motiven und Technik (Ulrike Koenen) – S. 230

1 Schrenk 2007, S. 37.
2 Für einen Überblick vgl. Otavsky 1987, S. 37 ff.; Helmecke 2001, S. 7 f. Das Bild von der kulturhistorischen Relevanz dieses Handels über die weite Distanz wird durch Funde archäologischer Ausgrabungen ergänzt. Vgl. beispielsweise Ierusalimskaja/Borkopp 1996.
3 Der Kasten wird ins 10./11. Jahrhundert datiert; Vitaliotis, Yiannis: Kat.-Nr. 46, in: Eugenidou 2002, S. 118 ff.; Koenen, Ulrike: Kat.-Nr. 490, in: Frings 2010, S. 346.
4 Es handelt sich um eine in Antinoe (Ägypten) gefundene sassanidische Seide mit in großen Palmetten präsentierten Herrscherbüsten und Löwen; Martiniani-Reber 1986, S. 48 f., Nr. 14.
5 Transfer bezeichnet allgemein Übertragungen bestimmter Güter und damit kultureller Merkmale zwischen verschiedenen Kulturen und ist meist in überschaubaren Zeiträumen über geografische Distanzen gedacht und erfolgt in der Regel über Geschenkaustausch oder Handel. Oft werden diese Transferströme von einem kulturellen Zentrum aus zur Peripherie ausstrahlend gedacht, eine Wirkung vom blühenden Zentrum zu einer rückständigen Randregion angenommen und die Objekte entsprechend bewertet. Kritisch dazu Eastmond 2008, S. 700 ff. Zum Kulturtransfer in heutiger Forschungsperspektive vgl. Gerogiorgakis/Scheel/Schorkowitz 2011, S. 385 ff.
6 Peter 1986, S. 88: „[...] antike und altorientalische Tradition vereint sich in der Textilkunst des Orients und des Mittelmeerraums“.
7 Für diesen Aspekt liegen bisher nur Einzeluntersuchungen vor. Für die antike Steinmetzzunft in Palmyra boten offensichtlich Textilien das Repertoire für pflanzliche und ornamentale Motive der örtlichen Bauplastik. Dazu Schmidt-Colinet/Stauffer 2000, S. 45f, Taf. 58a, 59a.b, 60a.b, 62a.b, 66a–c, Farbtafel I–II.
8 Das byzantinische Seidengewebe wird um 800 datiert. Vgl. Minkenberg, Georg: Kat.-Nr. III.8, in: Puhle/Köster 2012, S. 350; Stauffer, Annemarie: Kat.-Nr. 52, 53, in: Frings 2010, S. 168 f. Der Erhaltungszustand des Gewebes schließt aus, dass es 814 Karl dem Großen ins Grab beigegeben wurde. Schorta, Regula: Kat.-

Nr. 365, in: Stiegemann/Kroker/Walter 2013, S. 423 und S. 426f.

9 Euw 1991, S. 175ff.; Kahsnitz, Rainer: Kat.-Nr. III. 16, in: Puhle 2001, S. 127ff.

10 Euw (1991, S. 181ff.) erkennt in den Medaillons der Urkunde keine Kampfszenen mehr.

11 Nur für die erste Gruppe der Seiden ist bei einigen Beispielen mit Akhmim – ehemals Panopolis – der Fundort bekannt. De Moor 2006, S. 85ff.

12 Quellen legen nahe, von derartigen Arbeitsorganisationen auszugehen. Thomas 2012, S. 156.

13 Ebd., S. 154ff., Nr. 103A-G. Akhmim war seit der Antike ein bedeutendes Herstellungszentrum für Textilien.

14 Diese Beispielgruppe ist für die Bewertung der kulturellen Interaktion von besonderer Bedeutung, wie Evans (2013, S. 197ff.) nochmals in einem kurzen Beitrag herausstellte.

15 Stauffer 2007, S. 47.

16 Dies. 2008. Wenn dies auch nur für einige Musterblätter – Fundstücke aus Akhmim – aus einem begrenzten geografischen Raum aufgezeigt werden konnte, so darf doch mit ziemlicher Wahrscheinlichkeit davon ausgegangen werden, dass an anderen Orten der Textilherstellung ähnliche Produktionsweisen angewandt wurden.

17 Shepherd (1971, S. 250) benutzt das Adjektiv „unique"; Brune (1999, S. 224) beschreibt die Beispielgruppe als „Sonderfall".

18 Ein Unterschied scheint einzig in der mittleren Rahmenbordüre feststellbar, wo im Scheitel und am rechten Mittelpunkt die Ursprungsblätter der gewellten Weintraubenranke nach innen gerichtet sind und nicht wie im Washingtoner Beispiel nach außen.

19 Washington, D.C., The Textile Museum Collection, Inv.-Nr. 11. 18, Wollwirkerei auf Leinen, 34 × 31,5 cm; 7./8. Jahrhundert. Rutschowscaya 1990, S. 140 und S. 143. Cleveland, The Cleveland Museum of Art, Leihgabe des The Textile Arts Club, Inv.-Nr. 1959. 123, 28,9 × 24,5 cm, zweite Hälfte 7./frühes 8. Jahrhundert; Shepherd 1971, S. 244ff., Abb. S. 244. Die Wirkerei aus Cleveland weist vor allem in der linken Hälfte Beschädigungen auf, doch die noch erhaltenen figürlichen Darstellungen belegen die enge Zusammengehörigkeit beider Besatzstücke. Auch könnte das Beispiel aus Cleveland das unten angefügte dreieckige Zierstück enthalten haben, denn genau an dieser Stelle ist der Verlust zu verzeichnen.

20 Shepherd 1971, S. 245; Brune 1999, S. 224 (mit Anm. 699).

21 Die Tiere werden in Analogie mit dem unten erwähnten Elfenbeinrelief und aufgrund der Form des Schwanzes als Bären identifiziert. Shepherd 1971, S. 249.

22 So auch ebd., S. 247: „an amalgamation or condensation of motives", Shepherd leitet die Motive auch aus der kaiserlichen Ikonografie her. Zur anhaltenden Beliebtheit Alexanders in Ägypten vgl. ebd., S. 249, die u.a. die Präsenz der Inschrift auf den Orbiculi auf den Einfluss des populären Alexanderromans zurückführt.

23 Ebd., S. 249f.

24 Ebd., S. 245.

25 Dazu allgemein Stauffer 2007, S. 51; Shepherd (1971, S. 245) geht davon aus, dass die beiden erhaltenen Orbiculi als Paar auf ein und derselben Tunika appliziert waren.

26 Maguire (1996, S. 126f.) verweist diesbezüglich auf die magische Funktion des Alexandermotivs bzw. allgemein auf die magischen Eigenschaften der Alexanderbilder: „Not only was this rider repeated twice in each medaillon in imitation of the bilateral symmetrie characteristic of drawloom textiles, but the roundels themselves were repeated on the same tunic."

27 Vgl. dazu Stauffer 2007, S. 51; dies. 2008, S. 59.

28 So Shepherd 1991, S. 246.

29 Baltimore, The Walters Art Museum, Inv.-Nr. 71.1144, 13 × 12,5 cm. Randall 1985, S. 102, Nr. 176, Abb. S. 110. Bei dem fragmentierten Elfenbeinrelief stellt sich vor allem die Frage, in welchem Kontext diese Darstellung stand.

30 Die Reliefdarstellung macht deutlich, dass es sich um einen juwelenbesetzten Kronenreif und nicht um einen Kranz handelt.

31 Die Steigbügel bieten für Brune (1999, S. 253) einen *terminus post quem*. Die Barfüßigkeit wird mit nicht wiedergegebenen Schnürstiefeln in der Vorlage erklärt. Randall 1985, S. 102; Shepherd 1971, S. 247.

32 Randall (1985, S. 102 und S. 110) zieht drei Möglichkeiten in Betracht: 1. Ableitung des Reliefs von einem byzantinischen Textil, 2. Textil ist abhängig vom Elfenbein, 3. Textil und Elfenbein folgen einer gemeinsamen Quelle.

33 Auf dieses Missverständnis verwies Shepherd (1971, S. 247ff.) und bot durch den Vergleich mit entsprechenden Darstellungen diese noch plausibelste Erklärung dafür an. Für sie ist dieses Detail das Indiz für die Abhängigkeit der Wirkereien vom Elfenbeinrelief.

34 Stauffer 2008, S. 57ff.

35 London, Victoria and Albert Museum, Inv.-Nr. T.794–1919, 28,7 × 26,6 cm. Evans, Helen C.: Kat.-Nr. 5, in: dies./Ratliff 2012, S. 15f.; Kendrick 1922, S. 24f., Pl. XIII; Brune 1999, S. 263ff.; Victoria and Albert Museum Website, URL:<http://collections.vam.ac.uk/item/093452/panel-from-a/>, 04.10.2013.

36 Zürich, Museum Rietberg, Inv.-Nr. RAg 522, 26,5 × 24 cm. Beckwith 1959 zur Datierung in das 8. Jahrhundert; Egger 1967 zur Datierung in das 7. Jahrhundert; Peter 1976, S. 88f. mit falscher Maßangabe von 11 cm im Durchmesser. Ich danke Axel Langer für die Überprüfung der Maße.

37 Peter 1976, S. 88: „[...] ein beinahe gleiches Zierstück – zu diesem gegenständig [...]". Vgl. auch Brune 1999, S. 262ff.

38 Vgl. dazu unten Anm. 61.

39 Über die Herstellung eines solchen spiegelbildlichen Dekors hat man noch keine Kenntnis. Stauffer 2008, S. 59f.

40 Dazu Brune 2004, S. 9ff.; Fluck 2007, S. 55ff.

41 Das Londoner Medaillon wurde von Harold Wallis mit zahlreichen weiteren Textilien erworben. Vgl. Website des Victoria and Albert Museums, URL: <http://collections.vam.ac.uk/item/093452/panel-from-a/>, 04.10.2013. Die angebliche Grabstätte ist offensichtlich archäologisch nicht dokumentiert. Inwieweit die Herkunft Ägypten gesichert ist, ist wohl ebenfalls fraglich, aber angesichts der generellen Überlieferungssituation wahrscheinlich. Eine Herkunft aus Akhmim wird vermutet. Generell warnt die methodische Einsicht davor, bei offensichtlichen Übereinstimmungen bei zwei beliebig und zufällig erhaltenen Fragmenten vorschnell Schlüsse zu ziehen.

42 Peter 1976, S. 88: „Gewiss handelt es sich hier um die Nachahmung eines Seidenstoff-Motivs; auch die Gegenständigkeit, typisch für den Seidenstil, wird hier durch die spiegelbildliche Anwendungsmöglichkeit der beiden Medaillons gewahrt."

43 Wien, MAK – Österreichisches Museum für angewandte Kunst/Gegenwartskunst, Inv.-Nr. T 8527–1–2; 25 × 28 cm. Der Fundort ist unbekannt. Es wird eine Herkunft aus Ägypten, zwischen dem 6. und 8. Jahrhundert, vermutet. Das Stück wurde 1928 von Johanna Nadherny-Borotin erworben. Im Vergleich zu den anderen Orbiculi dieser Thematik ist dieser Besatz eher von querovaler Form. Egger 1967, S. 20, Nr. 45, Taf. 45; Brune 1999, S. 262, Abb. II.10; Mader, Veronika/Völker, Angela: Kat.-Nr. 48, in: Noever 2005, S. 102, mit ausführlichen Angaben und älterer Literatur; Linscheid, Petra: Kat.-Nr. IX.5, in: Gastgeber/Heher 2012, S. 285, Farbabb. S. 130.

44 Egger (1967, S. 20) vermerkt „sehr starke Stilisierung, die sowohl ägyptisierende wie orientalisierende Züge zeigt." Er identifiziert in der Darstellung lediglich eine geflügelte Reiterfigur mit Heiligenschein und Assistenzfiguren. Den wehenden Mantel hält er für Flügel.

45 Bei allen drei Beispielen ist der schwarze Strick durch die farbliche Kontrastierung auf dem roten Grund deutlich herausgewirkt.

46 Es ist meines Erachtens nicht eindeutig zu beantworten, ob eine Frau gemeint sein sollte, es könnte sich auch um einen jüngeren Gefangenen handeln. Die Tracht dieser Figur entspricht jedenfalls genau der

ihres Gegenübers, bei dem in der Wirkerei sehr deutlich ein grauer, gewellter Bart herausgearbeitet ist.

47 So Brune 1999, S. 266.

48 Düsseldorf, Stiftung Museum Kunstpalast, Inv.-Nr. 12868, 34,5 × 30,5 cm. Brune 2004, S. 207 ff., Kat.-Nr. 145; ders. 1999, S. 280f, Abb. II.14. Eine Provenienz dieses Besatzes aus Akhmim in Ägypten darf aufgrund der Erwerbsumstände vermutet werden. Vgl. ders. 2004, S. 9.

49 Schrenk 2004, S. 330 ff., Kat.-Nr. 151; Brune 1999, S. 282, Abb. II.15; Stauffer 1992, S. 164 und S. 259f, Nr. 77, Taf. 41.

50 London, Victoria and Albert Museum, Inv.-Nr. 2167–1900. Kendrick 1922, S. 10f und S. 24f, Nr. 626, Pl. VI; URL:<http://collections.vam.ac.uk/item/0354858/tunic/>, 04.10.2013. Nach Brune (1999, S. 283) handelt es sich um den „Teil einer Medaillonkette", ohne weiter auf den Sachverhalt einzugehen.

51 Es ist auch nicht anzunehmen, dass sie einst vorhanden waren. Für Brune (1999, S. 283) beweist das Fehlen des „zusätzlichen Tieres zwischen den Beinen", „daß dieses Motiv nur fakultativ war und lediglich als Lückenbüßer ohne übermäßigen symbolischen Tiefgang zu betrachten ist".

52 Für beliebige Beispiele vgl. Stauffer 1991, S. 167 ff., Kat.-Nr. 75–77.

53 Wien, P. Vindob. Stoff 160; 23 × 20,3 cm. Henner/Förster/Horak 1999, S. 87 ff.

54 Wessel 1963, S. 230 ff., Abb. 125; Brune 1999, S. 283 f.

55 Sankt Petersburg, Eremitage, Inv.-Nr. 11524, 15 × 11 cm. Brune 1999, S. 285, Abb. II.18; Althaus/Sutcliffe 2006, S. 115 (Farbabb.) und S. 154, Kat.-Nr. 76.

56 Althaus/Sutcliffe 2006, S. 154.

57 Anders Brune 1999, S. 278, Anm. 899.

58 Dies Motiv bildet beispielsweise das zentrale Thema auf zwei Orbiculi, die sich in Skulpturensammlung und Museum für Byzantinische Kunst der Staatlichen Museen zu Berlin befinden, Berlin SMB-PK, Inv.-Nr. 6941, 16,5 und 17,0 × 17 cm. Es handelt sich um Wirkereien aus Wolle und Leinen, die ins 6./7. Jahrhundert datiert werden. Der Fundort ist unbekannt, eine Herkunft aus Ägypten wird vermutet. Schrenk, Sabine: Kat.-Nr. 418, in: Falk 1996, S. 364 f.

59 Dazu Brune 1999, S. 262 f., Anm. 836.

60 So noch jüngst im Falle des Düsseldorfer Beispiels vorgeschlagen von ebd., S. 274 ff.; ders. 2004, S. 208.

61 El Cheikh 2004, S. 39 ff.

62 Evans, Helen C: Kat.-Nr. 5, in: dies./Ratliff 2012, S. 15 f.

63 Dazu vgl. Schrenk 2004, S. 15 ff.

Byzantinische Kultur um 800 (Arne Effenberger) – S. 242

1 Synode von Hiereia ed. 2002, S. 29 ff. (griechischer Text und deutsche Übersetzung); zur Synode von Hiereia vgl. auch Brubaker/Haldon 2011, S. 189 ff.; Brubaker 2012, S. 33 ff.

2 Kerner 2007, S. 273 ff.

3 Brandes 2007; Brubaker/Haldon 2011, S. 248 ff.

4 Ebd., S. 260 ff.

5 Vgl. den Beitrag von Michael Grünbart in diesem Band.

6 Lemerle 1971, S. 74 ff.

7 Brubaker/Haldon 2011, S. 199 ff.

8 Brandes 2009, S. 335 (danach das Zitat); zu dem Transfer vgl. auch Schreiner 2011.

9 Paris, Bibliothèque nationale de France, Cod. gr. 1336; griechischer Text und englische Übersetzung: Cameron/Herrin 1984.

10 Anderson 2011.

11 Zur neuerlichen Auseinandersetzung mit der Astronomie: Magdalino 2002; ders. 2006; zu den *Handlichen Tafeln* des Ptolemäus vgl. Tihon 2011; Mercier 2011.

12 Vatikan, Biblioteca Apostolica Vaticana, Cod. gr. 1291. Zur Handschrift vgl. Boll 1899, S. 111 ff.; Van der Waerden 1958, S. 54 ff.; Tihon 2011, S. 34 ff.

13 Spatharakis 1978, S. 41 ff.; Wright 1985; Brubaker/Haldon 2001, S. 37 ff.; Magdalino 2006, S. 23 f., S. 50 f. und S. 55 f.; Brubaker/Haldon 2011, S. 220 ff., Abb. 18–20.

14 Van der Waerden 1955, S. 159 ff.

15 Janz 2003, S. 159 ff.

16 Weitzmann 1996, S. 1 und Addenda S. 19.

17 Ousterhout 2001, S. 6 ff.

18 Ebd., S. 10 ff.

19 Theoharidou 1988, S. 6 ff.; Ousterhout 2001, S. 6, S. 10 und S. 16.

20 Cormack 1989, S. 113 ff.; Ousterhout 2001, S. 23 f.; Brubaker/Haldon 2011, S. 294 ff.

21 Ousterhout 2001, S. 19 f.; Brubaker/Haldon 2011, S. 212 ff., Abb. 16.

22 Mango/Ševčenko 1973, S. 235 ff.; Ousterhout 2001, S. 6 und S. 12 f.; Brubaker/Haldon 2011, S. 300.

23 Mango/Ševčenko 1973, S. 256 ff.; Ousterhout 2001, S. 14; Brubaker/Haldon 2011, S. 298 ff.

24 Mango/Ševčenko 1973, S. 242 ff.; Brubaker/Haldon 2011, S. 300 ff.

25 Theophanes ed. 1883–1885; englische Übersetzung: Mango/Scott 1997; zu den Quellen der Chronographia vgl. Brandes 2009.

26 Zur Forschungsdiskussion vgl. Mango/Ševčenko 1973, S. 259 ff.

27 Brubaker/Haldon 2011, S. 297 ff. und S. 310 ff.

28 Janin 1969, S. 120 ff.; Naumann/Belting 1966; Müller-Wiener 1977, S. 122 ff.; Berger 1988, S. 556 ff.

29 Theophanes ed. 1883–1885, Bd. 1, S. 439 (zum Jahr 796) (27–440, 11); Mango/Scott 1997, S. LIX und S. 607 ff.

30 Zu den Quellen vgl. Halkin 1965; Naumann/Belting 1966, S. 23 ff.; Berger 1989, S. 311 ff.; Mango 1999, S. 82 ff.; zur Kirche der heiligen Euphemia von Chalkedon vgl. Schneider 1951, S. 293 ff.; Janin 1975, S. 31 ff.

31 Berger 1989, S. 313.

32 Janin 1969, S. 120 ff.

33 Dimitrievskij 1895, S. 6 f.

34 Mateos 1962, S. 36 (14–17) und S. 336 (20–22).

35 Acta Sanctorum Novembris/Delehaye ed. 1902, S. 49 (7–9) und S. 813 (20–22).

36 Ciggaar 1976, S. 256 (§ 15).

37 Ebd., S. 259 (§ 46).

38 Mango 1999, S. 86.

39 Ebd.

40 Zu den negativen byzantinischen und westlichen Reaktionen vgl. Brubaker/Haldon 2011, S. 276 ff.

41 Dies erwog Belting, in: Naumann/Belting 1966, S. 27 und S. 103.

42 Zur Theotokoskirche vgl. Janin 1969, S. 223 ff.; die entsprechende Quelle (griechischer Text) in: Acta Sanctorum Novembris ed. 1910, Dies Octavus, S. 880 (C).

43 Speck 1964; ders. 1968, S. 64 ff. und S. 211 ff. (Gedichte 61–84); Pratsch 1998, S. 125; Brubaker/Haldon 2011, S. 312.

44 Clavijo ed. 1943, S. 124 f.; vgl. auch Lindgren 1993, S. 26 f.

45 Majeska 1984, S. 283 ff.

46 Speck 1968, S. 249 f. (Gedicht 93); zu Leon Patrikios S. 310 ff.

47 Speck 1968, S. 190 f. (Gedicht 41); vgl. auch ders. 1966, S. 347 und S. 373 (Quellenanhang 73).

48 Ders. 1968, S. 248 f. (Gedicht 92).

49 Von Dobschütz 1899, S. 40 ff.

50 Speck 1968, S. 175 ff. (Gedichte 30–39).

51 Weitzmann 1976, S. 61 ff., Kat.-Nr. B 36, Taf. XXV und LXXXIX–XC; Kartsonis 1994, S. 166 ff.; Nelson/Collins 2006, S. 128 f., Kat-Nr. 4; Brubaker/Haldon 2011, S. 323 ff.

52 Mrass 1995, Sp. 317 ff.

53 Hennecke/Schneemelcher 1970, S. 340.

54 Concilium Quinisextum ed. 2006, S. 270 f. (Kanon 82, griechischer Text und deutsche Übersetzung); vgl. auch Heinz Ohmes Einleitung S. 10 ff.

55 Concilium Quinisextum ed. 2006, S. 273, dazugehöriger Kommentar S. 106 f.

56 Taft 1987.

57 Concilium Quinisextum ed. 2006, S. 220 f. (Kanon 32, griechischer Text und deutsche Übersetzung), dazugehöriger Kommentar S. 72 f.

58 Kartsonis 1986, S. 94 ff.; Evans/Wixom 1997, S. 74, Kat.-Nr. 34; Brubaker/Haldon 2011, S. 348 ff.

59 Buckton 1988.

60 Kalavrezou 1990, S. 168 ff.

61 Dončeva-Petkova 1979; Kartsonis 1986, S. 95 ff.

62 Kartsonis 1986, S. 70 ff.

63 Für Beispiele vgl. Brubaker/Haldon 2011, S. 225 f. und S. 336 ff.

Bauten für Kalifen und Kaiser (Lorenz Korn) – S. 256

1 Vgl. z. B. die Ausstellungskataloge Dreßen/Minkenberg/Oellers 2003; Kotzur/Klein/Wilhelmy 2004; Wieczorek/Fansa/Meller 2005; darüber hinaus Sammelbände wie z. B. Gaube/Schneidmüller/Weinfurter 2005 sowie Borgolte u. a. 2011.

2 Vgl. z. B. die Zeitschrift Transcultural Studies, Heidelberg 2010 ff.

3 Vgl. z. B. Swoboda 1952; Crespi 1992.

4 Ettinghausen 1975.

5 Vgl. Jairazbhoy 1965. Als frühes Beispiel für eine Untersuchung zum Austausch ikonografischer Elemente vgl. Saxl 1912. Besonders hervorzuheben sind die Arbeiten Meyer Schapiros, in denen der Transfer von Motiven detailliert untersucht wird; vgl. z. B. Schapiro 1943.

6 Vgl. Schmidt Arcangeli/Wolf 2010.

7 Zu islamischer Kunst in europäischen Kirchenschätzen vgl. Shalem 1996.

8 Als *locus classicus* für die Erläuterung der mittelalterlichen Architekturkopie vgl. Krautheimer 1942.

9 Vgl. Creswell/Allan 1989, S. 406.

10 Für das 13. bis 15. Jahrhundert ist dies für Ägypten und Syrien beispielhaft durch Michael Meinecke gezeigt worden; vgl. Meinecke 1992. Zu Werkmeistern und Bauhütten im abendländischen Mittelalter vgl. Binding 2004, S. 85 ff. und S. 125 f.

11 Als bedeutende monografische Arbeit ist Fikry 1934 zu nennen. Als knapper Überblick, der auch auf die methodischen Schwierigkeiten eingeht, vgl. Grabar 1975.

12 Vgl. Crespi 1992.

13 Vgl. Korn 2005, S. 232 f. (mit weiterer Literatur).

14 Vgl. ebd.; ders. 2006.

15 Vgl. Nelson 2005.

16 Vgl. Lombard 1992, S. 167 ff.

17 Vgl. Lewis/Hopkins 1971; Southern 1978, S. 9 ff.

18 Wie diese alte Feststellung dennoch Vertreter des Historismus und der Orientalistik in Gegensatz zueinander bringen konnte, zeigt Schaebler 2008.

19 Panofsky 1960, S. 42 ff.

20 Rosenthal 1965, insbes. S. 17 f. und passim.

21 Fowden 2004, passim, insbes. S. 311 ff.

22 Creswell/Allen 1989, S. 36 ff.

23 Zu den neueren Interpretationen des Felsendoms vgl. u. a. Busse 1987; Grabar 1996; Kaplony 2002. Eine Zusammenfassung des Forschungsstands findet sich bei Bieberstein 2007.

24 Vgl. Creswell/Allan 1989, S. 61 ff.

25 Vgl. ebd., S. 68 f.

26 Zur Interpretation der Mosaiken vgl. Finster 1971; zum Motivrepertoire und den antiken Vergleichsstücken vgl. Förtsch 1993.

27 Vgl. Untermann 2006, S. 129 f. und den Beitrag von Stefan Trinks in diesem Band.

28 Untermann 2006, S. 130.

29 Creswell/Allan 1989, S. 388 f.

30 Zur Architektur vgl. Torp 1977; zum Dekor vgl. L'Orange 1979; vgl. auch Untermann 2006, S. 86 (mit weiterer Literatur).

31 Vgl. Schlumberger 1986, Taf. 64c, 67b, 70.

32 Vgl. Creswell 1979, Bd. 1/1, Taf. 3c; ders./Allan 1989, S. 27, Fig. 10.

33 Vgl. Hamilton 1959, Taf. 47; Creswell/Allan 1989, S. 196, Fig. 114.

34 Vgl. Hamilton 1959, Taf. 68.1.

35 Zu den umayyadischen Residenzen allgemein vgl. Fowden 2004, S. 31 ff.; sowie die Beiträge in Bartl/Moaz 2008; zu Qaṣr al-Ḥair vgl. Schlumberger 1986; Creswell/Allan 1989, S. 135 ff.

36 Vgl. Hamilton 1959; Creswell/Allan 1989, S. 178 ff.

37 Vgl. Tavano (1990, S. 69 ff.), der die Arbeiten in Cividale einer syrischen Schule oder gar Werkstatt zuordnen möchte.

38 Vgl. Kiilerich 2010, S. 95 und Anm. 24. Zur Antikennähe von Ḫirbat al-Mafǧar vgl. Crowe 1976. Zur Antikenrezeption in der islamischen Kunst vgl. Finster 2001; Brands 2001.

39 Zum Bau vgl. Hubert 1938, S. 76 ff. (Bautyp), S. 88 (Mauerwerk), S. 114 (Mosaik) und S. 141 f. (Stuckdekor); Khatchatrian 1954; Vieillard-Troiekouroff 1965; Untermann 2006, S. 82.

40 Vieillard-Troiekouroff 1965.

41 Lehmann 1965, S. 308.

42 Zur Deutung des Mosaiks vgl. Bloch 1965. Stilvergleiche zu Mosaik und Stuckdekor bei Grabar 1954.

43 Untermann 2006, S. 82.

44 Bloch 1965, S. 258; Untermann 2006, S. 82.

45 Lombard 1992, S. 129 ff.

46 Vgl. Katharina Bierbrauer in: Stiegemann/Wemhoff 1999, Bd. 2, S. 725 ff., Kat. Nr. X.20.

47 Vgl. von Bothmer 1987.

48 Zum Bau vgl. Kreusch 1965; Keller 2003; Untermann 2006, S. 116 ff.; Beiträge in Heckner/Beckmann 2012.

49 Vgl. Jacobsen 1999a, der Ravenna allein als Vorbild in Betracht zieht und die expliziten Jerusalem-Bezüge der Schriftquellen vollständig ignoriert.

50 Zu den diplomatischen Beziehungen vgl. Borgolte 1976; Bieberstein 1993.

51 Vgl. Bandmann 1965.

52 Kühnel 2003.

53 Vgl. vor allem Kaplony 2002.

54 Vgl. Oellers 2003 (wenn auch in Ablehnung von Kühnels Templum-Hypothese); Heckner 2012, S. 35 und S. 55 ff.

55 Vgl. Untermann 2006, S. 162 ff.

56 Creswell 1979, Bd. 2, S. 67 ff. und S. 90.

57 Watson 1972. Zu den pseudokufischen Inschriften vgl. Erdmann 1954.

58 Ebd., Nr. 77, S. 488.

59 Fikry 1934.

60 Ebd., S. 283 ff.

61 Vgl. Ghidoli 1991.

62 Vgl. Caleca 1989, S. 18 f.

63 Vgl. Creswell 1979, Bd. 2, S. 321 ff.; ders./Allan 1989, S. 386 f.

64 Zum Bau vgl. Creswell 1978, Bd. 1, S. 65 ff.

65 Zur al-Aqmar-Moschee vgl. ebd., Bd. 1, S. 241 ff.

66 So zum Beispiel in Troja, Foggia, Monte Sant'Angelo; vgl. Gelao/Jacobitti 1999, S. 386 und S. 404; Rotter 2010, S. 116.

67 Vgl. Allen 2012.

Theoderich als König der Aachener Thermen (Horst Bredekamp) – S. 278

1 „[…] revertens Franciam, Ravenna ingressus, videns pulcerrimam imaginem, quam nunquam similem, ut ipse testatus est, vidit, Franciam deportare fecit atque in suo eam firmare palatio qui Aquisgranis vocatur." Agnellus ed. 1878, S. 338, Zeile 19 ff.; Übers. Agnellus ed. 1996, S. 361; vgl. Jäggi 2013, S. 311, Anm. 79. Zu Agnellus: Arnulf 2004, S. 101 ff.

2 Zu den Gründen: Thürlemann 1977, S. 37; Bachrach 2002, S. 250.

3 Thürlemann 1977, S. 37; Bachrach 2002, S. 250; Epp 2002, S. 228.

4 Ennodius ed. 1995, S. 170. Die älteste bislang bekannt gewordene Handschrift dieses Textes entstand unter Kaiser Ludwig (ebd.). Weitere Quellen der Kenntnisse über Theoderich: Hammer 2005, S. 314 ff.; Epp 2002, S. 229.

5 Ennodius ed. 1995, S. 236 f.: „urbium cineribus"; ebd., S. 246 f.: „ad limitem suum Romana regna remearunt"; ebd., S. 248 f.: „Latiaris custos imperii".

6 „[…] Item barbara et antiquissima carmina, quibus veterum regum actus et bella canebantur". Einhard ed. 1911, S. 33, Zeile 11 ff.; Übers. Einhard ed. 1989, S. 54 f.

7 Thürlemann 1977, S. 35; Epp 2002, S. 207.

8 Ennodius ed. 1995, S. 170; zu Ravenna: Löwe 1956, S. 68, Anm. 177.

9 Hierzu zuletzt: Jäggi 2013, S. 310 ff.

10 Übers. Zanker 1990, S. 213. „[…] qui imperium p. R. ex minimo maximum reddidissent". Suetonius ed. 1997, 31,5, S. 196 f. Zum Bezug auf Karl den Großen: Heilmann 1997, S. 147.

11 Um der Korrektheit seiner Chronik willen gibt Agnellus die zusätzliche Information, dass die Reiterstatue bei einigen Zeitgenossen als Denkmal des byzantinischen Kaisers Zenon galt, die Theoderich dann mit seinem Namen versehen habe: „Alii aiunt, quod supradictus equus pro amore Zenonis imperatoris factus fuisset. […] Pro isto equus ille praestantissimus ex aere factus, auro ornatus est, sed Theodoricus suo nomine decoravit." Agnellus ed. 1878, S. 338, Zeile 10 f. und Zeile 16 f. Diese von Agnellus nicht vertretene, sondern lediglich berichtete

These ist durch eine Reihe von Autoren zurückgewiesen worden; darunter Schlosser 1891, S. 169; Däntl 1930, S. 30f.; Wiegartz 2004, S. 44f., dort weitere Literatur; Hammer 2005, S. 311. Ohne diese Forschungen heranzuziehen, hat Jäggi (2013, S. 311) die Zenon-These nochmals zumindest als Möglichkeit ins Spiel gebracht. Auch die Theorie, dass die von Agnellus beschriebene Statue Pavia das Wahrzeichen als Regisole-Figur gegeben habe, besitzt keine Plausibilität. Vgl. dazu Schmidt 1873, S. 24ff.; Schlosser 1891, S. 165; Däntl 1930, S. 30f.; Heydenreich 1959, S. 148f. Letzterer lässt die Frage offen, obwohl alle Darstellungen des Monuments von Pavia der Beschreibung des Agnellus nicht entsprechen. Neuerliche Zurückweisung der Pavia-These: Frugoni 1984, S. 43f.; Wiegartz 2004, S. 189 und S. 220; Hammer 2005, S. 313.

12 „In aspectu ipsorum piramis tetragonis lapidibus et bisalis, in altitudinem quasi cubiti sex; desuper autem equus ex aere, auro fulvo perfusus, ascensorque eius Theodoricus rex scutum sinistro gerebat humero, dextro vero brachio erecto lanceam tenens. Ex naribus vero equi patulis et ore volucres exibant in alvoque eius nidos haedificabant. Quis enim talem videre potuit, qualis ille? Qui non credit, sumat Franciae iter, et eum aspiciet." Agnellus ed. 1878, S. 338, Zeile 6ff.; Übers. Agnellus ed. 1996, S. 359; vgl. Jäggi 2013, S. 311, Anm. 79.

13 Önnerfors 1972, S. 75; Smolak 2001, S. 91f. In dieser Funktion taucht sie bereits in der *Visio Wettini* auf: Strabo ed. 2004, S. 62, Zeile 17.

14 Ausbüttel 2003, S. 156.

15 Zählung nach: Strabo ed. 1884, S. 370ff.

16 Zur Deutung des Plurals als „Lanze": Däntl 1930, S. 35.

17 Claussen 1994, S. 568.

18 So zeigen sämtliche Pferde der um 800 in Byzanz geschaffenen Seidenstoff-Quadriga, die sich, wie erwähnt, möglicherweise in Aachen befand, die beschriebene Schrittform des Pferdes. Regula Schorta, in: Stiegemann/Wemhoff 1999, S. 64, Kat.-Nr. II.17.

19 Cutler 1993, S. 329ff.

20 Dutton 2004, S. 26. Dass hier nur mehr der dekorative Aspekt zählte, entschärft Duttons eigene Argumentation. Diese Zurücknahme ist dadurch geschehen, dass Dutton in der Statuette (aus unserer Sicht fälschlicherweise) Karl den Kahlen und nicht Karl den Großen erkennt.

21 „[...] faciem praeclara palatia contra/Christicolasque greges". Strabo ed. 1884, S. 372, Vers 74f.

22 Braunfels 1968, S. 238, Abb. 134.

23 So von Schmidt (1873, S. 11), Hoffmann (1963, S. 323) bis Homeyer (1983, S. 113, Anm. 116).

24 Schmidt 1873, S. 43; Falkenstein 1991, S. 247f., mit der älteren Literatur; Nelson 2001, S. 220f.

25 Herren stellt diesen Vers und den gesamten folgenden Abschnitt gar um, weil er die örtliche Gegebenheit zu realisieren versäumt (Herren 1991, S. 120f.; die Textumstellung: S. 126, nach Vers 127 versetzt, und S. 129, mit Vers 209 wieder eingesetzt). Diese von Herren vorgenommene Umstellung der Versblöcke erscheint willkürlich, und sie verpasst mit der Auseinanderziehung von Vers 128 und 129, die nun an Vers 209 rückt (S. 129), den dort gegebenen, dichten Zusammenhang, der für die Aussage des Gedichtes zentral ist. Diese Umstellung hat kein Forscher mitgemacht, und Smolak (2001, S. 98f.) hat sie explizit zurückgewiesen.

26 „Ast alia de parte nitens fulgore corusco/Auratus discurrit eques, comitante pedestri". Strabo ed. 1884, S. 374, Vers 128f.; Übers. Däntl 1930, S. 13.

27 Homeyer 1983, S. 113, Anm. 116; Falkenstein 2002, S. 157.

28 So folgert Georg Dehio (1872, S. 180), dass „das Bildwerk seinen Platz in der Nähe der Bäder hatte".

29 „Delectabatur etiam vaporibus aquarum naturaliter calentium, frequenti natatu corpus exercens; cuius adeo peritus fuit, ut nullus ei iuste valeat anteferri. Ob hoc etiam Aquisgrani regiam exstruxit ibique extremis vitae annis usque ad obitum perpetim habitavit. Et non solum filios ad balneum, verum optimates et amicos, aliquando etiam satellitum et custodum corporis turbam invitavit, ita ut nonumquam centum vel eo amplius homines una lavarentur." Einhard ed. 1911, S. 27, Zeile 10ff.; Übers. Einhard 1989, S. 44f.

30 Vgl. hierzu ausführlich Bredekamp 2014, Kap. II.

31 Zum gemeinsamen Gebet: Innes 2005, S. 85ff.

32 „[...] comitante pedestri/Agmine, tintinnum quidam, quidam organa pulsant." Strabo ed. 1884, S. 374, Vers 129f.; Übers. Däntl 1930, S. 13.

33 Strabo ed. 1884, S. 374, Vers 131ff.

34 Bereits Dehio (1872, S. 183) identifiziert den Schwarzen als „cymbalierenden Satyr"; so auch Schmidt 1873, S. 15 und Schlosser 1891, S. 171. Vgl. Wiegartz 2004, S. 217f.

35 „Inde locus hic Francorum dictus est vadum." Thietmar von Merseburg ed. 1957, S. 436, Zeile 28f.

36 Unter Missachtung des Zusammenhangs dieser Stelle mit dem *thermarum vulgus* ist das *vada* höchst unterschiedlich übersetzt worden: „will [...] Schutz gewähren" (Däntl 1930, S. 7) und „mag [...] Deckung gewähren" (Homeyer 1983, S. 110). Mit „make a ford" hat Herren (1991, S. 132) dagegen den Sinn angemessen erfasst.

37 „quam superlabuntur aquae". Strabo ed. 1884, S. 372, Vers 67.

38 „[...] super lapides plumbumque et inane metallum/Currit equo". Ebd., S. 372, Vers 69f.

39 Die Alternative, hier einen Hinweis auf möglicherweise verwendete Bleidübel oder Reliefs am Sockel zu sehen (Schlosser 1891, S. 173), erscheint im Fall der Dübel als zu unbedeutend, als dass Walahfrid sie erwähnt hätte, oder im Fall von Reliefs als zu bedeutend, als dass er diese nicht mit wenigstens einem Vers angesprochen hätte. Vgl. in diesem Sinn Schmidt 1873, S. 17; Däntl 1930, S. 37; Orlowski 1987, S. 137; Frugoni 1984, S. 44f.

40 Claussen 1994, S. 568.

41 Hoffmann 1963, S. 323 und S. 326. Vgl. Frugoni 1984, S. 36f.

42 Hoffmann 1963, S. 326 und S. 332ff.; diese Entdeckung gelang Orlowski 1987, S. 132f. und S. 137ff.

43 Es lag in einer Domäne, die von einer Mauer von insgesamt 72 Kilometern Länge eingefriedet war. Der heutige Name lautet Welschbillig (Wrede 1972). Zur Bezeichnung in karolingischer Zeit: Wrede 1972, S. 12; zur Funktionsbestimmung als Ruderbecken, Schwimmbecken und Fischteich (von Wrede favorisiert): ebd., S. 21f.

44 „Aurea quod regnat stipata satellite nigro." Strabo ed. 1884, S. 372, Vers 63.

45 Braunfels 1968, S. 238, Abb. 133 und Abb. 134.

46 Zum Bogen: Beutler 1982, S. 102ff.

47 Allein Grimm (1869, S. 30) hat auf diesen Zusammenhang verwiesen.

48 „Hinc detractorum, sonat illinc clamor egentum/Nudaque stercoribus sordescunt crura nigelis." Strabo ed. 1884, S. 370, Vers 22f.; Übers. Homeyer 1983, S. 110.

49 „deest locus". Strabo ed. 1884, S. 370, Vers 27.

50 „Stercora, clamores, caenosa fluenta, tumultus". Ebd., S. 370, Vers 25.

51 „Cur dextra de parte nolam gestare videtur?/Nudus ob hoc solum, puto, ut atra pelle fruatur." Ebd., S. 371, Vers 52f. Scintilla erläutert weiterhin, dass seine äußere Dunkelheit der schwarzen Seele Theoderichs entspräche, sie beide sich hierin aber auch wechselseitig denunzierten (ebd., S. 371, Vers 52ff.). Die folgende Erklärung aber lässt den Schwarzen als Begleiter des goldenen Reiters zum Opfer von dessen Habsucht werden, denn die Armut des Nackten sei ein Produkt von dessen Verschwendung (ebd., S. 371, Vers 60ff.). In einer letzten Sequenz zertrümmert der Schwarze die berühmte, vom byzantinischen Kaiser gestiftete Orgel, um sich der Konkurrenz himmlisch-wohlklingender Musik zu entledigen (ebd., S. 374, Vers 140ff.).

52 „Cui nihil in mundo nisi vix fama arida restat,/Quamquam thermarum vulgus vada praeparet olli." Ebd., S. 371, Vers 33f. Die Übersetzung nutzt und modifiziert Thürlemann 1977, S. 47.

53 „tumore gurgitum". Ennodius ed. 1995, S. 200 f.; „non fluminum obiectio". Ebd., S. 210 f.; zur Schlacht: ebd., S. 216 ff.

Oviedo und Aachen (Stefan Trinks) – S. 290

1 Es ist nur selten der Fall, dass Baumonografien alle Facetten von den Ausgrabungsergebnissen bis zu präzisen bauhistorischen Forschungen aufweisen – die vorzüglichen Publikationen zu Oviedo von Achim Arbeiter und Sabine Noack-Haley (1999) sowie Lorenzo Arias Páramo (1993, 1996 und 1999) lassen kaum Wünsche offen.

2 Der Begriff „Pfalz" ist in diesem strukturellen Vergleich in seiner Grundbedeutung verwendet, indem er sich von dem *Palatium*-Kaiserpalastkonglomerat auf dem Palatinhügel in Rom ableitet, vgl. Binding 1996a, S. 21 ff. und Zotz 1993b, Sp. 1993. Auch wenn die asturische Monarchie kein Reisekönigtum war, pendelte sicher auch Ramiro zwischen der von seinem Vater Alfons II. errichteten Palastanlage inmitten Oviedos und der von ihm erbauten favorisierten Residenz am Monte Naranco. Auch Pravia, das römische Flavium Avia, war eine Zeit lang Hauptstadt des asturischen Königreichs, bevor der Sitz unter Alfons III. nach León verlegt wurde, vgl. Nava 2007, S. 4.

3 Der Begriff „Belvedere" wurde für eine breite Leserschaft durch Helmut Schlunks Beitrag in der Enzyklopädie *Ars hispaniae* im Jahr 1947 festgeschrieben, vgl. Schlunk 1947, S. 346.

4 Für eine Abbildung des wie die Strebepfeiler von Palastkirche und -halle kannelierten und damit tektonisierten Altars und die Transkription der Inschrift vgl. Arbeiter/Noack-Haley 1999, S. 156 ff. sowie Arias Páramo 1999, S. 153 ff.

5 Die Ausnahme: Arbeiter/Noack-Haley 1999, S. 141 f.

6 Unter den anderen karolingischen Pfalzanlagen wie Ingelheim, Paderborn oder Nimwegen weist keine diese Kombination aus zweigeschossiger Aula Regia und angeschlossener Palastkirche mit Marienpatrozinium auf, vgl. Binding 1996a, S. 99 ff. Nur die Kirche der Pfalz Frankfurt hatte Altäre für den Salvator, Maria und alle Heiligen, aber keine annähernd groß dimensionierte Aula Regia wie Aachen, vgl. ebd., S. 118.

7 Abgesehen von Albrecht Haupt (1909, S. 68 und S. 209), der die Aula Regia Oviedos zeitbedingt von germanischen Hallen ableiten wollte und Kenneth J. Conant (1974, S. 90), der sie immerhin von ihrer „position for Spain" her mit Aachen vergleicht, scheint Uwe Lobbedey (2003, S. 152) bisher der Einzige, der Aachen und Oviedo in ihrer Anlage ernstzunehmend enger zusammengebunden hat, allerdings mit einer angesichts der Größe von Hofkirche und Aula unnötig skeptischen Haltung gegenüber der Nutzung als Hauptpfalz Ramiros, in der er lebte und auch verstarb: „We do not know the function of this very richly decorated building. It is supposed to have been used for smaller assemblies and banquets."

8 Pierre Riché (1991, S. 147) bezeichnet dies freilich als bloßen Wunsch Einhards. Während der jährlichen arabischen Angriffe an den Grenzen 792 bis 805 intensivierte sich der Kontakt zum Karolingerreich noch, weil sich Alfons II. verstärkt den „frk. Einflüssen in Wirtschaft und Kultur öffnete", vgl. Zotz 1993, Bd. 1, Sp. 394. Das Wissen um den jeweils anderen wurde vor allem durch die enorm mobilen Mönche als Kulturträger ausgetauscht, wie der nachweisbare Fall der spanischen Mönche Eulogius und Theodemund zeigt, die um 848 von Córdoba in das Karolingerreich nach Mainz reisen wollen, um schließlich wichtige antike Handschriften zur Abschrift für ihr Kloster zu erlangen, vgl. Collins 1983, S. 181.

9 Vgl. Wolter von dem Knesebeck 2010, S. 108.

10 Vgl. Arbeiter/Noack-Haley 1999, S. 217.

11 Für die von Alfons II. ab 812 errichtete, in ihrem Grundriss der Aachener Aula Regia sehr verwandte Cámara Santa, vgl. Arias Páramo 1999, S. 98 ff.

12 Eine frühe und nachhallende Beschäftigung mit dem einzigartigen Wandmalereiprogramm der *Santullana* boten Goldschmidt 1926 sowie dessen Schüler Helmut Schlunk, vgl. Schlunk/Berenguer 1957.

13 Für die dennoch sehr engen stilistischen Parallelen vgl. Cid Priego 1980, S. 107 ff. und Schöller 1996, S. 11 ff., der den Grundriss der asturischen Kirche vom karolingischen Kornelimünster ableitet, der über gut transportable Pergamentrisse wie im Fall des St. Gallener Klosterplans vermittelt worden sein kann.

14 Teresa Marie Nava (2007, S. 131) diskutiert die Möglichkeit, dass die *Santullana* eine neo-römische Palastkapelle Alfons' II. war.

15 Pierre Riché (1991, S. 16) hat dies für Spanien folgendermaßen formuliert: „Innerhalb einiger Wochen wurde das westgotische Reich erobert, nur ein paar Unterführern gelang es, sich in den Norden der Iberischen Halbinsel zu flüchten in das Gebiet des späteren Königreichs Asturien. Dabei schien das Reich der Westgoten lange Zeit eine der machtvollsten Staatsgründungen der Völkerwanderungszeit zu sein. Trotz seiner zivilisatorischen und kulturellen Leistungen, die noch ganz in antiker Tradition stehen – Isidor von Sevilla ist hier an erster Stelle zu nennen –, blieb das Reich doch eng mit der Mittelmeerwelt und mit Byzanz verbunden, zweifellos ein ausschlaggebender Faktor für seine politische Schwäche."

16 Noch die im Jahr 881 im Wesentlichen vollendete *Chronica Albeldense* rühmt die kostbaren antiken Spolien und Materialien, die Alfons in seinen Bauten eingesetzt habe, sowie explizit die „gotischen" Formen, denn er habe „in Oviedo die ganze gotische Ordnung so, wie sie in Toledo war, wiederhergestellt, sowohl in der Kirche als auch im Palast" („omnemque Gotorum ordinem, sicuti Toleto fuerat, tam in ec[c]lesia quam in palatio in Ovetao cuncta statuit", zit. n. Schlunk 1974, S. 124).

17 Für Karls Hang zur *Correctio* konzise Reudenbach 1999, S. 283 ff.

18 In diesem Sinne Noble 1995, S. 257, Anm. 104.

19 Vgl. Nava 2007, S. 144 f.

20 Lorenzo Arias Páramo vergleicht die gemalte Lustgartenarchitektur zu Recht mit römischen Vorbildern wie dem Scheintempel der Villa des Publius Fannius Synistor in Boscoreale, die es ähnlich auch in Spanien gab, vgl. Arias Páramo 1999, S. 80.

21 Vgl. Reudenbach 1998.

22 Vgl. Zotz 1993, Sp. 1994.

23 Das unter Karl wiederhergestellte Becken der römischen Thermen maß 22 × 8,50 Meter, vgl. Binding 1996a, S. 96.

24 Vgl. Bredekamp 2014.

25 Vgl. Olaguer-Feliú 1998, S. 188.

26 Obwohl sich die alte Vermutung einer Quelle oder fließenden Wassers in dem oft Krypta genannten Untergeschoss bei archäologischen Grabungen nicht bestätigen ließ, sind die Bassins bis heute nachvollziehbar und ist ein Teil einer tönernen Wasserleitung ergraben worden, vgl. Arbeiter/Noack-Haley 1994, S. 140 ff., die jedoch der skeptischen Haltung des Ausgräbers Emilio Olávarri Goicoechea folgen.

27 Vgl. Arias Páramo 1999, S. 140 und S. 156, der sich dort eine Art Caldarium und Frigidarium in römischer Tradition vorstellt.

28 Vgl. Hauck 1963, S. 33 f.; eine zur Beeindruckung persischer Gesandter veranstaltete Jagd auf Wisente und Auerochsen wird von Notker Balbulus eigens erwähnt: „Karolus ad venatum bissontium vel urorum in nemus ire et Persarum nuncios secum parat educere" (zit. n. Hauck 1963, S. 38).

29 Vgl. Palol 1965, S. 31.

30 Für eine Abbildung vgl. Arias Páramo 1999, S. 176 (links oben).

31 Nur am Rande sei hier die Frage gestellt, ob nicht anstelle des heutigen mutmaßlichen Marmorthrons Karls, der wohl erst unter Otto I. im Jahr 936 derart massiv errichtet wurde, eher ein antikischer Feldherrenstuhl in der Art des merowingischen Dagobertsfaldistorium aus Bronze mit Löwenköpfen wahrscheinlich wäre, vielleicht sogar dieser in einer *Continuatio* von Karl genutzt wurde. Zum Karlsthron vgl. beispielsweise Beumann 1972, S. 348 ff.

32 Für eine Abbildung der Konsole des 9. Jahrhunderts: Noack-Haley 1999, S. 145. Grundlegend für die zeremonielle Enthüllung

von Herrschern: Eberlein 1982. Der reale, den Herrscher in Fleisch und Blut enthüllende *Apparitio*-Vorhang in der Palastkirche ersetzt damit die zahlreichen gemalten *Revelatio*-Vorhänge in der *Santullana*, die über den abstrakt Christus symbolisierenden Kreuzen aufgeschlagen sind. Zudem gibt es auf der Südwand des Palastkirchen-Seitenschiffs das bis heute ungedeutete Fresko eines frontal und majestätisch auf einem Kugelthron sitzenden Mannes mit leuchtend purpurrotem Gesicht, das möglicherweise auf die antike Tradition der im römischen Triumphzug rot geschminkten Gesichter der Feldherren rekurriert und vielleicht Ramiro I. darstellt. Für Abbildungen, ohne Deutung, vgl. Arias Páramo 1999, S. 185ff.; für eine Rekonstruktion des ursprünglichen Freskos nach Berenguer vgl. Arbeiter/Noack-Haley 1999, S. 173.

33 Freundliche Auskunft von Avinoam Shalem, dem dafür herzlich gedankt sei.

34 Für eine Abbildung vgl. Pawelec 1990, S. 35f. und Abb. 4.

35 Vgl. Tekippe 2004, S. 147.

36 Vgl. ebd., S. 157, Anm. 19.

37 Francisco de Paula Nebot hat vor 1965 Rekonstruktionen vorgelegt, die der durchbrochen gemusterten Steinbalustrade ein arabisch-umayyadisches Gepräge geben, vgl. die Zeichnung von Francisco de Paula Nebot, in: Pijoan 1996, S. 436 und S. 441. Grundsätzlich sind aufwendig durchbrochene, monolithische Steinplatten wie bei dem erhaltenen Südseitenfenster der benachbarten Palastkirche zu erwarten, das mit seinem Ornament aus ineinanderschneidenden Kreisen einen typischen, antik-karolingischen Rapport aufnimmt. Für eine Abbildung vgl. Arias Páramo 1999, S. 182. Noch frappanter wäre die Parallele zu Aachen, wenn die Balkongitter wie die steinernen Chorschranken der Palastkirche gestaltet gewesen wären, die mit ihrem schematisierten Mittelpilaster dem Aachener Südostgitter ähneln. Für eine Abbildung vgl. García Guinea 2007, S. 489.

38 Vgl. Hauck 1963, S. 45ff.

39 Zur Wiederaufnahme der antikpersischen *Paradeisos*-Gärten als irdischem Paradies vgl. Hauck 1963, S. 41f. sowie Kapitel II.3 Die Befriedung im Tiergarten, in: Bredekamp 2014, S. 51ff.

40 Der ummauerte paradiesesgleiche Garten wird dem Domkapitel der Salvatorkirche von Oviedo überschrieben. Vgl. Haupt 1916, S. 248.

41 Zur Beschreibung der Aachener Gärten bei Alkuin, Ermoldus Nigellus und Walahfried als „pastoral politics" vgl. Dutton 2004, S. 57ff.

42 Vgl. den Beitrag von Holger Grewe in diesem Band.

43 Vgl. etwa Latowsky 2013, S. 56 sowie allgemein zu dem Epos: Schaller 1976.

44 Thomas Zotz (1993, Sp. 1995) etwa nennt die Pfalz „Konkretisierung und Symbol der königlichen Macht".

45 Die Adelsschicht Asturiens bildeten wohl überwiegend vor den Arabern geflohene Westgoten, vgl. Borgolte 2006, S. 255f.

46 Mit einer Gewölbehöhe von 31 Metern – in perfekter Maß- und Zahlenharmonie exakt das doppelte des Oktogondurchmessers – überragt das Aachener Münster mit seinem es ursprünglich be krönenden spitzen Zeltdach San Vitale in Ravenna als eines der großen Vorbilder um einige Meter. Vgl. Heckner 2012, S. 43ff.

47 Vgl. Jacobsen 1999b, S. 93.

48 Für eine Ikonologie des Oben und Unten in der Architektur vgl. Meckseper 1996, S. 37ff.

49 Bredekamp/Trinks 2013, S. 63.

50 Interessanterweise fehlen die Strebepfeiler auf den Schmalseiten; dort sind sie durch nur flach auf die Wand gelegte und mit Ornamenten, Kreuzen und Kanneluren gefüllte Steinbänder ersetzt, die optisch die Säulen der Dreierarkade nach oben verlängern.

51 Eine Ausnahme hiervon bildet nun der Restaurierungsbericht von Maintz 2012, S. 106ff.

52 Die Kapitelle sind zudem aus einem anderen Steinmaterial, sodass sich ein reizvoller Farbkontrast zwischen den ziegelrot geschlämmten Wänden und Pfeilern und den grünlich schimmernden Kapitellen ergibt, während das sie in der Horizontalen zusammenfassende verkröpfte Gesims farblich sicher noch einmal abgesetzt war und dadurch eine feine grafische Gliederung auf der Wand erzielt wurde.

53 Kenneth J. Conant (1974, S. 92) hatte dies wohl bereits geahnt, wenn er zu Oviedo schreibt: „There is an odd suggestion of Early Gothic tracery, even, in the interesting transennae [...]."

54 Christoph Eggenberger (2013, S. 209) hat jüngst am Fall der beiden berühmten Sankt Gallener Elfenbeintafeln auf den Deckeln des *Evangelium Longum* (Sankt Gallen, Stiftsbibliothek, Cod. 53) mit einer *Majestas Domini* auf der Vorderseite sowie der himmelfahrenden Maria und der Ursus-Legende auf der Rückseite, auf eine Besonderheit hingewiesen: Anstelle des gewohnten Wortes ASSUMPTIO, der Aufnahme Mariae in den Himmel, spricht die über der Szene eingravierte Inschrift des Bildschnitzers Tuotilo offenbar bewusst von ASCENSIO, parallelisiert den Vorgang mit der Himmelfahrt Christi und erhöht ihn dadurch. Auch betont Eggenberger zu Recht die vier turmartigen Architekturen, die den dargestellten Evangelisten um Christus herum beigegeben sind; die zwei zusätzlichen Türme zuseiten Christi deutet er als Verweis auf das Himmlische Jerusalem; sie symbolisieren aber vor allem die Jungfrau Maria der Rückseite desselben Buchs als Elfenbeinturm, durch den der Messias in die Welt tritt und der jeweils mit seinen drei stark durchfensterten Geschossen auffällig schlank und hoch aufragt.

55 Aachen ist dem *Paderborner Epos* zufolge der Ort, „wo das zweite Rom sich in neuer Blüte zur Höhe erhebt, mit höchsten Dächern auf gewaltigen Mauermassen die Sterne berührend" („[...] ubi Roma secunda/Flore novo, ingenti, magna consurgit ad alta/Mole, tholis muro praecelsis sidera tangens"). Vgl. Brockmann 1966, Vers 94ff.; Übers. Arnulf 2004, S. 115. Die Königshalle von Oviedo, deren überwölbende Tonne vielleicht einst zusätzlich mit Sternen bemalt war, konnte mit ihren vierseitigen Arkaden ebenfalls als *aula siderea*, als Himmelspalast der Apokalypse, aufgefasst werden – ein Topos, der in der asturischen Architektur und Mikroarchitektur der Reliquienschreine mit Edelsteinarkaturen frequent ist. Vgl. Marín Valdés 1999, S. 185 sowie zu *aulae sidereae* allgemein Herren 1987, S. 593ff.

56 Die zylindrisch glatte Streckung über der romanischen Blendarkade im Obergeschoss veranlasste Bischof Hermann im 11. Jahrhundert oder Konrad von Querfurt um 1200, den nachgotischen Wiederaufbau nach einem Brand im Jahr 1600 sowie die Spitzbogenfenster Bischofs Julius Echter von Mespelbrunn. Dennoch stammen die Grundanlage der Marienkirche und ein Teil des Mauerwerks wohl noch aus dem 8. Jahrhundert, vgl. Flachenecker/Götschmann/Kummer 2009, S. 168. Immer wieder übersehen, ist die Marienkirche mit ihren für eine Datierung in das hohe Mittelalter mit 3,50 Metern zu dicken Mauern damit der älteste rechtsrheinische Bau der Nachantike, vgl. von Freeden 1944, S. 4.

57 Bei den Aachener Türen gehen sowohl Adolph Goldschmidt („Die Felder sind glatt, nur von einem fein profilierten und ornamentierten Rahmen eingefaßt und nach antiker Sitte mit einem Löwenkopf auf jedem Flügel versehen [...]", vgl. Goldschmidt 1926, S. 9) als auch Ursula Mende („Die Gliederung der Türen und ihrer Ausstattung mit Löwenkopf-Türziehern folgt grundsätzlich antiken Vorbildern", vgl. Mende 1994, S. 23f.) selbstverständlich von antiken Türen mit Löwenkopftürziehern aus, ohne ein Belegbeispiel zu zeigen.

58 Beispiele dafür, dass Elfenbeinreliefs der Antike als Inspiration für die Bronzetüren des Mittelalters gewirkt haben, führt Mende 1994 auf, z. B. S. 25, 36f., 41, 113f. und S. 118.

59 Zum Einsatz der Diptychen in der Liturgie vgl. Hevia Ballina/Platero Fernández-Candaosa 1993, Nr. 154.

60 Die exorbitant hohe Zahl belegt bei Delbrueck 1929, S. 10, sowie leicht relativiert bei Eastmond 2010, S. 759.

61 Vgl. Beutler 1991, S. 40

62 Beck/Bol 1983, Kat.-Nr. 267, S. 690 f., hier S. 690.

63 Interessanterweise ist diese medusenhafte Mähne bei der einzig erhaltenen mittelalterlichen Rezeption der Aachener Bronzetüren, den Türen des Mainzer Doms, viel stärker als in Aachen. Vgl. dazu die Abbildungen in Mende 1994, S. 24 ff.

64 Von diesem byzantinischen Konsul haben sich allein zehn Elfenbeinreliefs von ursprünglich sieben leicht variierten Konsulardiptychen des Areobindus erhalten, die größte Anzahl von allen Konsulen. Vgl. Eastmond 2010, S. 743.

65 Die Zuordnung an die richtige Areobindus-Tafel in der lakonisch-legendären Fußnote 107 von Helmut Schlunks Dissertation (1936, S. 66): „Das Areobindus-Diptychon in der Eremitage in Leningrad steht unserem Pilaster [sic!] am nächsten."

66 Vgl. Settis 1988, S. 159 f.: „[...] zweimal oben und unten: fast als gebe es den Rahmen ab für die kuriosen Entwicklungen auf dem bewegteren Mittelfeld, das gleich groß ist. Also führt die Erhabenheit des Modells (die eine Einheit bildet mit dem *pretium* des Materials, dem Elfenbein) zu einer tendenziell mechanischen Transkription, die jedoch keine schiere Nachahmung ist, sondern im Gegenteil Fragmente aus dem Modell herausnimmt und isoliert, die als in sich geschlossene Blöcke verstanden werden, und sie nicht nach Normen der Treue, sondern nach Normen der Symmetrie neu zusammensetzt."

67 Vgl. Bredekamp 2014, Kapitel III.1, S. 45 ff.: Die Bändigung der Haarwellen.

68 Unklar bleibt, ob das kleine Objekt unter dem schematisierten Löwenthron auf dem Steinrelief das zusammengeschnurrte Suppedaneum ist.

69 Vgl. Arias Páramo 2011, S. 9 ff.

70 Erst im *Liber Testamentarum* aus dem 12. Jahrhundert findet sich eine Darstellung, vgl. Conde Fernández 2007, S. 75.

71 Ursprünglich waren die Wangenreliefs vermutlich ebenso elfenbeinweiß grundiert wie der gesamte Rest der Kirche mit seinen großen Resten an Wandmalerei, sodass der Eindruck von Elfenbeinreliefs noch wesentlich stärker gewesen sein dürfte.

72 Zu den Stellvertreterbildnissen vgl. v. a. Forsyth 1972, S. 75.

73 Die viel diskutierte Frage nach der Herkunft des Kordelbandmotivs, das sowohl in der Antike in Spanien (das größte erhaltene Kuppelmosaik der Antike in Centcelles bei Barcelona z. B. weist als Gliederungsmotiv dieselben Kordelsäulen wie Oviedo auf) als auch im Westgotenreich, in der Alhambra in Córdoba wie auch in Byzanz und der fränkischen Kunst vorkommt, wird wohl nie mit Gewissheit zu beantworten sein. Da es aber nirgends so häufig vorkommt wie in Oviedo, wird es hier wie die anderen Ornamente und Details von dem Areobindus-Elfenbein abgeleitet und im Sinne einer die gesamte Anlage prägenden *Corporate Identity* gedeutet.

74 Explizit nennt Alkuin Aachen das „[Himmlische] Jerusalem des ersehnten Vaterlandes" und die Marienkirche den „Salomonischen Tempel" als er Karl im Juni 798 brieflich bittet, diesen nicht im bekriegten Sachsen aufsuchen zu müssen, sondern an der Aachener Baustelle auf ihn warten zu dürfen, „wo gerade der Tempel des überaus weisen Salomo mit Kunstfertigkeit errichtet wird" („[...] et in Hierusalem optatae patriae, ubi templum sapientissimi Salomonis arte Deo construitur"). Auch Notker betont um 883 die Metapher in den *Gesta Karoli magni*: „Zuerst will ich die Bauten, die der hocherhabene Kaiser Karl bei Aachen nach dem Beispiel des hochweisen Salomo für Gott [...] erbauen ließ, [...] erwähnen" („[...] prius de edificiis, quae Cesar Augustus imperator Karolus apud Aquisgrani iuxta sapientissimi Salomonis exemplum Deo [...] construxit, [...] commemorem"). Zit. nach Heckner 2012, S. 35 und 57.

75 „Roma secunda flore novo", vgl. Brockmann 1966, Vers 94 f.

76 Dasselbe trifft Nava (2007, S. 103) zufolge für Ramiro und Oviedo in Bezug auf das spätantik-westgotische Toledo zu: „Oviedo would eventually become a second Toledo, much like Charlemagne's Aachen became a new Rome."

77 Tekippe 2004, S. 146.

78 Beutler 1982, S. 83 ff.

79 Ebd., S. 85 und S. 89 f.

Karl der Große im Langzeitgebrauch (Bernd Schneidmüller) – S. 310

1 Einhard ed. 1911, Kap. 30, S. 34 f.

2 Zur Quelle grundlegend Tischler 2001.

3 Neueste Biografien legten vor: Fried 2013; Weinfurter 2013.

4 Folz 1950; Braunfels/Schramm 1967; Kerner 2000. Eigene Entwürfe, auf die hier teilweise zurückgegriffen wird: Schneidmüller 2000; ders. 2011.

5 Kienast 1974–1975; Werner 1989; Brühl 1990; Ehlers 2004; Große 2005; Kintzinger 2005.

6 Ehlers 2009.

7 Bastert 2004; Saurma-Jeltsch 1994.

8 Meyer 2009.

9 Alexander von Roes ed. 1958, S. 165. Übersetzung: Grundmann/Heimpel 1949, S. 95.

10 Werner 1995.

11 Morrissey 1997.

12 Weinrich 2001, S. 380 ff., Zitate S. 384 ff.

13 Giraldus Cambrensis ed. 1891, S. 294; Colker 1973.

14 Zu diesem Konzept mit Quellenhinweisen: Werner 1952.

15 Ehlers 1983; Beaune 1985; Moeglin 2010.

16 Stollberg-Rilinger 2008.

17 Haussherr 1957, S. 114 f. Vgl. Ottomeyer/Götzmann/Reiss 2006.

18 Chronicon novaliciense ed. 1982, Buch III, Kap. 32, S. 182. Übersetzung: Görich 1998, S. 383.

19 Hehl 2000; Falkenstein 1998.

20 Krafft 2005, S. 152; Schwarz 2003, S. 86 ff.; Petersohn 1994. Neue Interpretation von Görich 2013.

21 Hechelhammer 2004, S. 17 ff.

22 Ehlers 1983, S. 33. Vgl. Erlande-Brandenburg 1975; Kramp 1995.

23 Hägermann 1988.

24 Die Urkunden der Karolinger ed. 1956, Nr. 269. Vgl. Schmidt 1971–1972.

25 Die Urkunden der Karolinger ed. 1956, Nr. 307; Ragozat 1982, S. 25; Nationalhymne – El Gran Carlemany, URL: <http://www.song-texte.net/songtext/nationalhymne/el-gran-carlemany-karl-der-grosse-nationalhymne-von-andorra-341646>, 04.07.2013. Vgl. Jaspert 2003, S. 158 f.

26 Ders. 2005, S. 141 ff.

27 Gabriele 2011.

28 Borgolte 1976; McCormick 2011.

29 Il Chronicon de Benedetto ed. 1920, S. 113 f.

30 So Große 2002, S. 42 ff.; andere Datierung auf ca. 1080 bei Gabriele 2011, S. 51 ff.

31 Rauschen 1890, S. 103 ff.; Deutz/Deutz 2002, S. 337 ff.

32 Walpole 1951, Text S. 445 ff. Weitere Belege bei Jaspert 2005, S. 144.

33 Chartes et documents pour servir à l'histoire de l'abbaye de Charroux ed. 1910, S. 8, 30 f.

34 Genannt bei Alberich von Troisfontaines ed. 1874, S. 804.

35 The Historia Iherosolimitana ed. 2013, S. 9.

36 Belege bei Jaspert 2005, S. 145 f.; Leopold 2000.

37 Gasca Queirazza 1969, S. 34 ff.; Belege bei Jaspert 2005, Anm. 87 f.

38 Dazu Oschema 2013, S. 148 ff.

Karl der Große und Europa (Rudolf Schieffer) – S. 322

1 Beispiele: Gobry 1999; Erkens 1999; Barbero 2000; Schieffer 2001a; Fuhrmann 2004; McKitterick 2008a.

2 Bibliografische Übersicht bei Schieffer 2004, S. 5, Anm. 4.

3 Hampe 1935; Werner 1995; Ehlers 2001; Vogtherr 2012.

4 Saurma-Jeltsch 1994.

5 Schulz 1988; Georgi 1999; Pape 2000, S. 175 ff.

6 Segl 1999.

7 Karl der Große 1965; Braunfels 1965–1967.

8 Werner 1997/98; Kerner 2000, S. 211 ff.

9 Bahnbrechend für die deutsche Mediävistik war Fischer 1957.

10 Duchhardt 2000; Oschema 2006.

11 Hiestand 1991; Segl 1994; Schneidmüller 1997; Oschema 2001; Borgolte 2007; Baumgärtner 2008.

12 Karolus Magnus ed.1881, S. 379, Vers 504; zur Datierung (bald nach 800) Schaller 1976, zum Hintergrund Hentze 1999.

13 Epistolae variorum ed. 1895, S. 503, Zeile 1 (Nr. 7), zu Autor und Datierung (Cathwulf 774/75) Alberi 2010, S. 5 ff.
14 Karolus Magnus ed. 1881, S. 368, Vers 83 und S. 370, Vers 169.
15 Zöllner 1950, S. 222 ff.; Schieffer 2005.
16 Hartmann 2010, S. 206 ff.; Becher 2012b.
17 Hartmann 1988; Angenendt 1997; Nagel 1998 (Helmut).
18 Kochanek 2004, S. 325 ff.
19 Lübke 2004, S. 21 ff.
20 Schieffer 2001b, S. 6 f.
21 Reuter 1985.
22 Schneider 1978; von Padberg 2002.
23 Jankuhn 1965; Sawyer/Sawyer 2002, S. 120 ff.
24 Hellmann 1965; Lübke 2004, S. 52 ff.
25 Borgolte 1976; Sénac 2006.
26 Classen 1985; Lilie 2003, S. 155 ff.
27 Reuter 1990.
28 Fleckenstein 1981b.
29 Nascita 1981; Hartmann 2000.
30 Zum Folgenden Schieffer 2005.
31 Ganz 1996.
32 Banniard 1992, S. 305 ff.; Law 1994.
33 Semmler 1983; ders. 1995.
34 Weitzel 1985, S. 775 ff.
35 Kasten 2001; Hechberger 2005, S. 194 ff.
36 Fleckenstein 1981a; Reuter 1999; Renard 2009.
37 Coupland 2005.
38 McKitterick 1989, S. 37 ff.
39 Fried 2008; Kaschke 2008.
40 Angenendt 1997; Jong 2005.
41 Patzold 2006; Hägermann 2008.
42 Agobard ed. 1981, S. 21, S. 20 und S. 23 (Zitate), dazu Angenendt 1994, S. 41.
43 Hrabanus ed. 1898/99, S. 520, dazu von Padberg 2001.
44 Einhard ed. 1911, Kap. 7, S. 10, dazu Beumann 1982, S. 135.
45 Fried 1982.

Bild- und Mediengeschichte (Bernhard Jussen) – S. 330

1 Der folgende Text greift, streckenweise wörtlich, auf die folgenden drei ausführlicheren Aufsätze zurück und ergänzt sie: Jussen 2013a; Jussen 2013b; Jussen 2011.
2 Streckfuß 1826, S. 68.
3 Zimmermann 1873, S. 418.
4 Der französische Originaltext lautet: „Qui a eu cette idée folle / Un jour d'inventer l'école? / Qui a eu cette idée folle / Un jour d'inventer l'école? / C'est ce sacré Charlemagne / Sacré Charlemagne […] Ce fils de Pépin le Bref / Nous donne beaucoup d'ennuis / Et nous avons cents griefs / Contre, contre, contre lui! […]"
5 Notker Balbulus ed. 1959, S. 4 f.
6 Ein seltenes Beispiel für Karl „in seiner Hofschule" in Bülau/Brandes/Flathe 1862, Bd. 1, S. 38.
7 Moulin-Eckhart 1926, S. 75.
8 Scherr 1876, S. 77.
9 Einhard ed. 1911, S. 12: „In quo proelio Eggihardus regiae mensae praepositus, Anshelmus comes palatii et Hruodlandus Brittannici limitis praefectus cum aliis conpluribus interficiuntur."
10 Ausführlicher zum unterschiedlichen Gebrauch Rolands in Deutschland und Frankreich vgl. Jussen 2011.
11 Zu den Reklamesammelbildern im Überblick vgl. Jussen 2009.
12 Beispiele: Woltmann 1799, S. 69; Flathe 1839, S. 111; Stein 1839, S. 2; Birt 1919, Kap. 12 (zu Karl dem Franken).
13 Weber 1878 (mit vielen weiteren Auflagen), Kap. 18.
14 Löns 1911 (mit vielen weiteren Auflagen), S. 79.
15 Ebner 1887, S. 179.
16 Zu diesem noch jungen Forschungsfeld vgl. Bruhn 2003.
17 Krüger 1937, Tafelteil nach S. 40 (hier wird die Aufnahme der Grabplatte zusammen abgebildet mit einer Zeichnung aus der Handschrift *Leges Barbarorum*, die Karl mit seinem Sohn Pippin zeigt, und einer Aufnahme des Kaiserstuhls im Aachener Dom); Hagemeyer 1944 (hier wird im Kapitel „Das fränkische Reich" zuerst ganzseitig das Grab Widukinds abgebildet (S. 88), mehrere Seiten später die Statuette Karls (S. 91); eine sehr frühe Abbildung des Grabes bei Heyck 1905, S. 199 (die Reiterstatuette Karls wird zuvor in drei Ansichten gezeigt, der Kopf Karls als Ausschnitt (S. 189) sowie die frontale (S. 190) und seitliche (S. 191) Gesamtansicht).
18 Suchenwirth 1934, Taf. 5 und Taf. 6.
19 Orthbandt 1963 (weitere Auflagen bis 1966, Bilder ohne Nummerierung).
20 Eine Ausnahme war der Emigrant Veit Valentin, dessen *Geschichte der Deutschen* (Berlin 1947) eine auffällig „entnazifizierte" Bebilderung hatte. Nach Valentins Tod, noch im Jahr der Publikation 1947, wurde in der Lizenzausgabe des Buchs bei Knaur (1960) aber wieder genau jene nationalistische Konstellation abgebildet, die Valentin vermieden hatte; vgl. dazu Jussen 2013a.

Zur Aktualität Karls des Großen (Johannes Fried) – S. 350

1 Wahl 1934; seit 1954 lautet der Titel *Karl der Große. Vater Europas.* – Für Belege verweise ich generell auf meine Monographie *Karl der Große. Gewalt und Glaube. Eine Biographie* (München 2013).
2 Historische und zeitgenössische Bilder: Wikipedia s. v.
3 Vgl. dazu das Interview mit Gerhard Wolf, der die Umfrage durchführte und auswertete, in: Frankfurter Allgemeine Sonntagszeitung vom 08.07.2012.
4 Arends 2013, S. 60 und S. 83.

Quellen

Abduh 2006 | Abduh, Khālid Muḥammad: Risālat Abī al-Rabīʿ Muḥammad ibn al-Layth min Hārūn al-Rashīd ilā Qustantīn malik al-Rūm, Giza 2006; Übersetzung und Kommentar: Eid, Hadi (Hg.): Lettre du calife Hārūn al-Rashīd a l'empereuer Constantin VI. Texte presente, commente et traduit, Paris 1992.

Aḇrāhām Ibn-Daud ed. 1967 | Aḇrāhām Ibn Daud: Sefer Ha-Qabbalah. The Book of Tradition. A Critical Edition with a Translation and Notes, hrsg. von Gerson D. Cohen, Philadelphia 1967 (Judaica, 1/3).

Acta Sanctorum Novembris/Delehaye ed. 1902 | Delehaye, Hippolyte: Synaxarium ecclesiae Constantinopolitanae e codice Sirmindiano nunc Berolinensi adiectis synaxariis selectis. Propylaeum ad Acta Sanctorum Novembris, hrsg. von Carl de Smedt u. a., Brüssel 1902.

Acta Sanctorum Novembris ed. 1910 | Acta Sanctorum Novembris. Collecta Digesta Illustrata. Teil 3: Quo dies quintus, sextus, septimus et octavus continentur, hrsg. von Carl de Smedt u. a., Brüssel 1910.

Acta Synhodorum Habitarum Romae ed. 1894 | Acta Synhodorum Habitarum Romae A. CCCCXCVIIII. DI. DII, in: Cassiodori senatoris variae, hrsg. von Theodor Mommsen, Berlin 1894 (Monumenta Germaniae Historica. Auctores antiquissimi, 12), S. 393–455.

Agnellus ed. 1878 | Agnellus: Liber pontificalis ecclesiae Ravennatis, hrsg. von Oswald Holder-Egger, in: Scriptores rerum Langobardicarum et Italicarum saec. VI–IX, Hannover 1878 (Monumenta Germaniae Historica. Scriptores rerum Langobardicarum et Italicarum, 1), S. 265–391.

Agnellus ed. 1996 | Agnellus von Ravenna: Liber pontificalis. Bischofsbuch. Lateinisch und Deutsch. Teil 2, übers. und eingel. von Claudia Nauerth, Freiburg im Breisgau u. a. 1996 (Fontes Christiani, 21/1).

Agobard ed. 1981 | Agobard von Lyon: Adversus legem Gundobadi, in: Agobardi Lugdunensis Opera omnia, hrsg. von Lieven Van Acker, Turnhout 1981 (Corpus Christianorum. Continuatio mediaevalis, 52) S. 17–28.

Alberich von Troisfontaines ed. 1874 | Alberich von Troisfontaines: Chronica, a monacho novi monasterii Hoiensis interpolata, hrsg. von Paul Scheffer-Boichorst, in: Chronica aevi Suevici, hrsg. von Georg Heinrich Pertz, Hannover 1874 (Monumenta Germaniae Historica. Scriptores, 23), S. 631–950.

Alcuini sive Albini epistolae ed. 1974 | Alcuini sive Albini epistolae, in: Epistolae Karolini aevi. Tomus 2, hrsg. von Ernst Dümmler, München [2]1974 (Monumenta Germaniae Historica. Epistolarum, 4), S. 1–481.

Alexander von Roes ed. 1958 | Alexander von Roes: Schriften, hrsg. von Herbert Grundmann/Hermann Heimpel (Monumenta Germaniae Historica. Staatsschriften des späteren Mittelalters, 1/1), Stuttgart 1958.

Al-Hamdānī ed. 1968 | Al-Hamdānī, Kitāb al-ǧauharatain: Die beiden Edelmetalle Gold und Silber, hrsg. und übers. von Christopher Toll (Diss. Uppsala 1968), Uppsala 1968 (Studia Semitica Upsaliensia, 1).

Al-Ṭabarī 1879 | Al-Ṭabarī Muḥammad ibn Jarir: Tarīkh al-Rusul wa al-Mulūk. Bd. 3, hrsg. Michael Jan von de Goeje, Leiden 1879.

Amalarius von Metz ed. 1881 | Amalarius von Metz: Versus marini, in: Poetae Latini aevi Carolini. Tomus 1, hrsg. von Ernst Dümmler, Berlin 1881 (Monumenta Germaniae Historica. Poetae latini aevi, 1), S. 426–428.

Ambrosius ed. 1955 | Ambrosius: De excessu fratis de obitu Valentiniau, de obitu Theodosii, hrsg. von Otto Faller, Wien 1955 (Corpus scriptorum ecclesiasticorum Latinorum, 73), S. 204–401.

Annales Laureshamenses ed. 1826 | Annales Laureshamenses, in: Annales et chronica aevi Carolini. Tomus 1, hrsg. von Georg Pertz, Hannover 1826 (Monumenta Germaniae Historica. Scriptores, 1), S. 22–39.

Annales Mettenses priores ed. 1905 | Annales Mettenses priores, hrsg. von Bernhard von Simson, Hannover/Leipzig 1905 (Monumenta Germaniae Historica. Scriptores rerum Germanicarum in usum scholarum separatim editi, 10).

Annales regni Francorum ed. 1895 | Annales regni Francorum inde ab annus 741 usque ad annus 829, qui dicuntur Annales Laurissenses maiores et Einhardi, hrsg. von Friedrich Kurze, Hannover 1895 (Monumenta Germaniae Historica. Scriptores rerum Germanicarum in usum scholarum separatim editi, 6).

Annales regni Francorum ed. 1987 | Annales regni Francorum, in: Quellen zur karolingischen Reichsgeschichte. Erster Teil, hrsg. von Reinhold Rau, Darmstadt 1987 (Freiherr vom Stein-Gedächtnisausgabe, 5), S. 1–155.

Astronomus ed. 1995 | Astronomus: Vita Hludowici imperatoris, in: Thegan: Die Taten Kaiser Ludwigs/Astronomus: Das Leben Kaiser Ludwigs, hrsg. von Ernst Tremp, Hannover 1995 (Monumenta Germaniae Historica. Scriptores rerum Germanicarum in usum scholarum separatim editi, 64), S. 279–556.

Athanasius von Alexandria ed. 1941 | Athanasius von Alexandria: Epistula encyclica, in: Athanasius Werke. Bd. 2/1: Die Apologien, hrsg. von Hans-Georg Opitz, Berlin/Leipzig 1941, S. 169–177.

at-Tamīmī ed. 1988 | at-Tamīmī, Abu'-l'-Arab Muḥammad Ibn-Aḥmad: Kitāb al-Miḥan, hrsg. von Yaḥyā Wāhib al-Gubūrī, Beirut 1988.

Avitus von Vienne ed. 1883 | Avitus von Vienne: Epistulae, in: Alcimi Ecdicii Aviti Viennensis episcopi opera quae supersunt, hrsg. von Rudolf Peiper, Berlin 1883 (Monumenta Germaniae Historica. Auctores antiquissimi, 6/2).

Notker Balbulus ed. 1959 | Notker Balbulus: Gesta Karoli Magni Imperatoris, hrsg. von Hans F. Haefele, Berlin 1959 (Monumenta Germaniae Historica. Scriptores rerum Sangallensium. Annales, chronica et historiae aevi Carolini, 12).

Benjamin von Tudela/Petachja von Regensburg ed. 1991 | Benjamin von Tudela/Petachja von Regensburg: Jüdische Reisen im Mittelalter, übers. von Stefan Schreiner, Leipzig 1991.

Bernard ed. 1880 | Bernard: Itinerarium, in: Itinera Hierosolymitana. Bd. 1/2, hrsg. von Titus Tobler/Augustus Molinier, Genf 1880, S. 307–320.

Birt 1919 | Birt, Theodor: Charakterbilder Spätroms und die Entstehung des modernen Europa, Leipzig [4]1919.

Bülau/Brandes/Flathe 1862 | Bülau, Friedrich/Brandes, H. B. Chr./Flathe, Theodor: Die deutsche Geschichte in Bildern, 3 Bde., Dresden 1862.

Capitularia regum Francorum ed. 1883 | Capitularia regum Francorum. Tomus 1, hrsg. von Alfred Boretius, Hannover 1883 (Monumenta Germaniae Historica. Capitularia, 1).

Capitulatio de partibus Saxoniae ed. 1883 | Capitulatio de partibus Saxoniae, in: Capitularia regum

Francorum, hrsg. von Alfred Boretius, Hannover 1883 (Monumenta Germaniae Historica. Capitularia, 1), S. 68–70.

Capitulatio de partibus Saxoniae ed. 1918 | Capitulatio de partibus Saxoniae, in: Leges Saxonum und Lex Thuringorum, hrsg. von Claudius von Schwerin, Hannover 1918 (Monumenta Germaniae Historica. Fontes iuris Germanici antiqui in usum scholarum, 4), S. 37–44.

Chabannes ed. 1999 | Ademar von Chabannes: Chronicon, hrsg. von Richard Landes/Georges Pon, Turnhout 1999.

Chartes et documents pour servir à l'histoire de l'abbaye de Charroux ed. 1910 | Chartes et documents pour servir à l'histoire de l'abbaye de Charroux, hrsg. von D. P. de Monsabert, Poitiers 1910 (Archives historiques du Poitou, 39).

Chronicarum quae dicuntur Fredegarii scholastici ed. 1888 | Chronicarum quae dicuntur Fredegarii scholastici libri IV cum continuationibus, hrsg. von Bruno Krusch, in: Fredegarii et aliorum Chronica. Vitae Sanctorum, hrsg. von dems., Hannover 1888 (Monumenta Germaniae Historica. Scriptores rerum Merovingicarum, 2), S. 1–193.

Chronicon novaliciense ed. 1982 | Chronicon novaliciense, hrsg. von Gian Carlo Alessio, Torino 1982 (I millenni).

Clavijo ed. 1943 | Ruy Gonzáles de Clavijo: Embajada a Tamorlán, hrsg. und eingel. von Fernando López Estrada, Madrid 1943.

Codex Carolinus ed. 1892 | Codex Carolinus, hrsg. von Wilhelm Gundlach, in: Epistolae Merowingici et Karolini aevi. Tomus 1, Berlin 1892 (Monumenta Germaniae Historica. Epistolarum, 3), S. 469–657.

Codex Vaticanus gr. 1431 ed. 1927 | Codex Vaticanus gr. 1431. Eine antichalkedonische Sammlung aus der Zeit Kaiser Zenos, hrsg. von Eduard Schwartz, München 1927 (Abhandlungen der Bayerischen Akademie der Wissenschaften, 32/6).

Collectio Avellana ed. 1898 | Epistulae Imperatorum Pontificum aliorum inde ab a. CCCLXVII usque ad a. DLIII datae Avellana quae dicitur Collectio, hrsg. von Otto Günther, Leipzig/Prag/Wien 1898 (Corpus Scriptorum Ecclesiasticorum Latinorum, 35/2).

Collectio Veronensis ed. 1934 | Collectio Veronensis, in: Publizistische Sammlungen zum acacianischen Schisma, hrsg. von Eduard Schwartz, München 1934 (Abhandlungen der Bayerischen Akademie der Wissenschaften, N. F. 10), S. 1–58.

Concilium Francofurtense ed. 1906 | Concilium Francofurtense a. 794, in: Concilia Aevi Karolini. Tomus 1/1, hrsg. von Albert Werminghoff, Hannover/Leipzig 1906 (Monumenta Germaniae Historica. Concilia, 2/1), S. 110–171.

Concilium Quinisextum ed. 2006 | Concilium Quinisextum. Das Konzil Quinisextum, übers. und eingel. von Heinz Ohme, Turnhout 2006 (Fontes Christiani, 82).

Decretum Gelasianum ed. 1912 | Das Decretum Gelasianum de libris recipiendis et non recipiendis, hrsg. von Ernst Dobschütz, Leipzig 1912 (Texte und Untersuchungen zur Geschichte der altchristlichen Literatur, 38/4).

Die Lebensgeschichte der heiligen Ida von Herzfeld ed. 1867 | Die Lebensgeschichte der heiligen Ida von Herzfeld, in: Wilmans, Roger: Die Kaiserurkunden der Provinz Westfalen 777–1313. Bd. 1: Die Urkunden des Karolingischen Zeitalters: 777–900, Münster 1867, S. 469–488.

Die Urkunden der Karolinger ed. 1956 | Die Urkunden der Karolinger. Bd. 1: Die Urkunden Pippins, Karlmanns und Karls des Großen, bearb. von Engelbert Mühlbacher, Berlin [2]1956 (Monumenta Germaniae Historica. Diplomata, 2).

Dimitrievskij 1895 | Dimitrievskij, Alexej: Описание литургическухъ рукописей, хранящихся въ библиотекахъ праволавнаго востока, I. Τυπικα, часть 1. Типик великой константопольской церквей IX–X веков, Kiev 1895.

Divisio Regnorum ed. 1883 | Divisio Regnorum, in: Capitularia regum Francorum. Tomus 1, hrsg. von Alfred Boretius, Hannover 1883 (Monumenta Germaniae Historica. Leges, 2), S. 126–130.

Ebner 1887 | Ebner, Theodor: Illustrierte Geschichte Deutschlands, Stuttgart 1887.

Einhard ed. 1911 | Einhard: Vita Karoli Magni, hrsg. von Oswald Holder-Egger, Hannover [6]1911 (Monumenta Germaniae Historica. Scriptores rerum Germanicarum in usum scholarum separatim editi, 25).

Einhard ed. 1987 | Einhard: Vita Karoli Magni. Text und Übersetzung, in: Quellen zur karolingischen Reichsgeschichte. Erster Teil, hrsg. von Reinhold Rau, Darmstadt 1987 (Freiherr vom Stein-Gedächtnisausgabe, 5), S. 157–211.

Einhard ed. 1989 | Einhard: Vita Karoli Magni. Das Leben Karls des Großen. Lateinisch/Deutsch, übers., mit Anmerkungen und Nachwort von Evelyn Scherabon Firchow, Stuttgart 1989.

Ennodius ed. 1995 | Der Theoderich-Panegyricus des Ennodius, hrsg. von Christian Rohr, Hannover 1995 (Monumenta Germaniae Historica. Studien und Texte, 12).

Epistolae Langobardicae collectae ed. 1892 | Epistolae Langobardicae collectae, in: Epistolae Merowingici et Karolini aevi. Tomus 1, Berlin 1892 (Monumenta Germaniae Historica. Epistolarum, 3), S. 691–751.

Epistolae variorum ed. 1895 | Epistolae variorum Carolo Magno regnante scriptae, in: Epistolae Karolini aevi. Tomus 2, hrsg. von Ernst Dümmler, Berlin 1895 (Monumenta Germaniae Historica. Epistolarum, 4), S. 494–567.

Ermoldus Nigellus ed. 1884 | Ermoldus Nigellus: In honorem Hludowici christianissimi Caesaris Augusti Ermoldi Nigelli exulis elegiacum carmen, in: Poetae latini aevi Carolini. Tomus 2, hrsg. von Ernst Dümmler, Berlin 1884 (Monumenta Germaniae Historica. Poetarum latinorum medii aevi, 2), S. 4–79.

Euagrios ed. 1964 | Euagrius. The Ecclesiastical History of Euagrius with the Scholia, hrsg. von Joseph Bidez/Leon Parmentier, Amsterdam 1964.

Eusebius ed. 1908 | Eusebius: Kirchengeschichte. Bd. 2/2: Die Bücher 6–10, hrsg. von Eduard Schwartz, Leipzig 1908 (Die griechischen christlichen Schriftsteller, 9/2), S. 704–715.

Flathe 1839 | Flathe, Ludwig: Geschichte des Mittelalters, Leipzig 1839 (Lehrbuch der allgemeinen Geschichte, 2).

Formulae Merovingici et Karolini aevi ed. 1886 | Formulae Merovingici et Karolini aevi, hrsg. von Karl Zeumer, Hannover 1886 (Monumenta Germaniae Historica. Leges, 5).

Fredegarii et aliorum Chronica ed. 1888 | Fredegarii et aliorum Chronica. Vitae sanctorum, hrsg. von Bruno Krusch, Hannover 1888 (Monumenta Germaniae Historica. Scriptorum rerum Merovingicarum, 2).

Giraldus Cambrensis ed. 1891 | Giraldus Cambrensis: Giraldi Cambrensis opera. Bd. 8: De principis instructione liber, hrsg. von George F. Warner, London 1891.

Gregorii Episcopi Turonensis ed. 1951 | Gregorii Episcopi Turonensis. Libri Historiarum X, hrsg. von Bruno Krusch/Wilhelm Levison, Hannover 1951 (Monumenta Germaniae Historica. Scriptorum rerum Merovingicarum, 1/1).

Hagemeyer 1944 | Hagemeyer, Hans (Hg.): Gestalt und Wandel des Reiches. Ein Bilderatlas zur deutschen Geschichte, Berlin 1944.

Halkin 1965 | Halkin, François: Euphémie de Chalcédoine. Légends byzantines, Brüssel 1965 (Subsidia Hagiographica, 41).

Hennecke/Schneemelcher 1970 | Hennecke, Edgar: Neutestamentliche Apokryphen in deutscher Übersetzung. Bd. 1: Evangelien, hrsg. von Wilhelm Schneemelcher, Berlin [4]1970.

Heyck 1905 | Eduard Heyck, Deutsche Geschichte. Volk, Staat, Kultur und geistiges Leben, Bd.1, Bielefeld/Leipzig 1905.

Hrabanus ed. 1898/99 | Hrabanus Maurus: Epistolarum Fuldensium fragmenta, in: Epistolae Karolini aevi. Tomus 3, hrsg. von Ernst Dümmler, Berlin 1898/99 (Monumenta Germaniae Historica. Epistolarum, 5), S. 517–533.

Hugeburg ed. 1984 | Hugeburg von Heidenheim: Vita Willibaldi, hrsg.

von Andreas Bauch, in: Quellen zur Geschichte der Diözese Eichstätt. Bd. 1: Biographien der Gründungszeit, Regensburg [2]1984 (Eichstätter Studien, N. F. 19), S. 13–122.

Ibn Khordâdbeh ed. 1889 | Ibn Khordâdbeh, Abu'l-Kásim Obaidallah: Kitâb al-masâlik wa-'l-mamâlik, hrsg. von Michael Jan de Goeje, Leiden 1889 (Bibliotheca geographorum Arabicorum, 6).

Ignatius diaconus ed. 1926 | Ignatius diaconus: Vita Gregorii decapolitae, in: La Vie de saint Grégoire le Décapolite et les slaves macédoniens au IXe siècle, hrsg. von Francis Dvorník, Paris 1926 (Travaux/Institut d'Etudes Slaves/Institut National d'Etudes Slaves, 5).

Il Chronicon de Benedetto ed. 1920 | Il Chronicon de Benedetto, monaco di S. Andrea del Soratte e il Libellus de imperatoria potestate in urbe Roma, hrsg. von Giuseppe Zucchetti, Rom 1920 (Fonti per la storia d'Italia, 55).

Karoli Magni capitularia ed. 1883 | Karoli Magni capitularia, in: Capitularia regum Francorum. Tomus 1, hrsg. von Alfred Boretius, Hannover 1883 (Monumenta Germaniae Historica. Capitularia, 1), S. 44–186.

Karolus Magnus ed. 1881 | Karolus Magnus et Leo papa, in: Poetae latini aevi Carolini. Tomus 1, hrsg. von Ernst Dümmler, Berlin 1881 (Monumenta Germaniae Historica. Poetarum latinorum medii aevi, 1), S. 366–378.

Konstantin Porphyrogennetos ed. 2006 | Konstantin Porphyrogennetos: De administrando imperio, hrsg. von Romilly J. H. Jenkins/Gyula Moravcsik, Washington, D.C. [2]2006 (Dumbarton Oaks Texts, 1).

Krüger 1937 | Krüger, Gerhard: Geschichte des Deutschen Volkes. Ein Grundriß, Leipzig 1937.

Lactantius ed. 1984 | Lactantius: De mortibus persecutorum, hrsg. und übers. von John L. Creed, Oxford 1984.

Leges Langobardorum ed. 1962 | Leges Langobardorum, hrsg. von Franz Beyerle, Witzenhausen [2]1962 (Germanenrechte, N. F. Westgermanisches Recht).

Leo der Große ed. 1881 | Leo der Große: Epistulae, in: Sancti Leonis Magni Romani pontificis opera omnia, hrsg. von Hieronymus Ballerini/Petrus Ballerini, Paris 1881 (Patrologie Latina, 54).

Leonis III. papae epistolae ed. 1899 | Leonis III. papae epistolae, hrsg. von Karl Hampe, in: Epistolae Karolini aevi. Tomus 3, Berlin 1899 (Monumenta Germaniae Historica. Epistolarum, 5), S. 85–104.

Leontius ed. 1867 | Leontius: Vita Sancti Stephani Sabaitae Thaumaturgi Monachi, Paris/Rom 1867 (Acta Sanctorum Iulii, 3), Sp. 504–584.

Liber Pontificalis ed. 1955 | Le Liber Pontificalis. Texte, introduction et commentaire, hrsg. von Louis Duchesne, 3 Bde. [Paris 1886–1892], Nachdruck, Paris 1955 (Bibliothèque des Écoles Françaises d'Athènes et de Rome, 2).

Lindgren 1993 | Clavijos Reise nach Samarkand 1403–1406, aus dem Altkastilischen übers. und mit Einleitung und Erläuterungen versehen von Uta Lindgren, München 1993 (Algorismus, 10).

Löns 1919 | Löns, Hermann: Da draussen vor dem Tore. Heimatliche Naturbilder, Hannover 1911.

Mango/Scott 1997 | The Chronicle of Theophanes Confessor. Byzantine and Near Eastern History AD 284–813, übers., eingel. und komm. von Cyril Mango/Roger Scott, Oxford 1997.

Mateos 1962 | Mateos S.J., Juan: Le Typicon de la Grande Église. Ms. Sainte-Croix no 40, Xe siècle. Bd. 1: Le cycle des douzes mois, eingel. und komm. von Juan Mateos S.J., Rom 1962 (Orientalis Christiana Analecta, 165).

Moulin-Eckhart 1926 | Moulin-Eckhart, Richard du: Vom alten Germanien zum neuen Reich. Zwei Jahrtausende deutscher Geschichte, Stuttgart u. a. 1926.

Mystikos ed. 1973 | Nikolaos Mystikos: Letters/Nicholas I. Patriarch of Constantinople. Greek Text and English Translation, übers. von Romilly J. H. Jenkins/L. G. Westerink, Washington, D.C. 1973 (Dumbarton Oaks Texts, 2 – Corpus fontium historiae Byzantinae, 6).

Neff 1908 | Neff, Karl: Die Gedichte des Paulus Diaconus. Kritische und erklärende Ausgabe, München 1908 (Quellen und Untersuchungen zur lateinischen Philologie des Mittelalters, 3/4).

Optatus von Mileve ed. 1893 | Optatus von Mileve, hrsg. von Karl Ziwsa, Leipzig/Prag/Wien 1893 (Corpus Scriptorum Ecclesiasticorum Latinorum, 26).

Opus Caroli regis ed. 1998 | Opus Caroli regis contra synodum, hrsg. von Ann Freeman/Paul Meyvaert, Hannover 1998 (Monumenta Germaniae Historica. Concilia, 2/1).

Orthbandt 1963 | Orthbandt, Eberhard: Illustrierte deutsche Geschichte, München 1963.

P. Flavii Vegeti Renati Epitoma rei militaris ed. 1995 | P. Flavii Vegeti Renati Epitoma rei militaris, hrsg. von Alf Önnerfors, Stuttgart/Leipzig 1995 (Bibliotheca scriptorum Graecorum et Romanorum Teubneriana).

Parastaseis syntomoi chronikai ed. 1984 | Constantinople in the Early Eigth Century: The *Parastaseis syntomoi chronikai*. Introduction, Translation and Commentary, hrsg. von Averil Cameron/Judith Herrin, Leiden 1984.

Paulus Diaconus ed. 1878 | Paulus Diaconus: Historia Langobardorum, hrsg. von Ludwig Bethmann/Georg Waitz, in: Scriptores rerum Langobardicarum et Italicarum saec. VI–IX, Hannover 1878 (Monumenta Germaniae Historica. Scriptores, 3), S. 12–187.

Poetae Saxonis ed. 1899 | Poetae Saxonis Annalium de Gestis Caroli Magni imperatoris, in: Poetae Latini aevi Carolini. Tomus 4/1, hrsg. von Paul von Winterfeld, Berlin 1999 (Monumenta Germaniae Historica. Poetae Latini medii aevi, 4/1), S. 1–71.

Prosper Tiro von Aquitanien ed. 1892 | Prosper Tiro von Aquitanien: Epitoma chronicorum, in: Chronica Minora saec. IV. V. VI. VII. Tomus 1, hrsg. Theodor Mommsen, Berlin 1892 (Monumenta Germaniae Historica. Auctores antiquissimi, 9), S. 385–485.

Quellen zur karolingischen Reichsgeschichte ed. 1968 | Quellen zur karolingischen Reichsgeschichte. Teil 1, neubearb. von Reinhold Rau [Darmstadt 1955], Nachdruck, Darmstadt 1968 (Ausgewählte Quellen zur deutschen Geschichte des Mittelalters. Freiherr vom Stein-Gedächtnisausgabe, 5).

Regesta Imperii ed. 1966 | Regesta Imperii. Bd. 1: Die Regesten des Kaiserreichs unter den Karolingern 751–918, hrsg. von Johann F. Böhmer, Innsbruck [2]1908; mit Ergänzungen von Carlrichard Brühl und Hans H. Kaminsky, Hildesheim 1966.

Regino ed. 1890 | Regino von Prüm: Chronicon, hrsg. von Friedrich Kurze, Hannover 1890 (Monumenta Germaniae Historica. Scriptores rerum Germanicarum in usum scholarum separatim editi, 50).

Scherr 1876 | Scherr, Johannes: Germania. Zwei Jahrtausende deutschen Lebens, kulturgeschichtlich geschildert, Stuttgart 1876.

Sokrates Scholastikos ed. 1995 | Sokrates Scholastikos: Kirchengeschichte, hrsg. von Günther Christian Hansen, Berlin 1995 (Die griechischen christlichen Schriftsteller, N. F. 1).

Stein 1838 | Stein, Karl: Die letzten fünfzig Jahre (1789 bis 1839.). Ein Taschenbuch auf das Jahr 1840 für Zeitungsleser und Geschichtsfreunde, Berlin 1839.

Strabo ed. 1884 | Walahfrid Strabo: De Imagine Tetrici, in: Poetae Latini aevi Carolini, hrsg. von Ernst Dümmler, Berlin 1884 (Monumenta Germaniae Historica. Poetae, 2), S. 370–378.

Strabo ed. 2004 | Heito und Walahfrid Strabo: Visio Wettini, Einführung, lateinisch-deutsche Ausgabe und Erläuterungen von Hermann Knittel, Heidelberg 2004 (Reichenauer Texte und Bilder, 12).

Streckfuß 1862 | Streckfuß, Adolf: Das deutsche Volk. Deutsche Geschichte in Wort und Bild. Ein illustrirtes Hausbuch für Leser aller Stände. Illustrirt von Ludwig Löffler, Berlin 1862.

Suchenwirth 1934 | Suchenwirth, Richard: Deutsche Geschichte. Von der germanischen Vorzeit bis zur Gegenwart, Leipzig 1934.

Suetonius Tranquillus ed. 1997 | Suetonius Tranquillus, Gaius: Die Kaiserviten/De vita caesarum. Berühmte Männer/De Viris Illustribus, hrsg. und übers. von Hans Martine, Düsseldorf 1997 (Sammlung Tusculum).

Synaxarion Ecclesiae Constantinopolitanae ed. 1902 | Synaxarion Ecclesiae Constantinopolitanae: Propylaeum ad Acta Sanctorum Novembris, Brüssel 1902.

Synode von Hiereia ed. 2002 | Die ikonoklastische Synode von Hiereia 754. Einleitung, Text, Übersetzung und Kommentar ihres Horos von Torsten Krannich/Christoph Schubert/Claudia Sode, Tübingen 2002 (Studien und Texte zu Antike und Christentum, 15).

The Chronicle of Hydatius ed. 1993 | The Chronicle of Hydatius and the Consularia Constantinopolitana. Two Contemporary Accounts of the Final Years of the Roman Empire, hrsg. und übers. von Richard W. Burgess, Oxford 1993 (Oxford Classical Monographs).

The Historia Iherosolimitana ed. 2013 | The Historia Iherosolimitana of Robert the Monk, hrsg. von Damien Kempf/Marcus G. Bull, Woodbridge 2013.

Thegan 1995 | Thegan: Gesta Hludowici imperatoris, in: ders., Die Taten Kaiser Ludwigs/Astronomus: Das Leben Kaiser Ludwigs, hrsg. von Ernst Tremp, Hannover 1995 (Monumenta Germaniae Historica. Scriptores rerum Germanicarum in usum scholarum separatim editi, 64), S. 168–277.

Theophanes ed. 1883–1885 | Theophanes: Chronographia, hrsg. von Carl de Boor, 2 Bde., Leipzig 1883–1885.

Thietmar von Merseburg ed. 1957 | Thietmar von Merseburg: Chronik, hrsg. von Robert Holtzmann, übers. von Werner Trillmich, Berlin 1957 (Ausgewählte Quellen zur deutschen Geschichte des Mittelalters, 9).

Translatio Sancti Liborii ed. 1841 | Translatio Sancti Liborii, in: Annales, chronica et historiae aevi Saxonici, hrsg. von Georg Heinrich Pertz, Hannover 1841 (Monumenta Germaniae Historica. Scriptorum, 4), S. 149–157.

Valentin 1947 | Valentin, Veit: Geschichte der Deutschen, Berlin 1947.

Valentin 1960 | Valentin, Veit: Knaurs deutsche Geschichte, München/Zürich 1960.

Versus de Verona ed. 1960 | Versus de Verona: Versum de Mediolano civitate, hrsg. von Giovanni Battista Pighi, Rom 1960 (Studi pubblicati dall'Istituto di Filologia Classica, 7).

Vita Waltgeri ed. 1867 | Vita Waltgeri, in: Wilmans, Roger: Die Kaiserurkunden der Provinz Westfalen 777–1313. Bd. 1: Die Urkunden des Karolingischen Zeitalters: 777–900, Münster 1867, S. 488–501.

Vitruvius ed. 1991 | Vitruvius, M. Pollio: De architectura libri decem, übers. und mit Anm. vers. von Curt Fensterbusch, Darmstadt 1991.

Weber 1878 | Weber, Friedrich Wilhelm: Dreizehnlinden, Paderborn 1878.

Wilhelm von Tyrus ed. 1986 | Willelmi Tyrensis archiepiscopi Chronicon/Guillaume de Tyr, Chronique, hrsg. von Robert B. C. Huygens, Turnhout 1986 (Corpus Christianorum. Continuatio mediaevalis, 63).

Willjung 1998 | Willjung, Harald (Hg.): Das Konzil von Aachen 809, Hannover 1998 (Monumenta Germaniae Historica. Concilia, 2/2).

Woltmann 1799 | Woltmann, Carl Ludwig: Geschichte der europäischen Staaten, Bd. 2, Berlin 1799.

Zimmermann 1873 | Zimmermann, Wilhelm: Illustrirte Geschichte des Deutschen Volkes, Stuttgart 1873.

Literatur

Abel 1888 | Abel, Sigurd: Jahrbücher des Fränkischen Reiches unter Karl dem Großen. Bd. 1: 768–788, bearb. von Bernhard von Simson, Leipzig [2]1888 (Jahrbücher der deutschen Geschichte, 5/1).

Abu-Lughod 1971 | Abu-Lughod, Janet L.: Cairo. 1001 Years of the City Victorious, Princeton 1971 (Princeton Studies on the Near East).

Abu-Lughod 1987 | Abu-Lughod, Janet L.: The Islamic City. Historical Myth, Islamic Essence, and Contemporary Relevance, in: International Journal of Middle East Studies 19/2 (1987), S. 155–176.

Airlie 2000 | Airlie, Stuart: The Palace of Memory: The Carolingian Court as Political Centre, in: Rees Jones, Sarah u. a. (Hg.): Courts and Regions in Medieval Europe, Woodbridge/Rochester 2000, S. 1–20.

Airlie 2005 | Airlie, Stuart: Charlemagne and the Aristocracy: Captains and Kings, in: Story, Joanna (Hg.): Charlemagne. Empire and Society, Manchester/New York 2005, S. 90–102.

Airlie (im Druck) | Airlie, Stuart: The Palace Complex, in: Hudson, John/Rodriguez, Ana (Hg.): Diverging Paths? The Shape of Power and Institutions in Medieval Islam and Christendom, Leiden (im Druck).

Akbar 1988 | Akbar, Jamel: Crisis in the Built Environment. The Case of the Muslim City, Singapur 1988 (Mimar Book).

Alberi 2010 | Alberi, Mary: „Like the Army of God's Camp": Political Theology and Apocalyptic Warfare at Charlemagne's Court, in: Viator 41/2 (2010), S. 1–20.

Allen 2012 | Allen, Terry: The Carved Stone Ornament of the Mosque of al-Ḥākim, Occidental, California 2012, URL:<http://www.sonic.net/~tallen/palmtree/csomh/index.csomh.htm>, 28.08.2013.

Allmand 2011 | Allmand, Christopher T.: The „De Re Militari" of Vegetius. The Reception, Transmission and Legacy of a Roman Text in the Middle Ages, Cambridge u. a. 2011.

Althaus/Sutcliffe 2006 | Althaus, Frank/Sutcliffe, Mark (Hg.): The Road to Byzantium. Luxury Arts of Antiquity (Ausst.-Kat. London 2006), London 2006.

Althoff 1983 | Althoff, Gerd: Der Sachsenherzog Widukind als Mönch auf der Reichenau. Ein Beitrag zur Kritik des Widukind-Mythos, in: Frühmittelalterliche Studien 17 (1983), S. 251–279.

Althoff 1993 | Althoff, Gerd: Demonstration und Inszenierung. Spielregeln der Kommunikation in mittelalterlicher Öffentlichkeit, in: Frühmittelalterliche Studien 27 (1993), S. 27–50.

Althoff 2001 | Althoff, Gerd (Hg.): Formen und Funktionen öffentlicher Kommunikation im Mittelalter, Stuttgart 2001 (Vorträge und Forschungen, 51).

Althoff 2003 | Althoff, Gerd: Die Macht der Rituale. Symbolik und Herrschaft im Mittelalter, Darmstadt 2003.

Anderson 2011 | Anderson, Benjamin: Classified Knowledge: The Epistemology of Statuary in the Parastaseis Syntomoi Chronikai, in: Byzantine and Medieval Greek Studies 35 (2011), S. 1–19.

Andreolli 1983 | Andreolli, Bruno: L'evoluzione dei patti colonici nella Toscana dei secoli VIII–X, in: Quaderni medievali 16 (1983), S. 29–52.

Angenendt 1980 | Angenendt, Arnold: Das geistliche Bündnis der Päpste mit den Karolingern (754–796), in: Historisches Jahrbuch 100 (1980), S. 1–94.

Angenendt 1994 | Angenendt, Arnold: Der eine Adam und die vielen Stammväter. Idee und Wirklichkeit der Origo gentis im Mittelalter, in: Wunderli, Peter (Hg.): Herkunft und Ursprung. Historische und mythische Formen der Legitimation (Tagungsakten Düsseldorf 1991), Sigmaringen 1994, S. 27–52.

Angenendt 1997 | Angenendt, Arnold: Karl der Große als „rex et sacerdos", in: Berndt, Rainer (Hg.): Das Frankfurter Konzil von 794. Kristallisationspunkt karolingischer Kultur. Bd. 1: Politik und Kirche (Tagungsakten Frankfurt am Main 1994), Trier 1997 (Quellen und Abhandlungen zur mittelrheinischen Kirchengeschichte, 80/1), S. 255–278.

Angenendt 2005 | Angenendt, Arnold: Liudger. Missionar – Abt – Bischof im frühen Mittelalter, Münster [2]2005.

Anton 1990 | Anton, Hans Hubert: Beobachtungen zum fränkisch-byzantinischen Verhältnis in karolingischer Zeit, in: Schieffer, Rudolf (Hg.): Beiträge zur Geschichte des Regnum Francorum. Referate beim Wissenschaftlichen Colloquium zum 75. Geburtstag von Eugen Ewig, Sigmaringen 1990 (Beihefte der Francia, 22), S. 97–119.

Anton 2002 | Anton, Hans Hubert: Solium imperii und Principatus sacerdotum in Rom, fränkische Hegemonie über den Okzident/Hesperiden – Grundlagen, Entstehung und Wesen des karolingischen Kaisertums, in: Erkens, Franz-Reiner/Wolff, Hartmut (Hg.): Von sacerdotium und regnum. Geistliche und weltliche Gewalt im frühen und hohen Mittelalter (Festschrift für Egon Boshof), Köln/Weimar/Wien 2002 (Passauer historische Forschungen, 12), S. 203–274.

Arbeiter/Noack-Haley 1994 | Arbeiter, Achim/Noack-Haley, Sabine: Asturische Königsbauten des 9. Jahrhunderts. Die Kirchen San Miguel de Liño, Santa Cristina de Lena, San Salvador de Valdediós und das Belvedere am Naranco in Aufnahmen und Untersuchungen des Deutschen Archäologischen Instituts Madrid, Mainz 1994 (Madrider Beiträge, 22).

Arbeiter/Noack-Haley 1999 | Arbeiter, Achim/Noack-Haley, Sabine: Christliche Denkmäler des frühen Mittelalters vom 8. bis ins 11. Jahrhundert, Mainz 1999 (Hispania antiqua).

Archibald 2007 | Archibald, Marion M.: Pseudo-Kufic Base-Metal Coin Brooches from England, in: Andersen, Michael/Horsnæs, Helle W./Moesgaard, Jens Christian (Hg.): Magister Monetae. Studies of Honour of Jørgen Steen Jensen, Kopenhagen 2007 (Publications from the National Museum. Studies in Archaeology and History, 13), S. 127–138.

Arias Páramo 1993 | Arias Páramo, Lorenzo: Prerrománico asturiano. El arte de la monarquía asturiana, Gijón 1993.

Arias Páramo 1996 | Arias Páramo, Lorenzo: Santa María del Naranco, San Miguel de Liño, Gijón 1996.

Arias Páramo 1999a | Arias Páramo, Lorenzo: La Pintura Mural en el Reino de Asturias en los siglos IX y X, Oviedo 1999.

Arias Páramo 1999b | Arias Páramo, Lorenzo: The Preromanesque in Asturias. The Art of the Asturian Monarchy, Gijón 1999 (Asturias monumental).

Arias Páramo 2011 | Arias Páramo, Lorenzo: Iconografia y Teología del poder en Santa María del Naranco, in: Revista Anual de Historia del Arte 17 (2011), S. 9–28.

Arnulf 2004 | Arnulf, Arwed: Architektur- und Kunstbeschreibungen von der Antike bis zum 16. Jahrhundert, Berlin/München 2004 (Kunstwissenschaftliche Studien, 110).

Aronius 1970 | Aronius, Julius: Regesten zur Geschichte der Juden im fränkischen und deutschen Reiche bis zum Jahre 1272 [Berlin 1902], Hildesheim/New York 1970.

Aschoff 1980 | Aschoff, Volker: Über den byzantinischen Feuertelegraphen und Leon den Mathematiker, München 1980 (Abhandlungen und Berichte. Deutsches Museum, 48/1).

Ashtor 1973–1984 | Ashtor, Elyahu: The Jews of Muslim Spain, 3 Bde., Philadelphia 1973–1984.

Ashtor 1976 | Ashtor, Eliyahu: A Social and Economic History of the Near East in the Middle Ages, London 1976.

Asolati/Crisafulli 1994 | Asolati, Michele/Crisafulli, Cristina: Ritrovamenti monetali di età romana nel Veneto. Provincia 6: Provincia di Venezia, Padova 1994.

Augenti 2008 | Augenti, Andrea: A Tale of Two Cities. Rome and Ravenna between 7th and 9th Century AD, in: Gasparri, Stefano (Hg.): 774. Ipotesi su una transizione (Tagungsakten Poggibonsi 2006), Turnhout 2008 (Seminari Internazionali del Centro Interuniversitario per la Storia e l'Archeologia dell'Alto Medioevo, 1), S. 175–198.

Augenti 2010 | Augenti, Andrea: Città e porti dall'Antichità al Medioevo, Rom 2010.

Ausbüttel 2003 | Ausbüttel, Frank M.: Theoderich der Große, Darmstadt 2003 (Gestalten der Antike).

Ayalon 1999 | Ayalon, David: Eunuchs, Caliphs and Sultans. A Study of Power Relationships, Jerusalem 1999.

Baali 1988 | Baali, Fuad: Society, State and Urbanism. Ibn Khaldoun's Sociological Thought, Albany, N.Y. 1988.

Bachrach 1993 | Bachrach, Bernard S.: Armies and Politics in the Early Medieval West, Aldershot u.a. 1993 (Collected Studies Series, 405).

Bachrach 2001 | Bachrach, Bernard S.: Early Carolingian Warfare. Prelude to Empire, Philadelphia 2001 (The Middle Ages Series).

Bachrach 2002 | Bachrach, Bernard S.: Charlemagne's Military Responsibilities am Vorabend der Kaiserkrönung, in: Godman, Peter/Jarnut, Jörg/Johanek, Peter (Hg.): Am Vorabend der Kaiserkrönung. Das Epos „Karolus Magnus et Leo papa" und der Papstbesuch in Paderborn 799 (Tagungsakten Paderborn 1999), Berlin 2002, S. 231–255.

Bachrach 2006 | Bachrach, Bernard S.: Verbruggen's „Cavalry" and the Lyon-Thesis, in: The Journal of Medieval Military History 4 (2006), S. 137–163.

Baltrusch 1994 | Baltrusch, Ernst: Gregor der Große und sein Verhältnis zum Römischen Recht am Beispiel seiner Politik gegenüber den Juden, in: Historische Zeitschrift 259 (1994), S. 39–58.

Balzer 1999a | Balzer, Manfred: Paderborn – Zentralort der Karolinger im Sachsen des späten 8. und frühen 9. Jahrhunderts, in: Stiegemann, Christoph/Wemhoff, Matthias (Hg.): 799 – Kunst und Kultur der Karolingerzeit. Karl der Große und Papst Leo III. in Paderborn (Ausst-Kat. Paderborn 1999), Mainz 1999, Bd. 1, S. 116–123.

Balzer 1999b | Balzer, Manfred: Paderborn im frühen Mittelalter (776–1050). Sächsische Siedlung, karolingischer Pfalzort, ottonisch-salische Bischofsstadt, in: Jarnut, Jörg (Hg.): Paderborn. Geschichte der Stadt in ihrer Region. Bd. 1: Das Mittelalter, Paderborn 1999, S. 2–118.

Balzer 2012 | Balzer, Edeltraud: St. Gudula in Rhede und St. Lambertus in Coesfeld – zwei frühe Kirchen im Bistum Münster, in: Westfälische Zeitschrift 162 (2012), S. 11–21.

Bammel 1991 | Bammel, Ernst: Gregor der Große und die Juden, in: Gregorio Magno e il suo tempo. XIX Incontro di studiosi dell'antichità cristiana, Rom 1991, Bd. 2, S. 283–291.

Bandmann 1965 | Bandmann, Günter: Die Vorbilder der Aachener Pfalzkapelle, in: Braunfels, Wolfgang/Schnitzler, Hermann (Hg.): Karolingische Kunst, Düsseldorf 1965 (Karl der Große. Lebenswerk und Nachleben, 3), S. 424–462.

Bango Torviso 1999 | Bango Torviso, Isidro G.: El ocaso de la antigüedad. Arquitectura y arte en la alta Edad Media hispánica, in: Camps, Jordi (Hg.): Cataluña en la época carolingia. Arte y cultura antes del románico (siglos IX y X) (Ausst.-Kat. Barcelona 1999/2000), Barcelona 1999, S. 175–180.

Banniard 1992 | Banniard, Michel: Viva voce. Communication écrite et communication orale des IVe au IXe siècle en Occident latin, Paris 1992 (Collection des études Augustiniennes. Série moyen âge et temps modernes, 25).

Barbero 2000 | Barbero, Alessandro: Carlo Magno. Un padre dell'Europa, Rom/Bari 2000 (Storia e società).

Barion 1930 | Barion, Hans: Der kirchenrechtliche Charakter des Konzils von Frankfurt 794, in: Zeitschrift der Savigny-Stiftung für Rechtsgeschichte. Kanonistische Abteilung 19/1 (1930), S. 139–170.

Bartl/Moaz 2008 | Bartl, Karin/Moaz, Abd al-Razzaq (Hg.): Residenzen, Befestigungen, Siedlungen. Transformationsprozesse von der Spätantike bis in frühislamische Zeit in Bilad al-Sham (Tagungsakten Damaskus 2006), Rahden, Westfalen 2008 (Orient-Archäologie, 24).

Bastert 2004 | Bastert, Bernd (Hg.): Karl der Große in den europäischen Literaturen des Mittelalters. Konstruktion eines Mythos, Tübingen 2004.

Bates 2011 | Bates, Michael: Abbasid – A Second Muhammadiyya, and the Four Mints of the Bâjunays Mine, in: Journal of the Oriental Numismatic Society 209 (2011), S. 14–17.

Battenberg 1990 | Battenberg, J. Friedrich: Das europäische Zeitalter der Juden, Bd. 1, Darmstadt 1990.

Baumgärtner 2008 | Baumgärtner, Ingrid: Europa in der Kartographie des Mittelalters. Repräsentationen – Grenzen – Paradigmen, in: dies./Kugler, Hartmut (Hg.): Europa im Weltbild des Mittelalters. Kartographische Konzepte, Berlin 2008 (Orbis mediaevalis, 10), S. 9–28.

Beaune 1985 | Beaune, Colette: Naissance de la nation France, Paris 1985 (Bibliothèque des Histoires).

Becher 1999a | Becher, Matthias: Karl der Große und Papst Leo III. Die Ereignisse der Jahre 799 und 800 aus der Sicht der Zeitgenossen, in: Stiegemann, Christoph/Wemhoff, Matthias (Hg.): 799 – Kunst und Kultur der Karolingerzeit. Karl der Große und Papst Leo III. in Paderborn (Ausst-Kat. Paderborn 1999), Mainz 1999, Bd. 1, S. 22–36.

Becher 1999b | Becher, Matthias: Sachsen vom 6. bis 8. Jahrhundert, in: Über allen Fronten. Nordwestdeutschland zwischen Augustus und Karl dem Großen (Ausst.-Kat. Oldenburg 1999), Oldenburg 1999 (Archäologische Mitteilungen aus Nordwestdeutschland. Beiheft, 26), S. 145–161.

Becher 2000 | Becher, Matthias: Karl der Große, München ²2000 (C. H. Beck Wissen in der Beck'schen Reihe, 2120).

Becher 2002a | Becher, Matthias: Die Kaiserkrönung im Jahr 800. Eine Streitfrage zwischen Karl dem Großen und Papst Leo III., in: Rheinische Vierteljahresblätter 66 (2002), S. 1–38.

Becher 2002b | Becher, Matthias: Die Reise Papst Leos III. zu Karl dem Großen. Überlegungen zu Chronologie, Verlauf und Inhalt der Paderborner Verhandlungen des Jahres 799, in: Godman, Peter/Jarnut, Jörg/Johanek, Peter (Hg.): Am Vorabend der Kaiserkrönung. Das Epos „Karolus Magnus et Leo papa" und der Papstbesuch in Paderborn 799 (Tagungsakten Paderborn 1999), Berlin 2002, S. 87–112.

Becher 2003 | Becher, Matthias: Eine verschleierte Krise. Die Nachfolge Karl Martells 741 und die Anfänge der karolingischen Hofgeschichtsschreibung, in: Laudage, Johannes (Hg.): Von Fakten und Fiktionen. Mittelalterliche

Geschichtsdarstellungen und ihre kritische Aufarbeitung, Köln 2003 (Europäische Geschichtsdarstellungen, 1), S. 95–133.

Becher 2007 | Becher, Matthias: Eine Reise nach Rom, ein Hilferuf und ein Reich ohne König. Bonifatius in den letzten Jahren Karl Martells, in: Felten, Franz J./Jarnut, Jörg/von Padberg, Lutz E. (Hg.): Bonifatius – Leben und Nachwirken. Die Gestaltung des christlichen Europa im Frühmittelalter (Tagungsakten Mainz 2004), Mainz 2007 (Quellen und Abhandlungen zur mittelrheinischen Kirchengeschichte, 121), S. 231–253.

Becher 2008 | Becher, Matthias: Costantino il Grande, l'incoronazione imperiale nell'816 e le relazioni tra papato e Franchi dopo la prima metà del secolo VIII, in: Bonamente, Giorgio/Cracco, Giorgio/Rosen, Klaus (Hg.): Costantino il Grande tra medioevo ed età moderna (Tagungsakten Trient 2004), Bologna 2008 (Annali dell'Istituto Storico Italo-Germanico in Trento. Quaderni, 75), S. 15–50.

Becher 2012a | Becher, Matthias: Corona, quae Constantini Caesaris ante fuit. Zur Krönung Ludwigs des Frommen durch Papst Stephan IV. im Jahr 816, in: Finger, Heinz/Hiestand, Rudolf (Hg.): Bischöfe, Klöster, Universitäten und Rom. Gedenkschrift für Josef Semmler (1928–2011), Köln 2012 (Libelli Rhenani, 41), S. 47–58.

Becher 2012b | Becher, Matthias: Das Kaisertum Karls des Großen zwischen Rückbesinnung und Neuerung, in: Leppin, Hartmut/Schneidmüller, Bernd/Weinfurter, Stefan (Hg.): Kaisertum im ersten Jahrtausend. Wissenschaftlicher Begleitband zur Landesausstellung „Otto der Große und das Römische Reich. Kaisertum von der Antike zum Mittelalter" (Tagungsakten Magdeburg 2010), Regensburg 2012, S. 251–270.

Becher (in Vorbereitung) | Becher, Matthias: „(...) in pacis dilectione cum Desiderio Langobardorum rege conversare studeamus": aperture e chiusure nelle relazioni internazionali del re Desiderio, in: Desiderio. Il progetto politico dell'ultimo re longobardo (in Vorbereitung).

Beck/Bol 1983 | Beck, Herbert/Bol, Peter C. (Hg.): Spätantike und frühes Christentum (Ausst.-Kat. Frankfurt am Main 1983/84), Frankfurt am Main 1983.

Beckwith 1959 | Beckwith, John: Koptische Textilien, in: Ciba Rundschau 13 (1959), S. 2–26.

Beckwith 2012 | Beckwith, Christopher I.: Warriors of the Cloisters. The Central Asian Origins of Science in the Medieval World, Princeton 2012.

Beihammer/Parani/Schabel 2008 | Beihammer, Alexander D./Parani, Maria G./Schabel, Christopher D. (Hg.): Diplomatics in the Eastern Mediterranean 1000–1500. Aspects of Cross-Cultural Communication, Leiden/Boston/Tokio 2008 (The Medieval Mediterranean, 74).

Benevolo 2000 | Benevolo, Leonardo: Die Geschichte der Stadt, aus dem Italienischen von Jürgen Humburg, Frankfurt am Main/New York [8]2000.

Bentley 1996 | Bentley, Jerry H.: Cross-Cultural Interaction and Periodization in World History, in: The American Historical Review 101/3 (1996), S. 749–770.

Bentley/Ziegler 2008 | Bentley, Jerry H./Ziegler, Herbert F.: Traditions & Encounters. A Global Perspective on the Past, Boston u. a. [4]2008.

Benz 1975 | Benz, Karl-Josef: „Cum ab oratione surgeret". Überlegungen zur Kaiserkrönung Karls des Großen, in: Deutsches Archiv für Erforschung des Mittelalters 31 (1975), S. 337–369.

Berger 1988 | Berger, Albrecht: Untersuchungen zu den Patria Konstantinupoleos (Diss. Berlin 1987), Bonn 1988 (Poikila Byzantina, 8).

Berger 1989 | Berger, Albrecht: Die Reliquien der heiligen Euphemia und ihre erste Translation nach Konstantinopel, in: Hellenika 39 (1989), S. 311–322.

Berghaus 1987 | Berghaus, Peter: Wirtschaft, Handel und Verkehr in der Karolingerzeit im Licht numismatischen Materials, in: Düwel, Klaus u. a. (Hg.): Untersuchungen zu Handel und Verkehr der vor- und frühgeschichtlichen Zeit in Mittel- und Nordeuropa. Teil 4: Der Handel der Karolinger- und Wikingerzeit, Göttingen 1987, S. 69–85.

Berings 1992 | Berings, Geert: Transport and Communication in the Middle Ages, in: Hundsbichler, Helmut (Red.): Kommunikation und Alltag in Spätmittelalter und früher Neuzeit (Tagungsakten Krems an der Donau 1990), Wien 1992 (Veröffentlichung des Instituts für Realienkunde des Mittelalters und der Frühen Neuzeit, 15 – Sitzungsberichte/Österreichische Akademie der Wissenschaften. Philosophisch-Historische Klasse, 596), S. 47–73.

Berndt 1997 | Berndt, Rainer (Hg.): Das Frankfurter Konzil von 794. Kristallisationspunkt karolingischer Kultur (Tagungsakten Frankfurt am Main 1994), 2 Bde., Trier 1997 (Quellen und Abhandlungen zur mittelrheinischen Kirchengeschichte, 80).

Berschin 1997 | Berschin, Walter: Die Ost-West-Gesandtschaften am Hof Karls des Großen und Ludwigs des Frommen (768–840), in: Butzer, Paul Leo/Kerner, Max/Oberschelp, Walter (Hg.): Karl der Große und sein Nachwirken. 1200 Jahre Kultur und Wissenschaft in Europa. Bd. 1: Wissen und Weltbild, Turnhout 1997, S. 157–172.

Bertolini 1941 | Bertolini, Ottorino: Roma di fronte a Bisanzio e ai longobardi, Bologna 1941 (Storia di Roma, 9).

Bertolini 2000 | Bertolini, Ottorino: s. v. Adriano I, in: Enciclopedia dei Papi, Rom 2000, Bd. 1, S. 683–693.

Best/Gensen/Hömberg 1999 | Best, Werner/Gensen, Rolf/Hömberg, Philipp R.: Burgenbau in einer Grenzregion, in: Stiegemann, Christoph/Wemhof, Matthias (Hg.): 799 – Kunst und Kultur der Karolingerzeit. Karl der Große und Papst Leo III. in Paderborn. Beiträge zum Katalog der Ausstellung Paderborn 799, Mainz 1999, S. 328–345.

Beuckers 2012 | Beuckers, Klaus Gereon: „Imperiales Bauen" im frühen Mittelalter. Bemerkungen zu herrscherlicher Bautätigkeit bis ins 10. Jahrhundert, in: Leppin, Hartmut/Schneidmüller, Bernd/Weinfurter, Stefan (Hg.): Kaisertum im ersten Jahrtausend. Wissenschaftlicher Begleitband zur Landesausstellung „Otto der Große und das Römische Reich. Kaisertum von der Antike zum Mittelalter" (Tagungsakten Magdeburg 2010), Regensburg 2012, S. 297–320.

Beumann 1966 | Beumann, Helmut: Das Paderborner Epos und die Kaiseridee Karls des Großen, in: Brockmann, Joseph (Hg.): Karolus Magnus et Leo Papa. Ein Paderborner Epos vom Jahre 799, Paderborn 1966 (Studien und Quellen zur westfälischen Geschichte, 8), S. 1–54.

Beumann 1972 | Beumann, Helmut: Grab und Thron Karls des Großen, in: ders. (Hg.): Wissenschaft vom Mittelalter. Ausgewählte Aufsätze, Köln/Wien 1972, S. 347–376.

Beumann 1982 | Beumann, Helmut: Die Hagiographie „bewältigt" Unterwerfung und Christianisierung der Sachsen durch Karl den Großen, in: Cristianizzazione ed organizzazione ecclesiastica delle campagne nell'alto medioevo. Espansione e resistenze (Tagungsakten Spoleto 1980), Spoleto 1982 (Settimane di studio del Centro italiano di studi sull'alto medioevo, 28/1), Bd. 1, S. 129–163.

Beutler 1982 | Beutler, Christian: Statua. Die Entstehung der nachantiken Statue und der europäische Individualismus, München 1982.

Beutler 1991 | Beutler, Christian: Der älteste Kruzifixus, Frankfurt am Main 1991.

Bieberstein 1993 | Bieberstein, Klaus: Der Gesandtenaustausch zwischen Karl dem Großen und Hārūn ar-Rašīd und seine Bedeutung für die Kirchen Jerusalems, in: Zeitschrift des Deutschen Palästinavereins 109 (1993), S. 152–173.

Bieberstein 2007 | Bieberstein, Klaus: Die Bauten auf dem Haram. Der biblische Tempelberg in seiner islamischen Rezeption, in: Küchler, Max (Hg.): Jerusalem. Ein Handbuch und Studienreiseführer zur Heiligen Stadt, Göttingen 2007, S. 220–277.

Binding 1996a | Binding, Günther: Deutsche Königspfalzen von Karl dem Großen bis Friedrich II. (765–1240), Darmstadt 1996.

Binding 1996b | Binding, Günther: Der früh- und hochmittelalterliche Bauherr als sapiens architectus, Köln 1996.

Binding 2004 | Binding, Günther: Meister der Baukunst. Geschichte des Architekten- und Ingenieurberufes, Darmstadt 2004.

Binding 2007 | Binding, Günther: Antike Säulen als Spolien in früh- und hochmittelalterlichen Kirchen und Pfalzen – Materialspolie oder Bedeutungsträger?, Stuttgart 2007 (Sitzungsberichte der wissenschaftlichen Gesellschaft der Johann-Wolfgang-Goethe Universität Frankfurt am Main, 45/1).

Blackburn 2007 | Blackburn, Mark: Gold in England During the ‚Age of Silver' (Eighth–Eleventh Centuries), in: Graham-Campbell, James/Williams, Gareth (Hg.): Silver Economy in the Viking Age, Wallnut Creek 2007, S. 55–98.

Blaudeau 1996 | Blaudeau, Philippe: Timothée Aelure et la direction ecclésiale de l'empire post-Chalcédonien, in: Revue des Études Byzantines 54 (1996), S. 107–133.

Blaudeau 2007 | Blaudeau, Philippe: Motifs et structures de divisions ecclésiales. Le schisme Acacien (484–519), in: Annuarium Historiae Conciliorum 39 (2007), S. 65–98.

Bloch 1965 | Bloch, Peter: Das Apsismosaik von Germigny-des-Prés. Karl der Große und der Alte Bund, in: Braunfels, Wolfgang/Schnitzler, Hermann (Hg.): Karolingische Kunst, Düsseldorf 1965 (Karl der Große. Lebenswerk und Nachleben, 3), S. 234–261.

Blumenkranz 1973 | Blumenkranz, Bernhard: Juifs et chrétiens dans le monde occidental 430–1096 [Paris 1960], Nachdruck, Paris 1973.

Bock 1983 | Bock, Ulrich: Die armenische Baukunst. Geschichte und Problematik ihrer Erforschung (Diss. Köln 1983), Köln 1983.

Bolin 1953/1968 | Bolin, Sture: Mohammed, Charlemagne and Ruric, in: Scandinavian Economic History Review 1 (1953), S. 5–39; Nachdruck in: Hübinger, Paul Egon (Hg.): Bedeutung und Rolle des Islam beim Übergang vom Altertum zum Mittelalter, Darmstadt 1968 (Wege der Forschung, 202), S. 223–265.

Boll 1899 | Boll, Franz: Beiträge zur Überlieferungsgeschichte der griechischen Astrologie und Astronomie, in: Sitzungsberichte der philosophisch-philologischen Klasse der Bayerischen Akademie der Wissenschaften, München 1899, Bd. 1, S. 110–138.

Bonfil 1983 | Bonfil, Robert: Tra due mondi. Prospettive di ricerca sulla storia culturale degli Ebrei in Italia meridionale nell'Alto Medioevo, in: Italia Judaica I, Rom 1983, S. 135–158.

Borgolte 1976 | Borgolte, Michael: Der Gesandtenaustausch der Karolinger mit den Abbasiden und mit den Patriarchen von Jerusalem, München 1976 (Münchener Beiträge zur Mediävistik und Renaissance-Forschung, 25).

Borgolte 1980 | Borgolte, Michael: Papst Leo III., Karl der Große und der Filioque-Streit von Jerusalem, in: Byzantina 10 (1980), S. 403–427.

Borgolte 2006 | Borgolte, Michael: Christen, Juden, Muselmanen. Die Erben der Antike und der Aufstieg des Abendlandes 300 bis 1400 n. Chr., München 2006 (Siedler Geschichte Europas, 2).

Borgolte 2007 | Borgolte, Michael: Die Anfänge des mittelalterlichen Europa oder Europas Anfänge im Mittelalter, in: Zeitschrift für Geschichtswissenschaft 55 (2007), S. 205–219.

Borgolte 2009 | Borgolte, Michael: Migrationen als transkulturelle Verflechtungen im mittelalterlichen Europa. Ein neuer Pflug für alte Forschungsfelder, in: Historische Zeitschrift 289/2 (2009), S. 261–285.

Borgolte 2010a | Borgolte, Michael: Augenlust im Land der Ungläubigen. Wie Religion bei Christen und Muslimen des Mittelalters die Erfahrung der Fremde steuerte, in: Zeitschrift für Geschichtswissenschaft 58/7–8 (2010), S. 591–613.

Borgolte 2010b | Borgolte, Michael: Kommunikation – Handel, Kunst und Wissenstausch, in: Fried, Johannes/Hehl, Ernst-Dieter (Hg.): Weltdeutungen und Weltreligionen, 600 bis 1500, Darmstadt 2010 (WBG Weltgeschichte, 3), S. 17–56 und S. 469–470.

Borgolte 2011a | Borgolte, Michael: Experten der Fremde. Gesandte in interkulturellen Beziehungen des frühen und hohen Mittelalters, in: Le Relazioni Internazionali nell'Alto Medioevo (Tagungsakten Spoleto 2010), Spoleto 2011 (Settimane di studio del Centro italiano di studi sull'alto medioevo, 58), S. 945–992.

Borgolte 2011b | Borgolte, Michael: Juden, Christen und Muslime im Mittelalter, in: Honnefelder, Ludger (Hg.): Albertus Magnus und der Ursprung der Universitätsidee. Die Begegnung der Wissenschaftskulturen im 13. Jahrhundert und die Entdeckung des Konzepts der Bildung durch Wissenschaft, Berlin 2011, S. 27–48.

Borgolte 2012a | Borgolte, Michael: Mittelalter in der größeren Welt. Eine europäische Kultur in globaler Perspektive, in: Historische Zeitschrift 295/1 (2012), S. 35–61.

Borgolte 2012b | Borgolte, Michael: Weshalb der Islam seit dem Mittelalter zu Europa gehört, in: Viator 43 Multilingual (2012), S. 363–377.

Borgolte 2013 | Borgolte, Michael: Über europäische und globale Geschichte des Mittelalters. Historiographie im Zeichen kognitiver Entgrenzung, in: Patzold, Steffen/Ridder, Klaus (Hg.): Die Aktualität der Vormoderne. Epochenentwürfe zwischen Alterität und Kontinuität (Tagungssakten Tübingen 2012), Berlin 2013 (Europa im Mittelalter, 23), S. 47–65.

Borgolte (im Druck) | Borgolte, Michael: Karl der Große – Sein Platz in der Globalgeschichte, in: Saeculum. Jahrbuch für Universalgeschichte (im Druck); italienisch in: Quellen und Forschungen aus italienischen Archiven und Bibliotheken (im Druck).

Borgolte/Dücker/Müllerburg 2011 | Borgolte, Michael/Dücker, Julia/Müllerburg, Marcel u. a. (Hg.): Integration und Desintegration der Kulturen im europäischen Mittelalter, Berlin 2011 (Europa im Mittelalter, 18).

Borgolte/Tischler 2011 | Borgolte, Michael/Tischler, Matthias M. (Hg.): Transkulturelle Verflechtungen im mittelalterlichen Jahrtausend. Europa, Ostasien und Afrika, Darmstadt 2011.

Borgolte u. a. 2011 | Borgolte, Michael u. a. (Hg.): Integration und Desintegration der Kulturen im europäischen Mittelalter, Berlin 2011 (Europa im Mittelalter. Abhandlungen und Beiträge zur historischen Komparatistik, 18).

Boshof 1996 | Boshof, Egon: Ludwig der Fromme, Darmstadt 1996 (Gestalten des Mittelalters und der Renaissance).

Bosworth 1963 | Bosworth, Clifford Edmund: The Ghaznavids. Their Empire in Afghanistan and Eastern Iran 944–1040, Edinburgh 1963 (History, Philosophy and Economics, 17).

Botet y Sisó 1908 | Botet y Sisó, Joaquim: Les monedes Catalanes, Bd. 1, Barcelona 1908 (Institut d'estudis Catalans, 3).

Bougard 2008 | Bougard, François: Tempore barbarici? La production documentaire publique et privée, in: Gasparri, Stefano (Hg.): 774. Ipotesi su una transizione (Tagungsakten Poggibonsi 2006), Turnhout 2008 (Seminari Internazionali del Centro Interuniversitario per la Storia e l'Archeologia dell'Alto Medioevo, 1), S. 331–352.

Brandenburg 2000 | Brandenburg, Hugo: Zwei Marmor-Kapitelle aus der karolingischen Pfalz Ingelheim im Landesmuseum zu Mainz. Zur Frage der Spolienverwendung im frühen Mittelalter, in: Mattern, Torsten (Hg.): Munus. Festschrift für Hans Wiegartz, Münster 2000, S. 47–60.

Brandes 2007 | Brandes, Wolfram: Irene und das Kaisertum um 800. Nur eine ehrgeizige Frau?, in: Meier, Mischa (Hg.): Sie schufen Europa. Historische Portraits von Konstantin bis Karl dem Großen, München 2007, S. 287–294.

Brandes 2009 | Brandes, Wolfram: Der frühe Islam in der byzantinischen Historiographie. Anmerkungen zur Quellenproblematik der Chronographia des Theophanes, in: Goltz, Andreas/Leppin, Hartmut/Schlange-Schöningen, Heinrich (Hg.): Jenseits der Grenzen. Beiträge zur spätantiken und frühmittelalterlichen Geschichtsschreibung (Tagungsakten Lindheim 2007), Berlin/New York 2009, S. 313–343.

Brandes/Haldon 2000 | Brandes, Wolfram/Haldon, John: Towns, Tax and Transformation: State, Cities and their Hinterland in the East Roman World, c. 500–800, in: Brogiolo, Gian Pietro u. a. (Hg.): Towns and their Territories between Late Antiquity and the Early Middle Ages, Leiden/Boston 2000 (The Transformation of the Roman World, 9).

Brands 2001 | Brands, Gunnar: Die Ursprünge der frühen islamischen Kunst, in: Kuhn, Dieter/Stahl, Helga (Hg.): Die Gegenwart des Altertums. Formen und Funktionen des Altertumsbezugs in den Hochkulturen der Alten Welt, Heidelberg 2001, S. 391–394.

Brandt/Hengst 2002 | Brandt, Hans Jürgen/Hengst, Karl: Geschichte des Erzbistums Paderborn. Bd. 1: Das Bistum Paderborn im Mittelalter, Paderborn 2002 (Veröffentlichungen zur Geschichte der mitteldeutschen Kirchenprovinz, 12).

Braudel 1966 | Braudel, Fernand: La Méditerranée et le Monde Méditerranéen à l'époque de Philippe II, Paris ²1966.

Braudel 1986 | Braudel, Fernand: Sozialgeschichte des 15. bis 18. Jahrhunderts. Bd. 2: Der Handel, München 1986.

Braunfels 1965–1967 | Braunfels, Wolfgang (Hg.): Karl der Große. Lebenswerk und Nachleben, 4 Bde., Düsseldorf 1965–1967.

Braunfels 1968 | Braunfels, Wolfgang: Die Welt der Karolinger und ihre Kunst, München 1968.

Braunfels/Schramm 1967 | Braunfels, Wolfgang/Schramm, Percy Ernst (Hg.): Das Nachleben, Düsseldorf 1967 (Karl der Große. Lebenswerk und Nachleben, 4).

Bredekamp 2014 | Bredekamp, Horst: Der schwimmende Souverän. Karl der Große und die Bildpolitik des Körpers. Eine Studie zum schematischen Bildakt, Berlin 2014.

Bredekamp/Trinks 2013 | Bredekamp, Horst/Trinks, Stefan: Utopische Landschaft im Mittelalter, in: Historische Zeitschrift 296/4 (2013), S. 55–72.

Bréhier 1928 | Bréhier, Louis: Charlemagne et la Palestine, in: Revue historique 157 (1928), S. 277–291.

Bresc/Guichard 1990a | Bresc, Henri/Guichard, Pierre: Le monde des Abbasides. La ‚réussite' de l'Islam, in: Fossier, Robert (Hg.): Le Moyen Age. Bd. 1: Les mondes nouveaux 350–950, Paris ³1990, S. 231–282.

Bresc/Guichard 1990b | Bresc, Henri/Guichard, Pierre: L'éclatement des Islams. Fin du IXe siècle–fin du XIe siècle, in: Fossier, Robert (Hg.): Le Moyen Age. Bd. 2: L'éveil de l'Europe 950–1250, Paris ³1990, S. 141–194 und S. 523–525.

Brett 1986 | Brett, Michael: The City-State in Medieval Ifrīqiya. The Case of Tripoli, in: Les Cahiers de Tunisie 34/137–138 (1986), S. 69–94.

Brockmann 1966 | Brockmann, Joseph (Hg.): Karolus Magnus et Leo Papa. Ein Paderborner Epos vom Jahre 799, Paderborn 1966 (Studien und Quellen zur westfälischen Geschichte, 8).

Brody 1998 | Brody, Robert: The Geonim of Babylonia and the Shaping of Medieval Jewish Culture, New Haven etc. 1998.

Bronisch 2005 | Bronisch, Alexander P.: Die Judengesetzgebung im katholischen Westgotenreich von Toledo, Hannover 2005.

Brown 1984 | Brown, Truesdell S.: Gentlemen and Officers. Imperial Administration and Aristocratic Power in Byzantine Italy A.D. 554–800 (Diss. Nottingham 1976), Rom 1984.

Brown 1997 | Brown, Stuart C.: s.v. Ecbatana, in: Encyclopaedia Iranica, Bd. 8/1, New York 1997, S. 80–84.

Brubaker 1994 | Brubaker, Leslie: To Legitimize an Emperor: Constantine and Visual Authority in the Eighth and Ninth Centuries, in: Magdalino, Paul (Hg.): New Constantines. The Rhythm of Imperial Renewal in Byzantium, 4th–13th Centuries (Tagungsakten St. Andrews 1992), Aldershot 1994 (Publications. Society for the Promotion of Byzantine Studies, 2), S. 139–158.

Brubaker 2012 | Brubaker, Leslie: Inventing Byzantine Iconoclasm, London 2012 (Studies in Early Medieval History).

Brubaker/Haldon 2001 | Brubaker, Leslie/Haldon, John: Byzantium in the Iconoclast Era, c. 680–850: The Sources. An Annotated Survey. With a Section on the Architecture of Iconoclasm: The Buildings by Robert Ousterhout, Aldershot u. a. 2001.

Brühl 1990 | Brühl, Carlrichard: Deutschland – Frankreich. Die Geburt zweier Völker, Köln/Wien 1990.

Bruhn 2003 | Bruhn, Matthias: Bildwirtschaft. Verwaltung und Verwertung der Sichtbarkeit, Weimar 2003 (Visual Intelligence. Kulturtechniken der Sichtbarkeit, 5).

Brune 1999 | Brune, Karl-Heinz: Der koptische Reiter: Jäger, König, Heiliger. Ikonographische und stilistische Untersuchung zu den Reiterdarstellungen im spätantiken Ägypten und die Frage ihres „Volkskunstcharakters" (Diss. Münster 1998), Altenberge 1999 (Arbeiten zum spätantiken und koptischen Ägypten, 11).

Brune 2004 | Brune, Karl Heinz: Die koptischen Textilien im Kunst-Palast Düsseldorf. Teil 1: Wirkereien mit figürlichen Motiven, Wiesbaden 2004 (Sprachen und Kulturen des Christlichen Orients, 13).

Buckler 1931 | Buckler, Francis William: Harunu'l-Rashid and Charles the Great, Cambridge, Mass. 1931 (Publication. The Mediaeval Academy of America, 7 – Monographs of the Mediaeval Academy of America, 2).

Buckton 1988 | Buckton, David: Byzantine Enamel and the West, in: Howard-Johnston, James (Hg.): Byzantium and the West. C. 850–c. 1200 (Tagungsakten Oxford 1984), Amsterdam 1988 (Byzantinische Forschungen, 13), S. 235–244.

Bulliet 1972 | Bulliet, Richard W.: The Patricians of Nishapur. A Study in Medieval Islamic Social History, Cambridge, Mass. 1972 (Harvard Middle Eastern Studies, 16).

Bulliet 1975 | Bulliet, Richard W.: The Camel and the Wheel, Cambridge, Mass./London 1975.

Bulliet 1979 | Bulliet, Richard W.: Conversion to Islam in the Medieval Period. An Essay in Quantitative History, Cambridge, Mass./London 1979.

Bulliet 1994 | Bulliet, Richard W.: Islam. The View from the Edge, New York 1994.

Busse 1987 | Busse, Heribert: Tempel, Grabeskirche und Ḥaram aš-Šarīf, in: Busse, Heribert/Kretschmar, Georg: Jerusalemer Heiligtumstraditionen in altkirchlicher und frühislamischer Zeit, Wiesbaden 1987 (Abhandlungen des Deutschen Palästinavereins), S. 1–27.

Cahen 1958 | Cahen, Claude: Zur Geschichte der städtischen Gesellschaft im islamischen Orient des Mittelalters, in: Saeculum. Jahrbuch für Universalgeschichte 9 (1958), S. 59–76.

Cahen 1958/59 | Cahen, Claude: Mouvements populaires et autonomisme urbain dans l'Asie musulman du moyen âge, in: Arabica 5/3 (1958), S. 225–250; 6/1 (1959), S. 25–56; 6/3 (1959), S. 233–265.

Cahen 1968 | Cahen, Claude: Der Islam. Bd. 1: Vom Ursprung bis zu den Anfängen des Osmanenreiches, Frankfurt am Main 1968 (Fischer Weltgeschichte, 14).

Caleca 1989 | Caleca, Antonio: Architettura e sculture romaniche, in: Carli, Enzo (Hg.): Il duomo di Pisa. Il battistero – il campanile, Florenz 1989, S. 14–44.

Callahan 2008 | Callahan, Daniel F.: Al-Hākim, Charlemagne, and the Destruction of the Church of the Holy Sepulcher in Jerusalem in the Writings of Ademar of Chabannes, in: Gabriele, Matthew/Stuckey, Jace (Hg.): The Legend of Charlemagne in the Middle Ages. Power, Faith, and

Crusade, Basingstoke 2008 (The new Middle Ages), S. 41–57.

Cameron 1993 | Cameron, Averil: The Mediterranean World in Late Antiquity AD 395–600, London/New York 1993 (Routledge History of the Ancient World).

Carletti 1980 | Carletti, Carlo: Iscrizioni murali, in: ders./Otranto, Giorgio (Hg.): Il Santuario di S. Michele sul Gargano dal VI al IX secolo. Contributo alla storia della Langobardia meridionale (Tagungsakten Monte Sant'Angelo 1978), Bari 1980 (Vetera Christianorum. Scavi e ricerche, 2), S. 7–158.

Caspar 1933 | Caspar, Erich: Geschichte des Papsttums. Von den Anfängen bis zur Höhe der Weltherrschaft. Bd. 2: Das Papsttum unter byzantinischer Herrschaft, Tübingen 1933.

Caspar 1935 | Caspar, Erich: Das Papsttum unter fränkischer Herrschaft, in: Zeitschrift für Kirchengeschichte 54 (1935), S. 132–266.

Castagnetti 1992 | Castagnetti, Andrea: Insediamenti e „populi", in: Cracco Ruggini, Lellia u. a. (Hg.): Storia di Venezia. Bd. 1: Origini – Età ducale, Rom 1992, S. 577–612.

Cavadini 1993 | Cavadini, John C.: The Last Christology of the West. Adoptionism in Spain and Gaul 785–820, Philadelphia 1993.

Chalmeta 1993 | Chalmeta, Pedro: Formation, structure et contrôle du marché arabo-musulman, in: Mercati e mercanti nell'Alto Medioevo. L'area euroasiatica e l'area mediterranea, Spoleto 1993 (Settimane di studio del Centro italiano di studi sull'alto medioevo, 40), S. 667–713.

Chaudhuri 1990 | Chaudhuri, Kirti N.: The Historical Roots of Capitalism in the Indian Ocean. A Comparative Study of South Asia, the Middle East, and China during the Pre-Modern Period, in: Bose, Sugata (Hg.): South Asia and World Capitalism (Tagungsakten Medford 1986), Delhi 1990, S. 87–111.

Chaudhuri 1997 | Chaudhuri, Kirti N.: Die Ökonomie in muslimischen Gesellschaften, in: Robinson, Francis (Hg.): Islamische Welt. Eine illustrierte Geschichte, Frankfurt am Main/New York 1997, S. 148–187.

Chazelle/Edwards 2003 | Chazelle, Celia/Edwards, Burton v. N. (Hg.): The Study of the Bible in the Carolingian Era, Turnhout 2003.

Chrysos 2005 | Chrysos, Euangelos K. (Hg.): To Byzantio ōs oikumenē/Byzantium as Oecumene (Tagungsakten Athen 2001), Athen 2005 (Diethnē symposia. Ethniko Hidryma Ereunōn Instituto Byzantinōn Ereunōn, 16).

Cid Priego 1980 | Cid Priego, Carlos: Existió miniatura prerománica?, in: Revista Anual de Historia del Arte. Sonderheft Liño (1980), S. 107–144.

Ciggaar 1976 | Ciggaar, Krijnie N.: Une description de Constantinople traduite par un pèlerin anglais, in: Revue des Études Byzantines 34 (1976), S. 211–267.

Classen 1968 | Classen, Peter: Karl der Große, das Papsttum und Byzanz. Die Begründung des karolingischen Kaisertums (erweiterte Sonderausgabe aus Karl der Große, Bd. 1, hrsg. von Helmut Beumann), Düsseldorf 1968.

Classen 1981 | Classen, Peter: Italien zwischen Byzanz und dem Frankenreich, in: Nascita dell' Europa ed Europa carolingia. Un'equazione da verificare, Spoleto 1981 (Settimane di studio del Centro italiano di studi sull'alto medioevo, 27), S. 919–967.

Classen 1985 | Classen, Peter: Karl der Große, das Papsttum und Byzanz. Die Begründung des karolingischen Kaisertums, hrsg. von Horst Fuhrmann/Claudia Märtl, Sigmaringen 1985 (Beiträge zur Geschichte und Quellenkunde des Mittelalters, 9).

Classen 1988 | Classen, Peter: Karl der Große, das Papsttum und Byzanz. Die Begründung des karolingischen Kaisertums, nach d. Handex. d. Verf. hrsg. von Fuhrmann, Horst/Märtl, Claudia, Sigmaringen ²1988 (Beiträge zur Geschichte und Quellenkunde des Mittelalters, 9).

Clauss 2010 | Clauss, Martin: Kriegsniederlagen im Mittelalter. Darstellung – Deutung – Bewältigung, Paderborn u. a. 2010 (Krieg in der Geschichte, 54).

Claussen 1994 | Claussen, Peter Cornelius: Kompensation und Innovation. Zur Denkmalproblematik im 13. Jahrhundert am Beispiel der Reitermonumente in Magdeburg und Bamberg, in: Beck, Herbert/Hengevoss-Dürkop, Kerstin (Hg.): Studien zur Geschichte der europäischen Skulptur im 12./13. Jahrhundert, Frankfurt am Main 1994 (Schriften des Liebieghauses), S. 565–586.

Clemens 2003 | Clemens, Lukas: Tempore Romanorum constructa. Zur Nutzung und Wahrnehmung antiker Überreste nördlich der Alpen während des Mittelalters, Stuttgart 2003 (Monographien zur Geschichte des Mittelalters, 50).

Clément 2008 | Clément, François: Les monnaies arabes et à légende arabe trouvées dans le Grand Ouest, in: Annales de Bretagne et des Pays de l'Ouest 115/2 (2008), S. 159–187.

Cluse 2005 | Cluse, Christoph: Juden am Niederrhein während des Mittelalters – eine Bilanz, in: Grübel, Monika/Mölich, Georg (Hg.): Jüdisches Leben im Rheinland. Vom Mittelalter bis zur Gegenwart, Köln u. a. 2005, S. 1–27.

Cohen 1999 | Cohen, Jeremy: Living Letters of the Law. Ideas of the Jew in Medieval Christianity, Berkeley etc. 1999.

Cohen 2005 | Cohen, Mark: Unter Kreuz und Halbmond. Die Juden im Mittelalter, München 2005.

Colafemmina 2000 | Colafemmina, Cesare: Hebrew Inscriptions of the Early Medieval Period in Southern Italy, in: Cooperman, Bernard D. u. a. (Hg.): The Jews of Italy. Memory and Identity, Bethesda 2000 (Studies and Texts in Jewish History and Culture, 7), S. 65–81.

Colker 1973 | Colker, Marvin L.: The „Karolinus" of Egidius Parisiensis, in: Traditio 29 (1973), S. 199–325.

Collins 1983 | Collins, Roger: Poetry in Ninth Century Spain, in: Papers of the Liverpool Latin Seminar 4 (1983), S. 181–195.

Collins 1998 | Collins, Roger: Charlemagne, Basingstoke 1998.

Conant 1974 | Conant, Kenneth John: Carolingian and Romanesque Architecture 800 to 1200, Harmondsworth ³1974 (The Pelican History of Art).

Conde Fernández 2007 | Conde Fernández, Francisco Javier: La época de la monarquía Asturiana. Evolución religiosa y teoría del poder, in: García Guinea, Miguel Ángel/Pérez González, José María (Hg.): Asturias. Enciclopedia del Prerrománico en Asturias, Aguilar de Campoo 2007, Bd. 1, S. 57–92.

Conrad 2013 | Conrad, Sebastian: Globalgeschichte. Eine Einführung, München 2013 (beck'sche Reihe, 6079).

Cooperson 2005 | Cooperson, Michael: Al-Maʿmun, Oxford 2005 (Makers of the Muslim World).

Cormack 1989 | Cormack, Robin: The Apse Mosaics of S. Sophia at Thessaloniki, in: ders.: The Byzantine Eye: Studies in Art and Patronage [1980/81], Nachdruck, London 1989 (Collected Studies Series, 296), S. 111–135.

Cottrell 1993 | Cottrell, Alan: Auctoritas and Potestas: A Reevaluation of the Correspondence of Gelasius I on Papal-Imperial Relations, in: Mediaeval Studies 55 (1993), S. 95–109.

Coupland 1990 | Coupland, Simon: Carolingian Arms and Armor in the Ninth Century, in: Viator 21 (1990), S. 29–50.

Coupland 2005 | Coupland, Simon: Charlemagne's Coinage: Ideology and Economy, in: Story, Joanna (Hg.): Charlemagne. Empire and Society, Manchester/New York 2005, S. 211–229.

Coupland 2011 | Coupland, Simon: A Checklist of Carolingian Coin Hoards 751–987, in: The Numismatic Chronicle 71 (2011), S. 203–256.

Crespi 1992 | Crespi, Gabriele: Die Araber in Europa, Stuttgart/Zürich 1992.

Cressier/Garcia-Arenal 1998 | Cressier, Patrice/Garcia Arenal, Mercedes (Hg.): Genèse de la ville islamique. En al-Andalus et au Maghreb occidental, Madrid 1998.

Creswell 1969 | Creswell, K. Archibald Cameron: Early Muslim Architecture, 2 Bde., Oxford 1969.

Creswell 1978 | Creswell, K. Archibald Cameron: The Muslim Architecture of Egypt, 2 Bde. [Oxford 1952], New York 1978.

Creswell 1979 | Creswell, K. Archibald Cameron: Early Muslim Architecture, 2 Bde. [Oxford 1932–1959], New York 1979.

Creswell/Allan 1989 | Creswell, K. Archibald Cameron: A Short Account of Early Muslim Architecture, revised and supplemented by James W. Allan, Aldershot 1989.

Crisafulli 1992 | Crisafulli, Cristina: Rinvenienti monetali nella Provincia meridionale di Venezia (192–1000 A.D.), unveröff. Magisterarbeit Padova 1992.

Crone 2012 | Crone, Patricia: The Nativist Prophets of Early Islamic Iran. Rural Revolt and Local Zoroastrianism, Cambridge 2012.

Crone/Hinds 1986 | Crone, Patricia/Hinds, Martin: God's Caliph: Religious Authority in the First Centuries of Islam, Cambridge u. a. 1986 (University of Cambridge Oriental Publications, 37).

Crowe 1976 | Crowe, Yolande: Survival of Classical Elements in the Ground-Plan of Khirbat al-Mafjar, in: Dietrich, Albert (Hg.): Akten des VII. Kongresses für Arabistik und Islamwissenschaft, Göttingen 1976, S. 92–100.

Cutler 1993 | Cutler, Antony: Barberiniana. Notes on the Making, Content, and Provenance of Louvre OA. 9063, in: Dassmann, Ernst/Thraede, Klaus (Hg.): Tesserae (Festschrift für Josef Engemann), Münster 1993 (Jahrbuch für Antike und Christentum. Ergänzungsband, 18), S. 329–339.

Daileader 1993 | Daileader, Philip: One Will, One Voice, and Equal Love: Papal Elections and the Liber Pontificalis in the Early Middle Ages, in: Archivum Historiae Pontificiae 31 (1993), S. 11–31.

Däntl 1939 | Däntl, Alois: Walahfrid Strabos Widmungsgedicht an die Kaiserin Judith und die Theoderichstatue vor der Kaiserpfalz zu Aachen, in: Zeitschrift des Aachener Geschichtsvereins 52 (1930), S. 1–38.

De Moor/Schrenk/Verhecken-Lammens 2006 | De Moor, Antione/Schrenk, Sabine/Verhecken-Lammens, Chris: New Research on the So-called Akhmīm Silks, in: Schrenk, Sabine (Hg.): Textiles in situ. Their Find Spots in Egypt and Neighbouring Countries in the First Millenium CE, Riggisberg 2006 (Riggisberger Berichte, 13), S. 85–94.

De Rachewiltz/Riedmann 1995 | De Rachewiltz, Siegfried/Riedmann, Josef (Hg.): Kommunikation und Mobilität im Mittelalter. Begegnungen zwischen dem Süden und der Mitte Europas (11.–14. Jahrhundert), Sigmaringen 1995.

De Vry 1997 | De Vry, Volker: Liborius, Brückenbauer Europas. Die mittelalterlichen Viten und Translationsberichte (Diss. Freiburg 1996), Paderborn 1997.

Degeorge 2006a | Degeorge, Gérard: Damaskus. Bd. 1: Von den Ursprüngen bis zu den Mamluken, Wien 2006.

Degeorge 2006b | Degeorge, Gérard: Damaskus. Bd. 2: Von den Ottomanen bis zur Gegenwart, Wien 2006.

Dehio 1872 | Dehio, Georg: Die angebliche Theoderichstatue zu Aachen, in: Jahrbücher für Kunstwissenschaft 5 (1872), S. 176–186.

Delbrück 1964 | Delbrück, Hans: Geschichte der Kriegskunst im Rahmen der politischen Geschichte. Teil 3: Das Mittelalter [Berlin 1923], Nachdruck mit einer Einleitung von Kurt-Georg Cram, Berlin 1964.

Delbrueck 1929 | Delbrueck, Richard: Die Consulardiptychen und verwandte Denkmäler, Berlin u. a. 1929 (Studien zur spätantiken Kunstgeschichte, 1).

Delogu 1977 | Delogu, Paolo: Mito di una città meridionale, Napoli 1977 (Nuovo Medioevo, 2).

Delogu 2000a | Delogu, Paolo: s. v. Gregorio II, in: Enciclopedia dei papi, Rom 2000, Bd. 1, S. 647–651.

Delogu 2000b | Delogu, Paolo: s. v. Stefano IV, in: Enciclopedia dei papi, Rom 2000, Bd. 1, S. 704–705.

Demandt 1989 | Demandt, Alexander: Die Spätantike. Römische Geschichte von Diocletian bis Justinian 284–565 n. Chr., München 1989 (Handwörterbuch der Altertumswissenschaft, 3/6).

Demoen 1998 | Demoen, Kristoffel: Culture et rhétorique dans la controverse iconoclaste, in: Byzantion 68 (1998), S. 311–346.

Depkat 2003 | Depkat, Volker: Kommunikationsgeschichte zwischen Mediengeschichte und der Geschichte sozialer Kommunikation. Versuch einer konzeptionellen Klärung, in: Spieß, Karl-Heinz (Hg.): Medien der Kommunikation im Mittelalter, Wiesbaden 2003 (Beiträge zur Kommunikationsgeschichte, 15), S. 9–48.

Depreux 1992a | Depreux, Philippe: Das Königtum Bernhards von Italien und sein Verhältnis zum Kaisertum, in: Quellen und Forschungen aus italienischen Archiven und Bibliotheken 72 (1992), S. 1–25.

Depreux 1992b | Depreux, Philippe: Empereur, Empereur associé et Pape au temps de Louis le Pieux, in: Revue belge de philologie et d'histoire 70 (1992), S. 893–906.

Deutz/Deutz 2002 | Deutz, Helmut/Deutz, Ilse (Hg.): Die Aachener „Vita Karoli Magni" des 12. Jahrhunderts. Auf der Textgrundlage der Edition von Gerhard Rauschen unter Beifügung der Texte der Karlsliturgie in Aachen, Siegburg 2002 (Veröffentlichungen des Bischöflichen Diözesanarchivs Aachen, 48).

Dignas 2007 | Dignas, Beate/Winter, Engelbert: Rome and Persia in Late Antiquity. Neighbours and Rivals, Cambridge u. a. 2007.

Djait 1986 | Djait, Hichem: Al-Kūfa. Naissance de la ville islamique, Paris 1986 (Islam d'hier et d'aujourd'hui, 29).

Dončeva-Petkova 1979 | Dončeva-Petkova, Ljudmila: Croix d'or – Reliquiaire de Pliska, in: Culture et art medievale (VIIIe–XIVe), Sofia 1979 (Bulletin de l'institut d'archéologie, 35), S. 74–91.

Donner 1981 | Donner, Fred M.: The Early Muslim Conquests, Princeton 1981.

Donner 1986 | Donner, Fred M.: The Formation of the Islamic State, in: Journal of the American Oriental Society 106/2 (1986), S. 283–296.

Döpmann 1991 | Döpmann, Hans-Dieter: Die Ostkirchen vom Bilderstreit bis zur Kirchenspaltung von 1054, Leipzig 1991 (Kirchengeschichte in Einzeldarstellungen, 1/8).

Drescher 1999 | Drescher, Hans: Die Glocken der Stiftskirche von Vreden, in: Stiegemann, Christoph/Wemhoff, Matthias (Hg.): 799 – Kunst und Kultur der Karolingerzeit. Karl der Große und Papst Leo III. in Paderborn. Beiträge zum Katalog der Ausstellung Paderborn 799, Mainz 1999, S. 356–364.

Dreßen/Minkenbrg/Oellers 2003 | Dreßen, Wolfgang/Minkenberg, Adam/Oellers, Adam C.: Ex Oriente. Isaak und der weiße Elefant. Bagdad – Jerusalem – Aachen. Eine Reise durch drei Kulturen um 800 und heute (Ausst.-Kat. Aachen 2003), Mainz 2003.

Drews 2001 | Drews, Wolfram: Juden und Judentum bei Isidor von Sevilla. Studien zum Traktat ‚De fide catholica contra Iudaeos', Berlin 2001 (Berliner Historische Studien, 34).

Drews 2009 | Drews, Wolfram: Die Karolinger und die Abbasiden von Bagdad. Legitimationsstrategien frühmittelalterlicher Herrscherdynastien im transkulturellen Vergleich, Berlin 2009 (Europa im Mittelalter. Abhandlungen und Beiträge zur historischen Komparatistik, 12).

Duchhardt 2001 | Duchhardt, Heinz: Europa-Diskurs und Europa-Forschung. Ein Rückblick auf ein Jahrhundert, in: Jahrbuch für Europäische Geschichte 1 (2000), S. 1–14.

Düchting 1989 | Düchting, Reinhard: Amalar, Versus Marini, in: Lehner, Albert/Berschin, Walter (Hg.): Lateinische Kultur im VIII. Jahrhundert. Traube-Gedenkschrift, St. Ottilien 1989, S. 47–58.

Duplessy 1956 | Duplessy, Jean: La circulation des monnaies arabes en Europe occidentale du VIIIe au XIIIe siècle, in: Revue numismatique 18 (1956), S. 101–164.

Dutton 2004 | Dutton, Paul Edward: Charlemagne's Mustache and other Cultural Clusters of a Dark Age, New York/Houndmills 2004 (The new Middle Ages).

Dvornik 1951 | Dvornik, Francis: Pope Gelasius and Emperor Anastasius I, in: Byzantinische Zeitschrift 44 (Festschrift für Franz Dölger) (1951), S. 111–116.

Eastmond 2008 | Eastmond, Antony: Art and the Periphery, in: Jeffreys, Elizabeth u.a. (Hg.): The Oxford Handbook of Byzantine Studies, New York 2008, S. 770–776.

Eastmond 2010 | Eastmond, Anthony: Consular Diptychs, Rhetoric and the Languages of Art in Sixth-Century Constantinople, in: Art History. Journal of the Association of Art Historians 33/5 (2010), S. 742–765.

Eberlein 1982 | Eberlein, Johann Konrad: Apparitio regis – revelatio veritatis. Studien zur Darstellung des Vorhangs in der bildenden Kunst von der Spätantike bis zum Ende des Mittelalters, Wiesbaden 1982.

Eggenberger 1987 | Eggenberger, Christoph: Psalterium aureum Sancti Galli. Mittelalterliche Psalterillustration im Kloster St. Gallen, Sigmaringen 1987.

Eggenberger 2013 | Eggenberger, Christoph: Finessen der Schnitzkunst. Die karolingischen Elfenbeine in der Schweiz, in: Riek, Markus/Goll, Jürg/Descoeudres, Georges: Die Zeit Karls des Grossen in der Schweiz, Sulgen 2013, S. 202–211.

Eggenstein 2008 | Eggenstein, Georg: Balhorn – Der Ort am Straßenkreuz, in: ders./Börste, Norbert (Hg.): Eine Welt in Bewegung. Unterwegs zu Zentren des frühen Mittelalters, München/Berlin 2008, S. 116–120.

Egger 1967 | Egger, Gerhard: Koptische Textilien. Österreichisches Museum für angewandte Kunst, Wien 1967.

Egger 2004 | Egger, Vernon O.: A History of the Muslim World to 1405. The Making of a Civilization, Upper Saddle River 2004.

Eggers 1964 | Eggers, Hans (Hg.): Der althochdeutsche Isidor. Nach der Pariser Handschrift und den Monseer Fragmenten, Tübingen 1964 (Altdeutsche Textbibliothek, 63).

Ehlers 1983 | Ehlers, Joachim: Kontinuität und Tradition als Grundlage mittelalterlicher Nationsbildung in Frankreich, in: Beumann, Helmut (Hg.): Beiträge zur Bildung der französischen Nation im Früh- und Hochmittelalter, Sigmaringen 1983 (Nationes, 4), S. 15–47.

Ehlers 2001 | Ehlers, Joachim: Charlemagne, l'Européen, entre la France et l'Allemagne, Stuttgart 2001 (Conférences annuelles de l'Institut Historique Allemand, 7).

Ehlers 2004 | Ehlers, Joachim: Das westliche Europa, München 2004 (Die Deutschen und das europäische Mittelalter, 3).

Ehlers 2009 | Ehlers, Joachim: Geschichte Frankreichs im Mittelalter, Darmstadt 2009.

Ehlers 2012 | Ehlers, Caspar: Tradition und Innovation, in: Köster, Gabriele/Puhle, Matthias (Hg.): Otto der Große und das Römische Reich. Kaisertum von der Antike zum Mittelalter (Ausst.-Kat. Magdeburg 2012), Regensburg 2012, S. 407–414.

Ehlers/Grewe/Ristow (in Vorbereitung) | Ehlers, Caspar/Grewe, Holger/Ristow, Sebastian: Eine archäologisch entdeckte Taufpiscina in Ingelheim (in Vorbereitung).

Ekonomou 2007 | Ekonomou, Andrew J.: Byzantine Rome and the Greek Popes. Eastern Influences on Rome and the Papacy from Gregory the Great to Zacharias, A.D. 590–752, Lanham 2007.

El-Cheikh 2004 | El-Cheikh, Nadia Maria: Byzantium Viewed by the Arabs, Cambridge, Mass. 2004.

El-Hibri 1992 | El-Hibri, Tayeb: Harun al-Rashid and the Mecca Protocol of 802: A Plan for Division or Succession?, in: International Journal of Middle East Studies 24/3 (1992), S. 461–480.

Ellger 2005 | Ellger, Otfried: Kirche und Christentum in archäolgischen Funden und Befunden, in: Isenberg, Gabriele/Rommé, Barbara (Hg.): 805: Liudger wird Bischof. Spuren eines Heiligen zwischen York, Rom und Münster (Ausst.-Kat. Münster 2005), Mainz 2005, S. 55–62.

Elm 2012 | Elm, Susanna: Sons of Hellenism, Fathers of the Church. Emperor Julian, Gregory of Nazianzus, and the Vision of Rome, Berkeley/London/Los Angeles 2012 (Transformation of the Classical Heritage, 49).

Engelhardt 1974 | Engelhardt, Isrun: Mission und Politik in Byzanz. Ein Beitrag zur Strukturanalyse byzantinischer Mission zur Zeit Justins und Justinians, München 1974 (Miscellanea Byzantina Monacensia, 19).

Engels 1992 | Engels, Odilo: Zum Rombesuch Karls des Großen im Jahr 774, in: Jahrbuch für fränkische Landesforschung 52 (1992), S. 15–24.

Enßlin 1955 | Enßlin, Wilhelm: Auctoritas und Potestas. Zur Zweigewaltenlehre des Papstes Gelasius I, in: Historisches Jahrbuch 74 (1955), S. 661–668.

Epp 2002 | Epp, Verena: 499–799: Von Theoderich dem Großen zu Karl dem Großen, in: Godman, Peter/Jarnut, Jörg/Johanek, Peter (Hg.): Am Vorabend der Kaiserkrönung. Das Epos „Karolus Magnus et Leo papa" und der Papstbesuch in Paderborn 799 (Tagungsakten Paderborn 1999), Berlin 2002, S. 219–229.

Erdmann 1954 | Erdmann, Kurt: Arabische Schriftzeichen als Ornamente in der abendländischen Kunst des Mittelalters, Wiesbaden 1954 (Akademie der Wissenschaften und der Literatur Mainz. Abhandlungen der Geistes- und Sozialwissenschaftlichen Klasse, 1953/9).

Erkens 1999 | Erkens, Franz-Reiner: Karolus Magnus – Pater Europae? Methodische und historische Problematik, in: Stiegemann, Christoph/Wemhoff, Matthias (Hg.): 799. Kunst und Kultur der Karolingerzeit. Karl der Große und Papst Leo III. in Paderborn (Ausst.-Kat. Paderborn 1999), Mainz 1999, Bd. 1, S. 2–9.

Erlande-Brandenburg 1975 | Erlande-Brandenburg, Alain: Le roi est mort. Étude sur les funérailles, les sépultures et les tombeaux des rois de France jusqu'à la fin du XIIIe siècle, Genève 1975 (Bibliothèque de la société française d'archéologie, 7).

Ertl 2006 | Ertl, Thomas: Byzantinischer Bilderstreit und fränkische Nomentheorie. Imperiales Handeln und dialektisches Denken im Umfeld der Kaiserkrönung Karls des Großen, in: Frühmittelalterliche Studien 40 (2006), S. 13–42.

Ertl 2008 | Ertl, Thomas: Seide, Pfeffer und Kanonen. Globalisierung im Mittelalter, Darmstadt 2008 (Geschichte erzählt).

Ertl 2010 | Ertl, Thomas: Alle Wege führten nach Rom. Italien als Zentrum der mittelalterlichen Welt, Ostfildern 2010.

Esch 2005 | Esch, Arnold: Wiederverwendung von Antike im Mittelalter. Die Sicht des Archäologen und die Sicht des Historikers, Berlin 2005 (Hans-Lietzmann-Vorlesungen, 7).

Esders 2009 | Esders, Stefan: Herakleios, Dagobert und die „beschnittenen Völker", in: Goltz, Andreas/Leppin, Hartmut/Schlange-Schöningen, Heinrich (Hg.): Jenseits der Grenzen. Beiträge zur spätantiken und frühmittelalterlichen Geschichtsschreibung (Tagungsakten Lindheim 2007), Berlin/New York 2009 (Millennium-Studien, 25), S. 239–311.

Ettinghausen 1973 | Ettinghausen, Richard: Muslim Decorative Arts and Painting. Their Nature and Impact on the Medieval West, in: Schacht, Joseph/Bosworth, Clifford Edmund (Hg.): The Legacy of Islam, London 1973, S. 290–320.

Eugenidou 2002 | Eugenidou, Despoina (Hg.): Byzantium. An Oecumenical Empire (Ausst.-Kat. Athen 2001/02), Athen 2002.

Eustache 1971 | Eustache, Daniel: Corpus des Dirhams Idrīsites et contemporains. Collection de la Banque du Maroc et autres col lections mondiales, publiques et privées, Rabat 1970 (Études sur la numismatique et l'histoire monétaire du Maroc, 1).

Euw 1991 | Euw, Anton von: Ikonologie der Heiratsurkunde der Kaiserin Theophanu, in: Euw, Anton von/Schreiner, Peter (Hg.): Kaiserin Theophanu. Begegnung des Ostens mit dem Westen um die Wende des ersten Jahrtausend, Köln 1991, Bd. 2, S. 175–191.

Evans 2013 | Evans, Helen C.: Mimesis, in: The Art Bulletin 95 (2013), S. 197–199.

Evans/Ratliff 2012 | Evans, Helen C./Ratliff, Brandie (Hg.): Byzantium and Islam. Age of Transition

7th–9th Century (Ausst.-Kat. New York 2012), New York 2012.

Evans/Wixom 1997 | Evans, Helen C./Wixom, William D. (Hg.): The Glory of Byzantium. Art and Culture of the Middle Byzantine Era A.D. 843–1261 (Ausst.-Kat. New York 1997), New York 1997.

Ewig 1966 | Ewig, Eugen: Das Zeitalter Karls des Großen (768–814), in: Jedin, Hubert (Hg.): Handbuch der Kirchengeschichte, Freiburg 1966, Bd. 3/1, S. 62–118.

Fajen 2008 | Fajen, Robert: Dichtung als Waffengang. Bertran de Born und die Kunst des Konflikts, in: Auge, Oliver u. a. (Hg.): Bereit zum Konflikt. Strategien und Medien der Konflikterzeugung und Konfliktbewältigung im europäischen Mittelalter (Tagungsakten Greifswald 2005), Ostfildern 2008 (Mittelalter-Forschungen, 20), S. 47–66.

Falck 1973 | Falck, Ludwig: Geschichte von Mainz im frühen Mittelalter, in: Römisch-Germanisches Zentralmuseum Mainz (Hg.): Mainz, Mainz 1973 (Führer zu vor- und frühgeschichtlichen Denkmälern, 11), S. 58–100.

Falk 1996 | Falk, Martin von: Ägypten, Schätze aus dem Wüstensand. Kunst und Kultur der Christen am Nil (Ausst.-Kat. Hamm/Mainz/München 1996/97), Wiesbaden 1996.

Falkenstein 1970 | Falkenstein, Ludwig: Zwischenbilanz zur Aachener Pfalzenforschung, in: Zeitschrift des Aachener Geschichtsvereins 80 (1970), S. 7–71.

Falkenstein 1998 | Falkenstein, Ludwig: Otto III. und Aachen, Hannover 1998 (Monumenta Germaniae Historica. Studien und Texte, 22).

Falkenstein 2002 | Falkenstein, Ludwig: Pfalz und vicus Aachen, in: Ehlers, Caspar (Hg.): Orte der Herrschaft. Mittelalterliche Königspfalzen, Göttingen 2002, S. 131–181.

Feldbauer 1995 | Feldbauer, Peter: Die islamische Welt 600–1250. Ein Frühfall von Unterentwicklung?, Wien 1995 (Edition Forschung).

Feldbauer/Liedl 2008 | Feldbauer, Peter/Liedl, Gottfried: Die Islamische Welt 1000 bis 1517. Wirtschaft, Gesellschaft, Staat, Wien 2008 (Expansion, Interaktion, Akkulturation. Globalhistorische Skizzen, 11).

Fierro 2005 | Fierro, Maribel: 'Abd al-Rahman III. The First Cordoban Caliph, Oxford 2005 (Makers of the Muslim World).

Fikry 1934 | Fikry, Ahmad: L'art roman du Puy et les influences islamiques, Paris 1934.

Finck von Finckenstein 1993 | Finck von Finckenstein, Graf Albrecht: Rom zwischen Byzanz und den Franken in der ersten Hälfte des 8. Jahrhunderts, in: Schnith, Karl Rudolf/Pauler, Roland (Hg.): Festschrift für Eduard Hlawitschka zum 65. Geburtstag, Kallmünz 1993 (Münchner historische Studien. Abteilung mittelalterliche Geschichte, 5), S. 23–36.

Finster 1971 | Finster, Barbara: Die Mosaiken der Umayyadenmoschee von Damaskus, in: Kunst des Orients 7 (1970/71), S. 83–141.

Finster 2001 | Finster, Barbara: Probleme der Antikenrezeption in der umayyadischen Kunst, in: Kuhn, Dieter/Stahl, Helga (Hg.): Die Gegenwart des Altertums. Formen und Funktionen des Altertumsbezugs in den Hochkulturen der Alten Welt, Heidelberg 2001, S. 373–398.

Fischer 1957 | Fischer, Jürgen: Oriens – Occidens – Europa. Begriff und Gedanke „Europa" in der späten Antike und im früheren Mittelalter (Diss. Göttingen 1956), Wiesbaden 1957 (Veröffentlichungen des Instituts für Europäische Geschichte Mainz, 15).

Flachenecker/Götschmann/Kummer 2009 | Flachenecker, Helmut/Götschmann, Dirk/Kummer, Stefan (Hg.): Burg. Schloss. Festung. Der Marienberg im Wandel, Würzburg 2009 (Mainfränkische Studien, 78).

Fleckenstein 1981a | Fleckenstein, Josef: Adel und Kriegertum und ihre Wandlung im Karolingerreich, in: Nascita dell'Europa ed Europa carolingia. Un'equazione da verificare, Spoleto 1981 (Settimane di studio del Centro italiano di studi sull'alto medioevo, 27), S. 67–94.

Fleckenstein 1981b | Fleckenstein, Josef: Das Großfränkische Reich: Möglichkeiten und Grenzen der Großreichsbildung im Mittelalter, in: Historische Zeitschrift 233 (1981), S. 265–294.

Fleckenstein 1997 | Fleckenstein, Josef: Karl der Große, seine Hofgelehrten und das Frankfurter Konzil von 794, in: Berndt, Rainer (Hg.): Das Frankfurter Konzil von 794. Kristallisationspunkt karolingischer Kultur. Teil 1: Politik und Kirche (Tagungsakten Frankfurt am Main 1994), Mainz 1997 (Quellen und Abhandlungen zur mittelrheinischen Kirchengeschichte, 80), S. 27–46.

Fluck 2007 | Fluck, Cäcilia: Die Entdeckung der nachpharaonischen Kunst Ägyptens im 19. Jahrhundert, in: Brands, Gunnar/Preiß, Anja (Hg.): Verborgenen Zierde. Spätantike und islamische Textilien aus Ägypten in Halle (Ausst.-Kat. Halle 2007), Halle 2007, S. 55–65.

Foltz 2010 | Foltz, Richard: Religions of the Silk Road. Premodern Patterns of Globalization, New York [2]2010.

Folz 1950 | Folz, Robert: Le souvenir et la légende de Charlemagne dans l'Empire germanique médiéval (Diss. Dijon 1950), Paris 1950 (Publications de l'Université de Dijon, 7).

Fontaine 2003 | Fontaine, Thomas H.M.: Ein letzter Abglanz vergangener kaiserlicher Pracht. Zu ausgewählten archäologischen Befunden aus dem Areal der römischen Kaiserresidenz in Trier, in: König, Margarethe (Hg.): Palatia. Kaiserpaläste in Konstantinopel, Ravenna und Trier, Trier 2003 (Schriftenreihe des Rheinischen Landesmuseums Trier, 27), S. 130–161.

Forsyth 1972 | Forsyth, Ilene H.: The Throne of Wisdom. Wood Sculptures of the Madonna in Romanesque France, Princeton 1972.

Förtsch 1993 | Förtsch, Reinhard: Die Architekturdarstellungen der Umaiyadenmoschee von Damaskus und die Rolle ihrer antiken Vorbilder, in: Damaszener Mitteilungen 7 (1993), S. 177–212.

Fowden 2004 | Fowden, Garth: Qusayr 'Amra. Art and the Umayyad Elite in Late Antique Syria, Berkeley/Los Angeles 2004.

France 2002 | France, John: The Composition and Raising of the Armies of Charlemagne, in: Journal of Medieval Military History 1 (2002), S. 61–82.

Franke 1977 | Franke, Peter Robert: Ein arabischer „Fels" vom Auenberg bei Bliesransbach und eine byzantinische Münze vom Bartenberg bei Scheidt, in: Bericht der Staatlichen Denkmalpflege im Saarland 24 (1977), S. 95–96.

Franklin/Shepard 1992 | Franklin, Simon/Shepard, Jonathan (Hg.): Byzantine Diplmacy, Aldershot 1992.

Frati 1857 | Frati, Luigi: Delle antiche monete d'oro ritrovate in Reno nell'Agosto dell'anno 1857, Bologna 1857.

Freeden 1944 | Freeden, Max H. von: Die Festung Marienberg, Berlin 1944 (Führer zu großen Baudenkmälern, 2).

Freeman 1985 | Freeman, Ann: Carolingian Orthodoxy and the Fate of the „Libri Carolini", in: Viator 16 (1985), S. 65–108.

Fried 1982 | Fried, Johannes: Der karolingische Herrschaftsverband im 9. Jh. zwischen „Kirche" und „Königshaus", in: Historische Zeitschrift 235 (1982), S. 1–43.

Fried 1994 | Fried, Johannes: Karl der Große in Frankfurt am Main. Ein König bei der Arbeit, in: ders. u. a. (Hg.): 794 – Karl der Große in Frankfurt am Main. Ein König bei der Arbeit (Ausst.-Kat. Frankfurt am Main 1994), Sigmaringen 1994, S. 25–34.

Fried 1998 | Fried, Johannes: Elite und Ideologie oder die Nachfolgeordnung Karls des Großen vom Jahre 813, in: Le Jan, Régine (Hg.): La royauté et les élites dans l'Europe carolingienne (début IXe siècle aux environs de 920), Villeneuve d'Ascq 1998 (Histoire et littérature régionales, 17), S. 71–109.

Fried 2001 | Fried, Johannes: Papst Leo III. besucht Karl den Großen in Paderborn oder Einhards Schweigen, in: Historische Zeitschrift 272 (2001), S. 281–326.

Fried 2008 | Fried, Johannes: Erfahrung und Ordnung. Die Friedenskonstitution Karls des Großen vom Jahre 806, in: Kasten, Brigitte (Hg.): Herrscher- und

Fürstentestamente im westeuropäischen Mittelalter (Tagungsakten Saarbrücken 2006), Köln/Weimar/Wien 2008 (Norm und Struktur, 29), S. 145–192.

Fried 2013 | Fried, Johannes: Karl der Große. Gewalt und Glaube. Eine Biographie, München 2013.

Fried/Hehl 2010 | Fried, Johannes/Hehl, Ernst-Dieter (Hg.): Weltdeutungen und Weltreligionen, 600 bis 1500, Darmstadt 2010 (WBG Weltgeschichte, 3).

Frings 2010 | Frings, Jutta (Kat.-Red.): Byzanz. Pracht und Alltag (Ausst.-Kat. Bonn 2010), München 2010.

Fritze 1973 | Fritze, Wolfgang H.: Papst und Frankenkönig. Studien zu den päpstlich-fränkischen Rechtsbeziehungen von 754 bis 824, Sigmaringen 1973 (Vorträge und Forschungen. Sonderband, 10), S. 63–94.

Frugoni 1984 | Frugoni, Chiara: L'antichità: dai Mirabilia alla propaganda politica, in: Settis, Salvatore (Hg.): Memoria dell'antico nell'arte italiana. Bd. 1: L'uso dei classici, Turin 1984 (Biblioteca di storia dell'arte, 1), S. 3–72.

Frye 1975 | Frye, Richard Nelson: The Golden Age of Persia. The Arabs in the East, London 1975 (History of Civilisation).

Fuhrmann 1987 | Fuhrmann, Horst: Einladung ins Mittelalter, München 1987.

Fuhrmann 2004 | Fuhrmann, Horst: Karl der Große – Versuch einer europäischen Ordnung, in: Karl der Große und Europa. Symposium (Tagungsakten Berlin 2003), hrsg. von der Schweizerischen Botschaft in der Bundesrepublik Deutschland in Zusammenarbeit mit dem Deutschen Historischen Museum, Frankfurt am Main u. a. 2004, S. 17–27.

Gabriele 2011 | Gabriele, Matthew: An Empire of Memory. The Legend of Charlemagne, the Franks, and Jerusalem before the First Crusade, Oxford u. a. 2011.

Gai 1999 | Gai, Sveva: Karolingische Glasfunde der Pfalz Paderborn, in: Stiegemann, Christoph/Wemhoff, Matthias (Hg.): 799 – Kunst und Kultur der Karolingerzeit. Karl der Große und Papst Leo III. in Paderborn. Beiträge zum Katalog der Ausstellung Paderborn 799, Mainz 1999, S. 212–217.

Gai/Mecke 2004 | Gai, Sveva/Mecke, Birgit: Est locus insignis ...: Die Pfalz Karls des Großen in Paderborn und ihre bauliche Entwicklung bis zum Jahr 1002. Die Neuauswertung der Ausgrabungen Wilhelm Winkelmanns in den Jahren 1964–1978, Mainz 2004 (Denkmalpflege und Forschung in Westfalen, 40/2).

Gantner 2005 | Gantner, Clemens: Die Wahrnehmung des „Islam" und der „Sarazenen" im frühmittelalterlichen Europa (ca. 660–1000), unveröff. Diplomarbeit Wien 2005.

Ganz 1996 | Ganz, David: Temptabat et scribere: Vom Schreiben in der Karolingerzeit, in: Schieffer, Rudolf (Hg.): Schriftkultur und Reichsverwaltung unter den Karolingern. Referate des Kolloquiums der Nordrhein-Westfälischen Akademie der Wissenschaften am 17./18. Februar 1994 in Bonn (Tagungsakten Bonn 1994), Opladen 1996 (Abhandlungen der Nordrhein-Westfälischen Akademie der Wissenschaften, 97), S. 13–33.

Ganz 2008 | Ganz, David: Einhard and Notker the Stammerer. Two Lives of Charlemagne, London 2008.

García Guinea/Pérez González 2007 | García Guinea, Miguel Ángel/Pérez González, José María (Hg.): Asturias. Enciclopedia del Prerrománico en Asturias, Bd. 1, Aguilar de Campoo 2007.

Garcin 2000 | Garcin, Jean-Claude: Note sur la population du Caire en 1517, in: ders./Arnaud, Jean-Luc/Denoix, Sylvie (Hg.): Grandes villes mediterraneennes du monde musulman médiéval, Rom 2000 (Collection de l'École Française de Rome, 269), S. 205–213.

Garcin/Arnaud/Denoix 2000 | Garcin, Jean-Claude/Arnaud, Jean-Luc/Denoix, Sylvie (Hg.): Grandes villes méditerranéennes du monde musulman médiéval, Rom 2000 (Collection de l'École Française de Rome, 269).

Garipzanov 2008 | Garipzanov, Ildemar: The Symbolic Language of Authority in the Carolingian World (c. 751–877), Leiden/Boston 2008 (Brill's Series on the Early Middle Ages, 16).

Gasca Queirazza 1969 | Gasca Queirazza, Giuliano: Gesta Karoli Magni Imperatoris. Storia e leggenda carolingia nella ‚Cronica Imaginis Mundi' di frate Jacopo d'Acqui, Torino 1969.

Gasparri 1980 | Gasparri, Stefano: Grandi proprietari e sovrani nell'Italia longobarda dell'VIII secolo, in: Atti del VI Congresso internazionale di studi sull'Alto Medioevo (Tagungsakten Mailand 1978), Spoleto 1980 (Atti del Congresso internazionale di studi sull'Alto Medioevo, 6), S. 429–442.

Gasparri 1989 | Gasparri, Stefano: Il ducato e il principato di Benevento, in: Storia del Mezzogiorno. Bd. 2/1: Il Medioevo, Napoli 1989, S. 83–146.

Gasparri 1992 | Gasparri, Stefano: Venezia fra i secoli VIII e IX. Una riflessione sulle fonti, in: Ortalli, Gherardo/Scarabello, Gianni (Hg.): Studi Veneti offerti a Gaetano Cozzi, Venezia 1992, S. 3–18.

Gasparri 2001a | Gasparri, Stefano: Istituzioni e poteri nel territorio friulano in età longobarda e carolingia, in: Paolo Diacono e il Friuli altomedievale (secc. VI–X). Atti del XIV Congresso internazionale di studi sull'Alto Medioevo (Tagungsakten Cividale del Friuli/Bottenicco di Moimacco 1999), Spoleto 2001, Bd. 1, S. 105–128.

Gasparri 2001b | Gasparri, Stefano: Roma e i Longobardi, in: Roma nell'alto medioevo, Spoleto 2001 (Settimane di studio del Centro italiano di studi sull'alto medioevo, 48), S. 219–247.

Gasparri 2005 | Gasparri, Stefano: Mercanti o possessori? Profilo di un ceto dominante in un'età di transizione, in: Gasparri, Stefano/La Rocca, Cristina (Hg.): Carte di famiglia. Strategie, rappresentazione e memoria del gruppo familiare di Totone di Campione (721–877), Rom 2005 (Altomedioevo, 5), S. 157–177.

Gasparri 2008 | Gasparri, Stefano: The Fall of the Lombard Kingdom: Facts, Memory and Propaganda, in: ders. (Hg.): 774. Ipotesi su una transizione (Tagungsakten Poggibonsi 2006), Turnhout 2008 (Seminari Internazionali del Centro Interuniversitario per la Storia e l'Archeologia dell'Alto Medioevo, 1), S. 41–65.

Gasparri 2009 | Gasparri, Stefano: Italien in der Karolingerzeit, in: Pohl, Walter/Wieser, Veronika (Hg.): Der frühmittelalterliche Staat – europäische Perspektiven, Wien 2009 (Forschungen zur Geschichte des Mittelalters, 16), S. 63–71.

Gasparri 2011 | Gasparri, Stefano: Anno 713. La leggenda di Paulicio e le origini di Venezia, in: Israel, Uwe (Hg.): Venezia. I giorni della storia, Rom 2011 (Venetiana, 9), S. 27–45.

Gasparri 2012 | Gasparri, Stefano: Italia longobarda. Il regno, i Franchi, il papato, Roma/Bari 2012 (Quadrante Laterza, 179).

Gastgeber/Heher 2012 | Gastgeber, Christian/Heher, Dominik (Kat.-Red.): Das Goldene Byzanz und der Orient (Ausst.-Kat. Schallaburg 2012), Schallaburg 2012.

Gaube 1979 | Gaube, Heinz: Iranian Cities, New York 1979 (Hagop Kevorkian Series on Near Eastern Art and Civilization).

Gaube 1997 | Gaube, Heinz: Kontinuität und Wandel am Beispiel Aleppos von der Antike bis zum Anfang des 20. Jahrhunderts, in: Wilhelm, Gernot (Hg.): Die Orientalische Stadt. Kontinuität, Wandel, Bruch (Tagungsakten Halle [Saale] 1996), Saarbrücken 1997 (Colloquien der Deutschen Orient-Gesellschaft, 1), S. 375–383.

Gaube/Wirth 1978 | Gaube, Heinz/Wirth, Eugen: Der Bazar von Isfahan, Wiesbaden 1978 (Tübinger Atlas des Vorderen Orients. Beihefte, 22).

Gaube/Schneidmüller/Weinfurter 2005 | Gaube, Heinz/Schneidmüller, Bernd/Weinfurter, Stefan (Hg.): Konfrontation der Kulturen? Saladin und die Kreuzfahrer (Tagungsakten Mannheim 2004), Mainz 2005.

Gawlikowski 1997 | Gawlikowski, Michał: The Oriental City and the Advent of Islam, in: Wilhelm, Gernot (Hg.): Die Orientalische Stadt. Kontinuität, Wandel, Bruch (Tagungsakten Halle [Saale] 1996), Saarbrücken 1997 (Colloquien der Deutschen Orient-Gesellschaft, 1), S. 339–350.

Gelao/Jacobitti 1999 | Gelao, Clara/Jacobitti, Gian Marco (Hg.): Castelli e cattedrali di Puglia. Cent'anni dall'Esposizione nazionale di Torino, Bari 1999.

Gelichi 2008 | Gelichi, Sauro: The Eels of Venice. The Long Eight Century of the Emporia of the Northern Region along the Adriatic Coast, in: Gasparri, Stefano (Hg.): 774. Ipotesi su una transizione (Tagungsakten Poggibonsi 2006), Turnhout 2008 (Seminari Internazionali del Centro Interuniversitario per la Storia e l'Archeologia dell'Alto Medioevo, 1), S. 81–117.

Gelichi u. a. 2012 | Gelichi, Sauro u. a.: History of a Forgotten Town: Comacchio and its Archaeology, in: ders./Hodges, Richard (Hg.): From one Sea to Another. Trading Places in the European and Mediterranean Early Middle Ages (Tagungsakten Comacchio 2009), Turnhout 2012 (Centro Interuniversitario per la Storia e l'Archeologia dell'Alto Medioevo, 3), S. 169–205.

Gemeinhardt 2002 | Gemeinhardt, Peter: Die Filioque-Kontroverse zwischen Ost- und Westkirche im Frühmittelalter (Diss. Marburg 2001/02), Berlin u. a. 2002 (Arbeiten zur Kirchengeschichte, 82).

Genet 1997 | Genet, Jean-Philippe: Histoire et système de communication au Moyen Age, in: ders. (Hg.), L'Histoire et les Nouveaux publics dans l'Europe médiévale (XIIIe–XVe siècles) (Tagungsakten Madrid 1993), Paris 1997 (Histoire ancienne et medieval, 41), S. 11–29.

Georgi 1999 | Georgi, Werner: Das Karlsbild des Aachener Karlspreises, in: Kerner, Max (Hg.): Der verschleierte Karl. Karl der Große zwischen Mythos und Wirklichkeit, Aachen 1999, S. 407–415.

Gero 1973 | Gero, Stephen: Byzantine Iconoclasm during the Reign of Leo III. With Particular Attention to the Oriental Sources, Louvain 1973 (Subsidia, 41 – Corpus scriptorum christianorum Orientalium, 346).

Gerogiorgakis/Scheel/Schorkowitz 2011 | Gerogiorgakis, Stamatios/Scheel, Roland/Schorkowitz, Dittmar: Kulturtransfer vergleichend betrachtet, in: Borgolte, Michael u. a. (Hg.): Integration und Desintegration der Kulturen im europäischen Mittelalter, Bad Langensalza 2011 (Europa im Mittelalter, 18), S. 385–466.

Ghidoli 1991 | Ghidoli, Alessandra: s.v. bacini, in: Enciclopedia dell'Arte Medieveale, Rom 1991, Bd. 2, S. 843–851.

Gil 1974 | Gil, Moshe: The Rādhānite Merchants and the Land of Rādhān, in: Journal of the Economic and Social History of the Orient 17 (1974), S. 299–328.

Girardet 1975 | Girardet, Klaus Martin: Kaisergericht und Bischofsgericht. Studien zu den Anfängen des Donatistenstreites (313–315) und zum Prozeß des Athanasius von Alexandrien (328–346) (Diss. Bonn 1972), Bonn 1975 (Antiquitas, 21).

Gobry 1999 | Gobry, Ivan: Charlemagne. Fondateur de l'Europe, Monaco 1999.

Goffart 1988 | Goffart, Walter: The Narrators of Barbarian History (A.D. 550–800). Jordanes, Gregory of Tours, Bede, and Paul the Deacon, Princeton 1988.

Goitein 1957 | Goitein, Shlomo D.: The Rise of the Near Eastern Bourgeoisie in Early Islamic Times, in: Cahiers d'Histoire mondiale 3/3 (1957), S. 583–604.

Goitein 1999 | Goitein, Solomon D.: A Mediterranean Society. The Jewish Communities of the Arab World as Portrayed in the Cairo Genizah, 6 Bde., [Berkeley 1967–1993], Nachdruck, Berkeley 1999.

Goldschmidt 1926a | Goldschmidt, Adolph: Westgotische Wandmalerei in Spanien, in: Sitzungsberichte der preußischen Akademie der Wissenschaften 1926, S. 12.

Goldschmidt 1926b | Goldschmidt, Adolph: Die frühmittelalterlichen Bronzetüren, Marburg 1926 (Die deutschen Bronzetüren des Frühen Mittelalters, 1).

Görich 1998 | Görich, Knut: Otto III. öffnet das Karlsgrab in Aachen. Überlegungen zu Heiligenverehrung, Heiligsprechung und Traditionsbildung, in: Althoff, Gerd/Schubert, Ernst (Hg.): Herrschaftsrepräsentation im ottonischen Sachsen (Tagungsakten Reichenau 1994), Sigmaringen 1998 (Vorträge und Forschungen, 46), S. 381–430.

Görich 2001 | Görich, Knut: Die Ehre Friedrich Barbarossas. Kommunikation, Konflikt und politisches Handeln im 12. Jahrhundert, Darmstadt 2001 (Symbolische Kommunikation in der Vormoderne).

Görich 2013 | Görich, Knut: Karl der Große – ein ‚politischer Heiliger' im 12. Jahrhundert, in: Körntgen, Ludger/Waßenhoven, Dominik (Hg.): Religion und Politik im Mittelalter. Deutschland und England im Vergleich – Religion and Politics in the Middle Ages. Germany and England by Comparision, Berlin/Boston 2013 (Prinz-Albert-Studien, 29), S. 117–155.

Grabar 1954 | Grabar, André: Les mosaïques de Germigny-des-Prés, in: Cahiers Archéologiques 7 (1954), S. 171–183.

Grabar 1975 | Grabar, Oleg: Islamic Architecture and the West. Influences and Parallels, in: Ferber, Stanley (Hg.): Islam and the Medieval West (Ausst.-Kat. Binghamton 1975), Binghamton 1975, S. 60–66.

Grabar 1996 | Grabar, Oleg: The Shape of the Holy. Early Islamic Jerusalem, Princeton 1996.

Grabois 1966 | Grabois, Aryeh: Le souvenir de la légende de Charlemagne dans les textes hébraïques médiévaux, in: Moyen Age 72 (1966), S. 5–41.

Grewe 2001 | Grewe, Holger: Die Ausgrabungen in der Königspfalz zu Ingelheim am Rhein, in: Fenske, Lutz/Jarnut, Jörg/Wemhoff, Matthias (Hg.): Splendor palatii. Neue Forschungen zu Paderborn und anderen Pfalzen der Karolingerzeit, Göttingen 2001 (Deutsche Königspfalzen, 11/5), S. 155–174.

Grewe 2007a | Grewe, Holger: Die bauliche Entwicklung der Pfalz Ingelheim im Hochmittelalter am Beispiel der Sakralarchitektur, in: Ehlers, Caspar/Jarnut, Jörg/Wemhoff, Matthias (Hg.): Zentren herrschaftlicher Repräsentation im Hochmittelalter. Geschichte, Architektur und Zeremoniell, Göttingen 2007 (Deutsche Königspfalzen, 11/7), S. 101–120.

Grewe 2007b | Grewe, Holger: Die Wasserleitung der Kaiserpfalz Ingelheim am Rhein im 8./9. Jahrhundert, in: Frontinus-Gesellschaft (Hg.): Wasser auf Burgen im Mittelalter (Tagungsakten Blankenheim [Ahr] 2005), Mainz 2007 (Geschichte der Wasserversorgung, 7), S. 191–199.

Grewe 1988 | Grewe, Klaus: Die Wasserversorgung antiker Städte, Mainz 1988 (Geschichte der Wasserversorgung, 3).

Grewe/Pohle 2003 | Grewe, Klaus/Pohle, Frank: Der Weg des Abul Abaz von Bagdad nach Aachen, in: Dreßen, Wolfgang/Minkenberg, Adam/Oellers, Adam C.: Ex Oriente. Isaak und der weiße Elefant. Bagdad – Jerusalem – Aachen. Eine Reise durch drei Kulturen um 800 und heute (Ausst.-Kat. Aachen 2003), Mainz 2003, Bd. 1, S. 66–69.

Grierson/Blackburn 1986 | Grierson, Philip/Blackburn, Mark (Hg.): Medieval European Coinage. With a Catalogue of the Coins in the Fitzwilliam Museum, Cambridge. Bd. 1: The Early Middle Ages (5th–10th centuries), Cambridge u. a. 1986.

Grimm 1869 | Grimm, Hermann: Das Reiterstandbild des Theodorich zu Aachen und das Gedicht des Walafried Strabus darauf, Berlin 1869.

Große 2002 | Große, Rolf: Saint-Denis zwischen Adel und König. Die Zeit vor Suger (1053–1122) (Habil. Heidelberg 2001), Stuttgart 2002 (Beihefte der Francia, 57).

Große 2005 | Große, Rolf: Vom Frankenreich zu den Ursprüngen der Nationalstaaten, 800–1214, Darmstadt 2005 (WBG Deutsch-Französische Geschichte, 1).

Grundmann/Heimpel 1949 | Grundmann, Herbert/Heimpel, Hermann (Hg.): Die Schriften des Alexander von Roes, Weimar 1949 (Monumenta Germaniae Historica. Deutsches Mittelalter, 4).

Guichard 2000 | Guichard, Pierre: Nomadisme et tribalisme, in: Garcin, Jean-Claude u. a.: États, sociétés et cultures du monde musulman médiéval. Xe–XVe siècle. Bd. 2: Sociétés et cultures, Paris 2000 (Nouvelle Clio. L'histoire et ses problèmes), S. 111–128.

Günthart/Jucker 2005 | Günthart, Romy/Jucker, Michael (Hg.): Kommunikation im Spätmittelalter. Spielarten – Wahrnehmungen – Deutungen, Zürich 2005.

Hack 1999 | Hack, Achim Thomas: Das Empfangszeremoniell bei mittelalterlichen Papst-Kaiser-Treffen (Diss. Tübingen 1995), Köln/Weimar/Wien 1999 (Forschungen zur Kaiser- und Papstgeschichte des Mittelalters, 18).

Hack 2006–2007 | Hack, Achim Thomas: Codex Carolinus. Päpstliche Epistolographie im 8. Jahrhundert, Stuttgart 2006–2007 (Päpste und Papsttum, 35).

Hack 2008 | Hack, Achim Thomas: Karl der Große, Hadrian I. und die Muslime in Spanien. Weshalb man einen Krieg führt und wie man ihn legitimiert, in: Hartmann, Wilfried/Herbers, Klaus (Hg.): Die Faszination der Papstgeschichte. Neue Zugänge zum frühen und hohen Mittelalter, Köln/Weimar/Wien 2008, S. 29–54.

Hack 2009 | Hack, Achim Thomas: Alter, Krankheit, Tod und Herrschaft im frühen Mittelalter. Das Beispiel der Karolinger, Stuttgart 2009 (Monographien zur Geschichte des Mittelalters, 56).

Hack 2011 | Hack, Achim Thomas: Abul Abaz. Zur Biographie eines Elefanten, Badenweiler 2011 (Jenaer mediävistische Vorträge, 1).

Hageneder 1983 | Hageneder, Othmar: Das crimen maiestatis, der Prozeß gegen die Attentäter Papst Leos III. und die Kaiserkrönung Karls des Großen, in: Mordek, Hubert (Hg.): Aus Kirche und Reich. Studien zu Theologie, Politik und Recht im Mittelalter (Festschrift für Friedrich Kempf), Sigmaringen 1983, S. 55–79.

Hägermann 1988 | Hägermann, Dieter: Die Urkundenfälschungen auf Karl den Großen. Eine Übersicht, in: Fälschungen im Mittelalter. Bd. 3: Diplomatische Fälschungen (I) (Tagungsakten München 1986), Hannover 1988 (Schriften der Monumenta Germaniae Historica, 33/3), S. 433–443.

Hägermann 2000 | Hägermann, Dieter: Karl der Große: Herrscher des Abendlandes. Biographie, München ²2000.

Hägermann 2008 | Hägermann, Dieter: „Divisio imperii" von 817 und „Divisio regni" von 831. Überlegungen und Anmerkungen zu „Hausgesetzen" Karls des Großen und Ludwigs des Frommen, in: Kasten, Brigitte (Hg.): Herrscher- und Fürstentestamente im westeuropäischen Mittelalter (Tagungsakten Saarbrücken 2006), Köln/Weimar/Wien 2008 (Norm und Struktur, 29), S. 291–299.

Hahn 1975 | Hahn, Adelheid: Das Hludowicianum. Die Urkunde Ludwigs des Frommen für die römische Kirche von 817, in: Archiv für Diplomatik 21 (1975), S. 15–135.

Halm 2003 | Halm, Heinz: Die Kalifen von Kairo. Die Fatimiden in Ägypten 973–1074, München 2003.

Halsall 2003 | Halsall, Guy: Warfare and Society in the Barbarian West, 450–900, London u. a. 2003 (Warfare and History).

Hamilton 1959 | Hamilton, Robert W.: Khirbat al-Mafjar. An Arabian Mansion in the Jordan Valley, Oxford 1959.

Hamilton 1969 | Hamilton, Robert W.: Who Built Khirbat al-Mafjar?, in: Levant 1 (1969), S. 61–72.

Hammer 2005 | Hammer, Carl I.: Recycling Rome and Ravenna. Two Studies in Early-Medieval Reuse, in: Caeculum. Jahrbuch für Universalgeschichte 56 (2005), S. 295–325.

Hampe 1935 | Hampe, Karl: Karl der Große oder Charlemagne? Acht Antworten deutscher Geschichtsforscher, Berlin 1935 (Probleme der Gegenwart).

Haneda/Miura 1994 | Haneda, Masashi/Miura, Toru (Hg.): Islamic Urban Studies. Historical Review and Perspectives, London/New York 1994.

Hartmann 1897 | Hartmann, Ludo Moritz: Geschichte Italiens im Mittelalter, Bd. 2/2, Leipzig 1897 (Allgemeine Staatengeschichte, 1,32/2).

Hartmann 1904 | Hartmann, Ludo Moritz: Zur Wirtschaftsgeschichte Italiens im frühen Mittelalter. Analekten, Gotha 1904.

Hartmann 2006 | Hartmann, Florian: Hadrian I. (772–795). Frühmittelalterliches Adelspapsttum und die Lösung Roms vom byzantinischen Kaiser (Diss. Bonn 2005), Stuttgart 2006 (Päpste und Papsttum, 34).

Hartmann 2010 (Florian) | Hartmann, Florian: Nochmals zur sogenannten Pippinischen Schenkung und zu ihrer Erneuerung durch Karl den Großen, in: Francia 37 (2010), S. 25–47.

Hartmann 2011 | Hartmann, Florian: Streit an der cathedra Petri oder Streit um die cathedra Petri? Konflikte um den Papstthron in der Deutung päpstlicher Quellen, in: Becher, Matthias/Plassmann, Alheydis (Hg.): Streit am Hof im frühen Mittelalter (Tagungsakten Bonn 2009), Göttingen 2011 (Super alta perennis. Studien zur Wirkung der Klassischen Antike, 11), S. 365–387.

Hartmann 2009 | Hartmann, Martina: Die Königin im frühen Mittelalter, Stuttgart 2009.

Hartmann 1988 | Hartmann, Wilfried: Das Konzil von Frankfurt 794 und Nizäa 787, in: Annuarium Historiae Conciliorum 20 (1988), S. 307–324.

Hartmann 2000 | Hartmann, Wilfried: Das Karolingerreich als Grundlage der europäischen „Einheit in Vielfalt", in: Meier-Walser, Reinhard C./Rill, Bernd (Hg.): Der europäische Gedanke. Hintergrund und Finalität, München 2000 (Politische Studien. Sonderausgabe), S. 34–49.

Hartmann 2010 (Wilfried) | Hartmann, Wilfried: Karl der Große, Stuttgart 2010 (Urban Taschenbücher, 643).

Hauck 1963 | Hauck, Karl: Tiergärten im Pfalzbereich, in: Deutsche Königspfalzen. Beiträge zu ihrer historischen und archäologischen Erforschung. Bd. 1: Deutsche Königspfalzen, Göttingen 1963 (Veröffentlichungen des Max-Planck-Instituts für Geschichte, 11/1), S. 30–74.

Haupt 1909 | Haupt, Albrecht: Die älteste Kunst, insbesondere die Baukunst der Germanen. Von der Völkerwanderung bis zu Karl dem Grossen, Leipzig 1909.

Haupt 1916 | Haupt, Albrecht: Die spanisch-westgotische Halle zu Naranco und die nordischen Königshallen, in: Monatshefte für Kunstwissenschaft 9 (1916), S. 242–263.

Haupt 2007 | Haupt, Peter: Die karolingische Wasserleitung bei Ingelheim, in: Frontinus-Gesellschaft (Hg.): Wasser auf Burgen im Mittelalter (Tagungsakten Blankenheim [Ahr] 2005), Mainz 2007 (Geschichte der Wasserversorgung, 7), S. 183–189.

Haussherr 1957 | Haussherr, Hans (Hg.): Die Memoiren des Ritters von Lang 1774–1835, Stuttgart 1957.

Hechberger 2005 | Hechberger, Werner: Adel im fränkisch-deutschen Mittelalter. Zur Anatomie eines Forschungsproblems (Habil. Passau 2003), Ostfildern 2005 (Mittelalter-Forschungen, 17).

Hechelhammer 2004 | Hechelhammer, Bodo: Kreuzzug und Herrschaft unter Friedrich II. Handlungsspielräume von Kreuzzugspolitik (1215–1230) (Diss. Darmstadt 2000), Ostfildern 2004 (Mittelalter-Forschungen, 13).

Heckner 2012 | Heckner, Ulrike: Der Tempel Salomos in Aachen. Datierung und geometrischer Entwurf der karolingischen Pfalzkapelle, in: Heckner, Ulrike/Beckmann, Eva-Maria (Red.): Die karolingische Pfalzkapelle in Aachen. Material, Bautechnik, Restaurierung, Worms 2012 (Arbeitshefte der rheinischen Denkmalpflege, 78), S. 25–62.

Heckner/Schaab 2012 | Heckner, Ulrike/Schaab, Christoph: Der Tempel Salomos in Aachen – Datierung und geometrischer Entwurf der karolingischen Pfalzkapelle, in: Heckner, Ulrike/Beckmann, Eva-Maria (Red.): Die karolingische Pfalzkapelle in Aachen. Material, Bautechnik, Restaurierung, Worms 2012 (Arbeitshefte der rheinischen Denkmalpflege, 78), S. 117–228.

Hehl 2000 | Hehl, Ernst-Dieter: Herrscher, Kirche und Kirchenrecht im spätottonischen Reich, in: Schneidmüller, Bernd/Weinfurter, Stefan (Hg.): Otto III. – Heinrich II. Eine Wende?, Stuttgart ²2000 (Mittelalter-Forschungen, 1), S. 169–203.

Heidemann 2011 | Heidemann, Stefan: The Circulation of North

African Dirhams in Northern Mesopotamia – The Dirham Hoard of Tall al-Bī'a/al-Raqqa (t.p.q. 186/802), in: Revue Numismatique 167 (2011), S. 451–470.

Heil 1965 | Heil, Wilhelm: Der Adoptianismus, Alkuin und Spanien, in: Bischoff, Bernhard (Hg.): Das geistige Leben, Düsseldorf 1965 (Karl der Große. Lebenswerk und Nachleben, 2), S. 95–155.

Heil 1998a | Heil, Johannes: Agobard, Amulo, das Kirchengut und die Juden von Lyon, in: Francia. Forschungen zur westeuropäischen Geschichte 25 (1998), S. 39–76.

Heil 1998b | Heil, Johannes: Kompilation oder Konstruktion? Die Juden in den Pauluskommentaren des 9. Jahrhunderts, Hannover 1998.

Heil 2013 | Heil, Johannes: Theodulf, Haimo, and Jewish Traditions of Biblical Learning: Exploring Carolingian Culture's Lost Spanish Heritage, in: Chandler, Cullen J./Stofferahn, Steven (Hg.): Discovery and Distinction in the Early Middle Ages. Studies in Honor of John J. Contreni, Kalamazoo 2013, S. 103–134.

Heilmann 1997 | Heilmann, Willibald: Das Gewicht der Macht. Zum Fortwirken römischer Traditionen in Einhards Vita Karoli Magni, in: Antike und Abendland 43 (1997), S. 145–157.

Heimann 1998 | Heimann, Heinz-Dieter: Kommunikationspraxis und Korrespondenzwesen im Mittelalter und in der Renaissance, Paderborn 1998.

Hellmann 1965 | Hellmann, Manfred: Karl und die slawische Welt zwischen Ostsee und Böhmerwald, in: Beumann, Helmut (Hg.): Persönlichkeit und Geschichte, Düsseldorf 1965 (Karl der Große. Lebenswerk und Nachleben, 1), S. 708–718.

Helmecke 2001 | Helmecke, Gisela (Hg.): Byzantinische und orientalische Seidenstoffe. Grabfunde aus der Sepultur der Bamberger Domherren (Ausst.-Kat. Bamberg 2001), Bamberg 2001 (Veröffentlichungen des Diözesanmuseums Bamberg, 12).

Hentze 1999 | Hentze, Wilhelm (Hg.): De Karolo rege et Leone papa. Der Bericht über die Zusammenkunft Karls des Großen mit Papst Leo III. in Paderborn 799 in einem Epos für Karl den Kaiser, Paderborn 1999 (Studien und Quellen zur westfälischen Geschichte, 36).

Herbers 1999 | Herbers, Klaus: Der Pontifikat Papst Leos III. (795–816), in: Stiegemann, Christoph/Wemhoff, Matthias (Hg.): 799 – Kunst und Kultur der Karolingerzeit. Karl der Große und Papst Leo III. in Paderborn. Beiträge zum Katalog der Ausstellung Paderborn 799, Mainz 1999, S. 13–18.

Herbers 2000 | Herbers, Klaus: Papst Leo III. (795–816), der Koronator Karls des Großen – Möglichkeiten päpstlicher Politik an der Schwelle des 9. Jahrhunderts, in: Geschichte im Bistum Aachen 5 (2000), S. 1–24.

Herbers 2006 | Herbers, Klaus: Geschichte Spaniens im Mittelalter. Vom Westgotenreich bis zum Ende des 15. Jahrhunderts, Stuttgart 2006.

Herbers 2010 | Herbers, Klaus: Europa – Universalität und regionale Vielfalt, in: Fried, Johannes/Hehl, Ernst-Dieter (Hg.): Weltdeutungen und Weltreligionen 600 bis 1500, Darmstadt 2010 (WBG Weltgeschichte, 3), S. 203–237.

Herman 1953 | Herman, Emil: Chalkedon und die Ausgestaltung des konstantinopolitanischen Primats, in: Bacht, Heinrich/Grillmeier, Alois (Hg.): Das Konzil von Chalkedon. Geschichte und Gegenwart. Bd. 2: Entscheidung um Chalkedon, Würzburg 1953, S. 459–490.

Hermann 2011 | Hermann, Angela: Der Weg in den Krieg 1938/39. Quellenkritische Studien zu den Tagebüchern von Joseph Goebbels (Diss. München 2008), München 2011 (Studien zur Zeitgeschichte, 83).

Herren 1987 | Herren, Michael: Eriugena's „Aulae Sidereae", the „Codex Aureus", and the Palatine Church of St. Mary at Compiègne, in: Studi Medievali 28/2 (1987), S. 593–608.

Herren 1991 | Herren, Michael W.: The „De imagine Tetrici" of Walahfrid Strabo: Edition and Translation, in: The Journal of Medieval Latin 1 (1991), S. 118–139.

Herrin 1992 | Herrin, Judith: Constantinople, Rome and the Franks in the Seventh and Eighth Centuries, in: Shepard, Jonathan/Franklin, Simon (Hg.): Byzantine Diplomacy. Papers from the Twenty-fourth Spring Symposium of Byzantine Studies (Tagungsakten Cambridge 1990), Aldershot 1992 (Publications. Society for the Promotion of Byzantine Studies, 1), S. 91–107.

Herrmann 2006 | Herrmann, Joachim: Ralswiek auf Rügen. Die slawisch-wikingischen Siedlungen und deren Hinterland. Teil 4: Der Silberschatz vor 850: Naturwissenschaftliche Untersuchungen. Versuch einer Bilanz, Schwerin 2006 (Beiträge zur Ur- und Frühgeschichte Mecklenburg-Vorpommerns, 45).

Hevia Ballina/Platero Fernández-Candaosa 1993 | Hevia Ballina, Agustín/Platero Fernández-Candaosa, Ramón: Katalogeintrag Nr. 154, in: Orígenes. Arte y cultura en Asturias. Siglos VII-XV (Ausst.-Kat. Oviedo 1993), Oviedo 1993.

Heydenreich 1959 | Heydenreich, Ludwig H.: Marc Aurel und Regisole, in: Gramberg, Werner u. a. (Hg.): Studien zu Werken in den Sammlungen des Museums für Kunst und Gewerbe Hamburg (Festschrift für Erich Meyer), Hamburg 1959, S. 146–159.

Hiestand 1991 | Hiestand, Rudolf: „Europa" im Mittelalter – vom geographischen Begriff zur politischen Idee, in: Hecker, Hans (Hg.): Europa – Begriff und Idee. Historische Streiflichter, Bonn 1991 (Kultur und Erkenntnis, 8), S. 33–48.

Hill 1984 | Hill, Donald: A History of Engineering in Classical and Medieval Times, London u. a. 1984.

Hillenbrand 1994 | Hillenbrand, Robert: Islamic Architecture. Form, Function and Meaning, Edinburgh 1994.

Hippler 1987 | Hippler, Christiane: Die Reise nach Jerusalem. Untersuchungen zu den Quellen, zum Inhalt und zur literarischen Struktur der Pilgerberichte des Spätmittelalters (Diss. Karlsruhe 1984), Frankfurt am Main 1987.

Hitti 1973 | Hitti, Philip K.: Capital Cities of Arab Islam, Minneapolis 1973.

Hlawitschka 1972 | Hlawitschka, Eduard: Karl Martell, das Römische Konsulat und der Römische Senat. Zur Interpretation von Fredegarii continuatio cap. 22, in: Besch, Werner u. a. (Hg.): Die Stadt in der europäischen Geschichte (Festschrift für Edith Ennen), Bonn 1972, S. 74–90.

Hodges/Whitehouse 1983 | Hodges, Richard/Whitehouse, David: Mohammed, Charlemagne and the Origins of Europe. Archeology and the Pirenne Thesis, Ithaca 1983.

Hoffmann 1963 | Hoffmann, Hartmut: Die Aachener Theoderichstatue, in: Böhner, Kurt u. a. (Hg.): Das erste Jahrtausend. Kultur und Kunst im werdenden Abendland an Rhein und Ruhr, Textband 1, Düsseldorf [2]1963, S. 318–335.

Hoffmann 2001 | Hoffmann, Carl A.: ‚Öffentlichkeit' und ‚Kommunikation' in den Forschungen zur Vormoderne. Eine Skizze, in: ders./Rolf Kießling (Hg.): Kommunikation und Region, Konstanz 2001 (Forum Suevicum. Beiträge zur Geschichte Ostschwabens und der benachbarten Regionen, 4), S. 69–110.

Hollender 2004 | Hollender, Elisabeth: „Und den Rabbenu Moses brachte der König Karl mit sich." Zum Bild Karls des Großen in der hebräischen Literatur des Mittelalters, in: Bastert, Bernd (Hg.): Karl der Grosse in den europäischen Literaturen des Mittelalters. Konstruktion eines Mythos, Tübingen 2004, S. 183–200.

Holmboe 1854 | Holmboe, Christopher A.: De prisca re monetaria Norvegiae, et de numis aliquot et ornamentis, in Norvegia repertis, Christiania 1854.

Homeyer 1983 | Homeyer, Helene: Walahfrids Gedicht über das Theoderich-Denkmal in Aachen, in: Blume, Horst-Dieter/Mann, Friedhelm (Hg.): Platonismus und Christentum (Festschrift für Heinrich Dörrie), Münster 1983, S. 106–117.

Horden/Purcell 2000 | Horden, Peregrine/Purcell, Nicholas: The Corrupting Sea. A Study of Mediterranean History, Oxford 2000.

Hourani 1992 | Hourani, Albert: Die Geschichte der arabischen Völker, Frankfurt am Main 1992.

Howard-Johnston 2010 | Howard-Johnston, James D.: Witnesses to a World Crisis. Historians and Histories of the Middle East in the Seventh Century, Oxford u. a. 2010.

Hubert 1938 | Hubert, Jean: L'art pré-roman, Paris 1938.

Huff 1999 | Huff, Dietrich: s.v. Fîrûzâbâd, in: Encyclopaedia Iranica, Bd. 9,6, New York 1999, S. 633–636.

Hugot 1965 | Hugot, Leo: Die Pfalz Karls des Großen in Aachen. Ergebnisse einer topographisch-archäologischen Untersuchung des Ortes und der Pfalz, in: Braunfels, Wolfgang/Schnitzler, Hermann (Hg.): Karolingische Kunst, Düsseldorf 1965 (Karl der Große. Lebenswerk und Nachleben, 3), S. 534–572.

Hundsbichler 1994 | Hundsbichler, Helmut (Hg.): Kommunikation zwischen Orient und Okzident, Alltag und Sachkultur (Tagungsakten Krems an der Donau 1992), Wien 1994 (Veröffentlichung des Instituts für Realienkunde des Mittelalters und der Frühen Neuzeit, 16 – Sitzungsberichte/Österreichische Akademie der Wissenschaften. Philosophisch-Historische Klasse, 619).

Ierusalimskaja/Borkopp 1996 | Ierusalimskaja, Anna A./Borkopp, Birgitt (Hg.): Von China nach Byzanz. Frühmittelalterliche Seiden aus der Staatlichen Ermitage Sankt Petersburg (Ausst.-Kat. München 1996/97), München 1996.

Ilisch 1999 | Ilisch, Lutz: Abbasidischer Dinar, in: Stiegemann, Christoph/Wemhoff, Matthias (Hg.): 799 – Kunst und Kultur der Karolingerzeit. Karl der Große und Papst Leo III. in Paderborn (Ausst-Kat. Paderborn 1999), Mainz 1999, Bd. 1, S. 391–392.

Ilisch 2004 | Ilisch, Lutz: Die imitativen solidi mancusi. „Arabische" Goldmünzen der Karolingerzeit, in: Cunz, Reiner (Hg.): Fundamenta Historiae. Geschichte im Spiegel der Numismatik und ihrer Nachbarwissenschaften (Festschrift für Niklot Klüßendorf), Hannover 2004 (Veröffentlichungen der Urgeschichtlichen Sammlungen des Landesmuseums zu Hannover, 51), S. 91–106.

Ilisch 2005 | Ilisch, Lutz: Der Steckborner Schatzfund von 1830 und andere Funde nordafrikanischer Dirhams im Bereich des Karlsreiches, in: Simposio Simone Assemani sulla Monetazione Islamica (Tagungsakten Padua 2003), Padova 2005 (Numismatica patavina, 7), S. 67–91.

Ilisch 2012 | Ilisch, Lutz: Arabische Kupfermünzen an der Ostsee und die Gesandtschaft Karls des Großen an den Kalifen, in: Numismatisches Nachrichtenblatt 61/8 (2012), S. 296–302.

Ilisch u. a. 2003 | Ilisch, Lutz u. a. (Hg.): Dirham und Rappenpfennig. Bd. 1: Mittelalterliche Münzprägung in Bergbaugebieten. Analysereihen, Bonn 2003 (Zeitschrift für Archäologie des Mittelalters. Beiheft, 17).

Innes 2005 | Innes, Matthew: Charlemagne's Government, in: Story, Joanna (Hg.): Charlemagne. Empire and Society, Manchester/New York 2005, S. 71–89.

Isenberg 2012 | Isenberg, Gabriele: Heiligenleben als Geschichtsquelle. Ein schwieriger Zugang: der Fall Ida von Herzfeld, in: Westfälische Zeitschrift 162 (2012), S. 23–44.

Isenberg/Rommé 2005 | Isenberg, Gabriele/Rommé, Barbara (Hg.): 805: Liudger wird Bischof. Spuren eines Heiligen zwischen York, Rom und Münster (Ausst.-Kat. Münster 2005), Mainz 2005.

Jacobi 1971 | Jacobi, Jürgen: Die Râdânîya, in: Der Islam. Zeitschrift für Geschichte und Kultur des Islamischen Orients 47/2 (1971), S. 252–264.

Jacobsen 1988 | Jacobsen, Werner: Gab es die karolingische „Renaissance" in der Baukunst?, in: Zeitschrift für Kunstgeschichte 51 (1988), S. 313–347.

Jacobsen 1994 | Jacobsen, Werner: Die Pfalzkonzeptionen Karls des Großen, in: Saurma-Jeltsch, Liselotte (Hg.): Karl der Große als vielberufener Vorfahr. Sein Bild in der Kunst der Fürsten, Kirchen und Städte, Sigmaringen 1994 (Schriften des Historischen Museums Frankfurt am Main, 19), S. 23–49.

Jacobsen 1996 | Jacobsen, Werner: Spolien in der karolingischen Architektur, in: Poeschke, Joachim (Hg.): Antike Spolien in der Architektur des Mittelalters und der Renaissance, München 1996, S. 155–177.

Jacobsen 1999a | Jacobsen, Werner: Die Renaissance der frühchristlichen Architektur in der Karolingerzeit, in: Stiegemann, Christoph/Wemhoff, Matthias (Hg.): 799 – Kunst und Kultur der Karolingerzeit. Karl der Große und Papst Leo III. in Paderborn. Beiträge zum Katalog der Ausstellung Paderborn 799, Mainz 1999, S. 623–642.

Jacobsen 1999b | Jacobsen, Werner: Herrschaftliches Bauen in der Karolingerzeit. Karolingische Pfalzen zwischen germanischer Tradition und Antikenrezeption, in: Stiegemann, Christoph/Wemhoff, Matthias (Hg.): 799 – Kunst und Kultur der Karolingerzeit. Karl der Große und Papst Leo III. in Paderborn. Beiträge zum Katalog der Ausstellung Paderborn 799, Mainz 1999, S. 91–94.

Jäggi 2013 | Jäggi, Carola: Spolien in Ravenna – Spolien aus Ravenna: Transformation einer Stadt von der Antike bis in die frühe Neuzeit, in: Altekamp, Stefan (Hg.): Spoliierung und Transposition, Berlin/Boston 2013 (Perspektiven der Spolienforschung, 1), S. 287–330.

Jairazbhoy 1965 | Jairazbhoy, Rafique A.: Oriental Influences in Western Art, London 1965.

Janin 1969 | Janin, Raymond: La géographie ecclésiastique de l'empire byzantine. Teil 1: Le siège de Constantinople et le patriarcat œcuménique. Bd. 3: Les églises et les monastères, Paris [2]1969.

Janin 1975 | Janin, Raymond: La géographie de l'empire byzantine. Teil 1: Le siège de Constantinople et le patriarcat œcuménique. Bd. 2: Les églises et les monastères des grands centres byzantins (Bithynie, Hellespont, Latros, Galésios, Trébizonde, Athènes, Thessalonique), Paris 1975.

Jankuhn 1965 | Jankuhn, Herbert: Karl der Große und der Norden, in: Beumann, Helmut (Hg.): Persönlichkeit und Geschichte, Düsseldorf 1965 (Karl der Große. Lebenswerk und Nachleben, 1), S. 699–707.

Janz 2003 | Janz, Timothy: The Scribe and the Date of the Vat. Gr. 1291, in: Miscellanea Bibliothecae Apostolicae Vaticanae 10 (2003), S. 159–180.

Jarnut 1975 | Jarnut, Jörg: Quierzy und Rom. Bemerkungen zu den ‚promissiones donationis' Pippins und Karls, in: Historische Zeitschrift 220 (1975), S. 265–297.

Jarnut 1982 | Jarnut, Jörg: Geschichte der Langobarden, Stuttgart u. a. 1982 (Urban-Taschenbücher, 339).

Jarnut 1993 | Jarnut, Jörg: Ein Bruderkampf und seine Folgen. Die Krise des Frankenreiches (768–771), in: Jenal, Georg (Hg.): Herrschaft, Kirche, Kultur. Beiträge zur Geschichte des Mittelalters (Festschrift für Friedrich Prinz), Stuttgart 1993 (Monographien zur Geschichte des Mittelalters, 37), S. 165–176.

Jaspert 2003 | Jaspert, Nikolas: Karolingische Legitimation und Karlsverehrung in Katalonien, in: Herbers, Klaus (Hg.): Jakobus und Karl der Große. Von Einhards Karlsvita zum Pseudo-Turpin (Tagungsakten Santiago de Compostela/Fulda 2001), Tübingen 2003 (Jakobus-Studien, 14), S. 121–159.

Jaspert 2005 | Jaspert, Nikolas: Von Karl dem Großen bis Kaiser Wilhelm: Die Erinnerung an vermeintliche und tatsächliche Kreuzzüge in Mittelalter und Moderne, in: Gaube, Heinz/Schneidmüller, Bernd/Weinfurter, Stefan (Hg.): Konfrontation der Kulturen? Saladin und die Kreuzfahrer (Tagungsakten Mannheim 2004), Mainz 2005 (Schriftenreihe des Landesmuseums für Natur und Mensch, 34 – Publikationen der Reiss-Engelhorn-Museen, 14), S. 136–159.

Jaspert/Oesterle/von der Höh 2013 | Jaspert, Nikolaus/Oesterle, Jenny Rahel/von der Höh,

Marc (Hg.): Cultural Brokers at Mediterranean Courts in the Middle Ages, Paderborn 2013.

Joffe 1998 | Joffe, Alexander H.: Disembedded Capitals in Western Asian Perspective, in: Comparative Studies in Society and History 40/3 (1998), S. 549–580.

Johanek 1987 | Johanek, Peter: Der fränkische Handel der Karolingerzeit im Spiegel der Schriftquellen, in: Düwel, Klaus u. a. (Hg.): Untersuchungen zu Handel und Verkehr der vor- und frühgeschichtlichen Zeit in Mittel- und Nordeuropa. Teil 4: Der Handel der Karolinger- und Wikingerzeit, Göttingen 1987 (Abhandlungen der Akademie der Wissenschaften in Göttingen. Philologisch-Historische Klasse, Folge 3/156), S. 7–68.

Johns 2003 | Johns, Jeremy: Archaeology and the History of Early Islam: the First Seventy Years, in: Journal of the Economic and Social History of the Orient 46 (2003), S. 411–436.

Jones 1997 | Jones, Philip: The Italian City-State. From Commune to Signoria, Oxford/New York 1997.

Jong 2005 | Jong, Mayke de: Charlemagne's Church, in: Story, Joanna (Hg.): Charlemagne. Empire and Society, Manchester u. a. 2005, S. 103–135.

Jong 2009 | Jong, Mayke de: The Penitential State. Authority and Atonement in the Age of Louis the Pious, 814–840, Cambridge u. a. 2009.

Jussen 2009 | Jussen, Bernhard: Liebigs Sammelbilder. Weltwissen und Geschichtsvorstellung im Reklamesammelbild, in: Paul, Gerhard (Hg.): Das Jahrhundert der Bilder. Bildatlas 1900 bis 1949, Göttingen 2009, Bd. 1, S. 132–139.

Jussen 2011 | Jussen, Bernhard: Roland, in: Fried, Johannes/Rader, Olaf B. (Hg.): Die Welt des Mittelalters. Erinnerungsorte eines Jahrtausends, München 2011, S. 396–408.

Jussen 2013a | Jussen, Bernhard: Plädoyer für eine Ikonologie der Geschichtswissenschaft. Beobachtungen zur bildlichen Formierung historischen Denkens, in: Locher, Hubert (Hg.): Reinhard Koselleck – Politische Ikonologie. Perspektiven interdisziplinärer Bildforschung (Tagungsakten Marburg 2010), München 2013 (Transformationen des Visuellen, 1), S. 260–279.

Jussen 2013b | Jussen, Bernhard: Bilderhorizonte. Wege zu einer Ikonologie nationaler Rechtfertigungsnarrative, in: Fahrmeir, Andreas/Imhausen, Annette (Hg.): Die Vielfalt normativer Ordnungen. Konflikte und Dynamik in historischer und ethnologischer Perspektive, Frankfurt am Main 2013 (Normative orders, 8), S. 79–107.

Kaegi 1992 | Kaegi, Walter E.: Byzantium and the Early Islamic Conquests, Cambridge u. a. 1992.

Kaegi 2003 | Kaegi, Walter E.: Heraclius Emperor of Byzantium, Cambridge u. a. 2003.

Kaegi 2010 | Kaegi, Walter E.: Muslim Expansion and Byzantine Collapse in North Africa, Cambridge u. a. 2010.

Kafadar (im Druck) | Kafadar, Cemal (Hg.): Geschichte der Welt. Bd. 2: Mobilität und Diversität 600–1350, München (im Druck).

Kalavrezou 1990 | Kalavrezou, Ioli: Images of the Mother: When the Virgin Mary Became Meter Theou, in: Dumbarton Oaks Papers 44 (1990), S. 165–172.

Kaplony 2002 | Kaplony, Andreas: The Ḥaram of Jerusalem 324–1099. Temple, Friday Mosque, Area of Spiritual Power, Stuttgart 2002 (Freiburger Islamstudien, 22).

Karl der Große 1965 | Karl der Große. Werk und Wirkung (Ausst.-Kat. Aachen 1965), Verantwortung und Bearbeitung des Katalog Wolfgang Braunfels, Aachen 1965 (Ausstellung unter den Auspizien des Europarates, 10).

Kartsonis 1986 | Kartsonis, Anna D.: Anastasis. The Making of an Image, Princeton 1986.

Kartsonis 1994 | Kartsonis, Anna D.: The Emancipation of the Crucifixion, in: Guillou, André/Durand, Janic (Hg.): Byzance et les images, Paris 1994 (Conférences et colloques), S. 153–187.

Kaschke 2008 | Kaschke, Sören: Tradition und Adaption. Die „Divisio regnorum" und die fränkische Herrschaftsnachfolge, in: Kasten, Brigitte (Hg.): Herrscher- und Fürstentestamente im westeuropäischen Mittelalter (Tagungsakten Saarbrücken 2006), Köln/Weimar/Wien 2008 (Norm und Struktur, 29), S. 259–289.

Kasten 1997 | Kasten, Brigitte: Königssöhne und Königsherrschaft. Untersuchungen zur Teilhabe am Reich in der Merowinger- und Karolingerzeit (Habil. Bremen 1996), Hannover 1997 (Monumenta Germaniae Historica. Schriften, 44).

Kasten 2001 | Kasten, Brigitte: Laikale Mittelgewalten: Beobachtungen zur Herrschaftspraxis der Karolinger, in: Erkens, Franz-Reiner (Hg.): Karl der Große und das Erbe der Kulturen (Tagungsakten Leipzig 1999), Berlin 2001, S. 54–66.

Käuper 2004 | Käuper, Sascha: Zur Bauentwicklung Paderborns nach den Schriftquellen (776–1009), in: Gai, Sveva/Mecke, Birgit: Est locus insignis ...: Die Pfalz Karls des Großen in Paderborn und ihre bauliche Entwicklung bis zum Jahr 1002. Die Neuauswertung der Ausgrabungen Wilhelm Winkelmanns in den Jahren 1964–1978, Mainz 2004 (Denkmalpflege und Forschung in Westfalen, 40/2), S. 57–89.

Keller 2003 | Keller, Christoph: Die Pfalz Karls des Großen in Aachen. Eine archäologische Bestandsaufnahme, in: Dreßen, Wolfgang/Minkenberg, Adam/Oellers, Adam C.: Ex Oriente. Isaak und der weiße Elefant. Bagdad – Jerusalem – Aachen. Eine Reise durch drei Kulturen um 800 und heute (Ausst.-Kat. Aachen 2003), Mainz 2003, Bd. 3, S. 6–27.

Kennedy 1985 | Kennedy, Hugh: From ‚Polis' to ‚Madina'. Urban Change in Late Antique and Early Islamic Syria, in: Past and Present 106 (1985), S. 3–27.

Kennedy 1992 | Kennedy, Hugh: Antioch. From Byzantium to Islam and Back Again, in: Rich, John (Hg.): The City in Late Antiquity, London/New York 1992 (Leicester Nottingham Studies in Ancient Society, 3), S. 181–198.

Kennedy 1995 | Kennedy, Hugh: The Muslims in Europe, in: McKitterick, Rosamond (Hg.): The New Cambridge Medieval History. Bd. 2: c. 700–c. 900, Cambridge 1995, S. 249–271 und S. 936–937.

Kennedy 1998 | Kennedy, Hugh: From Antiquity to Islam in the Cities of al-Andalus and al-Mashriq, in: Cressier, Patrice/Garcia Arenal, Mercedes (Hg.): Genèse de la ville islamique. En al-Andalus et au Maghreb occidental, Madrid 1998, S. 53–64.

Kennedy 2001 | Kennedy, Hugh: The Armies of the Caliphs. Military and Society in the Early Islamic State, London/New York 2001 (Warfare and History).

Kennedy 2006 | Kennedy, Hugh: When Baghdad Ruled the Muslim World. The Rise and Fall of Islam's Greatest Dynasty, Cambridge 2006.

Kerner 2000 | Kerner, Max: Karl der Große. Entschleierung eines Mythos, Köln/Weimar/Wien 2000.

Kerner 2007 | Kerner, Max: Pippin und die Entstehung des Kirchenstaates. Zur kirchenpolitischen Grundlegung Europas, in: Meier, Mischa (Hg.): Sie schufen Europa. Historische Portraits von Konstantin bis Karl dem Großen, München 2007, S. 273–286.

Khatchatrian 1954 | Khatchatrian, Armen: Notes sur l'architecture de l'église de Germigny-des-Prés, in: Cahiers Archéologiques 7 (1954), S. 161–169.

Kickinger 1993 | Kickinger, Claudia: Organisationsformen und Kontrollinstanzen des städtischen Marktes im arabischen Raum in vorindustrieller Zeit. Tradition und Wandel, 2 Bde., Wien 1993.

Kienast 1974–1975 | Kienast, Walther: Deutschland und Frankreich in der Kaiserzeit (900–1270). Weltkaiser und Einzelkönige, 3 Bde., Stuttgart [2]1974–1975 (Monographien zur Geschichte des Mittelalters, 9).

Kiilerich 2010 | Kiilerich, Bente: The Rhetoric of Materials in the Tempietto Longobardo at Cividale, in: Pace, Valentino (Hg.): L'VIII secolo: un secolo inquieto. Atti del Convegno internazionale di studi (Tagungsakten Cividale del Friuli 2008), Cividale 2010, S. 93–102.

Kintzinger 2005 | Kintzinger, Martin: Die Erben Karls des Großen. Frankreich und Deutschland im Mittelalter, Ostfildern 2005.

Kippenberg 1991 | Kippenberg, Hans G.: Die vorderasiatischen Erlösungsreligionen in ihrem Zusammenhang mit der antiken Stadtherrschaft, Frankfurt am Main 1991 (Suhrkamp-Taschenbuch Wissenschaft, 917).

Klein 1977 | Klein, Richard: Constantius II. und die christliche Kirche, Darmstadt 1977 (Impulse der Forschung, 26).

Kloft 1994 | Kloft, Matthias Th.: Der spanische Adoptianismus, in: Fried, Johannes u. a. (Hg.): 794 – Karl der Große in Frankfurt am Main. Ein König bei der Arbeit (Ausst.-Kat. Frankfurt am Main 1994), Sigmaringen 1994, S. 56–57.

Kluge 1999 | Kluge, Bernd: Nomen imperatoris und Christiana Religio. Das Kaisertum Karls des Großen und Ludwigs des Frommen im Licht der numismatischen Quellen, in: Stiegemann, Christoph/Wemhoff, Matthias (Hg.): 799 – Kunst und Kultur der Karolingerzeit. Karl der Große und Papst Leo III. in Paderborn. Beiträge zum Katalog der Ausstellung Paderborn 799, Mainz 1999, S. 82–90.

Kluge 2007 | Kluge, Bernd: Numismatik des Mittelalters. Bd. 1: Handbuch und Thesaurus Nummorum Medii Aevi, Berlin/Wien 2007 (Österreichische Akademie der Wissenschaften. Philosophisch-Historische Klasse. Sitzungsberichte, 769 – Veröffentlichungen der Numismatischen Kommission, 45).

Kluge 2012 | Kluge, Bernd: Münzprägungen der karolingischen Herrscher, in: Puhle, Matthias/Köster, Gabriele (Hg.): Otto der Große und das Römische Reich. Kaisertum von der Antike zum Mittelalter (Ausst.-Kat. Magdeburg 2012), Regensburg 2012, S. 432–433.

Knöchlein 2011 | Knöchlein, Ronald: Ad urbem, quam Mogontiacum veteres appelerunt: Vom Legionslager Mainz zu den Anfängen der Stadt des Mittelalters, in: Konrad, Michaela/Witschel, Christian (Hg.): Römische Legionslager in den Rhein- und Donauprovinzen – Nuclei spätantikfrühmittelalterlichen Lebens?, München 2011 (Bayerische Akademie der Wissenschaften. Philologisch-Historische Klasse, N. F. 138), S. 265–286.

Kochanek 2004 | Kochanek, Piotr: Die Vorstellung vom Norden und der Eurozentrismus. Eine Auswertung der patristischen und mittelalterlichen Literatur, Mainz 2004 (Veröffentlichungen des Instituts für Europäische Geschichte Mainz. Abteilung für abendländische Religionsgeschichte, 205).

Korn 2005 | Korn, Lorenz: Wechselwirkungen zwischen der Architektur der Kreuzfahrer und der islamischen Architektur in der Levante, in: Wieczorek, Alfried/Fansa, Mamoun/Meller, Harald (Hg.): Saladin und die Kreuzfahrer (Ausst.-Kat. Halle/Oldenburg/Mannheim 2005/06), Mainz 2005, S. 226–237.

Korn 2006 | Korn, Lorenz: Moments of Exoticism in Mamluk Architecture, in: Hagedorn, Annette (Hg.). The Phenomenon of „Foreign" in Oriental Art, Wiesbaden 2006, S. 103–115.

Kortüm 2010 | Kortüm, Hans-Henning: Kriege und Krieger, 500–1500, Stuttgart 2010 (Urban-Akademie).

Kötter 2013 | Kötter, Jan-Markus: Zwischen Kaisern und Aposteln. Das Akakianische Schisma (484–519) als kirchlicher Ordnungskonflikt der Spätantike (Diss. Frankfurt am Main 2011), Stuttgart 2013 (Roma Æterna, 2).

Kötter (im Druck) | Kötter, Jan-Markus: Die Suche nach der kirchlichen Ordnung. Gedanken zu grundlegenden Funktionsweisen der spätantiken Reichskirche, in: Historische Zeitschrift (im Druck).

Kötzsche 1995 | Kötzsche, Liselotte: Das Heilige Grab in Jerusalem und seine Nachfolge, in: Dassmann, Ernst/Engemann, Josef (Hg.): Akten des XII. Internationalen Kongresses für Christliche Archäologie (Tagungsakten Bonn 1991), Münster 1995 (Jahrbuch für Antike und Christentum. Ergänzungsband, 20 – Studi di antichità cristiana, 52), S. 272–290.

Kotzur/Klein/Wilhelmy 2004 | Kotzur, Hans-Jürgen/Klein, Brigitte/Wilhelmy, Winfried (Hg.): Die Kreuzzüge. Kein Krieg ist heilig (Ausst.-Kat. Mainz 2004), Mainz 2004.

Krafft 2005 | Krafft, Otfried: Papsturkunde und Heiligsprechung. Die päpstlichen Kanonisationen vom Mittelalter bis zur Reformation. Ein Handbuch (Diss. Marburg 2003), Köln/Weimar/Wien 2005 (Archiv für Diplomatik, Schriftgeschichte, Siegel- und Wappenkunde. Beiheft, 9).

Krämer 2005 | Krämer, Gudrun: Geschichte des Islam, München 2005.

Kramp 1995 | Kramp, Mario: Kirche, Kunst und Königsbild. Zum Zusammenhang von Politik und Kirchenbau im capetingischen Frankreich des 12. Jahrhunderts am Beispiel der drei Abteien Saint-Denis, Saint-Germain-des-Prés und Saint-Remi/Reims (Diss. Aachen 1993), Weimar 1995.

Kraus (im Druck) | Kraus, Thomas R. (Hg.): Aachen – Von den Anfängen bis zur Gegenwart. Karolinger, Ottonen, Salier bis 1137 (im Druck).

Kreusch 1965 | Kreusch, Felix: Kirche, Atrium und Portikus der Aachener Pfalz, in: Braunfels, Wolfgang/Schnitzler, Hermann (Hg.): Karolingische Kunst, Düsseldorf 1965 (Karl der Große. Lebenswerk und Nachleben, 3), S. 463–533.

Kröger 1993 | Kröger, Jens: s.v. Ctesiphon, in: Encyclopaedia Iranica, Bd. 6,4, New York 1993, S. 446–448.

Kröger-Köb 2008 | Kröger-Köb, Nicole: Nichts ist unvergänglicher als ein Loch. Die Baubefunde der Wüstung Balhorn im Westen von Paderborn, in: Eggenstein, Georg/Börste, Norbert (Hg.): Eine Welt in Bewegung. Unterwegs zu Zentren des frühen Mittelalters, München/Berlin 2008, S. 144–152.

Kroker 2005 | Kroker, Martin: Die Siedlung Mimigernaford und die „Domburg" im 9. und 10. Jahrhundert, in: Isenberg, Gabriele/Rommé, Barbara (Hg.): 805: Liudger wird Bischof. Spuren eines Heiligen zwischen York, Rom und Münster (Ausst.-Kat. Münster 2005), Mainz 2005, S. 229–242.

Kroker 2007 | Kroker, Martin: Der Dom zu Münster. Bd. 3: Die Domburg. Archäologische Ergebnisse zur Geschichte der Domimmunität vom 8.–18. Jahrhundert, Mainz 2007 (Denkmalpflege und Forschung in Westfalen, 26/3).

Kromann 1988 | Kromann, Anne: Finds of Iberian Islamic Coins in the Northern Lands, in: Gomes Marques, Mario (Hg.): Problems of Medieval Coinage in the Iberian Area, Santarem 1988 (Tagungsakten Sintra 1988), Bd. 3, S. 243–253.

Kühne 2000 | Kühne, Thomas (Hg.): Was ist Militärgeschichte?, Paderborn u. a. 2000 (Krieg in der Geschichte, 6).

Kühnel 2003 | Kühnel, Gustav: Aachen, Byzanz und die frühislamische Architektur im Heiligen Land, in: Dreßen, Wolfgang/Minkenberg, Adam/Oellers, Adam C.: Ex Oriente. Isaak und der weiße Elefant. Bagdad – Jerusalem – Aachen. Eine Reise durch drei Kulturen um 800 und heute (Ausst.-Kat. Aachen 2003), Mainz 2003, Bd. 3, S. 52–67.

L'Orange 1979 | L'Orange, Hans-Peter: La Scultura in stucco e in pietra del tempietto di Cividale, Rom 1979 (Il tempietto longobardo di Cividale. Acta ad Archaeologiam et Artium Historiam Pertinentia, 7/3).

Lacoste 1984 | Lacoste, Yves: Ibn Khaldun. The Birth of History and the Past of the Third World, London 1984.

Lapidus 1973a | Lapidus, Ira M.: The Evalution of Muslim Urban Society, in: Comparative Studies in Society and History 15/1 (1973), S. 21–50.

Lapidus 1973b | Lapidus, Ira M.: Traditional Muslim Cities. Structure and Change, in: Brown, Leon Carl (Hg.): From Madina to Metropolis. Heritage and Change in the Near Eastern City, Princeton 1973 (Princeton Studies on the Near East), S. 51–72.

Lapidus 1981 | Lapidus, Ira M.: Arab Settlement and Economic Development of Iraq and Iran in the Age of the Umayyad and Early Abbasid Caliphs, in: Udovitch, Abraham L. (Hg.): The Islamic Middle East, 700–1900. Studies in Economic and Social History, Princeton 1981 (Princeton Studies on the Near East), S. 177–208.

Lassner 1966 | Lassner, Jacob: Massignon and Baghdad. The Complexities of Growth in an Imperial City, in: Journal of the Economic and Social History of the Orient 9/1–2 (1966), S. 1–27.

Lassner 1970 | Lassner, Jacob: The Topography of Baghdad in the Early Middle Ages. Text and Studies, Detroit 1970.

Lassner 1980 | Lassner, Jacob: The Shaping of ʿAbbāsid Rule, Princeton 1980 (Princeton Studies on the Near East).

Latowsky 2013 | Latowsky, Anne A.: Emperor of the World. Charlemagne and the Construction of Imperial Authority, 800–1229, Ithaca/London 2013.

Law 1994 | Law, Vivien: The Study of Grammar, in: McKitterick, Rosamond (Hg.): Carolingian Culture: Emulation and Innovation, Cambridge u. a 1994, S. 88–110.

Le Jan 2005 | Le Jan, Régine: Il gruppo familiare di Totone: identità e strategie patrimoniali, in: Gasparri, Stefano/La Rocca, Cristina (Hg.): Carte di famiglia. Strategie, rappresentazione e memoria del gruppo familiare di Totone di Campione (721–877), Rom 2005 (Altomedioevo, 5), S. 13–28.

Leahy 2006 | Leahy, Kevin: Anglo-Saxon Coin Brooches, in: Cook, Barrie/Williams, Gareth (Hg.): Coinage and History in the North Sea World, c. 500–1250, Leiden u. a. 2006 (The Northern World, 19), S. 267–286.

Lehmann 1965 | Lehmann, Edgar: Die Architektur zur Zeit Karls des Großen, in: Braunfels, Wolfgang/Schnitzler, Hermann (Hg.): Karolingische Kunst, Düsseldorf 1965 (Karl der Große. Lebenswerk und Nachleben, 3), S. 301–319.

Lemerle 1971 | Lemerle, Paul: Le premier humanisme byzantin. Notes et remarques sur enseignement et culture à Byzance des origines au Xe siècle, Paris 1971 (Bibliothèque Byzantine. Études, 6).

Leopold 2000 | Leopold, Antony: How to Recover the Holy Land. The Crusade Proposals of the Late Thirteenth and Early Fourteenth Centuries (Diss. Durham 1998), Aldershot u. a. 2000.

Leppin 1996 | Leppin, Hartmut: Von Constantin dem Großen zu Theodosius II. Das christliche Kaisertum bei den Kirchenhistorikern Socrates, Sozomenus und Theodoret, Göttingen 1996 (Hypomnemata, 110).

Leppin 2013 | Leppin, Hartmut: Kaisertum und Christentum in der Spätantike: Überlegungen zu einer unwahrscheinlichen Synthese, in: Fahrmeir, Andreas/Imhausen, Annette (Hg.): Die Vielfalt normativer Ordnungen. Konflikte und Dynamik in historischer und ethnologischer Perspektive, Frankfurt am Main 2013 (Normative orders, 8), S. 197–223.

Leppin/Schneidmüller/Weinfurter 2012 | Leppin, Hartmut/Schneidmüller, Bernd/Weinfurter, Stefan (Hg.): Kaisertum im ersten Jahrtausend. Wissenschaftlicher Begleitband zur Landesausstellung „Otto der Große und das Römische Reich. Kaisertum von der Antike zum Mittelalter“ (Tagungsakten Magdeburg 2010), Regensburg 2012.

Lewis/Hopkins 1971 | Lewis, Bernard/Hopkins, J. F. P.: s. v. Ifrandj, in: Encyclopaedia of Islam, New Edition, Leiden u. a. 1971, Bd. 3, S. 1044–1046.

Liedl 2005 | Liedl, Gottfried: Die andere Seite der Reconquista: Islamisch Spanien im Wirtschaftsraum des Spätmittelalters, in: Feldbauer, Peter/Liedl, Gottfried/Morrissey, John (Hg.): Mediterraner Kolonialismus. Expansion und Kulturaustausch im Mittelalter, Essen 2005 (Expansion – Interaktion – Akkulturation, 8), S. 258–292.

Lilie 1976 | Lilie, Ralph-Johannes: Die byzantinische Reaktion auf die Ausbreitung der Araber. Studien zur Strukturwandlung des byzantinischen Staates im 7. und 8. Jahrhundert (Diss. München 1975), München 1976 (Miscellanea Byzantina Monacensia, 22).

Lilie 2003 | Lilie, Ralph-Johannes: Byzanz. Das zweite Rom, Berlin 2003.

Liu 2001 | Liu, Xinru: Silk and Religion. An Exploration of Material Life and the Thought of People, AD 600–1200, Oxford [2]2001 (Oxford India Paperbacks).

Lobbedey 1986 | Lobbedey, Uwe: Die Ausgrabungen im Dom zu Paderborn 1978/80 und 1983, Bonn 1986.

Lobbedey 2003 | Lobbedey, Uwe: Carolingian Royal Palaces. The State of Research from an Architectural Historian's Viewpoint, in: Cubitt, Catherine (Hg.): Court Culture in the Early Middle Ages. The Proceedings of the First Alcuin Conference (Tagungsakten York 1998), Turnhout 2003 (Studies in the Early Middle Ages, 3), S. 129–154.

Lombard 1992 | Lombard, Maurice: Blütezeit des Islam. Eine Wirtschafts- und Kulturgeschichte. 8.–11. Jahrhundert, Frankfurt am Main 1992 (Fischer Taschenbuch, 10773).

Löwe 1956 | Löwe, Heinz: Von Theoderich dem Großen zu Karl dem Großen, Darmstadt 1956.

Lowick 1999 | Lowick, Nicholas: Early ʿAbbāsid Coinage. A Type Corpus 132–218 H/AD 750–833. A Posthumous Work by Nicholas Lowick, hrsg. von Elizabeth Savage, Manuskript London (British Museum), stopped in press 1999.

Lübke 2004 | Lübke, Christian: Das östliche Europa, Berlin 2004 (Die Deutschen und das europäische Mittelalter, 2).

Luchterhand 2006 | Luchterhand, Manfred: Stolz und Vorurteil. Der Westen und die byzantinische Hofkultur im Frühmittelalter, in: Bauer, Franz Alto (Hg.): Visualisierungen von Herrschaft. Frühmittelalterliche Residenzen – Gestalt und Zeremoniell (Tagungsakten Istanbul 2004), Istanbul 2006 (Byzas, 5), S. 171–212.

Luhmann 1991 | Luhmann, Niklas: Soziale Systeme. Grundriß einer allgemeinen Theorie, Frankfurt am Main [4]1991.

LVR-Rheinland 1997 | LVR-Rheinland/Archäologisches Institut der Universität Köln: Antiker Marmorluxus von Rom bis zum Rhein. Funde, Fotos, Modelle (Ausst.-Kat. Xanten 1997), Köln 1997 (Führer und Schriften des Regionalmuseums Xanten, 44 – Schriften des Archäologischen Instituts der Universität zu Köln), S. 73–120.

Magdalino 2002 | Magdalino, Paul: The Byzantine Reception of Classical Astrology, in: Holmes, Catherine/Waring, Judith (Hg.): Literacy, Education and Manuscript Transmission in Byzantium and Beyond (Tagungsakten Cambridge 2000), Leiden/Boston/Köln 2002 (The Medieval Mediterranean, 42), S. 33–57.

Magdalino 2006 | Magdalino, Paul: L'orthodoxie des astrologues. La science entre dogma et divinisation à Byzance (VIIe–XIVe siècle), Paris 2006.

Maguire 1996 | Maguire, Henry: The Icons of their Bodies. Saints and their Images in Byzantium, Princeton 1996.

Maintz 2001 | Maintz, Helmut: Dendrochronologische Datierung Holzringanker, Oktogonkuppel und Fundamentholz Oktogonpfeiler Nr. 7 in: Schriftenreihe des Karlsvereins 13 (2011), S. 93–100.

Maintz 2012 | Maintz, Helmut: Die Sanierung des karolingischen Mauerwerks, in: Heckner, Ulrike/Beckmann, Eva-Maria (Red.): Die karolingische Pfalzkapelle in Aachen. Material, Bautechnik, Restaurierung, Worms 2012 (Arbeitshefte der rheinischen Denkmalpflege, 78), S. 73–116.

Majeska 1984 | Majeska, George P.: Russian Travelers to Constantinople in the Fourteenth and Fifteenth Centuries, Washington, D.C. 1984 (Dumbarton Oaks Studies, 19).

Manaresi 1955 | Manaresi, Cesare: I placiti del „Regnum Italiae“, Bd. 1, Rom 1955 (Fonti per la Storia d'Italia, 92).

Mango/Ševčenko 1973 | Mango, Cyril/Ševčenko, Ihor: Some Churches and Monasteries on the Southern Shore of the Sea of Marmara, in: Dumbarton Oaks Papers 27 (1973), S. 235–277.

Mango 1975 | Mango, Cyril: Byzantinische Architektur, Stuttgart 1975.

Mango 1985 | Mango, Cyril: On Re-Reading the Life of St. Gregory the Decapolite, in: Byzantina 13 (1985), S. 633–646.

Mango 1999 | Mango, Cyril: The Relics of St. Euphemia and the Synaxarion of Constantinople, in: Bollettino della Badia Greca di Grotta Ferrata N.S. 53 (1999), S. 79–87.

Marçais 1928 | Marçais, William: L'Islamisme et la vie urbaine, in: Comptes rendus des séances de l'Académie des Inscriptions et Belles-Lettres 72/1 (1928), S. 86–100.

Marcus 2002 | Marcus, Ivan G.: A Jewish-Christian Symbiosis. The Culture of Early Ashkenaz, in: Biale, David (Hg.): Cultures of the Jews. A New History, New York 2002, S. 449–516.

Marín Valdés 1999 | Marín Valdés, Fernando A.: El arte áulico en el prerománico asturiano, in: Camps, Jordi (Hg.): Cataluña en la época carolingia. Arte y cultura antes del románico (siglos IX y X), Barcelona 1999, S. 181–186.

Marot 1999 | Marot, Teresa: La moneda en la época carolingia: reflejo de una realidad histórica, in: Cataluña en la época carolingia. Arte y cultura antes del románico (siglos ix y x) (Ausst.-Kat. Barcelona 1999/2000), Barcelona 1999, S. 49–51.

Martin 1998 | Martin, Peter-Hugo: Eine Goldmünze Karls des Großen, in: Henn, Karl Heinz/Kähler, Ernst/Stadt Ingelheim am Rhein (Hg.): Karl der Große in Ingelheim. Bauherr der Pfalz und europäischer Staatsmann, Ingelheim 1998 (Beiträge zur Ingelheimer Geschichte, 43), S. 37–47.

Martiniani-Reber 1986 | Martiniani-Reber, Marielle: Lyon, muse historique des tissus. Soieries sassanides, coptes et byzantine V[e]-XIe siècles, Paris 1986.

Mayer 1972 | Mayer, Hans Eberhard: Kaiserrecht und Heiliges Land, in: Fuhrmann, Horst/Mayer, Hans Eberhard/Wriedt, Klaus (Hg.): Aus Reichsgeschichte und Nordischer Geschichte, Stuttgart 1972 (Kieler historische Studien, 16), S. 193–208.

Mayer 1998 | Mayer, Tobias: Sylloge numorum Arabicorum Tübingen. Bd. 15b: Mittelasien, Tübingen 1998.

Mazzoli-Guintard 1998 | Mazzoli-Guintard, Christine: L'urbanisation d'al Andalus au IXe siècle. Données chronologiques, in: Cressier, Patrice/Garcia Arenal, Mercedes (Hg.): Genèse de la ville islamique. En al-Andalus et au Maghreb occidental, Madrid 1998, S. 99–106.

McCormick 1986 | McCormick, Michael: Eternal Victory. Triumphal Rulership in Late Antiquity, Byzantium and the Early Medieval West, Cambridge u. a. 1986 (Past and Present Publications).

McCormick 1994a | McCormick, Michael: Diplomacy and the Carolingian Encounter with Byzantium down to the Accession of Charles the Bald, in: McGinn, Bernard/Otten, Willemien (Hg.): Eriugena. East and West – Papers of the Eighth International Colloquium of the Society for the Promotion of Eriugenian Studies (Tagungsakten Chicago/Notre Dame 1991), Notre Dame 1994 (Notre Dame Conferences in Medieval Studies, 5), S. 15–48.

McCormick 1994b | McCormick, Michael: Textes, images et iconoclasme dans le cadre des relations entre Byzance et l'Occident carolingien, in: Testo e immagine nell'alto medioevo, Spoleto 1994 (Settimane di studio del Centro italiano di studi sull'alto medioevo, 41/1), Bd. 1, S. 96–162.

McCormick 2001 | McCormick, Michael: Origins of the European Economy. Communications and Commerce AD 300–900, Cambridge 2001.

McCormick 2002 | McCormick, Michael: Charlemagne and the Mediterranean World: Communications, Arab Coins and Commerce at the Time of the Paderborn Meeting, in: Godman, Peter/Jarnut, Jörg/Johanek, Peter (Hg.): Am Vorabend der Kaiserkrönung. Das Epos „Karolus Magnus et Leo papa" und der Papstbesuch in Paderborn 799 (Tagungsakten Paderborn 1999), Berlin 2002, S. 193–218.

McCormick 2004 | McCormick, Michael: Pippin III, the Embassy of Caliph al Mansur, and the Mediterranean World, in: Becher, Matthias/Jarnut, Jörg (Hg.): Der Dynastiewechsel von 751. Vorgeschichte, Legitimationsstrategien und Erinnerung (Tagungsakten Bonn 2002), Münster 2004, S. 221–241.

McCormick 2011 | McCormick, Michael: Charlemagne's Survey of the Holy Land. Wealth, Personnel, and Buildings of a Mediterranean Church between Antiquity and the Middle Ages, Washington, D.C. 2011 (Dumbarton Oaks Medieval Humanities).

McKitterick 1989 | McKitterick, Rosamond: The Carolingians and the Written Word, Cambridge u. a. 1989.

McKitterick 2004 | McKitterick, Rosamond: History and Memory in the Carolingian World, Cambridge u. a. 2004.

McKitterick 2008a | McKitterick, Rosamond: Charlemagne. The Formation of a European Identity, Cambridge u. a. 2008.

McKitterick 2008b | McKitterick, Rosamond: Karl der Große, Darmstadt 2008.

McLoughlin 2010 | McLoughlin, Raoul: Rome and the Distant East. Trade Routes to the Ancient Lands of Arabia, India and China, London 2010.

McLynn 1994 | McLynn, Neil Brendan: Ambrose of Milan. Church and Court in a Christian Capital, Berkeley/London/Los Angeles 1994 (Transformation of the Classical Heritage, 22).

McWilliam 1990 | McWilliam, Joanne: A Context of Spanish Adoptionism, in: Gervers, Michael/Bikhazi, Ramzi Jibran (Hg.): Conversion and Continuity. Indigenous Christian Communities in Islamic Lands, Eighth to Eighteenth Centuries (Tagungsakten Toronto 1986), Toronto 1990 (Papers in Mediaeval Studies, 9), S. 75–88.

Meckseper 1996 | Meckseper, Cord: Oben und Unten in der Architektur. Zur Entstehung einer abendländischen Raumkategorie, in: Hipp, Hermann/Seidl, Ernst (Hg.): Architektur als politische Kultur (Tagungsakten Hamburg 1994), Berlin 1996 (Philosophia practica), S. 37–52.

Meckseper 1998 | Meckseper, Cord: Zur Doppelgeschossigkeit der beiden Triklinien Leos III. im Lateranpalast zu Rom, in: Biller, Thomas (Hg.): Schloß Tirol. Saalbauten und Burgen des 12. Jahrhunderts in Mitteleuropa, München/Berlin 1998 (Forschungen zu Burgen und Schlössern, 4), S. 119–128.

Meier 2007 | Meier, Mischa (Hg.): Sie schufen Europa. Historische Portraits von Konstantin bis Karl dem Großen, München 2007.

Meier 2008 | Meier, Mischa: Eschatologie und Kommunikation im 6. Jahrhundert n. Chr. – oder: Wie Osten und Westen beständig aneinander vorbei redeten, in: Brandes, Wolfram/Schmieder, Felicitas (Hg.): Endzeiten. Eschatologie in den monotheistischen Weltreligionen, Berlin/New York 2008 (Millennium-Studien, 16), S. 41–73.

Meinecke 1992 | Meinecke, Michael: Die mamlukische Architektur in Ägypten und Syrien, 648/1250 bis 923/1517, Glückstadt 1992 (Abhandlungen des Deutschen Archäologischen Instituts Abteilung Kairo. Islamische Reihe, 5/6).

Mélikoff 1962 | Mélikoff, Irène: Abū Muslim, le „Porte-Hache" du Khorassan dans la tradition épique turco-iranienne, Paris 1962.

Melzer 1991 | Melzer, Walter: Das frühmittelalterliche Gräberfeld von Wünnenberg-Fürstenberg, Kreis Paderborn, Münster 1991 (Bodenaltertümer Westfalens, 25).

Menache 1990 | Menache, Sophia: The vox Dei. Communication in the Middle Ages, New York/Oxford 1990 (Communication and Society).

Menache 1996 | Menache, Sophia (Hg.): Communication in the Jewish Diaspora. The Pre-Modern World, Leiden u. a. 1996.

Mende 1994 | Mende, Ursula: Die Bronzetüren des Mittelalters 800–1200, München 1994.

Menghin 1983 | Menghin, Wilfried: Das Schwert im Frühen Mittelalter. Chronologisch-typologische Untersuchungen zu Langschwertern aus germanischen Gräbern des 5. bis 7. Jahrhunderts n. Chr., Stuttgart 1983 (Anzeiger des Germanischen Nationalmuseums. Wissenschaftliche Beibände, 1).

Menis 1990 | Menis, Gian Carlo (Hg.): I Longobardi (Ausst.-Kat. Cividale 1990), Mailand 1990.

Mercier 2011 | Mercier, Raymond: Πτολεμαίου Πρόχεροι Κανόνες. Ptolemy's Handy Tables. Bd. 1b: Tables A1-A2: Transcription and Commentary, Leuven 2011 (Publications de l'Institut Orientaliste de Louvain, 59b).

Meyer 2009 | Meyer, Carla: Die Stadt als Thema. Nürnbergs Entdeckung in Texten um 1500 (Diss. Heidelberg 2008), Ostfildern 2009 (Mittelalter-Forschungen, 26).

Meyvaert 2002 | Meyvaert, Paul: Medieval Notions of Publication: The „Unpublished" Opus Caroli regis contra synodum and the Council of Frankfort (794), in: The Journal of Medieval Latin 12 (2002), S. 78–89.

Millar 2010 | Millar, Fergus: Rome's ‚Arab' Allies in Late Antiquity. Conceptions and Representations from within the Frontiers of the Empire, in: Börm, Henning/Wiesehöfer, Josef (Hg.): Commutatio et Contentio. Studies in the Late Roman, Sasanian and Early Islamic Near East. In Memory of Zeev Rubin, Düsseldorf 2010 (Reihe Geschichte, 3), S. 199–226.

Mitchell 1999 | Mitchell, John: Karl der Große, Rom und das Vermächtnis der Langobarden, in: Stiegemann, Christoph/Wemhoff, Matthias (Hg.): 799 – Kunst und Kultur der Karolingerzeit. Karl der Große und Papst Leo III. in Paderborn. Beiträge zum Katalog der Ausstellung Paderborn 799, Mainz 1999, S. 95–108.

Moeglin 2010 | Moeglin, Jean-Marie: Kaisertum und allerchristlichster König, 1214 bis 1500, Darmstadt 2010 (WBG Deutsch-Französische Geschichte, 2).

Moesgaard 2008 | Moesgaard, Jens-Christian: L'importation de monnaies étrangères dans l'empire carolingien, in: Bulletin de la Societée Francaise de la Numismatique 63/8 (2008), S. 170–171.

Mohr 1960 | Mohr, Walter: Reichspolitik und Kaiserkrönung in den Jahren 813 und 816, in: Die Welt als Geschichte 20 (1960), S. 168–186.

Morillo 2002 | Morillo, Stephen: Battle Seeking. The Contexts and Limits of Vegetian Strategy, in: The Journal of Medieval Military History 1 (2002), S. 21–41.

Morony 1984 | Morony, Michael G.: Iraq after the Muslim Conquest, Princeton 1984 (Princeton Studies on the Near East).

Morrissey 1997 | Morrissey, Robert: L'empereur à la barbe fleurie. Charlemagne dans la mythologie et l'histoire de France, Paris 1997 (Bibliothèque des Histoires).

Morrisson 2013 | Morrisson, Cécile: Displaying the Emperor's Authority and Kharaktèr on the Marketplace, in: Armstrong, Pamela (Hg.): Authority in Byzantium (Tagungsakten London 2009), Farnham u. a. 2013 (Publications of the Centre for Hellenic Studies, 14), S. 65–82.

Mortada 2003 | Mortada, Hisham: Traditional Islamic Principles of Built Environment, London 2003.

Mostert 2012 | Mostert, Marco: A Bibliography of Works on Medieval Communication, Turnhout 2012 (Utrecht Studies in Medieval Literacy).

Mrass 1995 | Mrass, Marcus: s.v. Das Bild der Kreuzigung in vorikonoklastischer Zeit, in: Reallexikon zur Byzantinischen Kunst. Bd. 5: Kreuz – Maltechnik, Stuttgart 1995, Sp. 283–356.

Müller 2012 | Müller, Harald: Aachen – Ein Neuansatz im Rahmen der Pfalzenforschung, in: Heckner, Ulrike/Beckmann, Eva-Maria (Red.): Die karolingische Pfalzkapelle in Aachen. Material, Bautechnik, Restaurierung, Worms 2012 (Arbeitshefte der rheinischen Denkmalpflege, 78), S. 17–24.

Müller-Mertens 2009 | Müller-Mertens, Eckhard: Römisches Reich im Frühmittelalter: kaiserlich-päpstliches Kondominat, salischer Herrschaftsverband, in: Historische Zeitschrift 288 (2009), S. 51–92.

Müller-Wiener 1977 | Müller-Wiener, Wolfgang: Bildlexikon zur Topographie Istanbuls. Byzantion – Konstantinupolis – Istanbul bis zum Beginn des 17. Jahrhunderts, Tübingen 1977.

Müllner 1894 | Müllner, Alfons: Fund von Abbasiden-Münzen bei Frasslau, in: Zeitschrift für krainische Landeskunde (Laibach) 3 (1894), Sp. 98–99.

Münkler 2000 | Münkler, Marina: Erfahrung des Fremden. Die Beschreibung Ostasiens in den Augenzeugenberichten des 13. und 14. Jahrhunderts, Berlin 2000.

Musca 1961 | Musca, Giosuè: Le trattative matrimoniali tra Carlo Magno e Irene di Bisanzio, in: Annali della Facoltà di Lettere e Filosofia (Bari) 7 (1961), S. 83–127.

Musca 1967 | Musca, Giosuè: L'emirato di Bari, 847–871, Bari [2]1967 (Saggi, 4).

Musca 1996 | Musca, Giosuè: Carlo Magno e Hārūn al-Rashīd, Bari [2]1996 (Saggi, 1).

Mütherich/Gaehde 1976 | Mütherich, Florentine/Gaehde, Joachim E.: Karolingische Buchmalerei, München 1976 (Die großen Handschriften der Welt).

Nagel 1998 (Helmut) | Nagel, Helmut: Karl der Große und die theologischen Herausforderungen seiner Zeit. Zur Wechselwirkung zwischen Theologie und Politik im Zeitalter des großen Frankenherrschers (Diss. Hamburg 1998), Frankfurt am Main u. a. 1998 (Freiburger Beiträge zur mittelalterlichen Geschichte, 12).

Nagel 1998 (Tilmann) | Nagel, Tilman: Die islamische Welt bis 1500, München 1998 (Oldenbourg Grundriss der Geschichte, 24).

Naismith 2005 | Naismith, Rory: Islamic Coins from Early Medieval England, in: The Numismatic Chronicle 165 (2005), S. 193–222.

Naismith 2010 | Naismith, Rory: Six English Finds of Carolingian-Era Gold Coins, in: The Numismatic Chronicle 170 (2010), S. 215–225.

Naji/Ali 1981 | Naji A. J./Ali Y. N.: The Suqs of Basrah. Commercial Organization and Activity in a Medieval Islamic City, in: Journal of the Economic and Social History of the Orient 24/3 (1981), S. 298–309.

Nascita 1981 | Nascita dell'Europa ed Europa carolingia. Un'equazione da verificare, Spoleto 1981 (Settimane de studio del Centro italiano di studi sull'alto medioevo, 27).

Naumann/Belting 1966 | Naumann, Rudolf/Belting, Hans: Die Euphemia-Kirche am Hippodrom zu Istanbul und ihre Fresken, Berlin 1966 (Istanbuler Forschungen, 25).

Nava 2007 | Nava, Teresa Marie: Constructing Authority. The Astur Kingdom in the Early Middle Ages (Diss. Stanford 2007), Stanford 2007.

Nelson 2001 | Nelson, Janet L.: Aachen as a Place of Power, in: Jong, Mayke de/Theuws, Frans (Hg.): Topographies of Power in the Early Middle Ages, Leiden/Boston/Köln 2001 (The Transformation of the Roman World: A Scientific Programme of the European Science Foundation, 6), S. 217–237.

Nelson 2002 | Nelson, Janet L.: Charlemagne – pater optimus?, in: Godman, Peter/Jarnut, Jörg/Johanek, Peter (Hg.): Am Vorabend der Kaiserkrönung. Das Epos „Karolus Magnus et Leo papa" und der Papstbesuch in Paderborn 799 (Tagungsakten Paderborn 1999), Berlin 2002, S. 269–282.

Nelson 2008 | Nelson, Janet L.: Charlemagne and Empire, in: Davis, Jennifer R./McCormick, Michael (Hg.): The Long Morning of Medieval Europe. New Directions in Early Medieval Studies, Aldershot/Burlington 2008, S. 223–234.

Nelson 2005 | Nelson, Robert S.: Letter and Language. Ornament and Identity in Byzantium and Islam, in: Bierman, Irene A. (Hg.): The Experience of Islamic Art on the Margins of Islam, Reading 2005, S. 61–88.

Nelson/Collins 2006 | Nelson, Robert S./Collins, Kristen M. (Hg.): Holy Image – Hallowed Ground. Icons from Sinai (Ausst.-Kat. Los Angeles 2006/07), Los Angeles 2006.

Nicholas 1997 | Nicholas, David: The Growth of the Medieval City. From Late Antiquity to the Early Fourteenth Century, London 1997.

Nicolle 2005 | Nicolle, David: Carolingian Cavalryman, AD 768–987, Oxford 2005 (Warrior, 96).

Noble 1984 | Noble, Thomas F.X.: The Republic of St. Peter. The Birth of the Papal State, 680–825, Philadelphia 1984 (The Middle Ages Series).

Noble 1995 | Noble, Thomas F.X.: Tradition and Learning in Search of Ideology: The Case of the Libri Carolini, in: Sullivan, Richard E. (Hg.): The Gentle Voices of Teachers. Aspects of Learning in the Carolingian World, Columbus 1995, S. 227–260.

Noble 2009 | Noble, Thomas F.X.: Images, Iconoclasm and the Carolingians, Philadelphia 2009 (The Middle Ages Series).

Noethlichs 1971 | Noethlichs, Karl Leo: Die gesetzgeberischen Maßnahmen der christlichen Kaiser des vierten Jahrhunderts gegen Häretiker, Heiden und Juden (Diss. Köln 1971), Köln 1971.

Noever 2005 | Noever, Peter (Hg.): Verletzliche Beute, Spätantike und frühislamische Textilien aus Ägypten (Ausst.-Kat. Wien 2005/06), Ostfildern-Ruit 2005.

Noonan 1974 | Noonan, Tomas S.: Medieval Islamic Copper Coins from European Russia and Surrounding Regions, in: Journal of the American Oriental Society 94 (1974), S. 448–453.

Noonan 1980 | Noonan, Tomas S.: Andalusian Umayyad Dirhams from Eastern Europe, in: Acta Numismatica 10 (1980), S. 81–92.

Noonan 1989 | Noonan, Thomas S.: Dirhems Omeyas de Al-Andalus en los Hallazgos del Proximo Oriente, Norte de Africa, Sicilia y el Caucaso, in: Gaceta Numismatica 92 (1989), S. 25–27.

Northedge 2005 | Northedge, Alastair: Remarks on Samarra and the Archaeology of Large Cities, in: Antiquity 79 (2005), S. 119–129.

Northedge/Szydlak 1990 | Northedge, Alastair/Szydlak, Richard: Beispiele islamischer Städte. Bd. 14/4: Samarra, Entwicklung der Residenzstadt des abbasidischen Kaliphats (221–279/836–892), Wiesbaden 1990 (Tübinger Atlas des Vorderen Orients, B 7/14).

Noy 2000 | Noy, David: The Jews in Italy in the First to Sixth Centuries C.E., in: Cooperman, Bernard D. u.a. (Hg.): The Jews of Italy. Memory and Identity, Bethesda 2000 (Studies and Texts in Jewish History and Culture, 7), S. 47–64.

Nussbaum | Nussbaum, Norbert: Antike Bautechnik im Mittelalter. Wissenstransfer oder Lernen durch Nachahmen?, in: Boschung, Dietrich/Wittekind, Susanne (Hg.): Persistenz und Rezeption. Weiterverwendung, Wiederverwendung und Neuinterpretation antiker Werke im Mittelalter, Wiesbaden 2008 (ZAKMIRA, 6) S. 161–188.

Oates u.a. 2007 | Oates, Joan u.a.: Early Mesopotamian Urbanism: A New View from the North, in: Antiquity 81 (2007), S. 585–600.

Oellers 2003 | Oellers, Adam C.: Karl und die Christen im Heiligen Land, in: Dreßen, Wolfgang/Minkenberg, Adam/Oellers, Adam C.: Ex Oriente. Isaak und der weiße Elefant. Bagdad – Jerusalem – Aachen. Eine Reise durch drei Kulturen um 800 und heute (Ausst.-Kat. Aachen 2003), Mainz 2003, Bd. 3, S. 108–121.

Oesterle 2009 | Oesterle, Jenny Rahel: Kalif und König. Herrschaftsrepräsentation der Fatimiden, Ottonen und frühen Salier an religiösen Hochfesten, Darmstadt 2009 (Symbolische Kommunikation in der Vormoderne. Studien zur Geschichte, Literatur und Kunst).

Oesterle 2012 | Oesterle, Jenny Rahel: Unsichtbarkeit – Verhüllung – gestuftes Sichtbarwerden. Zur Epiphanie des fatimidischen Kalifen, in: Gengnagel, Jorg/Schwedler, Gerald (Hg.): Ritualmacher hinter den Kulissen. Zur Rolle von Experten in historischer Ritualpraxis, Münster 2012, S. 57–68.

Ohme 1990 | Ohme, Heinz: Das Concilium Quinisextum und seine Bischofsliste. Studien zum Konstantinopeler Konzil von 692 (Diss. Erlangen-Nürnberg 1989), Berlin/New York 1990 (Arbeiten zur Kirchengeschichte, 56).

Olaguer-Feliú 1998 | Olaguer-Feliú, Fernando de: Arte Medieval español hasta el año 1000, Madrid 1998.

Önnerfors 1972 | Önnerfors, Alf: Philologisches zu Walahfrid Strabo, in: Mittellateinisches Jahrbuch 7 (1972), S. 41–92.

Orlowski 1987 | Orlowski, Tomasz H.: La statue équestre de Limoges et le sacre de Charles l'Enfant. Contribution à l'étude de l'iconographie politique carolingienne, in: Cahiers de civilisation médiévale 30 (1987), S. 131–144.

Ortalli 1980 | Ortalli, Gherardo: Venezia dalle origini a Pietro II Orseolo, in: Storia d'Italia, Torino 1980, S. 339–438.

Ortalli 1992 | Ortalli, Gherardo: Il ducato e la „civitas Rivoalti": tra carolingi, bizantini e sassoni, in: Cracco Ruggini, Lellia u.a. (Hg.): Storia di Venezia. Bd. 1: Origini – Età ducale, Rom 1992, S. 725–790.

Oschema 2001 | Oschema, Klaus: Der Europa-Begriff im Hoch- und Spätmittelalter. Zwischen geographischem Weltbild und kultureller Konnotation, in: Jahrbuch für Europäische Geschichte 2 (2001), S. 191–235.

Oschema 2006 | Oschema, Klaus: Europa in der mediävistischen Forschung – eine Skizze, in: Schwinges, Rainer C./Hesse, Christian/Moraw, Peter (Hg.): Europa im späten Mittelalter. Politik – Gesellschaft – Kultur (Tagungsakten Bern 2003), München 2006 (Historische Zeitschrift. Beihefte, N.F. 40), S. 11–32.

Oschema 2013 | Oschema, Klaus: Bilder von Europa im Mittelalter (Habil. Heidelberg 2011), Ostfildern 2013 (Mittelalter-Forschungen, 43).

Otavsky 1987 | Otavsky, Karel: Alte Gewebe und ihre Geschichte. Ein Lese- und Bilderbuch, Riggisberg 1987.

Ottomeyer/Götzmann/Reiss 2006 | Ottomeyer, Hans/Götzmann, Jutta/Reiss, Ansgar (Hg.): Heiliges Römisches Reich Deutscher Nation 962 bis 1806. Altes Reich und neue Staaten 1495 bis 1806 (Ausst.-Kat. Berlin/Magdeburg 2006), 2 Bde., Dresden 2006.

Oursel 1978 | Oursel, Raymond: Pèlerins du Moyen Âge. Les hommes, les chemins, les sanctuaires, Paris 1978.

Ousterhout 2001 | Ousterhout, Robert: The Architecture of Iconoclasm: The Buildings, in: Brubaker, Leslie/Haldon, John: Byzantium in the Iconoclast Era (ca 680–850): The Sources. An Annotated Survey, Aldershot u.a. 2001, S. 3–36.

Pabst 1986 | Pabst, Angela: Divisio Regni. Der Zerfall des Imperium Romanum in der Sicht der Zeitgenossen (Diss. Erlangen 1985), Bonn 1986 (Habelts Dissertationsdrucke. Alte Geschichte, 23).

Palol 1965 | Palol, Pedro de: Spanien. Kunst des frühen Mittelalters vom Westgotenreich bis zum Ende der Romanik, München 1965.

Panofsky 1960 | Panofsky, Erwin: Renaissance and Renascences in Western Art, Stockholm 1960.

Pape 2000 | Pape, Matthias: Der Karlskult an Wendepunkten der neueren deutschen Geschichte, in: Historisches Jahrbuch 120 (2000), S. 138–181.

Paravicini 1995 | Paravicini, Werner: Die Preußenreisen des europäischen Adels (Habil. Mannheim 1982), Teil 2, Sigmaringen 1995 (Beihefte der Francia, 17/2).

Parvérie 2007 | Parvérie, Marc: La circulation des monnaies arabes en Aquitaine et Septimanie VIIIe–IXe siècles, in: Aquitania 23 (2007), S. 233–248.

Parvérie 2010 | Parvérie, Marc: La circulation des dirhams d'al-Andalus entre Gascogne et Aquitaine au IXe siècle, in: Bulletin de la Société Française de Numismatique 6 (2010), S. 144–149.

Parvérie 2012 | Parvérie, Marc: Questions sur l'importation de dirhams d'al-Andalus dans l'empire carolingien, in: Bulletin du Centre européen d'études numismatiques 49/1 (2012), S. 14–23.

Pasquali 1979 | Pasquali, Gianfranco: S. Giulia di Brescia, in: Castagnetti, Andrea u.a. (Hg.): Inventari altomedievali di terre, coloni e redditi, Rom 1979 (Fonti per la Storia d'Italia, 104), S. 41–94.

Patzold 2006 | Patzold, Steffen: Eine „loyale Palastrebellion" der „Reichseinheitspartei"? Zur ‚Divisio imperii' von 817 und zu den Ursachen des Aufstands gegen Ludwig den Frommen im Jahre 830, in: Frühmittelalterliche Studien 40 (2006), S. 43–77.

Patzold 2008 | Patzold, Steffen: Episcopus. Wissen über Bischöfe im Frankenreich des späten 8. bis frühen 10. Jahrhunderts, Ostfildern 2008 (Mittelalter-Forschungen, 25).

Patzold 2009 | Patzold, Steffen: Kunst und Politik. Visualisierung von Status und Rang des Herrschers, in: Reudenbach, Bruno (Hg.): Karolingische und ottonische Kunst, München 2009 (Geschichte der bildenden Kunst in Deutschland, 1), S. 238–281.

Pawelec 1990 | Pawelec, Katharina: Aachener Bronzegitter. Studien zur karolingischen Ornamentik um 800, Köln 1990.

Pelgen 2004 | Pelgen, Franz Stephan: Aquädukt-Ansichten. Aus der Denkmalgeschichte der Wasserversorgung für das römische Mainz, Mainz 2004 (Archäologische Ortsbetrachtungen, 5).

Peli 2008 | Peli, Audrey: Monnaies, métal et pouvoir. Frappes et techniques monétaires au Yemen (IIe–Vie/VIIIe–XIIe siècles), unpubl. Diss. Paris 2008.

Perani 2003 | Perani, Mauro (Hg.): I beni culturali ebraici in Italia. Situazione attuale, problemi, prospettive e progetti per il futuro, Ravenna 2003.

Peter 1976 | Peter, Irmgard: Textilien aus Ägypten. Museum Rietberg Zürich. Beschreibender Katalog, Zürich 1976.

Petersohn 1994 | Petersohn, Jürgen: Kaisertum und Kultakt in der Stauferzeit, in: ders. (Hg.): Politik und Heiligenverehrung im Hochmittelalter (Tagungsakten Reichenau 1990/91), Sigmaringen 1994 (Vorträge und Forschungen, 42), S. 101–146.

Pijoan 1996 | Pijoan, José: Historia General del Arte. Bd. 8: Arte Bárbaro y prerománico desde el siglo IV hasta el año 1000, Madrid 1996.

Pirenne 1939 | Pirenne, Henri: Mohammed and Charlemagne, London 1939.

Pohl 1987 | Pohl, Hans (Hg.): Die Bedeutung der Kommunikation für Wirtschaft und Gesellschaft, Stuttgart 1987 (VSWG. Beihefte, 87).

Pohl 1988 | Pohl, Walter: Die Awarenkriege Karls des Großen, 788–803, Wien 1988 (Militärhistorische Schriftenreihe, 61).

Pohl 2000 | Pohl, Walter: Soziale Grenzen und Spielräume der Macht, in: ders./Reimitz, Helmut (Hg.): Grenze und Differenz im frühen Mittelalter, Wien 2000 (Österreichische Akademie der Wissenschaften. Philosophisch-Historische Klasse. Denkschriften, 287 – Forschungen zur Geschichte des Mittelalters, 1), S. 11–18.

Pohl 2001 | Pohl, Walter: Frontiers in Lombard Italy. The Laws of Ratchis and Aistulf, in: ders./ Wood, Ian/Reimitz, Helmut (Hg.): The Transformation of Frontiers. From Late Antiquity to the Carolingians (Tagungsakten Bischoffsheim 1996), Leiden/Boston/Köln 2001 (The Transformation of the Roman World, 10), S. 117–141.

Pohl 2002 | Pohl, Walter: Die Awaren. Ein Steppenvolk in Mitteleuropa, 567–822 n. Chr., München [2]2002 (Frühe Völker).

Pohl 2004 | Pohl, Walter: Das Papsttum und die Langobarden, in: Becher, Matthias/Jarnut, Jörg (Hg.): Der Dynastiewechsel von 751. Vorgeschichte, Legitimationsstrategien und Erinnerung (Tagungsakten Bonn 2002), Münster 2004, S. 145–161.

Pohl 2007 | Pohl, Walter: Alienigena coniugia. Bestrebungen zu einem Verbot auswärtiger Heiraten in der Karolingerzeit, in: Pečar, Andreas/Trampedach, Kai (Hg.): Die Bibel als politisches Argument. Voraussetzungen und Folgen biblizistischer Herrschaftslegitimation in der Vormoderne (Tagungsakten Günzberg 2005), München 2007 (Historische Zeitschrift. Beihefte, N. F. 43), S. 159–188.

Pratsch 1998 | Pratsch, Thomas: Theodoros Studites (759–826) – zwischen Dogma und Pragma. Der Abt des Studiosklosters in Konstantinopel im Spannungsfeld von Patriarch, Kaiser und eigenem Anspruch, Frankfurt am Main u. a. 1998 (Berliner byzantinische Studien, 4).

Preißler 2003 | Preißler, Matthias: Die karolingischen Wandmalereifragmente aus Paderborn. Zu den Putzfragmenten aus der Pfalzanlage Karls des Großen. Archäologie und Wandmalerei, Mainz 2003 (Denkmalpflege und Forschung in Westfalen, 40/1).

Prietzel 2006 | Prietzel, Malte: Krieg im Mittelalter, Darmstadt 2006.

Pryor 1992 | Pryor, John H.: Geography, Technology and War. Studies in the Maritime History of the Mediterranean 649–1571, Cambridge [2]1992.

Puhle 2001 | Puhle, Matthias: Otto der Grosse, Magdeburg und Europa. Bd. 2: Katalog (Ausst.-Kat. Magdeburg 2001), Mainz 2001.

Puhle/Köster 2012 | Puhle, Matthias/Köster, Gabriele (Hg.): Otto der Grosse und das Römische Reich. Kaisertum von der Antike bis zum Mittelalter (Ausst.-Kat. Magdeburg 2012), Regensburg 2012.

Rabbat 1995 | Rabbat, Nasser O.: The Citadel of Cairo. A New Interpretation of Royal Mamluk Architecture, Leiden/New York/Köln 1995 (Islamic History and Civilization, 14).

Ragozat 1982 | Ragozat, Ulrich: Die Nationalhymnen der Welt. Ein kulturgeschichtliches Lexikon, Freiburg/Basel/Wien 1982.

Rahner 1961 | Rahner, Hugo: Kirche und Staat im frühen Christentum. Dokumente aus acht Jahrhunderten und ihre Deutung, München 1961.

Randall 1985 | Randall, Richard H. Jr.: Masterpieces of Ivory from the Walters Art Gallery, New York 1985.

Rauschen 1890 | Rauschen, Gerhard (Hg.): Die Legende Karls des Großen im 11. und 12. Jahrhundert. Mit einem Anhang über Urkunden Karls des Grossen und Friedrichs I. für Aachen, Leipzig 1890 (Publikationen der Gesellschaft für Rheinische Geschichtskunde, 7).

Ray 2012 | Ray, Jonathan: The Jew in Medieval Spain, Boston 2012.

Reimitz 2000 | Reimitz, Helmut: Grenzen und Grenzüberschreitungen im karolingischen Mitteleuropa, in: Pohl, Walter/Reimitz, Helmut (Hg.): Grenze und Differenz im frühen Mittelalter, Wien 2000 (Österreichische Akademie der Wissenschaften. Philosophisch-Historische Klasse. Denkschriften, 287 – Forschungen zur Geschichte des Mittelalters, 1), S. 105–166.

Reimitz 2001 | Reimitz, Helmut: Conversion and Control. The Establishment of Liturgical Frontiers in Carolingian Pannonia, in: Pohl, Walter/Wood, Ian/Reimitz, Helmut (Hg.): The Transformation of Frontiers. From Late Antiquity to the Carolingians (Tagungsakten Bischoffsheim 1996), Leiden/Boston/Köln 2001 (The Transformation of the Roman World, 10), S. 189–207.

Reinhard 2012 | Reinhard, Wolfgang: Globalgeschichte oder Weltgeschichte?, in: Historische Zeitschrift 294/2 (2012), S. 427–438.

Renard 2009 | Renard, Étienne: La politique militaire de Charlemagne et la paysannerie franque, in: Francia 36 (2009), S. 1–33.

Renoux 1999 | Renoux, Annie: Karolingische Pfalzen in Nordfrankreich (751–987), in: Stiegemann, Christoph/Wemhoff, Matthias (Hg.): 799 – Kunst und Kultur der Karolingerzeit. Karl der Große und Papst Leo III. in Paderborn. Beiträge zum Katalog der Ausstellung Paderborn 799, Mainz 1999, S. 130–137.

Reudenbach 1998 | Reudenbach, Bruno: Das Godescalc-Evangelistar. Ein Buch für die Reformpolitik Karls des Großen, Frankfurt am Main 1998.

Reuter 1985 | Reuter, Timothy: Plunder and Tribute in the Carolingian Empire, in: Transactions of the Royal Historical Society, 5th series 35 (1985), S. 75–94.

Reuter 1990 | Reuter, Timothy: The End of Carolingian Military Expansion, in: Godman, Peter/ Collins, Roger (Hg.): Charlemagne's Heir. New Perspectives on the Reign of Louis the Pious (814–840), Oxford 1990, S. 391–405.

Reuter 1999 | Reuter, Timothy: Carolingian and Ottonian Warfare, in: Keen, Maurice H. (Hg.): Medieval Warfare. A History, Oxford u. a. 1999, S. 13–35.

Reuter 2006 | Reuter, Timothy: Plunder and Tribute in the Carolingian Empire, in: ders.: Medieval Polities and Modern Mentalities, hrsg. von Janet L. Nelson, Cambridge u. a. 2006, S. 231–250.

Riché 1991 | Riché, Pierre: Die Karolinger. Eine Familie formt Europa, München 1991.

Rijksmuseum het Koninklijk Penningkabinet 1994 | Rijksmuseum het Koninklijk Penningkabinet, Jaarsverslag 1993, Leiden 1994.

Ristow 2012 | Ristow, Sebastian: Die Pfalz in Aachen. Nicht nur Karls Werk, in: Archäologie in Deutschland 6 (2012), S. 6–7.

Ristow (im Druck) | Ristow, Sebastian: Forschungsstand und Forschungsstandpunkte zu den Anfängen der christlichen Religion im Rheinland, in: Rheinische Vierteljahresblätter 77 (2013) (im Druck).

Robinson 2005 | Robinson, Chase E.: 'Abd al-Malik, Oxford 2005 (Makers of the Muslim World).

Robinson 2010 | Robinson, Chase F. (Hg.): The formation of the Islamic world. Sixth to Eleventh Centuries, Cambridge 2010 (The New Cambridge History of Islam, 1).

Röckelein 2001 | Röckelein, Hedwig: Kommunikation – Chancen und Grenzen eines mediävistischen Forschungszweiges, in: Das Mittelalter. Perspektiven mediävistischer Forschung 6/1 (2001), S. 5–13.

Röckelein 2002 | Röckelein, Hedwig: Reliquientranslationen nach Sachsen im 9. Jahrhundert. Über Kommunikation, Mobilität und Öffentlichkeit im Frühmittelalter, Stuttgart 2002 (Francia. Beihefte, 48).

Röckelein 2013 | Röckelein, Hedwig: Reliquientranslationen nach Sachsen, in: Kroker, Martin/Stiegemann, Christoph/Walter, Wolfgang (Hg.): Credo. Christianisierung Europas im Mittelalter. Bd. 1: Essays (Ausst.-Kat. Paderborn 2013), Petersberg 2013, S. 341–349.

Rogers 1970 | Rogers, J. Michael: Sāmarra. A Study in Medieval Town-Planning, in: Hourani, Albert H./Stern, Samuel M. (Hg.): The Islamic City. A Colloquium, Oxford 1970 (Papers on Islamic History, 1), S. 119–155.

Rogers 2002 | Rogers, Clifford J.: The Vegetian ‚Science of Warfare' in the Middle Ages, in: The Journal of Medieval Military History 1 (2002), S. 1–19.

Rogers 2010 | Rogers, Clifford J. (Hg.): The Oxford Encyclopedia of Medieval Warfare and Military Technology, 3 Bde., Oxford 2010.

Rösener 2000 | Rösener, Werner (Hg.): Kommunikation in der ländlichen Gesellschaft vom Mittelalter bis zur Moderne, Göttingen 2000 (Veröffentlichungen des Max-Planck-Instituts für Geschichte, 156).

Rosenthal 1930 | Rosenthal, Erwin: Der Plan eines Bündnisses zwischen Karl dem Großen und Abdurrahmān in der arabischen Überlieferung, in: Neues Archiv der Gesellschaft für ältere deutsche Geschichtskunde 48 (1930), S. 441–445.

Rosenthal 1965 | Rosenthal, Franz: Das Fortleben der Antike im Islam, Zürich 1965.

Rotter 1986 | Rotter, Ekkehart: Abendland und Sarazenen. Das okzidentale Araberbild und seine Entstehung im Frühmittelalter, Berlin/New York 1986 (Studien zur Sprache, Geschichte und Kultur des islamischen Orients, N. F. 11).

Rotter 2010 | Rotter, Ekkehard: Apulien. Byzantinische Grottenkirchen – normannische Kathedralen – staufische Kastelle – Lecceser Barock, Ostfildern [4]2010 (DuMont Kunst-Reiseführer).

Rovelli 2005 | Rovelli, Alessia: Economia monetaria e monete nel dossier di Campione, in: Gasparri, Stefano/La Rocca, Cristina (Hg.): Carte di famiglia. Strategie, rappresentazione e memoria del gruppo familiare di Totone di Campione (721–877), Rom 2005 (Altomedioevo, 5), S. 117–140.

Rovelli 2012 | Rovelli, Alessia: Gold, Silver and Bronze: An Analysis of Monetary Circulation along the Italian Coasts, in: Gelichi, Sauro/Hodges, Richard (Hg.): From one Sea to Another. Trading Places in the European and Mediterranean Early Middle Ages (Tagungsakten Comacchio 2009), Turnhout 2012 (Centro Interuniversitario per la Storia e l'Archeologia dell'Alto Medioevo, 3), S. 267–295.

Rubin 1960 | Rubin, Berthold: Das Zeitalter Iustinians, Bd. 1, Berlin 1960.

Runciman 1935 | Runciman, Steven: Charlemagne and Palestine, in: The English Historical Review 50 (1935), S. 606–619.

Rüpke 1993 | Rüpke, Jörg: s.v. Krieg, in: Cancik, Hubert (Hg.): Handbuch religionswissenschaftlicher Grundbegriffe. Bd. 3: Gesetz – Kult, Stuttgart 1993, S. 449–460.

Rutschowscaya 1990 | Rutschowscaya, Marie-Hélène: Coptic Fabrics, Paris 1990.

Saccocci 2005 | Saccocci, Andrea: Ritrovamenti di monete Islamiche in Italia Continentale ed in Sardegna (Sec. VII–XV), in: Simposio Simone Assemani sulla Monetazione Islamica (Tagungsakten Padua 2003), Padova 2005 (Numismatica patavina, 7), S. 137–149.

Sage 1982 | Sage, Walter: Die Ausgrabungen am „Hof" 1965, in: Cüppers, Heinz (Hg.): Aquae Granni. Beiträge zur Archäologie von Aachen, Köln 1982 (Rheinische Ausgrabungen, 22), S. 91–100.

Saget/Ménanteau 2003 | Saget, Yves/Ménanteau, Loic: Des monnaies Carolingiennes trouvees dans le lit de la Loire, entre Ancenis et Oudon, in: Histoire et Patrimoine au Pays d'Ancenis 18 (2003), S. 47–52.

Sarah 2010 | Sarah, Guillaume: Charlemagne, Charles the Bald and the Karolus Monogram Coinage. A Multi-Disciplinary Study, in: The Numismatic Chronicle 170 (2010), S. 227–286.

Saurma-Jeltsch 1994 | Saurma-Jeltsch, Lieselotte E. (Hg.): Karl der Große als vielberufener Vorfahr. Sein Bild in der Kunst der Fürsten, Kirchen und Städte, Sigmaringen 1994 (Schriften des Historischen Museums Frankfurt am Main, 19).

Sauvaget 1934 | Sauvaget, Jean: Le plan de Laodiceé-sur-Mer, in: BEO 4 (1934), S. 81–144.

Savage/Gordus 1998 | Savage, Elizabeth/Gordus, Adon A.: Dirhams for the Empire, in: Cressier, Patrice/García-Arenal, Mercedes (Hg.): Genèse de la ville islamique. En al-Andalus et au Maghreb occidental, Madrid 1998, S. 377–402.

Sawyer/Sawyer 2002 | Sawyer, Birgit/Sawyer, Peter: Die Welt der Wikinger, Berlin 2002 (Die Deutschen und das europäische Mittelalter, 1).

Saxl 1912 | Saxl, Fritz: Beiträge zu einer Geschichte der Planetendarstellungen im Orient und Okzident, in: Der Islam 3 (1912), S. 151–175.

Schaebler 2008 | Schaebler, Birgit: Historismus versus Orientalismus? Oder: Zur Geschichte einer Wahlverwandtschaft, in: Reinkowski, Maurus/Poya, Abbas (Hg.): Das Unbehagen in der Islamwissenschaft. Ein klassisches Fach im Scheinwerferlicht der Politik und der Medien, Bielefeld 2008, S. 51–70.

Schaefer 1996 | Schaefer, Ursula: Individualität und Fiktionalität: Zu einem mediengeschichtlichen und mentalitätsgeschichtlichen Wandel im 12. Jahrhundert, in: Röcke, Werner/dies. (Hg.): Mündlichkeit – Schriftlichkeit – Weltbildwandel. Literarische Kommunikation und Deutungsschemata von Wirklichkeit in der Literatur des Mittelalters und der frühen Neuzeit, Tübingen 1996 (ScriptOralia, 71), S. 50–70.

Schaller 1976 | Schaller, Dieter: Das Aachener Epos für Karl den Großen, in: Frühmittelalterliche Studien 10 (1976), S. 134–168.

Schaller 2011 | Schaller, Martin: Alte und neue Überlegungen zur Herkunft des Monogramms Karls des Großen, in: Stavrakos, Christos/Papadopoulou, Barbara (Hg): Ἤπειρόνδε (Epeironde). Proceedings of the 10th International Symposium of Byzantine Sigillography (Tagungsakten Ioannina 2009), Wiesbaden 2011, S. 111–177.

Schapiro 1943 | Schapiro, Meyer: The Angel with the Ram in Abraham's Sacrifice. A Parallel in Western and Islamic Art, in: Ars Islamica 10 (1943), S. 134–147.

Scharff 2002 | Scharff, Thomas: Die Kämpfe der Herrscher und der Heiligen. Krieg und historische Erinnerung in der Karolingerzeit, Darmstadt 2002 (Symbolische Kommunikation in der Vormoderne).

Schaub 2010 | Schaub, Andreas: Gedanken zur Siedlungskontinuität in Aachen zwischen römischer und karolingischer Zeit, in: Bonner Jahrbücher 208 (2010), S. 161–172.

Schiaparelli 1929 | Schiaparelli, Luigi (Hg.): Codice diplomatico longobardo, Bd. 1, Rom 1929 (Fonti per la Storia d'Italia, 62).

Schieffer 1992 | Schieffer, Rudolf: Die Karolinger, Stuttgart/Berlin/Köln 1992 (Urban-Taschenbücher, 411).

Schieffer 1993 | Schieffer, Rudolf: Karolingische Töchter, in: Jenal, Georg (Hg.): Herrschaft, Kirche, Kultur. Beiträge zur Geschichte des Mittelalters (Festschrift für Friederich Prinz), Stuttgart 1993 (Monographien zur Geschichte des Mittelalters, 37), S. 125–139.

Schieffer 2001a | Schieffer, Rudolf: Carlo Magno: Padre d'Europa, in: Carlo Magno a Roma (Ausst.-Kat. Città del Vaticano 2000/01), Rom 2001, S. 46–51.

Schieffer 2001b | Schieffer, Rudolf: Karl der Große – Intentionen und Wirkungen, in: Erkens, Franz-Reiner (Hg.): Karl der Große und das Erbe der Kulturen (Tagungsakten Leipzig 1999), Berlin 2001, S. 3–14.

Schieffer 2004 | Schieffer, Rudolf: Neues von der Kaiserkrönung Karls des Großen, München 2004 (Bayerische Akademie der Wissenschaften. Philosophisch-historische Klasse. Sitzungsberichte, 2004/2).

Schieffer 2005 | Schieffer, Rudolf: Die Einheit des Karolingerreiches als praktisches Problem und als theoretische Forderung, in: Maleczek, Werner (Hg.): Fragen der politischen Integration im mittelalterlichen Europa (Tagungsakten Reichenau 2002/03), Ostfildern 2005 (Vorträge und Forschungen, 63), S. 33–47.

Schilling 2004 | Schilling, Alexander M.: Karl der Große in der arabischen Historiographie: Eine Spurensuche, in: Bastert, Bernd (Hg.): Karl der Große in den europäischen Literaturen des Mittelalters. Konstruktion eines Mythos, Tübingen 2004, S. 201–221.

Schlosser 1891 | Schlosser, Julius von: Die Reiterstatue des Theoderich in Aachen, in: ders.: Beiträge zur Kunstgeschichte aus den Schriftquellen des frühen Mittelalters, Wien 1891 (Akademie der Wissenschaften. Philosophisch-Historische Klasse, 123/2), S. 164–175.

Schlumberger 1986 | Schlumberger, Daniel: Qasr El-Heir El Gharbi. Paris 1986 (Bibliothèque archéologique et historique).

Schlunk 1936 | Schlunk, Helmut: Die Ornamentik in Spanien zur Zeit der Herrschaft der Westgoten (Diss. Berlin 1936), Berlin 1936.

Schlunk 1947 | Schlunk, Helmut: Arte asturiano, in: Taracena Aguirre, Blas (Hg.): Ars Hispaniae. Historia universal del arte hispánico, Madrid 1947, Bd. 2, S. 325–416.

Schlunk 1974 | Schlunk, Helmut: Entwicklungsläufe der Skulptur auf der Iberischen Halbinsel vom 8. bis 11. Jahrhundert, in: Milojčić, Vladimir: Kolloquium über Spätantike und Frühmittelalterliche Skulptur, Mainz 1974, Bd. 3, S. 121–138.

Schlunk/Berenguer 1957 | Schlunk, Helmut/Berenguer, Magín: La pintura mural asturiana de los siglos IX y X, Oviedo 1957.

Schlüter 1999 | Schlüter, Wolfgang: Osnabrück in karolingisch-ottonischer Zeit, in: Stiegemann, Christoph/Wemhoff, Matthias (Hg.): 799 – Kunst und Kultur der Karolingerzeit. Karl der Große und Papst Leo III. in Paderborn. Beiträge zum Katalog der Ausstellung Paderborn 799, Mainz 1999, S. 394–400.

Schmalzbauer 2004 | Schmalzbauer, Gudrun: Überlegungen zur Idee der Oikumene in Byzanz, in: Hörandner, Wolfram u. a. (Hg.): Wiener Byzantinistik und Neogräzistik. Beiträge zum Symposion Vierzig Jahre Institut Byzantinistik und Neogräzistik der Universität Wien im Gedenken an Herbert Hunger (Tagungsakten Wien 2002), Wien 2004 (Byzantina et Neograeca Vindobonensia, 24), S. 408–419.

Schmid 1974/1983 | Schmid, Karl: Aachen und Jerusalem. Ein Beitrag zur historischen Personenforschung der Karolingerzeit, in: Hauck, Karl (Hg.): Das Einhardkreuz. Vorträge und Studien der Münsteraner Diskussion zum arcus Einhardi, Göttingen 1974, S. 122–142; Nachdruck in: ders., Gebetsgedenken und adliges Selbstverständnis im Mittelalter. Ausgewählte Beiträge. Festgabe zum sechzigsten Geburtstag, Sigmaringen 1983, S. 106–126.

Schmidt 1971–1972 | Schmidt, Heinrich: Friesische Freiheitsüberlieferungen im hohen Mittelalter, in: Festschrift für Hermann Heimpel zum 70. Geburtstag am 19. September 1971, 3. Bde., Göttingen 1971–1972 (Veröffentlichungen des Max-Planck-Instituts für Geschichte, 36), Bd. 3, S. 518–545.

Schmidt 1873 | Schmidt, Wilhelm: Das Reiterstandbild des ostgotischen Königs Theoderich in Ravenna und Aachen, in: Jahrbücher für Kunstwissenschaft 6 (1873), S. 1–51.

Schmidt u. a. 2009 | Schmidt, Burghart u. a.: Die Hölzer aus dem karolingischen Oktogon der Aachener Pfalzkapelle. Möglichkeiten einer dendrochronologischen Datierung, in: Jahrbuch der Rheinischen Denkmalpflege 40/41 (2009), S. 220–235.

Schmidt Arcangeli/Wolf 2010 | Schmidt Arcangeli, Catarina/Wolf, Gerhard (Hg.): Islamic Artefacts in the Mediterranean World. Trade, Gift Exchange and Artistic Transfer, Venedig 2010 (Collana del Kunsthistorisches Institut Florenz – Max-Planck-Institut, 15).

Schmidt-Colinet/Stauffer 2000 | Schmidt-Colinet, Andreas/Stauffer, Annemarie: Die Textilien aus Palmyra. Neue und alte Funde, Mainz 2000.

Schmugge 1984 | Schmugge, Ludwig: Die Anfänge des organisierten Pilgerwesens im Mittelalter, in: Quellen und Forschungen in Italienischen Archiven und Bibliotheken 64 (1984), S. 1–83.

Schmugge 1995 | Schmugge, Ludwig: Deutsche Pilger in Italien, in: De Rachewiltz, Siegfried/Riedmann, Josef (Hg.): Kommunikation und Mobilität im Mittelalter. Begegnungen zwischen dem Süden und der Mitte Europas (11.–14. Jahrhundert), Sigmaringen 1995, S. 97–113.

Schneider 1951 | Schneider, Alfons Maria: Sankt Euphemia und das Konzil von Chalkedon, in: Grillmeier S.J, Aloys/Bacht S.J, Heinrich (Hg.): Das Konzil von Chalkedon. Geschichte und Gegenwart, Würzburg 1951, Bd. 1, S. 291–302.

Schneider 1978 | Schneider, Reinhard: Karl der Große – politisches Sendungsbewußtsein und Mission, in: Schäferdiek, Knut (Hg.): Die Kirche des früheren Mittelalters, München 1978 (Kirchengeschichte als Missionsgeschichte, 2/1), S. 227–248.

Schneidmüller 1997 | Schneidmüller, Bernd: Die mittelalterlichen Konstruktionen Europas. Konvergenz und Differenzierung, in: Duchhardt, Heinz/Kunz, Andreas (Hg.): „Europäische Geschichte" als historiographisches Problem, Mainz 1997 (Veröffentlichungen des Instituts für Europäische Geschichte Mainz. Abteilung Universalgeschichte. Beiheft, 42), S. 5–24.

Schneidmüller 2000 | Schneidmüller, Bernd: Sehnsucht nach Karl dem Großen. Vom Nutzen eines toten Kaisers für die Nachgeborenen, in: Geschichte in Wissenschaft und Unterricht 51 (2000), S. 284–301.

Schneidmüller 2011 | Schneidmüller, Bernd: Karl der Große lebt weiter. Das Bild des ersten Karolingerkaisers vom Mittelalter bis heute, in: Das Reich Karls des Großen, Darmstadt 2011, S. 115–127.

Scholz 2006 | Scholz, Sebastian: Politik – Selbstverständnis – Selbstdarstellung. Die Päpste in karolingischer und ottonischer Zeit (Habil. Mainz 2003), Stuttgart 2006 (Historische Forschungen, 26).

Scholz 2012 | Scholz, Sebastian: Das Papsttum, Roms wirtschaftliche Lage und die Enteignung der päpstlichen Patrimonien in der Mitte des 8. Jahrhunderts, in: Weinfurter, Stefan (Hg.): Päpstliche Herrschaft im Mittelalter. Funktionsweisen – Strategien – Darstellungsformen (Tagungsakten Schloss Mickeln 2008), Ostfildern 2012 (Mittelalter-Forschungen, 38), S. 11–25.

Schöller 1996 | Schöller, Wolfgang: San Julián de los Prados und Kornelimünster. Planübertragung in karolingischer Zeit, in: Wallraf-Richartz-Jahrbuch 57 (1996), S. 11–33.

Schreiner 2011 | Schreiner, Peter: Byzanz und der Osten. Zur Frage politischer und kultureller Gewichtungen einer mittelalterlichen Großmacht, in: Altripp, Michael (Hg.): Byzanz in Europa. Europas östliches Erbe (Tagungsakten Greifswald 2007), Turnhout 2011 (Byzantios, 2), S. 398–412.

Schrenk 2004 | Schrenk, Sabine: Textilien des Mittelmeerraumes aus spätantiker bis frühislamischer Zeit. Gewebeanalysen Regina Knaller, Riggisberg 2004 (Die Textilsammlung der Abegg-Stiftung, 4).

Schrenk 2007 | Schrenk, Sabine: Antike Textilien – Form, Funktion, Herstellung, in: Brands, Gunnar/ Preiss, Anja (Hg.): Verborgene Zierde. Spätantike und islamische Textilien aus Ägypten in Halle (Ausst.-Kat. Halle 2007), Halle 2007, S. 35–45.

Schultze 1982 | Schultze, Bernhard: Zum Ursprung des Filioque. Das Filioque und der römische Primat, in: Orientalia christiana periodica 48 (1982), S. 5–18.

Schulz 1988 | Schulz, Sabine: Der Aachener Karlspreis, Aachen 1988.

Schulze-Böhm (in Vorbereitung) | Schulze-Böhm, Britta: Die Bauskulptur der karolingischen Pfalz Ingelheim. Beobachtungen zur Ausstattung frühmittelalterlicher Herrschaftsarchitektur (in Vorbereitung).

Schulze-Dörrlamm 2009 | Schulze-Dörrlamm, Mechthild: Archäologische Denkmäler des karolingischen Mainz, in: Dreyer, Mechthild/Rogge, Jörg (Hg.): Mainz im Mittelalter, Mainz 2009, S. 17–33.

Schulze-Dörrlamm 2013 | Schulze-Dörrlamm, Mechthild: Mainz im 9. und frühen 10. Jahrhundert, in: Wilhelmy, Winfried (Hg.): Glanz der späten Karolinger. Hatto I. Erzbischof von Mainz (891–913). Von der Reichenau in den Mäuseturm (Ausst.-Kat. Mainz 2013), Regensburg 2013, S. 88–107.

Schumacher-Wolfgarten 1994 | Schumacher-Wolfgarten, Renate: XPICTIANA RELIGIO. Zu einer Münzprägung Karls des Großen, in: Jahrbuch für Antike und Christentum 37 (1994), S. 122–141.

Schünemann 1938 | Schünemann, Konrad: Deutsche Kriegführung im Osten während des Mittelalters, in: Deutsches Archiv für Erforschung des Mittelalters 2 (1938), S. 54–84.

Schütte 2000 | Schütte, Sven: Überlegungen zu den architektonischen Vorbildern der Pfalzen Ingelheim und Aachen, in: Kramp, Mario (Hg.): Krönungen. Könige in Aachen – Geschichte und Mythos (Ausst.-Kat. Aachen 2000), 2 Bde., Mainz 2000, Bd. 1, S. 203–212.

Schütte 2004 | Schütte, Sven: Die Juden in Köln von der Antike bis zum Hochmittelalter. Beiträge zur Diskussion zum frühen Judentum nördlich der Alpen, in: Backhaus, Fritz u. a. (Hg.): Synagogen, Mikwen, Siedlungen. Jüdisches Alltagsleben im Lichte neuer archäologischer Funde, Frankfurt am Main 2004, S. 73–116.

Schwartz 1934 | Schwartz, Eduard: Publizistische Sammlungen zum acacianischen Schisma, München 1934 (Abhandlungen der Bayerischen Akademie der Wissenschaften, N. F. 10).

Schwarz 2003 | Schwarz, Jörg: Herrscher- und Reichstitel bei Kaisertum und Papsttum im 12. und 13. Jahrhundert (Diss. Marburg 1999), Köln/Weimar/Wien 2003 (Forschungen zur Kaiser- und Papstgeschichte des Mittelalters, 22).

Schwarzmaier 1972 | Schwarzmaier, Hansmartin: Ein Brief des Markgrafen Aribo an König Arnulf über die Verhältnisse in Mähren, in: Frühmittelalterliche Studien 6 (1972), S. 55–66.

Scior 2009 | Scior, Volker: Bemerkungen zum frühmittelalterlichen Boten- und Gesandtschaftswesen, in: Pohl, Walter/Wieser, Veronika (Hg.): Der frühmittelalterliche Staat – Europäische Perspektiven, Wien 2009 (Österreichische Akademie der Wissenschaften. Philosophisch-Historische Klasse. Denkschriften, 386 – Forschungen zur Geschichte des Mittelalters, 16), S. 315–329.

Segl 1994 | Segl, Peter: Europas Grundlegung im Mittelalter, in: Schlumberger, Jörg A./ders. (Hg.): Europa – aber was ist es? Aspekte seiner Identität in interdisziplinärer Sicht (Tagungsakten Bayreuth 1993), Köln/Weimar/Wien 1994 (Bayreuther Historische Kolloquien, 8), S. 21–43.

Segl 1999 | Segl, Peter: Karl der Große im Deutschen Bundestag, in: Das Mittelalter 4/2 (1999), S. 75–94.

Semmler 1983 | Semmler, Josef: Benedictus II: una regula – una consuetudo, in: Lourdaux, Willem/ Verhelst, Daniël (Hg.): Benedictine Culture 750–1050, Leuven 1983 (Mediaevalia Lovaniensia, 1/11), S. 1–49.

Semmler 1995 | Semmler, Josef: Die Kanoniker und ihre Regel im 9. Jahrhundert, in: Crusius, Irene (Hg.): Studien zum weltlichen Kollegiatstift in Deutschland, Göttingen 1995 (Veröffentlichungen des Max-Planck-Instituts für Geschichte, 114), S. 62–109.

Sénac 2006 | Sénac, Philippe: Le monde carolingien et l'Islam. Contribution à l'étude des relations diplomatiques pendant le haut Moyen Âge, (VIIIe–Xe siècles), Paris 2006 (Histoire et perspectives méditerranéennes).

Sennhauser 2010 | Sennhauser, Hans Rudolf: St. Johann in Müstair als Klosterpfalz, in: ders. (Hg.): Pfalz – Kloster – Klosterpfalz. St. Johann in Müstair, Zürich 2010.

Serjeant 1980 | Serjeant, Robert B. (Hg.): The Islamic City (Tagungsakten Cambridge 1976), Paris 1980.

Settis 1988 | Settis, Salvatore: Von auctoritas zu vetustas. Die antike Kunst in mittelalterlicher Sicht, in: Zeitschrift für Kunstgeschichte 51/2 (1988), S. 157–179.

Shalem 1996 | Shalem, Avinoam: Islam Christianized – Islamic Portable Objects in the Medieval Church Treasuries of the Latin West, Frankfurt am Main 1996.

Shepard 1995 | Shepard, Jonathan: The Rhos Guests of Louis the Pious: Whence and Wherefore?, in: Early Medieval Europe 4 (1995), S. 41–60.

Shepherd 1971 | Shepherd, Dorothy G.: Alexander. The Victorious Emperor, in: The Bulletin of the Cleveland Museum of Art 58 (1971), S. 244–250.

Shoemaker 2011 | Shoemaker, Stephen J.: Death of a Prophet. The End of Muhammad's Life and the Beginnings of Islam, Philadelphia 2011 (Divinations. Rereading Late Ancient Religion).

Skaare 1966 | Skaare, Kolbjörn: Die karolingischen Münzfunde in Skandinavien und der Schatzfund von Hon, in: Hamburger Beiträge zur Numismatik 20 (1966), S. 393–408.

Smith 1995 | Smith, Julia M. H.: Fines imperii: The Marches, in: McKitterick, Rosamond (Hg.): The New Cambridge Medieval History. Bd. 2: c. 700–c. 900, Cambridge u. a. 1995, S. 169–189.

Smolak 2001 | Smolak, Kurt: Bescheidene Panegyrik und diskrete Werbung: Walahfrid Strabos Gedicht über das Standbild Theoderichs in Aachen, in: Erkens, Franz-Reiner (Hg.): Karl der Große und das Erbe der Kulturen (Tagungsakten Leipzig 1999), Berlin 2001, S. 89–110.

Southall 1998 | Southall, Aidan: The City in Time and Space, Cambridge/New York 1998.

Southern 1978 | Southern, Richard W.: Western Views of Islam in the Middle Ages, Cambridge, Mass./ London [2]1978.

Spatharakis 1978 | Spatharakis, Ioannis: Some Observations on the Ptolemy Ms. Vat. Gr. 1291: Its Date and the Two Intitial Miniatures, in: Byzantinische Zeitschrift 71 (1978), S. 41–49.

Speck 1964 | Speck, Paul: Ein Heiligenbilderzyklus im Studios-Kloster um das Jahr 800, in: Actes du XIIe Congrès international des études byzantines, Belgrad 1964, Bd. 3, S. 333–344.

Speck 1966 | Speck, Paul: Die ΕΝΔΥΤΗ. Literarische Quellen zur Bekleidung des Altars in der byzantinischen Kirche, in: Jahrbuch der Österreichischen Byzantinischen Gesellschaft 15 (1966), S. 323–375.

Speck 1968 | Speck, Paul: Theodoros Studites. Jamben auf verschiedene Gegenstände, Berlin 1968 (Supplementa byzantina, 1).

Speck 1998 | Speck, Paul: Die Interpolationen in den Akten des Konzils von 787 und die Libri Carolini, Bonn 1998 (Poikila Byzantina, 16).

Spiong 2014 | Spiong, Sven: Paderborn – Karls Gründung in den Sachsenkriegen, in: Archäologie in Deutschland 1/2014 (2014), S. 36–39.

Sprigade 1964 | Sprigade, Klaus: Die Einweisung ins Kloster und in den geistigen Stand als politische Maßnahme im frühen Mittelalter, Heidelberg 1964.

Springberg-Hinsen 2000 | Springberg-Hinsen, Monika: Die Ḫilʿa. Studien zur Geschichte des geschenkten Gewandes im islamischen Kulturkreis (Diss. Münster 1998), Würzburg 2000.

Springer 2003 | Springer, Matthias: s.v. Panzerreiter, in: Beck, Heinrich u. a. (Hg.): Reallexikon der germanischen Altertumskunde. Bd. 22: Östgötalag – Pfalz und Pfalzen, Berlin u. a. ²2003, S. 483–485.

Springer 2004 | Springer, Matthias: Die Sachsen, Stuttgart 2004.

Starr 2013 | Starr, S. Frederick: Lost Enlightenment. Central Asia's Golden Age from the Arab Conquest to Tamerlane, Princeton 2013.

Stasolla 1986 | Stasolla, Maria Giovanna: Monete Abbasidi del Museo Civico di Bologna, in: Bolletino di Numismatica 6–7 (1986), S. 237–242.

Stauffer 1991 | Stauffer, Annemarie: Textilien aus Ägypten aus der Sammlung Bouvier. Spätantike, koptische und frühislamische Gewebe (Ausst.-Kat. Fribourg 1991/92), Bern 1991.

Stauffer 1992 | Stauffer, Annemarie: Spätantike und koptische Wirkereien. Untersuchungen zur ikonographischen Tradition in spätantiken und frühmittelalterlichen Textilwerkstätten, Bern u. a. 1992.

Stauffer 2006 | Stauffer, Annemarie: Zum Nachleben babylonischer Wirktraditionen im Nahen Osten, in: Damaszener Mitteilungen 15 (2006), S. 303–320.

Stauffer 2007 | Stauffer, Annemarie: Weber, Wirker und Musterblätter – Textilherstellung im nachpharaonischen Ägypten, in: Brands, Gunnar/Preiss, Anja (Hg.): Verborgene Zierde. Spätantike und islamische Textilien aus Ägypten in Halle (Ausst.-Kat. Halle 2007), Halle 2007, S. 47–53.

Stauffer 2008 | Stauffer, Annemarie: Antike Musterblätter. Wirkkartons aus dem spätantiken und frühbyzantinischen Ägypten, Wiesbaden 2008 (Spätantike – Frühes Christentum – Byzanz. Reihe A: Grundlagen und Monumente, 15).

Stawiskij 1982 | Stawiskij, Boris J.: Die Völker Mittelasiens im Lichte ihrer Kunstdenkmäler. Archäologische Reise durch die Geschichte Alt-Mittelasiens, Bonn 1982.

Steiger 2012 | Steiger, Heinhard: Die Ordnung der Welt. Eine Völkerrechtsgeschichte des karolingischen Zeitalters (741–840), Köln/Weimar/Wien 2012.

Stein 1999 | Stein, Dietrich: Germanos I. (715–730), in: Lilie, Ralph-Johannes (Hg.): Die Patriarchen der ikonoklastischen Zeit. Germanos I. – Methodios I. (715–847), Frankfurt am Main 1999 (Berliner byzantinistische Studien, 5), S. 5–21.

Steinen 1969 | Steinen, Wolfram von den: Chlodwigs Übergang zum Christentum. Eine quellenkritische Studie, Darmstadt ³1969 (Libelli, 103).

Steinhilber 1973 | Steinhilber, Dirk: Die mittelalterlichen und neuzeitlichen Münzfunde in Bayern, in: Jahrbuch für Numismatik und Geldgeschichte 23 (1973), S. 121–162.

Steuer 1995 | Steuer, Heiko: s.v. Flügellanze, in: Beck, Heinrich u. a. (Hg.): Reallexikon der germanischen Altertumskunde. Bd. 9: Fidel - Friedlosigkeit, Berlin u. a. ²1995, S. 251–254.

Steuer 1999 | Steuer, Heiko: Bewaffnung und Kriegsführung der Sachsen und Franken, in: Stiegemann, Christoph/Wemhoff, Matthias (Hg.): 799 – Kunst und Kultur der Karolingerzeit. Karl der Große und Papst Leo III. in Paderborn. Beiträge zum Katalog der Ausstellung Paderborn 799, Mainz 1999, S. 310–322.

Steuer 2003 | Steuer, Heiko: s.v. Rüstung, in: Beck, Heinrich u. a. (Hg.): Reallexikon der germanischen Altertumskunde. Bd. 25: Rindenboot – Rzucewo-Kultur, Berlin u. a. ²2003, S. 429–449.

Stiegemann/Kroker/Walter 2013 | Stiegemann, Christoph/Kroker, Martin/Walter, Wolfgang (Hg.): Credo. Christianisierung Europas im Mittelalter (Ausst.-Kat. Paderborn 2013), 2 Bde., Petersberg 2013.

Stiegemann/Wemhoff 1999 | Stiegemann, Christoph/Wemhoff, Matthias (Hg.): 799 – Kunst und Kultur der Karolingerzeit. Karl der Große und Papst Leo III. in Paderborn (Ausst.-Kat. Paderborn 1999), 2 Bde., Mainz 1999.

Stieldorf 2012 | Stieldorf, Andrea: Marken und Markgrafen. Studien zur Grenzsicherung durch die fränkisch-deutschen Herrscher (Habil. Bonn 2007/08), Hannover 2012 (Monumenta Germaniae Historica. Schriften, 64).

Stollberg-Rilinger 2008 | Stollberg-Rilinger, Barbara: Des Kaisers alte Kleider. Verfassungsgeschichte und Symbolsprache des Alten Reiches, München 2008.

Story 2003 | Story, Joanna: Carolingian Connections. Anglo-Saxon England and Carolingian Francia, c. 750–870, Aldershot/Burlington 2003 (Studies in Early Medieval Britain, 2).

Streich 1984 | Streich, Gerhard: Burg und Kirche während des deutschen Mittelalters. Untersuchungen zur Sakraltopographie von Pfalzen, Burgen und Herrensitzen, Sigmaringen 1984 (Vorträge und Forschungen. Sonderband, 29).

Stuttgarter Bilderpsalter 1968 | Der Stuttgarter Bilderpsalter, Bibl. Fol. 23. Württembergische Landesbibliothek Stuttgart. Bd. 2: Untersuchungen, Stuttgart 1968.

Swoboda 1952 | Swoboda, Karl M.: Berührungen der christlich-abendländischen Kunst mit der des Islam, in: Alte und Neue Kunst. Wiener Kunstwissenschaftliche Blätter 1 (1952), S. 7–33.

Szameit 1986 | Szameit, Erik: Karolingerzeitliche Waffenfunde aus Österreich. Teil 1: Die Schwerter, in: Archaeologia Austriaca 70 (1986), S. 385–411.

Szameit 1987 | Szameit, Erik: Karolingerzeitliche Waffenfunde aus Österreich. Teil 2: Die Saxe und Lanzenspitzen, in: Archaeologia Austriaca 71 (1987), S. 155–171.

Szameit 2007 | Szameit, Erik: Gedanken zum ostfränkischen Kriegswesen des 9. und 10. Jahrhunderts, in: Zehetmayer, Roman (Hg.): Schicksalsjahr 907. Die Schlacht bei Pressburg und das frühmittelalterliche Niederösterreich (Ausst.-Kat. Hainburg 2007), St. Pölten 2007 (Eine Publikation des Niederösterreichischen Landesarchivs), S. 67–76.

Tackenberg 1969 | Tackenberg, Kurt: Über die Schutzwaffen der Karolingerzeit und ihre Wiedergabe in Handschriften und auf Elfenbeinschnitzereien, in: Frühmittelalterliche Studien 3 (1969), S. 277–288.

Taft 1987 | Taft, Robert F.: Water into Wine. The Twice-Mixed Chalice in the Byzantine Eucharist, in: Le Muséon 100 (1987), S. 323–342.

Taitz 194 | Taitz, Emily: The Jews of Medieval France. The Community of Champagne, Westport u. a. 1994 (Contributions to the Study of World History, 45).

Ta-Shema 1988 | Ta-Shema, Israel: Ashkenazi Jewry in the Eleventh Century: Life and Literature, in: Hirschler, Gertrude (Hg.): Ashkenaz. The German-Jewish Heritage, New York 1988, S. 23–56.

Tavano 1990 | Tavano, Sergio: Il tempietto langobardo di Cividale, Udine 1990.

Tekippe 2004 | Tekippe, Rita W.: Copying Power. Emulation, Appropriation, and Borrowing for Royal Political Purposes, in: Visual Resources: An International Journal of Documentation 20 (2004), S. 143–159.

Thébert 1983 | Thébert, Yvon: L'évolution urbaine dans les provinces orientales de l'Afrique romaine tardive, Opus, in: Rivista internazionale per la storia economica e sociale dell'antichità 2/1 (1983), S. 99–131.

Thébert/Biget 1990 | Thébert, Yvon/Biget, Jean-Louis: L'Afrique après la disparition de la cité classique. Cohérence et ruptures dans l'histoire maghrébine, in: L'Afrique dans l'Occident romain. 1er siècle av. J.-C.–IVe siècle ap. J.-C. (Tagungsakten Rom 1987), Rom 1990 (Collection de l'Ecole Française de Rome, 134), S. 575–602.

Theoharidou 1988 | Theoharidou, Kalliope: The Architecture of Hagia Sophia, Thessaloniki from its Erection up to Turkish Conquest, Oxford 1988 (BAR International Series, 399).

Thoma 1993 | Thoma, Gertrud: Papst Hadrian I. und Karl der Große. Beobachtungen zur Kommunikation zwischen Papst und König nach den Briefen des Codex Carolinus, in: Schnith, Karl Rudolf/Pauler, Roland (Hg.): Festschrift für Eduard Hlawitschka zum 65. Geburtstag, Kallmünz 1993 (Münchner historische Studien. Abteilung mittelalterliche Geschichte, 5), S. 37–58.

Thomas 2012 | Thomas, Thelma K.: Silks, in: Evans, Helen C./Ratliff, Brandie (Hg.): Byzantium and Islam. Age of Transition 7th–9th Century (Ausst.-Kat. New York 2012), New York 2012, S. 148–159.

Thümmel 2002 | Thümmel, Hans Georg: Der byzantinische Bilderstreit bis zum Konzil von Hiereia 754, in: Annuarium Historiae Conciliorum 34 (2002), S. 16–56.

Thümmel 2009 | Thümmel, Hans Georg: Karl der Große, Byzanz und Rom. Eine Positionsbestimmung am Beispiel des Bilderstreits, in: Zeitschrift für Kirchengeschichte 120 (2009), S. 58–70.

Thürlemann 1977 | Thürlemann, Felix: Die Bedeutung der Aachener Theoderich-Statue für Karl den Großen (801) und bei Walahfrid Strabo (829), in: Archiv für Kulturgeschichte 59 (1977), S. 25–65.

Tihon 2011 | Tihon, Anne: Πτολεμαίου Πρόχειροι Κανόνες. Les Tables Faciles de Ptolémée. Bd. 1a: Tables A1-A2: Introduction, édition critique, Leuven 2011 (Publications de l'Institut Orientaliste de Louvain, 59a).

Tinnefeld 2001 | Tinnefeld, Franz: Formen und Wege des Kontaktes zwischen Byzanz und dem Westen zur Zeit Karls des Großen, in: Erkens, Franz-Reiner (Hg.): Karl der Große und das Erbe der Kulturen (Tagungsakten Leipzig 1999), Berlin 2001, S. 25–35.

Tischler 2001 | Tischler, Matthias M.: Einharts Vita Karoli. Studien zur Entstehung, Überlieferung und Rezeption (Diss. Heidelberg 1998), 2 Bde., Hannover 2001 (Monumenta Germaniae Historica. Schriften, 48).

Toch 1998 | Toch, Michael: Die Juden im mittelalterlichen Reich, München 1998 (Enzyklopädie deutscher Geschichte, 44).

Toch 2004 | Toch, Michael: Jüdisches Alltagsleben im Mittelalter. Fragen an die Archäologie, in: Backhaus, Fritz (Hg): Synagogen, Mikwen, Siedlungen. Jüdisches Alltagsleben im Lichte neuer archäologischer Funde, Frankfurt am Main 2004, S. 11–23.

Toch 2013 | Toch, Michael: The Economic History of European Jews. Late Antiquity and Early Middle Ages, Leiden/Boston 2013 (Études sur le Judaïsme Médiéval, 56).

Tomlinson 1992 | Tomlinson, Richard: From Mycenae to Constantinople. The Evolution of the Ancient City, London/New York 1992.

Torp 1977 | Torp, Hjalmar: L'architettura del tempietto, Rom 1977 (Il tempietto longobardo di Cividale. Acta ad Archaeologiam et Artium Historiam Pertinentia, 7/2).

Tremp 2002 | Tremp, Ernst: Zwischen Paderborn und Barcelona. König Ludwig von Aquitanien und die Auseinandersetzung des Karlsreiches mit dem Islam, in: Godman, Peter/Jarnut, Jörg/Johanek, Peter (Hg.): Am Vorabend der Kaiserkrönung. Das Epos „Karolus Magnus et Leo papa" und der Papstbesuch in Paderborn 799 (Tagungsakten Paderborn 1999), Berlin 2002, S. 283–299.

Trost 2012 | Trost, Vera u. a. (Hg.): Kupfergrün, Zinnober & Co. Der Stuttgarter Psalter (Ausst.-Kat. Stuttgart 2011), Stuttgart [2]2012.

Udovitch 1978 | Udovitch, Abraham L.: A Tale of Two Cities. Commercial Relations between Cairo and Alexandria During the Second Half of the Eleventh Century, in: Miskimin, Harry A. u. a. (Hg.): The Medieval City, New Haven/London 1978, S. 143–162.

Udovitch 1993 | Udovitch, Abraham L.: Market and Society in the Medieval Islamic World, in: Mercati e mercanti nell'Alto Medioevo. L'area euroasiatica e l'area mediterranea, Spoleto 1993 (Settimane di studio del Centro italiano di studi sull'alto medioevo, 40), S. 767–790.

Ullmann 1978 | Ullmann, Walter: Der Grundsatz der Arbeitsteilung bei Gelasius I., in: Historisches Jahrbuch 97/98 (1978), S. 41–70.

Untermann 1989 | Untermann, Matthias: Der Zentralbau im Mittelalter. Form, Funktion, Verbreitung, Darmstadt 1989.

Untermann 1999 | Untermann, Matthias: „opere mirabili constructa". Die Aachener „Residenz" Karls des Großen, in: Stiegemann, Christoph/Wemhoff, Matthias (Hg.): 799 – Kunst und Kultur der Karolingerzeit. Karl der Große und Papst Leo III. in Paderborn. Beiträge zum Katalog der Ausstellung Paderborn 799, Mainz 1999, S. 152–164.

Untermann 2006 | Untermann, Matthias: Architektur im frühen Mittelalter, Darmstadt 2006.

Valdés Fernández 2001 | Valdés Fernández, Fernando: Die Gesandtschaft des Johannes von Gorze nach Córdoba, in: Puhle, Matthias (Hg.): Otto der Große. Magdeburg und Europa. Bd. 1: Essays (Ausst.-Kat. Magdeburg 2001), Mainz 2001, S. 525–536.

Van Bladel 2010 | Van Bladel, Kevin: The Bactrian Background of the Barmakids, in: Akasoy, Anna/Burnett, Charles/Yoeli-Tlalim, Ronit (Hg.): Islam and Tibet. Interactions along the Musk Routes (Tagungsakten London 2006), Farnham u. a. 2010, S. 43–88.

Van der Waerden 1955 | Van der Waerden, Bartel L.: Eine byzantinische Sonnentafel, in: Sitzungsberichte der mathematisch-naturwissenschaftlichen Klasse der Bayerischen Akademie der Wissenschaften 1954, München 1955, S. 159–168.

Van der Waerden 1958 | Van der Waerden, Bartel L.: Die handlichen Tafeln des Ptolemaios, in: Osiris. History of Science Society 13 (1958), S. 54–78.

Verbruggen 1965 | Verbruggen, Jean François: L'armée et la stratégie de Charlemagne, in: Beumann, Helmut (Hg.): Persönlichkeit und Geschichte, Düsseldorf 1965 (Karl der Große. Lebenswerk und Nachleben, 1), S. 420–436.

Vieillard-Troiekouroff 1965 | Vieillard-Troiekouroff, May: L'architecture en France du temps de Charlemagne, in: Braunfels, Wolfgang/Schnitzler, Hermann (Hg.): Karolingische Kunst, Düsseldorf 1965 (Karl der Große. Lebenswerk und Nachleben, 3), S. 336–368.

Vogtherr 2012 | Vogtherr, Thomas: „Karl der Große oder Charlemagne? Eine deutsch-französische Schicksalsfrage". Deutsche Geschichtspolitik im besetzten Frankreich im Spiegel eines Vortrags von Georg Schnath aus dem Jahre 1942, in: Francia 39 (2012), S. 331–346.

Völckers 1965 | Völckers, Hans Hermann: Karolingische Münzfunde der Frühzeit (751–800). Pippin, Karlmann, Karl der Große (I. und II. Münzperiode), Göttingen 1965.

Von Bothmer 1987 | Graf von Bothmer, Hans-Caspar: Architekturbilder im Koran. Eine Prachthandschrift der Umayyadenzeit aus dem Yemen, in: Pantheon 45 (1987), S. 4–20.

Von Dobschütz 1899 | Von Dobschütz, Ernst: Christusbilder. Untersuchungen zur christlichen Legende, Leipzig 1899.

Von Padberg 2001 | Von Padberg, Lutz E.: Zur Spannung von Gentilismus und christlichem Universalitätsideal im Reich Karls des Großen, in: Erkens, Franz-Reiner (Hg.): Karl der Große und das Erbe der Kulturen (Tagungsakten Leipzig 1999), Berlin 2001, S. 36–53.

Von Padberg 2002 | Von Padberg, Lutz E.: Die Diskussion missionarischer Programme zur Zeit Karls des Großen, in: Godman, Peter/Jarnut, Jörg/Johanek, Peter (Hg.): Am Vorabend der Kaiserkrönung. Das Epos „Karolus Magnus et Leo papa" und der Papstbesuch in Paderborn 799 (Tagungsakten Paderborn 1999), Berlin 2002, S. 125–143.

Von Stietencron 1995 | Von Stietencron, Heinrich: Töten im Krieg. Grundlagen und Entwicklungen, in: ders./Rüpke, Jörg (Hg.): Töten im Krieg, Freiburg im Breisgau u. a. 1995 (Veröffentlichungen des Instituts für Historische Anthropologie e.V., 6), S. 17–56.

Von Zambaur 1929 | Von Zambaur, Eduard: Die Pflege der orientalischen Numismatik in Österreich, in: Numismatische Zeitschrift 62 (1929), S. 38–56.

Waardenburg 1999 | Waardenburg, Jacques (Hg.): Muslim Perceptions of Other Religions. A Historical Survey, New York 1999.

Wagstaff 1985 | Wagstaff, John M.: The Evolution of Middle Eastern Landscapes. An Outline to A.D. 1840, London/Sydney 1985 (Croom Helm Historical Geography Series).

Walker 2012 | Walker, Alicia: The Emperor and the World. Exotic Elements and the Imaging of Byzantine Imperial Power, Ninth to Thirteenth Centuries C.E., Cambridge u. a. 2012.

Wallace-Hadrill 1967 | Wallace-Hadrill, John Michael: Charlemagne and England, in: Beumann, Helmut (Hg.): Persönlichkeit und Geschichte, Düsseldorf ³1967 (Karl der Große. Lebenswerk und Nachleben, 1), S. 683–698.

Walmsley 1996 | Walmsley, Alan: Byzantine, Palestine and Arabia: Urban Prosperity in Late Antiquity, in: Christie, Neil/Loseby, Simon T. (Hg.): Towns in Transition. Urban Evolution in Late Antiquity and the Early Middle Ages, Aldershot/Brookfield 1996, S. 126–158.

Walpole 1951 | Walpole, Ronald N.: Charlemagne's Journey to the East: The French Translation of the Legend by Pierre de Beauvais, in: Fischel, Walter J. (Hg.): Semitic and Oriental Studies. A Volume Presented to William Popper, Professor of Semitic Languages, Emeritus, on the Occasion of his seventy-fifth Birthday, October 29, 1949, Berkeley/Los Angeles 1951 (University of California Publications in Semitic Philology, 11), S. 433–456.

Walther 1985 | Walther, Helmut G.: Der gescheiterte Dialog. Das ottonische Reich und der Islam, in: Zimmermann, Albert/Craemer-Ruegenberg, Ingrid (Hg.): Orientalische Kultur und europäisches Mittelalter (Tagungsakten Köln 1984), Berlin/New York 1985 (Miscellanea Medievalia, 17), S. 20–44.

Ward-Perkins 1997 | Ward-Perkins, Bryan: Continuitists, Catastrophists, and the Towns of Post-Roman Northern Italy, in: Papers of the British School at Rome 65 (1997), S. 157–176.

Warnecke 1999 | Warnecke, Hans Jürgen: Sächsische Adelsfamilien in der Karolingerzeit, in: Stiegemann, Christoph/Wemhoff, Matthias (Hg.): 799 – Kunst und Kultur der Karolingerzeit. Karl der Große und Papst Leo III. in Paderborn. Beiträge zum Katalog der Ausstellung Paderborn 799, Mainz 1999, S. 348–355.

Watson 1972 | Watson, Katherine: French Romanesque and Islam: Influences from al-Andalus on Architectural Decoration, in: Art and Archaeology Research Papers 2 (1972), S. 1–27.

Watson 1983 | Watson, Andrew M.: Agricultural Innovation in the Early Islamic World. The Diffusion of Crops and Farming Techniques, 700–1100, Cambridge/New York 1983 (Cambridge Studies in Islamic Civilization).

Weinfurter 2010 | Weinfurter, Stefan: Eichstätt im Mittelalter. Kloster – Bistum – Fürstentum, Regensburg 2010.

Weinfurter 2013 | Weinfurter, Stefan: Karl der Große. Der heilige Barbar, München 2013.

Weinrich 2001 | Weinrich, Lorenz (Hg.): Quellen zur Reichsreform im Spätmittelalter, Darmstadt 2001 (Ausgewählte Quellen zur deutschen Geschichte des Mittelalters, 39).

Weise 1923 | Weise, Georg: Zwei fränkische Königspfalzen. Bericht über die an den Pfalzen zu Quierzy und Samoussy vorgenommenen Grabungen, Tübingen 1923.

Weiss/Westermann 1994 | Weiss, Walter M./Westermann, Kurt-Michael: Der Basar. Mittelpunkt des Lebens in der islamischen Welt. Geschichte und Gegenwart eines menschengerechten Stadtmodells, Wien 1994.

Weitzel 1985 | Weitzel, Jürgen: Dinggenossenschaft und Recht. Untersuchungen zum Rechtsverständnis im fränkisch-deutschen Mittelalter (Habil. Berlin 1983), Köln/Wien 1985 (Quellen und Forschungen zur höchsten Gerichtsbarkeit im Alten Reich, 15).

Weitzmann 1976 | Weitzmann, Kurt: The Monastery of Saint Catherine at Mount Sinai. The Icons. Bd. 1: From the Sixth to the Tenth Century, Princeton 1976.

Weitzmann 1996 | Weitzmann, Kurt: Die byzantinische Buchmalerei des 9. und 10. Jahrhunderts [Berlin 1935], Nachdruck, Wien 1996.

Welzl von Wellenheim 1845 | Welzl von Wellenheim, Leopold: Verzeichnis der Münz- und Medaillen-Sammlung des Leopold Welzl von Wellenheim. Bd. 2/2: Abtheilung, öffentliche Versteigerung 7. Jänner 1846, Wien 1845.

Wemhoff 1993 | Wemhoff, Matthias: Das Damenstift Herford. Die archäologischen Ergebnisse zur Geschichte der Profan- und Sakralbauten seit dem späten 8. Jahrhundert, 3 Bde., Bonn 1993 (Denkmalpflege und Forschung in Westfalen, 24).

Wemhoff 2002 | Wemhoff, Matthias: Zum Stand der archäologischen Erforschung der Baugestalt westfälischer Damenstifte im 9. und 10. Jahrhundert, in: Jurković, Miljenko/Milošević, Ante (Hg.): Carolingian Europe (Tagungsakten Poreč/Split 2001), Zagreb 2002 (Hortus Artium Medievalium 8/2001), S. 119–124.

Wemhoff 2003 | Wemhoff, Matthias: Zur Architektur Westfälischer Klöster bis 1200, in: Hengst, Karl (Hg.): Westfälisches Klosterbuch. Lexikon der vor 1815 errichteten Stifte und Klöster von ihrer Gründung bis zur Aufhebung. Teil 3: Institutionen und Spiritualität, Münster 2003 (Veröffentlichungen der Historischen Kommission für Westfalen, 44/2–3), S. 736–755.

Wemhoff 2005 | Wemhoff, Matthias: Über das Grab hinaus, in: Bergstedt, Clemens/Heimann, Heinz-Dieter (Hg.): Wege in die Himmelsstadt. Bischof, Glaube, Herrschaft. 800–1550 (Ausst.-Kat. Ziesar 2005), Berlin 2005 (Veröffentlichungen des Museums für brandenburgische Kirchen- und Kulturgeschichte des Mittelalters, 2), S. 24–37.

Werner 1952 | Werner, Karl Ferdinand: Die Legitimität der Kapetinger und die Entstehung des Reditus regni Francorum ad stirpem Karoli, in: Die Welt als Geschichte 12 (1952), S. 203–225.

Werner 1968 | Werner, Karl Ferdinand: Heeresorganisation und Kriegführung im deutschen Königreich des 10. und 11. Jahrhunderts, in: Ordinamenti militari in occidente nell'alto medioevo, Teil 2, Spoleto 1968 (Settimane di studio del Centro italiano di studi sull'alto medioevo, 15), S. 791–843.

Werner 1989 | Werner, Karl Ferdinand: Die Ursprünge Frankreichs bis zum Jahr 1000, Stuttgart 1989 (Geschichte Frankreichs, 1).

Werner 1995 | Werner, Karl Ferdinand: Karl der Große oder Charlemagne? Von der Aktualität einer überholten Fragestellung, München 1995 (Bayerische Akademie der Wissenschaften. Philosophisch-historische Klasse. Sitzungsberichte, 1995/4).

Werner 1997/98 | Werner, Karl Ferdinand: Karl der Große in der Ideologie des Nationalsozialismus. Zur Verantwortung deutscher Historiker für Hitlers Erfolge, in: Zeitschrift des Aachener Geschichtsvereins 101 (1997/98), S. 9–64.

Wessel 1963 | Wessel, Klaus: Koptische Kunst. Die Spätantike in Ägypten, Recklinghausen 1963.

West 1999 | West, Geoffrey V. B.: Charlemagne's Involvement in Central and Southern Italy: Power and the Limits of Authority, in: Early Medieval Europe 8 (1999), S. 341–367.

West 2010 | West, G.V.B.: Communities and pacta in Early Medieval Italy: Jurisdiction, Regulatory Authority and Dispute Avoidance, in: Early Medieval Europe 18/4 (2010), S. 367–393.

Westphal 1999 | Westphal, Herbert: Zur Bewaffnung und Ausrüstung bei Sachsen und Franken. Gemeinsamkeiten und Unterschiede am Beispiel der Sachkultur, in: Stiegemann, Christoph/Wemhoff, Matthias (Hg.): 799 – Kunst und Kultur der Karolingerzeit. Karl der Große und Papst Leo III. in Paderborn. Beiträge zum Katalog der Ausstellung Paderborn 799, Mainz 1999, S. 323–327.

Whittow 2002 | Whittow, Mark: Rome and the Jafnids. Writing the History of a Sixth-Century Tribal Dynasty, in: Humphrey, John (Hg.): The Roman and Byzantine Near East. Vol. II: Some Recent Archaeological Research, Portsmouth 2002 (Journal of Roman Archaeology. Supplementary Series, 49), S. 207–224.

Wickham 1998 | Wickham, Chris: Aristocratic Power in Eight-Century Lombard Italy, in: Murray, Alexander Callander (Hg.): After Rome's Fall. Narrators and Sources of Early Medieval History. Essays presented to Walter Goffart, Toronto 1998, S. 153–170.

Wickham 2009 | Wickham, Chris: Le società dell'alto medioevo. Europa e Mediterraneo secoli V–VIII, übers. von Alessio Fiore/Luigi Provero, Rom 2009.

Wieczorek/Fansa/Meller 2006 | Wieczorek, Alfried/Fansa, Mamoun/Meller, Harald (Hg.): Saladin und die Kreuzfahrer (Ausst.-Kat. Halle/Oldenburg/Mannheim 2005/06), Mainz 2005.

Wiederanders 1980 | Wiederanders, Gerlinde: Die Auswirkungen des Bilderstreites auf die Entwicklung der Kunst im Karolingerreich, in: Irmscher, Johannes (Hg.): Der byzantinische Bilderstreit. Sozialökonomische Voraussetzungen – ideologische Grundlagen – geschichtliche Wirkungen, Leipzig 1980, S. 149–159.

Wiegartz 2004 | Wiegartz, Veronika: Antike Bildwerke im Urteil mittelalterlicher Zeitgenossen, Weimar 2004 (Marburger Studien zur Kunst- und Kulturgeschichte, 7).

Winkelmann 1971 | Winkelmann, Friedhelm: Probleme der Herausbildung der Staatskirche im Römischen Reich des 4. Jahrhunderts, in: Klio 53 (1971), S. 281–299.

Wintergerst 2007 | Wintergerst, Magnus: Franconofurd. Die Befunde der karolingisch-ottonischen Pfalz aus den Frankfurter Altstadtgrabungen 1953–1993, Frankfurt am Main 2007.

Wirth 1974/75 | Wirth, Eugen: Zum Problem des Bazars (sūq, çarşi). Versuch einer Begriffsbestimmung und Theorie des traditionellen Wirtschaftszentrums der orientalisch-islamischen Stadt, in: Der Islam. Zeitschrift für Geschichte und Kultur des islamischen Orients 51/2 (1974), S. 203–206; 52/1 (1975), S. 6–46.

Wirth 2000 | Wirth, Eugen: Die orientalische Stadt im islamischen Vorderasien und Nordafrika. Städtische Bausubstanz und räumliche Ordnung, Wirtschaftsleben und soziale Organisation, 2 Bde., Mainz 2000.

Wolf 1972 | Wolf, Gunther (Hg.): Zum Kaisertum Karls des Großen. Beiträge und Aufsätze, Darmstadt 1972 (Wege der Forschung, 38).

Wolf 1991 | Wolf, Gunther: Die byzantinisch-abendländischen Heirats- und Verlobungspläne zwischen 750 und 1250, in: Archiv für Diplomatik 37 (1991), S. 15–32.

Wolter von dem Knesebeck 2010 | Wolter von dem Knesebeck, Harald: Quaderbauten und antikisierender Baudekor – westgotische Sakralarchitektur und Skulptur der Iberischen Halbinsel, in: Toman, Rolf (Hg.): Ars sacra. Christliche Kunst und Architektur des Abendlandes von den Anfängen bis zur Gegenwart, Potsdam 2010, S. 104–111.

Wrede 1972 | Wrede, Henning: Die spätantike Hermengalerie von Welschbillig. Untersuchungen zur Kunsttradition im 4. Jh. n. Chr. und zur allgemeinen Bedeutung des antiken Hermenmals, Berlin 1972 (Römisch-germanische Forschungen, 32).

Wright 1985 | Wright, David H.: The Date of the Vatican Illuminated Handy Tables of Ptolemy and its Early Additions, in: Byzantinische Zeitschrift 78 (1985), S. 355–362.

Wunderli 2005 | Wunderli, Peter: Guillaume d'Orange, der Krieg und der Frieden, in: Hecker, Hans (Hg.): Krieg in Mittelalter und Renaissance, Brühl 2005 (Studia humaniora, 39), S. 157–194.

Wyss 2010 | Wyss, Michael: Die Klosterpfalz Saint-Denis im Spiegel der Archäologie, in: Sennhauser, Hans Rudolf (Hg.): Pfalz – Kloster – Klosterpfalz. St. Johann in Müstair, Zürich 2010, S. 147–160.

Zadeh 2008 | Zadeh, Travis: From Drops of Blood. Charisma and Political Legitimacy in the translatio of the ʿUthmānic Codex of al-Andalus, in: Journal of Arabic Literature 39/3 (2008), S. 321–346.

Zanker 1990 | Zanker, Paul: Augustus und die Macht der Bilder, München 1990.

Zielinski 1991 | Zielinski, Herbert: Reisegeschwindigkeit und Nachrichtenübermittlung als Problem der Regestenarbeit am Beispiel eines Kapitulars Lothars I. von 847 Frühjahr (846 Herbst?), in: Heinig, Paul-Joachim (Hg.): Diplomatische und Chronologische Studien aus der Arbeit an den Regesta Imperii (Tagungsakten Mainz 1988), Köln/Wien 1991 (Forschungen zur Kaiser- und Papstgeschichte des Mittelalters, 8), S. 37–49.

Zimmermann 1968 | Zimmermann, Harald: Papstabsetzungen des Mittelalters, Graz/Wien/Köln 1968.

Zöllner 1950 | Zöllner, Erich: Die politische Stellung der Völker im Frankenreich, Wien 1950 (Veröffentlichungen des Instituts für Österreichische Geschichtsforschung, 13).

Zotz 1993a | Zotz, Thomas: s. v. Alfons II., in: Lexikon des Mittelalters, München u. a. 1993, Bd. 1, Sp. 394.

Zotz 1993b | Zotz, Thomas: s. v. Pfalz, in: Lexikon des Mittelalters, München u. a. 1993, Bd. 4, Sp. 1993–2011.

Zotz 2001 | Zotz, Thomas: Pfalzen zur Karolingerzeit. Neue Aspekte aus historischer Sicht, in: Fenske, Lutz/Jarnut, Jörg/Wemhoff, Matthias (Hg.): Splendor palatii. Neue Forschungen zu Paderborn und anderen Pfalzen der Karolingerzeit, Göttingen 2001 (Deutsche Königspfalzen, 11/5), S. 13–23.

Zotz 2010 | Zotz, Thomas: Was ist eine Pfalz? Voraussetzungen, Bedürfnisse, Möglichkeiten, in: Sennhauser, Hans Rudolf (Hg.): Pfalz – Kloster – Klosterpfalz. St. Johann in Müstair, Zürich 2010, S. 55–62.

Namensregister

Kursiv gesetzte Ziffern verweisen auf Seiten mit Abbildungen.

Bildnachweis

Adam C. Oellers:
206

akg-images:
36, 187 (Cameraphoto); 58, 267 (Andrea Jemolo); 73 (Jürgen Sorges); 77 (Bildarchiv Monheim); 133 (Catherine Bibollet); 143 (Erich Lessing); 146 (Hilbich); 199 (Schütze/Rodemann)

Ana Estorbin:
208, 210, 212, 219

Archäologisches Museum der WWU, Münster:
28

Badische Landesbibliothek, Karlsruhe:
63 (Cod. Aug. Perg. 29, fol. 6r)

Bayerische Staatsbibliothek München:
62 (Clm 19408, Bl. 2r), 152 (Clm 22053, fol. 16r), 244 (Clm 6244, fol. 146r)

Biblioteca Apostolica Vaticana, Vatikanstaat:
2, 38

Bibliothèque Municipale, Albi:
59 (Ms. 29, fol. 57v)

Bibliothèque nationale de France, Paris:
140 (Ms. Esp. 30, fol. V), 215 (Ms. nouv. acq. lat. 1203, fol. 3v), 216 (Ms. lat. 8850, fol. 6v), 233 (Ms. Français 2813, fol. 85v), 235 (Ms. Français 2813, fol. 114v), 236 (Ms. Français 2813, fol. 109v)

Bildarchiv Foto Marburg:
72

bpk:
1 (Stefan Diller); 25, 51, 144, 268 (Münzkabinett, SMB | Lutz Jürgen Lübke); 27 (RMN – Grand Palais | Bulloz); 45, 55, 122 (Scala); 46 (Werner Braun); 49, 52, 53, 76 (Münzkabinett, SMB); 56 (Kunstgewerbemuseum, SMB); 65, 245 (Lutz-Jürgen Lübke); 123; 179 (Barbara Grunewald); 153, 155, 203 (RMN – Grand Palais | Jean-Gilles Berizzi); 174 (The Metropolitan Museum of Art); 177 (Musée du Louvre, Dist. RMN – Grand Palais | Raphaël Chipault); 178 (Museum für Islamische Kunst, SMB); 201 (RMN – Grand Palais | Les frères Chuzeville)

Buchner Verlag, Bamberg:
257

Città di Oria:
30, 35

Det Kongelige Bibliotek, Kopenhagen:
37 (NKS 1 2°, fol. 22v)

Deutsches Archäologisches Institut, Abteilung Madrid:
224, 225 (Foto: D. M. Noack)

Deutsches Archäologisches Institut, Istanbul:
171 (Foto: Hartmann R2417)

Deutsches Historisches Museum, Berlin:
87 (aus: Preißler 2003, Abb. 34), 88 (aus: Preißler 2003, Abb. 52), 89 (aus: Mitchell 1999, Abb. 6), 91 (aus: Stiegemann/Wemhoff 1999, Kat.-Nr. VIII.52), 94, 95, 131 (aus: Sauvaget 1934, Fig. 8), 132 (aus: Creswell 1969, Fig. 540), 135 (aus: Benevolo 2000, Abb. 471), 136 (aus: Benevolo 2000, Abb. 497), 141, 148 (aus: Gai/Mecke 2004, Abb. 68), 166 (aus: Mango 1975, S. 165), 168 (aus: Brubaker/Haldon 2001, Fig. 5), 190 (aus: Hamilton 1969, Abb. 1), 204, 217 (aus: Nelson 2001, Fig. 1), 225, 226, 231, 232, 238, 239, 240, 253, 254, 269, 270, 271, 272, 277, 278

Digitales Forschungsarchiv Byzanz, Wien:
167 (Foto: Galina Fingarova)

Dumbarton Oaks, Byzantine Collection, Washington, D.C.:
24, 29

Eberhard Karls Universität, Tübingen, Forschungsstelle für islamische Numismatik:
105, 107

Erzbischöfliches Diözesanmuseum Paderborn:
90 (Foto: Ansgar Hoffmann)

Georg Gerster:
134

Georg-Eckert-Institut – Leibniz-Institut für internationale Schulbuchforschung, Braunschweig:
248

Germanisches Nationalmuseum, Nürnberg:
26, 96 (Foto: Bridgeman), 97 (Foto: Monika Runge), 234

Getty Images:
18, 19, 33, 69, 71, 75, 130, 137, 172, 180, 184, 192, 230, 237, 258

Goethe-Universität Frankfurt am Main, Historisches Seminar:
261, 262, 263, 273, 274, 275, 276

Hedwig Röckelein:
85 (graphische Bearbeitung: Ausstellungsgesellschaft Paderborn mbH)

Ikonen-Museum, Recklinghausen:
23

Irene Rothweiler:
202, 207

Johannes Heil:
32, 34

Kaiserpfalz Ingelheim:
104 (Foto: M. Schlotterbeck / Grafik: R. Myska); 108, 113 (Rekonstruktion: Archimdix-GbR, H. Grewe); 110 (Fotos: M. Schlotterbeck, Grafik: R. Myska); 111 (Grafik: R. Myska); 112 (Fotos: D. Wolf, Grafik: Maßwerke-GbR, R. Myska); 114 (Grafik: P. Haupt, R. Myska); 115 (Grafiken: P. Striegler, U. Weimann, H. Grewe, R. Myska); 118 (Foto: D. Wolf); 119 (Grafik: A. Kobe, S. Ristow, R. Myska); 125 (Copyright: Grafik: A. Kobe, S. Ristow [unter Verwendung von älteren Plangrundlagen und neuen Aufmaßen von: Gesellschaft für Bildverarbeitungen, Mülheim, Dombauleitung Aachen, Judith Ley, Tanja Kohlberger-Schaub, Daniel Lohmann, Jan Richarz, SK Archaeoconsult, Statdarchäologie Aachen, Marc Witheger]); 126, 127 (Grafik: S. Gai, B. Mecke, R. Myska); 128 (Foto: P. Haupt, bearb. A. Tutschapsky); 129 (Grafik: R. Myska nach E. Zahn, S. Ristow)

Kunstbibliothek – Staatliche Museen zu Berlin:
205 (Foto: Dietmar Katz)

Kunsthistorisches Museum, Wien:
150, 151

Lorenzo Arias Páramo:
213, 214, 228

LVR-Amt für Denkmalpflege im Rheinland:
66, 183, 196 (Heckner/Meyer, auf der Grundlage der Vermessung der RWTH Aachen, Geodätisches Institut); 120, 121, 124, 197, 218 (Foto: Silvia M. Wolf); 182, 195 (Heckner/Meyer, auf der Grundlage der Vermessung der gbvd, Müllheim); 220 (Bildarchiv)

LWL-Archäologie für Westfalen, Münster:
98

LWL-Medienzentrum für Westfalen:
78 (Foto: Andreas Lechtape)

MAK, Wien:
161

Mediaeval Collection, National Institute of Archaeology with Museum at the Bulgarian Academy of Sciences, Sofia:
176 (Foto: Krassimir Georgiev)

Musei Civici, Pavia:
117

Museum der Kaiserpfalz, Paderborn – LWL-Archäologie für Westfalen:
82, 83, 84 (Foto: Stefan Brentführer); 86

Museum of Cultural History – University of Oslo:
100 (Foto: Ove Holst)

Museum of London:
106

Museum Rietberg, Zürich:
160

Niedersächsisches Landesarchiv – Staatsarchiv Wolfenbüttel:
154 (6 Urk 11)

Paisajes Españoles:
209

PhillisPictures:
17, 20, 181, 185

Photo SCALA:
149

Privatbesitz:
9, 13, 80 (Entwurf: Sven Spiong, Zeichnung: Olga Heilmann), 186, 188, 189, 191, 194, 198, 200, 211, 227, 229, 259, 264, 265

Raccolte d'Arte Antica, Museo d'Arte Antica e Pinacoteca del Castello Sforzesco, Milano:
222

Rätisches Museum, Chur:
10, 11, 12

Sächsische Landesbibliothek – Staats- und Universitätsbibliothek Dresden:
50 (Mscr.Dresd.M.32)

Saint Catherine's Monastery, Sinai:
173

St. Paul im Lavanttal:
243 (Gerfried Sitar)

Staats- und Universitätsbibliothek Bremen:
44 (Ms. a. 33, fol. 57v)

Staatsbibliothek Bamberg:
193 (Foto: Gerald Raab)

Staatsbibliothek zu Berlin – Preußischer Kulturbesitz, Berlin:
249, 250, 251, 252, 256, 260, 266

Stift Kremsmünster:
147 (Foto: Josef Leithner)

Stiftsbibliothek, St. Gallen:
92 (Cod. Sang. 22, pag. 140/141), 246 (Cod. Sang. 731, S. 234/235)

Stiftung Internationaler Karlspreis zu Aachen:
241

Th. Zühmer:
116

The Cleveland Museum of Art:
157

The Metropolitan Museum of Art, New York:
175, 164 (Gift of J. Pierpont Morgan, 1917)

The State Hermitage Museum, St. Petersburg:
163, 223 (Foto: Vladimir Terebenin, Leonard Kheifets, Yuri Molodkovets)

The State Historical Museum, Moskau:
14 (GIM 86795, Chlud. 129 d, fol. 67r)

The Textile Museum, Washington, D.C.:
156 (OC11.18. Acquired by George Hewitt Myers in 1948)

The Walters Art Museum, Baltimore:
158 (Museum purchase, 1962)

Trustees of the British Museum:
221

ullstein bild – TopFoto:
165

ulrich haarlammert maßwerke:
81

Universitäts- und Forschungsbibliothek Erfurt/Gotha:
7 (Ms. Orient. A 1514, Bl. 1b/2a), 138 (Ms. Orient. A 1521, Bl. 31r)

Universitätsbibliothek Basel:
5 (N I 2:12-13)

Universiteitsbibliotheek Gent:
6 (Ms. 92, fol. 138v)

Victoria and Albert Museum, London:
68, 159, 162 (Given by Robert Taylor, Esq. In 1900

Widukind Museum Enger:
57 (Foto: H. Wurm)

Württembergische Landesbibliothek Stuttgart:
93 (Cod. bibl. fol. 23, fol. 71v), 99 (Cod. bibl. fol. 23, fol. 32v)

www.archaeologie.tg.ch:
102, 101 (Foto: AATG, D. Steiner)

Zentralinstitut für Kunstgeschichte – Farbdiaarchiv:
247 (Foto: Franz Jungfleisch, 1943)

Sämtliche Karten und Pläne, sofern nicht anders angegeben:
Peter Palm, Berlin

···→ Autor

Autorinnen und Autoren

Stuart Airlie studierte Mittelalterliche Geschichte. Er ist Senior Lecturer für Geschichte an der University of Glasgow. Seine Forschungsschwerpunkte liegen in den Bereichen der politischen Strukturen des karolingischen Herrschaftsgebiets sowie der europäischen Geschichte von 700–900. Im Kontext dieser Interessen arbeitet er in internationalen Forschungsprojekten wie „Diverging Paths?" und „Staat und Staatlichkeit". Als Monografie erschien zuletzt von ihm *Power and its Problems in Carolingian Europe* (Aldershot 2012).

Anna Akasoy studierte Orientalistik, Geschichte und Philosophie. Nach Forschungsaufenthalten an den Universitäten in Bochum und Oxford und am Warburg Institute in London, lehrt sie seit 2013 islamische Geistes- und Kulturgeschichte am Hunter College in New York. Ihre Forschungsschwerpunkte liegen in den Bereichen Geschichte der islamischen Philosophie und Wissenschaft sowie des Kulturtransfers im Mittelmeerraum mit dem Fokus auf die islamisch geprägten Gesellschaften. Zuletzt erschien der von ihr mit Guido Giglioni herausgegebene Band *Renaissance Averroism and its Aftermath* (Dordrecht 2013).

Matthias Becher studierte Geschichte und Politische Wissenschaften. Seit 1998 ist er Professor für Mittelalterliche Geschichte an der Rheinischen Friedrich-Wilhelms-Universität Bonn. Er ist Sprecher des Bonner Mittelalterzentrums sowie Mitglied des Konstanzer Arbeitskreises für mittelalterliche Geschichte und der Nord-Rheinwestfälischen Akademie der Wissenschaften und der Künste. Seine Forschungsschwerpunkte liegen in der Geschichte des Frühmittelalters, insbesondere die Zeit der Merowinger, Karolinger und Ottonen. Als Monografie erschien zuletzt von ihm *Otto der Große. Kaiser und Reich. Eine Biographie* (München 2012).

Michael Borgolte, Promotion 1975 in Münster, Habilitation 1981 in Freiburg, seit 1991 Professor für Geschichte des Mittelalters an der Humboldt-Universität zu Berlin, 2005 Mitglied der Berlin-Brandenburgischen Akademie der Wissenschaften, 2012 Verleihung des Advanced Grant durch den European Research Council für das Projekt „FOUNDMED. Foundations in medieval societies. Cross-cultural comparisons" (Laufzeit 2012–2017). Seine Forschungsschwerpunkte sind das Stiftungswesen sowie die vergleichende europäische und globale Geschichte des Mittelalters. Letzte Monografien: *Stiftung und Memoria* (Berlin 2012); *Mittelalter in der größeren Welt. Essays zur Geschichtsschreibung und Beiträge zur Forschung* (Berlin, im Druck).

Horst Bredekamp studierte Kunstgeschichte, Archäologie, Philosophie und Soziologie. Seit 1993 ist er Professor für Kunstgeschichte an der Humboldt-Universität zu Berlin. 2000 gründete er dort die Forschungsabteilung „Das Technische Bild" am Hermann von Helmholtz-Zentrum für Kulturtechnik, seit 2008 ist er Leiter der Kolleg-Forschergruppe „Bildakt und Verkörperung" und seit 2013 Sprecher des Exzellenzclusters „Bild Wissen Gestaltung" an der Humboldt-Universität zu Berlin. Seine Forschungsschwerpunkte sind die Skulptur der Romanik, die Kunst der Renaissance und des Manierismus, Kunst und Technik sowie Neue Medien. Als Monografie erschien von ihm zuletzt *Der schwimmende Souverän. Karl der Große und die Bildpolitik des Körpers. Eine Studie zum schematischen Bildakt* (Berlin 2014).

Wolfram Drews studierte Geschichte, Judaistik, Theologie, Anglistik und Romanistik. Seit 2011 ist er Professor für Mittelalterliche Geschichte am Historischen Seminar der Westfälischen Wilhelms-Universität Münster. Seine Forschungsschwerpunkte sind Kulturgeschichte des Politischen im Mittelalter, Welt- und Globalgeschichte, transkulturelle Geschichte sowie Herrschafts- und Integrationsstrategien im christlichen und islamischen Mittelalter. Als Monografie erschien zuletzt von ihm *Die Karolinger und die Abbasiden von Bagdad. Legitimationsstrategien frühmittelalterlicher Herrscherdynastien im transkulturellen Vergleich* (Berlin 2009).

Arne Effenberger studierte Klassische Archäologie, Ur- und Frühgeschichte. 1973 wurde er Direktor der Frühchristlich-Byzantinischen Sammlung und 1994 Direktor der Skulpturensammlung und des Museums für Byzantinische Kunst der Staatlichen Museen zu Berlin. Parallel lehrte er an den Universitäten Berlin, Marburg und Bonn. 1996 erhielt er eine Honorarprofessur an der Freien Universität Berlin. Sein gegenwärtiger Forschungsschwerpunkt ist die historische Topographie von Konstantinopel. Zuletzt erschien von ihm der Beitrag *Via Italia – Byzantinische Kunstwerke und Reliquien in Mitteldeutschland* in dem Aufsatzband *Italien – Mitteldeutschland – Polen. Geschichte und Kultur im europäischen Kontext vom 10. bis 18. Jahrhundert* (Leipzig 2013).

Peter Feldbauer studierte Germanistik und Geschichte mit Schwerpunkt Wirtschafts- und Sozialgeschichte. Von 1997 bis 2010 war er Professor am Institut für Wirtschafts- und Sozialgeschichte der Universität Wien. Er ist Mitbegründer der Buchreihen *Historische Sozialkunde, Edition Weltregionen, Querschnitte, Expansion, Interaktion, Akkulturation* sowie *Globalgeschichte und Entwicklungspolitik*. Seine Forschungsfelder sind die Verfassungs- und Sozialgeschichte des spätmittelalterlichen Österreich, die Wirtschafts- und Sozialgeschichte Wiens im 19. Jahrhundert sowie die Geschichte der europäischen Expansion und die vergleichende außereuropäische Geschichte. Zuletzt erschien der von ihm und Angela Schottenhammer herausgegebene Band *Die Welt 1000–1250* (Wien 2011).

Johannes Fried studierte Geschichte, Germanistik und Politikwissenschaften. 2009 wurde er als Professor für Mittelalterliche Geschichte an der Goethe-Universität Frankfurt am Main emeritiert. Seine aktuellen Forschungsprojekte sind Karl der Große, Schule im Mittelalter und die Edition und Kommentierung des Briefwechsels von Ernst Kantorowicz. Als Monographie erschien zuletzt von ihm *Karl der Große: Gewalt und Glaube. Eine Biographie* (München 2013).

Stefano Gasparri studierte Mittelalterliche Geschichte. Seit 1988 ist er Professor für Geschichte des Mittelalters an der Università Ca'Foscari Venezia, seit 2009 Vize-Rektor der Universität. Ferner ist er Mitbegründer und Direktor des Centro interuniversitario per la storia e l'archeologia dell'alto medio (in Kooperation mit den Universitäten von Bologna, Padua, Siena, Venedig) und damit Mitbegründer des Website *Reti Medievali*. Seine gegenwärtige Forschung beschäftigt sich mit ethnischen Identitäten als Teil sozialer Praxis im späten Altertum und frühen Mittelalter sowie mit dem Verhältnis von historischen und archäologischen Quellen und mit der frühen Geschichte Venedigs. Als Monografie erschien zuletzt von ihm *Italia longobarda. Il regno, i Franchi, il papato* (Rom 2012).

Holger Grewe studierte Archäologie, Mittelalterliche Geschichte und Kunstgeschichte. Seit 1993 leitet er die Forschungsstelle Kaiserpfalz Ingelheim. Parallel lehrte er von 2005 bis 2009 an der Johannes Gutenberg-Universität in Mainz. Seine Forschungsschwerpunkte liegen in der Archäologie des Mittelalters, der Architekturgeschichte und Denkmalpflege sowie in der Pfalzenforschung. Zuletzt erschien von ihm der Beitrag *Palast – Ruine – Denkmal. Konzeptionelle Grundsätze für das Erforschen, Bewahren und Erschließen* *der Kaiserpfalz Ingelheim* in dem Band *Schutzbauten und Rekonstruktionen in der Archäologie* (Mainz 2011).

Michael Grünbart studierte Byzantinistik, Klassische Philologie und Numismatik. Seit 2008 ist er Professor am Institut für Byzantinistik und Neogräzistik der Westfälischen Wilhelms-Universität Münster. 2012 kuratierte er die Ausstellung *Gold und Blei – Byzantinische Kostbarkeiten aus dem Münsterland* im Ikonen-Museum Recklinghausen. Seine Forschungsschwerpunkte liegen in den Bereichen byzantinische Literatur (insbesondere Epistolografie), byzantinische Aristokratie und ihre Selbstdarstellung sowie in der Geschichte des oströmischen Kaisertums. Zuletzt erschien von ihm *Das Byzantinische Reich* in der von Martin Kintzinger herausgegebenen Reihe *Geschichte kompakt* (Darmstadt 2013).

Johannes Heil studierte Mittlere und Neuere Geschichte, Kunstgeschichte und Religionsphilosophie. Seit 2005 ist er Inhaber der Ignatz-Bubis-Stiftungsprofessur für Geschichte, Religion und Kultur des europäischen Judentums an der Hochschule für Jüdische Studien Heidelberg, seit 2008 Erster Prorektor und seit 2013 Rektor ebendort. Seine Forschungsinteressen umfassen die Bereiche jüdische Geschichte am Übergang von Antike zum Mittelalter, Historiographie sowie Religion und Kultur der Juden in Europa im Mittelalter und in der frühen Neuzeit. Zuletzt erschien der von ihm mit Stephan Kramer herausgegebene Band *Beschneidung: Das Zeichen des Bundes in der Kritik. Zur Debatte des Kölner Urteils* (Berlin 2012).

Lutz Ilisch studierte Islamkunde, Ur- und Frühgeschichte und Historische Hilfswissenschaften mit Spezialisierung in der Numismatik. Seit 1990 ist er Leiter der Forschungsstelle für islamische Numismatik an der Universität Tübingen. Seine Forschungsschwerpunkte liegen in den Bereichen der Chronologie undatierter frühislamischer Kupfermünzen, der Metallurgie von Edelmetallprägungen und der Münzen beduinischer und kurdischer Staaten des 10. und 11. Jahrhunderts. In Zusammenarbeit mit der Bodendenkmalpflege der Bundesländer Schleswig-Holstein und Mecklenburg-Vorpommern forscht er auf dem Gebiet der mittelalterlichen Schatz- und Einzelfunde arabischer Münzen im Ostseeraum. Zuletzt erschien von ihm der Beitrag *Der arabische Münzfund von Stegen/Stegna (1722) und das gelehrte Milieu Preußens 1719–1725* in dem Band *Nummi Docent! Münzen – Schätze – Funde. Festschrift für Peter Ilisch* (Osnabrück 2012).

Bernhard Jussen studierte Geschichte, Philosophie und Katholische Theologie. Seit 2008 ist er Professor für Mittelalterliche Geschichte an der Goethe-Universität Frankfurt am Main, im Jahr 2007 erhielt er den Gottfried Wilhelm Leibniz-Preis der Deutschen Forschungsgemeinschaft. Er nahm Gastprofessuren in Ann Arbor, USA, und an der École Normale Supérieure, Paris, wahr und war als Research Fellow unter anderem am Wissenschaftskolleg zu Berlin und an der Harvard University. Seine Forschungsschwerpunkte betreffen die Historische Semantik, besonders politische Sprache im Mittelalter, die Entwicklung von Familie und Verwandtschaft in Europa sowie bildliche Erzählweisen von Geschichte in der Moderne. Zuletzt erschien von ihm der Beitrag *Plädoyer für eine Ikonologie der Geschichtswissenschaft. Beobachtungen zur bildlichen Formierung historischen Denkens* in dem Band *Reinhard Koselleck – Politische Ikonologie. Perspektiven interdisziplinärer Bildforschung* (München 2013).

Ulrike Koenen studierte Kunstgeschichte, Christliche und Klassische Archäologie. Sie ist Privatdozentin für Christliche Archäologie und Byzantinische Kunstgeschichte an der Martin-Luther-Universität Halle-Wittenberg und vertrat den Lehrstuhl für Kunstgeschichte des Mittelalters an der Universität Zürich. Ihre Forschungsschwerpunkte, die auch in ihre Lehre einfließen, sind das Nachleben der Spätantike im Mittelalter, die kulturellen Austauschbeziehungen im Mittelmeerraum und die Rezeptionsprozesse im westlichen Europa während des Mittelalters. Zuletzt erschien von ihr der Beitrag *Blattherz – Herzblatt. Ein textiler Musterrapport als technische Hilfe der Emailleure. Einige Gedanken zur Übertragung von Motiven* in dem Band *Philopathion. Festschrift für Arne Effenberger* (Mainz 2012).

Jan-Markus Kötter studierte Alte Geschichte, Neuere Geschichte und Evangelische Theologie in Bielefeld und Bonn. Er promovierte im Exzellenzcluster „Die Herausbildung normativer Ordnungen" an der Goethe-Universität Frankfurt am Main und ist seit 2011 als wissenschaftlicher Mitarbeiter am Lehrstuhl für Alte Geschichte der Heinrich-Heine-Universität Düsseldorf tätig. Sein Forschungsschwerpunkt liegt auf der spätantiken Kirchengeschichte. Als Monografie erschien zuletzt von ihm *Zwischen Kaisern und Aposteln. Das Akakianische Schisma (484–519) als kirchlicher Ordnungskonflikt der Spätantike* (Stuttgart 2013).

Lorenz Korn studierte Islamwissenschaft, Kunstgeschichte und Politikwissenschaft sowie Islamic Art and Archaeology. Seit 2003 ist er Professor für Islamische Kunstgeschichte und Archäologie an der Universität Bamberg. Feldforschungen führten ihn in fast alle Länder des Vorderen Orients, nach Iran und Zentralasien. Seine Forschungsschwerpunkte liegen im Bereich der Architektur und des Baudekors der Kernländer der islamischen Welt, der Kleinkunst (Metallarbeiten) und der arabischen Epigraphik. Als Monografie erschien zuletzt von ihm *Die Moschee. Architektur und religiöses Leben* (München 2012).

Hans-Henning Kortüm studierte Germanistik, Geschichte und Volkswirtschaft. Seit 1998 ist er Professor für Mittelalterliche Geschichte an der Universität Regensburg. Seine Forschungsschwerpunkte liegen in der Mentalitätsgeschichte und in der Erforschung des mittelalterlichen Kriegs unter kulturwissenschaftlichen Fragestellungen. Als Monografie erschien zuletzt von ihm *Kriege und Krieger 500–1500* (Stuttgart 2010).

Rudolf Schieffer studierte Geschichte und Latein. Von 1994 bis 2012 war er Präsident der Monumenta Germaniae Historica und Professor für Geschichte an der Universität München. Er ist Mitglied des Konstanzer Arbeitskreises für mittelalterliche Geschichte und des Wissenschaftlichen Beirats des Deutschen Historischen Museums in Berlin. Seine Forschungsschwerpunkte sind politische Geschichte und Kirchengeschichte von der Spätantike bis zum hohen Mittelalter sowie Quellenkunde und Textedition. Zuletzt erschien von ihm *Christianisierung und Reichsbildungen. Europa 700–1200* (München 2013).

Bernd Schneidmüller studierte Geschichte, Germanistik, Evangelische Theologie und Deutsche Rechtsgeschichte. Seit 2003 ist er Professor für Mittelalterliche Geschichte an der Universität Heidelberg sowie Direktor des Instituts für Fränkisch-Pfälzische Geschichte und Landeskunde ebendort. Seine Forschungsschwerpunkte liegen in der hoch- und spätmittelalterlichen Geschichte Europas. Er ist Mitglied der Heidelberger Akademie der Wissenschaften und arbeitete an mehreren historischen Großausstellungen mit, zum Beispiel *Otto der Große und das Römische Reich* (Magdeburg 2012), zu der er mit Hartmut Leppin und Stefan Weinfurter den Begleitband *Kaisertum im ersten Jahrtausend* (Regensburg 2012) herausgab.

Volker Scior studierte Rechtswissenschaft, Mittlere und Neuere Geschichte sowie Politische Wissenschaft. 2010 wurde er mit einer Arbeit über Boten und Gesandte im frühmittelalterlichen Europa habilitiert. Zwischen 2010 und heute vertrat er Professuren für Mittelalterliche Geschichte an den Universitäten Hamburg und Eichstätt-Ingolstadt. Auch außerhalb seines Forschungsprojekts „Political Communication. The open and willing Ear of the King? Access to the Ruler in

Transcultural and European Perspectives (500–1100)", in dem Fragen von Kommunikation und Mobilität des Mittelmeerraums behandelt werden, arbeitet er in verschiedenen internationalen Forschungsverbünden. Weitere Schwerpunkte seiner Forschungstätigkeit liegen in der Wahrnehmung des Anderen im Mittelalter, der Körpergeschichte, der Historiographie sowie der Brief- und Formelsammlungen des Mittelalters. Zuletzt erschien der von ihm mit Steffen Patzold und Anja Rathmann-Lutz herausgegebene Band *Geschichtsvorstellungen. Bilder, Texte und Begriffe aus dem Mittelalter* (Weimar 2012).

Ilja Steffelbauer studierte Alte Geschichte. Er war Mitarbeiter am Institut für Alte Geschichte und Altertumskunde, Papyrologie und Epigraphik sowie am Institut für Wirtschafts- und Sozialgeschichte der Universität Wien. Seine Forschungsschwerpunkte sind die Topographie des klassischen Athen als Stadtgeschichte, die Geschichte nichtstaatlicher Völker der Antike und die Geschichte von Krieg und Militär als Gesellschaftsgeschichte. Er ist Mitherausgeber der Reihe *Krieg und Gesellschaft*, in der zuletzt der Band *Krieg in der europäischen Neuzeit* erschienen ist.

Stefan Trinks studierte Kunstgeschichte, Geschichte, Klassische und Mittelalter-Archäologie. Seit 2007 ist er wissenschaftlicher Mitarbeiter am Institut für Kunst- und Bildgeschichte der Humboldt-Universität zu Berlin. Seine Forschungsschwerpunkte liegen in der Skulptur, vor allem aus Elfenbein, des frühen und hohen Mittelalters sowie der mittelalterlichen Antikenrezeption und Inschriften. Im Rahmen des Sonderforschungsbereichs 644 „Transformationen der Antike" untersucht er die vielfältigen Formen von Neugier auf die Antike im Mittelalter. Als Monografie erschien zuletzt von ihm *Antike und Avantgarde. Skulptur am Jakobsweg im 11. Jahrhundert: Jaca – León – Santiago* (Berlin 2012).

Matthias Wemhoff studierte Archäologie des Mittelalters und der Neuzeit sowie Geschichte und Kirchengeschichte in Bamberg und Freiburg. Als Leiter des Museums in der Kaiserpfalz in Paderborn konzipierte er unter anderem die großen Ausstellungen *799 – Kunst und Kultur der Karolingerzeit* (1999) und *Canossa – Erschütterung der Welt* (2006) und war bis 2008 Gründungsdirektor des Westfälischen Landesmuseums für Klosterkultur in Lichtenau-Dalheim. Seit 2008 ist er Direktor des Museums für Vor- und Frühgeschichte der Staatlichen Museen zu Berlin und Landesarchäologe von Berlin. Seit 2010 hat er eine Honorarprofessur am Institut für Prähistorische Archäologie der Freien Universität Berlin inne. Forschungsschwerpunkte sind die Archäologie der Karolingerzeit, die Klosterkultur und die Stadtarchäologie.

Herausgeber
Stiftung Deutsches Historisches Museum
Präsident der Stiftung: Alexander Koch
Abteilungsdirektorin Ausstellungen: Ulrike Kretzschmar
Konzeption, Koordination und wissenschaftliches Lektorat
Barbara Segelken und Tim Urban
Text- und Bildredaktion
Barbara Segelken und Tim Urban
Herstellung
Ilka Linz

DEUTSCHES HISTORISCHES MUSEUM

Die Beauftragte der Bundesregierung für Kultur und Medien

Die Stiftung Deutsches Historisches Museum dankt für ihre Unterstützung:
Kathrin Allmann, Michael Borgolte, Matthias Becher, Horst Bredekamp, Wolfram Drews, Étienne François, Claus-Peter Haase, Bernhard Jussen, Olaf Siart, Rudolf Schieffer, Bernd Schneidmüller, Matthias Wemhoff

Die Deutsche Nationalbibliothek verzeichnet diese Publikation in der Deutschen Nationalbibliografie; detaillierte bibliografische Daten sind im Internet über http://dnb.d-nb.de abrufbar.

Die Herausgabe des Werkes wurde durch die Vereinsmitglieder der WBG ermöglicht.

Gestaltung und Produktion: Rainer Maucher, Verlagsbüro Wais & Partner, Stuttgart
Verlagslektorat: Michaela Franke, Leonberg
Einbandgestaltung: Jutta Schneider, Frankfurt am Main
Einbandbild: Reiterstatuette Karls des Großen, 9. Jahrhundert, Paris, Musée du Louvre. Foto: akg-images.
Sogenannte Vatikanische Karte des Isidor von Sevilla, um 776, Vatikanstadt, Biblioteca Apostolica Vaticana
Gedruckt auf säurefreiem und alterungsbeständigem Papier
Printed in Germany

Der Zabern Verlag ist ein Imprint der WBG

Besuchen Sie uns im Internet: *www.wbg-wissenverbindet.de*

ISBN 978-3-8053-4774-7

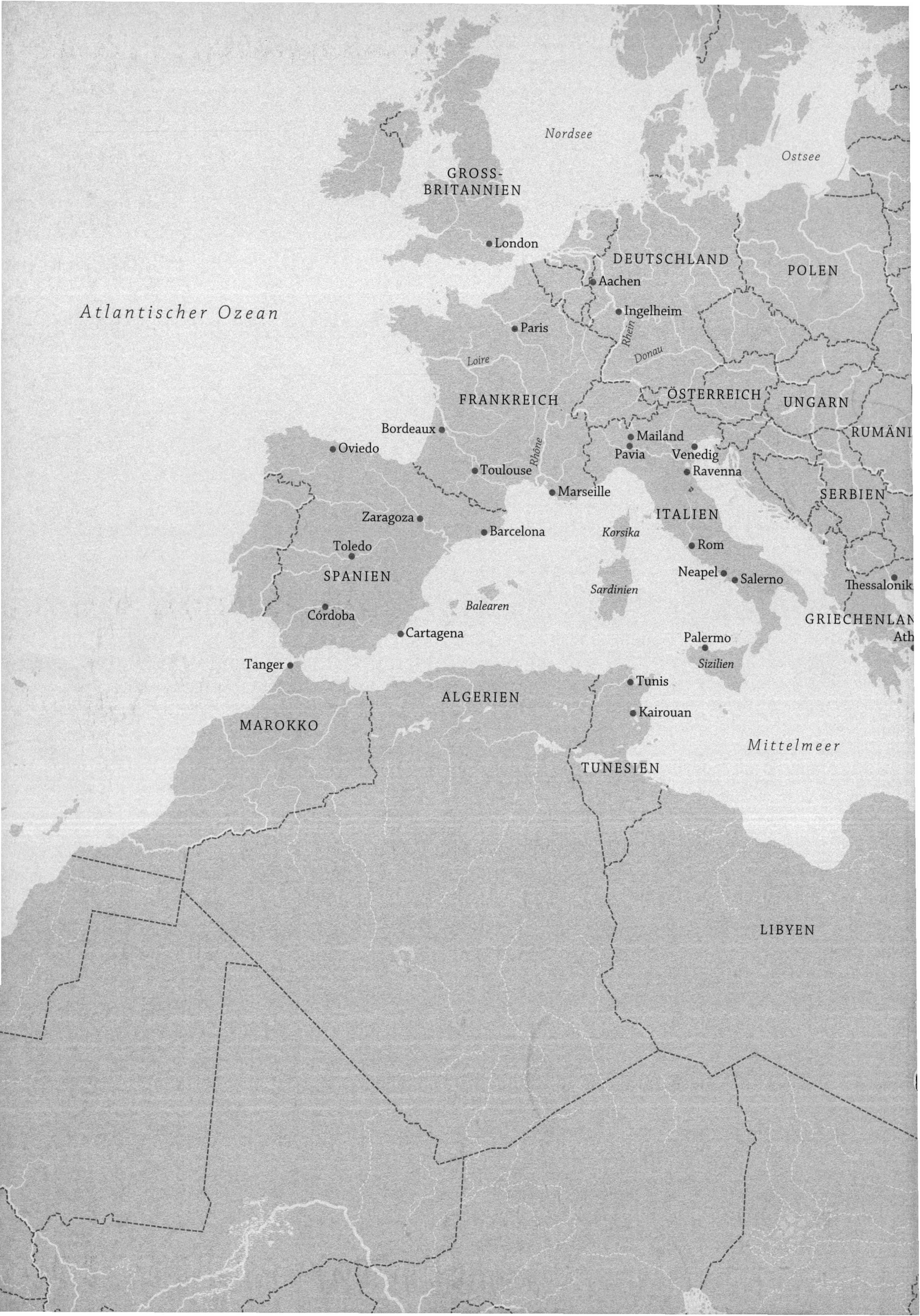
Nordsee
Ostsee
GROSS-
BRITANNIEN
London
DEUTSCHLAND
POLEN
Aachen
Atlantischer Ozean
Ingelheim
Paris
Rhein
Donau
Loire
FRANKREICH
ÖSTERREICH
UNGARN
Bordeaux
Mailand
RUMÄNI
Oviedo
Pavia
Venedig
Rhône
Toulouse
Ravenna
Marseille
SERBIEN
ITALIEN
Zaragoza
Barcelona
Korsika
Toledo
Rom
SPANIEN
Neapel
Salerno
Sardinien
Thessalonik
Balearen
Córdoba
GRIECHENLAN
Cartagena
Palermo
Ath
Tanger
Sizilien
Tunis
ALGERIEN
Kairouan
MAROKKO
Mittelmeer
TUNESIEN
LIBYEN